The BALL is ROUND

A
Global
History
of
Football

**David
Goldblatt**

正史忽略足球，這個漏洞大得令人不敢置信。足球在許多國家一直是最根本的集體身分象徵，往後也會持續下去，但這些國家當代的歷史論述沒想到要提足球，就連簡單帶過也沒有。

　　我踢球，故我在：足球風格也是一種存在方式，能表露每一個社會群體的獨特樣貌，證明每個群體都有權利與眾不同。

　　告訴我你怎麼踢球，我就能判斷你是誰。

　　　　──烏拉圭作家，愛德華多·加萊亞諾（Eduardo Galeano, 1940-2015）

足球自有歷史以來，只有一件事不曾改變：球始終是圓的。

　　　　──蘇格蘭前鋒，丹尼斯·羅（Denis Law, 1940- ）

推薦序
足球──與人類文明共存的軌跡

石明謹

對於很多足球迷來說，四年一度的世界盃是極為漫長的等待，然而相對於整個足球的歷史而言，都只是一段短暫的時間軸，足球影響了人類兩千年，而且看起來還會主宰我們更多的時間。

如果你認為足球不過是一種運動，那麼就太小看了人類這種生物，烏拉圭作家愛德華多・加萊亞諾（Eduardo Galeano）曾經說：「我踢球，故我在：足球風格也是一種存在方式，能表露每一個社會群體的獨特樣貌，證明每個群體都有權利與眾不同。告訴我你怎麼踢球，我就能判斷你是誰。」若是把足球從人類的歷史上抹去，或許會失去真正了解人類的契機，足球之所以成為世界上最熱門，參與度最高的運動，有著極為縝密的脈絡，唯有真正了解足球，我們才會了解人類的本質，大衛・哥德布拉特（David Goldblatt）正是用這樣的思維，來帶領我們從歷史，走進整個人類的文明。

人類踢球的起源，或許從神話時代就已經開始，然而真正的現代足球，則是誕生於英格蘭，在那個運動規則雜亂無章的年代，許多人預言足球是種很快就會沒落的遊戲，然後足球不但存活了下來，還成為從社會不同階層，從上到下集體為之瘋狂的運動，本書從當時每一個鄉間活動，到職業俱樂部的建立，一步步帶領我們找到了足球的成長路徑，找到了人類文明史上最大型共同活動的誕生。

就心理層面來說，足球的勝負影響了一個民族的自尊心，所以我們看到了英格蘭與德國交手時的肅殺之氣，看到巴西與阿根廷的長期爭雄；所以我們看到亞洲足球擴張時的民族主義風潮，看到非洲如何用足球實現了非洲崛

起。足球同樣反映了人類的經濟模式，足球市場從鄉間的節慶活動，變成了每秒數十億收入的衛星轉播，足球隨著工業革命走向全世界，跟著電子科技傳到每個家庭，也藉由網際網路直接滲透到每個個人，科技的進步沒有阻礙人類踢球的原始本能，反而將它推向高峰。

當然，足球世界也存在太多的陰影，那些曾經用假球欺瞞觀眾的故事，那些在足壇上下其手的貪婪分子，甚至是讓英格蘭足球幾乎跌落谷底的海賽爾災難，足球的世界也曾經讓人們失望，墮入痛苦。這些錯綜複雜的發展，正是整個人類社會的縮影，當哥德布拉特鉅細靡遺地訴說足球故事的同時，也在批判整個社會一些崩壞的價值觀。那些發生在足球身上的事情，當然也同樣發生在我們生活所能及的每個角落之中，當我們在閱讀足球世界的起伏時，也同時思索著整個社會發展應當何去何從。

足球之所以有其魅力，是因為勝負有著高度的不確定性，但是同時擁有公平、普及的精神，對足球的熱愛，是人類對於混沌中秩序的追求。翻開這本《足球是圓的》，你會發現它帶給你的不只是足球的歷史軌跡，更是人類的社會學、經濟學、理則學——看懂了足球，我們也就看懂世界、看懂了人生。

本文作者為資深足球球評、詩人、社會觀察家

【總目錄】

【上卷】

第一部　前世今生：足球與現代球賽的發明，從誕生到 1914

第二部　人民的運動：足球、帝國與工業，1879-1934

繁體中文版序——寫於二〇一八年世界盃之前

　　《足球是圓的》這本書從二〇〇二年動筆至〇五年完成，二〇〇六年出版，到現在已過了十二年，算是有點年紀了。書問市之際，正值當代全球史面臨重大轉折，那就是二〇〇七到〇八年的金融危機及連帶的衝擊。十年過去，全世界經濟、政治、運動的發展位階，地理分布正在改變。中國和印度以前所未有的狂熱投入足球，哪怕方式各不相同；新勢力正在波斯灣地區興起，東南亞和澳洲加入了亞太地區，不列顛則打算脫離歐洲。

　　在足球界的權力頂峰，國際足總、各足球聯盟、地表上每一個足球協會和聯會幾乎都遭到披露，如我們向來所知的一樣，打從結構上極度嚴重的貪汙腐敗。非但如此，他們還在各方面持續暴露自己的冷漠無能；不願意放手讓足球協會民主化、做不到行政透明廉潔、沒有能力培育草根足球、保護不了球員，更別說要他們處理比賽造假、施用禁藥、人口販賣的問題。就這點來說，他們只是又一票可悲的國際機構，無法勝任當代艱鉅的任務。

　　儘管如此，足球作為世界上最全球化也最流行的運動，地位比以往更加鞏固。世界盃的曝光率如今輕輕鬆鬆就令奧運相形失色。二〇一八年世界盃將是人類歷史上最多人觀看的活動。在這個雖然全球化卻也極度分裂的世界，世界盃是唯一真正由國際大眾一同參與的時刻。

　　這件事的意義何在、我們將扮演怎樣的角色，有一部分將取決於我們帶著怎樣的歷史知識參與其中。眼下，足球圈的運作仍用一大堆未經查驗的歷史迷思和行話來背書，令人眼花撩亂，人們的關注倏忽即逝。我寫下《足球是圓的》這本書，因為我覺得足球與足球愛好者值得更好的對待。畢竟也過了十二年，本書難免有些待修訂之處，但我相信書中的批判精神不曾稍減。創造歷史有時要先閱讀歷史。我出此用心，獻給各位這本書。

　　　　　　　　　　　　——大衛・哥德布拉特（David Goldblatt），2018

序章

生與死，愛與錢

足球是圓的，一場比賽九十分鐘。只有這兩樣是事實，其他都是理論。

——前西德國家隊主教練，塞普‧赫伯格（Sepp Herberger, 1897-1977）*

有人認為足球攸關生死，這種態度太讓我失望了，我告訴你，足球遠遠超越生死。

——前利物浦主教練，比爾‧香克利（Bill Shankly, 1913-1981）†

現時有比足球更全球化的文化活動嗎？出生、喪葬和婚姻的禮俗舉世皆有，但各行其道，變化無窮。足球到哪裡都遵守相同規則。世界上也沒有哪一個宗教信仰的地理分布範圍比得上足球。就算是基督教好了，雖然隨歐洲海權時代向外擴張，但在亞洲、中東和北非仍相對弱勢。英語以及科學和數學語言的普及程度想必與足球並駕齊驅，但那畢竟仍是世界菁英的通用語，廣大的基層群眾不大會使用。麥當勞？MTV？只有美國文化產業裡最麻醉人心的產品，流行範圍稱得上和足球一樣廣，但也只能在世界上經濟負擔得起的地區風行一陣子而已。相較之下，將近半個地球的人口收看了二〇〇六年世界盃足球賽的冠軍戰──三十億人同時做同一件事，以前從來沒有過這種事情。

只要隨手揉一顆球，再找到另一雙可以傳球的腳，誰都可以踢足球。全球社會不只消費足球，還擁抱足球、讓足球生根萌芽，甚而改變了足球的形貌。只有在北美洲、澳洲和南亞，足球才是小眾運動，棒球、橄欖球和板球比較強勢，但就連在這些地方，足球的勢力也正慢慢興起。不論當初走的是哪一條傳播路線，不論發源地在哪裡，也不論賽事的實力強弱，沒有哪一個國家或哪一塊大陸能說足球是自己的。

攸關生死？有這麼嚴重嗎？發生在足球場內的煉獄火災、人擠人的悲劇和陰狠械鬥已經奪走夠多無辜性命，足以回答這個問題。足球影響重大，乃至於奧斯曼帝國岌岌可危的最後一任蘇丹政權、神經兮兮煽動人心的中國文化大革命，以及伊朗革命後的神權政體都不信任足球，下令禁止。足球也影響深遠，最後不是比壓迫者撐得更久，就是逼得壓迫者讓步。因為推動足球的是愛和金錢，要說有什麼能超越生死，那也只有愛和錢了。

愛，有對踢球的愛。早在還沒決定支持一哪間豪門球隊、穿上哪個顏色的球衣，巨大的球場還沒落成並坐滿觀眾以前，大家已經到處在街頭踢球了，

---

* 譯註：塞普・赫伯格，德國知名足球教練，前西德國家隊教練，帶領球隊拿下一九五四年世界盃冠軍。

† 譯註：比爾・香克利，利物浦歷來最成功的主教練，一九五九年至七四年執教期間，帶領利物浦接連贏下多屆足總盃和聯賽冠軍，開創紅軍的歐洲霸業。

到現在也還是一樣。沒人說得出世界上有多少人在踢足球，你要怎麼去算？國際足球總會（The Fédération Internationale de Football Association, FIFA）試過，據他們估計，全世界按照合理規則進行足球比賽的，大約有十億人。這表示至少要有五千萬名裁判、五千萬顆球和五千萬座球場，場內白線總長兩千五百萬公里，足夠繞地球一千多圈。

　　愛，有對看球的愛。早在球場四周還沒築起圍牆和旋轉門、地球四周還沒被電視衛星包圍、巨型螢幕和動作重播也還沒問世以前，大家就已經會到場邊看球，只為親眼看到那精采的一瞬間。九十分鐘咬牙切齒、焦慮踱步，就為那一個陰險的假摔、一次頑皮的帶球、一記難以招架的勁射——還有破門得分，最棒的永遠是破門得分。

　　愛，也有對追蹤賽事的愛。因為足球不只是技藝，也是戲劇。演出場地有大都會劇院，也有地方小劇場；有揮金如土卻又錙銖必較的總監，也有妄自尊大、著迷於權力的導演。有成群的評論者，還有不斷輪換演出的天使與惡魔、千里馬與伯樂、沒落的巨人與崛起的新星。足球一方面為才華出眾的個人提供舞臺，一方面用團隊合作下的叛逆和忠誠為劇碼加料。足球場內上演過悲劇和喜劇、史詩和默劇、生澀的音樂劇和令人費解的實驗劇，出現過大舉勝利、僥倖脫逃、奇蹟逆轉和坐困僵局等等劇情。足球掌握了結局難料的精髓，人心難測，球技難保穩定發揮，球場上多的是運氣和即興演出。那些死忠的追隨者不僅僅是球迷，他們是古希臘劇場的唱詩班（chorus）。是消費者或評論者也好，是旁觀者或參與者也罷，少了他們，每個得分只不過是一球進網，每場勝利只不過是三分入袋。

　　還有一種愛己恨彼的愛。因為早在球會躍升成全球品牌、隊徽要和商標爭搶位置以前，足球便已經與每一個想像得到的社會身分和死忠追隨這些身分的社會階層密不可分：在蘇格蘭格拉斯哥的丹地，以及愛爾蘭貝爾法斯特的同城德比日，形同天主教徒與新教徒的捉對廝殺；在印度加爾各答，莫亨巴根隊（Mohun Bagan）對伊斯蘭教徒運動家隊（Mohammedan Sporting）是印度教徒對上穆斯林。在希臘雅典，AEK 雅典隊對上奧林匹亞科斯隊（Olympiakos），是希土戰爭（Graeco-Turkish war）戰後遷徙至此的難民，

八十年後再度與雅典人爭奪地盤。在英格蘭曼徹斯特、義大利都靈（Turin）和德國慕尼黑，富裕的外來移民和暴發新貴，與老城的忠心與靈魂互相對抗。在巴西里約，富人與窮人、菁英與大眾、白人與黑人的對立，跟著富明尼斯隊（Fluminense）和佛朗明哥隊（Flamengo）一同登上球場。蘇聯時期的莫斯科，迪納摩隊（Dinamo）對上斯巴達克隊（Spartak），宛如笨重遲緩的共產巨獸對上陰沉乖戾的人民。透過踢球、觀戰、組織團體和追蹤賽事等多重行動，人群界定了自己的身分，也表達出心中對於自己和鄰人的認知。

　　這一切又是為了什麼？足球比賽改變不了社會結構。再怎麼大獲全勝，也不會動搖現實中的權力平衡，或改變財富和地位的實質分配。這一切全是為了榮耀，為了贏，而且贏得漂亮。因為最厲害、最敏捷、最聰明，所以贏了。因為當站上球場，哨聲響起，金錢、權力、地位、名聲和歷史全被擱到一旁，人們會更渴望勝利的榮耀。

　　但在競技運動永無止盡的軍備競賽之下，想獲得榮耀，甚至單純只為了有獲得榮耀的機會，一定得細心籌劃、擬定策略、付出代價。最早有蘭開夏地區的工廠煙囪日夜噴煙，為工人球隊賺取球鞋，到後來有 Nike 實質掌握巴西國家隊的所有權，追求勝利一直都要靠大量資金不斷投入。需要的量大到足壇始終不能對資金來源太過挑剔。假如錢還買不到實力，那就換用其他更基本的政治手段。憑藉力量、權勢、威脅和暴力，球隊可以組成、球場可以落成，比賽結果也可以預先底定。為了侍奉更大的榮耀，足球仰賴政治機構賦予它野蠻的權利，每一個想得到的政治機構參與在內，都是為了沾一點光，分一點榮耀。

　　足球和歷史、運動和政治、競賽和金錢，這些明顯無不緊密相關，然而，歷史學者和運動刊物卻想把兩者區隔開來。歷史學者這麼做是為了劃清因果關係，運動刊物這麼做則是基於道德。也許歷史學者是對的。足球並未改變歷史運行。足球沒有激發工業革命，促使城市興起。足球不曾掀起戰爭、終止戰爭或代替戰爭，也無從促成世界和平，重劃國家邊界。但在如今這樣一個時代，全球的連結前所未有的緊密，全世界最普遍的文化現象卻是足球，這難道不特別嗎？當城市勞動階級的男性手頭有了一點時間和閒錢，幾乎每

個地方的人都選擇把餘裕用來踢足球、看足球、籌組足球隊和追蹤足球比賽，這難道不值得一提嗎？欲重述當代歷史，卻對此現象隻字不提，豈能稱得上明智？不管歷史學者喜不喜歡，足球都不能從現代世界歷史中去除；雖然沒有規律且難以捉摸，但無可否認，現代世界歷史就銘刻在足球史之內。

很多運動刊物寧可我們別把任何塵世紛擾帶進足球。足球有自己的歷史、傳統和轉機，但足球更是優秀球員、傑出教練、重演不了的表現、澆不熄的團隊精神與個人歷史機緣交錯所造就的成果。談歷史？可以，包裝成世襲傳統和都市傳說，但經濟和政治免談。也許這些記者是對的。金錢和權力不能左右足球場內上演的情節與結果。勝利不該是買來的，忠誠不該強加於人。愛不能交易，更不能規範。然而真實情況往往相反。裁判可以買通，邊審收賄，比賽造假。球員被剝削，球會被迫償債，球迷任人擺佈，利用完了就扔進垃圾堆。放眼全世界，足球管理機關不外被當成私人封地或政治宣傳機器在經營。暴力、種族歧視和盲目偏執，不斷在球場內外耀武揚威。對於這些現象，還能有什麼其他解釋？塞普・赫伯格道出了足球界的保守封閉，拒絕面對社會體制和時代觀念對自身的羈絆。足球界只願意用運氣這一條內部規則來詮釋比賽，不想看到任何別的詮釋；足球的意義和重要性只存在於自身不容侵犯的時空。赫伯格以西德國家隊教練身分，經歷過第三帝國崛起與滅亡的風暴。戰亂期間他每日記錄，留下三百六十一本筆記，裡頭沒有一件事與足球無關。但若避談理論、推測和權力糾葛，還剩下什麼？足球界這些病兆，難道就只是壞人做壞事，只是幾顆老鼠屎私相授受，意外造就的不幸結果？

不，恰恰相反。足球界在這方面表現的，正是所有當代社會出賣良心與金錢和權力所做的魔鬼交易。因為現代世界伴隨著交易協商。市場邏輯替所有事物標上價格，一切都可以買賣。權力邏輯則對一切加以控制、監視、規管。人的健康能標價嗎？市場會想辦法。尊嚴或忠誠買得到嗎？錢自己會問。

足球從混亂無章的民俗活動轉變成全球娛樂產業一環的過程中，也遇上了相同的矛盾。在足球的世界裡，榮耀最大。足球迷心中的底線取決於勝利和喜悅，不能用金錢或權力計算。但精采演出需要贊助，必須有人為表演買

單。足球吸引金錢和權力，因此也必須與金錢和權力打交道，而這兩者永遠會想盡辦法買下或奪取他們那一份榮耀，但買來的或偷來的榮耀形同泥沙，一文不值。

所以，該和這些影響力達成怎樣的交易？界線如何監督？誰會設法越界？不只是官員和投資人、犬儒的足壇和投機的政客，每一個踢球、看球、追隨足球的人都必須對此達成共識。我們希望看到最頂尖的職業球員踢最高水準的比賽，但又受不了球員的薪資可能會削減他們的熱忱和渴望。我們想看風格和創意，但也能接受半場只踢進一球。我們愛把球會老闆想成陰險的壞蛋，但也希望他們遵守勞動安全衛生法。我們痛恨媒體大亨想收購比賽轉播權，但卻還是訂閱了收視頻道。金錢和權力，資本和國家──不願與之共存，少了又活不下去。足球，這個全世界都在玩的遊戲，為當今之世的矛盾提供了一則隱喻，凡是無意摒棄現代生活，而把改革現代生活當成出發點的道德架構或政治方案，核心都存在著這樣的矛盾。

現代世界沒有一段歷史少了足球還能完整。也沒有哪一段足球史不看當代社會的經濟、政治和社會史，就能描述其發展過程或表露內涵的意義。我希望透過《足球是圓的》這本書，寫出人類踢足球、看足球及追隨足球的歷史，以及球員和教練、球迷和老闆、俱樂部球會和國家隊之間的故事。這會是一部編年史，講述誰勝誰敗，以及勝敗的過程和原因。因為假如足球界看重的是榮耀，那麼是誰得分、何時得分、如何得分、把誰擊敗、如何慶祝就都很重要。但這本書同時也是一部國家與市場、金錢與權力的歷史。不只如此，這還是一段闡述所有影響力如何交互作用的歷史。這段歷史希望標出榮耀與權力的交界線，一方面頌揚對足球的愛，但也明白那有時用錢也買得到。

第一部

前世今生

足球與現代球賽的發明，從誕生到 1914

第一章

追逐幻影：足球的前身

足球跟這世界一樣古老……人類一直都在踢球，只是形式不盡相同，從最原始的踢著一顆球到處跑，演變至今日的足球賽事。

——前國際足總主席，塞普‧布拉特（Sepp Blatter, 1936-）

I. 足球的東方起源？

　　是這樣嗎？人類一直都在踢球？原諒國際足總主席的誇飾法，別把他的話當真。要踢足球，最少還需要兩條腿。兩足原人（bipedal hominids）出現，人類的雙足與雙手充分分化，可以捉、踢、接、拋，不再只會用四掌扒抓，這大約是兩百萬年前的事。世界比這更古老一些。那球呢？原諒布拉特也沒有用心考證考古學文獻，目前沒有證據顯示西元前兩千年以前，存在過可以踢的人工製作球體。古埃及人用針線縫製的球可能有人踢過，但象形文字和壁畫紀錄只看得出球當時用於拋擲。的確，人類更早以前就會踢水果和葫蘆，無聊時也會踢石頭和小石子，甚至可能會踢骷髏頭，或是任何大自然給的偏近球形的物體。人當然會這樣做，這一連串動作太吸引人了：發現一個球體，想像它在空中劃出的拋物線，調整身體重心，然後大腳一揮。更棒的是踢中球那美妙的一刻，透過一個人的腳把力量和動傳遞到一個無生命的物體上，那種感覺總是無與倫比。圓球飛向空中、掠過地面，命中標的，或者落地彈跳、翻滾、繞著意想不到的軌跡打轉。這不是足球，這只能稱為遊戲。沒有規則也沒有確切目的。既不是競賽也不是考驗，不包含絲毫策略與戰術。沒錯，這其中是存在著樂趣、驚喜和實驗精神，但如果這叫足球，那扮鬼臉都算演戲了。這並不是說足球不是一種遊戲形式，也不是說最現代組織商業化的足球，已不具有與新石器時代踢石子相同的遊戲精神。但足球是現代玩的遊戲，人類生活結構的改變已使得現代世界與史前時代之間、運動與遊戲之間相去甚遠，斷言兩者之間的傳承從未間斷，形同採納一種只顯得無知的歷史觀。

　　布拉特主席沒有退縮，後來又想建構古代足球史。二〇〇四年，他選擇在北京舉辦的國際足球博覽會上，對此議題提出看法。這場國際博覽會意在讓所有運動產業的企業集團齊聚一堂，他們共同創造了現代足球賽事精細的基礎設備，以及營運賽事的國家機關和官方組織。布拉特說：「我們要向中國人致敬，中國如同搖籃，孕育出最原始形式的足球，替這一項運動種下深

根，確立日後的發展路線，形成今天精彩的賽事。」[1] 這一席話受到中國國家體育總局和亞洲足球聯盟的熱烈附和。比起他之前談古代足球史，這一次布拉特的立論至少比較有根據。的確，漢代（206BCE-221CE）廣為流傳一種名為「蹴鞠」的遊戲，白話文的意思就是「踢球」。古代中國科技與社會的成熟程度不容小覷，很多東西都是中國人率先發明的。定居社會、城市與社會階層興起，提供了適當的發展背景，使隨興的遊戲得以經過規範，形成遵守既定規則的競賽，而中國在這些方面比別人都早。一九二〇至三〇年代，早期民族歷史學者嘗試撰寫中國運動史的時候，也將這些史實套用到了足球上。[2] 有些以黃帝發明蹴鞠的故事立論，把足球的起源歸功於西元前三千年前黃帝的政績與運動貢獻。但這類說法只是設法為神話加上歷史根基，能用來佐證的只有西元前二世紀進入漢朝以前先人記載的傳說故事。蹴鞠雖然在戰國時代（西元前三到四世紀）已有流傳，不過最有可能是在漢代才首度定型成有章法的運動。蹴鞠踢的是一顆針縫的皮球，填塞獸毛或羽毛，但也有文獻記載會填塞麻葉。雙方人馬在做了記號的場地內競賽，兩側都有球門。用手持球和大力擒抱似乎都不犯規，但踢是最主要的推進方式。有的文獻記載球門呈月亮或新月狀，有的則描述是在兩根竹竿間的空隙掛上絲幃。皇公貴族顯然十分盛行蹴鞠，相傳漢武帝不只愛好蹴鞠，更是箇中好手。但蹴鞠的大本營最有可能是在軍中，既能用於操練也能供作消遣；據傳，騎兵長途騎馬歸來，可藉由踢球防止腿麻。

　　直到唐代（618-907）與宋代（960-1279），這種球賽依然流傳，但形式有所改變。製球方式也變了，改採更先進的技術，製作出比較不結實的空心球，比較容易控球，但是不適合激烈爭搶。也許新球只有富人有辦法取得，這也能夠解釋民間風行的「白打」和宮中盛行的「築球」，這兩種玩法為什麼有不同的名稱和規則。白打比較接近漢代原始版本的蹴鞠。築球的細則雖然無從考據，但肢體接觸和直接碰撞似乎都消失了，改採用一種強調風格的形式。兩道球門合而為一，球先在其中一隊的球員之間互傳，直到其中一名指定的球員接到球，只有他可以起腳射門。不論有沒有得分，只要進攻方射門後沒讓球落地，就保有球權，可以再度嘗試射門。要是球落地了，進攻球

權就要交給對手。這種球賽一定十分普及，才會出現在中國四大奇書之一的
《水滸傳》裡。小說裡的反派主角宦官高俅，憑著精妙的蹴鞠技術在宮中掙
得高位。但蹴鞠並未因唐宋時代的庇蔭而流傳至後世。唐宋衰亡，明朝
（1368-1644）繼起，蹴鞠也隨之消失。

　　這種球賽與中國許多發明一樣，似乎也循著帝國擴張的軌跡和海陸長途
貿易路網，從中土向外輻散，傳播開來。例如在馬來半島，就有一種混合足
球與排球的運動，名為 Sepak Raga，用的是質輕的藤球。近年來經過現代化
後，正式定名為藤球（Sepak Takraw）——名稱由馬來語的「踢」與泰語的
「球」結合而成，但發源至少有四百年歷史，源自中國的同類運動。日本自
平安時代起也有「蹴鞠」（けまり，音 kemari）。雖然日本的民族歷史學者堅
稱源於本土，可以上溯至西元前六世紀，但最早的相關文獻見於十二世紀以
後。[3] 這種球戲形式顯然與宋朝宮廷版本的蹴鞠脫不了干係，宋朝比日本早
五十年就在踢了，只是在日本貴族腳下變得比中國更加風雅。日本的蹴鞠又
稱為「懸」*，場地是六、七公尺長的方形泥地，四角種植了四棵樹，用來
標定界線。可以是櫻樹、柳樹或楓樹，但一般認為松樹的地位最崇高。場上
一共會有八名球員，雙人成對站在樹的兩側。球是空心的，以鹿皮製成，重
量很輕，常用白蛋白（albumin）塗成白色，或用燒松針的煙薰染成黃色。社
會地位最高的廷臣開球以後，球員只要盡力讓球保持在空中愈久愈好，也可
以利用樹木反彈，樹枝都經過修剪，瞄準特定方位，讓球能循道彈回球場。
正式計算成功挑球和傳球的次數以後，有特別厲害或漂亮的踢法，可以由當
差的官員判定加分。每個人受到欣賞的除了球技，還有對球戲禮儀及傳統的
注重。蹴鞠日最高潮的收尾，會由最資深的球員踢出一腳高空球，再用和服
衣褶優雅地把球接住。

　　日本蹴鞠在十二、十三世紀成為日本貴族重要的休閒活動，第一群好手
也出現在當時，不僅定下規則，也展現了前所未聞的優異球技。退位後依然

---

* 譯註：原文指日本的蹴鞠又稱為「立於木間」（standing among trees），然經查證似乎並
　無此別稱，僅有又稱為「懸」（kakari）或「鞠壺」（maritsubo）。但日語有「元木」（motoki）
　一詞，指蹴鞠球場周圍四個方位種植的柳、櫻、松、楓四種樹木。

十分活躍的後白河天皇和後鳥羽天皇＊，也以愛好踢蹴鞠聞名。不同流派的蹴鞠學校或修院林立，各有其訓練方式、技術和規則。後鳥羽天皇是制定服裝規範的第一人，依據社會階級和球技高低，詳細規定了球襪的顏色和樣式。德川幕府時代，一直到進入十九世紀，日本的美術與文學作品依然會提到蹴鞠。日本蹴鞠雖證明比中國蹴鞠流傳了更久，但也未能再引起現代化社會的興趣。明治維新（1868年）後沒幾年，日本一頭栽入工業化浪潮，蹴鞠縮減成了少數世襲貴族間的小眾娛樂，還得遊說天皇和政府將這塊日本封建歷史的斷片保存下來。雖然有天皇的恩惠眷顧，但時至二戰末期，日本蹴鞠幾乎已消失殆盡。

　　所以蹴鞠與其衍生的變體，真如布拉特先生和中國體育當局宣稱，是足球的前身嗎？放在古代球戲歷史來看，這幾項運動的特別之處在於，它們主要都是足踢的遊戲，雖然有的不全然只用腳。但比起用手或其他身體部位，傾向用腳踢球的偏好，並不獨見於蹴鞠，蹴鞠也並不因此而格外神聖。現今澳洲維多利亞省的原住民族之間，有一種名為「Marn Gook」的運動流傳了幾千年，依一八四〇年代澳洲白人所寫的紀錄可以看出主要是一種踢球運動。玻里尼西亞和密克羅尼西亞，這兩個太平洋群島社會的原住民族也有自己的踢球運動，用露兜樹葉纏繞做成球。北美原住民族從前就會玩很多種大型分隊的球類運動，整體看來不傾向用手，喜歡棒打或腳踢。維吉尼亞州第一任殖民總督，威廉·史特拉奇（William Strachey），如下描述其中一種運動：

　　他們之間常玩的一種運動，很像英格蘭人所稱的班迪球（Bandy），可能十分古老。他們玩起來有如足球，但唯一強制用腳的時候，只有一人帶球給另一人，然後使出一種靈巧輕盈的腳法把球踢進球門，這是最光榮的一刻。[4]

這些運動和文化因此就是足球的祖先嗎？ Marn Gook 很可能和蹴鞠一樣古

＊　譯註：後白河天皇（1127 - 1192）和後鳥羽天皇（1180 - 1239）為日本平安時代末期的兩
　　位天皇。平安時代是日本文化發展的一次高峰，期間兩度派遣唐使與中國交流。

老，甚至更古老。明朝人放棄蹴鞠很久以後，北美原住民族依然踢著他們的足球，而且持續橫向踢球，把球傳向球門。早期蹴鞠雖然也採取這種形式，但後來宮廷改良過的版本以及日本的蹴鞠都改為向上踢球了。動作主軸從橫向變為直向，完美呼應了時代文化的轉移。中國與日本自中世紀晚期以後閉關鎖國，直到十九世紀歐美強權迫使兩國重新開放。為了細心維繫垂直政權，兩國放棄了領土擴張的法則。三百多年來國內秩序輝煌的代價，是社會、軍事和科技劣勢。這也是為什麼，不論漢朝的蹴鞠或澳洲的 Marn Gook 與足球再相似，依然稱不上是現代足球的起源。

現代社會踢的是哪一種球，最終決定因素不是誰最早開始踢球，甚至也不是誰在地面踢了最久的球，而是看邁入現代化的時刻，誰還在踢球？也許在其他平行時空，中國和日本比歐洲更早，或者跟歐洲一起工業化了，那麼將會有大半個世界，至少在亞洲和太平洋地區，現在會有自己一套不同的足球規則。但這件事並未發生。失去生氣的蹴鞠習俗，與那些依舊踢著蹴鞠的貴族一樣，在東亞遭遇現代之際，被現代化的旋風掃到了一旁。

II. 橡膠帝國的足球神話

中國唐朝皇室雖然涉獵蹴鞠，但真正著迷的是馬球。古羅馬參議員或許會在運動場傳接球暖身，但競技場內的殺戮才是他們體育世界的焦點。幾乎所有古文明都有過球類競賽，但只有在中部美洲，球類運動才站上了中心舞臺。就這方面來看，現代世界的體育界比較接近現今墨西哥、瓜地馬拉、貝里斯和宏都拉斯等地以往的運動文化。從墨西哥中部出現奧梅克文明（Olmec），到一五二一年西班牙征服者入侵使阿茲特克文明滅亡，三千年間，中部美洲每一個社會、每一個聚落，大自雄偉的特奧蒂瓦坎城（Teotihuacan），小至散落在墨西哥灣岸的村落，都在玩蹴球（ball game）。雖然遺留下來的考古文物紀錄，單一來看不比羅馬競技場或奧林匹亞神廟壯觀，但稠密的程度卻是前所未有。至今共有超過一千五百座球場挖掘出土，有小村子和山丘古城裡的長方形低谷小平原，也有如馬雅大城奇琴

伊察（Chichen Itza）城內開闊精緻的階梯式建築。一定還有更多消失在叢林裡，或被西班牙人佔領破壞。除此之外，球場遺跡和被人盜掠過的古墓也貢獻了豐富可觀的寶藏，許多陶偶、字符、雕刻、浮雕和人像，都刻劃了球類運動與其相關儀式。[5]

　　神話記載更加有力。西元約八〇〇年到一四〇〇年前後，基切馬雅文明（Qiche Mayan）統治了現在的墨西哥南部、貝里斯和瓜地馬拉。《波波爾‧烏》（Popul Vuh）是定義基切馬雅文化的重要文獻。這本書分為三章，第一章是創世故事，第三章是馬雅貴族的王朝史。聖書的核心夾在這兩章之間，記述太陽與月亮創生，所有二元對立的性質也隨之誕生——光與暗、日與夜、善與惡、生與死，中部美洲的生活就依照這些二元性建構起來。這段傳說的主角是雙胞胎兄弟烏納普（Hunahpu）和席巴蘭科（Xbalanque）。這兩位英雄的祖先也是一對兄弟，叫烏‧互納普（Hun Hunahpu）和烏古‧互納普（Vucub Hunahpu），兩人都是大名鼎鼎的蹴球員。他們踢球的喧嘩聲吵到了下界之神。地獄的諸位冥神（Dark Lords of Xibalba）打開時空通道，前往兩兄弟所在的球場，誘騙他們進入地獄，以地獄的球賽挑戰他們。兩名凡人輸了，立刻被殺了獻祭，屍體就埋在地下球場，烏‧互納普的頭則被掛在一棵蒲瓜樹上羞辱示眾。女神血月亮（Xquic）經過樹下時，烏‧互納普那顆身首異處的頭朝她的手吐了一口唾沫。女神因此懷上身孕，地獄諸神發現了，便將她放逐到上界。她就在上界生下了雙胞胎英雄。這對半人半神的兄弟天生球技過人，一成年就被召喚到下界，繼續上一代未完成的下半場比賽。不論在場上場下，雙胞胎都證明了自己不輸給不朽的敵人，因此得以返回人世，還從惡魔的球場挖出父親與叔父的屍體一併帶回。兩具屍體被放上天空中，成了太陽和月亮。

　　故事說到這裡，值得停下來回顧。這些可不是中部美洲文化的附加內容，更不只是神話敘事主軸之外的附錄補遺，這些是他們整個信仰架構的核心。怎麼會是由一場蹴球替整個中部美洲的文化提供物質和象徵的支點呢？我們可以從歐洲世界的觀點問一個相似但非關神話的問題。當年西班牙人第一次看到蹴球，似乎對於球和球跳動的方式最為震撼。哥倫布把樣本帶回西班牙

宮廷研究，王室的編年史學家德安吉拉（Pedro Mártir de Anglería）見了大感困惑：「我不懂，球落到地上，怎麼又能高高彈向空中。」[6]

只有中部美洲有會彈跳的球，因為只有中部美洲產橡膠。今日熱帶地區隨處可見橡膠，但在征服殖民以前，橡膠獨產於中部美洲叢林。只是光有橡膠樹要製球還不夠。在西元第二個千禧年最早的定居聚落裡，得要有人夠聰明又幸運，想到把橡膠樹的乳汁和牽牛花的根攪拌在一起才行。他們因此得到天然草本狀的硫化橡膠，可以做出堅固、有彈性、會彈跳的球。原本只知道踢石子和南瓜的人，看到這種球誰不會想玩？這些中部美洲古文明遊戲的活力，橡皮球變幻莫測的彈跳方式充分展現遊戲的能量，想必強烈激起這些古代中部美洲人的好動活力，球賽因此被賦予了神聖意義，有如一扇傳送門，通往魔幻能量的世界。

從考古文物推判，球的製作最早可能始於西元前一五〇〇年，但是要到西元前一二〇〇年前後，奧梅克帝國（Olmec Empire）擴張，新興的城市、公共建築和信仰體系提供了發展背景，橡皮球和沉迷於玩球的渴望才開始受到規則框限，形成一項團隊競賽運動。奧梅克版本的蹴球包含了所有日後可見的特徵。球場一定是大型公共空間或神廟建築的一部分，不是長方形就是大寫字母 I 的形狀，四面圍著高斜的石灰牆，牆面多半裝飾豐富，有色彩鮮豔的壁畫。最大型的建築會多出幾層石階當成座位，容納為數眾多的觀眾。橡皮球大小介於大型壘球和小型籃球之間，由兩名球員或兩支隊伍在中線兩側來回傳動。從雕塑和繪畫裡球員穿著的護具來看，似乎可以綜合用前臂、小腿脛骨、肩膀、屁股和髖部碰球。由於球重，球速又快，用頭或赤腳控球不只危險也很困難。球賽目標似乎和現代的排球很像：球在自己半場不能落地，或者限制彈跳一定次數以內，就要擊回到對方半場。

球賽確切的形式和意義在往後三千年間不斷改變。太平洋岸墨西哥文明的小城鎮，全盛時期大約在西元前二世紀，這時的球賽只在村落等級進行，球場簡陋樸實。三百年後在特奧蒂瓦坎城邦，球賽變成只限菁英參與，並使用棍棒當工具。蹴球的儀式和宗教意義在馬雅達到顛峰，至於最單純熱愛踢球的，可能要屬加勒比海海岸的維拉克魯茲地區的文明，當地的城市遺跡內

四處散布著簡易的球場。蹴球甚至向東傳到現今海地島和波多黎各的島嶼社會，往北也傳入亞利桑那州的何何甘族（Hohokum）原住民文化。阿茲特克人把這項運動稱為「Tchatali」，球場四面會加上裝飾的石環，誰能把球踢進石環就把勝利歸諸於他。

　　蹴球在社會階層之間的傳播並不亞於地理上的傳播。自創始之初，蹴球就與中部美洲生活的其他特點息息相關。單從球場數量與無所不在的相關文物就能看出，不只菁英會進行儀式性的球賽，平民也會踢球當作消遣。球賽的意涵依複雜的天文曆法系統而定，這些社會也依照天文曆法制定作息。在阿茲特克，蹴球的守護神是修洛托魯（Xolotl），祂是夜空裡的金星，出現在壁畫上的球員也代表其他星體。雕像和雕刻顯示出，球賽進行當下或賽前，常配合戲劇表演，賭博也很流行。不少中部美洲文化的文獻都記載，貴族拿土地或納貢權（tributary authority）當籌碼押注賽果。有時候，蹴球也用以代替戰爭，比賽收尾可能是戰敗的對手先踢完比賽才被殺掉獻祭，方法可能是砍頭，也可能是剜出心臟。

　　當西班牙人來到此地，蹴球賽令他們驚奇又驚恐。一五二八年，西班牙探險家埃爾南多‧庫提斯（Hernando Cortés）極度好奇，把球員和裝備帶回了西班牙國王查理五世（King Charles V）的宮廷，命令被俘虜的運動員在西班牙貴族前表演一番。不過，魔鬼藏在皮球裡，球變幻莫測的飛行軌跡是惡魔的象徵，球本身彈跳的節奏是異教信仰。西班牙人禁止了足球。其實他們沒必要這麼麻煩——歐亞大陸的疾病傳入美洲大陸、大量人口遭受奴役、倖存者被迫接受基督信仰，光是這些已足以輕易摧毀維持足球興盛的社會和信仰。殘存下來的只剩幻影，都是奇特的、古怪的、鄉下地區性的足球。比方說，墨西哥西北部偏遠的錫那羅亞州（Sinaloa），蹴球在當地稱為 Ulama，很多變化過的版本保存下來。這裡沒有鋪路，泥濘的街道就是球場，粗糙的橡皮球依然是球員親手做的，專門用語言裡還留著零碎的阿茲特克詞彙。

　　現代足球如今在當地位居地方文化的中心。世界盃兩度在命名為阿茲特克體育場（Azteca stadium）的場館舉辦，位置就在阿茲特克偉大帝國的首都特諾奇蒂特蘭城（Tenochtitlan）南方，距離就只有幾公里。在那裡，墨西哥

城主教座堂（Metropolitan Cathedral of Mexico City）的地基之下，藏著宏偉球場的遺跡。這是世界史上一樁殘酷的意外，二十世紀足球在中部美洲的興盛昌隆，早在西班牙征服者帶來傳染病、施行大屠殺和文化滅絕時，便已能夠預見。

III. 足球的歐洲血統？

歐洲文明後來迎頭趕上，超越並宰制了亞洲、非洲和美洲社會。這個歐洲文明是一種合金，熔鑄自羅馬帝國和希臘化文化的遺跡，征服前者並將後者挪為已用。新創立的一神教——基督教從內部攻陷羅馬，歐亞大草原的遊牧民族則於西元五世紀自外入侵。兩者結合形成中世紀歐洲眾多破碎支離、相互攻伐的封建基督教王國。這一口歐洲大鍋裡，沒有任何成分能聲稱自己擁有顯著的蹴球文化。

古典時期（Classical Antiquity）並非沒有球類遊戲，但不是地位低落，就是無地位可言。[7] 荷馬史詩《奧德賽》（The Odyssey）對奧德修斯（Odysseus）遇上腓尼基人的一段描述告訴我們，西元前一世紀的米諾斯文明（Minoan）已知用球。船難倖存的英雄奧德修斯，被一陣興奮尖叫吵醒，發現一群王宮侍女裸著身子在玩拋球，衣服晾在一旁等太陽曬乾。另一部作品《伊里亞德》（The Iliad）裡，荷馬描述雅典戰士帕特羅克洛斯（Patroclus）死後，葬禮上舉行的體育競賽項目包括體操、射箭、角力和戰車競速，但在這些尊貴的運動和社交活動之間，對球類遊戲隻字未提。奧林匹克運動會從未給球類運動頒發桂冠，古希臘其他神聖的運動盛會也一樣。

古羅馬與球的關係大同小異，頂多可以說比起希臘人，羅馬人比較愛好玩球。他們為 Expulsum Ludere 這種運動特別建有室內球場，稱為「Sphaerista」，這是一種競賽運動，跟現代的手球不無相似。與希臘人一樣，羅馬人有許多球類遊戲是以圓圈為中心傳接、拋擲、佯攻、閃躲。大人小孩都會玩空拋球（Sky-ball）、軟球（pila）和三人球（Trigon）。其他運動在稱為「Palaestra」的戶外遊戲場進行，特別是「Hapastum」這項運動。這項

運動奠基於希臘的「Episkyros」和「Phaininda」運動，與此兩者相同，「Hapastum」的規則不甚明瞭，但似乎與橄欖球類似，可以腳踢、手接，重要的是容許肢體碰撞。留存至今關於這項運動最周詳的記錄裡，阿特納奧斯（Athenaeus）寫道：「他接住球傳給隊友，一邊閃躲另一顆球，一邊大笑。他推開阻擋的人，拉起倒地的隊友。於此同時，場邊始終迴盪著觀眾的吶喊：出界。傳太遠了。後面有人。在他頭上。地上。在空中。太短了。傳回去爭球。」[8]「Hapastum」與漢朝中國的蹴鞠一樣，似乎在軍中最為盛行，可能是正規軍事訓練的一個項目。但要說是闔家觀賞型運動或重要社交活動還搆不上邊。

　　圓形競技場看不到「Hapastum」。羅馬人建造的圓形競技場是古代世界最重要且最壯觀的體育建築：五層樓高的體育場，共有五萬個座位，不論就美學與實用的角度而言，二十世紀以前始終超越任何其他的運動場。羅馬城市有座無虛席的體育盛況，在過去世所未見，但這樣的盛況當中，並沒有球類運動的一席之地。城市裡的流氓無產階級（lumpenproletariat）和元老院議員階級都一樣，喜歡見真血見真膽。他們湧入馬克西穆斯競技場（Circus Maximus）觀賞戰車競速，但結果常常恐怖又血腥，雙方從場內打到大街上。古羅馬的無產階級有多絕望，看他們的娛樂消遣有多野蠻就能衡量，而統治階級的犬儒想法和控制手腕，從他們建來享樂的競技場有多華麗就能略窺一二。就這重要的一點而言，古羅馬的運動文化比古代東亞或中部美洲更接近現代。古羅馬有觀眾和司儀（impresario）。當然，中國和日本的蹴鞠，以及中美洲人的蹴球也都有觀眾，但從幾百人在球場邊歡呼喝采，變成五萬人坐進一個大圓罋內，這不僅是數量變化，性質也有所轉變。召集精挑細選過的地方貴族圍繞在一座禪意園林邊是一回事；把大城市內涇渭分明的各個階層掃作堆，一起扔進充滿壓迫和競爭的氣氛裡，這又是另一回事。古羅馬人甚至在馬克西穆斯競技場創造了第一場類似現代的運動德比戰，藍綠兩隊戰車隊伍與各自的支持者，在賽場內和觀眾席間相互對峙，有時還延伸到大街上或元老院內。古羅馬的體育遺產與品味隨帝國消逝。只有當社會演進到有能力建造並維持與當年同等雄偉的城市，古羅馬庶民場面的規模和熱烈程度才

能重演。在那之前還有一段漫長的等待。

對於入侵的蠻族，我們所知甚少。不論西哥德人（Visigoths）和汪達爾人（Vandals）＊從歐亞大草原帶來什麼運動，不久全都與他們的其他文化一樣，被他們國王欣然擁抱的基督教層疊的教義給吸納進去，消失無蹤。中世紀基督教王國因蠻族入侵而形成，國內優勢的運動文化對球類運動並不友善。簡單來說，騎士才不踢皮球，騎士要打仗。比起中部美洲和遠東的貴族，歐洲封建時期的領主階級軍事化更加全面。歐洲貴族為了爭取社會地位、政治權力和經濟福祉，仰賴使用集團暴力。當時戰爭最強大的科技就是重裝騎馬的騎士，這種武力無法從鄉下農民或常備軍當中培養，必須直接選自貴族子弟。他們沒時間玩球類運動，這麼平庸的消遣活動也絲毫沒有用處或魅力可言。狩獵、馬上長槍比武（joust）和比武大會（tournament），才是符合騎士身分的運動。

儘管歐洲文化熔爐裡缺少球類運動，現代足球卻在此萌生。足球的發展與籃球或排球不同——後兩者完全是現代體育科學重新發明的運動，然而在歐洲大陸西北方的偏遠角落，確實有足球的傳統根基和習俗可循。雖然地位不如貴族的運動，也不適合用於培訓騎士，這些習俗還是倖存了下來。這是因為在中世紀歐洲主流文化之下，孵育這類運動的社會仍保有一定程度的獨立自治。他們即使在帝國全盛時期也躲過了羅馬帝國的控制，雖吸收了基督教義，卻未失去信教以前的慶典，而且保有親族網絡和部落權威，有能力挑戰中世紀歐洲的封建階級體制。他們包括凱爾特文化（Celtic）和眾多位處歐陸西緣的社會。

IV. 古人踢球，現代人創造足球

歐洲半島西緣，凱爾特語族文化在中古時期保有相當程度的分離自治。

＊ 譯註：西哥德人與汪達爾人皆為東日耳曼部族。西元四世紀到七世紀，匈人自東向西入侵歐洲，引起歐洲東部民族西遷，最後連帶導致羅馬帝國將重心轉移至拜占庭，後世多將此段歷史稱之為「蠻族入侵」（barbarian invasiona）。

這些文化似乎都習於在大片開闊空地舉行大規模的球賽，球賽往往聚集大批群眾，氣氛狂熱，眾多參加者分為兩隊，奮力把球送進指定位置，規則限制不多。這一類球賽經常在兩個教區或村莊之間舉行，球在兩地之間的原野來回遞送。遇上婚配慶典、懺悔節（Shrove Tuesday）或聖徒紀念日，村子也會依地理分布、年齡或男子已婚未婚來分隊比賽。這種球類運動在愛爾蘭赫赫有名。一五二七年，《哥爾威法》（Statutes of Galway）提及其英語名稱，聲明民眾不應該「用曲棍或桶板揮打小球，或在無圍牆之處使用手球，只允許用大足球。」十七、十八世紀，也有詩人描述過博因谷（Boyen Valley）、啟達郡（County Kildare）和凱里郡（County Kerry）的球賽。[9] 法國布列塔尼（Brittany），以及更東邊的諾曼第（Normandy）和皮喀第（Picardy），會玩一種名為「蘇勒球」（La Soule）的運動，但跟愛爾蘭的球賽一樣，不斷遭到宗教權威和世俗政權禁止。在英格蘭康瓦耳（Cornwall），類似運動被稱為「板棍球」（Hutling）；南威爾斯彭布羅克郡半島（Pembrokeshire peninsula）的人玩「克納本球」（Knappen）。蘇格蘭奧克尼群島（Orkney Islands）的最大城鎮柯克沃爾（Kirkwall），會在鎮上的大街小巷間舉行「Ba」球賽，這種球賽在一八五〇年復興並正式訂立規則，但起源可以追溯到更早。伯立克郡（Berwickshire）的伯斯（Perth）、傑德堡（Jedburgh）和鄧斯堡（Duns Castle）也有類似的球賽。

　　凱爾特和盎格魯撒克遜地區以外，唯一性質相似的團隊球類運動是義大利足球（Calcio）——流行於中世紀至近代早期的佛羅倫斯，直到十八世紀中期消失，原因可能是遭到禁止。一九三〇年，法西斯黨復興了這項運動，今日以觀光表演和民間風俗的形貌留存下來，每年會在佛羅倫斯的中央廣場舉行，球員穿著中世紀的小丑褲，伴隨著場邊的隆隆砲聲。相傳於一五三〇年，佛羅倫斯遭梅迪奇家族圍城時，還在舉行球賽，城內貴族也喜歡在齋日、聖徒紀念日和主顯節（Epiphany）開賽踢球。規則最早於一五八〇年由喬凡尼·巴爾迪（Giovanni Bardi）頒布。與凱爾特的球賽不同的是，義大利足球並沒有一個經城市貴族薰陶過的鄉村或庶民版本，完全是城市才有的景象。且根據十七世紀一名英格蘭觀察者所述，踢的時候與宮廷規矩和禮儀一樣注

重規範。

除了共通的語言和運動文化以外，所有凱爾特社會都有一個共同憎惡的對象，與緊鄰在側、持續擴張的帝國鄰居——英格蘭和英格蘭人，雙方長年以來紛爭不斷。布列塔尼雖躲過英格蘭金雀花王朝（English Plantagenet）統治，也只是被納入擴張的法國王土之內。威爾斯、愛爾蘭和蘇格蘭全都是再三遭到入侵、殖民的對象，隨著英格蘭王室在不列顛諸島建立政權，三地的政治獨立也遭受侵害。

英格蘭大部分人口組成由盎格魯人、薩克遜人和諾曼第人構成，他們雖然有各自的球類運動，但很有可能是在與凱爾特鄰居長年紛爭的過程中學來的。到了中世紀初期，足球在村莊慶典和城鎮娛樂已相當普遍，愛德華二世、亨利五世、愛德華四世、亨利七世和亨利八世都曾下達法令，企圖禁制、控管或限制足球。當時足球的暴力程度肯定不在話下，紀錄裡也不乏死傷。

有些時候，理由攸關公共治安。一三一四年，以愛德華二世之名頒布的一條法律，譴責「公共球場舉行大型足球賽引起特定群體喧嘩鬧事，繼而在城內引發大騷動，諸多惡行可能隨之而生。」[10] 一名觀察者形容鄉下的球賽說，「鄉間運動的年輕人，推動一顆巨大的球，不是把球拋向空中，而是使勁碰撞讓球在地上滾動，而且不是用手而是用腳。要我說實在惹人生厭，至少依我看比其他運動都來得粗鄙、有失禮統也沒價值，球員自己到最後很少不出意外受傷或殘廢的。」[11] 其他法令呼籲民眾專心鍛鍊箭術，根本理由也是為了控管足球。一座鑄於一四七七年的愛德華四世雕像下寫道：「人人皆不應從事違法遊戲，例如賭骰子、擲鐵環＊、足球和類似活動。每個四肢強壯健全的人都該練習弓箭，因為保家衛國正有賴於弓箭手。」[12] 宮廷紀錄也可看到，不少人因為踢足球而遭到罰款和處罰。哈利法克斯（Halifax）、萊斯特、曼徹斯特和利物浦等鄉鎮，一四五〇到一六五〇年之間都禁止足球。儘管眾多證據顯示足球一再遭到非難及設法控管，但不管在鄉村或城市，足球始終是中下階級生活難以抹滅的特色。清教徒革命後，當政者決心革除「歡

＊　譯註：扔擲鐵環、繩圈或橡皮環，以套中遠處標的物的傳統遊戲。相當於現代的套圈圈。

樂英格蘭」*對球賽和賭博的誇張沉迷，但就連當時堅定的努力也失敗了。查理二世復辟後，早年便常與廷臣踢足球消遣。

　　到了十八世紀，更廣泛的運動文化逐漸萌芽，這些古怪多變的球類運動都只是其中微小的一環。打獵和田徑運動在地主貴族之間依然地位崇高。早期型態的板球、網球和高爾夫球，則比較吸引貴族當中性好和平的成員。社會各階層的賭徒偏愛賽馬和拳擊。這些運動的興起，受到全世界第一場工業革命的鍛造，一個全球帝國統治階級正在崛起更新。歷史上龐大的文明力量，與盎格魯─凱爾特文化留存下來的粗野混戰意外相遇，創造了現代足球。它融合了東亞與太平洋文化的技藝精神，擁有與中美洲蹴球運動相當的庶民文化地位，也復甦了古羅馬用以鑄造城市文化同時當做愚民手段的記憶。但只有在與貴族業餘運動家精神短暫結合的時期，足球發展才有意識地參考、認識了古典風俗。球跟這世界一樣古老，自有人類以來就有人踢球。古代人懂得踢球，但足球誕生於現代。

---

*　譯註：歡樂英格蘭（Merry England）是對近代英格蘭社會文化的一種刻板烏托邦印象，想像從中世紀到工業革命展之前，英格蘭過著歌舞昇平的田園牧歌生活。

第二章

最基本的足球：
不列顛與現代足球的發明

足球早先在平民大眾間十分流行，然近年來似因聲譽不佳，已少有人從事。

——英格蘭作家，約瑟夫‧史崔特（Joseph Strutt, 1749-1802），1801[1]

本院所有低年級男學生，每天須踢一場足球，半天課須踢兩場，否則罰款半克朗並踢出學院。

——伊頓公學告示，十九世紀中期[2]

I. 喬治時期足球的絕處逢生

　　約瑟夫・史崔特是《英格蘭人民的運動與休閒》（*Sports and Pastimes of the People of England*）一書的作者，這本書是喬治時期（Georgian era, 1714-1837）*調查英格蘭運動文化的專著，當時無人可比。史崔特要是泉下有知，他提到足球幾近消失之後，僅僅過了五十年，足球已一躍成為英格蘭本土最負聲望、影響力最大的公立學校裡最強勢的課外活動，他一定會驚訝不已。就算再怎麼天馬行空幻想，史崔特也肯定想像不到，他信筆為傳統足球寫下訃聞，可一百年後，現代型態的足球已經是英格蘭和蘇格蘭的國民運動，而且很快將在二十世紀成為全球最受歡迎的運動。國民運動在史崔特看來會是很奇怪的概念，因為在一八〇一年，幾乎沒有哪一種運動或休閒活動真的稱得上全國普及，更沒有一套眾所同意的成文規則。當時所謂的規則往往取決於環境，不成文的傳統經常被奉為圭臬。新生的民族認同也不曾想過要和踢足球這麼微不足道的小事結合在一起。不過在當時，未來足球擁有的其他諸多面貌也都還不明朗。當然了，不列顛會在十九世紀中期成為世界強權，帝國聲勢無與倫比，且於經濟和科技發展取得領先地位，但這些在當時的觀察者眼裡一點也看不出來。一八〇一年，不列顛還陷於漫長的拿破崙戰役裡，不確定最後能夠獲勝。大英帝國剛失去美利堅合眾國，看上去並不所向披靡，十八世紀中期的小規模發展雖點燃了工業化的火苗，但這時還在小火慢燉，還未爆發出驚天動地之力，促成都市化和長期經濟成長。

　　就算看得出這些能讓足球在不列顛發展、終至傳播全球的社會條件，也依然無法肯定足球會成為不列顛菁英爭捧的運動。組織能量和國內的貴族階級，雖然日後會重新發明足球，使足球有理由成為對休閒運動更廣而深的支持的一環，但這時候貴族的興趣還在其他方面。實際上，針對當時主要運動

---

* 譯註：不列顛王國由國王喬治一世至喬治四世連續在位的一段時期，下啟維多利亞時代（Victorian era, 1837-1901）。

的一項調查顯示，職業化、統一規則和集權組織的早期形成過程，剛開始出現在拳擊、划船、賽馬和板球界，這些也是現代足球欲發展為國民運動乃至全球運動基本必備的條件。

十九世紀初，經營拳擊運動的是由貴族拳擊手與倫敦市民組成的社群網絡。這個跨階級的運動聯盟，誕生自十八世紀初以倫敦費格會館（Figg's Emporium）為中心舉辦的拳賽，拳擊在這裡首度定下成文規則，並建立了全國公開的比賽。傑克‧布洛頓（Jack Broughton）是當時首屈一指的職業拳擊手，後來也致力推廣拳擊，他在一七四三年擬定出這些規則，形制一直沿用到一八六○年不列顛最後一次舉辦官方的職業拳賽。坎伯蘭公爵（Duke of Cumberland）是布洛頓的一大資助者，一七五○年的一場拳賽曾押注一萬英鎊在布洛頓身上。這種金主與食客的關係，以及許多比賽能贏得的高額獎金，從十八世紀中期開始，便創造了一種小而明確的職業拳擊等級劃分。貴族不只出錢，偶爾自己也會上場，這也替拳擊運動提供了安全空間，免受法律的窺探。一七八○年代，約克公爵（Duke of York）和威爾斯親王（Prince of Wales）都曾把莊園當作比賽場地，據說兩人下注拳擊的金額都曾高達一場四萬英鎊。

貴族愛好賭博，也為賽馬和划船提供了資金支柱。尤其是賽馬，從仕紳貴族子弟不定期在鄉間田野進行的非正規競賽，演變成一項高度組織化的運動。十八世紀初引進純種阿拉伯馬，既為賽馬界增添一批生力軍，也大加刺激人工育種繁殖與競逐紀錄的發展。各地紛紛興建出永久賽道，舉辦最早的高水準競賽，同時建立起一套賽級制度，並造就了全國對賽馬運動的關注。每年固定的賽馬日程隨之誕生，為管理賽馬運動，賽馬會（Jockey Club）也於一七五二年成立。划船比賽的淵源同樣久遠。許許多多在英格蘭國內主要通航河流上來往行商的船夫，為划船運動提供了現成的人才庫。十八世紀末、十九世紀初，各項年度挑戰賽、賽船大會，及簇擁著泰恩河和泰晤士河兩岸的大批群眾，是城市運動生活的尋常風景。但最正式化的運動無疑還是板球。自十七世紀末王政復辟時期起，板球的遊戲形式在現代人裡至少還認得出大概。鄉間地主對賭博澆不熄的狂熱，又一次催化出組織性比賽，貴族本身也

不至於不恥參加。里奇蒙公爵（Duke of Richmond）在一七二七年成立第一支板球球會，其後不論在鄉間或城市都形成了興盛的球會文化。

如果說，足球在上層社會被偏愛賽馬、拳擊和板球的貴族給邊緣化，那麼在下層社會，長年以來反對傳統運動休閒的聲浪，也擠壓了足球的發展空間。這種聲浪部分源自清教徒遺留下來的陰鬱傳統，把玩樂與不虔誠劃上等號，藉由極端的安息日主義（Sabbatarianism）＊來表明對大眾娛樂的反感。不過，傳統神學後來又與新的論點結合。中世紀教會詮釋人與自然的關係，人對自然有至高無上的統治權，這種觀念後來已站不住腳。雖然人類在自然萬物間，地位可能還是比較崇高，但新的社會風氣對舊時代農民與貴族娛樂活動的粗野殘忍，明顯流露憎惡。衛理教徒、非英國國教徒及城市職業人口皆長期關注鬥雞和鬥熊（bear-baiting）等殘忍的動物競技。這些群體在一八二五年共同創立防止虐待動物協會（Society for the Prevention of Cruelty to Animals），是一八三二年《改革法案》（1835 Reform Act）當中，第一批因選舉權微幅擴張受惠的團體。他們運用新的國會參政權，一八三五年推動《防止虐待動物法》（Prevention of Cruelty to Animals Act）通過。這樣的社會環境下，對傳統運動引起的社會動亂、個人危害和脫序暴力，無可避免會出現更廣泛的批評，好比說足球。新工業和企業階級，就對足球影響土地和勞動紀律感到驚慌。泰晤士河畔金士頓（Kingston-upon-Thames）的地方議會上，商店老闆嗟嘆道：「只為了配合一個這麼沒用又野蠻的運動，居民就要忍受商店歇業將近兩天，這件事不算小事吧。」[3] 德比郡議會用這樣的字眼形容足球：「無法無天的暴民集會，商店因此歇業，害勤奮者蒙受損失，引發和平之士的恐懼擔憂，動用暴力傷害個人，還侵害無助窮人的房屋土地。」[4] 新興的商人階級萬分不想與同時代激進的職業工匠沾上邊。這群早年工人之中的貴族，與不列顛喬治時代晚期出現在鄉村的絕望無產階級和城市裡新形成的底層階級，想方設法要拉遠社會地位關係。因此，德比郡激進的職業工

＊ 譯註：安息日主義是基督教內部對星期日的一種看法，按照十誡所示，星期日是休息和敬拜神的日子，不應做工或玩樂。這種觀念根源於早期基督教，後來也見於東正教、愛爾蘭教會以及清教徒之間。

匠，才會語帶輕蔑地形容阿什本（Ashbourne）在懺悔節（Shrovetide）舉行的足球賽是「野蠻魯莽又愚蠢無比」。[5]

　　單看法律案例紀錄會過度著重那些遭到禁止或管控的足球比賽，而忽略正常舉行的比賽。即便如此，潮流走向還是很明顯：日常傳統型態的足球正在沒落。一八三五年的《公路法》（1835 Highways Act），明確允許城市地區禁止街頭足球，並對此制定了相關條款。同時，從密德瑟斯（Middlesex）到薩里（Surrey）一帶，懺悔節足球賽的傳統也逐漸消失。一八四〇年代到一八五〇年代間，足球從泰晤士河畔金士頓、里奇蒙、漢普頓威克（Hampton Wick）等地根絕。其他歐洲國家雖然紛紛捲入一八四八年一連串城市人民革命，但在英格蘭，舊政權的統治不會輕易遭暴民動搖。向以盛大、暴力聞名的阿什本德比戰，與憲章運動（Chartis movement）* 一樣，在一八四六到一八四八年間，遭《暴動法》（Riot Act）出動軍隊管控。過去這些球賽有助於人民重申對公共土地和民用道路的掌控權，現在卻不是遭到消滅就是歸順了。這無疑就是安尼克（Alnwick）當地著名足球賽面臨的命運，諾森伯蘭公爵（Duke of Northumberland）只消把球賽移出城鎮中心，就馴服並抹除了球賽的政治意涵。歷經這類直接行動，加上十九世紀英格蘭鄉村人口持續外流，傳統足球不免逐漸消失。一八六一年是阿什本最後一次舉行足球賽，一度盛行於南威爾斯的克納本球，最後一次紀錄是一八八四年出現在尼司（Neath）街頭。到了十九世紀末，傳統足球只倖存於帝國最遙遠的偏鄉和窮山惡水之地 ── 沃京頓（Workington）、切斯特街（Chester-le-Street）、傑德堡（Jedburgh）、奧克尼群島，還有康瓦耳。且就連在這些地方，足球也已過時落伍，危在旦夕。

　　但誠如我們所知，足球活了下來。這是因為在衛理教徒、實業家和職業

---

* 譯註：一八四八年，歐洲各國爆發一連串革命運動，首發於義大利，隨後法國的二月革命將革命浪潮推及全歐洲，史稱「民族之春」或「人民之春」。影響所及，人民國族意識覺醒，帝制漸遭推翻。不列顛同時期雖未發生革命，但興起為時十年的憲章運動。一八三八年，《人民憲章》擬定，工人階級受到鼓勵，開始組織社運求政治社會改革。一八四八年，馬克思和恩格斯在倫敦發表《共產黨宣言》，對歐洲革命和憲章運動皆有影響。

工匠文化所及之外，還有一些機構保存並滋養了足球。不列顛的公立學校是那個年代的頑皮動物園，喬治時期農業社會許多原始瀕危的運動遊戲在校園內獲得庇護，孕育發展，待進入工業化的維多利亞時期，才釋放進入新的運動與社會生態之中。

II. 維多利亞時期所追捧的男子氣慨

十九世紀初，不列顛的公立學校是為了教育仕紳階級和新興商人家庭的兒子而存在，他們位處社經地位的金字塔頂端。學校裡究竟教什麼並不是很清楚。校內課程嚴肅守舊，絕大半是拉丁語、希臘語和神學。教室內雖然有規矩紀律可言，但除此之外，公立學校是混亂、粗暴的機構，有時候甚至瀕臨無政府狀態。學生的社會地位大多高過校職員工，再加上這些沾染貴族氣的少年普遍血氣方剛，意味校園生活往往由「對成年統治集團不定時爆發的長久戰爭」構成，使用蠻橫的體罰手段來加強管理，更使統治集團的非正當性大幅提高。[6] 學生單純不守秩序的下一步常常是公然煽動造反和佔領行動。一七九七年，拉格比公學（Rugby School）因此召集軍隊到校平息學生造反。一八一八年，溫徹斯特公學（Winchester College）也召請配戴刺刀的國民軍入校，這次是他們五十年內第六次出動。

運動遊戲是少年文化裡的核心要素。鬼抓人、傳接球、套圈圈，所有操場常見的活動都找得到，但公立學校的男孩對殘忍暴力尤其表現出明顯偏好。哈洛公學（Harrow School）校內把殺小鳥戲稱為「突刺」（Toozling）。獵野鴨和獵兔子廣受喜愛，丟石頭則備受尊敬。當時據說「哈洛山丘上沒有野狗能活」，而且「小馬要是得拉車到學校附近，十有八九回來都瞎了眼睛。」[7] 這些拳擊小子如果拿動物較勁還不夠，對象就會換成當地民眾。這些校園鬥毆具有地方性，不是找社會地位相同的同儕，就是找其他同屬當地的年輕人。哈洛公學的學生出了名地喜歡找在附近築堤的鐵路工人打架，伊頓公學（Eton College）的學生常常槓上溫莎（Windsor）當地的年輕屠夫。這些男孩子都不介意與鄉下人混在一起了，自然也不太會瞧不起休閒活動，尤其這

些活動像傳統街頭足球一樣愈吵鬧脫序愈好。因此，十八世紀末或十九世紀初，所有主要公立學校裡，學生紛紛發展出某種足球傳統。一旦在這些相對封閉的機構裡紮根，非正規的規則與遊戲方式就跟校園流行語（school slang）和迎新儀式一樣漸漸茁長，由學長交接給學弟。

十八世紀中期起，伊頓公學出現了伊頓牆球（Eton Wall Game）和伊頓野地球（Eton Field Game）。哈洛公學的草地排水不良、土質黏重，因此發展出一種遊戲，使用底部扁平的大球，球能漂亮地掠過泥巴和水坑。溫徹斯特公學的足球在一片狹長草地上進行，強調踢和追球。西敏公學（Westminister School）空間封閉，似乎偏好短傳和帶球，舒茲伯利公學（Shrewsbury School）和拉格比公學則比較著重於用手持球。查特豪斯公學（Charterhouse School）最早設於一座加爾都西會（Carthusian）的老修道院內，似乎也以帶球為主，但他們玩得不是很認真：「球一下子就滾進其中一道拱壁，引起一陣可怕的推擠，五六十個男孩擠成一團，激烈地『動手動腳』，又踢又推，想把球撈出來。」[8] 爭球、火爆、見血、推擠是公學足球的同義詞。的確，伊頓牆球就是一場在長條狀場地來來回回的漫長爭球。這麼多血氣方剛的青少年同時聚在一處，難免產生暴力和危險，這使得伊頓野地球賽在一八二七年到一八三六年間遭到禁止，時任舒茲柏利公學校長的山繆‧巴特勒（Samuel Butler），也形容足球「不適合年輕紳士，比較適合農家子弟和工人」。[9]

菁英子弟所受的教育聲名狼藉、雜亂無章，足球也是其中一項，雖然很多不列顛貴族並不為此感到困擾，不過有些人漸漸相信，世界的性質正在改變，公立學校也需要有所變化。這一波改革運動的關鍵人物是湯瑪斯‧阿諾德（Thomas Arnold），一八二八年一八四八年間，他在拉格比公學擔任校長。阿諾德計劃改革學校課堂和教會實施的菁英教育。粗野的貴族後裔和庸俗的工商業資產階級暴發戶，都將接受一套由紀律、祈禱和理性學習構成的教育方案，使之具備更有教養、彬彬有禮的男子氣概，更適於承擔啟蒙時代大英帝國基督教紳士的任務。

阿諾德的改革方案中，運動和體育活動並非組成核心，但在他同代人和

支持者手上，運動和體育漸漸取得重要地位。拉格比公學與其他公學的教職員起初面臨的最大難題，不是怎麼塑造出不同的學生，反而單純只是如何控管。透過參與團隊運動，尤其是足球，教員得以介入既存的權力階級，他們原本位處最上層，其次是高年級生，新生在最底層，現在教員可以把部分權力讓渡給高年級生。同時，一大群青春期男孩關在小空間裡，不免產生過度旺盛的精力和荷爾蒙變化，教員也能利用運動把這些火種給燃燒殆盡。另外還有一個不能說的祕密，教員相信定期活動身體，能有效預防同性戀和自慰這些當時不能浮上檯面的惡行。阿諾德在拉格比公學很多的一線助手自己也都是運動員，他們與後進晚輩在流動的教職生涯中，把運動和體育活動的福音從一所學校傳到另一所。阿諾德在拉格比公學的改革計畫當中，喬治・柯頓（G. E. L. Cotton）便是其中一名重要人物，後來至馬爾伯勒（Marlborough）出任校長，形成湯瑪斯・休斯（Thomas Hughes）的作品《湯姆求學記》（*Tom Brown's Schooldays*）裡足球校長這個角色的原型。海利伯立公學（Haileybury College）的校長 A. G.・巴特勒（A. G. Butler），極度熱中足球，常常親自下場，「衝進搶成一團的人群，把球踢向空中，得意洋洋地跟著球出現，下一刻又滾倒在泥巴裡，有如最謙遜的前鋒，最後因為衣服毀損嚴重才只好下場，但他的面子絲毫無損。」[10] 哈洛公學校長查爾斯・佛恩（Charles Vaughan），十分積極提倡運動倫理；要說最極端的例子，還有像阿平罕文法學校（Uppingham Grammer School）的艾德華・舍林（Edward Thring），以及愛丁堡羅雷拓公學（Loretto School）沒人勸阻得了的賀利・哈金森（Hely Hutchinson）這類人物，哈金森制定每天踢足球的規定，設計校隊制服看起來與足球衫相似得可疑，他還贊同在冬天的雪地裡奔跑，並挑了一首名為〈快若閃電〉（Go Like Blazes）的歌當校歌。

　　為什麼這麼一小群熱忱奉獻、堪謂狂熱的教師，能夠形塑整個統治階級的性格特質和行事作風？他們的熱心和活力是一回事，只能說這些傳播福音的教士很幸運，他們追求使命的時代背景，於現實面、文化面都能密切支持他們的論述。維多利亞時代的人愈來愈注重身體健康，從當時醫學、生物學、公共衛生觀念的轉型便可得見。不只如此，維多利亞時代的人深信，身心健

康關係到道德健康。健全的國家需要健康的菁英，上層階級在學少年的性心
理健康因此成了維多利亞時代身體文化的關注重點。甚至有人就說：「維多
利亞時代的公學校強迫發展出一種新的男子氣概，用來突顯男性的特質不再
是智力或生殖器，而是體能和道德修養」[11]，此兩者結合日後會被稱為「健
碩基督教」（muscular Christianity）*，與維多利亞時代中期其他流行的許多
觀念相互呼應。

　　時人認為，統治階級這種新的基督教男子氣概，透過團隊運動最能夠培
養發展。運動提供了理想的工具，經由學校把舊時代貴族與新資產階級融合
在一起，追求共同的目標，馬修・阿諾（Matthew Arnold）稱之為「有益又
有利的階級融合」。更何況，運動可以塑造人格。瑟林認為這攸關人的強悍
或堅強與否。也有人把運動整體視為物競天擇的手段，尤其是足球，藉此可
以剔除那些不適於擔負帝國統治重責的人。運動強化了維多利亞時代統治階
級的身體，使他們有能力承擔帝國擴張和全球霸業的考驗，否則在那個年代，
大量文書工作將使他們衰弱不振。運動同時也教人合作與競爭，這正是一名
菁英必須學習的基本課程。就如理查・霍特（Richard Holt）說的：「輸得有
風度，這個觀念不只關乎禮貌和上層階級的風範，也用於鼓勵以良性競爭取
代霍布斯主義式那種自私蠻橫的競爭。」[12]基督教體育主義一位主要提倡者，
查爾斯・金斯萊（Charles Kingsley）寫道：

　　少年透過運動習得的美德，沒有一本書能授予他們。不光是膽量和毅力，
還有沉著、自制、公正、榮譽，對別人的成功和人生種種得失不起嫉妒之心，
當他走入世界，這些會帶給他極大好處，少了這些特質，說實在話，他的成
功永遠不完整、永遠有缺陷。[13]

＊　譯註：十九世紀中期的不列顛，因受到工業社會衝擊，加上時局不穩，開始有基督徒及教
　　會群體出於救亡圖存的心態，發起將運動運動與基督教信仰元素結合的社會運動，稱為「健
　　碩基督教運動」（Muscular Christianity Movement），鼓吹運動乃是建立男性特質及基督
　　教道德品格的方法。

III. 協會足球的濫觴

時至十九世紀中葉，運動倫理已成了不列顛公立學校的課程重點兼中心思想。乃至於蘇格蘭費蒂斯公學（Fettest school）的校長甚至宣稱：「聰明何用！聰明既不能壯志亦不能衛國。」[14] 校園文化內部的階級地位，如今建立在運動場上表現的英勇程度。運動的重要性也可以從操場的大小來衡量。哈洛公學的操場一八四五年只有八英畝，一九〇〇年擴大到一百四十六英畝。查特豪斯公學則在一八七二年搬離原本空間狹小的校址，遷至薩里郡廣大開闊的校地。城市的文法學校也野心勃勃，幾間名校很快趕上了公立學校對運動的癡迷，例如里朋（Ripon）、伍斯特（Worcester）和布里斯托。這些學校愈來愈常聘用公學教育出身的教師，這些教師也把運動倫理一併帶入新學校。A. B.·哈斯利（A. B. Hasley），拉格比公學前足球隊長兼學生代表，後來當上里朋文法學校校長，就曾在某一年的校園開放日向家長致詞表示威靈頓公爵說得沒錯，滑鐵盧之役是在伊頓公學的運動場上打贏的——不過，威靈頓公爵如果真的說過這種話，指的八成是擂臺拳擊，而不是團隊運動。雖然板球依然是大受歡迎的夏季運動，地位屹立不搖，拳擊、划船、田徑、曲棍球也各有一席之地，但最能吸引教職員工和學生投入精力與想像的仍是足球。

雖然每間學校的足球規則尚未底定，但已漸漸出現一套合理的固定形制。一八四五年，拉格比公學定出第一套成文規則；同時，投入足球組織的校長與日俱增，其他學校也在一八五〇年代紛紛跟進。這些公學畢業的運動員，大多數人下一步不是進牛津或劍橋大學，就是從軍，或者兩者兼備。事實證明，這些機構全都是運動發展的沃土。牛津大學各個學院和軍隊各個軍團複製了公學名校所熟悉的系統，不同分院、不同顏色、不同隊徽之間互相競賽。學術課業並未佔用大部分學生太多時間，加上一八三〇年代晚期到一八四〇年代，大學校園大量的運動設施讓正規足球得以建立起整套基礎設施和規範。軍中踢足球的比例似乎在克里米亞戰爭之後有所上升。可以確定的

是，這段時期足球在懷特島（Isle of Wight）靜養的士兵之間廣為傳播。唯一的問題是不知道他們踢的是哪一種足球，因為想當然爾，這些少年一定都帶著自己學校特有的一套規則來到這裡。一八四六年，舍林和德威頓（De Winton）這兩名舒茲伯利公學的校友，曾想在劍橋大學制定第一套共同規則。舍林後來寫道：「想過辦法讓足球取代曲棍球流行起來，結果卻是一團混亂，因為人人皆依母校習慣的規則踢球。我還記得伊頓的學生喝斥拉格比的學生不要用手碰球。因此後來同意，每間公學應選出兩人為代表，另由兩名非公學畢業生代表『校隊』。」[15] 討論過程最大的爭議出自兩派之間意見分歧，某些學校創造的足球首重踢球和帶球（哈洛公學、伊頓公學、查特豪斯公學、溫徹斯特公學），另一些學校則涵蓋更大範圍的傳球（拉格比公學、馬爾伯勒公學），當時還沒有規則完全禁止用手傳接球。這些爭論比較的基礎不只有運動邏輯，各公學之間的地位排名問題始終顯而易見，共同規則經常被貶為「雜種足球」。討論文章當時多發表在運動週報《貝爾的倫敦生活》（*Bell's Life in London*）上，但爭論到後來雙方言論尖酸，參與者狂熱得不講道理，以至於一八五九年週報主編宣布，他將限制所有回覆文章的長度。

　　保存舊日足球傳統，將之改造成新足球並向外傳播，在這方面公學和大學雖然明顯是核心要角，但發揮作用的並不只有它們。來到鄉間，板球俱樂部，以及以酒館、地方學校、軍事單位為中心的零碎聚落之間，從一八三〇年代晚期到一八五〇年代晚期，也出現非正規的足球比賽。《貝爾的倫敦生活》雖然刊名叫倫敦生活，但那幾十年間其實廣泛流傳於全國，各個社經地位族群都會閱讀。該週報做過一次調查，結果收集到大量與足球隊相關的信件、廣告和請柬。最早在一八三九年，阿爾弗斯頓（Ulverston）當地昆布利亞人聚居的城鎮就以擁有兩支足球隊為榮，其中一隊各個行業工匠都能參加，另一隊只限一種行業——阿爾弗斯頓的皮匠。在蘇格蘭，愛丁堡出現由地方工人、侍者和不同軍團成員組成的隊伍。萊斯特郡、德比郡、沃威克郡（Warwickshire）在那幾十年間似乎全都有足球隊。薩里板球俱樂部（Surrey Cricket Club）在一八四〇年代末另外建立了自己的足球隊和規則手冊。在伯明罕創辦了雅典機構（Athenic Institution）的基督教憲章運動人士也喜歡踢

踢足球。但公學除外，足球活動最密集的地方在謝菲爾德。謝菲爾德市的海德公園有足球活動，早於一八三一年已可見相關報導，當地對於足球想必有充分熱情，才會在一八五七年成立謝菲爾德足球俱樂部（Sheffield Football Club）。隊員多是從前謝菲爾德各大學的學生，來自製造業和專門行業的中產階級家庭。似乎只有在倫敦，足球隊才泰半都只限由公學畢業生組成。南倫敦的布萊克希斯俱樂部（Blackheath Club）由支持傳球的一派於一八五七年成立，定居倫敦的哈洛公學校友依然偏好自己版本的足球，在一八五八年成立森林隊（Forest Club），一八六〇年更名為巡遊者隊（the Wanderers）。

想解決當前混亂無組織的狀態，最少需要把不同規則一條條全部列出來，按部就班比較差異，當作整合的序曲。這件事一直到一九六一年才實現，運動用品商店莉莉懷特（Lillywhites）同時出版了近乎所有的足球競賽規則。話雖如此，關於規則制定的爭論大多刊載於《草地》雜誌（*The Field*），《草地》雜誌主編坦承，他還是覺得伊頓野地球的規則難以理解。一八四六年在劍橋大學曾召開會議想制定第一套共同規則，會議召集人之一的舍林，一八六二年已經是阿平罕文法學校的校長。他再度嘗試建立一套共同規範，希望能鼓勵不同學校廣開競賽。舍林訂定十二條規則，稱之為「最基本的足球」，這雖然大幅提高阿平罕校內對足球的興趣，規則那年後來也實際用於劍橋大學校內一場哈洛公學校友對伊頓公學校友的十一人制比賽，但除此之外並未廣泛受到採納。後來在一八六三年，劍橋大學校內又一次嘗試想制定共同規則，但看來還是做不出最終決議。

這個問題在倫敦想必特別嚴重，不同校友組成的球會依然堅持代表各自的公學。一八六三年十一月，倫敦中心林肯律師學院廣場（Lincoln's Inn Fields）的共濟會酒館（Freemason's Tavern）舉行了一場會議。與會者是倫敦地區十一支校友球會的代表：吉爾本無名者隊、伯恩斯隊、戰情局隊、十字軍隊、森林隊、珀西瓦里宮隊、水晶宮隊、布萊克希斯隊、肯寧頓公學隊、瑟比頓隊、布萊克希斯公學隊，以及一名來自查特豪斯的觀察員。之後兩個月進行了一連串會議，想盡辦法彙整列席者代表的各種不同版本足球，希望建構出單一準則。舍林於一八六二年制定的規則雖然提供了很好的出發點，

但愈來愈顯而易見的是，眾人在兩項重大議題上意見互不相容。其一是偏好長傳長跑的一方與偏好帶球踢球一方的爭執。二則是有些人喜歡「掃割」（hacking），即球員為了攔截搶球，故意攻擊對手小腿脛骨，有些人則反對這個動作。對於廢止掃割動作的計畫，布萊克希斯隊的代表坎伯先生評論道：「這麼做會扼殺足球場上的膽量和勇氣，以後想必我只要找一群法國人來，練習一星期就能打敗你們。」所有與會成員現在自稱為足球總會（Football Association，即現今英格蘭足球總會的前身），足總的名譽祕書伊比尼澤‧莫雷（Ebenezer Morley）對掃割議題回應道：「要是保留掃割，只要是年紀大到有判斷力的人都不會再碰足球，踢足球的會完全只剩下學生。」[16] 後來出版的規則手冊也禁止絆人、拉人、推人和持球跑，不過還是允許用手接球，接到球的人可以在原地做記號後開自由球。

　　歷史是勝者寫的。倫敦這一群校友集團創立了足球總會，漸漸掌控了英格蘭的足球比賽，因而被視為現代足球唯一的發明者和規則的制定者。但誠如我們所見，他們既非唯一也不是最早想為公學和大學以外的足球制定一套合意成文規則的人。這份榮譽應該歸屬於謝菲爾德足球圈的弟兄，他們在一八五八年十月就出版了自己的規則手冊，修訂後的版本成為謝菲爾德足球俱樂部競賽的基礎。這套規則初期遇到的問題包括因為球門只有四碼寬，兩隊零比零平手的情況大增。往後五、六年間，規則經過多次更正，缺失獲得改進，南約克郡愈來愈多球會採用這套規則，最終在一八六七年形成了一個足球聯會。儘管創立時間比倫敦的足球總會晚了四年，謝菲爾德足球聯會旗下的球員更多，球會成員也更多。倫敦足球總會的地位幾乎沒高出多少，公立學校不理會足總的權威與規則手冊，逕自回歸到各校自有的玩法。雖然有少數其他球會採用足總的規則，但鄉下很多球會還是遵照著自己的版本，足總想方設法廢止的掃割和持球動作，多半也保留在內。也有很多球隊選擇並行兩套以上規則，且常常是在同一場比賽當中。直到謝菲爾德的足球聯會和倫敦的足球總會排除了爭端，遵照共同的規則進行比賽，許多混淆之處才有所緩解，主張用手持球的球會也終於決定另外建構一套規則，在一八七一年創立了橄欖球聯合會（Rugby Football Union）。而今日所知的協會足球

（association football），這時總算是一個獨立的實體了。未來會不會流行起來，甚至能不能生存下去，現在還都是無法回答的問題。

IV. 新文化風景

一八七〇年代初，足球在維多利亞時代的社會依舊小眾，只被一小群社會階層的人當作休閒活動。對很多人來說，這樣的發展狀態已經足矣。踢橄欖球的球會甚至不斷盡其所能把橄欖球限制在菁英圈以內，不發展組織性賽事也反對角逐獎盃，他們對此嗤之以鼻，譏之為「獵盃」（pot hunting）。足球的統治階級不這麼想，他們雖然社會地位尊貴，但仍保有些許平民氣息。哈洛公學校友兼足協祕書查爾斯・亞考克（C. W. Alcock），把哈洛公學各學院間的足球競賽當成範例，於一八七一年七月二十日宣布：「希望成立挑戰者盃，與足總合作舉辦，所有隸屬於足總的球會都應受邀出賽。」[17] 第一屆足總挑戰盃（FA Challenge Cup）共有五十間球會夠格參賽，但只有十五間實際出賽。在國內到處移動開銷大又麻煩，很多球會因此打消念頭。有三支球會除了表示興趣以外再無進一步行動，遠道從哈特福郡（Hertfordshire）以北來的只有兩隊：女王公園隊（Queen's Park），蘇格蘭第一支球會，根據地在格拉斯哥；還有來自林肯的多寧頓文法學校（Donnington Grammar School）。準決賽第一輪，哈洛公學校友組成的巡遊者隊淘汰了女王公園隊，因為前場比賽兩隊平手，但蘇格蘭人負擔不起回倫敦重賽。另一邊則由皇家工程師隊（Royal Engineers）擊敗南倫敦的水晶宮隊。決賽當天，兩千人來到橢圓板球場（Oval cricket ground）見證莫頓・貝茨（Morton Betts）踢進一球，為巡遊者隊贏下第一座足總冠軍盃。貝茨在比賽中化名「棋格」（A. H. Chequer），因為他曾替哈洛棋格隊（Harrow Chequers）踢球。依照觀眾的社會階級組成，大概絕大多數人都懂這個校友梗。

這些觀眾看到了什麼呢？當時創造的是什麼樣的比賽？也許從球員的社會出身背景，就能瞥見現場觀眾的性質，當時球員無一不是來自於上層階級。往後幾年，足總盃決賽還會看見其他球員身影，包括利特頓家族的兄弟檔，

艾弗雷德（Alfred Lyttleton）和愛德華（Edward Lyttleton），他們兩人都是伊頓公學校友。愛德華後來當上母校的校長，艾弗雷德則入閣出任國會議員，同時也是英格蘭板球國家隊成員。愛德華用饒富古典文化教養的筆法描述弟弟的優異表現，寫道：「局面愈漸刺激，他也激情高漲，迸發出勢不可擋的狂熱，他會挾雷霆之力縱身躍下，鈍重的膝蓋直伸在前，史詩英雄的架式一應俱全。」[18] 另一位足總盃決賽常客，威廉・史蘭尼（William Kenyon Slaney），日後先是當上菁英皇家近衛騎兵團（Household Calvary）上校，之後也出任國會議員及樞密院大臣。昆汀・霍格（Quentin Hogg）曾替伊頓公學校友隊進球，後來是愛德華時代不列顛著名的社會慈善家，他的學弟金納德爵士（Lord Kinnaird）是第一個真正的足球明星，晚年是蘇格蘭長老會（Church of Scotland）的王室高級專員（Lord High Commissioner）。一八七三年，足總盃決賽延期舉辦，好讓觀眾和球員既不會錯過足球賽，又能欣賞好友參加原定於同一天舉行的大學校際划船賽（Varsity Boat Race）。

　　球場實際有多大，並未留下紀錄，但根據當時的足總規則，最大很可能有一百碼寬、兩百碼長（九十一到一百八十二公尺），比現代的草地足球場大很多（寬介於五十碼到一百碼之內〔四十五點七到九十一點四公尺〕，長介於一百碼到一百三十碼之間〔九十一點四到一百一十八點八公尺〕）。球場草地最初沒劃白線，只插旗標記場界。球場兩端分別立著兩根單薄的球門柱，柱子相距二十四英尺（七點三公尺），中間掛著長布條，離地大約八英尺（二點五公尺）。掛布條是晚近才想出來的主意，這是因為一場在來蓋特（Reigate）的比賽上，足總委員看到一顆獲判得分的進球雖然確實越過了門柱，但卻是在將近一百英尺（三十公尺）的高空。往後幾屆足總盃決賽的忠實觀眾，一直要等到一八八二年才會看到球門增設固定的橫樑，球門網則要等到一八九二年。球門柱起初是方形的，一直維持到二十世紀初才由圓柱或橢圓柱取代。一八八二年也引入了固定劃記的場界線，並增劃一條中場線，用來標記開球位置，以及兩隊守門員可以持球的明確範圍。要到了一九一二年才會限制守門員只能在自己的罰球區內持球。雖說如此，一八七二年的時候還沒有罰球區也沒有罰球。十二碼罰球線出現在一八八七年，此後遇上對

手犯規，總算能在這個關鍵進攻範圍內判罰點球。中場的圓圈也出現在相同時期，強迫敵隊在開球時保持距離。一八九一年，距離球門十二碼和十八碼處分別增劃橫線，前者標示的範圍內只要犯規就會判罰點球，後者在一九○二年變形成一個十八碼等距的方框，後來口語俗稱為「禁區」（the box）。至此，球場標線已經呈現出現代的型態（至於罰點球的時候，其餘所有球員必須站到禁區頂端的半圓弧線之外，這條弧線一九三七年才加入）。球一直多少維持著熟悉的樣貌，過去規則只規定球必須是圓的，直到一八七二年才限制球體直徑須介於二十七到二十九英吋之間（六十八點五到七十三點六公分）。

兩隊的球員人數現在聽來應該耳熟能詳，這個時候差不多已經固定十一人一隊。不過裁判只有兩名，稱為裁判員（umpire），由兩隊各推舉一人擔任，活動範圍限於邊線之外。規則中首度提到裁判是在一八七四年。一八七○年代末又增加了第三名裁判，萬一兩名裁判員意見分歧，可以由他做最後裁定。這名第三人不久即被稱為主裁判（referee），並於一八八一年寫入足總的規則手冊。但一直要到一八九一年，主裁判才成為比賽的固定配置，獲得管控整場比賽的權力。然而，糾舉犯規或吸引主裁判注意對手違例依然是球隊隊長的職責，而不是裁判的基本義務。這項權力到一八九八年才終於交給主裁判，球會推舉的裁判員也由中立的邊審取代。

足球員的服裝截至此時都以板球裝為準：長褲、法蘭絨上衣、附邊軟帽和厚重的短筒靴。一八七○年代，長褲逐漸改為燈籠褲，褲頭多半繫皮帶固定，上衣也漸漸多了顯眼的顏色和圖案──不過最早的工人球隊基本上穿的就是家裡的衣服。球衣當時沒有背號，守門員也還不必穿特殊顏色的球衣。一九○九年才規定守門員的球衣顏色須和其他隊員不同，到了一九一二年他們才獲准穿現在隨處可見的綠色守門員球衣。球衣背後要再過十五年才會出現。一九二八到二九年，英格蘭率先實驗性地附上背號，但一直要到一九三八到三九年賽季，球衣背號才在聯賽固定下來。球員要讓隊友和觀眾認得自己，在球帽上做文章是一個辦法。令人難忘的一次是一八七五年足總盃，女王公園隊與巡遊者隊踢成平手的那場比賽，哈洛公學校友肯德瑞克（D. N.

Kendrick）秀出櫻桃紅配法式淺灰的帽子，同隊的邊鋒西朗（Heron）則戴著橘、紫、黑三色的帽子。金納德爵士這時個性還比較內斂，戴的是藍白相間的帽子。亞考克的則是黑白格紋。早期的球衣設計有時也一樣浮誇，博爾頓流浪者隊（Bolton Wanderers）創隊時，穿的是白底紅點的球衣，據說可以讓球員看上去比實際高大。艾佛頓隊後來固定穿皇家藍色，但起先穿過黑底配緋紅腰帶，此外各種棕色、粉色、紫色都有人穿過，直到各隊陸續定下來，確立了現在足球球衣最主要的視覺語言：球衣以紅、白、藍三種單色為主，偶爾可見黃、綠或黑色，再利用環紋、條紋、雙邊撞色或格紋拚色，讓不同隊伍能有所變化。相較之下，球靴無甚可提，以硬皮革製成，鞋頭多半外包金屬，鞋底當然也有鞋釘。

　　一八六六年規定，除了守門員之外，不論什麼情況，只要用手接球都算犯規，單論這方面，這時的球賽已看得出現代足球的輪廓。但其他方面依然存在差異，例如每一次進球得分，兩隊就會互換進攻方向。而且除了守門員沒變之外，當時球隊的陣型和打法與現代足球風格都還有一大段差距。大多數球隊會安排兩名後衛、一名中後場、七名前鋒。雖然後衛常常大腳往前場推進，但大多數時候，球都在單一球員腳下，單槍匹馬把球帶進對手球門。傳球是最後不得已的手段，象徵著失敗甚至是不光彩。一八七七年，英格蘭對蘇格蘭的比賽當中，艾弗雷德・利特頓傳球失誤，遭到雖是隊友但社會地位較低的比爾・莫斯佛思（Bill Morsfoth）質疑，利特頓回答道：「我踢球純粹是為了個人樂趣可以嗎，這位先生！」高吊球和頭槌也不在球員的技能項目當中。因此，場上行動都集中於主要帶球的球員，其他一大票爭球的球員往往擠成一團，像一群小學生一樣互相推擠衝撞。把對手摺倒並不會招惹不滿，甚至還是當時足球的必備要素，就算摺倒對方守門員也沒關係。晚至一八八八年，阿斯頓維拉隊（Aston Villa）對上哥林斯人隊（Corinthians）的比賽，賽中一記進球都還有這樣子的描述：「球飛快轉移到哥林斯人的半場，經過一陣激烈爭搶，最後由亞契・杭特（Archie Hunter）強勁的一腳把球送進球門柱，同時艾倫也用最省事、最粗魯的動作把守門員摺倒在地。」[19]

　　橫衝直撞和摺倒對手有好一陣子始終是當時足球的特色，相對地，著重

於傳球的踢法一出現，很快就超越了帶球原本的地位。實施越位規則想必助長了這一點，謝菲爾德的足球聯會在一八六〇年代首度想出越位規則。面對前傳（forward passing）和攻方球員守在球門前「等球來」（goal hanging）引起的問題，橄欖球的處理方式是乾脆禁掉這些動作，但如此一來，比賽也或多或少失去了靈活性、立體感和深度。前傳有助於推進步調，使陣型流暢變化，足球留住了這種打法，但立下規則，規定接球者與球門線之間一定要站著三名對手才不算越位，藉此避免球賽演變成接連不斷向球門開大腳的窘境。

保住了前傳的打法，團隊合作取代單槍匹馬把球帶向球門，很顯然也是遲早的事，只不過是誰最先倡議的，這一點還有爭議。亞考克曾寫到，「稱得上精妙的傳球，最初是經由倫敦與謝菲爾德早期的比賽，由北方人帶來的」，一八七〇年代，短傳是女王公園隊和列文谷隊（Vale of Leven）這兩支蘇格蘭球隊的特色，布萊克本奧林匹克隊（Blackburn Olympic）與蘭開夏棉紡工業帶其他工人球隊則習慣「在長傳與猛衝之間切換」。[20] 相反地，後來接替亞考克擔任足總祕書的費德烈克・沃爾（Frederick Wall）則寫下，「團隊合作的好處……勝過個人至上的舊習」，而第一個制定出團隊打法的是皇家工程師隊，他們在一八七〇年代初把這種打法帶到了鄉間和北方。[21] 不管傳球的打法源自哪裡，總之都徹底改變了足球風景。流浪者隊奪下足總冠軍盃的十年後，一八八二年足總盃決賽，伊頓公學校友隊戰勝布萊克本巡遊者隊（Blackburn Rovers），將是帶球為主的隊伍最後一次勝過傳球為主的隊伍。除此之外，伊頓公學校友隊可能也是最後一支端出 2-1-7 陣型的隊伍。此後幾乎每支球隊都改採新的 2-3-5 陣型，多分配兩名隊員擔任防守。球現在會在球員腳下，也會滾過球場，可能從空中來，也可能從地上來。球隊開始更有組織地探索兩翼的位置，不再只擠在球場中央。等到球賽引入邊鋒的概念以後，橫傳和頭頂球更成為常態。做為一種運動、一種文化風景，足球漸漸換上新的面貌；同樣地，在表面看不到的地方，足球員、足球觀眾和足球組織也悄悄發生了變化。

V. 協會足球的傳播

　　一八七二年，流浪者隊首度贏得足總盃，一年後又再度打進決賽，這次以二比一擊敗牛津大學隊。接下來七年間，足總盃決賽的競爭對手不外都是來自英格蘭南部的公學校友球隊、大學生球隊或軍人球隊。一八七四年，牛津大學隊擊敗皇家工程師隊；一八七六年，伊頓公學校友隊在接連輸掉兩場決賽後，擊敗克拉普漢巡遊者隊（Clapham Rovers）拿下獎盃；加爾都西會校友隊在一八八一年贏得他們唯一一座足總盃。從這些紀錄看得出，足球依然只是邊緣現象，只是維多利亞時代中期的文化風景裡一個離經叛道的細節。看在當時大多數觀察者眼裡想必就是如此。但整個一八七〇年代，足球的人氣不斷增長，更傳至過去國內未曾接觸過的地區和社會階層。因此一八八二年決賽，伊頓公學校友隊遇上了相當不同的對手：布萊克本巡遊者隊，這支球隊來自英格蘭北部，球員皆出身於工人階級。伊頓隊終場一比零獲勝，金納德爵士在橢圓球場的主座席區前倒立慶祝進球。也許他知道，這將是業餘紳士足球員的絕響。

　　之所以成為絕響是因為時至一八八二年，足球已從英格蘭南部上層階級的大本營，傳到了沃什灣（the Wash）以北的中產與工人階級鄰居，以及蘇格蘭人等凱爾特民族。在此之前出現過幾次警訊，但都不若一八七九年足總盃準決賽，這場由達爾溫隊（Darwen）對上伊頓公學校友隊的傳奇對決受到極廣大的關注。達爾溫隊是來自蘭開夏棉紡工人城鎮的球隊，經過兩場激烈的和局，他們把伊頓隊逼入第三場重賽。第一場比賽，達爾溫隊原本五比一落後，竟在最後十五分鐘急起直追，追成五比五平手。伊頓隊可能察覺到賽局風向已變，於是拒絕再踢延長賽，就這樣握手言和。第二場比賽經延長賽後以二比二平手收場，一直到第三場比賽，伊頓隊才以六比二穩穩拿下勝利，但蘭開夏這群好手會輸，長途移動的不便和累積的開支想必也是一大原因。中下階級的足球新銳分布在四大地區：南約克夏至諾丁罕郡界、蘭開夏棉紡帶、蘇格蘭中心地帶、西密德蘭郡。南約克夏的地位實際幾乎只著重在謝菲

爾德，郡內其他地區依然執著於橄欖球，部分原因出在當地的地主或富商很少有人在南部主踢足球的公學接受教育。往北擴張受阻，足球看來轉向南方，跳過一小段距離跨越與諾丁罕郡相交的邊界，進入諾丁罕市。這裡在一八六〇年代末創立了兩支認真經營的球會：諾士郡球會（Notts County）成立於一八六二年，諾丁漢森林隊（Nottingham Forrest）則是在一八六五年。兩隊迅速建立起一種競爭關係，地方支持者眾。

蘭開夏的工業城鎮雖小，但發展快速，形成稠密的網絡，蘭開夏因此在十九世紀最後二十五年成為庶民運動的溫床。郡內北部濱海的小城巴羅因弗內斯（Barrow-in-Furness）一帶位置孤立，橄欖球是當地主要的運動，足球直到兩次大戰的戰間期以前只受到零星關注。再往南，有兩條狹長的橄欖球帶通過紡織業小鎮，東從沙爾福（Salford）向北至洛赤代爾（Rochdale），西從聖海倫（St Helens）到維根（Wigan）和沃陵頓（Warrington）。足球集中在兩者之間，以達爾溫、布萊克本和博爾頓構成的三角地帶為中心。該地足球成長的強度，從一八七八年蘭開夏足球協會的成立就可窺見一二，創會成員共有二十八支球會，全都來自這一小塊地方。但突顯蘭開夏的不只有球會數量，使這個地區與眾不同的是大球會的急遽發展與吸引到的觀眾數量。普雷斯頓隊（Preston North End）和伯恩利隊（Burnley）都是創始於一八七〇年代、由橄欖球隊轉型足球隊的球會。到了一八八四年，兩隊已能吸引一萬兩千名觀眾到伯恩利的摩亞球場（Turf Moor）觀賽，其中普雷斯頓隊還是職業化的頭號先鋒。

蘭開夏的經驗點出各式教育機構在足球傳播過程中發揮的作用。各公學和牛津劍橋大學的學生畢業後回老家，也把足球帶到了北部。蘭開夏棉紡帶第一支球會可能是特頓隊（Turton FC），受約翰・凱伊（John Kay）和羅伯特・凱伊（Robert Kay）這兩名哈洛公學校友影響，於一八七一年成立，兩兄弟的加在當地擁有土地。最早入隊的球員包括後來當上足球聯賽主席的約翰・本特利（J. J. Bentley），他寫道：「特頓隊有如工廠……替蘭開夏和周邊眾多地區培育足球員。」[22] 不遠處的達爾溫隊，也創立於哈洛公學畢業後返回家族莊園在地方教書的校友之手。依循社會上流菁英的走向，文法學校的畢

業生也有相同的舉動。位於萊斯特的韋杰斯頓學校（Wyggeston School），
校友成立了萊斯特狐狸隊（Leicester Fosse），是萊斯特城隊的前身；切斯特
城隊（Chester City）可以追溯到鎮上的國王學校（King's School），布萊克
本文法學校則是布萊克本巡遊者隊的發源地。足球在社會階層內向下傳播，
到了一八八〇年代已下挖夠深，大多數下級學校都有能力成立夠水準的足球
隊。西倫敦杜普街小學（Droop Street Primary）的校友於一八八五年成立了
女王公園巡遊者隊（Queen Park Rangers，習稱 QPR 隊），桑德蘭隊
（Sunderland AFC）則於一八七九年在當地的師範學院成立。這些師範學院
為不斷擴張的全國教育體系源源不絕供應大量師資，本身也是足球最熱情的
擁護者，不只學院間會踢足球，還不怕政府反對，把足球介紹給工人階級的
孩童。這麼做的同時，他們也創造了充裕的足球人才，種下了豐沛的熱忱，
這些將會是世紀末職業足球大幅成長的關鍵因素。

　　蘇格蘭的兩大城市，愛丁堡和格拉斯哥，從一八五〇年代起就有踢足球
的球會和學校。一八六三年後，愛丁堡和格拉斯哥已有涇渭分明的差別，愛
丁堡主要採行傳球打法，格拉斯哥的球風則偏向帶球。女王公園隊是格拉斯
哥第一支球會，由一群基督教青年會的紳士球員於一八六七年成立，往後二
十年間稱霸蘇格蘭足壇。不久其他球會也接連出現。光是在格拉斯哥，一八
七二年就有敦巴頓（Dumbarton）、連頓（Renton）、第三拉納克（Third
Lanark）三支球隊成立，一八七三年成立格拉斯哥流浪者隊（Glasgow
Rangers），一八七五年成立漢米頓學院隊（Hamilton Academicals）和坎布斯
朗隊（Cambulslang），一八七六年成立考萊爾隊（Cowlairs）、巴特里隊
（Patrick Thistle）和列文谷隊。加上愛丁堡分別於一八七四年和一八七五年
成立的哈茨隊（Heart of Midlothian）和希伯尼隊（Hibernians），蘇格蘭中心
地帶的球會密度放諸不列顛各地都毫不遜色。一八七三年，蘇格蘭足球總會
（Scottish Football Association）創立，很快也仿效英格蘭設立了足總盃。格
拉斯哥的足球成名甚早，加之一八七二年在蘇格蘭板球西球場（West of
Scotland cricket ground）舉辦了第一場由英格蘭對陣蘇格蘭的正式國際比賽，
更抬高了當地足球的名聲。

　　足球在西密德蘭郡的發展，點出教會在工人足球萌芽過程扮演的角色。因應宗教組織在貧民之間日漸式微，愛好運動的新教徒在新興工業城市透過變化多端的傳教與社工活動，把足球的福音傳入工人社區，不過說到提出創設球會的主張，會眾的貢獻並不輸給神職人員。一八八○年代，伯明罕的足球和板球俱樂部有超過四分之一源自教會。阿斯頓維拉隊成立於一八七四年，原為維拉十字衛斯理教會板球隊（Villa Cross Wesleyan Chapel cricket team）。該年冬天，球會半數比賽遵照足總規則，另一半遵照橄欖球聯合會的規則，但很快就決定了，足球才是真愛。一八七七年，伍夫安普頓流浪者隊成立，也是教會提供的跳板。不久之後又有聖三一教堂（Holy Trinity Church）的板球員跟進，成立了小石南隊（Small Heath FC），即日後的伯明罕城隊（Birmingham City）。同樣路線還有一八七八年，聖道明會（St Domingo's Church）在利物浦市創立艾弗頓隊，博爾頓流浪者隊則是一八七四年誕生於基督教會主日學校（Christ Church Sunday School）。

　　這些核心地帶以外，英格蘭西北部和倫敦也有工人與中產階級球會漸漸成形，但地位尚屬邊緣。約克郡、蘭開夏和西南部偏遠地區，很大一部分仍被橄欖球佔據，而東南部和東安格里亞地區（East Anglia）則還沒有那麼多城市工人階級人口，自然也沒有組織成功的工人球會所需的動能。足球從與英格蘭柴郡的邊界傳進威爾斯北部。雷克斯漢姆板球俱樂部（Wrexham cricket club）早在一八七二年就成立了足球部，威爾斯足總成立於一八七六年，第一場國際比賽（在雷克斯漢姆對蘇格蘭隊）和國內第一屆盃賽也在隔年開辦，但足球依然侷限於北部。從威爾斯北部到南部交通不便，哪怕放在維多利亞時期鄉村的標準來看也很差，但就算當時交通比較好，八成也很難有效地把北部對足球的熱忱傳遞過去。威爾斯的煤礦村鎮和南部山村，確實有新出現的工人階級，他是有可能喜歡上足球，但這些地方以及威爾斯南部的城市，也住著從英格蘭西南部愛好橄欖球的地區來的移民。新形成的專業技術階級把他們充沛的創業與體育能量，轉而用於發展一個跨階級、半職業化但是低調隱密的橄欖球聯會文化。足球終將會在威爾斯南部的大城市發展起來，例如卡地夫城和斯旺西，但那還要再等上三十年。

　　足球與其他不列顛運動傳入愛爾蘭後遇上了更難纏的勁敵，因為當時正值十九世紀歷時最久、最嚴重的一段民族獨立紛爭。不分天主教徒或新教徒，足球很快就在貝爾法斯特以及南方較小的城鎮裡流行起來，後來也流行於都柏林部分工人階級之間。北愛爾蘭足球總會（Irish Football Association, IFA）設立於貝爾法斯特，一次世界大戰前那幾年，愛爾蘭聯賽和愛爾蘭足總盃都由北愛爾蘭的球會主宰。但在這些大多親英格蘭的城市飛地以外，足球被人與通敵賣國綁在了一起。要自治還是要獨立，愛爾蘭主權爭議日漸激烈，運動也被動員起來選邊站，在愛爾蘭民族獨立運動看來，愛爾蘭的民族運動不能是足球。獨立運動的勢力主要分布在愛爾蘭鄉間，愛爾蘭鄉間那些半發明、半復興起來的運動，成了抗爭的象徵。蓋爾式足球（Gaelic football）和板棍球代表遭受壓迫但憤然起義的民族，足球則是殖民者的運動。這個過程演變至極，就是一八八四年成立的蓋爾運動協會（Gaelic Athletic Association, GAA），協會明白主張要保存及發展公認為愛爾蘭原生傳統的運動，反對那些看樣子又只是帝國文化殖民工具的運動。

　　把足球與大英帝國主義連結在一起，愛爾蘭當然不是唯一的例子。蘇格蘭在十九世紀末二十世紀初，愈來愈明顯把足球當成「師英格蘭之長技，滅英格蘭之威風」的機會。蘇格蘭畢竟是與大英帝國同盟最明顯受惠的國家，帝國許多重要機構都有蘇格蘭人在內工作，包括軍隊、公家機關和帝國服務。威爾斯則最明確感受到自己人微言輕，地位差人一截，在帝國內表現也較不出色，於是踢橄欖球以與英格蘭人有所區別，但又不至於全然捨棄英語圈的文化規範。紐西蘭人和南非白人也屬此類。愛爾蘭人、美國人和澳洲人都在二十世紀下半葉受到協會足球的洗禮，但他們將各自遵照自己特殊的一套規則踢足球，藉以表明他們打從根本反對霸權壟斷，除了與之分裂還要拉開距離。

　　如果說，對於宗主國強權與其體育運動的態度，有助於說明為什麼除了蘇格蘭以外，凱爾特民族國家和白人國度對足球意興闌珊，頂多偶一為之，甚至選擇徹底改行其他運動，那什麼原因能解釋為什麼有人想踢足球、看球賽呢？協會足球有什麼魅力能在一八七〇和一八八〇年代，俘虜這麼多英格

蘭和蘇格蘭中產及工人市鎮的居民呢？讓我們先停下來思考一下，對那個年代首開先例的工人球員來說，踢足球有什麼魅力？第一代中下階級足球員留下的文獻史料非常少，這倒也不意外，他們畢竟並不是最有文化教養的人口階層。因此，我們不得不想方設法來重新建構這個階級會做的選擇和決定。我們當然可以說，城市的中下階層人口也有休閒運動的需求，只是遭到壓抑。儘管工作環境往往已經勞累不堪，工人還是會把體育活動當成定期定量、幫助入眠的操練，而不是展現活力、自我表現的場域——足球提供了這些樂趣。但假如需要的只是運動消遣和比賽較量，為何不打曲棍球或橄欖球就好？足球在當時和現在一樣，花費低廉，且比上述任一項團隊運動都容易組織、遊戲、學習。更重要的是，在場地粗劣的條件下，足球比較容易，也比較不會受傷；工人禁不起一天不能上班所損失的工資，因此不會不把危險性納入考量，選擇運動於是偏好動腳多過動手。足球依遊玩人數不同，配置較有彈性，這點也很有吸引力。但也許最重要的是，比起玩橄欖球和曲棍球的人，上層階級踢足球的人顯然明顯沒那麼保守勢利——在上層階級運動愛好者的核心集團當中，單單他們就是足球很好的宣傳者。

1883 年 3 月 31 日
布萊克本奧林匹克隊 2—1 伊頓公學校友隊
倫敦，肯寧頓橢圓體育場

你想怎麼評論不列顛的貴族都行，但是他們沒落的過程，最能突顯現在的他們。他們交出了禮儀和品味，但卻不像歐洲人那樣大驚小怪、懷恨在心，從不曾絕望到與極權和極端民族主義分子結盟，也未從事醜陋的反革命行動。他們被打倒的時候，自己似乎了然於心。眼見土地價值重貶、上議院勢力衰落、法國統治階級遭到屠殺，不列顛貴族要不解散成有錢的怪人或金融界菁英，要不就是出賣靈魂投入遺產行業，但他們首先讓出了足球。

布萊克本奧林匹克隊——你很難找到更好的地方產業工人組成剖面圖

了。某位葉慈先生（S. Yeats）是鑄鐵工廠老闆，為球隊提供資金。某位布拉姆先生（W. Braham）受雇擔任全職教練。隊內由三名織布工人、一名紡紗工人、一名棉紡織機操作員、一名鐵工組成工人階級骨幹；一名水電工和一名裱框師代表職業工匠：店員和牙醫助理各一名，來自最低階的白領中產階級，帶頭串連起大家的則是一名旅店老闆。他們在工廠內現場招一招，湊齊人數，就出發前往布萊克浦的沙灘訓練五天，能吃喝的僅限鯡魚乾和燕麥粥、啤酒和牡蠣。他們還提早兩天抵達倫敦，於賽前稍事休息。他們是玩真的。比賽當天從布萊克本又來了兩千多人，盛裝打扮，穿著星期天才穿的銅釘木鞋。

伊頓公學校友隊則是另一回事。他們最後一刻才到達現場，反正以前就來過了。隊伍裡十一個人，十個有足總盃決賽經驗，何況賣力訓練「有失顏面」。隊內有未來蘇格蘭長老會的王室高級專員、半吊子的仕紳富農、拉丁文教授、駐英屬印度的首席商業律師，跟一位大名叫波西・德・帕拉維奇尼（Percy de Paravicni）的男爵，誰還需要練習？

上半場比賽結束，伊頓隊一比零領先，靠的是對方粗暴鏟球判罰，才勉強把一球踢進奧林匹克隊球門。中場休息時間，當他們悠悠哉哉在休息區小口品茶的時候，布萊克本的更衣室內正迴盪著咒罵和抱怨。下半場比賽，奧林匹克隊的佈陣生效，追平了比分。伊頓隊的頭號射手亞瑟・鄧恩（Arthur Dunn）也因傷下場，他們剩下十人應戰，被迫防守，終場哨音響起時，每個人看起來都累得半死。奧林匹克隊要求繼續踢延長賽，因為再返倫敦重賽所費不貲。金納德爵士答應了。既然大限已到就該坦然接受。

伊頓隊最終以二比一落敗，奧林匹克隊的球迷衝入球場，歡聲雷動慶祝勝利。返回蘭開夏的路上，布萊克本奧林匹克隊乘著一輛六匹馬拉的馬車在市街上遊行，還有六組銅管樂隊走在前頭。不到二十年後，球隊就宣告破產，變賣球場，消失無蹤。冠軍銀盃此後不曾離開英格蘭北部和中部地區，直到一八九五年傳到阿斯頓維拉隊手上時意外失竊，被人熔掉鑄成了半克朗銀幣。伊頓公學倒是至今猶存。[23]

VI. 業餘運動精神最後的榮光

　　一八八三年足總盃決賽所宣告的勢力轉移，在一八八四年與一八八五年獲得了證實，布萊克本巡遊者隊連兩年擊敗格拉斯哥業餘的女王公園隊。一八八六年，這支蘭開夏的球隊連續第三度拿下足總盃冠軍，這次對手已換成工人階級的職業球隊，西布朗維奇隊（West Bromwich Albion）。業餘球隊再也沒有打進過足總盃決賽。現在回顧起來可能會覺得，足球傳播到工人階級，再加上出現大批觀眾付錢，形成菁英商業化的職業賽事似乎是無可避免之事。但看看橄欖球的發展，便可見得一切並非水到就會渠成。橄欖球也面臨過相似挑戰，北部的工人觀眾和球員與地方中產階級球會董事組成類似的跨階級同盟，但管理階層無法忍受妥協。因此在一九五五年，橄欖球聯合會內佔多數的貴族有效通過一項無法挽回的決議，把北部工人階級的職業橄欖球聯盟（rugby league），與南部中產階級的業餘橄欖球聯會（rugby union）劃分開來。兩套規則因而都在一個世代之內，被放逐到不列顛運動文化當中的邊緣地位，聯會式橄欖球只有在威爾斯南部特定的中產階級群體之間是主流運動，聯盟式橄欖球則只盛行於蘭開夏南部和約克郡西瑞丁（West Riding of Yorkshire）＊小部分地區。足球始終維持著一體而普同，能夠如此主要是處理職業化問題的過程形成的結果。這一方面，足球的商業策略能與選舉改革的政治策略相互映照──中產與工人階級同樣被納入了管理階層當中，但須遵照舊時代貴族菁英制定的規則。這麼做是遏止住了激進革命，但代價是政治界和足球界一樣，現代化並不徹底。

　　沒人知道到底是哪一間球會率先付了多少錢給哪一名球員。這種行為是違法的，因此很難明確記載。如同足球的諸多特點一樣，謝菲爾德如果宣稱自己是首創地也是合理的，當地的希里隊（Heeley Club）曾付酬勞給彼得‧

＊　譯註：瑞丁（Riding）是大英國協國家過去使用的地方行政單位，用於表示構成一個上級行政區的三個次級行政區，如約克郡即由約克郡東瑞丁、約克郡西瑞丁、約克郡北瑞丁所構成。但自一八八九年後，此行政單位已無實質意義。

安德魯斯（Peter Andrews），謝菲爾德星期三隊（Sheffield Wednesday）也聘用四處轉會的朗恩（J. J. Lang）。這兩人都是蘇格蘭人，隨格拉斯哥代表隊南下出賽，對上謝菲爾德的球隊，結果最後都留下來。朗恩據悉一眼失明，但球技夠好，當地一間刀具工廠於是保留了一個閒職給他，回報他在賽場上的貢獻；安德魯斯則是在里茲有一份保險經紀工作。球會雖然已有打算支付酬勞給這些為隊效力的蘇格蘭移民，但當時謝菲爾德足協依然堅決反對足球走向職業化。倫敦足總也差不多。但各大球會之間的競爭愈來愈激烈，影響之下，球會董事和球迷已有意願出錢招徠有本事的球員。

　　蘭開夏是由布萊克本、博爾頓、達爾溫組成的三角地帶，對於足球在一八七〇年代末加快職業化腳步尤其重要。特頓隊據說用三英鎊雇用了大受吹捧的弗吉・蘇特（Fergie Suter），請他在特頓挑戰盃（Turton Challenge Cup）為球隊披掛上陣。蘇特也替達爾溫隊踢過球，跟球員名冊上其他很多球員一樣，他也是最近才來的蘇格蘭人。檯面下的酬勞、地方商號就業保障、模擬推薦信和其他各種方法都暗藏在球會的財務報表內，用來當作球員的報酬。博爾頓流浪者隊和布萊克本巡遊者隊似乎在一八八〇年初走上了相同道路，普雷斯頓隊也未落後太遠。私下給球員的報酬不一定都這麼遮遮掩掩。比利・莫斯佛斯（Billy Mosforth）是謝菲爾德星期三隊一八八〇年代初一名重要球員，但擺明老子貪財的態度使他聲名狼藉。「有一次他換掉球衣，替哈勒姆隊（Hallam F.C.）對抗星期三隊，〔但〕當一名球迷大喊：『十磅外加一週啤酒免費，比利你的球衣換是不換』，他立刻走回更衣室，換回星期三隊的球衣走出來。」[24]

　　英格蘭足總雖然不太情願，但實際上允許球會發「補償金」（broken-time payments）給為了配合賽程不能正常上工的球員。相關開銷和移動車資也可以替球員支付。就連最鼓吹業餘精神的哥林斯人隊，也喜歡把比賽開銷定在一場一百五十英鎊左右。但直接支付酬勞或薪水遭到禁止，連帶禁止的還有金錢進入足球界以後產生的諸番原罪，例如用金錢吸引球會想簽約的球員，或是挖角其他球會的球員。當然像《曼徹斯特衛報》（*Manchester Guardian*）的自由派知識分子與一些激進的職業行會當中，也不乏有人擔心

運動職業化會對道德產生不良影響，引發現實後果。但聲浪最大、反應最激烈的還是貴族與保守菁英分子，道德論點也掩蓋不住這個階級是多麼深刻地感受到自己在運動界已被低下的社會階級所取代。職業運動的發展誘發出刻薄的社會與階級偏見，以下這番斷言正反映出這一點：「雇用蘇格蘭農村的人渣將使足球愈來愈野蠻，影響程度可不輕。」[25]

蘇格蘭球員的確勢力龐大。一八八三年，伯恩利的出賽隊伍有九個是蘇格蘭人，普雷斯頓隊先發十一人，蘇格蘭新星就佔了十人。謝菲爾德地區各支球隊，包括達爾隊、博爾頓隊、布萊克本隊和阿斯頓維拉隊，也都找得到蘇格蘭球員。打頭陣來到英格蘭的朗恩，日後談起職業生涯，表示他「越過國界來踢球不是沒有好處的」[26]，這個說法也適用於所有蘇格蘭球員。緊繃的情勢在一八八四年足總盃一場比賽後到達臨界點，普雷斯頓隊於賽中擊敗了厄普頓公園隊（Upton Park），這支倫敦球會隨即向足總抱怨，主張比賽結果無效，因為普雷斯頓隊用的都是職業球員。普雷斯頓隊抬出他們位高權大的球會幹事威廉・蘇德爾少校（Major William Sudell）反擊，他的回答是「所以呢？」。普雷斯頓、伯恩利、大列維（Great Lever）三隊宣布脫離足總盃。繼之而起的是真正茲事體大的威脅，三十一支主要位於蘭開夏和英格蘭中部的球會，目前各自都以不同形式支付球員酬勞，他們共同表示將集體退出足總，另組獨立的不列顛足球總會，職業化將在會中成為合法常態。位居英格蘭足總頂端的地主與貴族股東看得出，光靠他們敵不過地方資本與有組織的工人結合形成的力量，何況業餘精神的那些原則也沒有寶貴到需要他們不計代價去維護。英格蘭足總在一八八五年七月讓步，提出這項妥協政策：「即日起，球會出於有利可雇用職業足球員，但須遵守既定限制。」[27] 這些限制當中含有一股無所不在的階級優越感與隔離意味，例如第一批為英格蘭效力的職業球員被要求穿上藍色球衣，其餘隊伍則穿白色球衣。足總還試圖效法板球，維持每年舉辦一次紳士與球員的對抗賽，使職業球員不致於僭越地位，一直持續到二戰之後。足總也禁止退休的職業球員列席任何足總委員會，同時頒布條文規範薪資、合約和工作環境，使之對球會與管理階層有利。

職業化合法以後，那些感受到最多威脅因而驚恐萬分的球員和球會，力

促足總另外成立一個業餘足總盃（FA Amateur Cup）。第一屆比賽於一八九三年舉辦，由絕對菁英的加爾都西會校友隊贏得冠軍。但足球運動的從事人口和文化都愈來愈往工人階級靠攏，貴族足球員消失的死期看來沒得暫緩，紳士球員也已經沒有表現空間。一八九五年，米德爾斯堡隊（Middlesbrough）擊敗老加爾都西人隊贏得業餘盃冠軍，往後這項賽事皆由英格蘭北部的業餘工人球會所獨霸。這類球會在英格蘭中土和南部也大量增長，形成新業餘聯賽的骨幹，如北部聯賽（Northern League），以及倫敦和東南部地區的地峽聯賽（Isthmian League）、斯巴達聯賽（Spartan League）和雅典人聯賽（Athenian League）。不斷有人擔心前職業球員會透過管道進入業餘球隊。主要幾支公學球隊絕望地想保住一個地盤範圍，讓舊體制在其中不只能主導意識形態，運動競賽方面也能稱雄，於是在一九〇三年成立了亞瑟・鄧恩盃（Arthur Dunn Cup），名稱旨在紀念該位伊頓公學校友，他也是英格蘭國家代表隊成員，不幸英年早逝。創立亞瑟・鄧恩盃所透露的分離念頭，至一九〇七年表現得最清楚。密德瑟斯（Middlesex）和薩里（Surrey）在家鄉諸郡向來是業餘精神的堡壘，但足總下令兩地的足球協會也必須納入職業球隊，一場爭論因而爆發。爭議後來遭到冷落，但是為菁英業餘足球的遺風提供了匯聚中心。在老伊頓人艾佛史東爵士（Lord Alverstone）領導下，業餘足球總會（AFA）自立門戶，成立之後迅速獲得《業餘運動畫報》（*Amateur Sport Illustrated*）和《業餘足球》（*Amateur Football*）等重要刊物支持，且有五百支球會加入。然而，英格蘭足總立場堅定，禁止旗下球會與另立門戶的球會來往。中部與北部的業餘球隊也婉拒加入，使得業餘足球總會看來有如在展示一個不合時宜的社會階序，而它確實也是。業餘足總跌跌撞撞起步前進，直到第一次世界大戰爆發，愛國團結的情操佔得上風，加上戰爭引起的絕望感，業餘足總終究又回到了英格蘭足總的臂膀下。

　　新的職業化賽事當中，依然有小小空間開放給別具才華且熱情奉獻的業餘好手。不可思議的天才查爾斯・弗萊（C. B. Fry），就在他擁擠的行程表內擠出空檔（他還是英格蘭板球國家隊員、世界跳遠紀錄保持者、奧運選手、牛津和薩里隊聯會式橄欖球三分衛、古典文學學者、記者、校長兼國會議員

候選人），以業餘球員身分為南安普頓隊出賽，包括一九〇二年他們落敗的那一場足總盃決賽。維維安・伍沃德（Vivian Woodward），第一次世界大戰前一年在熱刺隊和英格蘭國家隊擔任前鋒，是最後一位真正厲害的業餘球員，有在最高層級競賽的實力。不論在當時或後世回想之際，業餘天才在職業界的獨到特色往往被大加炒作。例如伍沃德聽說生具不凡的才能、智力和天賦，不像職業球員每天孜孜不倦苦練才學會一些低風險的反射動作。

對足球職業化更異想天開的反應，出自赫赫有名的連恩・傑克森（N. L. Jackson），一八八〇年代初他是英格蘭足總的助理幹事。一八八二年，他創立哥林斯人隊，要為業餘足球擔任菁英標準的掌門人。他擢取不列顛貴族社會、大學和公學的菁英，聚集自由人才組成了人數可觀的實體。球會沒有球場，至解散前大多數時候都拒絕參加任何與足總盃一樣粗俗的比賽，寧可自行邀請隊伍來賽或應邀赴賽。哥林斯人隊踢的是一種冒險進取、球風自由的進攻足球，可謂象徵著久遠以前那一段運動、政治和意識形態仍由貴族主導的黃金年代。傑克森自己是這樣說的：「很早之前，踢足球的主要只限於學生和校友，那時候規則會被嚴格奉行，如有犯規全是意外。這絕對是因為中上階級的學校在學生心中培養了高貴的同情心，他們因此不會想要佔對手便宜。」[28]

儘管職業足球發展快速，哥林斯人隊的實力仍不容小覷。他們在一八八四年擊敗布萊克本巡遊者隊，後者是當時頭號的職業隊且已連年拿下足總盃。兩年後，英格蘭出賽蘇格蘭，國家隊十一人，哥林斯人隊出了九人。一八九四年與一八九五年，英格蘭對陣威爾斯，整支隊伍都來自哥林斯人隊。但公開訓練被視為有失顏面，哥林斯人隊還在自家好手身上培養出一種輸贏與我何干的氣息：「我還記得他們走進球場的神態，白球衣黑短褲一塵不染，雙手插著口袋，衣袖向下垂擺。但他們身上散發出一股漫不經心的威嚴，一種還不到傲慢的高傲，那是一種無形的感受。再看看他們踢球的樣子！」這支球隊從來不會趁機買犯罰點球，而若是對手獲罰點球的時候，只要判罰得當，他們就一律不守球門。晚至一九〇四年，哥林斯人隊都還有能力與最強的職業隊並駕齊驅——以十比三擊敗該年的足總盃冠軍柏立隊。他們許多海

外行程也不斷吸引大量群眾關注，包括赴南非、巴西、澳洲和歐陸。但哥林斯人隊與他們所屬的階級雖然能挺過一次世界大戰，但上場時再也無法像過去一樣意氣飛揚。巴雪戴爾戰役（Battle of Passchendaele）與索穆河戰役（Battle of the Somme）*重創了不列顛貴族的心志，戰間期那幾年，他們在政治、社會和運動上的優勢明顯已經告終。哥林斯人隊一蹶不振，乃至於不得不和其他球會合併以求生存，正如同他們出身的階級也不得不進倫敦城找工作，與工商業及各專門行業的中產階級融合在一起，如今足球界與整個帝國都由中產階級運行。貴族加入爭權逐利的行列，哥林斯人也參加了足總盃，紳士足球愛好者氣定神閒的優越榮光，被現代化無情的力量給粉碎殆盡。

---

* 譯註：一九一六年的索穆河戰役，是一次世界大戰規模最大的一次會戰，持續四個多月，為典型的壕溝戰，坦克也在歷史上首度投入實戰。英法聯軍主採彈幕掩護、士兵橫列推進的戰術，但德軍以機槍、大砲防禦，大量士兵尚未到達前線就已倒下。巴雪戴爾戰役發生於一九一七年，英法聯軍對德國的潛艦基地發動攻勢，死傷慘重。兩場戰役中，兩軍傷亡破百萬人。

第三章

生活更多彩：
不列顛工人階級與工業時代足球
（1888–1914）

階級解放在他們眼裡是荒誕的夢想……感動他們最深的是足球、拳擊、賽馬，他們把所有休息時間、個人精力與物質資產都奉獻在這上頭。

——捷克哲學家，卡爾‧考茨基（Karl Kautsky, 1854-1938）*

足球使你成為新群體的一員，在那一個半小時裡四海皆兄弟，你不只逃離了機器噹啷作響的卑微人生，逃離工作、薪水、房租、賑濟金、病假津貼、老婆嘮叨、小孩生病、老闆惡劣、同事打混，而且還是與大部分好友鄰居、與半個鎮上的人一起逃離，你們作伙歡呼、互相拍肩，如天上諸神一般交換對人間的評語，推動旋轉門走進球場，也走進另一段更多彩的生活。

——英格蘭文學家，J. B.‧普利斯特里（J. B. Priestley, 1894-1984）[1]

I . 工人們，佔領足球吧！

　　一八四〇年到一八七〇年代中期，足球從凋零的民俗儀式、貧童和都市邊緣人備受恥笑的消遣活動，發展成眾多營養過剩的貴族學生的嗜好，雖嫌離經叛道，但形式大抵定了下來。十九世紀最後二十五年，足球二度經歷轉變。幾乎從規則編定的那一刻起，足球不論是球員還是觀眾，都由不列顛工人階級所佔據。板球在英格蘭依然大為流行，但及至一次世界大戰前後，板球國民運動的地位已讓給了足球。在蘇格蘭，「fitba」是運動和社會生活的矚目焦點，地位無可動搖。不過，雖說十九世紀末、二十世紀初，足球是不列顛大多數男性都市居民社會生活的中心，這點毋庸置疑，但對於足球發揮的功用和形成的結果，倒是存在著一番爭議。部分觀察者認為，例如在道德標準嚴格的德國馬克思思想學者卡爾・考茨基看來，足球的作用很簡單，單純就像麻醉藥，讓人從工業組織和革命政治強加而來的苦差事當中，暫時獲得緩解。然而，不列顛的無產階級雖然對運動充滿熱情，卻不是革命動物。足球狂熱並未連帶創造出一個改良主義工黨和主張經濟保守的工會運動，足球狂熱僅僅只是反映了這些制度的現況和前景。因此，雖然擁有無數利多，但不列顛工人階級不曾嘗試從掌管國家、足總、球會的貴族和企業主手中，奪取對國家運動機構或政治機構的全面掌控。但他們單是憑著人口優勢以及對足球的頑固堅持，依然對足球留下抹滅不去的影響。就這方面而言，最精準道出工業時代工人足球本質的是小說家普利斯特里，而不是理論家考茨基。足球當然是一種暫時逃離煩悶工作、悲慘窮困、命運未卜的手段，但它不是上位者拿來取悅人民的粗劣馬戲團，實際上底層人民也參與了創造。不列顛工人所打造的足球特徵，是一種結合個人才華和集體優勢的場面，在膽識和靈感、身體素質和專業技術間取得平衡，同時提供了一個機會，使大眾認同一種以階級為本、融平民於一體的團結，這些也是足球從此留給世界的

---

* 　譯註：卡爾・考茨基是馬克思思想發展史上的重要人物。為馬克思編輯《資本論》第四卷。

財富。

　　十九世紀最後二十五年，工人階級佔領足球，與不列顛工業化、都市化的漫長進程漸臻成熟，恰好是同個時候。不過，足球與工業化的關聯向來不只是巧合、比喻或倒影。十九世紀末的工業化發展，從多方面直接具體地鞏固了不列顛工人足球的萌芽（二十世紀初的工業化發展也會在歐洲和拉丁美洲眾多地區催生同樣的關係。）首先，實質工資終於出現。雖然不同職業和地區之間差異很大，但十九世紀最後二十五年，家戶收入整體增加近三成。一般人的生活方式還很難稱得上奢侈，但普遍更多人有閒錢看足球比賽。除此之外，大家終於有時間花錢了。之前這一百年來，雇主和政府想盡辦法強制實施一星期要辛苦工作六天，把勞工沒紀律、不守時的舊習連同傳統節日連根拔除。他們大獲成效，對此礦區與工廠的產業勞工在一八七〇年發起抗議，迫使每週工作日數做出大幅變革。國會立法加上地方工運替許多工人爭取到星期六休假半天。這半天假對職業足球的發展和觀眾人數的增長影響深遠，利物浦和東倫敦的例子可以說明，兩地的工人，尤其是碼頭工人，比較晚才爭取到週六放假半天，因此比起蘭開夏中心地區或約克郡南部，地方足球聯賽也發展得比較緩慢，後者早於十年多前即已規定週六放假半天。

　　交通科技和基礎建設工業化，也擔保了觀眾人數增加、聯賽和盃賽的地理範圍擴大。鄉鎮與城市之間的鐵路系統，如今大致已經完成，而且價格合理，雖然一八九〇年代，英格蘭足球聯賽（English Football League, EFL）還是把桑德蘭排除在外，因為要其他球會前往偏遠的東北部，車資實在令人卻步。火車提供了移動工具，讓較大的球會能在耶誕節和復活節假期巡迴全國貼補資金，國家隊也能在年度本土四角錦標賽（Home Countries Championship）碰頭，但球迷觀眾尚未利用火車。這整個時期（一八八〇到一九一四年），除了小地方的德比賽以外，幾乎不見客場球迷。唯一的例外是英格蘭北部的球迷每年一度會到倫敦觀戰足總盃決賽，不過代價是球迷每個賽季初就要加入存錢會，集資籌措旅費，假如球會夠幸運打進決賽，大家才有錢前往倫敦。城市裡，腳踏車向下普及，世紀交替之際又出現有軌馬車，後來改良成路面電車，大幅增加了球迷的集散範圍。車站所在的位置，則是

決定新球場和球會根據地的一大要素。熱刺隊（Tottenham Hotspur）落腳白鹿巷（White Hart Lane），旁邊就是能在不到兩小時內疏運上萬名球迷的車站。切爾西隊（Chelsea）的球場，斯坦福橋球場（Stamford Bridge），刻意建在倫敦地鐵的富勒姆百老匯站（Fulham Broadway）旁。斯坦福橋球場的所有人是先蓋好球場和連通道以後才乾脆創立一支球會來使用。阿森納隊（Arsenal）原本家在泰晤士河南岸的伍威治（Woolwich），一九一三年搬到北倫敦的海布里球場（Highbury），主因是地鐵皮卡迪利線（Piccadilly Line）的車站附近有空地可用。某些球會甚至有專為他們所建的車站。英格蘭南部的布里斯托艾希頓站（Bristol Ashton station）在一九〇六年開通，用於服務布里斯托城隊（Bristol City）的新球場在比賽當日的人潮。

最後，工業化也使工人階級慢慢普遍能夠識字。不列顛的統治階級意識到，當經濟逐漸科技化、產業化，大部分的勞動人口也需要能讀書寫字才行。在此之前，工人階級自學識字運動挑起大半的教育責任，現在則有中小學義務教育加入，由地方政府提供資金。這為足球的周邊產業如報紙、雜誌、廣告，創造了廣大的次級市場，利於提供資金養分，進而促進了足球的成長，同時也為這項運動創造了文化深度。但如果說工業化為現代組織化足球提供了必要的發展條件，那個足球組織本身則還有待想像與發明。

II. 時間、聯賽與身分認同

現代工業化大眾運動的基礎建設，所有重要元素到了一八八五年幾乎皆已就位。足球的規則和戰術已演進到我們現代人認得出是足球的程度。英格蘭足總被迫接受一種在控管下合法開放的職業化足球，同時也出現了一整批職業足球員。球會系統在不列顛各地到處存在，只不過某些地區高度集中，某些地區則幾乎看不見。但走在足球發展尖端的球會依然面臨一個重要問題。這個問題只要瞄一眼一八八〇年代中期混亂折衷的賽程表就看得出來。一個賽季進行的比賽毫無一致性。判斷工業社會的一個特徵，就是空間和時間的使用有規律，這是因為使用高額資本投資需要計畫和時程，交通系統與

技術生產流程為達效率緊密咬合，勞動力也需要規範管理不然難以掌握控制。社會組織達成這些實績靠的是新科技，例如精準的時鐘，以及採用公共計時標準，使用交通運輸時間表，實施規律的工作步調。

　　然而，當時足球毫無規律可言。強隊會在全國、全郡、全市和地方層級參加各式各樣的盃賽，不過當然無法保證某一隊會不會晉級。因此每隊都難免遭遇問題，不是盃賽被淘汰之後剩下的比賽太少，不然就是萬一全部晉級，比賽太多取消得也多。此外，還有各種名目的友誼賽、慈善賽、挑戰賽、告別紀念賽、巡迴賽、表演賽，可以吸引名氣和收入。球會常因為發現有更酬勞更豐厚的比賽可踢而放別隊鴿子，或是因為相同理由被別隊放鴿子。就算比賽確實照安排舉行，也無法保證應該出賽的隊伍或一軍陣容會到場，能到也不保證能準時，帶來的球員人數也不見得正確。實力相差懸殊、比賽結果一面倒因此往往是當時的常態。一八八五年足總盃，普雷斯頓隊以二十六比零大勝海德聯隊（Hyde United），他們的前鋒想必很過癮，但這種旗鼓不相當、競爭不激烈的比賽，長遠來看很難保證有大群觀眾和穩定的財務收入。

　　與主宰那個時代的經濟觀相反，自由市場法則運作在賽程表上，並無法為球會、球迷或球員提供理想的方案。市場看不見的手沒創造秩序，只創造了混亂。同樣的問題也曾現身在另外兩項需要大批群眾出錢的現代團隊運動當中，一是美國的棒球，一是英格蘭的郡際板球（county cricket）。這兩個案例後來的解決辦法都是創立一個聯盟，由中央官方為各隊制定一個規律且實力平衡的賽程表。新商業足球的統治階級顯然看出這個辦法也能用於足球，但光有前例還不夠，必須有人實際提出可以媲美的作法才行，在足球界，這個人就是威廉・麥奎格（William McGregor）。

　　麥奎格是蘇格蘭裔的布商，搬到伯明罕創業做生意，後來加入阿斯頓維拉隊的董事會。他和伯明罕其他進步的企業家和小雇主一樣，敏銳地意識到勞動力固定支薪（球員）、需求無法預測（混亂的賽程）、資產昂貴卻未充分利用（球場）會對經濟造成問題。同為球會董事，麥奎格寫信給當時各大職業球會董事，建議「十或十二支英格蘭最有聲望的球會結盟，制定各賽季的主客場賽程」[2]。一八八八年四月，一場會議在曼徹斯特的皇家酒店舉行，

十二支球會代表組成了英格蘭足球聯賽。六支球會來自蘭開夏，分別是阿克寧頓（Accrington）、布萊克本巡遊者、博爾頓流浪者、伯恩利、艾弗頓和普雷斯頓；另外六支來自於中部地區，分別是阿斯頓維拉、德比郡、諾士郡、斯托克城、西布朗維奇和伍夫安普頓流浪者。

1888 年 9 月 8 日
博爾頓流浪者隊 2—6 德比郡隊
博爾頓，派克連恩球場（Pikes Lane）

　　時間：費時、省時、守時、給予時間、空出時間、打發時間。維多利亞資本主義把時間捶打成金屬薄板似的形狀。時間被捏塑成標準的分與秒，固定成覆蓋全球由時區與經線構成的網格。時間化約為小時。就像鐵路公司堅持用標準時間固定班表，就像證券經紀人和船運公司要依照全球時間經營調度，同步協調需要標準時間。博爾頓的下午三點，是利物浦的下午三點，也是普雷斯頓、斯托克城和伍夫安普頓的下午三點。英格蘭足球聯賽的首五場比賽同時開踢。

　　「第一世代的工廠工人經雇主教導時間寶貴，第二世代自立組成縮減工時委員會……；第三世代發動罷工抗議超時加班。他們接受了雇主的觀念，並學會以其人之道，還治其人之身。」

　　現在，第四個世代正努力讓時間為己效力。[3]

　　至此，往後一百二十年大半的時光裡，全世界大部分地區大多數人踢的足球，競賽性質的基本模式、節律、形制皆已確立。普雷斯頓隊以不敗戰績贏得首屆聯賽冠軍，同年還拿下足總盃當上雙冠王。這支「無敵戰隊」在許多方面為維多利亞時代晚期及至後世的足球特徵立下模範。普雷斯頓與日後所有常勝球隊一樣，擁有自己獨具魅力的精神領袖。掌領球隊的威廉・蘇德

爾少校，從退伍軍人改行經營工廠，是這支球隊背後壓抑不住的統籌能量，一手包辦籌措資金、安排交通、挖角前鋒、勸誘球員、提供球衣。他精力旺盛、細心周到，而且後來才曉得，他定期把自己工廠職位賺到的錢注入球會金庫，使普雷斯頓隊無人能敵。隊內自豪擁有十名蘇格蘭職業球員，全都是蘇德爾說動他們南下的。聯賽內其他球隊都有自己的蘇格蘭軍團。桑德蘭和阿斯頓維拉隊幾乎都和普雷斯頓一樣仰賴移民人力，其中阿斯頓維拉會在接下來十年稱霸聯賽。但不只球會官員和球員定下未來足球的基調，球迷和所在城鎮也是——當普雷斯頓贏得足總盃回到北部，全鎮都湧上街頭，儼如盛大的平民慶典，球員站在一輛開頂巴士上高捧冠軍獎盃，緩緩朝市政廳蛇行前進。

　　從一八八九年到一九一四年，球會前仆後繼想獲准加入聯賽。加入不了的地方，就仿效原版自結聯盟。足球預備隊聯賽（Football Combination）和繼之而起的足球聯盟（Football Alliance）是最大競爭對手，吸收了英格蘭北部和中部地區未能獲准加入聯賽的強隊。他們之中最強的球隊，大多都在一八九二年加入了英足聯這一年新創的乙級聯賽。一八九二年，英格蘭足球聯賽二十八支隊伍，沒有一支來自比伯明罕更南方的地區。南方聯賽在一八九四年成立，以迎合當地的強隊，如南安普頓隊（Southampton）、普茨茅斯隊（Portsmouth）和米沃爾隊（Millwall）。蘇格蘭足球也以此為榜樣，一八九一年實行職業化，一八九三年創立蘇格蘭足球聯賽（Scottish League）。愛爾蘭和威爾斯雖然不足以維持職業足球，但很快也都為境內強隊採納了聯賽的形式。一八九八年，以英格蘭的各聯賽地位為基礎，訂定了強制晉級降級的規則以後，也確立了日後全世界足球所有聯賽賽事的基本架構。一九〇五年，英格蘭聯賽兩個級別都擴張到各包含二十支球隊，足球賽季因此大為拉長。不過成員大半仍由北部的球隊構成，只有四支球隊來自南部，分別是阿森納、切爾西、克萊普頓東方隊（Clapton Orient，後來的萊頓東方隊）和布里斯托城。到一大戰開打之初，南部再加入的只有盧頓隊（Luton）跟倫敦的熱刺和富勒姆兩隊。一八九六年，《曼徹斯特衛報》就說過：「雖說倫敦是王國的首都，但是提到足球，誰會拿倫敦當焦點？」[4]

　　這種重北輕南的傾向在英格蘭足壇的所及範圍，不僅只有足球聯賽的隊伍數目而已。英足聯從成立之初總部就維持設在普雷斯頓，資深行政人員泰半都從蘭開夏地區提拔，這兩種做法在全國性機構十分罕見。聯賽冠軍也全都來自北部。一次世界大戰戰前幾年，冠軍球隊無一例外出自北部的工業城市帶：蘭開夏東部及中部的普雷斯頓、布萊克本和曼聯（Manchester United）；梅西塞德郡的艾弗頓和利物浦；西密德蘭郡的阿斯頓維拉；謝菲爾德出了謝菲爾德聯隊和謝菲爾德星期三兩支冠軍隊伍，東北地區則出了桑德蘭和紐卡索。這些城市不只位處北部，且規模都在中等以上。人口不到十萬人的城市，出不了能贏得聯賽的球會；人口不到四萬人的城鎮，沒有能留在聯賽裡的球會，格洛索普（Glossop）和阿卡寧頓後來會發現這一點。足總盃也差不多，雖然有幾支二級城鎮的球會拿過冠軍（例如巴恩斯利隊和伯立隊），也有少數南部的球會打入過決賽，但只有熱刺隊曾在一九○一年贏得冠軍，把獎盃留在了南部。

　　足總盃決賽本身變成英格蘭北部盛大出遊的日子，工人階級球迷存了一整年的錢，甚至不惜舉債，追隨有幸打進決賽的球隊南下。就連巴恩斯利當地平常鐵石心腸的礦主，也准許礦工放假一天，隨球隊參加一九一○年的足總盃決賽。當天這些球迷很少有人去過倫敦，有些人回來會說：「他們倫敦人聽不懂英文，還瞪著我們看，好像我們是臭鼬一樣……街上沒一個人表情是高興的。」[5] 早在一八八四年，《帕瑪公報》（Pall Mall Gazette）就曾批評那年到倫敦來觀賞足總盃決賽的布萊克本巡遊者隊球迷，形容他們是「一大群北方莽漢，打扮粗野、滿口奇怪的髒話」。《體育新聞報》（Athletic News）的說法比較正面，如果不嫌高高在上的話，報上寫道：「英格蘭北部的男人會開玩笑大力拍打對方，欣喜若狂的時候還幾乎會抱在一起。」[6]

　　長久以來，英格蘭北部與南部之間的政治、語言、經濟、文化差異，透過足總盃展現出來，也吐露了工業時代足球早期更重大的一項事實，那就是足球驚人的人氣與成功，追根究柢與市民自尊與身分認同的概念是分不開的。因為這些「南北之爭」、「城鄉之爭」激起的對立與團結，同樣也出現在同一座城市之間（艾弗頓對利物浦）、同一個地區之間（紐卡索對桑德

蘭），乃至於來自不同地區的球會之間，且激烈針對的程度絲毫未減。足球，
與維多利亞時代晚期不列顛其他諸多形式的工人城市文化一樣，為人民提供
了一個集會的機會，其出身背景、身分認同和目的動機，橫貫不同地方鄰里、
職業、雇主和工會，現在依照範圍更大但不難理解的地理位置和地域身分團
結在一起。足球也協助將這些初萌芽的工人本土主義納入國族的架構和體制
當中，同時期也正是整個工人階級及其政治經濟的代表機構，逐漸在國家政
經論壇立足發聲的時候。工人及工人家庭，終於慢慢從最瑣碎、當下的煩惱
中抬起目光，採取比較開闊的視野，為自己在國族文化中爭取合理的地位。
最能確實、簡單、快速做到這點的，就是在全國聯賽和國家盃賽支持自己在
地的足球隊了，完全沒有別的方法比得上。

III. 球迷的模樣

話說回來，這些支持者是誰？他們長什麼樣子？怎麼在全世界率先創造
出足球迷文化的？查爾斯‧愛德華迪（Charles Edwardes）有一篇著名的文評，
題為〈新足球狂熱〉（The New Football Mania），發表於一八九六年，文中
略帶玩笑用了這段話描述球迷群眾：

上個賽季，筆者三次目睹比賽在猛烈的暴風雪中進行，其中一次，場內
的白雪和融雪深及腳踝，雪下得鋪天蓋地，球迷的肩膀和帽子上都積了一層
超過兩公分厚的雪，現場人擠人，大家挨在一起動彈不得，拍不掉身上的雪。
你還以為每個人對於普通鼻黏膜炎引發的各種疾病都擁有某種全效抗體，但
當然不是這樣。可能還沒到下星期六的比賽，他們之中已經不止一人入土長
眠了。[7]

不只如此，他們還花錢接受這等殊榮，從足球聯賽創立到一次世界大戰爆發
這二十六年間，進場人數愈來愈多。在英格蘭，足總盃決賽是整個賽季最多
觀眾的比賽。一八八八年，決賽在橢圓板球場舉行，觀眾有一萬七千人；到

了一九一三年，賽場改至水晶宮球場，現場有十二萬零八十一人見證阿斯頓維拉擊敗桑德蘭。但不只有千載難逢的場面能吸引群眾。足球聯賽的開幕賽季有十二支球隊，總計約有六十萬人觀賽。一九○五到○六年賽季，觀眾總數已增加超過八倍，達到五百萬人。到了一九一四年，光是甲級聯賽的比賽，進場人數就有近九百萬人。再加上足總盃、乙級聯賽，跟東南部和東北部地區中產階級支持者眾的半職業聯賽，單年付費進場的觀眾人數更攀升至近一千五百萬人。

借來的板球場、簡陋的籬笆球場、租用的公園用地和狹小的遮棚，一八八○年代末用於舉行大多數足球賽的場地，已經不足以應付如此龐大的人潮。一八八九年到一九一○年間，五十支聯賽球會搬遷到新球場，開啟一段興建球場的年代。[8] 基本興建原則很簡單。球會必須在場地四周築起圍籬，區隔場內付費的顧客與場外的圍觀者。旋轉門就是控制出入和收錢的工具。有時候單層圍籬可能還不夠，尤其是像布萊克本巡遊者隊一樣，球場四周有樹木、山丘、高樓俯瞰的時候。很多球會在中場線兩側搭建小型看臺或遮棚，且最初都選擇另外替球員搭棚當更衣室。球場剩餘的地方會用依序墊高的土堤圍起，為站立的觀眾提供良好視野。有些球會甚至請民眾倒廢棄物建堤。富勒姆隊興建克拉文農莊球場（Craven Cottage）用的是街道垃圾，很多礦區的球隊則用礦渣和煤灰。願意多投資一點錢的球隊會修建露天木造階梯看臺。這些球場幾乎全都建於城鎮中心，窩居在工人住宅區內。落成典禮是盛大的民間活動。桑德蘭隊替洛克公園球場（Rocker Park）揭幕時風光得意，不只有管樂隊和威爾河畔的蒸汽船隊助陣，還請到倫敦德里侯爵（Lord Londonderry）主持典禮。

洛克公園球場的建築師，是蘇格蘭工程師兼製圖員阿契巴德·萊奇（Archibald Leitch）。早期工業時代足球場特色的確立者首推萊奇。[9] 萊奇成名於蘇格蘭，經營的工程生意以工廠和倉庫設計與建造見長，首重實用且成本低廉的設計模式，對阮囊羞澀、想用最低成本擴建球場的球會董事很有吸引力。格拉斯哥第一波興修球場的大浪潮，包括凱爾特人公園球場（Celtic Park）、愛布羅克斯球場（Ibrox）和漢普頓公園球場（Hampden Park），即

由萊奇經手。之後他繼續接下英格蘭北部和中部的案子，包括東北部的洛克公園球場和米德爾斯堡隊的艾雅蘇美公園球場（Ayresome Park）、謝菲爾德星期三隊的希爾斯堡球場（Hillsborough）、布萊克本巡遊者隊的伊伍德公園球場（Ewood Park）、博爾頓的伯登公園球場（Burnden Park）、阿斯頓維拉的維拉公園球場，還有伍夫安普頓流浪者隊的莫利紐茲球場（Molyneux）。萊奇的工程十分受歡迎，最後也到達南海岸，設計了南安普頓隊的戴爾球場（The Dell），跟普茨茅斯隊的法頓公園球場（Fratton Park）。在倫敦，萊奇也負責了斯坦福橋球場（切爾西）、白鹿巷球場（熱刺）和克拉文農莊球場（富勒姆）的部分工程。

　　萊奇早期打造出一種封閉式球場，其中一個長邊是有屋頂和座位的正面大看臺，另外三邊是露天看臺。隨著球會和設計師的野心雙雙增長，萊奇也有所創新，構想出雙層大看臺，有的上層是座席、下層是站席，其他則是全座席；後來，他又打造出四面都有遮頂，且每一面都有座席和站席的球場。他的建築作品還不至於簡陋，但有一種功能至上的味道，日後只追加了幾項可謂正字標記的細節，包括大看臺陽臺的十字鐵架、山牆屋頂和三角楣飾。但除卻種種實用功能以外，萊奇與他同代建築師建造的是非常低技術、低成本的基礎設施。球賽金主和球會董事對於實驗或美學創新興趣缺缺。少數球場試過用不同方式裝設泛光燈，但並未貫徹施行——例如一八七〇年代，謝菲爾德的巴拉摩巷球場（Bramll Lane）試過橫掛在球場上方，也試過沿著場邊吊掛。歐陸在戰間期盛行的那種法西斯或共產主義意識形態美學，塑造了他們的球場建築計畫，但也未見於不列顛。如同催生不列顛足球的工業革命一樣，這些固定資本資產功能完備但設計粗陋，最初有用但淘汰得也快，先是眾人楷模但不久便被取代。

　　所以說，那些擠成一團的人群，填滿萊奇球場看臺的觀眾，到底都是些什麼人呢？他和其他早期英格蘭球場，用建築把場地分為有頂和露天、座位和站席、低價和高價等不同區塊，這一點或許最能準確指出觀眾的社會階級組成。最好的座位固定有一小群中產階級球迷，大概佔總人數的一成。搭棚或正面大看臺的中間會坐著球會董事和民間顯貴，通常象徵性地以某種欄杆

區隔開來，不過森嚴密閉的貴賓包廂這時尚未發明。剩下九成的場地，則被現代人所謂的三教九流給填滿。這些露天看臺的觀眾大部分可能來自於下層中產階級，尤以單身年輕男性居多，還有具專業技術的工人階級；但這只是因為當代紀錄大多這麼說，而且是個人觀察而非實際數據。唯一實際記錄了觀眾職業的文獻有點可怕，是一九〇二年愛布羅克斯球場慘案的死者名單，這分名單證實了觀察者的說法。這些社會族群投入無比熱忱和大量收入，使聯賽能夠在一八九〇年把入場票價提高到六便士，比音樂廳或後來電影院最便宜的座位還貴。話雖如此，除了極度窮困的人以外，露天看臺的座位還不至於讓大家買不起；何況當時保全管制仍相當鬆散，總是有辦法偷溜入場。小男生通常只要半價，在群眾裡佔了不算稀少的一小部分，有時候還有特別圈劃給他們的區塊，其他時候則有大人把他們高舉過頭送到前排，或甚至站到了草地場邊。女性起初通常准予免費入場，但一八八四年超過兩千名女性前往觀賞普雷斯頓隊比賽，球會因此取消了免費措施，其他球隊也隨後跟進。

根據眾人所言，足球場是個吵鬧的地方。厲聲咒罵劃破空氣，不過會被球門後方自發唱起的讚頌歌聲給中和掉。波浪鼓、小鼓和其他樂器進了看臺，出自當代歌廳曲目的流行歌、俏皮語和標語口號也加入行列。許多照片拍攝到露天看臺的觀眾穿著厚重的冬衣外套、圍著圍巾，戴鴨舌扁帽的比比皆是。大約在二十世紀交替之際，特別是遇到大比賽或足總盃的時候，隊伍顏色的花飾和絲帶似乎首度亮相。雖然難以透過當時的照片證實，不過不太需要懷疑，只要他們夠有組織，記得帶扁酒壺或酒瓶進場，大部分觀眾應該都會在賽前和比賽期間喝點小酒。

除了重大騷亂事件以外，觀眾行為只能從那個年代一些偶然提及的記述、報導和隨筆裡略窺一二。雖然顯見偶有暴力衝突，不過最基本的特點可以說，觀眾多半脾氣好、守規矩，懂得自我約束；即使環境舒適標準很低，管理當局對於他們視線清不清楚、身體舒不舒服漠不關心，他們也有極大的容忍力。有些記述隱約提到，工人階級當時的生活使很多人習慣了現場可能發生沒水準的扭打和酒後鬥毆。也有蛛絲馬跡顯示，有時候會出現更有組織的流氓黑道，來自治安最差的城市裡最亂的街區。但少有直接證據能證明流

氓黑道是維多利亞時代晚期到愛德華時期（1901-1910）足球觀眾的長年特徵。倒是有一點看來毋庸置疑，那就是足球能喚起球迷極度熱烈的關注、極度詳盡的觀察和近乎狂喜的樂趣。

當時代的媒體企業家很快就察覺到，現場生猛的九十分鐘並不能滿足大眾對足球的胃口。在一八八〇年代，大比賽一有進球，消息幾乎是立刻透過電報一城一鎮傳遍全國。年輕人會聚集在酒館和郵局裡等消息，店家會拿粉筆寫出足總盃決賽當前的比分。一種專門報刊不免漸漸成形，以迎合這股熱潮。及至一八八〇年代末，英格蘭已經有三份體育日報：《體育紀事報》（*The Sporting Chronicle*）、《運動生活報》（*The Sporting Life*）和《運動家日報》（*The Sportsman*）。這些報紙各種運動都會刊登，尤其賽馬最多，但漸漸愈來愈關注足球。一八七五年，凱頓（H. A. H. Catton）在曼徹斯特創辦了《運動新聞報》，他投入無比的熱忱，使這份報紙成為了維多利亞時代不列顛首屈一指的足球報。《運動新聞報》每週一出刊，報導聯賽的每一場比賽，發行量根據紀錄達十七萬份。全國各地的地方報紙意識到這股足球狂熱，很快也跟上腳步。有一種特別的週六晚報特刊會印在色紙上，因此又稱為粉紅報（Pink 'Uns）和綠報（Green 'Uns），發刊速度極快，看完比賽回家路上就拿得到。整場比賽進行途中，每個動態都有人逐一口述報導，經由電話在另一端記錄下來，待終場哨音響起已準備好印刷發行。球會明白足球與報刊合作對帳目盈虧是良性循環以後也開始表露興趣，第一個特別在球場建造報導設施的是一八九四年的凱爾特人隊。動態攝影技術臻至成熟以後，報刊與足球的情緣更進一步加溫，一九〇七年，《每日郵報》（*Daily Mail*）成了第一家大量使用足球照片來報導比賽並促進銷售的報刊。日報和週報以外，其他各種刊物不久也紛紛加入行列，包括查爾斯·亞考克（Charles Alcock）創辦的《足球年鑑》（*Football Annual*），於一八六八年到一九〇八年之間年年發行，為同類刊物立下典範。

報刊和大眾往哪裡走，廣告商也不會落後太遠，二十世紀初，足球員開始被用來向勞工推銷消費產品。從球員牌香菸（Player's cigarettes），到施樂安消炎藥水（Sloan's Liniment）和伊利曼止痛擦劑（Eliman's Embrocation），

球員和球隊贊助、代言各種商品，很可能自己也會使用而且往往特別偏愛。球鞋品牌 Oxo 替自己打廣告，宣稱：「記住，一九一一年贏得英格蘭盃的球隊已經連續五年蟬聯冠軍，他們訓練穿的就是 Oxo 的鞋。」假使有人只想要更多足球，不想要足球代言的飲料，那還有文創產業史上首見的產品：菸盒收藏卡 *。雖然足球明星卡的盛世要到一次大戰之後才會到來，不過在一八九〇年代已經有著名的「歐登金菸」（Ogden's Golden Guinea）系列收藏卡，製作精美，很多人蒐集。愛德華時代的足球打從一起步，踏入的領域就主要是男性的嗜好和特長——收集、列表、製圖、編號，這些都為今日全世界廣大的足球周邊產業提供了火熱動力。

IV. 生產足球

如果消費足球的主要是專業工人階級的上層民眾，那麼是工業時代足球的生產者是誰？以那個年代大部分消費產品來說，私人公司和企業家個體是經濟組織的主要代表。但在足球界，球會是生產中心，也因為這樣，足球違反了理性市場經濟既有的假說，這種情況不只見於不列顛。大部分產業的發展趨勢是權力和生產會漸漸向少數大企業集中，最後形成獨佔壟斷，但足球發展成功，伴隨而來的反倒是球會數量穩定增加。雖然構成今日英格蘭職業足壇的許多球會創立於一八九〇年代，但也有很多球會成立於一次世界大戰前幾年，在那幾年間爬上第一流的行列，這包括很多極負盛名的球會。

足球球會的法律架構起初是一塊灰色地帶，但大多數似乎列於慈善和志工組織的規章之下。不過，隨著球會發展擴大，需要大量借款籌措資金以興建或擴建球場，球會也漸漸轉型成私人有限公司（可以借貸）並有個人股東（提供部分資本）。檢視這些股東和從中拔擢出來的董事階層，可以提供我們一幅清楚的圖像，透露主導工業時代足球生產的是哪一些人。球會首次公

---

* 譯註：cigarette card，又稱菸畫。出現於一八七五年，菸商為了讓菸盒硬挺順便打廣告，在菸盒內放入可供收藏的紙卡，印有插畫、動物、名人照片、運動明星等圖案。若要收集喜愛的系列紙卡，就要長期購買該牌香菸。

開募股，花費相對低，至少到一九一五年，工廠勞工都還負擔得起，佔了所有股東的百分之三十七。不過，每名股東往往只擁有一點點聊表心意的股份，也不會組織起來運用他們擁有的投票權。球會董事只有兩成出自工廠和辦公室勞工，剩下八成大抵都是大股東，出身自殷實富裕的人家。10

　　這一群愛好運動的企業家和業餘官僚，入股球會的動機很複雜。不像其他投資，金錢收益想必不會是他們主要期待的報酬。英格蘭足總表明不喜歡商業邏輯太明目張膽地侵入足球，規定付給股東的年度分紅最高只能到百分之五（一九一八年後調高為百分之七點五），想投資獲利有更多更好的管道。況且，為了追求榮譽，與競爭對手你來我往、互較長短，因而犧牲球會獲益的情況屢見不鮮。是要比較多分紅，還是要比較好的中鋒，面臨二選一，其實沒有太多選擇。有些董事經營酒水或旅館生意，供應球會和球迷，也許是可以間接得到一點好處。像是一九〇三年，曼城隊（Mnchester City）原打算搬遷球場，董事裡就有幾名酒商投下反對票，怕會失去當地已經固定下來的球迷客群。但這種事是例外而非常態。絕對有很多股東是真心熱愛踢球、看球、組織社團的足球愛好者。做這些投資最能理解的回報，就是在一個被奉為神聖的機構裡佔有一個神聖的職位，不免能在地方獲得無比的聲望和地位。這對很多人來說已然足矣。

　　工業時代足球裡，若說球會董事是資本管理者，那足球員就是勞動力。至一九一四年，英格蘭的職業足球員還不到五千人。在愛德華時代的不列顛，一流球員多半與佔據露天看臺的觀眾來自相同階級，即具備專業技術的工人階級，不過一直都有例外。球員的勞動條件在很多方面也和所屬階級相去不遠。一八九〇年代，球員週薪大約三英鎊，非賽季期間兩英鎊——不算有錢，但比城市裡最貧困的工人收入好多了。況且，這些青年做的是他們真正喜歡的事，且和在工廠做事的同儕比起來，極少受到監督控管，當時還少有教練在球會裡掌握實權，也很少有人嘗試把訓練制度化。

　　球會只有透過留用轉會制度，稱得上對球員施加最大的控制。當球會持有或扣留球員的職業足球執照，球員就只能替握有執照的球會踢球。當然，執照可以經由收授轉會費購買或出售，球會執迷於競逐人才也使得球員執照

的價值水漲船高。一九〇五年，為求免於降級，米德爾斯堡隊孤注一擲，率
先為單一名球員付出一千英鎊，這名球員是亞夫‧柯姆（Alf Common）。這
種制度可以預防挖角球員，但球會全盤掌控了球員能在哪裡踢球。足球管理
單位初期曾經提出提高薪資以求最佳陣容的可能性，當中也隱含人才集中到
少數球會和整體薪資上漲的可能。一八九三年，英格蘭足球聯賽一度想採行
最高薪資制度，但未能徵得夠多球會支持。接著在一九〇〇年，英格蘭足總
接手替聯賽幹了髒活兒，規定所有球會皆須採行最高薪資，週薪四英鎊。最
優秀的球員還是有各種公開或私下的獎勵、獎金，以及代言商品的機會。但
就和不列顛其他工人階級一樣，長遠來看生活並不安穩。球員短暫的生涯結
束後，即使幸運有補給津貼金額也很少。退休金制度還不存在，遇上傷病問
題，照顧也是斷斷續續。很多球員生涯結束後，便消失在最低階的赤貧工人
當中，酗酒是常見之事，少數人能獲得老東家球會援助，給予閒職，不過地
位往往低得令人難堪。其他謹慎理財的人，雖能順利改行，但選擇有限，多
半改做些小生意，經營酒館、商店或某些類型的旅店。然而不管投入職業球
員生涯有多少風險，成功當上球員的年輕人似乎很少為此感到擔心。這樣說
來，維多利亞和愛德華時代的足球又一次確立了一套模式，未來數十年將會
在世界各地重複上演。

V. 蘇格蘭的足球狂熱

　　一八八〇年代早期，蘇格蘭對足球的貢獻（如同蘇格蘭對工業科技創新、
不列顛帝國事務和不列顛軍隊的貢獻），相較於其稀少的人口，明顯不成比
例。足球界馳名的蘇格蘭人，包括有金納德爵士，老伊頓人隊著名的前鋒兼
英格蘭足總官員；威廉‧麥奎格，阿斯頓維拉隊董事兼英格蘭足球聯賽的發
起人；以及一八七〇年代謝菲爾德最早的一群職業球員。英格蘭足球聯賽自
草創之初，就有數量龐大的蘇格蘭球員，普雷斯頓隊一八八八年到八九年賽
季的整支奪冠隊伍，及一八九〇年代桑德蘭隊的強大陣容，實際全都由蘇格
蘭人組成。不久之後他們比賽的場地，將全都是蘇格蘭工程師阿契巴德‧萊

奇所設計或受其影響的球場。第一場國際比賽一八七二年在蘇格蘭舉行，由英格蘭對上蘇格蘭；第一場有組織的女子足球賽，一八八八年在蘇格蘭城市因弗內斯（Inverness）舉行；第一次於正式比賽判罰點球，是一八九一年蘇格蘭球隊艾爾德里人隊（Airdrieonians）的比賽。蘇格蘭國內每個城市地區都喜愛足球，不過整體來說，還是中心工業帶和格拉斯哥市對足球最為狂熱。作家喬治·麥唐諾·弗雷澤（George MacDonald Fraser）在《黎明起舞的將軍》（*The General Danced at Dawn*）一書中便描述道：「本土的高地人、英格蘭人和低地人會在星期六下午踢足球，星期六傍晚聊足球，但格拉斯哥人不同，跟很多事情一樣，這裡專指男人，他們一週七天，玩也足球、睡也足球、吃也足球、喝也足球，他們活在足球裡。」[11] 正如同前衛藝術把創作能量集中在重要城市，科技革新聚焦於大都會帶，新興的足球運動也在單一座大城市裡，取得最先進的地位和最現代的表現形式。一次世界大戰前那個年代，這座城市就是格拉斯哥。[12]

　　格拉斯哥足球狂熱最令人信服的指標是當地的球場和觀眾。一八七二年，首場由蘇格蘭對上英格蘭的國際賽事，觀眾數相當可觀，有三千五百人，幾乎是同年倫敦足總盃決賽現場人數的兩倍。同組合對戰在一八七六年吸引了一萬六千人，一八七八年首座漢普頓公園球場開幕，觀眾數更上升至兩萬人。但經過一九〇二年的大規模改建工程之後，愛布羅克斯球場可以容納七萬五千人；凱爾特人公園球場，也是十九世紀最後十年所有重大比賽的主辦場地，最多則可達六萬三千人。已經有兩座一次能容納超過六萬人的球場，徹底改建後的漢普頓公園球場能刷新紀錄也不奇怪，一九〇六年蘇格蘭對英格蘭的比賽，現場有近十萬兩千人觀戰。一九〇七年，觀眾再度以十二萬一千四百五十二人創下紀錄新高。因此時至一次世界大戰之初，單在格拉斯哥已經有全世界最大的三座足球場。漢普頓公園球場毫無疑問是其中最大的。把全城所有的足球場加在一起，空間一次足可容納逾三十萬人，佔了大斯特拉斯克萊德（Strathclyde）地區成年男性人口極大的比例。

　　運動與足球刊物的銷售量同樣開創時代。《體育日報》（*Athletic Journal*）創於一八八二年，內容大半與足球有關，最初發行量就有兩萬份，

這還都是職業足球起步前十多年的事。《體育日報》的成功也促使其他報刊相繼創辦，例如《蘇格蘭裁判》（*Scottish Umpire*）和《單車月刊》（*Cycling Monthly*），其中最流行的雜誌《蘇格蘭主審》（*Scottish Referee*），大可以自誇一九〇九年發行量有五萬份，當地總人口也才不過五十萬人。

　　發展如此迅速的原因是什麼？在格拉斯哥，足球在運動界並沒有夠強的競爭對手。聯會式橄欖球在愛丁堡和邊境地區大為盛行，是足球在球會等級尤其是業餘領域主要的競爭者，親英格蘭的蘇格蘭上層中產階級都集中在這些地方。格拉斯哥工廠企業家的兒子，可能是構成橄欖球菁英或足球員的部分生力軍，他們多半在愛丁堡或英格蘭受教育。同樣地，大眾和貴族高爾夫球也集中在愛丁堡和蘇格蘭東海岸。但格拉斯哥從中產到上流階級的運動愛好者絕半都踢足球，而且不只是專門行業的中產階級，新興階層如店員、銀行出納員和辦公室白領員工也是，他們在女王公園隊創造出一個足球人才和熱忱的核心，從而催化了格拉斯哥市內和整個斯特拉斯克萊德地區眾多球會的創立。不同於英格蘭足球最初多由貴族和公立學校佔據，足球在蘇格蘭更快更早就傳到比較不封閉的社會群體手裡。

　　如果足球的發展某些方面與工業化發展有關，那麼格拉斯哥運動的興起，與經濟起飛也能連結在一起。雖然在十九世紀下半葉，格拉斯哥已經是發展蓬勃的港口兼小規模的造船城市，然而是在經濟大幅成長以後，格拉斯哥才成為居民自封的「大英帝國第二大城」，超越她的只有倫敦大都會。造船、土木工程和金屬製造、鐵路、化學、玻璃產業，全都沿著克萊德河岸紮根，格拉斯哥的勞工人口因此暴增。不列顛每個新興工業地帶都仰賴移民在工廠、鐵路和碼頭工作，但格拉斯哥特別之處或許在於，這裡的移民有許多明確的分支——高地人、低地蘇格蘭新教徒、愛爾蘭天主教徒、北愛爾蘭新教徒。城市裡因而形成獨特分明的社區，各自都把地方足球隊當作身分認同的根源，兼取暖娛樂的基地，基於同樣原因，也使得深刻尖銳的競爭對立有機會成形。格拉斯哥可以算是不列顛人口最稠密的城市，以一座十九世紀末的城市來說，擁有特別發達的交通建設，有路面電車和公車路網連結各個城區與新建的足球場。人口密集加上交通便捷，很快就在民眾心中形成一股顯

著的自豪，於實質和情感上將球會與所在的社區串連在一起。

　　不論格拉斯哥的城市結構，遇上階級結構到底迸出什麼魔法，數據不會說謊，足球在這裡是王道。格拉斯哥進步之快還帶來另外三項第一，讓這裡的足球文化格外重要。透過兩支「老字號」球隊──格拉斯哥流浪者隊和凱爾特人隊，格拉斯哥不只創造了全球足壇結怨最深最久的一對世仇，考慮到兩隊根源於不同的宗教群體，以及蘇格蘭社會從當時至今的派系衝突（sectarianism），格拉斯哥也是第一個足球對立與真實社會的分裂衝突如此緊密交織的地方。龐大的群眾、殘酷的營利主義、躁動的情緒，加上其實很難只透過足球表達這麼激烈的派系仇恨，格拉斯哥不免也成為第一座發生重大球場事故的城市，那就是一九〇二年的愛布羅克斯球場慘案。同樣道理，格拉斯哥雖然不是唯一隨足球出現混亂、暴力和恐嚇文化的地方，但卻第一個經歷了大規模足球暴動，那是一九〇九年足總盃決賽在漢普頓公園球場進行的重賽。

　　格拉斯哥流浪者隊誕生，正是格拉斯哥工人階級萌發足球狂熱之初。地方一群年輕人以麥克奈爾家族為中心聚集起來，組成了格拉斯哥綠地隊（Glasgow Green），在一八七二年初形成一股足球旋風。他們穿淡藍色球衣，瘋狂練習，想辦法與類似的對手對賽，如克萊德隊（Clyde）、阿格爾隊（Argyll）和女王公園隊的二軍。十一年後，在格拉斯哥市中心一帶流浪多時以後，他們興建了愛布羅克斯公園球場，從此在這裡生根。在格拉斯哥新建立的足球排位裡，流浪者隊快速攀升，一八七八年蘇格蘭足總盃決賽把成立已久的列文谷隊逼入第三場比賽才分出勝負，而且很快就吸引到近八千名球迷。流浪者隊早年似乎名聲不佳，出了名地欠缺運動家精神，沒有幽默感，且不顧分寸膽大妄為。當年，流浪者隊曾與敦巴頓隊進行慈善賽，為一八八三年林紹斯輪船事故 * 的罹難者家庭募款，令足球界大家庭錯愕的是，流浪者隊竟堅持從募得的款項內拿回比賽開支。他們的球迷脾氣可能同樣火爆，

──────────

* 譯註：一八八三年，格拉斯哥林紹斯地區（Linthouse）所造的蒸汽輪船達芬號（SS Daphne）在加文的船塢下水不久隨即沉沒。船上約有兩百名準備裝貨的工人，約七十人獲救，一百多人罹難，其中很多是年輕男孩，他們的家人就在岸邊觀看入水儀式。

愛布克羅斯球場開幕戰，普雷斯頓隊以八比一橫掃主場，流浪者隊球迷便憤而闖入球場。球隊的董事會成員很多是新教徒商人出身，球迷則有很多是加文地區（Govan）的新教徒勞工，不過流浪者隊這時還未與奧蘭治聯盟、共濟會和派系政治建立關係。球隊才剛開始要在運動界邁向一流水準，隨著同樣支持者眾的對手出現，與宿敵的社會衝突也才正要展開。

凱爾特人隊創立於一八八七年，由一群熱心的天主教徒、專業人士和酒館老闆在格拉斯哥東區組成。球隊一方面被當成募款工具，用來餵養該地區的天主教窮人，另一方面也供作把天主教球員留在天主教機構的手段。一次世界大戰前，凱爾特人隊足球已成為格拉斯哥愛爾蘭移民社區的體育代表。球會有格拉斯哥大主教當靠山，球迷裡不乏有頭有臉的人物，包括主張愛爾蘭民族主義的政治人物，球隊也會把場地出借給教會或其他天主教單位舉辦遊行集會等活動。但雖然與天主教教會的關係如此緊密，凱爾特人隊從未公開親近新教徒。

一八九〇年代，凱爾特人隊和流浪者隊已明確成為這座城市球迷最多的兩支球隊，他們有能力吸引大批球迷，賺入大筆收入，因此贏得「老字號」的封號。兩隊之間對立加劇、敵意加深，是到臨近一次大戰的時候才出現的。這部分是因為在不列顛政治當中，愛爾蘭問題愈來愈緊迫，部分則肇因於貝爾法斯特的哈蘭德與沃爾夫造船公司（Harland and Wolff）在加文開設造船廠，廠內卻只採用北愛爾蘭新教徒工人。早先存在於兩隊之間的差異，很快惡化成更全面且更受情緒左右的對立。一次世界大戰把政治衝突暫時壓抑在愛爾蘭和蘇格蘭本土，但一九一八年之後將會雙雙爆發。

老字號之間的比賽，對兩隊來說雖然是很大的搖錢樹，不過一年當中最大且想必最有利潤的還是蘇格蘭對英格蘭的比賽。世紀交替之際，這場國際賽的舉辦權由漢普頓公園球場和凱爾特人公園球場獨佔，但一九〇二年，流浪者隊成功把賽事帶到了愛布羅克斯球場。球會預期當天人潮會爆滿，所以在球場西北角加設了新的木造看臺。觀賽過程中，滿滿的觀眾整齊劃一地左右擺動，改裝過的看臺支撐不住，後方遠角的木條應聲斷裂。看臺塌陷出一個大洞，十多人當場摔死，很多人是因為摔在別人的屍體上才倖免於難。隨

之引發的恐慌推擠又在下半部看臺造成更多傷亡。裁判仁心之下暫停了比賽，球員退回到更衣室，在那裡目睹斷手缺腳、擠壓窒息的遺體接連被抬出，排成駭人的長列，等著送往醫院或太平間。最後統計傷亡人數，一共有二十五人死亡，五百多人受傷。不可思議的是，當局竟決定把比賽踢完，怕比賽沒有值回票價會引起格拉斯哥的球迷群眾氣憤鬧事。比賽重新開始以後，還看到有人手腳並用爬回看臺損毀的區域，重新佔據一個更有利的觀賽位置。

　　早在一八八〇年代，格拉斯哥首度有大群觀眾買票入場觀賽的時候，就傳出有人拿酒瓶丟球員和裁判，雖然常見的投擲武器是泥巴和石頭。格拉斯哥多的是船塢工人，丟得極準的鉚釘也不難見到，不過在這方面最惡名昭彰的要屬哈茨隊和亞伯丁隊的球迷。女王公園隊的那些紳士似乎也未能豁免於外，《格拉斯哥分析者報》（*Glasgow Examiner*）經常痛責這些「座上賓」的行為：

　　用瘋狂和心胸狹隘形容他們迸發的殘暴，措辭算是極度溫和了。他們如果是工人或許還有一點藉口，但再怎麼說他們大多數人都打扮得像紳士。依我看相似處恐怕也僅止於此。蘇格蘭從沒出現過更差勁的行為，這些紳士都表演給我們看了，那只有一群喝醉酒的食人族可堪比擬。

這方面蘇格蘭和格拉斯哥並非特例。一次世界大戰前關於英格蘭足球流氓的紀錄，揭露了大量球迷騷亂的輕微事件，少數幾次相形嚴重。從針對萊斯特城所做的研究可以看到，球迷爆粗口是家常便飯，偶爾會發生扭打，還有各式各樣的投擲武器會扔向球員、行政人員、警察，最常中招的是裁判。但是大抵很少爆發大規模鬥毆或暴動，舉例來說，伯明罕警方從一九〇〇年到一九四〇年的記錄，就未把足球視為需要特別處理的治安問題。[13]

　　格拉斯哥足球引起的騷亂和暴力，程度是英格蘭尚未能及的。一八九八年新年第一天，凱爾特人隊和流浪者隊在凱爾特人公園球場的比賽以一比一僵持不下。龐大的觀眾在比賽途中已經多次湧入球場，光靠四十名警察根本不足以控制五萬多名球迷。當流浪者隊全力壓迫想踢進致勝球的同時，觀眾

再度闖入球場，人數多到比賽不得不直接喊停。一九〇五年的足總盃準決賽，
凱爾特人公園的球迷又做出同樣的事，只是這次流浪者隊以二比零領先，比
賽只剩下八分鐘。更慘的是，因為明顯對流浪者隊的後衛出腳，凱爾特人隊
的球員昆恩還被判罰下場。在他走向球員通道的同時，凱爾特人球迷扯開座
位區帶刺的鐵欄杆，衝進場內攻擊裁判。

　　為什麼會發生一九〇二年的慘案，為什麼愛德華時代蘇格蘭足球頻頻傳
出球迷暴動闖入球場，原因並不難揣測。格拉斯哥對足球需求龐大，大球會
董事不免以商業邏輯為核心考量。愛布羅克斯慘案起因於龐大的人群，加上
支持壓低成本建造劣質設施的營利觀念。爆發騷亂的導火線，則是工人階級
原已暴力喧鬧的次文化，受到派系對立和酒精推波助瀾，又被放在保全配置
簡陋的露天看臺上。但一九〇九年足總盃決賽發生的事件闡明的是另一件事：
工人階級與中產階級在格拉斯哥社會裡的隔閡之深，經由足球表現了出來。
民眾聚集在漢普頓公園球場觀賞決賽，每個人都付了一先令，由於格拉斯哥
前一年經濟嚴重蕭條，一先令是不小的投資。比賽結果，凱爾特人隊和流浪
者隊二比二平手。隔週重賽一樣成功吸引了六萬一千名觀眾，但他們這次看
到的還是和局。如果再度平手該怎麼解決，在賽前並沒有說明清楚。大部分
觀眾大概以為會踢延長賽，球會官員想當然爾則認為應該擇日再比一場（再
收一次門票）。比賽時間到了以後，流浪者隊的球員走下場，但凱爾特人隊
還留在場上，導致觀眾誤以為真的會踢延長賽。最後是什麼刺激雙方球迷闖
入球場，朝球員更衣室和職員休息室猛衝，原因並不清楚，不過有些報導表
示，當時有一名職員故意誇張地拔掉角旗，可能就是這個緣故。無論如何，
這場暴動很快演變成草坪內的大混戰，酒瓶和石頭朝警察齊飛，根據旁觀者
描述，還有騎警連人帶馬被拉倒在地。球門柱和球網被扯壞，球場四周的木
欄杆也被折斷當作現成的武器。看臺和草坪有人點火，消防隊雖然快速趕到
現場，但卻遭群眾丟石頭妨礙他們滅火。對於工人階級這種放縱的暴力，中
產階級萬分驚恐，《蘇格蘭人報》（*Scotsman*）報導的語氣可以證明：

　　想適切描述現場眾多殘忍的事件簡直不可能，這些事件釀成的暴動，現

在幾乎球場每個角落都在進行。民眾被揍倒在地，血從傷口汩汩流出，憤怒和騷動愈演愈烈。很多警察被毆打成傷，手段冷酷至極，全體警力是今天最大的受害者。評論普遍指出，騷亂當中最活躍的球迷，多半由最下階的群眾組成，其他自重的人眼看衝突即將爆發，早已經避多遠是多遠了。[14]

《格拉斯哥新聞報》（*Glasgow News*）一度把足球暴動與泛政治化的工人動亂聯想在一起。頭版斗大的標題寫著「見紅」*，報導內容暗示，激發漢普頓球場暴動的脫序精神，跟當週稍早妨害貿易協會和格拉斯哥市議會開會的精神是一樣的。在統治階層眼裡，以往溫和怯懦的工人階級好像感受到自己的力量，正在伸展手腳。任何群眾集會，教士和警察力未能及之處任何一點脫序和騷動，漸漸都顯得令人擔憂。一次大戰前那幾年，統治階級有充分的理由害怕群眾，並將這種恐懼連結到足球。

VI. 運動即政治

一九○○年，伯恩茅斯一名政府官員寫道：「職業足球員是怪物。上帝創造生命不是拿來浪費在踢皮球的。這是歪曲上帝賦予生命的意義。」[15] 上帝肯定沒有把人類頭骨創造成可以三不五時頂一顆浸水的皮球，會這麼說是因為後來漸漸發現，很多足球員因為頭頂球而導致輕重不一的腦部損傷。撇開醫學研究不談，這位官員不是唯一的反對聲音。足球在愛德華時代的不列顛不斷引來一小群偏激的文化觀察者出言責難。許多與一九○八年創始的童軍活動關係親近者，以及投身打造優越帝國種族、追求健康強壯、紀律嚴明的有志之士，紛紛對那些駝背抽菸、只看球不運動的平民大眾表露不屑。工會和合作社運動大多對足球不感興趣，不過工運私下有一種馬克思思想的想法，認為會對足球狂熱一定是缺乏進步的階級意識。禁酒運動（temperance

---

*　譯註：原文為「Seeing Red」，既指暴動事件造成流血受傷，同時紅色也是共產黨的代表。十九世紀末、二十世紀初，共產運動正風起雲湧，報紙藉此把工人暴動與工運放在一起大做文章。

movement）很多成員來自勞工階層，他們不贊成足球賽前、賽中和賽後難免有的飲酒習慣，說：「足球是魔鬼的興趣，是飲酒習慣的孿生兄弟。」[16] 同樣的思想流派也反對足球引來的賭博。這種不近人情的激進思想，與愛德華時代的保守主義砲口一致，向各種方興未艾的大眾流行文化發動攻擊，同聲同氣譴責音樂廳、酒吧、通俗小說（penny dreadful）* 和足球聯賽。

然而，儘管從激進帝國主義者與保守派貴族，到驚恐的禁酒主義者與惱怒的社會主義分子，從左到右都對足球做出各種批評，足球卻漸漸受到王室公開恩寵。一八九二年，威爾斯親王受邀為英格蘭足總的贊助人，他同意了。一九〇一年，維多利亞女王駕崩，英格蘭足總把所有足總盃重賽延遲一個月，當作略反常態的致敬。新加冕的國王愛德華七世以保留他在足總的身分作為回應，繼任的君王至今都承襲這個做法。除了在足總印行的信箋上冠名，對運動並無特別愛好的國王喬治五世，還成為第一個在位時到場觀戰的君王，一九一二年親臨現場看英格蘭對戰蘇格蘭的比賽。足球正如同不列顛的工人階級一般，已經大到無法忽視。在一個平民主義抬頭、民主化思潮悄悄潛近的時代，聰明的君王勢必會謹慎地讓王權穿上一層民主的華美外衣。是以在親信的建議之下，喬治五世也出席了皇家大匯演（Royal Variety Performance）† 一九一二年的首屆演出，讓溫莎王室與歌舞秀（music hall）這項重要的工人階級文化建立關係。這種不引起爭議又與平民拉近關係的策略，在一九一四年國王首度參加足總盃決賽，在水晶宮球場看伯恩利隊擊敗利物浦隊的時候達到巔峰。

不列顛足球自此不再只是一項單純的消遣，還成了一種社會現象，規模之大，聚焦程度之深，使其漸漸能準確反映，甚至是形塑愛德華時代不列顛處於帝國晚期榮景之下主要的經濟、政治和文化輪廓。不列顛足球與不列顛的經濟一樣，能成為領導勢力並不是因為技術成熟，純粹是因為在人之先。

---

* 譯註：十九世紀維多利亞時代，倫敦等城市路邊的書報攤可以用一便士買到作者不詳的小說，內容多是妖魔鬼怪、恐怖血腥、風月情色等低俗題材，供一般平民大眾閱讀消遣。

† 譯註：由皇家匯演慈善基金會（Royal Variety Charity）為慈善募款所舉行的綜合表演，內容包括喜劇、音樂、舞蹈、魔術、特技等。王室成員至今每年均會出席。

兩者都在薪資微薄有限、小公司和小球會自成派系、低投資導致低收益的劣勢下存活下來。政治方面，各足球協會與各職業聯賽的關係，反映了貴族階級與北部城市新興商業階級之間做出的妥協。至於文化和人口方面，足球明白反映了工人階級的印記，先不論他們激進或機巧的政治手段，單憑規模人數就足以確保工人階級不能被排除在國族政治和運動之外。

　　不過，政治直接操控甚或間接置入行銷的情形在足球界很少見。史雲頓城隊（Swindon Town）兼英格蘭國家隊球員哈洛德‧弗萊明（Harold Fleming），曾於一九一〇年的選舉中，積極支持保守黨候選人卡利上校（Colonel Caley）。該年普選，米德爾斯堡隊的主席吉布森‧普勒（T. Gibson Poole），也出任所在鎮上的保守黨候選人，並說服球隊成員在競選會議上替他背書。普勒還曾經想賄賂桑德蘭隊的球員在地方德比戰放水。他後來輸掉選舉，醜聞也遭人揭發，英格蘭足總判決他終生不得再參與足球事務。在這件事情上，足總的作法反映了足球媒體和大眾對政治的反感。那一年綠報有篇文章如此開頭：「親愛的讀者，別覺得頭暈，我無意在今天這種時候談政治」，《史雲頓廣告晚報》（*Swindon Evening Advertiser*）則因為能帶領讀者「脫離激動的政治氣氛，進入盃賽令人振奮多了的舒適空氣」[17] 而感到寬慰。

　　對於不列顛與全世界各國的關係，足球無疑是精準的變化探測計。不列顛體制內外幅員廣大的帝國，帝國勢力龐大的商人與皇家海軍、工程專家、銀行家、教師和旅人，對把足球傳播至全世界都貢獻了一份心力。一次世界大戰前那十年間，不列顛球會四處巡迴至歐洲和南北美洲。英格蘭和蘇格蘭職業足球的優越和成熟，任誰都看得出來。不列顛業餘足球也相當出色，一九〇八年和一九一二年兩屆奧運足球錦標賽，不列顛國家隊都贏得金牌。事實上，不列顛本土四國自恃進步優越，看待世界其他地方總或多或少帶著輕蔑。因此一九〇四年，當第一個國際足球組織——國際足球總會由歐陸國家在巴黎創立時，不列顛並未參加。

　　如果說不列顛應對國際足總小心翼翼的態度，可以代表與歐洲大陸關係的冷淡，那麼愛德華時代不列顛社會潛在的緊張衝突，同樣也映現在足球之

上。不列顛政治看似穩定的結構實則承受三股力量的撼動：愛爾蘭民族主義、新一波女權運動，以及儼然勢不可擋的工人運動。在愛爾蘭，足球已與民族主義的鬥爭緊密糾結。一八八〇年代，蓋爾足球運動協會成立，已使整個運動界政治化，在大多數愛爾蘭民族主義者眼裡，協會足球明顯是不列顛帝國秩序的一部分。也因此，足球盛行地區集中在北愛爾蘭，境內也只限於在新教徒社區。不過，信仰和運動的分界線這時還未僵化到毫無彈性，貝爾法斯特凱爾特人隊（Belfast Celtic）在一八九二年成立。[18] 由於隊名明顯挪用格拉斯哥的同名球隊，因此球會雖然官方和私下都從未表示只歡迎民族主義者或天主教徒，但很快便多了這樣的名聲。球隊在一八九六到九七年賽季加入愛爾蘭聯賽，出場立刻引發麻煩。先是對上統一立場強硬的連菲特隊（Linfield FC），凱爾特人隊的球員泰瑞‧德夫林（Terry Devlin）遭球迷襲擊，導致同賽季後來對上格倫杜蘭隊（Glentoran），警方不得不把雙方球迷隔離開來。

　　出了場外，愛爾蘭問題不僅爭議日多也愈來愈棘手。對愛爾蘭民族主義者選票的依賴，迫使西敏寺的自由黨政府再度承認地方自治的可能性。這連帶在北愛爾蘭新教徒間激起最猛烈的反應，他們用一次世界大戰前那幾年來籌備武力，準備在必要時獨立建國。自治爭議的激烈程度在一九一二年達到新高峰，連菲特隊對貝爾法斯特凱爾特人隊的一場比賽，還因為看臺不斷傳出槍聲而被迫中止。

　　愛爾蘭問題質疑不列顛帝國的地理疆界，爭取女權和婦女投票權的新興聲浪，質疑的則是範圍小到荒謬的公民投票權是否合法。在英格蘭，受過公學和大學教育的女性踢起足球——與構成新婦女投票權運動核心的跨階級結盟概念是一樣的。一八九五年三月二十三日，奈蒂‧哈尼波（Nettie Honeyball），日後不列顛女子足球總會的祕書，以及昆士伯利侯爵最小的女兒，佛羅倫絲‧迪西夫人（Lady Florence Dixie），共同在倫敦的克朗奇區運動俱樂部（Crouch End Athletic Club）籌辦了第一場有文獻紀錄的女子足球賽。比賽由南部派出的隊伍對上北部的隊伍。隨後又有幾場比賽小規模巡迴於英格蘭各地，最高潮是一場在紐卡索的比賽，共有八千名觀眾到場。對此，

男性主宰的統治當局反應跟在政治上一樣，起初先是無視這個現象，之後則想盡辦法宣稱這在某些方面有害身心健康，發現這種說法誰也說服不了以後，便轉而施加嚴苛的排除手段。對英格蘭足總來說，這整件事在一九〇二年宣告落幕，成員收到一封措詞嚴厲的來函，告知他們不得與女子球隊比賽或給予支持。

　　最後，工人運動的政治也不能從足球中排除。二十世紀最初十年，法院和政府再三設法控制、削弱、轉移工會和工人運動剛萌發的力量，造成這股力量他們也有責任。但不論一路上可能遭遇多少阻礙，不列顛工人階級的人口不斷增加，終至組織起來形成政黨。同樣故事也可以用於描述足球界的工人，即職業足球員。一八九三年首度嘗試創立球員工會，可惜為時短暫。一八九七到九八年賽季雖然二度嘗試創立了協會足球員工會（Association Footballer's Union, AFU），但在足球員間無甚影響力，又孤立於其他工會運動之外，體育管理單位拒絕承認，使工會不久便夭折。情勢在近十年後有所改變。一九〇六年的《產業談判法》（1906 Trades Dispute Act），讓組織工會和罷工行動變得容易，一九〇七年歌舞秀表演者針對合約限制發起罷工一事，顯見過去在娛樂產業具備專業但缺乏組織的工人，在適當條件下也能贏得談判。一九〇七年十二月，協會足球職業足球員工會（Association Football Players' Union, AFPU）在曼徹斯特的帝國飯店成立，由威爾斯國家隊的邊鋒比利・梅瑞迪斯（Billy Meredith）擔任主席，曼聯隊的正中場查理・羅伯特（Charlie Roberts）擔任會長。據聞，因為冒失接下工會這項職務，羅伯特的英格蘭國家隊生涯劇烈縮減（只當了三年隊長）。球員與雇主之間雖然有諸多歧見，但以兩件事情衝突最嚴重，一是球員若有不滿，是否有權利送交正式司法系統裁決，不必再私下了事；二是足球員工會是否有權利加入更大的工會運動，獲得為其他工人運動儲備的勢力、地位和資金。英格蘭足總和各家球會死命反對這些權利，面對球員威脅罷工，他們已經準備好要把工會逼上絕路。聯賽所有球會都預備了一份業餘球員名單，準備用來頂替罷工者，並破壞罷工行動。不過是球員先投降了。不列顛的工運普遍總是這樣，戰鬥不是他們的強項。幾場針對留用轉會制度的官司敗訴，嚴重削弱了工會的財

務狀況，加上工會成員在一次世界大戰大批陣亡，足球員工會雖然勉強維持下來，但羸弱無力，使得不列顛的職業足球員不幸在未來將近半個世紀，依然必須接受微薄的最高工資和高度受限的合約。

VII. 球場即戰場

　　源源不絕的政治抗爭，對愛德華時代自由的英格蘭形成一股威脅，很可能打破共識和妥協，但隨著一次世界大戰逼近，抗爭的洪流即使未根絕也沉緩下來。眼看德軍跨越比利時取道攻入法國，向來低調處於不列顛體育文化核心的國族主義突然抬頭。愛德華時代不列顛的貴族運動員似乎很期待與德國人進行一場「君子之爭」，滿心相信自己很快就能教訓他們一頓。但若說運動界吹響的從軍號角，暴露了根深流遠的國族主義，那麼在揭露不列顛社會階級歧見之深方面，它也同樣功不可沒。《標準晚報》（Evening Standard）頭版標題寫出「先盡義務再談運動」（Duty before Sport），橄欖球聯合會受其影響，中止了戰爭期間的賽程。板球賽季當時幾乎快結束了，但板球以實際行動保住了名聲，例如約克郡的隊長懷特（A. W. White）就在對蘭開夏的比賽途中退場，加入當地所屬的軍團。[19]

　　英格蘭足總和足球聯賽與大多數人一樣，覺得戰事到耶誕節前就會結束。他們認為，足球可以為國內排遣壓力、提供絕佳的休閒消遣，何必現在中止？這並不是說足球就沒有義務要盡。足球界當局與戰爭部密切合作，同意讓軍方使用球場與其他設施供軍隊操練或儲備軍需物資。除外也舉辦多場義賽為各種戰地慈善團體募款。最重要的是，球會同意扮演招募單位，組建不列顛新一代的平民志願軍。這不是多難的任務，因為大不列顛縱然握有權力和帝國意志，但除了破壞罷工和以其他形式鎮壓工人以外，國家干預工人生活或與之交流的能力其實很有限。球會和足球比賽是號召青年工人的絕佳工具，要打這場現代工業化戰爭，軍隊亟需要這些人來當不可或缺的砲灰。《泰晤士報》（The Times）聲稱，至一九一四年十一月前，受職業球員於開賽前當場報效入伍的感召，共有超過十萬人報名從軍。這表示全國招募的軍

力近半數是透過球會達成的。近五千名職業球員之中，有兩千人入伍，只有六百名未婚的職業球員沒有應募參軍。

但這一切都是枉然。不列顛社會最保守好戰的勢力下定決心要中止工人階級的職業運動，想證明國家的力量和道德權威比階級勢力更大。知名釀酒業家族的子嗣，弗德列克‧柴靈頓（F. N. Charrington），是把沮喪表現得最誇張的一人：「瞧瞧這差別有多大，比利時已經有三位知名國家隊足球員為國捐軀了……我們應該給我們的足球員穿上最厚的呢絨襯裙。」[20] 不只寫信陳情，他還有備而來。一九一四年九月五日，柴靈頓說服富勒姆隊讓他在賽前以募兵為題向觀眾講話，但他很快就岔開主題，大肆抨擊足球，罵球員和球迷逃避責任。當天他得在人護送之下才走得出球場。板球員愛德華‧索爾（Edward Sewell）則是比喻失當，認為比起橄欖球陽剛的體育精神和英勇的愛國主義，足球是低下的運動，只適合流氓無產階級最底層那一群人：「軍方愈快採用『橄欖健兒』……對英軍愈好。那些靜脈曲張、膝蓋無力、腳趾長雞眼又有脂肪肝的軍需工人，那麼討厭盡男子漢的責任，就讓他們繼續踢他們的『渣球』吧。」[21] 不提可能也沒人想過，狩獵和田徑運動可沒配合戰事縮限任何活動，也沒有任何人要求他們考慮配合。

戰爭當然沒在耶誕節前結束，戰火才正要蔓延而已。足球聲譽摔落，一九一五年春天又更進一步遭受打擊，當時面臨降級危機的曼聯隊，在老特拉福球場以二比零擊敗排名中段的利物浦隊。這場比賽結果是包含雙方隊員在內一群球員事前就講好的。他們考慮的不是誰會晉級誰會降級，大家心裡有數，下個賽季根本連比賽都不會有。他們在意的是之後沒錢維生，所以安排了一場小賭局。為了確保最後比分是他們押注的二比零，一名球員故意踢失點球，還有一大堆射門直接飛上看臺。比賽中還明顯看到雙方球員集體霸凌利物浦隊一名不知情的前鋒，他在比分已經二比零的時候差點又得分。根據各方說法，這場詭計大部分觀眾看得清清楚楚，醜聞後來遭到揭發，讓保守派報紙又拿到有力的把柄譴責職業足球還繼續比賽。

足球聯賽一方面受到狂熱愛國人士的道德撻伐，另一方面戰時經濟不振的嚴酷事實也造成打擊。愈來愈多男丁被徵召入伍、送上戰場遭到屠殺，觀

眾也日漸減少，只有盧頓隊和沃特福德隊（Watford）逆勢成長，但這是因為
兩隊的所在位置都靠近大型軍員編組場，招募的新兵會在這裡訓練成軍人。
到了一九一五年初，觀眾人數大幅滑落，球會收入驟減，少數未上戰場的職
業球員薪資也不得不削減。軍隊徵用鐵路使得前往客場出賽難上加難，軍需
工業每個星期又帶走更多人力。足球聯賽咬牙苦撐，艾弗頓隊拿下冠軍。謝
菲爾德聯隊和切爾西隊踢完了該賽季最後一戰，也是大戰期間最後一場比賽：
足總盃冠軍賽。

1915 年 4 月 24 日
謝菲爾德聯隊 3—0 切爾西隊
曼徹斯特，老特拉福球場

　　如果歐威爾說得對，「體育比賽認真起來就與公平競爭無關了……這是
一場沒有硝煙的戰爭」*，那這一場比賽確實很認真。不是因為謝菲爾德聯
隊贏得足總冠軍盃才這麼說的——切爾西根本沒做出多少真正的抵抗，這麼
說是因為一場戰爭需要的元素幾乎都具備了。戰爭大臣德比伯爵（Lord
Derby）出席現場，觀眾密密麻麻都是軍人，因此我們才稱這場比賽叫「軍
裝決賽」（Khaki Final），有的人是偷空來看球，有的人很快就要啟程前往
法國。唯一缺少的只有硝煙，但那不久之後就會揚起。

　　敦促足球員從軍殺戮的漫畫上寫著：「更偉大的比賽：朋友，球場的確
可以賺錢，但今日只有戰場能獲得榮耀。」潘趣先生和他的快樂伙伴 † 很會
說服人，大量足球員和球迷加入軍隊，就是金錢遊戲也不得不暫停。慣例舉
行足總盃決賽的水晶宮球場，現在由海軍掌控。短期內不會再舉辦決賽了。

　　當天唯一僅存的一張相片，是從球員通道拍出去的，前景一頂大邊帽使

---

* 譯註：出自歐威爾〈論體育精神〉（The Sporting Spirit）一文，文中憂心盲目的民族主義
　　和愛國主義會透過足球比賽及其他運動賽事在社會蔓延。

† 譯註：潘趣先生（Mr Punch）是不列顛十九世紀漫畫刊物《潘趣》（Punch）常出現的角色。

人思及軍隊的存在。但在人影背後是那片賺錢的球場，場上白茫茫的一片，那是光線和過度曝光形成的白霧。就在同一天，同一個時刻，伊珀榮耀的戰場上，氯氣毒霧第一次在戰地悄悄擴散。

戰爭大臣頒發獎盃，同時向他的弟兄喊話：「各位今天同心協力擊敗對手贏得獎盃……現在同心協力為英格蘭奮戰吧。」[22] 現場觀眾差不多有五萬人。一年之後，六萬個和他們一模一樣的人會在索穆河戰役的第一天受傷或陣亡。面目全非的遺體可以擺滿一整座階梯看臺，重傷者堆滿兩層看臺，輕傷還能行走的人佔另外兩層，患彈震症和精神崩潰的士兵則會湧入草皮。戰爭大臣依然坐在居高臨下的包廂，黑絲絨禮帽濺上了鮮血。[23]

第二部

人民的運動

足球、帝國與工業，1879—1934

第四章

圖謀不軌的英格蘭：
世界足球興起與抵抗風潮

事實醜陋且令人氣惱，我們每天不只進口英格蘭製造的產品……還引進她的服裝風尚、她的口音、她墮落的文學、她的音樂、她的舞蹈、她種種造作的禮儀，還有她的運動和消遣，不僅徹底敗壞了我們自豪的國民運動，我相信更使得這片古老土地上每個純真兒女極度蒙羞。

要是未來二十年，我們還繼續朝與過去相同的方向前進，譴責父祖從事的運動，抹滅自己的民族特徵，好像為之羞恥似的，改穿上英格蘭的呢絨布料，聽信她的建議，採納英格蘭齷齪下流的習慣與其他陰陽怪氣的愚行，那我們不如立刻公開聲明放棄自己的國家，從此為看到聯合旗歡喜鼓掌，興高彩烈地把「英格蘭的腥紅」看得比綠色更為崇高。

——克羅克大主教（Archbishop Croke, 1824-1902）[1]

I. 帝國的遊戲？

　　自不列顛人首度把球靴、足球和球門柱帶到外國港口和帝國駐地，距今已近一百五十年，足球在這段期間也成為全世界最風行、最多人從事的運動，這個時候書寫足球史，不免容易寫成一場勢無可免的勝利，把足球的當代霸業解讀為一次成功的地理擴張而不覺有異。但看在十九世紀中期至晚期觀察及參與了這項新興現代運動文化的人眼裡，這種觀點並沒有那麼立竿見影。這項全球運動的弔詭之處在於，作為不列顛帝國盛世的象徵，足球在英語世界的前哨與最早傳入的帝國據點並未全面獲勝。反而可以看到，正是在這些社會，足球受到最激烈的反對、抗拒、冷落或取代。

　　克羅克大主教是十九世紀最後二十五年，愛爾蘭天主教位階最高的神職人員，對不列顛帝國文化瀰漫滲透感到深惡痛絕的不只有他。也不只有他認為這股外來的腐蝕威脅裡，運動就算不是關鍵因素也是重要環節。德國就有一名觀察者擔心，較之於偏重智性和文藝的歐陸諸國，運動為不列顛帶來帝國競爭上的優勢：「帝國交付的重大任務，往往需要體魄強健的人格，書呆子辦不來。」[2] 這種看法不列顛很多人贊同，尤其是那些公學校長。傳奇登山家先驅穆納瑞（A. F. Munnery）於一八九五年過世時，訃聞裡就概括了這種自我認知。穆納瑞這樣的人「使我們的民族成為世界先鋒，透過海戰，為我們贏得海權，透過探索和殖民，將世界上的荒地交由盎格魯薩克遜人治理……英格蘭人擁有的這項特質會在運動中展現。」[3] 反過來說，對不列顛統治和不列顛勢力的態度，也會深刻影響對不列顛運動的想法。這兩者不只相互牽連，還密不可分。

　　某些地方單純把不列顛運動等同於不列顛統治，一概予以排斥。在愛爾蘭南方，足球與一連串新制定規則的不列顛運動受到很多人蔑視。文化獨立和民族主義的宏大敘事，提出蓋爾式足球和板棍球當成替代選項，與足球匹敵。不過即使在這裡，足球在邊境南方仍未徹底消失，愛爾蘭橄欖球也依然是少數不分派系、不受政治色彩影響的中產階級運動。美國的經驗與此類似，

至少在團隊運動領域是這樣。美式足球、棒球、籃球、冰上曲棍球，北美洲的發明和變化把不列顛運動擠至邊緣。假以時日，這些運動也會如美國整體的國力一般，成為大英帝國霸權和不列顛運動在全球的競爭者。不過直到二次世界大戰以前，足球在美國依然是運動界潛在的一部分，它最後的衰亡，與職業美式足球後來成功一樣，從來都不是命中注定，而是經濟動盪和官僚鬥爭偶然導致的結果。

　　對不列顛運動態度最複雜的可能是不列顛的白人殖民地，大量殖民移民隨帝國征服來到這些地方。十九世紀期間，加拿大、澳洲、紐西蘭和南非的英語白人族群，都把自己實質理解為不列顛社會。但就算是最呆頭呆腦的不列顛人，在海外也無法完全騙自己還是住在家鄉諸郡。在加拿大，北美印第安人和少數法語足球質疑不列顛的統治地位。在南非，講英語的人發現自己身處的社會裡，非洲黑人佔多數外，還有講南非荷蘭語的殖民對手存在。澳洲原住民和紐西蘭毛利人頑固不屈。殖民地的英語人口尚不穩定，當帝國的一員因此能帶來安全感並鞏固勢力，也讓這些地處遙遠的社會能與舊世界和大都會產生精神文化上的連結。但另一方面，與不列顛距離遙遠、差異日增，也使他們開始尋找各自不同的獨特身分。運動——帝國的運動，恰到好處地結合了共同和差異、友善和敵對。不過，在這些社會的現代運動文化當中，足球始終難脫邊緣地位。

　　各白人殖民地當中，加拿大的運動文化與不列顛分歧最大。十九世紀中期的加拿大，板球和足球盛行於貴族學校和大學校園，但都未能向外傳播。加拿大的法語人口對這些「不列顛的遊戲」興趣缺缺，尤以板球來說，貴族俱樂部和貴族學校絲毫沒露出傳道熱情，想把板球帶出他們有限的社交圈範圍。板球運動在夏季留下的空缺，很快就由美國傳來的棒球和加拿大特有的袋棍球（lacross）給填滿。袋棍球在婦女間特別流行，原本是北美印第安人的遊戲，加拿大白人加以統整並制定規則。大學裡的足球則和不列顛與美國在編定章程之前一樣，規則和踢法百出。但加拿大的大學沒有追隨牛津劍橋的領導，反而發現美國東北部長春藤盟校的影響力更加廣泛。哈佛大學、耶魯大學和普林斯頓大學，為加拿大這些窮又小的大學樹立了知識和運動的榜

樣。因此到了一八九一年，加拿大足球聯會（Canadian Football Union）管轄的運動已經變得像是美式足球，只差幾項規則不同罷了。協會足球被貶入工人階級社區，這些社區的住民多是英格蘭和蘇格蘭來的新移民。愛好者堅持不懈，沿著新建成的洲際鐵路把足球傳到了加拿大東部，在安大略省的工業城市創立球會和聯賽。但加拿大最著迷的是冰上曲棍球。這項運動適合當地氣候，冰天雪地的漫長冬季，草地不敷使用的時候，小孩和業餘人士一樣能打曲棍球。冰上曲棍球的規則雖然是蒙特婁的麥基爾大學（McGill University）制定的，但通用於上層或中下階級的加拿大人，也沒有受法語或英語族群的哪一邊特別支持。最棒的是，只有加拿大人擅長這項運動，而且這項運動本身好玩到美國人還要引進國內。足球一點勝算也沒有。

紐西蘭受殖民較晚，這表示各種團隊運動在島上成立以前，正式規則已在帝國首都編定，不會有紐西蘭規則的足球。事實上，十九世紀最後二十五年，不只足球的正式規則通行於紐西蘭，還有蓋爾式足球、澳洲式足球、聯會式橄欖球和聯盟式橄欖球。一次世界大戰前後，聯會式橄欖球明顯佔得上風。一八八六年，地方足球協會首度成立於奧克蘭，一八九一年方有全國性組織在首都威靈頓成立，格拉斯哥來的一名威士忌酒商，則於同年創立了全國性錦標賽「布朗盾」（Brown Shield）。足球在如此大好前景下起步，發展步調卻緩慢而吃力。布朗盾雖然年年舉辦，卻要等到一九二五年才實際有一座獎盃，那還是倫敦的足球總會送的禮物。這個時候，布朗盾的錦標賽地位已被查塔姆盃（Chatham Cup）取代，後者確實擁有一座獎盃，是一九二二年皇家海軍一艘同名船艦的船員一次在紐西蘭輪值後捐贈的。想想一個盾賽舉行了三十多年才有一面獎盾，紐西蘭足總還要靠外國巡航的船員捐贈，才能為最重要的球會盃賽提供一座獎盃，也難怪沒有資源讓足球成為紐西蘭的國民運動。

就算它是更積極於推廣發展的官方機構，紐西蘭足總還是會面臨棘手的反對。紐西蘭認為自己的社會基本上無階級之分，然而與此認知相反，運動確實反映且強化了紐西蘭的社會分層。一八七〇年代，橄欖球會在紐西蘭各地大量成立，很快便主宰了貴族中學與境內新興大專院校的運動課程。足球

在教育機構幾無立足之處，似乎只有在比較小的工業聚落活得最好，尤其是南島的礦業小鎮，以及城市裡以工廠和工作設施為中心的地帶。當時主要的球隊包括由一所大型精神病院員工組成的海崖隊（Seacliff）、來自奧克蘭的港員隊（Harbour Board）、來自威靈頓的電車隊（Tramways）和水岸隊（Waterside）。這樣雖足以讓足球作為一種休閒活動持續流行於民間，但比起不列顛職業足球奠立的體育基礎建設，紐西蘭永遠不可能在國際賽事與母國城市的球隊較勁，也很難透過名利雙收的巡迴賽或新星球員吸引關注。然而，橄欖球又是另一回事。一八九〇年代，因為與聯盟式橄欖球分家，加上業餘主義作用之下，不列顛聯會式橄欖球的可用人才減少，紐西蘭的橄欖球人口雖小，卻能與之一較高下，甚且還可以發展興旺。紐西蘭橄欖球國家隊「黑衫軍」和南非橄欖球國家隊「南非跳羚」早年對本土四國的勝利，把聯會式橄欖球與新興的國家認同連結在一起，確保了橄欖球的地位優於足球，意義之重大不容小覷。一九〇五年，黑衫軍前往不列顛參加巡迴賽，三十三場比賽，紐西蘭人贏了三十二場，唯一輸的一場敗給威爾斯，比賽中關鍵的一次爭議判罰是否合理，至今爭論不斷。南非跳羚則在隔年擊敗威爾斯和愛爾蘭，宣告了自己在聯會式橄欖球界的地位。

　　南非運動史的發展趨勢，與紐西蘭一樣建構於階級，但因為種族議題而更形複雜。足球、板球、曲棍球、橄欖球隨英軍與其他殖民統治媒介傳入南非。橄欖球在開普敦和斯泰倫波什（Stellenbosch）的菁英大學找到最初的落腳機構，軍人則是踢足球。一般英軍士兵與他們的活動原本地位就低，又因為軍隊習慣與南非黑人一起踢球，地位更加低落。南非黑人是十九世紀最後十年開始踢起足球的。這一點若再加上英格蘭職業足球日益瀰漫的工人階級氛圍，已有充分的理由讓在乎地位的南非白人，拿聯會式橄欖球當成他們的運動。南非跳羚早年的勝利，想必也有功於鞏固橄欖球的地位，讓橄欖球成為南非白人運動文化的強勢項目，不過最關鍵的還是南非荷蘭語人口接納了橄欖球——他們起初拒絕板球，對足球也興趣缺缺。橄欖球的盛行與南非白人菁英的統治權一樣，有賴於城市英語資產階級和鄉村南非荷蘭語農民階級不穩定的同盟。工人階級白人和非英語白人移民雖然肯定也踢足球，例如開

普敦的希臘移民，還有蘭德（Rand）的葡萄牙移民，但他們從未積聚足夠的體育或文化影響力，取代橄欖球、板球或國內的統治階級。足球就如同所有能夠動搖現狀的挑戰一樣，必須等待二十世紀中葉團結起來的城市工人階級黑人出現。

　　足球要成為南非的國民運動，必須先成為自由運動的代表運動。相同的文化公式在整個非洲大陸一再重複，殖民者的把戲被拿來還治其身。非洲新興的市民大眾欣然接受足球，足球成了社會組織、文化表達的工具，也是突顯殖民政權多麼脆弱有限的量尺。十九世紀到二十世紀初，足球在印度也扮演同樣的角色，只是一開始與板球平起平坐。同樣的發展模式在英屬加勒比海也看得到，足球在當地深受歡迎，但在二十世紀大部分的時間裡，始終屈居於板球之後。

　　在上述眾多例子之中，澳洲是一個有趣的特例。板球成為國民的愛好，一個多世紀以來，灰燼盃對抗賽（The Ashes series）一直象徵著澳洲與不列顛複雜的關係。橄欖球主宰了澳洲東部（新南威爾士和昆士蘭）的運動文化，且盛行至今，讓澳洲的聯會式橄欖球不只能在國際間維持不俗的實力，國內的聯賽和運動文化也蓬勃興盛。此外，澳洲也擁抱了太平洋的海灘文化和海灘運動，最有名的便是衝浪。最後，維多利亞省和南澳洲誕生自己獨特版本的足球，搶在足球和橄欖球之前，成為冬季的代表運動。事實上，一八六三年版本的澳洲式足球早已先足球而存在。

II. 與世隔絕的澳洲式足球

　　二十世紀的第一個十年，是澳洲國族建構的關鍵時刻。一九〇一年，向來自治的新南威爾斯省、南澳洲、維多利亞和昆士蘭各省，紛紛將大部分權力交歸澳洲中央聯邦政府。這個羽毛初豐的國家雖然依舊自視為大英帝國忠心耿耿的邊哨，論實質也稱得上是一個不列顛社會，但獨立風潮和澳洲民族主義也於此同時漸漸興起。澳洲與不列顛之間這種既親近又疏遠、既認同又

相抗的矛盾心理，以如今使澳洲揚名的灰燼盃板球對抗賽＊最能概括描述。澳洲隊於一八八二年在橢圓球場擊敗英格蘭隊的精彩勝利，鞏固了國家隊與新興民族認同意識的關係。不知者可能會因此預期足球在澳洲也是相同情況，但其實不然。事實上一次世界大戰戰前那幾年，足球在各省都是非常小眾的運動，人氣和影響力在冬季月分遠不及橄欖球（在新南威爾斯和昆士蘭省）或澳洲式足球（在維多利亞省），僅居於次位或第三位。況且，澳洲式足球還更有意積極突顯自己，想成為澳洲冬季的代表運動。一九○六年，澳洲足球委員會（Australian Football Coucil）選擇用「同一面國旗、同一種命運、同一種足球」這句標語來推廣澳洲式足球，比賽只使用澳洲製造的球，每一座球場都升著澳洲國旗。[4] 然而問題依然未解，為什麼這個最親英的社會要發明自己版本的足球，而不採用母國城市的版本？

跟運動界的諸多發展一樣，這牽涉到時機。足球來到澳洲的時候尚未經過統整，規則在不列顛尚未底定。墨爾本在一八五○年代早期生氣蓬勃，有如一座移植到世界另一頭的迷你不列顛城市。澳洲大陸與世隔絕而演化出獨特的動植物，同樣地，足球頑皮的基因被殖民者帶到澳洲以後，也不免會突變形成種類特殊的運動。新近的澳洲淘金熱，加上經營農場可累積的財富，在十九世紀中期吸引了大量跨階級移民從不列顛來到維多利亞省，尤其集中在墨爾本。由於文化設施稀少，各種體育活動在城裡都大受歡迎。不像在不列顛，澳洲有大片空地可以踢球。維多利亞省因為經濟飛漲，勞力需求孔急，所以比起在不列顛，這裡工人的工時短很多，有更多休閒時間可以運用。各種規則的足球都有人玩，包括新工人階級殖民者之間盛大的平民足球，或是貴族菁英之間以英格蘭各公學的規則為本所改編的足球。這些足球比賽最狂熱的參加者當中，有一些人似乎也與當地的原住民族來往通婚，這在殖民者中十分罕見。原住民有自己的團隊球類運動。有人認為，高手接球（high catch）和擊地（mark）這兩項澳洲式足球的特徵，就是與原住民交流習得的。

＊　譯註：板球對抗賽（Test cricket），又稱測試賽，是板球界最高標準的比賽，比賽時間也最長，只有經國際板球理事會裁定有資格的國家隊方可參賽或舉辦比賽。

事實證明，那個年代半正規的足球相當流行，只是施行的規則混亂紛歧。因此，一八五九年制定了第一套墨爾本規則（Melbourne Rule），比英格蘭足總於一八六三年在倫敦彙整出規則還早了四年。澳洲式足球早期這套規則依然允許用手持球和傳接球，形成了一種節奏快速流暢的球賽。至一八六〇年代中期，已有大量觀眾會聚集到墨爾本的板球場和灌木叢草地觀賽：

　　球向後傳，又向前傳，朝向這邊，又往那邊，這下子出界了——很可惜，球出出界這種事太常發生了。球滾進人群裡，又掉到籬笆旁的土溝，跑進丹尼斯的胡蘿蔔田了，又被踢進橡膠樹難纏的枝椏裡。緊張緊張，現在球距離墨爾本球門近在咫尺，球員往禁區疾馳，折騰到不行的球又被踢開了。有整整兩個半小時的時間，站得最近的觀眾也看不出哪一隊佔了上風。[5]

有幾項關鍵決定和當地人的某些偏好改造了澳洲式足球，使之成為和足球相當不同的運動。首先，橡膠園這種地形使得越位規則不可能按照常規精確實施。不管怎樣，越位規則原意是要防止球員偷溜到門前或在球門四周徘徊，英格蘭公學反對這些行徑，但澳洲的運動界或社會觀感對此並不以為意，在澳洲殖民社會，投機走後門都不至於招致道德譴責。再者，在英格蘭對於規則的爭論，往往源自不同公學之間根深柢固的歧見，不同學校執意保存自己特有的持球或踢球傳統，但這些差異與當中包含的社會象徵，來到一萬兩千英里外已無半點意義。相反地，這裡的人制定規則追求的是最有樂趣的比賽，他們強烈希望彙整既有規則的精髓。最重要的是，新式足球目的是要開放，讓湧入墨爾本的新移民都容易接觸也容易上手。因此，專欄作者「自由球」（Free Kick）比較國內的足球與英格蘭足球時，頒給墨爾本規則「金棕櫚獎」，因為它「一言以蔽之，簡單易懂又好記」。[6]

　　遙遠與孤立發揮作用，生成獨具型態的澳洲式足球以後，接下來的發展軌跡便與足球極其相似。要說的話，澳洲式足球的變化速率還更快。規則確立後不到十年，澳洲式足球已徹底深植於墨爾本蓬勃發展的運動文化當中。球隊紛紛成立，成立機構與在英格蘭創立球會的是同一類型：板球俱樂部希

望在冬季維持營運；事業心強的酒館老闆希望創造機會增進酒水銷售；教會和主日學校希望轉移注意力讓民眾不要去酒館；城市快速擴張，新郊區的學校和社區追求城市的身分認同和關注；除外還有軍隊和墨爾本新設立的大學。從群眾數量和報刊報導的篇幅可知大眾的興趣猶未滿足。挑戰盃（Challenge Cup）於一八六二年成立，比英格蘭的足總盃早了將近十年，更強化了這股狂熱。到了一八六〇年代中期，金錢和競爭動力已然侵害了澳洲式足球的業餘地位。由於沒有英格蘭那種可以支撐業餘倫理的社會集團，圍欄、旋轉門、金錢和球員薪水幾乎未引起爭議就成了這項運動的一部分。一八八〇年代，職業公開聯賽在墨爾本創立，再度先於英格蘭足球的發展，而澳洲式足球也漸漸傳播到新南威爾斯、南澳州和紐西蘭。

　　遵照英格蘭足總規則的足球，後來在一八七〇年代的確也傳入澳洲，隨著新一波不列顛移民落腳於雪梨的工業郊區，以及新南威爾斯省和維多利亞省的小城鎮。但就算在這些地方，足球也立足不穩。南方不列顛足球總會（South British Football Soccer Association）於一八八二年成立，名稱令人想起舊世界，而非新世界，大概很難吸引民族主義日漸高漲的澳洲。雖有一些地方聯賽和省際比賽開辦，但足球的勢力依然零碎且限於業餘。不比拉丁美洲，甚至也不比南非，不列顛沒有一支豪門球隊覺得值得花時間到澳洲巡迴，英格蘭足總的代表隊也是。一個架構完整的全國性足球組織要到一九二三年才會成立，甚至要到一九二五年，英格蘭足總旗下才有一支業餘隊伍願意屈就至澳洲巡迴。這時候對足球而言已經太遲了。澳洲式足球的盛行，有效地把足球排擠出維多利亞省和南澳洲。聯會式橄欖球和聯盟式橄欖球也在世紀之交證明自己是新南威爾斯和昆士蘭省最受歡迎的冬季運動。足球在全國各省都難脫當老二或老三的命運。得要等到戰間期末尾和二戰戰後早先幾年，新移民從希臘、義大利、克羅埃西亞和歐洲其他地區湧入澳洲，足球才有復興之勢。對這些移民族群而言，足球串起的並非不列顛，而是他們和自己的祖國。他們雖然復興了足球，但放回澳洲二十世紀中期狹隘的地方種族主義背景來看，這只是更加強化了足球弱勢的地位，足球也被揶揄為「中東球」（wogball）。要到二十世紀最後二十五年，這些新移民族群獲准融入「白澳」

（white Australia），足球才有可能進入澳洲文化主流。

III. 美國體壇的例外論

足球在每塊大陸都成為主要運動，怎麼在美國境遇會如此不濟呢？這絕不是因為美國早期沒接觸過足球。十七世紀的清教徒先民記錄了北美原住民族的一種遊戲，叫 Pasukkquakkohowog，翻譯過來意思是「大家相聚踢足球」。[7] 玩法是用一顆充氣的膀胱當球，兩大群人在一片狹長的草地上對抗，場地長可達一點六公里。論遊戲形式，可能很像不列顛殖民者與他們的後代在新英格蘭和維吉尼亞州漸漸擴大的村鎮裡所踢的平民足球——活動盛大且粗野到波士頓當局於一六五七年勒令禁止在城鎮中心舉行。足球來到了，但在一個表面上與舊世界尤其是不列顛依舊雷同的社會裡，其實成了截然不同的東西。安德雷・馬可維茲說得言簡意賅：「美國體壇的例外論（exceptionalism）……仍與其他方面的例外論糾結在一起，例外論讓美國的政治、美國的社會關係、美國的文化與其他同類現象，特別是與歐洲的同類現象如此相似，同時卻又如此不同……」[8]

美國社會與社會結構具有諸多特徵，使美國走上自己獨特的現代化道路，若論及美國的體育發展史，有幾個特徵特別突出。第一，美國發展茁壯，但卻不曾創立成功或持久的社會主義政黨，他們工人階級組建的機構是西方世界裡力量最弱的。不同於棒球和美式足球，足球絕大多數是工人階級的運動，因此也蒙受其害。第二，美國人的生活在很多面向上缺少某種形式的國家中央指導方針或組織機關，較之於歐洲，他們受市場和金錢力量影響的程度更大，體育和教育特別如此。足球亦不例外，發展上尤其苦於零散分化、市場導向的社會生活，以及國內菁英教育機構的排斥。

十九世紀初，存在於那些教育機構的菁英足球文化，補足了美國本土大眾的足球傳統。頂尖大專院校有意識地複製不列顛公學的運動文化，連同其中的殘酷無情、差別待遇和權力階級一起學了過來。他們從事的足球運動規則鬆散多變，結合用手和腳踢，但結果證明，這種運動夠歡樂夠刺激，讓哈

佛大學一名學生從中獲得靈感，於一八二七年寫了一篇詼諧的史詩，題為〈三角之戰〉（The Battle of the Delta），是第一篇關於美國大學足球的文字紀錄。這時的足球比賽在哈佛大學地位崇高，被捧為「血戰星期一」（Bloody Monday），會在新學期的第一個星期一，由大一生和大二生決一勝負。哈佛並非特例，達特茅斯學院（Dartmouth College）、耶魯大學、普林斯頓大學、哥倫比亞大學，一八四〇年以前都有足球賽的紀錄。但在上述所提的地方，足球仍只限於校際比賽。

校際足球賽始於一八六九年，最早的一場比賽由羅格斯大學（Rutgers University）對上普林斯頓大學，採行一套折衷的規則，一隊二十五人，結合腳踢和手傳。實驗經證實很受歡迎，尤其可以當成大學院校在教育界新出現的階序排位當中建立地位的一種方式，因此耶魯大學、哥倫比亞大學和康乃爾大學也接著舉辦比賽，且全都明顯更喜歡用腳踢勝過接球和空跑。一八六〇年代，哈佛大學校方一方面訝異於比賽的暴力程度，一方面害怕它引發混亂的潛力，於是禁止了足球賽。待一八七〇年代初重新引進足球，使用的規則已依照「波士頓足球」（Boston Game），這是一八六二年到一八六五年間，波士頓一支受歡迎的大球會「奧奈達隊」（Oneida FC）制定規則並實際從事的一種足球，成員由明星中學和哈佛大學的校友組成。這套規則比較接近接球和空跑版本的足球，哈佛大學因此被迫轉往北方尋找對手，一八七四年與加拿大的麥基爾大學進行了第一場校際賽。因為這次機會，哈佛大學首度接觸到橢圓形的球以及聯會式橄欖球的規則，兩者都強化了哈佛和奧奈達隊原本就喜歡扔擲傳接勝過腳踢短傳的偏好，最重要的或許是，這能讓他們從原就菁英排外的圈子裡脫穎而出，成為最菁英、最獨特的大學。看來光是這點程度的聲望就足夠當作標竿，刺激其他大學放棄踢圓球，改採哈佛版本的足球。一八七六年，塔夫茲大學率先倒戈，耶魯大學緊隨在後，繼之而來便是一股改制的潮流。這股潮流最後以校際足球協會哈佛足球的規則作結，修改後，大部分美式足球（American football，又稱 gridiron）的關鍵要素，例如檔（down）和碼數（yardage）、阻截（blocking）和爭球（scrimmaging），至此都已齊備。

　　等到協會足球傳入美國，它所遭遇的運動文化當中，棒球已經佔據了夏季日程，且自封為國民運動和美國的象徵。足球如果要仿效英格蘭的模式，唯一能插入的空隙，只有當作知識菁英冬天在教育機構或校友俱樂部的運動，但這個位置已經被初成形的美式足球搶走。足球僅剩的空間是成為中下階級和工人階級的休閒娛樂。籃球由基督教青年會（YMCA）發明於一八九〇年代，希望藉以利用他們在市中心鮮少使用的體育館，籃球日後會成為足球可怕的對手，同樣便宜、簡單、靈活可變，但邁向職業化還有很長的路要走。冰上曲棍球最後是在美國商業化的體育界搶得了一席之地，不過主要仍是加拿大的運動。因此在二十世紀最初三十年，足球還有一線機會可以立足成為大眾流行且商業成功的運動。雖然面對重大組織問題，可能還背負著文化包袱，導致在美國這個環境難以昌盛，但足球還不至於註定可有可無，只是足球的發展倒楣落入一群不合作的人手裡。

　　美國首度嘗試建立職業足球聯賽，結果厄運連連，暴露足球在商業市場的貧弱無力。一八九四年，國家棒球聯盟（National Baseball League）旗下六支球隊的老闆，創立美國職業足球俱樂部聯盟（American League of Professional Football Clubs, ALPFC），打算利用棒球淡季閒置的球場。然而，棒球隊是否真的有心於此令人懷疑。首先，足球賽程並未安排在週末，但潛在的廣大工人階級觀眾只有週末有可能到場觀戰。再者，國家棒球聯盟極度懷疑足球的吸引力，甚至向民眾表示，足球隊會由棒球隊員「指導」，一些大家喜愛的棒球明星也可能會上場。結果證明，這和聯盟做的許多承諾一樣，都是一場空。聯盟唯一真心許諾的地方，看來只有在巴爾的摩（Baltimore），這裡的足球隊吸引到八千名左右的球迷，聲勢高峰是以十比一痛宰華盛頓的那場罪大惡極的比賽。首都華盛頓的媒體不甘慘敗，公開向大眾和美國移民管理機關宣稱，巴爾的摩隊中用可疑的合約雇用了多名外國職業球員。但當聯邦政府欲著手調查時，這個足球聯盟已經瓦解，因為第二個全國棒球聯盟成立，讓所有球隊爭相擺脫足球，以保護事業核心。才短短三個月，美國職業足球俱樂部聯盟就虎頭蛇尾地消失了。

　　被大學排除在外，又在商業市場失利，足球勉強存活在街頭，以及不列

顛新一波移民（英格蘭人和蘇格蘭人）和來自愛爾蘭、德國、荷蘭、斯堪地那維亞半島、中歐和南歐的族群定居的鄰里。足球在新英格蘭和東岸的工業小鎮特別強勢。麻塞諸塞州的瀑河城（Fall River），居民很多是蘭開夏血統的紡織工人，足球傳統非常強盛，一九〇六年還擊敗巡迴作客的哥林斯人隊。在紐約、波士頓、芝加哥、費城、匹茲堡等大城市，移民族群在文化主流之中，創造了民族和足球的小島。聖路易尤其是足球大本營，城市聯賽生氣蓬勃，球員曾於一九〇四年在該城舉行的奧運賽事中，代表美國出戰非正規的足球錦標賽。繁榮的草根足球文化雖能吸引相當規模的觀眾，但成長仍受限於長年以來的組織問題。比方說，一次世界大戰以前有兩個團體相互競爭，想引領統合全美國的足球協會。美國足球協會（American Football Association，AFA）和美國業餘足球協會（American Amateur Football Association，AAFA），兩方都在一九一二年向國際足總陳情，希望獲准成為美國唯一的足球管理機構。國際足總直言要他們合併，為推廣足球一起努力。雙方於是合併為美國聯邦足球協會（United States Football Association，USFA），只是關係到發展的那一半計畫，進展並不順利。美國聯邦足球協會不顧自己要付出的鉅額成本，決定忽略大專足球，成立龐大繁瑣的公開挑戰盃（Open Challenge Cup），當成協會最主要的比賽。這麼做大幅稀釋了美國足球界裡的可用人才和原本可望形成的盛大場面，相對於運作良好的聯賽，只是一個拙劣的替代品。

　　儘管如此，足球在地方和半職業層級的人氣持續上揚。一次世界大戰前，經歷多次嘗試創立聯賽都夭折以後，湯瑪斯‧卡希爾（Thomas Cahill）在一九二一年創立了組織完善、資金充裕的美國足球聯賽（American Soccer League，ASL），他來自於聖路易，是一名在任已久、具有商業頭腦的美國足球官僚。美國足球聯賽維持了十二年，這段期間可以說是美國足球的黃金年代，最巔峰是一九三〇年的烏拉圭世界盃，美國國家隊打進了準決賽。聯賽創始成員有八支球隊，往後十年規模隨之成長。看看名單，球隊主要來自於美國的東北部，涵蓋了工廠或企業球隊，如伯利恆鋼鐵隊（Bethlehem Steel）和印第安納地板隊（Indiana Flooring）；移民族群組成的球隊，如紐

澤西凱爾特人隊（New Jersey Celtics）和猶太布魯克林隊（Hakoah Brooklyn），還有美國運動界最喜歡的特意賣弄的浮誇隊名，如波士頓奇蹟工人隊（Boston Wonder Workers）、普洛維登斯金甲蟲隊（Providence Gold Bugs）和掘蚌者隊（Clam Diggers）。包括早期的廣播在內，報刊媒體報導熱絡，在聯賽分布範圍內的小鎮和市集尤為可見。觀眾人數居高不下，付給球員的錢也多，足以吸引不列顛群島和其他國家生涯步入晚期的職業球員源源不絕前來。歐洲球隊來賽是定期會出現的場面，包括一九二二年第一支女子足球隊「狄克柯爾女子隊」（Dick Kerr's Ladies）作客前來出賽，還有一九二五年的「維也納力量隊」（Hakoah Wien），這支由維也納猶太人組成的球隊，是奧地利新創立的職業聯賽冠軍。球隊相當有名，吸引了破紀錄的四萬六千名觀眾，看他們在紐約出戰美國足球聯賽的紐約十四人隊（New York XI）──這之後近半世紀，美國足球比賽的觀眾人數不曾超越這個數字。值得一提，美國提供的酬勞高得誘人，幾乎能吸引整支球隊不回國，留在美國足球聯賽踢球。

　　然而不到十年，美國的職業足球就在內部的「足球大戰」驅策下，土崩瓦解。美國聯邦足球協會和美國足球聯賽之間悶燒已久的歧見，在一九二八年爆發成公開衝突。各職業隊老早就在爭論，美國聯邦足球協會主辦的公開挑戰盃應該在固定賽季結束後舉行，以免賽程打架，或害球隊為盃賽分心，損及聯賽的表現。美國聯邦足球協會拒絕讓步，且獲得部分球隊支持。美國足球聯賽命其球隊不得參加盃賽，揚言將對不遵守者處以罰款並逐出聯賽，但這麼做並未見效。紐瓦克滑船隊（Newark Skeeter）、伯利恆鋼鐵隊、紐約巨人隊（New York Giants）都離開美國足球聯賽參加盃賽，並協助成立與美國足球聯賽匹敵的東岸聯賽（East Coast League）。但球賽水準和觀眾的關注程度都太低太少。兩個劣質的聯賽創造的效益比不上一個優質的聯賽。觀眾人數開始下滑，等到聯賽重整為單一實體的時候，經濟史已經趕上了美國的足球發展。一九二九年末，華爾街股災（Wall Street Crash）引發經濟大蕭條，大刀橫掃了東岸足球的工業根據地。到一九三一年，瀑河城隊和伯利恆鋼鐵隊等重要球隊都已解散，他們的球迷不是失業就是只有零工可打，不

再有能力或者也不再願意付錢進場看球。到了一九三三年，聯賽終告結束，在如此艱困的年代，足球也還沒有大賽賽可以回歸。

IV. 愛爾蘭的國民運動

澳洲和美國之所以會出現另類的足球規則且由新規則勝出，與不列顛相隔遙遠即便不是唯一因素，也是可用來解釋的重要原因。這兩個國家原生版本的足球都或多或少帶著民族主義包袱，協助新世界宣告自己的獨立及與舊世界的差異；但不論在澳洲或美國，明確的政治化都不能算是該項運動發展成功的核心因素。在這兩方面，愛爾蘭就不一樣了。可以說，正是因為與不列顛文化近在咫尺，不列顛施予愛爾蘭的影響迅速又沉重，反而促進了蓋爾式足球的創制和盛行，且使它強烈的政治化。足球不幸在一個非常時刻傳入愛爾蘭，時值廣大民意反對不列顛統治，英裔愛爾蘭地主階級優勢鬆動；體育和政治將會密不可分，政治走向將在帝國主義與民族主義的影響力之間痛苦掙扎。足球會與前者歸類在一塊兒，日後所稱的蓋爾式足球則與後者為伍。

一八七〇年代，不列顛軍團開始踢起足球，他們不完全但主要來自愛爾蘭北部的新教徒族群，尤以來自貝爾法斯特和都柏林某些教育機構居多。貝爾法斯特是典型工業化的工人港口城市，足球在這裡迅速流行起來，而且城市與蘇格蘭西部的足球溫床關係緊密，更加助長人氣。一八八〇年代，北愛爾蘭足球總會（Irish Football Association，IFA）成立。值得一提的是，所有在這個年代成立的全國性運動協會，總部設在貝爾法斯特而非都柏林的，就只有足球。北愛爾蘭足球總會在一八八一年創立愛爾蘭盃（Irish Cup），早年參賽者包括黑衛士兵團（Black Watch）和哥敦高地兵團（Gordon Highlanders）所組的球隊。聯賽隨後於一八九〇年成立，至一九二一年愛爾蘭分治前，盃賽冠軍盃雖然落到南部幾次，但聯賽冠軍幾乎不出貝爾法斯特的疆界之外。

本章開頭引用了克羅克大主教的話，而那只是愛爾蘭眾多譴責聲浪之一，他們以相同邏輯譴責不列顛運動和不列顛統治，大主教可能是其中聲量

最大的。左傾的愛爾蘭民族主義報紙《愛爾蘭人》（*The Irishmen*），意識形態與保守天主教階級其實並不一致，但該報當時刊出一篇文章，公開承認把運動和政治合為一談，文中宣稱：「如果要結合兩種目標，那就結合政治與體育目標。我國的政治全民皆可參與，體育也是。」[9] 時人斷言，長年以來的帝國統治，漸漸根除或抑制了愛爾蘭民族真正的運動，以及愛爾蘭生活其他固有的要素。然而，比起不列顛任何主動的文化壓迫手段，傳統運動式微有更多原因出在十九世紀中葉愛爾蘭大饑荒之後，農村人口大量減少、外移、流離失所。民族主義人士認為，只有復興愛爾蘭傳統固有的文化，配合現代予以改良，才有可能適度抵抗不列顛文化潛伏的影響。與在愛爾蘭政壇逐漸採納了民族主義立場的天主教教會同一聲氣，支持克羅克大主教論調的，有在西敏寺國會領導民族主義反對運動的查爾斯・帕內爾（Charles Parnell）；支持廣大鄉村佃農爭取權益的「土地同盟」（Land League）；還有愛爾蘭共和兄弟會（Irish Republican Brotherhood，IRB）內，由麥可・戴維特（Michael Davitt）率領的更激進的獨立派人士。一八八四年，麥可・庫薩克（Michael Cusak）與一眾愛好者成立蓋爾運動協會（GAA），這些民族運動的派系都提供了口頭聲援和實質援助。

雖是為反對維多利亞不列顛的文化霸權而成立，矛盾的是，蓋爾運動協會卻是一個相當維多利亞式的運動組織。可以說，協會採取的行動與英格蘭足球總會雷同；替工業化前的休閒與競賽活動制定規則、實施科層管理，這種作法完全符合維多利亞理性社會的要旨。蓋爾運動協會把從事民族固有的運動等同於國族自覺和國族福祉，表露的理念與公立學校這個最不列顛的機構所隱含的運動倫理相同，同樣把民族、人種、體育活動和身體結合在一起。蓋爾運動協會成立後的第一項任務，就是制定板棍球的規則，板棍球是基礎最穩固、最毋庸置疑的愛爾蘭運動，與袋棍球（lacrosse）和曲棍球類似，都是用長棍擊球的運動。

蓋爾運動協會的貢獻不只有保存、發明、贊助愛爾蘭運動，以及編定規則，協會還起草並實施了一系列規則，用以將不列顛運動逐至邊緣，同時挑戰不列顛的統治。一八八四年至一八八七年間制定的規章，禁止在蓋爾運動

協會的土地資產上從事不列顛運動賽事，禁止不列顛軍隊或皇家愛爾蘭警隊（Royal Irish Constabulary）成員加入協會，同時誓言蓋爾運動協會的成員凡是參與不列顛運動賽事，連同觀戰在內，將一律自協會除名。蓋爾運動協會初成立的十年出乎意料地成功，會員猛增，愛爾蘭南部各地都有球會成立，協會採行的運動十分強健，足以抑止南方城鎮出現強勁的足球文化。與政治親近雖然是蓋爾運動協會的優勢，卻也是它脆弱的罩門。至少有一件事可以肯定，那就是不列顛政府當局與手下的祕密警察和間諜，會想盡辦法滲透組織內部，小心監視協會的核心元老及其動向。一八八〇年代末，帕內爾與凱薩琳・奧沙（Katherine O'Shea）傳出醜聞，在維多利亞晚期的不列顛社會，與有夫之婦外遇，使他失去擔任政治領袖的資格，他和所領導的運動宣告失敗，在此同時，蓋爾運動協會也同樣分崩離析。一部分行政官員和球會支持帕內爾，另一些則表態反對，所有人都在帕內爾下臺後捲入狠惡的權力鬥爭。帕內耳推行的民族主義運動，原以傾向合法漸進改革的派系居多，現在多為蓋爾運動協會內部的激進派給取代。愛爾蘭共和兄弟會在蓋爾運動協會內部權力之大，連教會高層都主動倡議削弱兄弟會的角色，逼迫激進獨派人士與較溫和的民族主義者共享權力。

　　一八九一年，查爾斯・帕內爾淒涼地撒手人寰。但他若能在出殯現場親眼目睹想必會很高興，而且絕對會很驕傲，在他的送葬隊伍裡，蓋爾人的運動──以及其中隱晦昭示的對愛爾蘭獨立的認同──竟然扮演起要角，陪伴他的棺木在都柏林市中心行進：「板棍球的長棍化為愛爾蘭自由的象徵、驅逐不列顛人的武器。兩千根球棍垂掛著愛爾蘭民族顏色的布幔，在帕內爾的喪禮上高舉於半空之中。」[10] 雖然內部正進行著最凶惡的內鬥，蓋爾運動協會仍專心確立旗下的體育活動，成立聯賽和盃賽，還建造了一座全國球場，以大主教之名命名為克羅克公園球場（Croke Park）。到了二十世紀初，九月舉辦的全愛爾蘭蓋爾式足球決賽，將吸引多達八萬名觀眾，他們除觀戰之外，也參與了大部分愛國及向教宗致意的儀式。英格蘭足總盃決賽吸引的觀眾或許比這更多上幾千人，但當時英格蘭的人口大概是愛爾蘭的十倍。

　　儘管協會專注於體育事務，但一次大戰前那幾年，愛爾蘭獨立的政治運

動愈來愈風起雲湧，勢不可擋。到了一九一四年，蓋爾運動協會大多數成員都加入了新芬黨或愛爾蘭志願軍運動（Irish Volunteer Movement），只待某種武力衝突或起義爆發。該年一月，蓋爾運動協會主席詹姆斯·諾蘭（James Nowlan）表態支持，呼籲蓋爾運動協會成員「加入志願軍，學習一發中的」。[11] 雖然官方拒絕介入紛爭，也拒絕出借克羅克公園球場供愛爾蘭志願軍操練，但在大眾心目中和不列顛政府眼裡，蓋爾運動協會與獨立運動的關係愈來愈深。能肯定的是，一九一六年最積極投入復活節起義的成員，很多都是蓋爾運動協會的成員，也因此起義之後，許多有名的蓋爾式足球員遭到拘留，以至於該年的沃夫托恩錦標賽（Wolfe Tone Tournament），由克立隊（Kerry）對勞司隊（Louth）的決賽，得在威爾斯的符恩格奇監獄（Frongoch Prison）舉行，不列顛政府把大部分的共和運動政治犯都拘留在這座監獄。

復活節起義雖然並未立刻使不列顛政權倒臺，但統治者得勢的日子現在已屈指可數。不列顛政府對於起義的冷血反應及繼之而來的鎮壓，激起廣大民眾支持獨立。一次世界大戰結束後，愛爾蘭內部的仇恨情緒逐漸白熱化，兩種足球也直接被捲入其中。到了一九一九年，北愛爾蘭對都柏林的敵意已長至離譜的程度，謝爾本隊（Shelbourne）因此婉拒至貝爾法斯特的溫莎公園球場參加愛爾蘭盃準決賽，深怕球員在這個保王派大本營安全堪憂。隔年，隨著新芬黨和不列顛政府的獨立戰爭愈演愈烈，蓋爾式足球在大眾眼中與愛爾蘭民族主義、獨立和反抗的關聯也就此底定。十一月中，如今活躍的武裝愛爾蘭共和軍，在都柏林刺殺了多名重要的不列顛密探和皇家愛爾蘭警隊隊員。同一天稍晚，提珀雷立隊（Tipperary）按照計畫要在克羅克公園球場對戰都柏林隊，儘管才剛發生暴力騷動，仍有近一萬名觀眾入場觀戰。他們並不孤單。惡名昭彰的「黑棕部隊」（Black and Tans）——不列顛政權轄下重要的軍事單位，也決定親臨現場。士兵趁比賽中爬上四牆，進入球場，隨即開火。十三人命喪當場，其中包括三名孩童，與提珀雷立隊的隊長麥可·侯根（Michael Hogan）。邊界以南的球會此後紛紛退出位於貝爾法斯特的北愛爾蘭足球總會及其主辦的賽事，並迅速成立自己的組織——愛爾蘭足球總會（Football Association of Ireland, FAI）和愛爾蘭聯賽（League of Ireland）。但

在瓦勒拉（Éamonn de Valera）總理治下的愛爾蘭自由邦（Irish Free State），
政府對足球並沒有太多熱忱，可用的資金也少。還要再過七十年，才會有一
支愛爾蘭國家隊替世界盃增添光彩，足球也才會在一個全新的愛爾蘭和新愛
爾蘭文化的核心找到一席之地。

V. 足球與印度集體認同

　　在印度的港口和大城市，大約自十九世紀中葉起，開始有不列顛的船員
和士兵，以及東印度公司解散前的事務員和助手，零零星星地踢起足球。如
同不列顛在印度的勢力分布，足球也集中在加爾各答，直到二十世紀初，這
裡一直是英屬印度的首都。這座城市是一座巨大熙攘的轉口商埠，是這片殖
民地的心臟，也是印度第一波工業化的震央。印度第一場有紀錄的足球賽，
於一八五四年在加爾各答舉行，由「加爾各答平民隊」（Calcutta Club of
Civilians）對上「巴拉克波紳士隊」（Gentlemen of Barrackpore）。一八六八
年，老伊頓人隊與其他隊的一場比賽也留下紀錄，一八七〇年則有伊頓公學、
溫徹斯特公學和哈洛公學合組一隊，對戰其他公學。加爾各答隊（Calcutta
FC）是印度創立的第一支球會，成立於一八七二年，他們最初打算踢的似乎
是橄欖球，不過當地對橄欖球無甚興趣，他們最後在一八九四年改司足球。
這個時候加爾各答的球隊數量已經足以組成一個聯賽了。達爾豪樹隊
（Dalhousie Club）在一八七八年由駐印公務員組成，貿易公會隊（Trades
Club）的成員則招募自城裡的黃麻紡織廠，兩者之外，還有海軍志願者隊
（Naval Volunteers）、警察隊、海關隊和一支亞美尼亞人隊。印度足球總會
（Indian Football Association, IFA），一八九三年在加爾各答成立，職員由殖
民地事務官、教會神職人員和退役軍官混合組成。軍官階級、駐印高階公務
員和不列顛商會，雖然扮演了引進足球的要角，但真正能把足球散播出去在
當地流行起來，靠的是不列顛各階軍隊，他們駐守印度城鎮要塞，時光往往
漫長乏味。士兵依軍團組成球隊，定期在馬德拉斯（Madras）、邦加羅爾
（Bangalore）、海德拉巴（Hyderabad）、安巴卡（Ambalka）、德里（Delhi）、

白沙瓦（Peshawar）、達卡（Dacca）等地舉行比賽。組織性競賽不久也緊隨在後。一八八八年，第一屆杜蘭德盃賽（Durand Cup）在辛姆拉（Simla）舉行，是全世界歷史第三悠久的足球錦標賽（次於英格蘭足總盃和蘇格蘭足總盃）。孟買的不列顛人在三年後創立流浪者盃（Rovers Cup），加爾各答則以擁有聯賽和著名的印度足總盾（IFA Shield）自豪。然而在上述所有賽事當中，還看不到半張印度人的臉孔。

　　足球，與殖民者生活的諸多層面相同，用意都是為了讓不列顛人有別於他們的殖民對象，展現彼此差異之餘，也維繫著與家鄉的連結。但殖民政策因時制宜，不可能永遠嚴格地將印度人排除在外。一八五七年至五八年的印度民族起義，顯見不列顛單憑武力要想統治整個次大陸是不可能的，至少肯定無益，要則必須謀取印度王室和上層菁英的支持。不列顛以加封名譽英格蘭紳士吸引印度王子，以交換他們在政治上的歸順和輸誠。配合這場轉化文化與政治質地的行動，十九世紀末的印度總督寇松侯爵（Lord Curzon），排出了應學的課程：「學習英語，充分熟悉英格蘭的風俗、文學、科學、思考模式、真理與榮譽的標準，還有……加上陽剛的運動和遊戲。」[12] 到了一八七〇和八〇年代，很多印度王室的子嗣做的就是這些事情，從明顯仿效英格蘭公學的機構畢業，吸收他們癡迷的運動文化。為了這項任務，不列顛費盡心思卻也遭遇到不少文化障礙，特立獨行的瑟西爾‧廷代比斯科伯爵（Cecil Tyndale-Briscoe）將這點表露無遺。他是一位極具開拓精神的校長，任職於喀什米爾一所學校，遭人控訴教當地婆羅門貴族家庭的孩子踢足球。第一次看到皮製的球，並得知應該踢球的哪個部位時，這些男孩發出強烈抗議，認為皮球不潔且褻瀆神明，何況在運動場上追著一樣東西猛衝，實在有失祭司應有的威儀。由於反彈太大，廷代比斯科和校內教師不得不揮舞藤條，把這些桀敖不馴的學生趕進劃有記號的足球場。等了五分鐘之後，這些學生總算願意開踢，一名教職員罵道：

　　亂七八糟……〔學生〕想踢球但老是踢不中，木屐滿天飛，頭巾被撞歪，睡袍拍打在彼此臉上，好一副衣服和人影交雜的盛大場面……突然聽到好幾

聲痛苦恐懼的尖叫，比賽宣告暫停。一個倒楣鬼用他的臉去停球。他被玷汙了。[13]

這種教育所流露的對體育活動和帝國男子氣概的狂熱崇拜，在加爾各答和孟加拉引起特別的共鳴。雖然一八五七年的印度民族起義，是由許多不同民族共同發起，但孟加拉軍官是印度叛軍的關鍵要角。事件之後，英屬印度重整安全措施，孟加拉人被排除在外。不列顛政府用邏輯古怪的帝國人類學，把印度大陸的種族細分為「尚武」（即忠誠）和「非尚武」（即不忠誠）兩類，替整肅異己的手段披上一層理性的藉口。受過教育的孟加拉人，又被蔑稱為「巴布」（babu），現在殖民者和被殖民者都針對他們，建構出一種受了太多教育、身體弱不禁風的形象，適合替殖民者辦事跑腿，但無法防禦邊疆、捍衛榮譽。當時很多人提到這種公認的刻板印象，麥考利男爵（Lord Macaulay）稱得上是裡頭最毒舌的：

> 孟加拉人的身體甚至比娘娘腔還沒力。他們成天泡在蒸氣浴裡，只希望坐著不動，四肢纖細，動作慵懶。好幾個世紀裡，他們被更勇敢、更剛強的種族踩在腳下。他們的體質和環境，也一樣不利於勇敢、獨立、誠實這些特質。[14]

一八六〇年代，孟加拉早期的民族主義者對這些刻板印象做出回應，主張回歸印度固有的身體文化，抵制西方運動。往後數十年，孟加拉的中上階級力圖找回他們照理缺少的身體文化。尚武的路已被關閉，他們只能夠擁抱不列顛運動。一名住在加爾各答的不列顛人，一八八五年描述道：「許多受過教育的當地人，在孟加拉尤其多，由於長年感受到旁人對他們缺乏膽識和體能活動的輕蔑，所以認真想補足這些缺點。因此我們到處都能看到當地學生努力以歐洲人為榜樣。足球和板球逐漸蔚為流行……」[15] 從印度的新貴族學校畢業的孟加拉人，與一八五〇至六〇年代英格蘭公學的畢業生一樣，會在離開學校以後成立運動俱樂部，維持社交人脈和休閒娛樂。最初並沒有不列顛

人對印度人的混合賽事，但自貿易盃（Trades Cub）成立後，加爾各答開始出現種族混合的足球賽。一八九二年貿易盃決賽，索瓦巴莎隊（Sovabazar）以二比一擊敗東薩里軍團隊（East Surrey Regiment），展現孟加拉足球的實力。而後在世紀交替之際，曼馬沙・岡古力（Manmatha Ganguly）組的國家協會隊（National Association）接手成為孟加拉最強的球隊，一九〇〇年贏得貿易盃冠軍。不同於索瓦巴莎隊愛現的貴族，國協隊的球員和成員來自孟加拉的中下階級，堅守嚴格的戒律和訓練，甚至接近苦行，他們和新的國會一樣認為，只有經過嚴峻的準備才可能擊敗不列顛人。孟加拉社會的戰鬥意識和自信心與日俱增，一八八九年更上一層樓，位於加爾各答的莫亨巴根隊順利誕生。這支球隊是由孟加拉的知識分子和貴族結盟創立，懷有明確的民族主義使命，希望為孟加拉創造一種嶄新而獨立的男子氣概。球會會所內禁止吸菸喝酒，球員若疏忽學業將禁止出賽。最特別的是，球員沒有收入，優秀的球員可以獲得錢財和工作。

二十世紀最初十年，孟加拉的政治情勢持續加溫，民族主義的勢力不論在球場內外，力量逐漸凝聚。眼見孟加拉的民族自信日益茁壯，不列顛人的反應是在一九〇五年，劃分孟加拉的行政權，區分成以印度教徒為主的西孟加拉，與以穆斯林為主東孟加拉和阿薩姆邦。不列顛方面宣稱，因為孟加拉地區幅員廣大，這麼做只是為了行政方便，但當地人視之為分割統治的陰險手段，因此再度激起孟加拉人抗議不列顛政權。這股敵對情緒在城裡由印度隊伍對上不列顛隊伍的足球比賽找到訴諸大眾的表達方式，而替印度人打頭陣的球隊就是莫亨巴根隊。莫亨巴根隊在一九〇四年拿下克齊巴盃（Cochebar Cup），贏得第一個大賽冠軍頭銜，隨後在貿易盃、民托盃（Minto Cup）和格拉斯東盃（Gladstone Cup），勝利也都接踵而至。但對於他們的足球來說，真正的考驗在加爾各答最重要的錦標賽，過去從未向印度球隊開放的印度足總盾。一九〇九年，莫亨巴根隊第一次獲得參加機會，但輸給了哥敦高地兵隊。其他印度球隊都為他們的失敗竊喜，譏笑莫亨巴根隊是「矮子肖想摘月亮」。但他們在一九一一年捲土重來，用實力讓反對者統統閉嘴。等到他們在兩賽局的準決賽且送密德瑟斯第一軍團隊（1st Middlesex Regiment）出局，

誰都看得出他們大有希望奪冠。球迷從孟加拉各地聚集來看決賽，最遠還有阿薩姆邦來的。當局增開鐵路專車和蒸汽輪船以應付人潮，加爾各答隊的球場附近也牽起電話線，比賽一結束，就會立刻將結果發送到孟加拉全境。

1911 年 7 月 29 日
莫亨巴根隊 2—1 東約克夏軍團隊
加爾各答，邁丹公園

　　六千人來到邁丹公園。安排好的鐵路專車把他們從孟加拉各地載至加爾各答。他們高聲唱誦民族主義者的真言：「Vande mataram ！──敬拜母親！」莫亨巴根隊逆轉一分落後的頹勢，在最後五分鐘踢進兩球。「當裁判吹響那聲長哨，衣衫、帽子、手帕、拐杖、雨傘紛紛飛向空中。」傳說當時的人會用鴿子和風箏把比分賽況傳給後排球迷，賽後發生的事和這一樣，都是都市傳說，還有把傳說和魔術化為己用的政治。

　　《納亞克報》（*Nayak*），這座城市裡有教養的孟加拉菁英之聲，在一九一一年六月悲嘆道：

　　我們這些受英格蘭教育的巴布，真如在英格蘭人掌心跳舞的玩偶……英格蘭教育，以及對英式習慣和禮儀的膚淺模仿，害得我們一無是處，成了英格蘭國教和抵制英格蘭主義悲哀的混生物。

　　到了七月底，情況看起來截然不同：

　　在藝術和科學的每一步發展，在每一項自有學問的職業，在較高層級的公眾事務上，印度人都能守住立場，對抗英格蘭人……印度人只差要在足球這項特別英格蘭的運動上擊敗英格蘭人……聽到吃米飯、打赤腳、為瘧疾所苦的孟加拉人，在這項特別英格蘭的運動裡，勝過吃牛肉、穿重靴的約翰

牛*，每個印度人心中都充滿喜悅和驕傲。以前從來沒人見過喜悅如同這般流露於大街小巷。不分男女都共享喜悅，大家灑花、吶喊、歡呼、尖叫，甚至有人跳舞來表達歡喜之情。[16]

　　《曼徹斯特衛報》和帝國大部分報紙一樣，承認落敗之餘，也強調他們自己的寬宏大量：「印度一支孟加拉足球隊擊敗一流的不列顛軍團球隊，贏得印度足總盾冠軍。當然，沒理由感到意外。足球場上，勝利向來歸於身體最強健、眼神最犀利、腦袋最靈光的一方。」把身體強健換成軍事力量，就會得到維持政治控制的處方。那一年下半年，不列顛把殖民政府的首都從加爾各答遷至德里，把那些惹人厭的民族主義者和足球員全拋在腦後，他們留在那裡又等上了三十年。

─────────

　　一九一二年，莫亨巴根隊想守住印度足總盾冠軍寶座，但在對抗加爾各答隊的比賽中遭到阻撓，兩次進球都被判越位失效。不論比賽實況為何，這件事普遍被認為是不列顛人施加的妨礙和報復，前一年落敗仍讓他們懷恨在心。可儘管印度球隊實力堅強，加爾各答聯賽只保留兩個席次給印度球隊，印度足總委員會也不允許印度人參與。這兩道門檻最後都引爆衝突，印度球隊在一九三〇年代初要脅杯葛加爾各答聯賽，並在三〇年代中期另創足球聯盟。這兩次爭議，不列顛方面最後都投降讓步，允許印度球隊參加國內所有錦標賽，以及重組後的印度足總委員會。

　　很顯然，在進入二次世界大戰前那幾年，權力和信心的天平漸漸從殖民者一方，傾向被殖民者一方。球場上也能觀察到相同的趨勢。加爾各答出現兩支新生力軍：東孟加拉隊（East Bengal）代表加爾各答東半部行政區新近移入的中下階級移民；伊斯蘭教徒運動家隊則是加爾各答穆斯林族群的球隊。

─────────

* 　譯註：約翰牛（John Bull）為英格蘭擬人化的形象，是十七世紀蘇格蘭作家約翰・阿布斯諾特（John Arbuthnot）在作品《約翰牛傳》（*The Life of John Bull*）書中創造的諷刺角色，常出現在政治漫畫當中。

伊斯蘭教徒體育隊把加爾各答的印度足球帶入職業化和組織化的新境界，一九三〇年代多次在加爾各答聯賽勝出，繼而在一九四〇年贏得備受推崇的杜蘭德盃，成為首支奪冠的印度球隊。那場劍拔弩張的比賽中，他們以二比一擊敗皇家華威郡隊（Royal Warwickshire），現場集結了大量印度穆斯林菁英，遠道而來就為了看他們的球隊出賽。

印度板球的編年史家，米赫・博斯（Mihir Bose）如此寫道：

印度人反抗不列顛人追求獨立的同時，國內最受歡迎的一項運動是足球。理所當然在獨立之後，足球理應會成為印度的當家運動。比起板球，足球成本比較低廉，能滲透到印度社會更多層級……此外就如在世界其他地區一樣，足球可以是民族主義的象徵。[17]

但卻不然。結果證明，在這個社會階級依然為種姓制度撕裂的國家，比起一體普同的足球，板球更能適應階級劃分。但無論如何，足球已經與次大陸的集體認同和衝突深深交織在一起。[18] 一九五〇到六〇年代，印度足球充斥著族群之間和地區之間的激烈對抗，由此也誕生出一個論點，認為足球太極端、爭議太多，難以披上國民最愛體育象徵的標誌。雖然印度獨立之後，足球國家隊依然表現優異，但它的對手如南韓和印尼，解殖後並沒有發展板球對抗賽的條件。未來數十年，比起在亞洲足球界與新星和雜魚交手，印度寧可用板球展現及測試自己，對抗圖謀不軌的英格蘭人。[19]

第五章

大博弈與無形的帝國：
足球的國際傳播（1870–1914）

那些英格蘭人，在我們荷蘭的沙丘也看得到，但我不該忍不住把他們評為塵世間最礙眼的東西——正好相反。冬天一到，他們就會走了，這些天生的移民，大老遠也不難認出來……總之用不著辯白，就是有某種英格蘭味兒。你盯著瞧一會兒就知道了，那些生長過度的大老粗，運動造就了他們那身體格。

——荷蘭詩人，西蒙·戈特（Simon Gorter, 1838-1871）[1]

只要一息尚存，大博弈就不會結束。

——一九〇七年諾貝爾文學獎得主，魯德亞德·吉卜林
（Rudyard Kipling, 1865-1936）[2]

I. 世紀末的歐洲紳士

　　西蒙・戈特對蘭開夏紡織工人的這段描述，不只是荷蘭最早見到足球的
紀錄，也記下了荷蘭語首次使用「運動」（Sport）一詞。這個詞如同許多運
動相關的英語詞彙，從此深嵌在另一種語言當中。早自一八六六年，在戈特
與其他和他一樣的歐陸人士眼裡，運動和不列顛就被當作是同義詞。運動不
只反映不列顛特色，也是不列顛躍升為世界強權的必要元素。哈洛公學校長
詹姆斯・威登（J. E. C. Weldon），後來濃縮這種看法的精髓，他說：「英格
蘭人優於法國人或德國人的地方，不是頭腦或工業，也不是科學或戰爭武
器。」不列顛成就霸業憑藉的是：「運動造就的健康和性情……意志、活力、
堅毅、溫和、自制、戒律、合作、在板球和足球場上值得換來勝利的團隊精
神……〔這些〕正是不論在戰爭或和平的年代都能出人頭地的特質。」[3]
　　不過，戈特遇到的不是紳士，而是流動的無產階級球員。他看到的這種
早期足球，在其他地方也有類似景象。文獻紀錄不多，但民間普遍記得，來
自低階軍隊、貿易商船，或是受雇在外國興築鐵路的不列顛工人，率先在世
界各地的碼頭踢球自娛，遠至鹿特丹、哥本哈根、烏克蘭敖德薩（Odessa）、
里約、利馬、布宜諾斯艾利斯都見得到，地點也變化多端，有在練兵場、板
球場，也有在公共廣場、荒地和鐵路側線。但足球早年向外傳播，工人階級
的貢獻極小，不是難得一見，就是地位邊緣，只能隱約臆想足球日後如何成
為全民運動。[4] 一次世界大戰前，足球化為城市菁英世紀末的遊戲，傳播到
歐洲和拉丁美洲。足球也頭一次在非洲和亞洲與歐洲關聯最密的地區短暫露
臉；埃及、阿爾及利亞、南非，以及迦納海岸角（Cape Coast）的菁英圈，
相繼在一九一四年前，成立當地最早的足球俱樂部。工人階級球員在這些地
方終究待得不夠久，沒能讓當地人多看幾眼他們稀奇的球戲。更重要的是，
這樣的組成無法讓足球受到社會認可，反而還會遭到貶低。足球要提高聲望，

有賴不列顛無形帝國＊兼容並蓄的菁英和技工投入其中。

　　一次世界大戰帶來劇變的半個世紀以前，全世界到處都是不列顛人。不列顛人撐起大英帝國的軍事和官僚機器，這點再明顯不過，但塗紅當時世界地圖四分之一表面積的勢力範圍，已悄悄蔓延，幾乎滲入全世界每個地區。不列顛商船水手橫渡每片海洋，每踏上一個港口，就會形成一個零售商、企業主、中盤商和投機者聚集的不列顛聚落。這些貿易路線造就了一個實質存在的不列顛金融帝國，觸角遠及中國、南非、墨西哥，並貫通歐洲，從里斯本到莫斯科，從奧斯陸到君士坦丁堡。不光只是貿易，不列顛出口資本到這些非官方的經濟邊哨，開辦銀行，投資鐵路、基礎建設和工廠，遇到民間技術和科技不足的地方，不列顛也出口技工、技術和機器，最有名的例子就是出資修築整個拉丁美洲的鐵路網。

　　經濟關係雖然是不列顛影響力的核心，但無形帝國從來不只有英鎊、先令和便士而已。不列顛的教師、學校和教育哲學，當時也大為流行，在歐洲和南美洲拉布拉他河（Rio de la Plata）流域的菁英圈炙手可熱，因為不列顛不只是全球事務最有力的玩家，也是最先進、最現代的。雖然不列顛認為自己在二十世紀多半時候都寧靜致遠，因而得以成功保存古老傳統，但十九世紀末看在其他人眼裡並不是這個樣子。工業革命的旋風、鐵甲艦隊的現代意志、電報等新通訊科技的發展，都顯見這個社會正經歷劇烈變動，乘在社會與經濟變革的浪尖。不列顛代表財富、權力和現代，而誰不希望有錢、有權又時髦呢？

　　在政治界、上流文化界和足球界，不列顛與英格蘭成了同義詞。儘管蘇格蘭對於建立帝國與足球明顯有功，本土四國也有各自獨立的足球總會，但這些細部差異太複雜，歐陸大部分國家對此興趣缺缺。是不列顛，還是英格蘭，根本沒差。不管怎麼稱呼，這個海島帝國在那年代強權政治中的地位，

＊　譯註：大英帝國向外擴張，大部分並非國家主導，而是經商、冒險等個人行為造就的結果，對於日後的殖民地，不列顛初期採取的都是不佔領、不統治的態度，但由於當時全球貿易幾乎都由不列顛主導，當地只要接受與不列顛貿易，某方面來說也成了不列顛的領地。商人在過程中也將不列顛的語言、律法、風俗、價值觀傳至海外，建構出無形的大英帝國。

總是能夠激起反響。一方面，她在歐洲、遠東和拉丁美洲最民族主義的政治勢力當中，激起不少顯著且強烈的嫉妒、懷疑和仇英情結（Anglophobia）。義大利一份運動雜誌在一九〇六年毫不避諱地寫：「他們衣著、飲食、咒罵都用英語……大家踢足球只是為了看上去像英格蘭人，順便能用陌生新奇的字眼講話。有一段時間這樣做很流行，表示有品味。幸好，現在人人都覺得這種心態很可笑了。」[5] 可能也不是每個人，因為幾乎走到哪裡，這些議論都被一波親英（Anglophilia）的大浪給淹沒，而要擁抱英格蘭和英格蘭氣質，就要擁抱運動。

促成這種運動流散的要角，是那些移居海外的菁英分子，他們在無形帝國的經濟及教育邊哨效力，或是化身為旅人、牛虻、探險者融入當地氛圍。聖保羅、里約、利馬、布宜諾斯艾利斯、波圖和里斯本等地久存的不列顛殖民地，將他們的子弟送往不列顛本土接受教育，他們在這裡養成對運動的嗜好，離開了學校也無法止息，乃至多在回國後成立運動俱樂部。十九世紀下半葉，不列顛移民的新浪潮也加入行列，這些移民來到斯堪地那維亞半島、義大利、瑞士、法國、俄羅斯和奧匈帝國的城市，貿易經商、經營銀行。他們的社會組成涵蓋貴族子弟與中產家庭的兒子，但又以公學校友和其中階層更高的牛津劍橋畢業生最多。與他們同時，新的一群受過高度教育的技術專家，尤以工程師、工廠經理、鐵路技師和教師為主，也被招募到比利時、俄羅斯、西班牙、德國和墨西哥。他們全都都帶著運動風氣和運動熱情前往他方。

結果是，從一八六〇到八〇年代，五花八門一整套的英格蘭運動項目傳入無形帝國各地，首度開始有人從事、有人觀賞，足球僅是其中一項。板球博得某些地方貴族的青睞，在荷蘭最為明顯，橄欖球則是在法國西南部大獲成功，不過引起最多憧憬的看來還是足球。

但誰的憧憬？誰是首開先趨的第一代足球員？他們幾乎清一色是男性，僅有少量紀錄提到零散的足球活動，證明英格蘭、法國、荷蘭、俄羅斯、瑞典出現過女子足球。最重要的一點是，他們都是都市人，有的有頭銜，總是很有錢，而且通常教育程度高。少數計畫性調查當時頂尖球員社會出身背景

的一項研究，席思・米爾曼（Cees Miermans）套用上、中、下三階級模型，考察荷蘭國家隊，發現一八九四年到一九〇五年間，百分之九十六的隊員出身自上層階級背景，只有百分之一來自中下階級。一九〇六年到一九一八年這段期間，工人只佔隊員百分之四，中產階級代表提高到百分之十五，依然剩下百分之八十五的球員來自上層階級家庭。[6]

不是所有歐洲和拉丁美洲的優秀青年都對足球有興趣。二十世紀初，巴斯克（Basque）地區一名足球評論者就寫道：「足球是一股摩登開放的潮流，朝向有教養、觀念『進步』的中上階級民眾而來。」[7] 這些人構成了親英且往往傾向左翼的貴族與中產階級都市菁英。就讀英式中學的學生，或在英格蘭讀過書的學生，後者最受到推崇，他們是足球最早的愛好者。因為工作必須前往英格蘭或固定與不列顛生意往來的商人，又充實了球迷人數。醫生、律師、教師、工程師，所有把英格蘭視為自由思想起源、先進技術模範的人，也都加入了球迷行列。英語本身被當成現代的標誌，也是把中下階層拒於足球員門外的重要手段。巴黎早年的足球隊「白流浪者隊」（White Rovers）在就職規定裡聲明：「足球本質是一項英格蘭的運動，所有球員一起踢球的時候，應當只用英語交談。」[8] 這種向英格蘭權力致敬的意識，也存留在荷蘭足球隊英語化隊名裡，例如「雄鷹衝鋒隊」（Go Ahead Eagles）和「丹佛快跑隊」（Be Quick Denver），亦如在義大利，AC 米蘭隊（AC Milan）沒有叫作「米蘭諾」（Milano），熱那亞（Genoa）沒有叫作「熱那瓦」（Genova）。在瑞士，頂尖行列之中依然有「蚱蜢隊」（Grasshopper）和「少年隊」（Young Boys）這樣的隊名，至於拉丁美洲，烏拉圭、智利、阿根廷、祕魯、巴西、玻利維亞，也分別仍有自己的利物浦隊、艾弗頓隊、阿森納隊、草地網球隊（Lawn Tennis）、哥林斯人隊和最強者隊（The Strongest）。

足球也吸引許多高智識族群垂青，在里約、哥本哈根和布拉格，新足球俱樂部的核心成員都是大學生。熱那亞板球隊（Genoa Cricket）的球員兼領導人物，詹姆斯・史賓斯利醫生（Dr James Spensley），就是那種多才多藝、周遊各國的英格蘭人，感召了很多這類的「學者球員」。史賓斯利的訃聞形容他「興趣廣泛，愛好哲學研究、古希臘語、古埃及莎草文獻、足球、拳擊

和公立大學，甚至在熱那亞首創夜校。」[9] 這種跨國新興階級因為彼此之間正式或日常的關聯，形成了緊密的網絡，法國作家保羅·亞當（Paul Adam）思考此一現象，一九〇七年在他的著作《論運動道德》（La morale des sports）中寫道：

> 過去五十年來，普遍出現一種類型的菁英。他們在哲學、科學、藝術和倫理方面共有一些相同的觀念。他們盛行於溫泉城鎮、冬季度假勝地和國際會議舉辦地，在這些地方生氣蓬勃。這群菁英由醫生、銀行家、教授、房東、作家、外交官、富家子弟、藝術家、王子和各種半吊子專家組成……他們彼此視作兄弟，出於同一個知識家庭，對大學和理性主義深具信心……經由運動他們將能團結起來，統治世界之日必不遠矣。[10]

但足球不是唯一爭取跨國階級注意的運動。板球、橄欖球、網球、曲棍球、競技和體操，也都在同一時間向外流傳。板球、橄欖球、曲棍球的根源和社會象徵肯定也夠英格蘭，可以發揮從事足球能滿足的文化和地位功能。足球有什麼特點，應該說踢足球有什麼特點，能擄獲這麼多歐洲和拉美青年菁英的憧憬？一方面，足球在這些社會環境順利茁壯，跟不列顛工人階級會這麼快愛上足球，原因是一樣的──足球的規則和得分機制簡單易懂，參與人數、比賽時間和場地大小都能彈性變化，不需要專業裝備，而且不太容易受到嚴重傷害，尤其是與橄欖球相比。但這些都是足球能在全世界城市貧民之間盛行起來的傳統解釋。世紀末的紳士球員想從事什麼運動都行，無所謂金錢和社會成本的話，足球並不是唯一剩下的選擇。大家踢足球是因為就是喜歡。只要見過一次，就壓抑不了自己也試試看的念頭。一九〇二年，畢爾包競技隊（Athletic Bilbao）和畢爾包足球隊（FC Bilbao）的一場對戰紀錄，描述了一幅想必曾在世界各地重複上演的場景：

> 選手回到更衣室休息喝檸檬水，場邊許多被午後寒風凍僵的觀眾，這時候紛紛模仿剛才大展身手的球員，自己也踢了起來。誰知道呢？也許有一天，

這裡每個人都會上場踢球。足球似乎能凝聚平民大眾。足球似乎激起了無窮的好奇心。[11]

早年這些球員很少出版回憶錄說明自己為什麼選擇足球。我們可以合理推論，讓足球特別精彩好看的原因，也能套用於踢足球──足球流暢不間斷、變化難測時有驚喜、結合團隊合作與個人衝勁、腦力和體力同等重要。不過，若要設想一個沒有足球的世界，理解足球在某些人眼裡看來是多麼古怪複雜，就得要費相當多力氣去想像。俄羅斯作家尤里・歐勒沙（Yuri Olesha），一八九九年出生於敖德薩，他回憶第一次向父親解釋何謂足球：「他們用腳踢球。老人不敢置信地回答：『用腳踢？怎麼可能？』」[12]足球有些方面是很莫名其妙，堅持不往實用發展。但一八八〇年代，西班牙塞維亞第一次舉辦足球比賽時，宣傳方希望利用廣告海報和傳單突顯並向地方民眾說明的，正是這些古怪特點：

　　足球需要充沛的體力，是一項非常好玩且有益健康的運動。這項運動的特點在於不是用手或棍棒擊球，反而要用腳踢，必要之時還會用到肩膀或頭。[13]

足球一經確立成為無形帝國裡富裕青年的業餘消遣以後，後續發展是由第二波不列顛人促成。第一次世界大戰前那二十年間，不列顛的職業和業餘球隊都在歐洲和拉丁美洲到處巡迴，去到哪裡都引起振奮、反思，也吸引觀眾買帳。少數幾個比較敢於冒險的人物，從反之略嫌保守的不列顛職業足壇跳出來，留在海外發展。吉米・侯根（Jimmy Hogan），遊歷四方的蘭開夏職業球員，效力過羅奇代爾、伯恩利、富勒姆、史雲頓城和博爾頓流浪者隊，一戰前轉赴荷蘭與維也納當教練。格拉斯哥人約翰・馬登（John Madden）則自一九〇五年起，執掌布拉格斯拉維亞隊（Slavia Prague）超過三十年。

　　大博弈的年代即將告終。對團隊運動既無好感也無熱忱，吉卜林意識到在他這個世代大半時間裡，帝國角力和強權政治的世界是以運動的面貌呈現的。承平的最後幾年，局勢日益緊繃，不說一般人，既便是親英的足球員也

不滿移籍海外的不列顛球會自居優越、高傲排外的氣息，這些不列顛球會則認為那些脫離原會另組的運動組織是在挑戰他們的權威。烏拉圭蒙特維多的國民隊（Nacional）、巴黎的法國體育會隊（Stade Français）、布宜諾斯艾利斯的獨立隊（Independiente），都是為了與同城由英格蘭人主宰的球隊互別苗頭而成立的，後來不免都帶著民族主義的旗幟上場。在中歐、拉丁美洲和瑞典也一樣，足球出了菁英圈，流傳到城市工人階級的足趾和腳跟下，他們不懂什麼英格蘭，更不在乎她現不現代、成不成熟。但若要他們同三十年前英格蘭和蘇格蘭的工人階級一樣，反過來主掌足球，舊秩序得要瓦解，大博弈得要結束，然後，就算不是每個人，也有近一千萬名年輕人將得先送上性命。

II. 北歐與低地國的足球狂熱

足球最初登陸歐洲本土，是從斯堪地那維亞半島和低地國的港口和首都。丹麥、瑞典、荷蘭和比利時等四國的大學生和都市裡的青年布爾喬亞都早早成了足球愛好者，這種發展早熟的現象，不只顯見足球傳入的時間早，也表示球會、以城市為單位的競賽、全國性的足球機關和國家隊，都很早就迅速成立了。這四個國家的社會快速邁入工業化，擁有許多民間團隊運動成長所需要的重要因子：一是都市化，隨後出現大量定居於城市的中產階級青年男子，有閒餘時間可以運用；工人階級分布集中，有基本教育能識字的工人漸漸發展起來；還有就是，有新的通訊和交通方式連結市區和城市之間。他們少的就剩那顆球，可能還差了在一片長方形草地上踢球也能因此獲利的概念。要躍進這運動的一大步，他們需要不列顛人。

不列顛人當然就在附近，因為斯堪地那維亞半島和低地國可是組成不列顛無形帝國的必要元素。跨北海的經貿路線多且悠久，因此，丹麥最早的足球報導才會記述不列顛水手在哥本哈根的碼頭畔踢球，荷蘭才會看到帶球的蘭開夏紡織工人；瑞典哥特堡（Göteborg）的蘇格蘭鉚工以及斯德哥爾摩的不列顛大使館人員，都是瑞典最早踢起足球的人。但不同於西歐和中歐大部

分國家，足球在這幾個社會的發展，並未仰賴這些海外移民和他們的運動及社交俱樂部。斯堪地那維亞和低地國的青年菁英，出身的文化背景未受強權國家的自尊心所累，因此能自在表現出親英的態度，甚至趨近於對英狂熱（Anglomania）。他們不等不列顛人過來，而是自己去不列顛，把不列顛人帶來。比利時布魯塞爾、安特衛普（Antwerp）、布魯日（Bruges）的頂尖學校與校內的英語教師，因此成了足球發展的溫床；橫渡北海求經、學習社會改革與科技技術學說的荷蘭人、丹麥人和瑞典人，則連帶學會了運動教育。

　　正是這些旅行海外的學者，一八七六年成立了歐洲大陸第一支足球隊，哥本哈根足球俱樂部（København Boldklub），一八八九年又創立歐陸第一個足球協會。丹麥人超前歐陸大部分國家將近十年，是一次世界大戰前第二個擁抱足球的國家，僅次於不列顛。他們的實力想必也不俗，一九〇八年和一九一二年奧運各奪下銀牌。一九〇八年奧運開賽第一輪，他們就以十七比一大勝法國，直到決賽才輸給英格蘭。一九一二年，他們再度於金牌戰敗給英格蘭。尼爾斯・波耳（Niels Bohr）的哥哥也名列國家隊成員當中，由此可以想見足球在丹麥社會的地位。波耳（得到諾貝爾獎的丹麥物理學及化學家）自己也在學院隊（Akademisk）當替補守門員，這支球隊傳統上從哥本哈根大學擢用球員並獲得資助。但排外和菁英主義並不是丹麥資產階級的特點，他們早已把政治和社會權力，讓給了一個由工人團體和個別農夫組成的民主化集團。因此，丹麥的工人階級很快也接受了足球，且多半受到進步的工會和丹麥社會民主黨（Danish Social Democrats）積極支持。哥本哈根南區的足球隊，前進隊（BK Frem）成立於一八八六年，是工人足球的翹楚。在丹麥第一座（也是歐洲本土第一座）專門興建的球場，帕肯球場（Idrætsparken），兩個社會集團都擁有一席之地。一九一一年揭幕的帕肯球場，建於哥本哈根市中心邊緣的開闊空地，其中三面以煤渣堆成土堤，提供工人階級觀眾便宜又有利的視角，第四面則立著大家口中習稱的「高級看臺」。丹麥社會的上層階級只要付錢，就能坐在仿古典風格的亭子內，座位上方有遮棚，多立克柱式的門廊列於左右。不僅在當時，球場至今依然是一座完美的仿希臘華麗建築，建築風格反映了丹麥布爾喬亞足球菁英屹立不搖的奧運業餘精神，工

人階級參與可以，但前提是任何商業買賣和薪酬的痕跡都要自比賽中抹除——這項措施受到工人運動中克己寡欲、接近清教徒和路德宗的成分大力支持。帕肯球場的開幕戰，是由哥本哈根業餘足球的好手，對上謝菲爾德星期三隊的職業球員。一九一一年，這些北歐的哥林斯人已經能與外敵抗衡。然而，一方面鎖在小國的個體經濟裡，實質發展又受到足總對業餘足球的強硬態度限制，丹麥足球自此將從全世界廣大的足球舞臺消失近七十年。

丹麥雖然強烈親英，但比起不列顛十九世紀末對荷蘭的文化魅力，還是矮了一截。前鹿特丹市長屠格列弗·富丹（Droogleever Fortuyn）回憶皮姆·穆勒（Pim Mullier），語氣充滿尊敬和推崇：「他年紀長我們一點，有一種去過英格蘭才有的氣質。」[14] 穆勒於一八七〇年代留學英格蘭，回國後是一名積極熱情的運動員，也是推動組織成立的表率。一八七九年成立的哈勒姆足球俱樂部（Haarlemse FC）涵蓋多項運動，很有影響力，穆勒是創會成員之一，也在一八八三年直接參與將球會的主項目從橄欖球變更為足球，是荷蘭第一支做出改換的球會。他後來又創辦荷蘭第一份運動雜誌《荷蘭體育》（Nederlandsche Sport）並擔任編輯。但穆勒只是更大規模留學風潮裡的一員，留學英格蘭的荷蘭人，一八七〇年代在荷蘭全國各地成立運動俱樂部，幾乎絕大部分最初都是板球俱樂部。早期這些運動俱樂部為何而存在，當時一名參與者記錄到了，他寫到，從事運動的目的是為了「在英格蘭的場地上競賽，用英格蘭的習慣和英格蘭的戰術……四周環繞荷蘭美麗的風光。」[15] 荷蘭運動文化早期效法英格蘭作風，模仿得甚至比這還深入。那個時代荷蘭球隊拍團體照，背景、姿勢和制服都和英格蘭人如出一轍。他們精心召喚出一種冷漠的氛圍，秀出臉上那兩撇仿效維多利亞時代英格蘭上流社會的誇張翹鬍，「刻意擺出高傲自負的神態」。[16]

到了世紀交替之際，板球熱退燒，步入凋零沒落的狀態。第一波荷蘭運動員老去以後，再也沒有那麼多人接班。板球向來帶有一股菁英主義的排外氣息，刻意不向新興的市民大眾開放，不論白領或藍領都一樣。只有經人引薦才能加入板球俱樂部會員，所有預期加入的成員，都必須接受會員投票決議這樣專制的制度，以及高額會費所立下的高社經門檻。大部分俱樂部對於

表現不佳都有罰金制度，能嚇阻貧窮和能力不足的人，服裝嚴格要求必須是潔白無瑕的法蘭絨襯衫，也強化了這一點。隨著波耳戰爭爆發，荷蘭人普遍對不列顛軍隊在南非對待南非荷蘭人的行徑抱持反感，板球殘存的吸引力也連帶消失。

但板球俱樂部提供了足球發展的苗圃。哈勒姆俱樂部只是首開先例，一八八〇和九〇年代，有上百間既有的板球俱樂部改司足球，雖然他們一開始並沒有太認真。更確切來說，早期荷蘭足球有種討喜的胡鬧特質，部分原因是因為第一代球員還很年輕。在他們的兄長打板球的時候，下一代的他們都還是青少年，卻改踢起了足球。哈勒姆足球隊的球場草地內有散生的樹木，被當成球場固有的一部分，人盡皆知，這裡的球員會利用樹木巧妙閃避對手。比賽時，規則和人數變化幅度極大，有些觀察者相信，其實根本沒人曉得規則。例如奧林匹亞隊（Olympia FC）有名的就是一隊固定會有四十或五十個人。

最重要的是，足球不排斥各個族群。甚至，很多球隊會舉辦比賽，邀請非球會的成員參加，只收取小額的單次費用。足球經過這樣的曝光，會在二十世紀初開花結果，荷蘭工運彼時已在勞動工時和薪資雙方面取得相當大的進步，工人階級要參與足球如此一來容易多了。野生球會、未登記的球員、自發舉辦的比賽、混亂的賽程表，真都稱得上大爆發。有些球隊誕生自工人間原有的單車、射擊或賽鴿俱樂部；其他則好像一夕之間，由浮動在中低階級和工人階級年輕人之間的族群合併組成。原已成立的菁英球會，雖然仍對新球會採取類似施恩的態度，但並未拒絕與他們對賽，也不曾想盡辦法排除他們。事實上還有不少例子，是老菁英球會出借球場或提供人員設備，支持新興球會。全國鐵路網也開通以後，協會競賽足球更加蓬勃興盛。鐵路發展對荷蘭足球甚至重要到在一九一九年，剩下還沒有火車站的城鎮，等同就是沒有足球隊的城鎮。

地圖上再往東走，瑞典接納足球的時間比丹麥和荷蘭晚了十年，這部分是因為足球遇到比較多競爭對手。瑞典部分中產階級已經開始從事適合他們

的嚴格版國民體操——林醫師體操*。至於不喜歡林醫師那套冰冷教條的人，瑞典氣候嚴酷，很難整年踢足球，但倒是為新的運動愛好族群，提供了冬季運動的樂趣。不論如何，有踢球的不列顛人加上受英格蘭教育的瑞典人，已經足以在一八八〇年代末期促成協會足球出現在哥特堡，幸福士兵隊（Lyckans Soldater）以城裡的軍事練兵場為主場，場地舉辦過多場瑞典最早由瑞典人進行的比賽。奧格里特球會（Örgryte IS）涉足多項運動，是布爾喬亞階級的俱樂部，成立於一八八七年，到了一八九六年，球會推廣的運動風潮之深，已足可維持哥特堡市舉行錦標賽。斯德哥爾摩起步較晚，但至一八九〇年代末，已經有三支主要的足球俱樂部：AIK 體育會、佐加頓斯體育會（Djurgården）、哈馬比足球會（Hammerby），分別各是資產階級、貴族和工人階級的代表球會，雖然 AIK 體育會和佐加斯頓原本也都源自工人階級，後來才被較高的社會階層接管。

　　二十世紀初，瑞典足球湧現大量工人階級球員、球會和觀眾。同樣現象也出現在丹麥和荷蘭，但只有在瑞典牽涉到政治層面。至此掌控著足球每個面向的瑞典布爾喬亞階級，採行了一種形式特別嚴格的英格蘭業餘主義，在公平競爭的紳士美德之外，除了加上對商業化的明顯厭惡，還結合一種特別的看法，把足球視為低調的尚武精神與民族主義男子氣概的附屬品。然而，工人階級球員和球迷喜歡足球，卻不一定曉得或接受這樣的價值體系。邁入新世紀之際，瑞典當局強烈擔心比賽水準下滑，也怕場內鬥毆事件層出不窮。確實，從很早年起就看得出，足球比賽似乎為自發性抗議和激烈的地方對立提供了表現舞臺。一九〇六年，諾爾雪平隊（IFK Norrköping）對上韋斯特羅隊（Västerås）的一場比賽，球迷的反應就混合了這兩者。韋斯特羅的球迷認為，諾爾雪平隊派上陣的幾名球員，是先前地方一次勞資爭議中破壞罷工行動的工賊。賽事報導記錄：「諾爾雪平的球員比賽中遭觀眾丟石頭、吼叫辱罵。終場爆發的騷動難以描述。球迷衝進場內大吼著『殺啊』（hurra），

---

* 譯註：彼賀・亨利克・林（Pehr Henrik Ling, 1776 - 1839）被譽為瑞典按摩之父，率先在瑞典推廣體育，發展出自成一格的按摩、醫療體操和刺槍術。

一邊咆哮一邊大喊：『混蛋，跟工賊拚了』，等等的話。」[17] 哥特堡球迷暴力波動的程度想必令人憂心，還干擾了一九一〇年曼城隊作客哥特堡的比賽。《北歐運動生活雜誌》（*Nordiskt Idrottslif*）報導：「整場比賽都聽到球迷大吼大叫吹口哨，事後警方還得介入調查。很不幸的是，座位區有兩個人被查出言行失當，沒人想像得到受過教育的人會做出這種行為。」[18]

兩年後，以哥特堡隊（IFK Göteborg，代表工人階級）和奧格里特隊（代表布爾喬亞）作為象徵，瑞典社會悶燒的階級衝突，在兩隊一場德比戰結束時爆發出來。當時球員在場內的鬥毆事件已多次中斷比賽，比賽尾聲，比分來到一比一，哥特堡隊在最後一分鐘被犯規，這時判罰點球很可能會決定勝負，但哥特堡隊卻沒獲得時間進行罰球，球迷情緒因此沸騰。隔年同一對戰組合的比賽，球迷衝進球場包圍並推撞奧格里特球員，之後又把他們困在更衣室，砸爛窗框，丟擲石頭。[19]

對於工人階級足球掀起的這場巨大風波，瑞典統治階級的反應可分為兩個方面。對抗大批球迷群眾和工人球員帶來的商業化和職業化威脅，當局採行更嚴格講究的業餘主義——嚴格到禁止英格蘭職業球會作客直到一九一〇年，但還是有相當的彈性，可以睜一隻眼閉一隻眼，允許表現傑出的工人階級球員拿到某些形式的酬勞，尤其是有入選國家隊的球員。與職業化的最大衝突尚未來到。同時，瑞典的足球管理機關把注意力轉向國際賽事，把國家隊當作團結民族的工具，希望藉以消弭國內足球因階級所導致的分歧不合。瑞典的體育行政官員是國內最保守、最挺民族主義的一群人。一九〇五年，當瑞典國王想方設法不讓挪威脫離聯合之時，最大聲倡導帝國榮耀和盲目愛國情操的就是瑞典的運動機構，一九〇九年發生大罷工，許多球會也自組武裝治安巡守隊提供給政府。

瑞典與丹麥始自一九〇八年的固定賽事，成了策略核心，工人階級桀驁不馴的能量，可以像可燃瓦斯一樣，經由砲口朝外的民族主義燃燒殆盡，而不至於再替國內的階級衝突火上加油。一九一三年對丹麥的比賽，可以看到瑞典足總主席安東·約翰森（Anton Johanson）發放紙製大聲公給觀眾並帶領合唱。往後幾年，音樂家和歌舞明星也被徵召來在開賽前帶動唱，除了官

方標準曲目以外，球迷在前往丹麥的火車和船上大杯黃湯下肚，在酒精催化之下，看臺也會自發響起幽默玩笑。瑞典的工人就愛喝一杯跟打爆丹麥人，但不論在足球也好、政治也好，他們都從未甘於沉默；這點在戰間期表露無遺，此時才剛揭開序幕而已。

III. 拉丁美洲的足球福音

與所有來自舊世界的事物，包括入侵和疫病一樣，足球經由港口傳入拉丁美洲。最早有人目擊「los ingleses locos」——瘋癲的英格蘭人，拿一顆縫製的皮球踢他們瘋狂的遊戲，都成了民間傳說的材料。但從一八六〇到八〇年代，不列顛船員在整個美洲大陸沿海碼頭和荒地踢球的故事，已經多到顯然不只是幻想。當地人聚在一起，看英格蘭人頭頂烈日在草木叢生的硬地上來回揮汗奔跑，心裡不知有何感想？巴西一名記者在里約熱內盧目睹很早期的一場團隊足球賽，打從心裡感到困惑。

在朋雷提羅（Bom Retiro），一群英格蘭人，其實就是一群神經病，三不五時會聚在一起，踢一顆看上去像牛膀胱的東西。每當這顆黃黃的膀胱滾進一個木頭柱子標出的長方區塊，就能帶給他們莫大滿足，或讓他們滿面愁容。[20]

我們這位記者或許摸不著頭緒，但其他大部分人都懂，漸漸也加入瘋子的行列。南美洲各地都造了新的地方口語，稱呼這種踢球遊戲：在太平洋岸叫pinchagas，在巴西叫peladas，在拉布拉他河流域叫picados。不過，不列顛人並不只是偶來的訪客。十九世紀下半葉，拉丁美洲富藏的礦石和農產已成熟至可以開發。歐洲和美國的工業革命，為這些資源提供了日益擴大的市場，但拉丁美洲國家缺少資金、技術專家和勞力。歐洲和亞洲一波波大規模移民，在接下來五十年供應了勞力。資金和技術則來自不列顛。到了十九世紀末，不列顛已能靠智利的銅礦、巴西的鳥糞層和到處借出的公債賺入大把鈔票。

不列顛人在阿根廷經營銀行，在拉布拉他河流域經營肉品、毛皮、毛線生意，巴西和哥倫比亞的咖啡市場，他們也佔了一大塊。阿根廷中央鐵路於一八六三年首度開通以後，不列顛又陸續在南美大陸設計、資助、修築、營運眾多鐵路網，從港口蜿蜒通向內陸汲取資源財富。駐布宜諾斯艾利斯的美國領事向華府回報時說：「凡與國家貿易和商業利益有關之事，英格蘭人看起來幾乎都有興趣……除了政治，他們什麼都『沾』，熟門熟路好像那地方是不列顛殖民地一樣。」[21]

　　至一八八〇年，布宜諾斯艾利斯已有四萬名不列顛人，聖保羅、里約、蒙特維多、利馬和聖地牙哥，也各有規模較小但影響力大的移民社群。這些社群不只經商做生意，還辦報興學、設立醫院、任職於臨時教會，其中投入最大熱情的可能是成立運動俱樂部。自一八六〇年起，不列顛人在布宜諾斯艾利斯的社交俱樂部，便經常籌辦運動會和板球、網球及馬球比賽。一八六七年，當地英語日報《標準郵報》（The Standard）的編輯，收到英格蘭足總於一八六三頒訂的規則並刊登在報上。布宜諾斯艾利斯板球俱樂部（Buenos Aries Cricket Club）的成員湯馬斯·侯格（Thomas Hogg）挑起使命，籌辦起拉丁美洲第一場遵行新規則的比賽。一八六七年六月，一群龍蛇混雜、組成該地不列顛中低階層商業社群的年輕人，聚集來到布宜諾斯艾利斯的巴勒摩區，分成紅隊（戴紅帽）和白隊（沒戴帽）兩隊。比賽上下半場各五十分鐘，中間一度中斷討論在淑女面前穿短褲是否合乎禮儀，直到得出結果才恢復比賽。白隊最後四比零獲勝。

　　整個一八六〇年代末和一八七〇年代，足球在布宜諾斯艾利斯肯定有人從事，但只是城裡英格蘭社交俱樂部從市的多項運動之一，且比賽很多時候都混合了足總頒訂的規則，跟新發展出的橄欖球規則。然而二十年後，離開城市最高階層的菁英圈之外，足球已是唯一的運動。足球發展的動力，一是不列顛族群在阿根廷創立的眾多學校裡，主宰校園的強烈體育倫理，二是鐵路工人移民增加，再者就是和其他很多地方一樣，有足球福音傳教士來到。在阿根廷，這個傳足球福音的人是一名蘇格蘭教師，亞歷山大·華特森·胡頓（Alexander Watson Hutton）。胡頓接受在聖安德魯高中（St Andrew's High

School）的教職，一八八二年乘船抵達布宜諾斯艾利斯。他在八四年與聖安德魯高中校方鬧翻，離職自己創辦英語高中，因為校方不打算擴建學校操場和體育館。對胡頓以及維多利亞晚期很多教育家而言，這些體育設施是正規學校教育的必要條件。足球是英語高中的重要課程，也為市內的不列顛和阿根廷貴族學校樹立特色。同時，不列顛鐵路工人和領班湧入國內，形成足球員匯集的中心，他們各自也成立起球隊。羅沙略（Rosario）是第一座有足球隊的地方城市，一八九〇年代末擁有兩支球隊——屬於領班的羅沙略競技隊（Rosario Athletic）和屬於工人的羅沙略中央隊（Rosario Central）。在胡頓努力不懈的奔走籌畫之下，一八九一年布宜諾斯艾利斯開辦迷你聯賽。短暫中斷一年後，一八九三年舉辦第二次賽程較長的比賽，阿根廷足球協會聯賽（Argentine Association Football League）。這項比賽此後即被當作是阿根廷的全國錦標賽，年年舉行不曾間斷。

　　類似的發展模式，也能在烏拉圭的拉布拉他河流域看到。一八七四年，因應日漸擴大的不列顛社群，蒙特維多當地創立一所英語高中。根據記載，一八八〇年代，校園內和市內各地都有人踢足球，但同樣是一個領袖人物的出現賦予動力，把民間遊戲化為正規競賽。烏拉圭的這個人，是威廉·萊斯利·普勒（William Leslie Poole），英語高中裡一名蘇格蘭籍體育老師。普勒先是整頓了校園運動，隨後在一八九一年創立阿爾比恩板球俱樂部（Albion Cricket Club），並於一八九三年增設足球部。阿爾比恩隊當時國內賽事經驗還少，卻很快就對上布宜諾斯艾利斯來的球隊，如貝爾格拉諾隊（Belgrano）和洛馬斯隊（Lomas）。鐵路為地方足球注入額外的球員和賽事。然而，蒙特維多羽翼初豐的球會，一直要到一九〇一年才首次角逐組織性聯賽，比布宜諾斯艾利斯晚了十年。烏拉圭國內的內戰看似永無休日，不斷延燒直到二十世紀初，也因此阻礙了足球發展。

　　巴西足球始於一八九四年，查爾斯·米勒（Charles Miller）回國。他的父親是英格蘭人，母親是巴西人，家族是聖保羅當地富裕的咖啡商。米勒年少時被送至英格蘭受教育，最後他不只為就讀的班尼斯特皇家中學（Banister Court School）和他居住的漢普夏（Hampshire）踢足球，甚至也為新成立的

職業球隊南安普頓隊踢過幾場比賽。他在一八九四年回到聖保羅，帶回兩顆
真皮足球、一些球具，還有對足球的癮頭。起初他以板球員身分加入入會嚴
格的聖保羅競技俱樂部（São Paulo Athletic Club），後來成功說服其他幾名
隊員踢踢看足球。一八九五年春天，他們的第一趟遠足來到市中心東邊的灌
木叢林地進行比賽，拉路面電車的驢子平時都放到這裡吃草休息。他們趕跑
驢子，倉促組隊，隊名就叫聖保羅鐵路隊（São Paulo Railways），對上由市
立瓦斯公司的員工組成的瓦斯隊（The Gas Team）。賽後眾人同意，這項運
動真還有些趣味，值得再試一次，只是需要對手。一八九七年，漢斯‧諾布
林（Hans Nobling）這位德國移民來到聖保羅，帶著德國當地的足球規則，
以及在漢堡踢過幾個賽季的經驗。他找上聖保羅競技俱樂部希望代表出賽，
結果吃了閉門羹，他於是伙同其他被排斥的非英格蘭移民，自己組一支運動
協會作為回應，也就是國際體育會（SC Internacional）。沒多久，又有三支
球會加入行列：從國際體育會脫離出來、成員全數是條頓人的日耳曼體育會
（SC Germania）；麥肯錫大學的美國學生組成的一支球隊；還有聖保羅的
巴西菁英組成的運動俱樂部兼足球隊，保利斯提諾競技俱樂部（CA
Paulistino）。到了一九〇二年，巴西足球已經十分茁壯，有能力舉行長期賽
程的聯賽和城市錦標賽。

1902 年 10 月 26 日
聖保羅競技隊 2—1 保利斯提諾競技隊
聖保羅，保利斯提諾賽車場

　　香檳：足球不會因為香檳而來勁。「卡里克（Michael Carrick）不老實
踢球，玩太多香檳球了」；「貝科維奇（Berkovic）是一名香檳球員，不喜
歡香檳淋在身上」。
　　──萊亞（John Leigh）、伍德豪斯（David Woodhouse）編，《足球辭典》
（*Football Lexicon*）[22]

　　不見得總是這樣。正好相反，世紀交替之際，聖保羅的足球全都是香檳足球。拿第一屆保利斯塔冠軍盃決賽來說，城市有多少人，就有多少人到場。《聖保羅州報》（*O Estado de São Paulo*）簡直為比賽樂昏了頭：「現場人多得不可思議，將近有四千人，不停為球員的出色表現鼓掌……優雅的年輕仕女，為這場慶典般的活動增添無上魅力，球只要接近任一邊球門，就會看見她們激動尖叫，但當球被清掉，尖叫旋即化為大聲喝采。」

　　聖保羅競技隊是查爾斯‧米勒的人馬，隊員都是任職於歐洲銀行和公營事業的不列顛和德國青年。保利斯提諾隊則是地方寡頭、白手起家的咖啡世家後代、鐵面無情的牧牛農場主人、「咖啡與牛奶」（café com leite）結盟的球隊。保利斯提諾隊的主席班托‧皮耶拉‧布諾（Bento Pereira Bueno），恰好也是州政府的司法部長，球隊陣容多的是保利斯塔社會裡有頭有臉的人物。與歐洲人聯手讓他們生財致富。

　　聖保羅競技隊奪得優勝，查爾斯‧米勒接下獎盃。在一片讚揚吹捧、興奮跳躍、交換桂冠和花束、為贏家和輸家乾杯的情景之間，場中聚集的人群向球舉杯慶賀，接著讓球沐浴在香檳之下。[23]

　　沐浴在香檳下，在世紀交替之際拉丁美洲的親英菁英眼裡，足球難以抗拒。一八九五年，胡頓組辦第一屆 AAFL 賽事的兩年後，布宜諾斯艾利斯已擁有規模擴大的一級聯賽和新成立的二級聯賽。到了一八九九年，城市已可維持三個層級的競爭足球聯賽，一九○二年變成四個。強隊隊仍舊由不列顛人組成，洛馬斯競技隊連續八年贏得聯賽冠軍。不過，布宜諾斯艾利斯的不列顛人社群再大，也無法光靠自己供應四級聯賽的足球員。十年之內，新生的足球就傳進了本地人手裡。第一個組出足球隊的純阿根廷機構，是布拉塔的菁英運動俱樂部——布拉塔體操擊劍會（Gymnasia y Esgrima）。體操擊劍會成立於一八八七年，一九○一年首度從事足球。新世紀最初幾年，阿根廷大部分的重要球隊陸續成立。河床隊（River Plate, 1901）和博卡青年（Boca

Juniors, 1905），由布宜諾斯艾利斯碼頭區及周圍的移民組成。一九〇三年，法國移民在阿維亞內達的工業郊區，成立阿維亞內達競賽隊（Racing Club de Avellaneda），同城鄰居獨立隊（Club Atlético Independiente），則是西語人士脫離不列顛人運營的倫敦商店城運動俱樂部（City of London Stores）之後所組成的（1905 年）。遇上最盛大的比賽，觀眾人數逐漸達到四位數，《國家報》（*La Nación*）也早自一九〇三年起就會固定詳盡地報導賽事。

烏拉圭足球依循著阿根廷足球的發展腳步，因為國內勢力佔多數的保守鄉村政黨白黨，在一八九七年與一九〇四年兩次組織起義失敗，撼動全國。叛軍全數被當時的紅黨政府擊潰。終於從戰爭的支配下解放，獲勝的自由派紅黨總統巴特列・奧多涅茲（Batlle y Ordóñez）推動進步政策：奠立民主選舉基礎、打造世俗國家，大幅擴大公共教育和退休金，並以公共經費大筆投資經濟建設。烏拉圭邁入繁榮，蒙特維多起步發展，過程中誕生新的中產階級和新的工人階級。經濟獲利加上財富重新分配使得政局平穩，對選舉失利的一方而言，失去權力不再事關生死。紅黨與白黨永久但和平的對立，蒙特維多的中產階級與工人階級、西班牙裔與義大利裔、拉美混血與外來移民等等分立的社會族群，都透過舊球會轉型與新球會成立找到了自己的足球代表。蒙特維多大學的西班牙裔學生在一八九九年成立國民隊（Nacional）。這一直都是深具自覺的民族主義行動，用不列顛自己的比賽挑戰不列顛的霸權。國民隊披上代表民族獨立英雄何塞・阿蒂加斯（Jose Artigas）的顏色，球場也與阿蒂加斯的居所位於同一塊土地。一九〇三年，一場在布宜諾斯艾利斯對阿根廷國家隊的比賽，烏拉圭足總請國民隊代表全國出戰。烏拉圭一方最後以三比二獲勝，國民隊至今仍會為此慶祝。國民隊的死對頭，出現在中央烏拉圭鐵路板球俱樂部（CURCC）轉型為佩納羅爾隊（Peñarol）以後，轉型過程在一九一三年完成，球隊正式改名，放棄為公務使用的英語隊名。

不列顛對聖保羅的支配在二十世紀初始十年逐漸減弱，但在里約，真正巴西菁英球會的創立風潮，則幾乎將之一掃而空。一八九七年，瑞士與巴西混血的富家子奧斯卡・考克斯（Oscar Cox），原本在瑞士洛桑讀書踢足球，這一年回到里約。考克斯最初說服里約板球體育協會（Rio Cricket and

Athletic Association）也踢足球，但不滿他們欠缺熱忱，於是創立了里約富豪重要的社交與運動俱樂部——富明尼斯。一九三〇至四〇年代巴西首屈一指的足球記者，馬力歐‧菲略（Mario Filho）描述這間球會：

> 要加入富明尼斯，球員必須先過上跟奧斯卡‧考克斯、菲立克斯‧弗利亞（Félix Frías）或何瑞修‧柯斯塔桑托斯（Horácio da Costa Santos）一樣的生活……全都是功成名就的男人，工廠大亨、大公司第一流的員工、富二代，在歐洲受教育，對揮霍金錢習以為常。這是一種艱難的生活。沒有現成財富源源不絕供應的人負擔不起。[24]

運動俱樂部是菁英圈社交的重要場所，巴西各個華美嶄新的俱樂部會廳內，除了舉辦婚禮、接待、晚會和舞會等社交活動外，還有球賽前的午茶和賽後的晚宴。富明尼斯成了展現教養和社交聯誼的基準。拉蘭熱拉斯球場（Laranjeiras）的木造看臺和半露天座席，坐滿了里約最富裕的家庭，穿著他們最體面的服裝。紳士身披球隊顏色的樸素彩帶，頭戴草帽，直接呼應英格蘭公學的傳統。球隊會向觀眾莊重敬禮，觀眾則高喊「Hip Hip Hurrah」回禮。有意仿效富明尼斯隊與其競爭，博塔弗戈（Botafogo）和美洲（América）足球俱樂部雙雙於一九〇四年成立，並且都組成足球隊。佛朗明哥划船俱樂部這時仍堅決反足球，不時嘲弄足球是沒種的賣弄，但足球已然成為里約菁英社交生活的重心，一九一一年一群球員脫離了富明尼斯，欲尋找新的落腳處，佛朗明哥足球俱樂部（Flamengo FC）也於焉成立。菲略描述的富明尼斯隊沒能持續多久，比賽之激烈、對球員的要求之高，里約貴族這些上了年紀的公子哥兒不堪負荷。愈來愈多球員徵召來自里約各大學的醫學、法律和工程院所，這些院所的學生恰恰好混合了鄉間貴族、城市布爾喬亞，黃金單身漢和夠格的射手。一次世界大戰前，聖保羅的頂尖足球員包含建築包商、店商、工程師、軍官、醫生、銀行員、會計師和教授。

一次世界大戰破壞了不列顛對拉丁美洲的經濟支配。戰爭開支和日積月累的債務，迫使不列顛收回大部分的海外投資。不列顛的文化和體育資本遭

到更快速地吞併和挪用。以阿根廷為例，阿根廷足總在一九〇三年首度以西班牙語頒布足球規則，後於一九〇五年採行西班牙語，當成協會官方語言。一九一二年終於也把協會名稱改為西班牙語的 Asociación del Football Argentino，但要到一九三四年，足球才從 football 變成 fútbol。烏拉圭足總與大國鄰居並進，在一九〇五年改用西班牙語。布宜諾斯艾利斯剩下的不列顛俱樂部，很多都放棄了足球，因為足球的獨特性和社會地位似乎逐季下滑，馬球、板球和橄欖球，反而為他們與各階層的當地人提供了更安心可靠的差異。西班牙裔的足球時代來臨，拉布拉他河流域足球的英格蘭特色日漸消失，直至今日已只剩下殘存的單字語彙。越位還是叫 offside，開邊線球仍是 lateral，蒙特維多的利物浦隊、維涅馬爾（Viña del Mar）的艾弗頓隊或羅沙略的紐維爾舊生隊（Newell's Old Boys）出賽上場的時候，還能聽見英語。

　　不列顛人也在這些地區首創國際足球賽。早自一八八八年，不列顛人就為慶祝維多利亞女王誕辰，籌辦了布宜諾斯艾利斯隊對蒙特維多十一人隊的比賽。阿根廷與烏拉圭在二十世紀初年的競賽，令蘇格蘭茶葉大亨湯瑪斯·立頓爵士（Sir Thomas Lipton）深為著迷，捐贈了一座獎盃，獎勵兩國對戰的贏家，該比賽如今固定年年舉辦。一次世界大戰前，阿根廷在一九〇七年首度派隊前往巴西，參加里約和聖保羅聯賽所辦的選拔賽。一九一〇年，阿根廷足總籌辦一場錦標賽，慶祝政府自治一百週年，雖然是非正規的，但這場賽事被視為是史上第一屆南美洲冠軍盃（South American Championship）。超過一萬人到場見證阿根廷以四比一擊敗烏拉圭。但觀眾最多的是英格蘭球隊到訪的比賽。儘管一趟拉美之旅路途遙遠，還有可能賠本，但南安普頓隊（1904 年）、諾丁漢森林隊（1905 年）、南非十一人隊（1906 年）、艾弗頓和熱刺隊（1909 年）、哥林斯人隊（1910 和 1913 年）、史雲頓城隊（1912年）和艾斯特城隊（1914 年），全都遠渡重洋而來。英格蘭球隊出場，為拉丁美洲新興的足球文化錦上添花。這些比賽為地方球員提供最嚴格的考驗，也是衡量他們進步之速的指標──尤其似乎常常是團隊合作優勢與大膽用頭頂球的教學示範。這些比賽在政經與社會各界菁英人士眼裡也十分重要值得參與。如南安普頓隊和南非隊的比賽，就在阿根廷共和國總統胡立歐·羅卡

將軍（General Julio Roca）和戰爭大臣面前舉行。羅沙略的社會菁英和周圍彭巴地區的貴族也出席了諾丁漢森林隊的比賽，使比賽成為上流社會的重要招待場合。

　　緊鄰南錐體三國的足球狂熱，智利、巴拉圭和玻利維亞緊跟在拉布拉他河流域的先鋒部隊之後，形成拉丁美洲第二波足球風潮。這三國之中，智利境內的不列顛族群最大，因此發展也最快。一八九〇年代初，盎格魯人以及其族群混合的運動俱樂部，先是在瓦爾帕來索（Valparaíso）的港口踢起足球，很快也擴及首都聖地牙哥和維涅馬爾地區。至一八九五年已有智利當地的足球協會。在巴拉圭，荷蘭人威廉・帕茲（William Paats）在一八九〇年代末帶著該國的第一顆球來到，他在首都亞松森（Asunción）一所師範學院擔任體育老師。一九〇二年，他和其他愛好者創立奧林匹亞隊（Olimpia），而後又有瓜拉尼隊（Guarani，成立於一九〇三年，命名自智利的原住民族）權充對手。第一場已知的比賽舉行於一九〇三年，場地很有趣，在亞松森郊外一座鄉間莊園。全國性協會和以亞松森為中心的聯賽，繼之在一九〇六年出現，這個時候，現代巴拉圭所有重要球隊都已成立，包括國民隊、利伯泰迪隊（Libertad）和波特諾山丘隊（Cerro Porteño，命名自十九世紀三國同盟戰爭中，巴拉圭軍擊敗阿根廷軍的戰場）。玻利維亞較之他國，幾乎各方面都會被形容為落後或仍待開發，但擁抱足球的時間卻未落於人後。一八九六年，不列顛人混合一群地方菁英成立了奧魯洛皇家俱樂部（Oruro Royal Club）；一年後，北方體育會（Nothern Sport）和靈波隊（Nimbles）由修築拉巴斯（La Paz）到安多法加斯塔（Antofagasta）鐵路的工人分別成立。哪怕玻利維亞的高山城市空氣極度稀薄，球會數量仍不斷增加，足球比賽也成了拉巴斯當地固定會出現的生活景象。

　　比起在大陸南端，不列顛與安地斯山脈國家關係較為薄弱，足球相對晚到，發展較慢，停留在海岸飛地的時間也比較久。在委內瑞拉和哥倫比亞，美國的政經影響力最大，棒球亦不意外成為足球的競爭對手，進一步延緩足球向下普及。一八九九年，在厄瓜多港口瓜雅基爾（Guayaquil），於奧美多學校（Olmedo School）受歐洲教育的學生成立了瓜雅基爾運動俱樂部。兩個

月後，胡安・阿弗列多（Juan Alfredo）和羅伯托・萊特（Roberto Wright）從英格蘭學成歸國，帶回第一顆針縫皮球，到了一九〇八年，瓜雅基爾已經擁有小型組織聯賽。但首都基多（Quito）這時仍對足球的魅力渾然不覺，直到一九三〇年代前夕。哥倫比亞的故事相去不遠。當地第一套西班牙語的足球規則，一九〇六年在加勒比海港口巴蘭基亞（Barranquilla）頒行，激起的一陣風潮雖足以維持城市內定期舉行足球比賽，但國內先天的地理環境限制，加上波哥大、卡利、美德因等地菁英對沿海社會文化風氣的輕蔑，使得足球在哥倫比亞的發展只限於加勒比海岸；別說全國聯賽，就連全國性足球聯會也要到一九二四年才出現。至於祕魯，足球傳入的港口也是祕魯的首都，與其他安地斯山脈國家不同的是，當地的不列顛移民族群相當多，因此也養成安地斯地區最強勢的足球文化。不列顛人於一八九〇年代初，就已在他們的運動俱樂部踢足球，如草地網球俱樂部和利馬板球與網球俱樂部。利馬的地方菁英也在同年代末接納了足球。在安地斯國家中最屬特別的是，都市裡的貧民幾乎同時加入行列，他們的勢力集中在維多利亞區的西語移民區，一九〇一年在當地成立了利馬聯隊（Alianza Lima）。結果，一次大戰之前，利馬的足球聯賽已是興旺活躍的運動機構，但因為徹底缺席亞馬遜盆地和高地國家的內部交流，使之成了運動現代化趨勢中的孤島。

　　足球在這上述這些社會當中，從不列顛人的遊戲轉變成為西班牙裔菁英的遊戲。但拉丁美洲經驗與世界其他地方最大的區別在於，足球從原本只是少數菁英的消遣，變成城市裡的全民狂熱，轉變比任何地方都來得更快更全面。足球在社會內部擴散的時程能壓縮得這麼短，動力來自於一次大戰開戰前十年，拉丁美洲幾個重要都會經歷高速都市化，加上移民人口遽增。一八六九年，布宜諾斯艾利斯人口僅約十七萬八千人，至一八九五年增長三倍，到了一戰前夕，已經是一座破一百五十萬人口的城市。同一時期，里約上達一百萬人，聖保羅人口則增加二十倍。在阿根廷，城市大多數新住民都是移民，尤其以義大利人和東歐猶太人為多。義大利也有人加入德國、葡萄牙和日本的移民潮流前往巴西。機械化工廠、地下鐵系統、路面電車、市營天然氣和電力供應，隨著拉丁美洲的城市生活出現種種新科技，這些大城市族群

鎔爐更是滾沸升溫。山姆‧艾倫（Sam Allen），一九一二年巡迴來訪的史雲頓城隊教練，記錄了足球在阿根廷和烏拉圭社會散播的情況：

> 我沒見過有誰與這兩個共和國一樣，對足球表露這麼深的熱忱，走到哪裡都能看到足球對人們的吸引力。街頭巷尾、海濱少年、營地士兵，全都染上了足球狂熱，我如果說，布宜諾斯艾利斯光是一間商行，就向英格蘭下訂購買了五千顆特製的足球，你就能理解足球在這裡的魅力有多大。[25]

這個年代在布宜諾斯艾利斯，除了阿根廷足總主流的組織之外，超過三百支球會在無數非正規、臨時湊成的工人聯賽踢球。不只如此，當時代的新聞報導指出，不列顛和阿根廷菁英原本發現能有效潤滑社交關係的紳士業餘精神與公平競爭的運動倫理，正迅速遭西語移民區的工人階級和移民足球所遺棄。在社會階級底層，足球是展現力量和復仇的工具。比賽遲到的球隊，不管理由再合理，都會被迫認輸棄權。裁判的公正性時常遭受質疑，客場球員的安全也少有保障。至於愈來愈多單純前來觀賽的球迷，一名觀察者寫道：「阿根廷觀眾的行為，不是有教養民眾的榜樣。他們不停喝倒采、吹口哨，甚至還有不少人大秀下限。」[26] 查爾斯‧米勒（Charles Miller）一九〇四年替母校校刊報導聖保羅的足球場面，捕捉到足球被里約貧民佔據的瞬時風景：

> 各位知道一定會很驚訝，這裡流行足球。我們有的球會不只六十或七十間。一星期前，我受邀為一場男孩子的比賽擔任裁判，一隊竟然有二十人。我跟他們說，一隊二十個人踢球太荒謬了，但是講不聽，他們就是想這樣踢。我心想這下好啊，整場比賽大概會是一場混戰，但我發現自己大錯特錯。他們踢了兩個半小時，我只舉了兩次手〔警告犯規〕……就連這樣的比賽都有一千五百人到場觀戰。過去十二個月來，這地方賣出不下兩千顆足球；每個村莊現在幾乎都有一間球會。[27]

在巴西由於工廠球隊紛起，這種向下傳播更為加速。大里約熱內盧邊緣地區

英商公司的經理和技術人員，被排擠出市中心由上層階級的足球員組成的主要集散地。以至於到了世紀交替之際，他們常常湊不到兩隊完整的十一人，只能和手下的巴西工人組隊踢非正規的比賽。一九〇四年，位於里約北部郊外邦古（Bangu）地區的紡織商「工業進步公司」（Companhia Progresso Industrial），把這種形式正規化，自己成立了由英格蘭人、巴西人和義大利人共組的球隊，參加里約熱內盧聯賽。雖然行家父長制管理，但他們在社交俱樂部內或球場上，一概沒有階級和種族之分。事實證明，邦古足球隊在球場上相當成功，而且也是管理工人的有力工具。一九〇八年，大保羅（Paul Grande）地區的「美洲生產」（América Fabril）工廠首先跟進，之後又有更多工廠跟進。這些俱樂部球隊全都由工人球員組成，他們雖然公司正式聘雇的員工，在工廠有固定正職，但其實已經算半職業球員，配合訓練和出賽，平時的工作責任輕。邦古隊、大保羅隊和其他球隊，打開過去白人世界專屬的團隊足球大門，向第一波黑人和黑白混血兒球員開放。但不管是不是工廠球隊，有色人種足球員都來了，只是有沒有睜開眼睛看而已。一九一四年，作客的艾斯特城隊球員，觀看里約的街頭足球，「驚訝地發現，比賽的兩隊都是青少年，年紀約在十八到二十歲。他們全都是黑鬼，跟你的帽子一樣黑，而且大部分人赤腳踢球。」[28]

　　艾斯特城不久便離開南美，回到一個已然被第一輪漫長而血腥的內戰給吞沒的歐洲。哥斯林人隊第三次巡迴原已準備前往巴西，球隊裡都是後備軍官，也被迫掉頭回家打仗。當歐洲遭到撕裂分立之際，未受這場殺戮影響的南美洲則正想著團結。總之足球要先團結。烏拉圭長年擔任紅黨國會議員的海克特・戈麥斯（Héctor Rivadavia Gómez），也是蒙特維多流浪者隊球會與烏拉圭聯賽主席，自一九一〇年以來，便一直致力於實踐這個構想並攏絡支持。一九一六年，命名笨拙的南美洲足球協會（CONMEBOL）於阿根廷足總在布宜諾斯艾利斯主辦的國際錦標賽期間成立，是世界第一個以整個洲大陸為單位的足球協會，比歐洲的歐洲足球協會聯盟（Union of European Football Associations, UEFA）早了近四十年。如同前一屆在一九一〇年的錦標賽，該年的決賽也是由阿根廷出戰烏拉圭。

那場比賽並未如期舉行，因為小小的吉納西亞球場（Gimnasia grund）被人潮擠爆——門票超賣，球場實際容納不下這麼多人。根據報導，眼看球賽臨時喊停，現場有些觀眾從等待在主看臺後方的馬車上，拿了點燈用的石腦油，縱火焚燒球場，只有中央天篷座席區未遭波及。但後來在工作天重賽，還是有一萬人到場觀戰。

IV. 中歐大眾足球文化的興起

瑞士早在一八五〇年代就有非正規足球比賽的紀錄，是瑞士學生與英格蘭學生之間的比賽。受到阿爾卑斯山脈風景、急遽增長的財富和發達的銀行與工程產業吸引，許多英格蘭青年赴瑞士就讀菁英私立學校和技術學院，學成便留在洛桑（Lausanne）、日內瓦、蘇黎世等地新興的金融、貿易和工業中心工作。在瑞士法語區，洛桑足球與板球俱樂部成立於一八六〇年，似乎是瑞士最早的運動俱樂部。其後在一八六九年，日內瓦限制嚴格的夏特林學校（École de la châtelaine）和洛桑的私立學校所組的足球隊紛紛成立。在瑞士德語區，第一支俱樂部足球隊是聖加侖隊（St Gallen），成立於一八七九年。一八八六年，湯姆‧葛瑞菲斯（Tom Griffiths）這名來自英格蘭的生物學學生兼布萊克本流浪者隊球迷，協助成立了蚱蜢俱樂部，球隊的服色至今都還是布萊克本隊傳統的藍白色。截至世紀交替之際，瑞士所有重要球隊幾乎都已成立。瑞士足球總會創立於一八九五年，以地區聯賽為基礎的全國性錦標賽則始於一八九八年；到了一九〇四年，全球的足球理事機構國際足總成立，瑞士也是創始成員之一。

瑞士在全球足壇的地位，從這個年代起仰賴的就是其中立、保密的傳統優勢。國際足總和歐洲足總不約而同都將總部設於這裡。瑞士在戰時的中立立場，也代表她是歐洲唯一可以主辦戰後第一屆世界盃的國家，那是一九五四年的事。但在一次世界大戰以前，瑞士緊隨不列顛腳步，是歐洲足球重要的教育者、傳播者兼改信者。巴塞隆納足球隊即是由蘇黎世出生的漢斯‧坎普（Hans Kamper）所創。亨利‧蒙尼葉（Henry Monnier）出生於從事銀行

業的法國新教家庭，在日內瓦和利物浦接受商業和足球教育後，回國成立了尼姆俱樂部（Club de Nîmes）。華特・班斯曼（Walther Bennsemann），德國猶太醫生的兒子，從瑞士的私立學校畢業後回到故鄉，僅十五歲稚齡就成立了卡爾斯魯厄體育俱樂部（Karlsruher SC）。他在周遊歐洲各國的旅行與工作生涯中，也於德國其他地區及史特拉斯堡成立許多球會，最後才定居下來，創辦並出版了德國最早且至今領銜業界的足球雜誌，《踢球者》（*Kicker*）。

　　瑞士也促成義大利早期足球的創立及維續。義大利國家隊第一任隊長，法蘭茲・卡利（Franz Cali）是在洛桑受的教育；維托利奧・波佐（Vitorio Pozzo）創立都靈隊（Torino）且執教義大利國家隊兩度於世界盃奪冠，他曾於一九〇八至一九〇九年在瑞士待了兩年，修習商業和外語，同時固定擔任蚱蜢隊候補選手出賽。北義大利的頂尖球隊裡，很多是瑞士移居過來的人，特別是都靈隊、國際米蘭隊（Internazionale Milano）和熱那亞隊。

　　瑞士協助足球在西歐傳播，至於把足球傳入難以抵達的巴爾幹半島的，則是中歐和奧匈帝國核心地區。中歐人還在一次大戰以前，做到一件瑞士和低地國家都辦不到的事：他們打造了根深柢固的大眾足球文化，廣大社會階層的人都踢足球，能吸引到的熱情球迷也愈來愈多。就是在這層基礎上，中歐將成為戰間期歐洲足球最創新的動力。能有此成就，原因是足球只大規模集中於三座城市——維也納、布達佩斯、布拉格。維也納是不列顛人在中歐分布的中心，大批的外交人員、不列顛銀行和貿易及工程公司，在當地形成顯著的不列顛社群。第一場足球比賽舉行於一八九四年十一月十五日，由原已成立的維也納板球俱樂部，對上臨時從羅斯柴爾德宅邸 * 招募一群蘇格蘭園丁組成的隊伍，他們穿著家族賽馬的服色。維也納板球俱樂部過半由英格蘭人組成的情況，很快便不復存在，可能只留下體育精神，從一九一一年起，

---

* 譯註：羅斯柴爾德家族（Rothschild Family）是十九世紀歐洲享有盛名的金融家族。創始者為梅伊・羅斯柴爾德（Mayer Rothschild），原只是德國法蘭克福的首富商人，後與五個兒子先後在倫敦、巴黎、維也納、那不勒斯等大城市開設銀行，建立起當時最大的金融王國。

俱樂部便改以維也納業餘隊（Wiener Amateure）之名踢起足球。那一群園丁則自稱為第一維也納隊（First Vienna），球會存續至今。

不列顛勢力的影響，經由維也納與奧匈帝國其餘地方的足球往來而加倍放大。一八九七年，維也納板球俱樂部的成員成立名稱硬是英語化的挑戰盃（Der Challenge Cup），且立刻開放帝國全境的球會參加，雖然說全境實際上也只代表布拉格、布達佩斯和維也納。這段時間，因為哈布斯堡王朝領土內民族主義和分離主義的政治聲浪漸增，帝國內部的對立更顯突出，這也給了中歐足球的早期發展一點優勢和動力。在這些有力的足球發展因素之外，維也納還多了兩個條件。第一，維也納工人階級有自己的旗手領袖，一間帽子工廠的工人在一八九八年創立維也納工人足球俱樂部（Wiener Arbeiter FK），雖然隔年被迫改名為維也納迅速隊（Rapid Wien），比較看不出是無產階級，但仍為足球界的構成提供了紮實的工人階級成分。第二，不列顛球隊和教練很常定期來維也納，例如吉米‧侯根（Jimmy Hogan）。如同在拉丁美洲，他們帶來了基準、刺激和榜樣。牛津大學隊於一八九九年來訪，南安普頓隊在一九〇〇年，哥林斯人隊在一九〇四年。一九〇五年，艾弗頓隊和熱刺隊雙雙前來，兩隊對戰的比賽破紀錄吸引了一萬名觀眾。英格蘭國家隊在一九〇八年來訪，最特別的一次是一九〇九年桑德蘭隊前來作客，卻讓維也納體育俱樂部（Wierner AC）以二比一首度擊敗英格蘭職業球隊。兩年後，維也納也有了自己的足球聯賽。

匈牙利足球在一八八〇年代末，附屬於體操出現在市內的體操館裡。一八八五年，從這些體操隊裡誕生了第一支俱樂部足球隊，烏伊佩斯特體育俱樂部（Újpest Sport TE）。一八八八年，一些自由派民族主義者，從一間保守立場強硬的哈布斯堡體操館叛逃出來，成立了匈牙利體育俱樂部（Athletic Club of Budapest），後來多稱為 MTK 隊，俱樂部成員、球員和球迷絕大多數來自布達佩斯的知識分子和猶太人。MTK 在社會階級和運動場上永遠的死對頭，費倫茨瓦羅斯隊（Ferencváros），一八九九年在一處工人階級郊區成立。兩年後，布達佩斯已經能派出十三支球會參加第一屆匈牙利冠軍錦標賽。與維也納一樣，布達佩斯的足球也向都市貧民開放。因此儘管國家經濟

相對衰退，球迷人數和球賽水準依然夠高，讓費倫茨瓦羅斯隊敢於一九一一年大膽興建新的足球場。MTK隊也緊隨其後，在隔年蓋了一座甚至更大的球場，最多可容納兩萬名觀眾。

　　在布拉格，捷克人很早就開始從事自己的民族主義體操——蘇克爾體操（Sokol）。由一位泰爾斯博士（Dr. Tyrs）於一八六二年發明，蘇克爾體操提供一種不同於德國體操的選擇，讓斯拉夫人從德國支配下解放。如同德國體操之於德國人，蘇克爾體操會在捷克人之間創造一種團結氣氛，構成捷克新生公民社會的重要元素。足球乍看起來不夠斯拉夫，因此起初僅在體操館外發展。首見觀賽紀錄是一八九三年十二月，由賽船航海俱樂部（Rudderklub Regatta Sailing Club）派出的球隊，對上來訪的柏林勝利隊（Viktoria Berlin）。儘管有種種民族主義的言詞包裝，蘇克爾體操畢竟根源自德國體操，帶有那種軍事訓練和權威專制的印記。對於在布拉格的蘇克爾體操館接受訓練的捷克知識分子和有識青年來說，現代化的風是從倫敦和維也納吹來的，而在那裡，足球是體育運動通往現代世界和自由獨立的途徑。布拉格斯拉維亞隊（Slavia Prague）是那個時代為首的足球隊，作用除了運動俱樂部，也是一個捷克語社群，一個文藝社團，一個自由主義者、民族主義者、學生和知識分子聚會的場所。他們成立於一八九二年，採用紅白相間的球衣，配上一顆紅星——正是捷克獨立運動的旗色，且令他們自豪的是，年輕的愛德華・貝奈斯（Edvard Beneš）也在隊員名單內。貝奈斯日後將是捷克斯洛伐克在戰間期最重要的政治人物。布拉格另一個大球會，布拉格斯巴達隊（Sparta Praha）於次年成立，很快便吸引大批工人階級支持。兩隊一齊構成始自一八九〇年代末之布拉格聯賽的支柱，一八九九年英格蘭足總派出球隊來訪，也是由這兩隊共組隊伍出戰——這場賽事展現了布拉格足球的高速發展，同時令民族主義知識分子樂見於捷克與其他歐洲自由國家平起平坐。捷克的國族抱負發展之茁壯，使波希米亞足總（Bohemian FA）也敢於申請加入國際足總會員，並希望自組隊伍參加一九〇八年奧運，但奧地利勢強力大，捷克本身又害怕真的與帝國分離，以至於兩項訴求都未通過。同樣面對維也納，匈牙利的地位就高出許多，得以獨立自組匈牙利國家隊，一九〇二年還

能與奧地利人盛大對賽，觀眾人數節節上升。

都市化與工業化發展模式，與足球傳入的關係並不一定直接相關，不過東歐和巴爾幹半島的例子確實顯示兩者之間關係深切。時至一九〇〇年，足球在北歐和中歐已經確立地位，成為流行於大城市的海外移民和地方菁英間的休閒運動，甚至突破這些社會劃分的侷限，開始向下傳播。布拉格、維也納和布達佩斯欣然接納了足球，但這些哈布斯堡王朝核心領土境內的偏鄉小城接觸不到足球，在帝國東邊和維也納以南，足球則幾乎尚未起步。當足球總算來到巴爾幹半島和東歐之時，只有極小一群富裕的青年愛好者維繫其存在。

足球最初傳入當地是在希臘，該地區與不列顛經貿交流最緊密的國家。一八九〇年代初在雅典市中心，不列顛銀行員、聖公會牧師、比利時武官開始與希臘上層階級踢起足球，他們很多人曾在英格蘭讀書。正式規則在一八九五年傳入希臘，透過希臘體育聯會（Hellenic Athletic Federation），足球在一八九九年有了類似的全國性管理機關。兩者似乎共同調配出希臘足球的某些代表特色——任性、缺乏紀律、麻煩不斷。一九〇六年，「屆間」奧運 *在雅典舉辦，足球項目準決賽由雅典派出的十一人，迎戰希臘第二大城薩洛尼卡（Salonika）派出的隊伍。這場比賽只進行到半場就演變成球員與觀眾大打群架而宣告終止。雅典人接著在決賽對戰丹麥人，上半場就被九比零慘電，下半場因此拒絕出場。不過，賽事掀起的熱情已足以支撐雅典在一九〇五年成立小型聯賽。除了海外移民和親英的希臘富人組成的大希臘隊（Panhellenic）之外，大學、軍隊和海軍學校所組的球隊也紛紛加入。

在哈布斯堡帝國的南斯拉夫省，足球最早的紀錄出現於一八七〇年代，在不列顛船員群聚的克羅埃西亞港口札達爾（Zadar），還有城市里耶卡（Rijeka），不列顛工人受雇在此興建工廠。但由於這裡不列顛移民社群不夠大，無法維持當地對足球的興趣，巴爾幹半島的第一場團隊足球賽，要等

---

* 譯註：屆間奧運（intermediate Olympics）介於第三屆與第四屆奧運之間舉行的一次綜合運動會，後來競賽成績未受國際奧委會承認。

到將近二十年後才會發生。一八九六年，塞爾維亞首都貝爾格勒（Belgrade）
一名猶太裁縫師的兒子烏格‧貝爾（Hugo Bale），從維也納帶著一顆球和在
外地養成的對足球的熱愛回國。市內的競賽場地開始有人踢球，雖然規則不
明，大概記得亂七八糟。待正式規則終於傳入之後，第一場足球賽在市中心
一片空地上進行，就在一座高塔的陰影之下，奧斯曼大軍曾佔領這座高塔用
來拘留拷打犯人。兩者當然不是故意被擺在一起，但這一來確實呈現出清楚
的對比，可以說明貝爾格勒視野的移轉：從伊斯坦堡轉向維也納，從封建領
地轉型為新興的現代都會。如同貝爾的出身背景所示，足球先是流入貝爾格
勒的職業工匠與中產階級，不久大學生也加入行列，向足球聚攏。足球不是
只流行於上層中產階級或貴族之間的小眾遊戲，反而在生氣蓬勃、傾向民族
主義的下層階級間快速傳播，很快便催生出大塞爾維亞隊（Greater
Serbia）、塞爾維亞刺刀隊（Serbian Sword）和蒼鷹隊（Hawks）等球會。同
樣起步較晚但急速發展的過程，也可見於克羅埃西亞的城市札格瑞布
（Zagreb）和斯普立（Split）。在札格瑞布，各蘇克爾體操俱樂部在一九〇
三年創設了一個足球分部，稱為 HASK。到了一九一一年，貝爾格勒、札格
瑞布和斯普立的頂尖好手已經可以互相較量。當時仍是哈布斯堡王國一省的
克羅埃西亞，於一九一二年成立自己的全國足球聯會，一九一三年創始全國
錦標賽，明顯呼應當地漸興的民族主義和分離主義風潮。

　　羅馬尼亞雖然發展明顯落後，又位處歐洲最東邊，但開始踢足球的時間
並沒比較晚。足球最先是在一八八八年傳入阿拉德（Arad），起因是當地報
紙覺得目睹「……三兩名年輕人在鎮外空地追著球跑」這件事夠有新聞價值，
值得報導。兩年後，在英格蘭求學的牙醫尤里歐‧韋納（Iuliu Weiner）回到
鎮上，行囊裡帶著足球愛好者的標準配備：一顆球、一套規則，還有對新興
趣的一片赤忱。不只是他，隨著其他眾多在瑞士、維也納、布達佩斯求學，
於當地接觸到足球的青年遊子陸續歸來，回到阿拉德和提密什瓦拉
（Timisoara），足球俱樂部也接連成立。阿拉德第一支球會成立於一八九九
年，不過當時可能還未確切掌握規則，球會的開幕戰場上一共有四名主裁判。
除了受中歐影響的地區之外，羅馬尼亞的更東邊也逐漸有了足球的基礎建

設，例如在首都布加勒斯特（Bucharest），或在普洛耶什提（Ploieşti）的油田，有相當多的不列顛、美國和德國移民來到這裡。在國王卡羅爾一世（King Carol I）支持下，羅馬尼亞足總於一九〇九年成立，全國性競賽繼之而來。但羅馬尼亞賽事發展的限制在一九一一年被點明，那一年的冠軍戰，布加勒斯特奧林匹亞隊（Olimpia Bucharest）只有九人應戰，敗給了普洛耶什提聯隊（United Ploieşti）。無法上場的兩名球員是因為還是學生，家長不允許他們錯過大學學業。足球到頭來還是一群由外國人、學生和青少年組成的奇怪團體所從事的荒誕嗜好。

足球在東歐發展的最後地區是波蘭和保加利亞。波蘭直到十九世紀末以前，幾乎完全未受到不列顛運動影響，只有在紡織工業城市武次（Łódź），英格蘭經理和工人似乎引進了足球。不列顛的人數有限乃是波蘭的政治情勢所致，因為波蘭當時仍非民族國家，波蘭人為德國、俄羅斯和奧匈帝國瓜分。任何形式的獨立波蘭機構，都會在政治上受到德國人和俄國人懷疑，文化上也會受到相當的嘲笑。現今波蘭境內南部當時由哈布斯堡王朝統治之地，政權比較寬容開放，為足球提供了傳播途徑和發展背景，克拉科夫（Kraków）是發展中心，波蘭最早的足球隊皆在此成立，即一九〇六年成立的克拉科維亞隊（Cracovia）和維斯瓦克拉科夫隊（Wisła Kraków）。兩隊都由城市裡中產階級出身的學生和年輕人組成，維斯瓦隊尤其與波蘭獨立抗爭有關聯，球衣斜紋上繡著象徵獨立的白星。然而，波蘭想成立全國聯賽和足球總會，就如同建立波蘭民族國家一樣，必須等到一次世界大戰的酸蝕作用消退，進而瓦解三個東歐帝國對波蘭的箝制以後。

直到一九〇八年獨立戰爭最後幾場關鍵戰役以前，保加利亞始終任憑伊斯坦堡和奧斯曼蘇丹擺布。國家受到土耳其統治階級宰制，官方論政治論神學都厭惡足球，因此也如同之前在伊斯坦堡一樣，明白地反對足球。但憑那保守過時的國家機器，奧斯曼保加利亞抵擋不住橫掃歐洲的現代化風潮。新式學校亟需受過專業訓練的教育人才，保加利亞人於是在一八九〇年代末引入瑞士教師，其中一人叫作喬治·德瑞吉巴斯（George de Regibus），他在一八九六率先帶著足球來到保加利亞。儘管他和其他移民滿懷熱忱，但首都

索菲亞（Sofia）要到一九一二年才有了第一支球會，這時候為時已晚。巴爾幹戰爭（1912-1913）與接下來的一次世界大戰中止了保加利亞的足球發展，須等到一九二〇年代初才會復甦。

V. 南歐的足球對立

十九世紀末，足球在拉丁美洲與中歐的活力來源眾多，但有兩項因素在兩地的足球文化是相同的：一來，足球很早便從都市菁英傳到了都市貧民腳下，二來也因此，以足球俱樂部為中心，地方出現強而有力集體身分認同。足球在這兩處都極度集中於單一城市，球隊因種族、階級和鄰里之分形成對立。在義大利和西班牙（葡萄牙一定程度上也是，其都市化和工業化速度較慢），不論以球員或球迷群眾之姿，工人階級都是到了一次世界大戰後才接觸到足球。西地中海地區沒有模仿前述社會的階級分立，這裡早期足球發展的情感與文化動力，主要根源於地域認同和城市認同。在葡萄牙，足球對立最激烈者出現在南北之間，由南部城市里斯本對上北部城市波圖。在義大利，對立則萌生自城市裡海外移民與義大利布爾喬亞階級之間、地區及城市之間的差異衝突。在西班牙，隨著卡斯提亞中央集權主義勢力，與加泰隆尼亞和巴斯克地區的民族、語言及偶見的分離民族主義者形成牴觸，足球與政治也漸漸凝結為一體。

足球，或者該說任何運動，能在西地中海地區動員這麼大的社會能量，站在十九世紀末的角度來看，簡直出乎意料。這裡在當時是體育沙漠。義大利和西班牙的鄉間貴族，都市化程度比起他們北部的國家要低得多，因此未能在城市裡為現代運動提供潛在的體育人才。相反地，這些鄉間農莊的地主階級沉迷於狩獵、射擊、擊劍等活動。在西班牙的城市裡，商業鬥牛已成為城市生活深植的特色，但究其精神，畢竟還是比較接近鄉鎮村莊的慶典和賽會，沒有供大眾參與的潛力。可以說，似乎沒有哪一種體育活動能吸引西班牙的菁英。西班牙國王阿方索十三世（King Alphonse XIII）於一八八三年在馬德里大學設立了培育體育教師的學院，但一八九二年便因為經費不足關

閉。總部位於瓜達拉哈拉（Guadalajara）的陸軍工程兵團，想辦法在當地維持自己的體育機構，但只撐了兩年。晚至一九一一年。軍方才派薩拉查上尉（Salazar）和狄卡多上尉（Delkeito）前往瑞典考察林醫師體操，及其如何用於軍事操練。雖說如此，一直要到一九一九年，軍方才創辦了體育學校，為身體羸弱無比的徵召兵員提供一些訓練。撇除王室不提，足球在西班牙育成從未得到國家的助力。

義大利的情況稍微好一點，但那是因為貴族比較不那麼老土，給予運動整體特別是足球比較多支持和贊助。義大利政府要到一九〇九年，才把體育列為學校教育的必要項目，這個構想從國會首度提案到真正實施，間隔超過四十年。話說回來，政府後來也未能資助、監督或強制執行這項法令。是以足球真正傳入義大利時，不曾面臨其他運動的競爭，並且在上層階級的小群菁英青年之間找到現成的球員，他們有大把時間和精力正待燃燒，但在足球出現以前，只能在當時屈指可數的小體操館閒蕩。

受到地質的擺布，足球出現於西班牙最早是在風沙漫天又燠熱的安達魯西亞高原。這裡是十九世紀西班牙最貧窮、最鄉下、最落後的地區，但也蘊藏著國內最豐富的銅礦。一如既往渴望錢財的西班牙政府，在一八六〇年代把採礦權廉價賣給了不列顛的力拓公司（Rio Tinto）。力拓公司把港口小城威爾瓦（Huelva）當作基地，輸入技師，偕同地方工人興建了西班牙第一條鐵路，總長六十公里，深入礦脈所在的內陸。而後又有更多不列顛經理和冒險者前來工作，經營礦坑和鐵路，或在威爾瓦提供其他服務。自一八七〇年代初起，一群小而興盛的不列顛移民便把西班牙這個角落當成了他們的家。一八七〇年代，發生暴力紛亂的卡洛斯戰爭（Carlist wars）之後，還有一支不列顛軍隊駐紮在鎮上保護不列顛的資產。威爾瓦附近的小鎮高辛（Gaucín）有一間旅店，多由駐守的軍官入住，旅店的訪客留言簿上有一位亞當斯上尉（W. F. Adams）在一八七四年九月寫下：「星期三走出威爾瓦，跟一些鐵路工人踢了大約一小時足球。這便是我們僅有的娛樂了。」[29] 然而要到一八八九年，這些不列顛人才從休閒運動更進一步，成立西班牙第一間運動俱樂部和第一支有組織的足球隊——威爾瓦娛樂隊（Recreativo de Huelva）。球會

一八九〇年在塞維爾的塔巴達競技場首次出賽，對手是不列顛出資兼營運的塞維爾水廠（Seville Water Works）員工。威爾瓦起步雖然如此之早，卻未化為長久的興隆。足球的經濟法則並非彈性無限。一九〇六年及一九〇七年的國王盃（King's Cup）賽事，球隊出場過幾次，表現平庸，隨後便交到了西班牙人手上。由於地方沒有足夠人口可供應人才，又與西班牙的交通地圖脫節，威爾瓦隊從足壇最高層級消失將近一個世紀。

　　要說明足球出現在西班牙的地理分布，更好的指標是一九〇二年的加冕盃足球賽（Coronation Cup）。這項錦標賽創辦於國王阿方索十三世加冕的同年，用以彰顯這位愛好運動人盡皆知的國王，狩獵、騎馬和馬球都同是他的心頭好。比賽在馬德里賽馬場周圍狹小封閉的空地舉辦，角逐加冕盃的五支球會，來自形塑了西班牙現代政治與足球史的三大地區：畢爾包競技隊來自巴斯克省；巴塞隆納隊和西班牙人隊（Espanyol）來自加泰隆尼亞省；來自首都馬德里則有新馬德里隊（New Madrid FC）和馬德里足球俱樂部（Madrid FC），後者約十年內會改名為今日的皇家馬德里隊（Real Madrid）。再加上瓦倫西亞隊（Valencia），以及由巴斯克移民在首都邊緣組成的馬德里競技隊（Atlético Madrid），這就是所有拿過西班牙五項聯賽冠軍的球隊了。在世紀交替之際的馬德里，踢足球的人往往也是阿方索十三世的心腹和私人幕僚。菁英大學獨立教育學院（Institución Libre de Enseñanza）的教員和學生踢足球當作消遣，他們很多人曾赴英格蘭留學。名稱討喜的天空足球俱樂部（Sky Football Club）就誕生自這樣的出身背景，成員裡包含一位恩拉賈達伯爵五世（Conde de La Quinta de la Enrajada），他從牛津大學畢業，培育賽馬，主辦加冕盃的馬德里賽馬場也為他所有。天空俱樂部在一九〇〇年分家，一個分支組成新足球俱樂部（New Foot-ball Club），另一個組成馬德里足球俱樂部。兩隊在加冕盃的首戰也是最後一戰都以敗北收場，最後是畢爾包競技隊奪冠。馬德里的時代尚未到來，她暫時還深鎖在卡斯提亞冷冽的山脊內陸，極度封閉、傳統且保守。領導西班牙社會變遷的地區多半位於海岸，向外開放，就是在這些地方，足球不僅萌芽而且蓬勃興旺。

　　整個巴斯克省，尤其是港口畢爾包，是西班牙工業發展最早的支柱。該地區富藏鐵礦，加上地方商人的生意嗅覺，促成了鋼鐵及造船經濟在當地崛起。畢爾包的地理基點明顯不是地中海，而是太平洋，相對全國各地與不列顛往來最為頻繁。英格蘭東北部桑德蘭來的專業礦工、南部南安普頓來的造船工人，自一八九〇年代初來到巴斯克省工作，自己人經常在奈夫朗河畔（River Nevron）踢足球。畢爾包當地很多年輕人曾至英格蘭讀書，他們在一八九四年五月組隊挑戰不列顛移民。從報上簡短的報導可知，首場比賽當地人以五分之差落敗，第二場複賽前來觀戰的人相當多，可惜他們仍以五比零敗北。但這樣就夠了。一八九八年，這些青年先鋒的核心要員成立了畢爾包足球俱樂部（Bilbao FC），畢爾包競技隊則於一九〇一年在時髦的賈西亞咖館（Café García）成立。兩隊這時都已混合了不列顛人和巴斯克人，於一九〇一年底和一九〇二年初進行了兩場比賽。之後兩隊合力組隊至法國波爾多出賽，以二比零獲勝，複賽回到西班牙，出乎意料引來三千名觀眾，終場他們踢進七球，對手掛零。

　　畢爾包隊消失了，但畢爾包競技隊愈來愈強大，創隊十年已四次贏得國王盃冠軍。排除英格蘭教育不談，帶給俱樂部社會和體育動力的，乃是當地不論實質或象徵上所擁有的民族與政治自覺。畢爾包競技隊的成長，與現代巴斯克民族主義與其代表政黨巴斯克民族主義黨（PNV）的興起同步。巴斯克民族主義黨黨員多為掌握巴斯克新工業經濟的小商人和企業主。畢爾包競技隊的百來名「socios」（俱樂部付費會員）也正由這個階級組成，他們財力雄厚，有辦法集資出九萬八千比塞塔（pesetas，西班牙貨幣單位）這樣的天文數字，興建西班牙第一座專門的足球場。聖馬梅斯球場（San Mamés）又暱稱為大教堂（La Catedral），一九一三年揭幕，具體展現了巴斯克的運動實力、商業頭腦及早熟的現代化發展。截至此時，畢爾包競技隊的不列顛球員已悉數剔除，「篩選原石」（La Cantera）——限制只起用巴斯克出身的球員，已是心照不宣的理念。

　　哪怕還在如此早期的階段，畢爾包競技隊與巴斯克民族主義黨已經自視為巴斯克民族統一團結的總舵手，但他們把領導權據為己有，在政治和體育

界都遭受挑戰。有這樣的背景，又加上對足球賽事的熱情搧風點火，巴斯克省地區之間與城市內部的對立開始愈演愈烈。當時的報導提到，畢爾包競技隊對上皇家社會隊（Real Sociedad）前身聖塞巴斯蒂安單車隊（Club Ciclista de San Sebastían）的比賽，球迷漸漸會「流露憎恨」，嘲諷客場球隊。一九一六年，兩隊為巴斯克冠軍盃決賽進行加賽。兩星期前，畢爾包競技隊於一片叫囂、辱罵和各種爭議判決之下，在畢爾包擊敗皇家社會隊。這回尋找中立場地的協商破裂，基普斯科亞（Guipuzcoa）的地方首長拒絕主辦比賽，怕引起更大的治安騷動。最後，比賽安排在位於畢爾包郊區的比斯卡雅（Vizcaya）舉行，結果皇家社會隊拒絕出賽，放棄爭冠。這種對立氣氛在一九一八年賽季最後一日達到顛峰。皇家社會隊在阿托恰（Atocha）對戰畢爾包競技隊，許多畢爾包球迷遠赴當地，希望見證球隊衛冕冠軍。但才進行到第八十三分鐘，比數二比二平手時，比賽就宣告中止，因為畢爾包競技隊的前鋒與對方後衛發生劇烈衝撞，激起球迷衝入場內，攻擊畢爾包隊的球員。

　　如同巴斯克省，加泰隆尼亞也擁有自己的語言、明確自覺地與西班牙和西班牙身分認同保持距離、與馬德里存在衝突，且同樣在十九世紀末經歷經濟與工業起飛。但與巴斯克相比，加泰隆尼亞的資產階級保守得多，早先任何體育活動，甚至只是展現一丁點肌肉，都會令他們大驚小怪。因此到頭來在這裡創始足球的，是來自西班牙其他地方、混合外國人和移民的一群人。最有名的就是漢斯・坎普，他在家鄉瑞士協力創設蘇黎世足球俱樂部（FC Zürich），一八九九年來到巴塞隆納。起先他打算繼續旅行，但在舅舅的朋友介紹下，留下來在一間電車公司擔任會計師。一開始，他想找在索爾體育會（Sole Gym）認識的會員湊組一場足球賽，卻遭到回絕。但他沒有氣餒，在《體育報》（Deportes）上刊登了一封短信招募球員，回應雖不到踴躍，但已夠他起步開始，坎普與他那一群不列顛和瑞士同好，正式成立了巴塞隆納足球俱樂部。

　　一九〇〇年，巴塞隆納隊在運動和意識形態方面遭遇強悍的對手，那就是西班牙人隊。這支球會由工程學生安吉歐・羅德里奎（Ángel Rodríguez）所創，有意與坎普的世界主義打對臺。西班牙人隊的創會宣言聲明：「我們

成立這支球會來與巴塞隆納隊的外國人較量。」如同在巴斯克省，西班牙政府在加泰隆尼亞的聲望一落千丈，除了因為失去最後的海外殖民地（一八九八年把菲律賓和古巴讓給美國），還加上地方敏銳地察覺，政府在經濟發展過程中會是阻力而非助力。透過右翼的地區主義聯盟黨（Lliga Regionalista），加泰隆尼亞民族主義被賦予了政治形貌，二十世紀初年，地區主義聯盟黨開始贏得議會席次。一九〇一年成立的加泰隆尼亞聯賽，與一九〇四年自組的加泰隆尼亞足球總會，也為加泰隆尼亞的獨立和優越背書，兩者都比同質的全國性組織早非常多。接下來十年，巴薩的隊徽加入了聖喬治十字，他是加泰隆尼亞地區的守護聖人，配上加泰隆尼亞國旗的紅黃條紋。球隊吸引的社會成員與地區主義聯盟黨的民意基礎相同。與此同時，現稱皇家西班牙人隊（Real Espanyol）的西班牙人隊則要求並獲得了馬德里皇室的資助。

　　一次世界大戰前這幾年，足球突顯了地域認同在西班牙的潛在作用。足球傳播漸遠，愈來愈多城市和地區以球會為中心形成身分認同。在加利西亞（Galicia），拉科魯尼亞體育俱樂部（Deportivo de La Coruña）於一九〇六年成立，希洪體育隊（Sporting Gijón）是一九〇五年；同為一九〇五年，塞維爾市有了同名的球隊，一九〇七年貝提斯隊（Betis）接著成立。同樣地，西班牙足球這時已然暴露出中央與地區之間的對立關係，以及全國性機構和國家認同的薄弱無力。西班牙雖然名列國際足總的創始成員，但其代表並不是西班牙足總，因為當時根本不存在這個單位。代表西班牙的只不過是馬德里足球俱樂部的一名成員，且國家也沒人授權予他。事實上要到一九一三年，才有全國單一的西班牙足球總會成立，之後又要再過七年，才會見到西班牙國家隊披掛上陣。國家與地方的角力在體育界和政治界肇成的後果，還會縈繞西班牙好一陣子。

　　義大利於一八六一年建立起民族國家。然而，國家雖在自由派總理加里波底（Garibaldi）治下統一為君主立憲國，但卻尚未打造有效的全國性國家機器，倉促構成的義大利國家政府也未獲得普遍認可或愛戴。義大利政府想將體育教育引進公立學校或軍隊卻徹底失敗，只是其中一例。義大利當時遍

及全國的體制和文化趨勢只有兩個：天主教和社會主義。兩者雖然最後核心都為國家政治所採納，但不論何者對於運動發展都沒有太大興趣。甚至在最極端的型態，兩者都強烈懷疑運動對社會產生的後果。在此真空狀態下，義大利政治和義大利足球界存在的強烈地方認同，以及城市內部和城市之間的衝突對立，不只經久不衰，且會佔有主導地位。

十九世紀末的義大利，天主教教會的組織機構肯定適合發展足球。教會認為有必要在現代世界種種誘惑和異端降臨以前，網羅並照看年輕的靈魂，用道德正統打造保護的外殼，這使得青少年工作（youth work）在天主教當權者眼裡成了首要之務。就跟政治一樣，任何類型的運動都被視為有害，會干擾虔誠祈禱和學習。然而，事實明擺在眼前，義大利的青少年確實想從事運動，因此喬凡尼‧塞美利亞神父（Father Giovanni Semeria）塑造出一種有限度的天主教運動理論。但梵諦岡方面對此表露的熱情有限。健身操訓練具有重複性，跟數念珠概念相近，因此可以接受，但自行車運動帶有一點未來感和平民也能流動的意味，便引起神權政體憂心。足球是盎格魯撒克遜來的，無疑是新教徒的東西，當然不在考慮範圍內。

一八六八年，教宗利奧十三世（Pope Leo XIII）頒布「不干政」（non expedit）敕令，指示天主教徒應避免涉入新義大利世俗國家的政治事務。敕令在一九○四年解除，教會與國家之間形成新的戰場，運動立刻成為引爆衝突的火苗。天主教體操俱樂部申請加入全國體操聯會。但運作聯會的世俗中產階級民族主義者回絕申請，理由是不管任何型態的告解組織都不得加入會員。這起爭端顯然情節重大，總理喬利蒂（Giolitti）不惜親自介入，希望為兩方調停。但聯會不願意軟化。教會眼見被排除在外，乾脆建立自己的全國體育俱樂部網絡。

義大利的社會運動始終是理論先行，觀念走得比工人群眾快，長久以來為此付出許多代價。甚至一直到二十世紀最初十年，根本也沒有多少工人可以組織運動。由於工業組織未見重大問題，經濟也未遭遇困難，社會主義者早期把興趣深切投注於文化、意識形態及休閒時間的問題上。大部分社運人士對運動的立場不僅負面甚至敵視。報紙《前進！》（Avanti!）是歐洲社會

主義運動所創最接近馬克思思想小報的刊物，晚至一九〇九年都還呼籲支持者在路上撒鐵釘妨礙自行車賽，盡情表現階級的仇視和輕蔑，抗議如馬戲團般荒唐虛幻的團隊運動。社會主義黨最富熱忱的核心青年黨員，利用一九一〇年的黨代表大會，不斷譴責現代的運動競賽是一種有辱品格、剝削尊嚴的景象，會敗壞大眾的素養。比較務實的社會主義評論家如席波迪（Zibordi），則認為體育風氣在所難免，社會主義運動應該虛心接納，但是想辦法使體育更有利於社會主義觀念：

　　未滿二十歲的世代，走進一個情勢相對穩定的世界，發現路已經由前人鋪好，因此忘了我們的組織、協會和報刊，極度狂熱且專一地投入運動……毋庸置疑，資產階級有意把這種對運動的狂熱著迷，透過他們的報紙把傳染性帶原體散播出去，這是一種病，遠非人類存在和青春活力原應從事的健康運動。30

在國家、教會和社會主義勢未能及的地方，一小群不列顛和瑞士商人，跟義大利商人、熱忱的貴族、無聊的學生和上流社會少年，在義大利最都市化、最工業化的城市催生了義大利足球。至今過了一個世紀，外國勢力早已離去，但相同的階級依然在後工業化的掩護下掌握權力。一八九三年，熱那亞的不列顛領事館首先成立熱那亞板球俱樂部，供該地的英格蘭和蘇格蘭商會參加。一八九七年，更國際化、更八面玲瓏的史賓斯利醫生出現之後，義大利、瑞士和奧地利的富人也獲准入會。俱樂部裡成立足球分會，多國籍球員組成的球隊在一八九八年贏得第一屆義大利全國冠軍，雖然依照義大利標準，稱之全國賽事可能有些言過其實，因為參加的其他三隊全都來自都靈。這座阿爾卑斯山山麓的城市，位於義大利最北邊，是義大利工業革命和足球分布的心臟，兩者發展都偏重在北義。都靈第一場足球賽舉行於一八八七年，由四海為家的商人艾德華多·博西奧（Eduardo do Bosio）策辦，他的光學產品和鏡片生意帶他去過英格蘭。他帶著足球回國，交友圈有義大利人也有外國人，大家熱忱十足，接連成立了都靈體育隊（Ginnastica Torino）、國際都靈隊

（Internazionale Torino）和都靈足球俱樂部（FC Torino）。一八九七年，達齊里歐中學（D'Azeglio College）一群無所事事的貴族青年，效法前輩成立尤文圖斯隊（Juventus，拉丁文「青年」之意），一九〇〇年首度參加全國錦標賽。這個時候，義大利另一根發展支柱米蘭，也已加入行列。一八九九年，艾弗烈‧愛德華（Alfred Edwards）與一群不列顛和瑞士富商成立了米蘭板球暨足球俱樂部——即現在的 AC 米蘭，並於一九〇一年首度贏得全國冠軍，打破了熱那亞獨大的霸業，

　　足球在都市上層階級之間漸漸流行起來。各地的球會成立有兩項顯著特徵。第一，球會在義大利北部成長相對快速且分布密集，在南部則緩慢且零散。第二，大城市的球會常有分家另起爐灶的情況，以致在資產階級內部形成對立競爭，進而肇生義大利城市內激烈的德比較量。在義大利南部，英格蘭的小貿易聚落推動了最早幾支球會成立，巴勒摩隊（Palermo）在一八九九年，那不勒斯隊（Naples）在一九〇四年；至於在首都羅馬，一九〇〇年拉齊奧隊（Lazio）成立的功臣則是軍隊。但除了這些先鋒軍團，南義的足球紮根不深，有些城市要到一次世界大戰後才有球會成立（例如一九一九年組創的沙勒諾隊〔Salerno〕和一九二〇年的卡利亞里隊〔Cagliari〕）。更明顯的是到一九一三年以前，佩魯加（Perugia）以南沒有球會踢過全國錦標賽。當南部球會終於在該年參加賽事了，卻因為地處偏遠又缺少可靠的交通網絡可以抵達，使得北義和南義必須先各自競賽，再各取一支球隊進行決賽。從南義籤表脫穎而出的拉齊奧隊，隨即以六比零被維塞利隊（Pro Vercelli）給踢回家，後者是一支來自北義小鎮皮厄蒙（Piedmont）的隊伍。

　　南義構成不了威脅，北義足球早年幾支強隊遭遇的挑戰，都是自家發生的切割和反叛。在都靈，由外國紳士創立的第一波球會，如都靈人隊（Torinese）和都靈體育隊，受到後起新秀尤文圖斯隊的挑戰。兩支較老的球會只好合併，組成一個穩固的移民陣營；球會二十五名創始成員，十五名是瑞士人，首任主席名叫薛菲德（Schonfeld），球會的社會聲望很高，足可吸引文提米利亞侯爵（Marquis of Ventimiglia）和國王的姪兒阿布魯吉公爵（Duke of Abruzzi）列名其中。那個年代，瑞士人在義大利足球界扮演的角

色不容小覷。維塞利隊的球員大多由他們組成，就拿一九〇九年的冠軍陣容來說，十一人有九人是瑞士人。同一年，都靈隊有七名瑞士球員，熱那亞隊有五名，米蘭隊四名，尤文圖斯隊三名。AC 米蘭隊因為一味親英，對其他人往往態度冷淡，導致一些成員脫隊另組國際米蘭隊，在一九〇八年以瑞士會員和赫曼・阿拜（Hermann Abei）等球員為中心組成。在熱那亞，由於熱那亞板球隊大獲成功，成員又絕半是外國人，促使兩支僅限義大利人的球會競相成立一決高下，分別是桑普德倫尼斯隊（Sampierdarenese）和安德烈多利亞隊（Andre Doria），兩隊會在二戰後合併為桑普多利亞隊（Sampdoria）。

義大利足壇民族主義的火光，在一九〇八年進一步被點燃，起因是體操運動的代表在義大利足球聯會裡拿下大部分理事委員會席次。陰謀集團立刻開始鼓動外國人在義大利足壇的權力與角色問題，導致米蘭隊、熱那亞隊和都靈隊——即所有堅持派外國球員上陣的球隊，都從該年的全國錦標賽除名。對外國人的禁令後來撤銷，條件是官方須採用義大利語的 calcio 而非英語的 football 當作足球運動的名稱，等於靠虛構的歷史爭取象徵性的勝利，從這種勉為其難的妥協，也能看出義大利極端民族主義（ultra-nationalism）根基的薄弱。

VI. 德法大戰的延續

如果說從工業化、都市化到與不列顛商貿往來這樣的進程，是決定一國足球發展步調的單一因素，那麼法國和德國應該肯定是一次大戰前夕足球文化最盛的地方。然而在這兩個西歐強權國家，足球雖然是體壇的既有項目沒錯，但其分布範圍、組織完善或流行的程度，並未勝過西歐其他小國或拉丁美洲。法國最盛行也最商業化的是自行車運動。至於冬季運動，橄欖球不僅與足球並駕齊驅，而且論參與人數和對觀眾的吸引力，橄欖球還略勝足球。在德國，德式體操依然是非正規的國民運動，足球只能在其意識形態陰影下運轉。更有說服力的證據或許是，儘管巴黎的新工業郊區大幅增長、德國魯爾河畔工業區密集發展、製造工業也廣布於這兩國經濟體，但足球幾乎不曾

來到德法兩國的工人階級腳下，更別說觸動他們的心。

　　法國的現代體育運動誕生於一八七○年，法國於普法戰爭潰敗之際。令法國人備受打擊的不單只是失去亞爾薩斯─洛林地區（Alsace-Lorraine），而是被迫清楚承認，一八七一年才剛統一的德國，不論軍事實力、社會組織、工業力量都更勝法國。當時的人對戰爭結果有諸多困惑紛亂的反應，其中一種看法認為法國是因為弱才會落敗──不是基礎建設或裝備太弱，而是因為法國的心智和身體都太軟弱、頹廢，無法適應嚴酷的工業化戰爭。相反地，德國人則受到紀律嚴謹的國民體操所強化。法國的體操運動就在恐懼與競爭的作用下誕生，風行於中產階級的民族主義者之間，他們紛紛把俱樂部起名為復仇隊（La Revanche）、愛國者隊（La Patriote）、復興隊（Le Régénératrice），或乾脆就叫法國隊（La France）。凡有活動，開場往往會先公開宣誓對德國人的憎惡，然後才進行接下來的固定流程，可是活動內容與萊茵河對岸德國體操館裡練習的相似至極。

　　然而，體操從來不過是小眾的興趣。把德國體操結合上法國民族主義，對軍國主義者沒有半點說服力。法國最盛行的運動事實上還是自行車。高輪自行車（Penny Farthing）是法國人的發明。雖然外觀滑稽、裝置簡陋又不易操控，一八六○年代法國的公子哥兒依然競相購買，騎高輪車飆風。第一場組織化自行車賽舉辦於一八六九年，由盧昂（Rouen）對巴黎。到了一八七○年代末，法國已發展出自行車賽與車手的小型半職業聯會，當時頂尖的車手，布爾喬亞青年賀伯特‧堂肯（H. O. Duncan），以及繼承家族龐大雜貨事業的菲德列‧夏宏（Frédéric Charon），可謂是參與階級的縮影。高輪車這種古怪的文化很快便改造發展為現代的自行車，引入齒輪裝置以後，機械運轉效率提高，騎乘難度降低，兩輪改為一樣大小，並改用充氣輪胎。經此改造之後，單車不再只是狂熱者蒐集的珍品，還是極度簡單又方便的交通工具。法國比全世界都更快愛上兩輪單車，而且懷抱更多熱忱。法國歷史獨特，在鄉村社會居多的背景下，工業化開始得早卻不完整，這表示法國仍有夠多輕工業可以製造單車，夠多有錢人可以購賣新穎的機械產品，還有眾多人口散落在鄉間，鐵路罕至，對單車的需求則無限。一八九三年，法國有十三萬

輛單車，到了一九一四年，已經有三百五十萬輛。單車市場日益成長，價格
也穩定下跌，使市場更進一步擴大。這是法國第一個現代大眾消費產業，內
部競爭本已激烈，美國製造商出現後更是雪上加霜。就價格和品質來說，其
實各公司單車差異很小，區別不大。自行車業因此率先嘗試起運動贊助和廣
告的可能，希望擴大市場佔有率，於是錢潮自一八九〇年代起，開始向自行
車賽湧入。最初大眾愛看的是短程競速車賽，有高低坡道的賽車場在巴黎和
其他大城市如雨後春筍出現。巴黎第一座賽車場名為「水牛賽車場」
（Buffalo），建於水牛比爾的馬戲團原址。這樣倒也相稱，自行車正大光明
地演變成了一種商業化兼職業化運動，對此誰也沒有異議。各賽車場的老闆
都已準備好為大眾提供娛樂。行家或許興趣不減，依然著迷於短程競速的緊
張刺激，大部分民眾卻不然。賽車場實驗過馬戲團風格的賽車，讓黑人、女
人、雜耍小丑和動物騎單車，吸引民眾的好奇心。後來又改為荒唐的長程耐
力賽，比賽可以一連持續四天，只依最後的直線衝刺決定勝負。但自行車的
未來不在賽車場，而是在公路上。都市的工人階級看別人騎車，鄉間的中產
階級、農夫、鄉民則是自己來騎，法國旅遊俱樂部協會（Touring Club of
France）會員在一九一〇年達到了十二萬五千人。在一個人口這麼分散的國
家，公路車賽反而是格外適合民眾觀賞的運動。始自一八九一年波爾多到巴
黎的公路車賽，累積至一九〇三年創立環法自行車賽（Tour de France），法
國的自行車手、運動報刊和單車產業聯手打造出現代的公路自行車賽，使它
不只是一項運動，還成為文化景觀。到了一九一九年，全法國約有三分之一
人口會觀賞部分賽段的環法自行車賽。自行車這個時候無疑已是法國夏天的
全民運動，地位與其相同的冬季運動則尚未確立。

　　假如有人在一次世界大戰前那幾年，隨便拿起十月到三月間任何一期當
時一流的運動期刊《L'Auto》，他會發現，在頭版讀到橄欖球消息的機率遠
高於足球。中產階級民族主義者師法德國，鄉村農民和都市中下階級民眾沉
溺於自行車，擁抱了英格蘭運動的則是都市裡親英的青年菁英。許多法國貴
族相信，要在第三共和國保住法國人的高貴品行，需要他們借鏡比較成功的
不列顛貴族，採納不列顛的一些策略，現代奧林匹克運動會的創辦人古柏坦

男爵（Baron de Coubertin）就是其中之一。運動提供了一個場域，讓貴族得以誇耀他們的尚武傳統與明顯的道德優越感，並將之傳遞給法國新一代統治階級擁有的布爾喬亞元素當中。法國中學體制形成許多體格贏弱、思過於行的產物，英格蘭各項運動也會加以強化。率先響應的是巴黎的菁英，卡諾中學（Lycée Carnot）、羅林中學（Lycée Rollin）、康多塞中學（Lycée Condorcet）等貴族中學的學生，於一八八二年成立巴黎競賽俱樂部（Racing Club de Paris），他們在聖路易中學（Lycée St Louis）的同儕則於一八八三年創立法國體育會。競賽隊把據點設在巴黎的布洛涅森林公園（Bois de Boulogne），他們夠有影響力，臉皮也夠厚，可以大喇喇地在公園裡圍起自己的球場。一八八六年，他們華美的俱樂部會館落成，與會嘉賓裡，就算是地位最低的都還是戰爭大臣布朗熱將軍（General Boulanger）。法國體育會沒那麼鑲金戴銀，起初用巴黎橘園的露天空地當球場，後來才搬到聖克盧區（Saint-Cloud）的專屬場地。週日早晨可以盡覽巴黎貴族青年運動的景貌。一名社會記者就寫道：「令我訝異的是，明顯看得出這些年輕人全都來自上流人家。」[31]

　　不過，他們踢的並非足球。競賽俱樂部和法國體育會偏好橄欖球、划船和田徑活動，同時也發揮作用把橄欖球傳播到了地方中學和地方大學。雖然出身崇高，但法國橄欖球聯會不同於英格蘭，在一次大戰前便已經民主化、大眾化了，此一發展集中於法國西南部，英格蘭人長久以來一直有相當多人在這裡從事釀酒與船運。法國西南部很多城鎮規模小，階級結構相對開放，俱樂部會從中低中產階級甚至是專業技師之中網羅球員。同時，像是土魯斯（Toulouse）、貝雲（Bayonne）、卡卡孫（Carcassonne）和貝吉厄赫（Béziers）等球會在地方也大受支持。在亞奎丹（Aquitaine）和隆格多克（Languedoc），英格蘭團隊運動助長成的公民愛國主義（civic patriotism），橄欖球比足球先一步納為己用。一九一三年，亞維同・巴永納希（Avitoan Bayonasi）贏下全國冠軍，觀眾人數龐大、龍蛇混雜，氣氛也歡喜熱鬧。

　　星期日傍晚賽後，大群觀眾會聚集在劇院廣場（Place du Théâtre），這

裡有一面大黑板，他們一來，就會把最新比分用粉筆寫在黑板上，依當地人的偏見或偏好不同，現場會響起嘲弄或掌聲。廣場上有一家滿大的咖啡店，老闆路易斯・索比昂（Louis Saubion）以前當過球員，他會公開表演如何靠兩張椅子輔助用腳跟頂球，還會替受傷球員按摩，請他們喝用義大利香艾酒和黑醋栗酒特調的雞尾酒，這酒在當地遠近馳名。[32]

　　有巴黎與波爾多的頂尖對決加持，橄欖球全國錦標賽終於成為自行車環法大賽以外，法國最重要的運動賽事。一九一一年由波爾多對巴黎的決賽，引來龐大的兩萬八千名觀眾，遠超過在此之前的所有足球賽。但橄欖球同時也保有相當的社會認可，很多國會閣員會出席決賽，波爾多酒館裡的黃牛也不怕找不到願意且有能力花五倍價格買票的顧客。

　　法國最早有人踢足球，或者該說類似足球的遊戲，是一八七二年在阿弗赫（Le Havre），一群牛津與劍橋大學的英格蘭畢業生。他們仍延續傳統，保有穿著淺藍或深藍格紋球衣出賽的習慣，但沒有對手，足球賽很難發展蓬勃。突破性進展出現在一八九一年，在巴黎的蘇格蘭人創立了白流浪者隊（White Rovers），在巴黎的英格蘭人也成立標準體育隊（Standard Athletic Club）。在敦夫里斯（Dumfries）的聖喬瑟夫學院（St Joseph's College）踢過足球的兩名法國中學學生，於同年主創了法國俱樂部（Le Club Français），提供了本土對手。戰帖已擺在眼前，競賽隊和法國體育會別無選擇，只能夠接下戰帖，組成足球隊與之抗衡。一八九四年，六支巴黎球會之間舉行比賽，賽事還可笑地號稱為全國錦標賽。

　　球一動起來便不斷向前滾。足球俱樂部漸漸在法國最工業化或與不列顛和瑞士關聯最密切的地區接連成立，因為這個時候，瑞士人改踢足球以後已和不列顛人一樣狂熱。至一九〇〇年，已有超過一百支足球俱樂部成立，主要集中於巴黎、英法海峽的港口城市、北部里耳（Lille）和朗斯（Lens）周邊的工業地帶，還有東南部的馬賽、尼母（Nîmes）、塞特（Sète）。尤其在東北部，踢足球的人多到令一名體育行政官員感嘆：「大眾沉迷於那一顆圓球，不惜捨棄其他運動項目。」[33]但東北部不能代表整個法國。在法國中南

部的中央高原（Massif Central），除了古老的民俗遊戲九柱球（skittle）以外，
沒有人從事運動，而波爾多和土魯斯（Toulouse）直到一九二〇年以前，也
沒有足球俱樂部可言。法國的體育機構不斷因世俗與宗教、自由派與保守派
之爭而分立，這表示儘管國際足總一九〇四年在法國境內成立且聽命於法
國，但法國自身並沒有一個中央足球協會，也沒有全國性的聯賽或盃賽。而
是到了一次世界大戰，因應戰爭必須現代化、集權於中央，法國鄉村和邊陲
地區才會被拖入二十世紀。只有到了這個時候，法國足球才有了全國版面，
在民族文化上佔據了重要地位。

　　英格蘭的球類運動，隨著不列顛移民及少數教育家與德國的上流菁英，
在一八七〇年代初傳入德國。德國首見足球相關紀錄，可以追溯至一八七四
年，布蘭什外格（Braunschweig）兩名教師，康拉德・柯賀（Konrad Koch）
和奧古斯特・赫曼（August Hermann），出於好奇向英格蘭訂購了一顆球。
球準時送達後，就被扔給他們在文法學校的學生玩了，不過他們自己似乎也
時常把球帶在身上，也還是會踢球。學生閒暇玩耍不算的話，德國最早正式
創立來踢足球的俱樂部，於一八八〇年成立於漢諾威（這裡到一八三七年以
前與不列顛還由同一個王室統治）和布萊梅，兩地與不列顛貿易往來頻繁。
但兩間俱樂部都維持不久，因此足球在德國真正長久紮根，首先是在漢堡和
柏林，從一八八〇年代末、一八九〇年代初，日耳曼柏林隊（FC Germania
Berlin）、柏林勝利隊和柏林赫塔隊（Hetha Berlin）成立算起，儘管當時也
只是小眾的嗜好。足球規則到一八九一年才譯介至德國，到了一九〇〇年，
全德國約有兩百支球會，萊比錫、紐倫堡和斯圖加特（Stuttgart）也加入重
要足球城市的行列。球員和行政官員之中當然不乏不列顛人，包括有前威爾
斯大學校隊的隊長摩爾曼（F. W. Moorman），他來到德國繼續在史特拉斯堡
大學足球隊（Strasburg University AFC）擔任隊長；還有英格蘭神職人員亞奇
巴德・懷特（Archibald S. White），在南德足總（South German FA）擔任首
屆主席。但他們只是其中一小部分而已，時至一九〇〇年前後，德國已有一
萬人固定從事足球。這些走在前端的德國足球員，大多來自上流菁英和白領
職業的中產階級。上流菁英慣常是由來自大城市的自由派親英人士組成。一

八九一年後，中產階級青年如銀行職員、工程技師、商店助手和非專業的技工，也大量湧入、加入行列。那一年德國的商業法和勞動法改革，為中產階級接觸足球開了一條路，因為他們終於免於週日還要工作的負擔。這個說法並不適用於德國的工人階級，國家針對他們發起的文化鬥爭（Kulturkampf）雖然稍有緩解，但他們依然一週要工作六天。德國社會民主黨與其同盟工會，跟義大利的左派政黨一樣，對布爾喬亞階級的運動充滿懷疑。他們堅持自己所謂的超級正統馬克思思想進行階級鬥爭，要他們接觸快速發展的足球文化根本想都不用想。德國白領階級的社會地位和雇傭關係，使他們與已然從事足球的上流貴族有比較密切的往來。不只是參與運動，加入或成立運動俱樂部更能提高他們低下的社會地位，這種光明前景對他們來說難以抗拒。因此，德國十九世紀末成立的新足球俱樂部，無不仿效貴族俱樂部的規矩和風氣，學習上流社會的禮貌用語，追求勝利和獎牌帶來的認同與地位。

　　不過，足球傳播的範圍與影響力只限於威廉二世治下的德國，因為天主教與新教教會都反對在安息日從事運動——當時這還是常態規範，此外不論身為觀眾或球員，幾乎不見工人階級參與足球。但反對足球聲浪最大也最有組織的攻勢，來自民族體操運動的提倡者。如果說現代法國運動是誕生於一八七〇年那一場敗仗，那麼泛德國的運動文化則肇源於普魯士王國兩個世代以前的軍事挫敗：一八〇六年，拿破崙的軍隊在耶拿（Jena）和奧爾許塔特（Auerstädt）重挫普魯士軍。普魯士王國痛定思痛，全面重整軍隊，將現役軍官的階位開放給優秀的中產階級候選人，並堅持大幅增進徵召兵員的體能和身體協調性，辦法包括將體育教育引進學校。但怎樣的體育教育才合適？自由派民族主義者弗德烈赫·路德維希·亞恩（Friedrich Ludwig Jahn）想出了答案，他發明了一種專屬於日耳曼民族的體操。他的民族主義熱忱甚至強烈到把源自拉丁文的體操 gymnastik 一詞，用 Turnen 這個更合乎德語的詞彙取代。對亞恩而言，德國體操 Turnen 不是一種運動，而是運動的替代品。這是一門鍛鍊身體的學問，目的不為了競賽、功效或個人成就，而是當作民族集體邁向身體、意志、道德新生的基礎。在全世界所有德語區，體操協會（Turnverein）數量倍增。當時新興的組織網絡構成了中產階級公民社會，

體操協會在當中亦形成重要環節。協會提供一個聚會場所，也是身分認同與團結的來源，舉行盛大活動時更創造了一座公共舞臺，供德國民族主義所建構的新傳統在此展演。

德國體操的信徒起先用輕蔑且合乎德語規則的字詞，稱英格蘭的運動為 Fussball ohne Aufnahme 和 Fussball mit Aufnahme，意思是「不能撿起來的足球」和「可以撿起來的足球」。但當足球在國內日益流行，也就需要更成熟的論述批評，沒有人的評論比奧圖・海因利希・雅格（Otto Heinrich Jager）更刻薄、更全面，他是德國體操重要的一位意識形態倡導者。他在一八九八年發表一篇抨擊足球的文章，題為「英格蘭病」（The English disease）。[34] 雅格認為，足球毫無道德、體能、意志鍛鍊可言，沒有嚴肅的目的，只會搧風點火，助長古怪的個人主義。隨著德國逐漸穩定轉向逞凶鬥勇的外交政策，與不列顛進行起海軍造艦競賽，並在非洲及海外其他地區競逐帝國雄心，關於足球的這些爭論也更加甚囂塵上。足球的英格蘭特質，與其明顯漠視秩序的特色，都使得足球在某些圈子裡看來深具顛覆性、令人懷疑。

有鑑於此，一九〇〇年於萊比錫成立的德國足球協會（Deutscher Fussball-Bund, DFB），著手執行計畫，將足球用語德語化：隊長（captain）改為 Führer，自由球（free-kick）改成 Frei-trett，進球（goal）改成 Tor。德國足協的草創章程著重於愛國精神及足球可為帝國所用，同時利用對足球的描述，特意強調：「兩方進行交戰，通常各由十一名戰士組成。主要任務是移動一顆大皮球攻入敵陣……大軍會緊跟在後。」[35] 德國足協也和義大利人一樣想方設法要證明，中世紀德國的傳統足球遊戲與現今的足球直線相關，雖然其間的關聯全屬杜撰。

一九〇三年，德國舉行第一屆全國足球錦標賽，由萊比錫隊勝出。整個賽事一團混亂。備受看好的卡爾斯魯厄隊（Karlsruhe）在準決賽階段被淘汰出局，原因卻是他們接到一通假電報，謊稱他們對上布拉格波希米亞人隊（Bohemians of Prague）的比賽臨時取消。決賽當天，為了找一顆狀態堪用的球，找了半個小時，而且只有五百人到場觀戰，少得可憐。一九〇四年，錦標賽乾脆暫停舉辦，一九〇五年看上去也沒樂觀多少。不過，一九〇五年

四月，那年的冠軍日耳曼柏林隊在出賽一支英格蘭業餘球隊之前，收到一通電報：「王子陛下將於五點三十分親臨足球賽現場。」王子確實來到了現場，見證日耳曼隊以三比二獲勝。[36] 霍亨佐倫王室（Hohenzollerns）所表露的興趣和贊同，替足球洗清了過去在意識形態上招致的譴責。

一次世界大戰前的那十年，足球的地位穩定增長，博得民眾喜愛，人氣日益上升，雖然要到一戰之後，觀眾人數才再度比得過一九〇五年觀賞日耳曼隊贏得冠軍的三千五百人。一九一〇年，帝國陸軍與海軍把足球納入訓練課程，建立軍種內部和軍種之間的比賽。一九一二年，王室邀請德國足協加入準軍事民族主義青年組織「青年德意志聯盟」（Jungdeutschlandbund），此舉印證了皇室對足球的善意，德國足協也欣然接受邀請。足壇邊緣，最早由工人組織的球會開始萌芽，例如一九〇七年的紅白埃森隊（Rot-Weiss Essen），此外在魯爾河畔也有工人階級孩童自組的野生球會，但在這些地區納入正規德國足壇以前，足球依然只是一項小眾運動兼業餘興趣。

VII. 俄羅斯與奧斯曼的帝國末日

在歐洲東緣，歐洲大陸於地理於文化都與亞洲接壤之地，足球最後也來到沙皇俄國和奧斯曼帝國，傳入歐洲這兩處病灶的大城市裡。經濟和軍事相對落後所帶來的恐慌，使這兩大帝國的統治者接觸西歐文化時，既懷有恐懼、憎惡和懷疑，但又欣羨在心，同時也務實地承認，仿效然後競爭是他們要在政治上生存下來的前提。這兩國與足球的關係也與此相仿。

足球在十九世紀中葉首度出現在俄羅斯。一八六〇年代即有人目擊不列顛水手在敖德薩的碼頭踢球。俄羅斯雜誌《滑板車》（Samokat）早於一八六八年就報導過不列顛移民在聖彼得堡所進行的一場球賽。足球在困惑的俄羅斯貴族眼裡看起來古怪又粗野。《獵人》雜誌（The Hunter）如此形容：「足球是英格蘭人的一種遊戲，會用上一顆大球。玩這種遊戲的人通常肌肉發達、雙腿有力——場面這麼混亂，柔弱的人只能作壁上觀。」[37] 儘管很早就接觸到足球，多元項目的不列顛俱樂部在大城市裡也持續擴張，但俄羅斯接受足

球的程度仍不比西歐或中歐。俄羅斯足球總會和全國性賽事的成立時間，甚至還比羅馬尼亞晚，羅馬尼亞首度有人踢足球，可比足球出現在俄國晚了二十年。

若說俄羅斯民族對運動有反感，這並不能歸咎於沙皇政權。正好相反，一次世界大戰之前半個世紀，俄國貴族對帆船、划船、擊劍和騎馬都表現出熱忱和才能。騎馬尤其讓貴族階級能把鄉間典型的尚武消遣，延伸成一種運動，駕帆船和划船所需要的裝備和門路，也只由貴族獨享不必擔心。這也是草地網球的一大好處——草地網球對場地、球網、球拍要求嚴格，還要穿得起一塵不染的白衫。這些運動隱微透露的上流氣息，因為羅曼諾夫王朝積極參於而獲得鞏固和支持。俄羅斯貴族與新都市中產階級之間的界線，沿著社會、政治、運動的分界嚴格劃分。沙皇、宮廷和俄羅斯的上流階級，不願意與任何人分享社會空間、政治權力或他們的運動活動。捷克的蘇克爾體操運動止好乘虛而入，經過一定程度的在地化，在民族主義中產階級流行起來，自行車賽則為新興城市提供了第一個職業化、商業化的大眾觀賞運動。如同法國，廉價賽車場於一八九〇年代在聖彼得堡和莫斯科湧現，在都市貧民間吸引了大量觀眾。足球的地位反而淪落為新奇的中場表演。

在足球與俄羅斯的任一社會階級建立關係以前，從事足球、培植足球的是不列顛與其他歐洲人日漸成長的移民社群。聖彼得堡作為俄羅斯的「西窗」，不意外自然是大部分外國移民的落腳之處，也是第一座以組織型態採納足球的城市。最早的正規足球俱樂部有勝利隊（Viktoria），一八九四年由不列顛與德國足球愛好者共同成立，其他球隊還有像是蘇格蘭人業餘隊（Scottish Circle of Amateurs）、英格蘭足球俱樂部（English Football Club）、日耳曼足球俱樂部（Germania FC）和榮耀隊（Gloria），全都出自移民社群內的外交和工業團體。一八九六年，俄羅斯出生的法國人喬治・杜普朗（Georges Duperron），出版了第一套以俄羅斯語寫成的規則，並且找十字架島上的法國同胞籌辦了一場實驗賽。這場比賽夠精彩，連帶鼓勵了第一間有心成立的俄羅斯運動及足球俱樂部在聖彼得堡誕生，也就是聖彼得堡業餘運動家隊（St Petersburg Circle of Amateur Sportsmen），通常簡稱為運動

家隊（Sports）。但運動家隊與不列顛人之間實力差距極大。普遍認為，第一場由俱樂部對陣的正式比賽，舉行於一八九七年十月二十四日，運動家隊以六比零慘輸大半由英格蘭人組成的華西列夫斯基隊（Vasilevsky）——從足球首見於俄國土地，到這時已過了約莫三十年。

一九〇一年，聖彼得堡的足球已有相當盛況，足以撐起由三支球隊較量的正式競賽，三支球隊分別是：涅夫斯基隊（Nevsky），涅瓦河畔紡紗廠的英格蘭工人組成的球會；聶夫卡隊（Nevka），由參孫紡織廠的一群蘇格蘭工人組成；還有勝利隊，成員大多數仍為不列顛人和德國人，但與很多俱樂部一樣，漸漸接受讓俄國富人入會。彷彿想強調這整場賽事的英格蘭特色似地，地方商人亞斯佩登（T. M. A. Aspeden）捐贈了一座獎盃，從此到一九一七年以前，亞斯佩登盃（Aspeden Cup）年年舉辦。

到了一九〇四年，聯盟已增加至六支球隊，前述三支外國隊伍以外，現在還加入了三支俄羅斯球隊——運動家隊、彼得羅夫斯基隊（Petrovsky）和國家隊（Nationsaly）。面對現代化風潮從西方席捲而來，俄羅斯備受折騰，整個聯盟就如同這種關係的縮影。一方面，外國的觀念和做法被視為國家救亡圖存的必要條件，尤其一九〇四到一九〇五年的日俄戰爭，日本海軍（有意師法不列顛海軍）於戰略面和情感面重創俄羅斯之後，這種想法更具有說服力。因此，主張進步的菁英不只踢足球，還主動採納許多伴隨而來的社會傳統。會在中場休息時間品茶，就是戰前俄羅斯足球賽的一大特徵。同樣道理，英語也立刻躍為主流，融入於俄語當中，廣用於描述各項運動，特別是足球。同時俄羅斯都市也有愈來愈多球迷稱頌、推崇傑出的英格蘭球員。一九一〇年，捷克的哥林斯人隊來到俄羅斯作客出賽，穿著條紋球衣和球褲，這種裝扮立刻蔚為流行，橫掃俄羅斯全國的足球場。另一方面，俄羅斯人對外來者的厭惡和懷疑沸騰作響，乃至激發足球賽事和組織成立。

一九〇三年，運動家隊強烈抗議，隊上沒有半名球員入選聖彼得堡代表隊，而的確也沒有任何俄羅斯球員入選。後來在與涅夫斯基隊的一場比賽，因為遭英格蘭人夏普斯（Sharples）惡意絆倒，運動家隊的球員克里斯托夫（Christov）出手還擊，結果被判罰下場並禁賽一年。這件事觸怒了俄羅斯

的運動報刊，報媒指稱夏普斯一度想掐死克里斯托夫，但英格蘭人主掌聯盟，使他得以免於受罰。

> 今年有掐人脖子的夏普斯！未來說不定就有暗殺者吉米和開膛手傑克！賽事報導將會淪為犯罪報導⋯⋯英格蘭人佔有過半投票權，用他們典型的高壓手段，禁止一個完全無辜的俄羅斯人出賽，卻把一個顯而易見的危險人物留在場上⋯⋯俄羅斯球會應當團結起來，組成自己的聯賽。[38]

但他們終將報仇雪恨。一九○八年，運動家隊會是第一支贏得亞斯佩登盃的俄羅斯球隊。該賽季對上涅夫斯基隊的比賽，英格蘭球員孟若被罰下場，觀眾得到允分的機會表達他們的心情。《新時間報》（*Novoye Vremya*）隔天報導：「儘管孟若公然犯規，甚至違反了受過教育的人都知道要遵守的基本文明禮節，英格蘭區塊的球迷依然鬼吼鬼叫，嚷嚷著要求讓孟若回來，但在俄羅斯區塊的球迷這邊，伴隨孟若下場響起的是巨大的噓聲。」[39] 英格蘭球隊經過算計，隔年故意集體離開聖彼得堡聯賽，組成排外的聯賽和組織，即俄羅斯業餘足球協會（Russian Society of Amateur Football），他們在莫斯科的同胞隨後也跟進。俄羅斯球會兩個聯賽一起杯葛。不列顛人這下沒戲唱了，這個國家的東道主現在人多勢眾、更有組織，他們在一九一一年接受脫離的球會回歸統一的聯盟，但從此再也沒有外國球隊贏過俄羅斯賽事的冠軍。

莫斯科不鄰海，接受足球的速度比聖彼得堡慢了不少。一八八○年代末曾留下紀錄，有海外移民在靠近市中心的荒地踢球玩，但有組織的俱樂部足球大概始於一八九四年，從哈利・查諾克（Harry Charnock）開始的，他是布萊克本流浪者隊球迷，在莫斯科新興的工業郊區奧勒霍伏（Orekhovo），擔任歐洛佐夫紡織廠的工廠經理。他組織的球隊最初名為莫洛佐夫奧勒霍伏莫斯科隊（Morozovtsi Orekhovo-Zuevo Moskva），部分用意在於轉移工廠工人的心力，下班後別再只顧喝伏特加。球隊仿效布萊克本隊穿著藍白球衣，簡稱 OKS 莫斯科隊，是未來二十年莫斯科足球界的唯一支柱。使聖彼得堡足壇分裂對立的是外國人與俄羅斯人的他我之分，但在莫斯科，與足壇分立

關係較密切的則是地方階級結構。菁英階級不分外國人或俄羅斯人，都在限制嚴格的俱樂部踢球，這些俱樂部的入會費和服裝規定，把社會金字塔最頂端以外的人都排除在外。但與此同時，在市郊住宅區，即所謂的「達恰」（dacha），足球也漸漸流行起來，此外也首度受到自發組織的工人團體喜愛。

　　達恰指的是鐵路沿線興建的新市鎮，這時的鐵路已如輪軸一般從莫斯科中心向外輻射出來。史上第一次，貧民和中產階級有了交通工具，能在鄉鎮之間移動，這也是中下階級球會足球能夠發展的必要條件。最早由莫斯科向外興建的五條鐵路，每一條都催生出自己特殊的達恰球隊，當時代一篇報導這樣形容：

　　近來，足球也擴散到了達恰市鎮。年輕人一窩蜂迷上這種運動，不再沉迷於泡舞廳這類不健康的活動。這些達恰球隊往往實力堅強，足可到外地與其他球隊比賽，有時候甚至能與正規的足球運動俱樂部較量。40

市中心的有錢球會在春秋兩季踢球，達恰球隊則在夏天踢球。乍看之下像是貴族避暑度假時把足球也帶到鄉下，打定主意與鄉巴佬混一段時間，湊合著踢幾場球。大波隨季節遷徙的農民在夏天來到莫斯科，到了收穫莊稼的時候便離開，同時也把達恰足球帶回了家鄉。然而，工人並不在這些球隊之列。俄羅斯的工人階級遭遇的阻礙，與全歐洲和拉丁美洲的工人相同：上流社會各方面都將他們排除在外；他們工時漫長，體弱多病、貧困拮据，既無交通工具也沒有場地能踢球。況且，比起其他例子，俄羅斯工人面臨的反對和障礙幾乎都更大更高。他們有全歐洲最長的工時，最貧窮也最深刻。一名觀察者便哀傷地寫道：「運動基本上是一項昂貴的消遣，因此不是工人能做的事。他們的歸屬是伏特加酒吧（kabak）。喝到天亮，佝僂著瘦弱的身子，再度去上工。」41 一九〇五年，第一次革命失敗後，沙皇政權的恐慌竄升至巔峰，只要是獨立的工人組織，包括運動俱樂部，在政權眼裡都有煽動革命的危險。史達林時代，俄國歷史學家宣稱會記錄事實，這種說法公認有些可疑，他們甚至指稱有些武裝工人團體，例如義勇隊（Druzhinniki），會拿足球賽和足

球訓練當幌子，暗中進行軍武操練。官方足球機構的裁判遭到禁止在工人階級的球賽出任主審。鐵路工人想在城市裡的鐵路圍場比賽，管理單位立刻跳出來制止。莫斯科東南區的工人只能退而求其次，在克萊尼克斯科夫墓園踢球（Klaitnikovskoe cemetry），直到神父把他們趕走。正是如此的不平等、不公義和種種壓迫，激起了戰前才剛萌芽就走向極端的俄羅斯工人運動，且於政治於體育，都把工人運動逼向遍地開花的「野貓抗議」*或轉為地下祕密結社。

　　足球的野貓（俄語：Dikei）現象，在莫斯科和聖彼得堡的荒地空地四處湧現。到了二十世紀第二個十年，鎮壓和排擠的手段很顯然已無法壓制城市裡沸騰的不滿，當局終於讓步。工人獲准成立自己的球隊，可以加入現有的足球組織，亦能自組聯賽。

　　時至羅曼諾夫王朝暮年，俄國已明顯迫切需要加速發展，使經濟、政治、社會更徹底的現代化，足球這時轉而被視為俄羅斯想從後追上西歐腳步的領頭羊。根據媒體報導，足球是俄羅斯唯一進步卓著的領域。《運動生活》（*Sport Life*）在一九一二年寫道：「唯一大跨步邁向進步的只有足球。」足球此時已傳入敖德薩、基輔、哈爾基夫（Kharkov）等地方城市，城市之間也會舉行挑戰賽。一九一一年，莫斯科還舉辦過一場公開的女足賽，令人稱奇，因為女性在俄羅斯地位普遍低下。在莫洛佐夫隊當前鋒的不列顛外交官羅伯特・布魯斯・洛克哈特（Robert Bruce Lockhart），於日記中寫道：「聯賽每場比賽，觀眾平均約有一萬兩千人，其中女性肯定就貢獻了總數的三成。」[42] 球迷甚至狂熱到賽前賽後都會團團包圍球員，城裡的地下八卦電報系統也會不停傳送最新比分。

　　至於創立一個隸屬於國際足總、有能力組建國家隊的俄羅斯足球聯會，就連這個充滿爭議的問題，最後也在杜普朗的領導下順利解決。他運籌帷幄鬥贏了殘存的外國與英格蘭官僚機構，平息了莫斯科和聖彼得堡之間的派系對立，於一九一二年創立了全俄羅斯足球聯會（All-Russia Football Union）。

---

*　譯註：野貓抗議（wildcat protest），是指無工會組織領導的工人發起的抗議或罷工行動。

正好趕上派出一支國家隊參加一九一二年的斯德哥爾摩奧運。國家隊身穿黃色球衣，胸口紋飾著一隻雙頭鷹——羅曼諾夫王朝的象徵。然而，奧運賽清楚顯現出俄羅斯的現代化多麼有限。時稱沙俄的俄羅斯國家隊，首戰就被新近放棄的殖民地芬蘭給擊敗。接著又遇到地緣政治上的最大強敵德國隊，並以十六比零慘敗。這場比賽或許不比二戰時德國在布列斯特（Brest-Litovsky）*痛擊蘇聯那麼恥辱，不過已然預言了未來局勢。

俄羅斯一部分統治菁英對西歐現代化抱持反感，認為足球只不過是現代化的一環，這種憎惡的情緒複製到奧斯曼帝國又更上一層樓。一八七六年，阿布杜勒哈米德二世（Abdulhamid II）登上奧斯曼帝國王位，土耳其進入短暫的憲政時期，原本有望開啟一個改革與有限度現代化的年代，但這場自由主義的實驗僅僅維持了兩年，與俄羅斯的戰爭壓力搞垮了新政府，使得國家大權在一八七八年回到蘇丹皇室手裡又過了四十年。為了對抗外國觀念造成的腐蝕效果，當局愈來愈不擇手段，建立了龐大的監視、刺探、審查體系。凡是危險的西方觀念和傳遞觀念之人，都會遭到無情追殺，固有的奧斯曼文化與當中的伊斯蘭要素則受到讚揚。

足球就是在這樣的時空背景下首見於土耳其，大約是一八九〇年前後，由伊茲密爾（Izmir）的不列顛商人社群開始的。一八九七年，兩支混合不列顛人和希臘人的球隊，以伊茲密爾隊對上伊斯坦堡隊的名義進行比賽。伊茲米爾隊三比一獲勝，足球也迅速被伊斯坦堡為數眾多的希臘族群所吸收。伊斯坦堡的猶太人也學起足球，其他少數族群亦然，包括那裡的法國人、義大利人和亞美尼亞人。蘇丹政權雖然有意允許這些族群踢足球，但是並不希望看到這種運動病毒感染帝國境內的穆斯林人口。足球遭受許多神學觀點的抨擊。第一，神學士聲稱足球會妨礙學生用功研讀《古蘭經》。其次更令人擔心的是，穿短褲裸露肌膚太過淫穢。但最有力的一招是神學士抬出卡爾巴拉事件（Karbala Event）當作決定性的宗教案例，以此反對足球：西元六八〇年，

---

* 譯註：布列斯特（Brest-Litovsky）位於白俄羅斯，鄰近波蘭邊境，是前蘇聯重要的關防城市。二次世界大戰，德軍在此發動襲擊，展開對蘇聯的侵略攻勢。

伍麥亞朝的哈里發亞濟德一世（Yazid I）殺死了先知穆罕默德的外孫胡笙（Hossein）。據傳胡笙死後，殺手把他的頭砍下來到處踢。利用這段故事，很輕易就能主張足球等同於九十分鐘的褻瀆，至少象徵意義跑不掉。

　　然而，城市裡受過高等教育的土耳其青年已經看過了希臘人和不列顛人的比賽，足球在他們眼裡有某些難以抗拒的吸引力。第一個踢足球被記錄下來的土耳其人，是海軍學校的學生，弗亞・哈斯努・貝伊（Fuad Husnu Bey）。當時奧斯曼帝國總理辦公室的文獻檔案清楚顯示，國家利用監視機構和密探網絡來密切關注這些青年菁英及他們對足球的偏愛。貝伊的球隊取了一個英語隊名，叫「黑襪隊」（Black Stockings），希望避開蘇丹耳目，但是徒勞無功。這群土耳其人只在一八九〇年代末與一支希臘球隊踢了一場比賽，並以五比一敗陣，隨後就被上報皇宮，被迫解散。貝伊自己改而加入首都伊斯坦堡最早的一支不列顛俱樂部，卡德柯伊足球俱樂部（Kadikoy FC）。不列顛大使館的快艇隊，艾摩金隊（Imogene）隨後也加入行列，還有不列顛莫達俱樂部（British Moda Club），跟一支希臘球隊艾比思隊（Elpis）。這幾支球隊在一九〇五年聯合創立伊斯坦堡聯賽。隨著蘇丹的權力漸漸衰落，土耳其球會也紛紛加入。首先冒出頭的是貝西克塔什隊（Besiktas），一九〇三年成立時是體操俱樂部，托奧斯曼帕夏（Osman Pasha）之福受政府庇護，他是蘇丹的親信，立場支持西方。一九〇五年，加拉塔薩雷隊（Galatasaray）接著成立，由伊斯坦堡市內頂尖菁英學校的學生所創，費內巴切隊（Fenerbahçe）則於一九〇七年，由極具聲望的法國聖若瑟學院（St Joseph's college）的土耳其學生創立。

　　一九〇八年，蘇丹逝世，蘇丹政權雖未亡，但執政權力已交到了團結進步委員會（Committee for Union and Progree）內有意改革的政治人物手上。在他們治下，社會與宗教對足球的非難有所緩解，同時因為帝國迫切需要獲得工業製造、交通運輸、軍事武器的新技術，連帶對於西潮的態度也開放許多。伊斯坦堡過往對足球被壓抑的需求，現在一目瞭然。限制獨立組織成立的舊法規一廢除，新球會和聯賽立刻湧現。伊斯坦堡的穆斯林開始參加週五舉辦的星期五聯賽，非穆斯林則參加星期日聯賽，到了一九一三年，伊斯坦

堡足總成立。根據估計，一次世界大戰前夕，伊斯坦堡約有逾五千名正規球員，遇上重大比賽，觀眾人數也十分可觀。足球市場甚至大到在這個大多數人仍不識字的社會，布罕・費萊克（Burhan Felek）還能在一九一〇年成功發行土耳其第一本運動期刊，《足球雜誌》（Futbol）。除了刊載比分、賽程和賽事報導以外，《足球雜誌》還設法尋找相應的土耳其詞彙，代替標準英語足球用語，以迎合新政府高昂的愛國主義。

這一切都稍嫌太遲。俄羅斯和奧斯曼帝國拚著最後一口氣，脅迫自己國內的人民，嘗試追趕西方，但戰爭的鐵腕無情揭穿了他們的失敗。不論帝國或皇朝都沒能熬過戰火試煉。西方發展出的足球，以及統治、權力、生產的技術，在俄羅斯將只會由獨裁共產主義動員，在土耳其則只受激進世俗國家主義徵用。

第六章

付錢，付錢再踢球：
全球足球商業化（1914–1934）

一個靠剝削妓女維生的小白臉。俱樂部滿足他所有物質需求，讓他踢足球、享受
比賽的樂趣，現在他還想靠踢球賺錢？我不會讓這種事在佛朗明哥球會發生。職
業化有損男人的品格。

    —— 佛朗明哥球會主席，瑞瓦達維亞・梅耶（Rivadavia Meyer）

我要去義大利。我不想再當個業餘足球員，真正的業餘早就消失了，只有表面還
用一套偽善的制度掩飾，俱樂部拿一些小錢打賞球員，把大部分收入都收進自己
口袋。我盡綿薄之力為巴西足球效力了二十年。結果呢？俱樂部有錢了，我什麼
也沒有。我要去一個知道怎麼樣酬賞球員才華的國家。

    —— 巴西足球員，艾米卡・巴布伊（Amílcar Barbuy）[1]

I. 戰爭與足球的經濟轉型

巴西球會主席這一番話，很典型就是一個舊時代菁英，聽到有人陳述運動在工業化社會的基本經濟現實時，被踩到痛處所表現出的虛假和偽善。從里約到巴黎，從馬德里到柏林，經濟與政治變遷的殘酷邏輯，把相似的虔誠信念都給粉碎一空。

不列顛職業足球跟不列顛的工業革命一樣，領先世界各地三十多年。社會與文化劇烈動盪，是一九二〇年代工業世界的特徵，在變動的旋風之下，歐洲和拉丁美洲的足球也受到商業化和大眾流行化快速推進，與造就不列顛足球的過程相同，只是推進的速度更快。工業化時間較晚，但速度更快、更懂創新的國家，輪番重演不列顛工業霸權的衰亡，第一波新近職業化的大眾足球文化，挑戰了不列顛足球原本無懈可擊的優越地位和獨特性。不過，足球的地理分布並不完全吻合工業化的地理版圖。不列顛的資本地位，受到美國人與德國人最嚴厲的考驗，但挑戰不列顛足球地位的，卻是中歐、拉丁美洲和西地中海。這些地區的足球之所以能夠從業餘轉型成為大眾文化，原因在於原本掌控足球的舊時代菁英敗下陣來，或退位讓賢，這些地方各自的工人階級則迅速接替了他們的位置。這需要權力和政治結構打從根本發生變動，也就是一場鋪天蓋地的戰爭所能帶來的那種變動。

一次世界大戰乍看之下並不像是足球有望發展的環境。一九一五年足總盃決賽落幕之後，職業足球在不列顛便宣告中止直到戰爭結束，在世界各地亦是如此。不列顛戰爭部強制徵用英格蘭足總位在羅素廣場四十二號的辦公室，便具體表明了這之間的輕重緩急。在德國，足球場連同其他運動場地，都改作為簡陋但現成的菜圃，希望緩和海軍封鎖和全國糧食短缺帶來的衝擊。論年紀、性別和性格傾向，歐洲大陸各地的足球員都是最先會志願從軍的一群人，後來被徵召入伍的人數也愈來愈多。修格・麥索（Hugo Meisl）離開在奧地利足總的職位，前往加里西亞作戰。沃爾多夫隊（Waldorf）的明星球員塞普・赫伯格，日後德國國家隊的一代教練，被派往西方戰線。足球

員和行政人員也是第一波陣亡者。英格蘭西布朗維奇隊和蘇格蘭哈茨隊在當地招募到的足球兵團被無情掃滅；義大利裁判協會主席坎法里博士（Dr Canfari）以及國家隊隊長維吉里歐·佛賽蒂（Virgilio Fossatti）也在戰役中送命。每個參戰國都損失大量原本最熱中於足球的青年男性，這還不算戰後歸來截肢、殘廢或精神失常的人。

特別在英格蘭，足球起初還被當作是比喻戰爭經驗的重要元素。馬爾伯勒學院（Marlborough College）的學生認為戰爭「有如一場光榮的足球賽，如果不能達致和平，他們甘於報效英格蘭隊。」[2] 一直到索穆河戰役首日，運動都還為敘事報導提供了一種參考架構，把西方戰線上無謂的屠殺，化為不過是一場球賽，把英格蘭貴族運動文化裡那種無憂無慮、玩世不恭、輕鬆自在的派頭，調換到殺戮戰場上。《倫敦新聞畫報》（*Illustrated London News*）就刊載了這樣一首詩，記述東薩里軍團的遭遇：

殺敵呼聲四面迴蕩，
同志一路英勇倒下，
在那血如泉湧之處，
眾人踢濺圓沫向前。
死亡當頭雖然恐懼，
不過只是過眼雲煙；
效忠母土生我育我，
薩里軍團奮戰不懈。[3]

戰爭持續兩年，多了千萬具屍首之後，不可能再有人寫得出這樣的詩。因此，足球後來在戰爭中長久留下的意象，是締結和平的遊戲。一九一四年耶誕節是交戰雙方最後一次共同協議停火，在當時看來，也是有望使戰爭機器停擺的最後機會。那一年最後幾個月，美國、教宗和其他中立國家便已再三力勸參戰國在耶誕節停戰。一九一四年耶誕節給予交戰雙方一個機會，拉開距離，反思現代機械化戰爭如何無情殲滅生命，這種感受進而又化為一波波時隱時

現的情緒，混合傷感、戀舊、想家、悲涼和哀愁，德國人感觸尤其深，但不列顛人和法國人也是一樣。耶誕禮物、耶誕卡片、耶誕節的美酒佳餚，一袋一袋送抵前線。德軍為了把耶誕樹運往前線，還影響了軍需品補給。就是在這樣的背景下，法國戰場各地都傳出，不列顛軍人和德國軍人會在前線互相遇到對方，且彼此都自發停火。一等兵海恩斯（Hines）回報，他在三不管地帶遇到一名德軍士兵，對方向他自我介紹說：「先生，早安。我住在北倫敦荷恩賽區的亞歷山大路，要是平常，我明天會看阿森納對熱刺的比賽。」[4]《泰晤士報》報導，皇家陸軍醫療隊（Royal Army Medical Corps）與德軍薩克森第一三三軍團（133rd Saxons）進行了一場足球賽，薩克森軍團唱完《天佑吾王》，舉杯祝福英王室昌隆，隨即以三比二擊敗了英格蘭人。德國軍團紀錄也證實，有個蘇格蘭人拿了一顆球出來，「這便發展成一場正規的比賽，帽子隨意擺在地上充當球門。地面結凍也沒人在意。」[5]

　　一九一四年耶誕節是最後一次休戰。工業化戰爭無法使人相信這只是一場遊戲。足球從前線消失。但戰場上除了泥濘和殺戮之外，始終有大量時間等待消磨，大量無事可做的年輕人枯坐發愁。詩人軍官席格夫・薩松（Siegfried Sassoon）記得自己曾在即將發動進攻前，讀足球新聞給隊上弟兄聽，平撫他們的情緒。就算不能踢球，還能聊足球。就算不能離開戰場，還能尋索一絲家鄉與日常的記憶。

　　足球再度出現，是在登船中心、操演場、訓練場和戰俘營，足球的規則簡單有彈性，在這些地方成了最大優勢。一名不列顛軍官就在觀察後火大道：「這一群無賴，不管閱兵之後再累，都還是有力氣踢足球。」[6]戰爭早期，俄羅斯軍隊裡也有大量訂購足球的紀錄。在德國，雖然才剛引入軍隊的訓練計畫不久，足球很快便傳遍了德意志帝國陸軍。這支軍隊不同於歐洲所見的其他軍隊。這是第一次，工業化國家動員全國人口，將國家官僚高壓意志全部灌注於其中。歐洲強權的軍隊不斷葬送多到駭人的生命，迫使他們不得不榨取最後僅存的人力。各個地區不同階級的少年與青年，也被送往戰場深淵。但抵達前線之前，他們會先經過登船中心、操演場和訓練場。例如來自法國中央高原的鄉下男孩，原本沒見過足球，更沒踢過足球，但從受過中學教育

的里昂軍官、巴黎來的粗野的街頭球員、里耳來的工廠工人身上，他會學習到足球。足球不再是僅限於菁英的運動，最後一道社會和地理的阻隔被戰爭打破，去而不返。戰爭在參戰軍人心中添入對樂趣的渴望，對足球的旺盛熱情與活力會在戰間期宣洩出來，形成偌大的需求，且需求大到使足球在幾個發展熱點發生徹底的轉變。與不列顛三十年前就已發生的變化相同，足球將從業餘消遣和地方慶典，變成職業運動和民族文化傳統。但首先，維持業餘足球的舊秩序必須先告瓦解。這一點戰爭也代勞了。

　　當槍聲在一九一八年十一月歸於寂靜，四年的戰事已然重創了舊歐洲的社會和政治風景。四個原處顛峰的歐洲帝國頹然瓦解。沙俄因為戰敗和革命而致群龍無首，隨即捲入內戰。奧斯曼帝國和哈布斯堡帝國保住了核心，但終究無可挽回地分裂成一眾新興民族國家，委由國際聯盟（League of Nations）管轄。德意志皇帝退位，德國領土縮小，海外殖民地也被剝奪。這些帝國王朝遭到廢黜的同時，原為中流砥柱的貴族地主階級，也在經濟、政治、社會方面失勢。以俄羅斯為例，整個貴族階級被連根拔除。就連在不列顛、法國和義大利，這幾個所謂的戰勝國，舊貴族也受到重挫。舊的統治形態、對舊政權的忠誠、舊時代的當權者，最終都受到傷害。在拉丁美洲，主要的工業化城市發展速度驚人，社會和經濟地位猛然超越了鄉村地主階級，支持業餘足球的群體本來就很小。如今在歐洲，這個過去業餘足球強勢的地方，業餘精神的主要代表也被推翻了。相較之下，戰後歐洲勢力最大、最有活力的新社會角色，是帝國瓦解後形成的新民族國家，以及各國的工人大眾。這些新興國家對國際足球握有發言權，但在國內則是工人階級改變了足球的形態。

　　戰爭在大半個歐洲造成的犧牲既廣且眾，連帶使得工人階級有機會參政。男性公民普選權的誕生，還有婦女漸進獲得的選舉權也是，改變了每個社會的政治勢力平衡。羅曼諾夫王朝一向堅持反對俄羅斯工人階級參與政治和社會活動，寧可小心翼翼鎮壓也不願改革，但王朝如今已死，且在羞辱下遭遇極刑。十月革命期間俄羅斯王室的命運，以及其後於全世界各地興起的所有真心有意革命、哪怕多半無效的共產主義政黨，在在警告所有地方的政

府和菁英，實施基本的勞動和社會改革是他們想存續下去的前提。初步的一項改革，就是修法縮短工時，星期六改為放假半天，或是乾脆週休二日。跟三十年前就已享有改革成果的不列顛工人階級一樣，歐洲和拉丁美洲城市裡的年輕人因為工時縮短獲得解放，多了週末和休閒時間可以留給自己。新到手的自由可以拿來做很多事情，很多人選擇用來踢足球和看足球。

那個年代的觀眾人數紀錄也許不能代表一切，但光看足球觀眾的成長幅度之大，當時的趨勢已不言自明。舉個例子，奧地利對匈牙利這場中歐每年最熱門的比賽，戰前只有不到一萬人會到現場觀賽。戰後時期，這兩個如今已獨立的民族國家之間的比賽，觀眾人數幾乎以倍數成長：一九一八年末有一萬五千人，隔年大約兩萬五千人：接著在一九二一年是四萬五千人，一九二二年又暴增至六萬五千人。[7] 在歐洲和拉丁美洲最進步的地區，國際和國內足球賽事都能劃出相同的成長曲線。當然，不是人人都老實買票入場。不論球場大小和空間設計，歐洲當時大部分足球場都負荷不了這樣的人數。把小男孩從旋轉門上方高舉過去，觀眾擠垮籬笆、翻越圍牆，這一類報導屢見不鮮。但付錢的人還是夠多，足以讓足球經濟轉型。西歐、中歐及拉丁美洲頂尖的足球俱樂部和足球協會，既沒有費心尋找觀眾，也沒有宣傳活動或刻意廣告行銷，就這麼擁有了一大批樂在其中且甘心買單的球迷。

一九二〇年代初，戰爭、革命、惡性通膨和緊縮開支等諸多動盪激起的塵埃，總算暫時落定，所有歐洲社會都對遁世享樂、對狂歡作樂流露出一股深沉的需求和渴望，從家財萬貫的富人到身無分文的窮人皆不例外。足球就是所有樂子當中的一項，新文化產業既增強也改變了足球代表的意義。不列顛首創足球人物的流行八卦報導，阿根廷加入創作史詩和歷史傳說，維也納的咖啡館則提供了讚美詩歌。作曲家和樂隊指揮寫出最早的足球走步（walks）、狐步（foxtrots）和森巴舞曲。最早的廣播電臺播放這些歌曲之餘，也實驗起現場實況評論。足球員躋身名流，就算不見得換來對等收入，但也漸漸如好萊塢演員一樣擁有神明般的地位。有些人甚至真的拍了電影，讓足球亮個相或匆匆穿插一幕足球情節，成了當時不列顛和歐洲電影常見的橋段。最重要的是，足球能賣。從肥皂、方糖、高湯塊，到香菸和酒精飲料，

有愈來愈多球員和球隊代言五花八門的商品。

在不列顛，廣播新科技把足球向外傳播，遠及郊外豪宅的客廳和上層中產階級。從一般市民大眾，到布魯姆斯伯里文學圈（Bloomsbury group）邊緣的女性主義小說家，足球受到跨社會階層的稱揚。但問題猶在，為什麼有這麼多人觀看足球？為什麼這麼多人覺得抵抗不了想看或想聽足球的渴望？小說家溫妮芙雷・霍特比（Winifred Holtby）在雜誌《廣播時報》（*Radio Times*）發表過一篇文章，記述她第一次聽到足球轉播的狂喜心情，文章捕捉到足球具有的某種潛力，即使是對門外漢，足球也能是一種文化景觀和說故事的形式。

我好興奮。我從來搞不懂他們到底在做什麼，到現在也還是半點概念也沒有。但我知道自己很興奮。聽到吶喊愈來愈快、愈來愈大聲，到最後大呼一聲「球進了！」，沒人的血液還會是冷冰冰的，脈搏還會懶洋洋的。我想要更多進球。我不在乎射門的是誰。我不知道他們是誰，不知道他們在比什麼，不知道比賽在哪裡或是為了什麼舉行。但我想感受背脊發麻、脈搏鼓動的感覺，轉播聲音從客廳窗簾附近大聲傳來，我的頭髮因為緊張而自根部微微顫抖。8

不論工業化世界即將擁抱的是什麼運動，肯定會是團隊運動。在一個生活各方面都日趨複雜、令人目眩的社會裡，埋沒姓名、冷漠疏離、人際關係原子化（atomization）的威脅，已然是都市生活的常態，這時候如果有一項運動能提供觀眾長久不衰的集體身分認同，不管其他個人運動再有魅力，這項團體運動一定還是有更大的心理優勢。橄欖球、冰上曲棍球、板球，以及美國的團隊運動，便針對這種需求提供了不同的選擇，威爾斯、法國西南部、美國、澳洲和愛爾蘭也欣然接受這些運動。但除此之外在其他地方，足球都稱霸寶座。能夠這樣，部分原因在於社會結構與象徵意義，以及社會普遍對不列顛的好感。

不過，足球的成功只用嚴謹的社會學語彙來解釋，大概無法想像。足球

還具有某種特質，能為更多人在更多地方帶來更多樂趣。霍特比的廣播收聽紀錄至少說明了為什麼比起其他諸多競爭項目，足球的場面更吸引人觀賞，一大原因就是進球。正如同霍特比所感受到的，進球得分是足球的核心魅力。人人都想看進球，又因為進球簡單卻稀罕，所以更強化了進球的意義。足球只有一種得分方法。籃球和橄欖球這兩個主要競爭對手則不一樣，籃球有一分球、兩分球、三分球之分，橄欖球更有數不盡的得分規則，使得比賽的計分節奏複雜又突兀。足球還有一個好處，就是進球難能可貴，大部分足球比賽，得分多半在一到三分以內。這不只為進球製造了更多張力和期待，也讓比賽的敘事開展更簡單明瞭、更引人入勝，觀賞當下就能理解。

　　霍特比似乎也注意到在足球賽事中，節奏和韻律帶來的樂趣。不同於很多運動，足球沒有攻守交換，沒有表定的休息時間、暫停或其他規則內的中斷。如同那句老話，一場比賽分上下兩半就是足球了。足球靠著嚴格的得分規則和時間控制，建立起簡單的架構，但在這樣的架構之內，卻能提供無窮的樂趣和變化。從以前到現在，流暢的節奏就是足球最大的資產。畢竟，那一顆球可以朝任何方向，以各種速度、各種距離，在地面、在空中，筆直或帶著旋轉，快速移動，無從預料。足球雖然也有定點球的場面，例如罰點球、自由球等等，但足球的戲劇張力，還是成就於絕大多數時候由機動多變的踢法和自由流動的跑位所構成的背景。

　　足球也是一項個人技術與團體合作同等重要的運動，真正能在這方面與之較量的可能只有籃球。橄欖球雖有翼鋒進攻衝刺帶來的緊張興奮，但卻無法提供看到一名足球員帶球時，對人體靈巧平衡發出的讚嘆。板球和棒球能突顯個人精湛的技藝，但就算在競爭最激烈的球隊之間，也看不到可與足球比擬的集體行動。足球有守門員這個位置，曲棍球和手球也有，但少見於其他運動，這個位置替獨行俠、異類等與眾不同之人，在團隊運動中保留了一席之地。足球講求體能和技術的平衡，臨機應變的反應與深思熟慮的戰術並進，這一點也十分少見。

　　因此，足球雖然向來有召集觀眾的能力，但如今處於戰後，觀眾毋庸置疑絕大多數是男性、工人階級，且愈來愈年輕。兩次大戰之間，對於桀敖不

馴、難以預測的工人階級，歐洲和南美洲拉布拉他河流域的貴族心中，縈繞著揮之不去的恐懼，而足球既可作為隱喻，也提供了實際案例，讓人看到想管理工人階級這個新的社會組成元素，會遇到的社會和政治挑戰。商業化和職業化不是想解決這個問題的唯一範本。在德國和斯堪地那維亞半島，儘管明顯已有可使職業足球出現的種種先決條件，但業餘精神依然留存。在瑞典，這是因為工人階級很特別地取得了政治成就；在德國，則是因為全國徹底戰敗。但足球界的保守主義勢力在接納工人階級以前，有一個社會群體兼社會挑戰，他們還不打算接納，那就是婦女。

II. 女性與人民的挑戰

　　雖然證據略嫌稀少，不過很顯然，全球各地都曾經有女性從事不同型態的民俗足球。北美洲原住民族、日本中古時代宮廷、英格蘭懺悔節（Shrove Tuesday）所留下的遊戲紀錄，全都顯示女性也會參與男女混合的比賽或是純女性之間的競賽。相同說法並不適用於球會足球的早期發展。球會足球孕育自公學、大學、校友俱樂部和軍隊這些專屬於男性的機構，女性一開始是接觸不到這項運動的。打從萌芽之初，現代足球就與維多利亞時代所謂男子氣概（Victorian Masculinity）所涵蓋的大範圍觀念綁在一起，這套觀念認為運動與其他公眾領域一樣，是只該由男人管的事。在維多利亞社會的上層階級，進步派與自由派人士對休閒運動有一種比較包容的想法，允許女性從事某些比較溫和的運動，例如網球和槌球。但像板球、橄欖球、足球這些陽剛味兒的消遣，仍被視為破格越軌的行為。即使在某些地方女性有機會接觸這些運動，還是必須先攀越一道意識形態的高牆——社會普遍認為，運動有損女性氣質，會傷害女性纖弱的身體，而且違反事物自然的秩序。工業化社會創造出僵固的新性別分工，社會階級較低的女性被束縛在家庭的範疇之內，接觸不到絲毫正式的體育活動或體能運動，這種現象幾乎舉世皆然。

　　哪怕面對體制結構和意識形態的限制，不列顛上層階級的女性還是站上了球場。女性的板球俱樂部在一八八〇年代初蔚為流行，女性進行非正規足

球賽的紀錄，則在一八八八年首見於蘇格蘭因弗內斯，之後在一八九二年，蘇格蘭足總於格拉斯哥主辦了第一場正式的女足賽。國界以南，英格蘭第一場女足賽於一八九五年在倫敦克朗奇區（Crouch End）舉行，南英格蘭隊以七比一擊敗北倫敦隊。

　　但女子足球都還稱不上起步，就出現了反彈聲浪。一八九六年，成員清一色是男人的荷蘭足總，禁止鹿特丹斯巴達隊（Sparta Rotterdam）與一支英格蘭球隊進行女子比賽，隨後更進一步禁止全國所有隸屬於荷蘭足總的球場舉辦女足賽。德國也採行類似的排除措施，歐洲各地的社會、醫學、體育評論家，也異口同聲宣稱足球有害女性的健康。英格蘭足總在一九〇二年頒布一條規定，禁止男子球隊與女子球隊對賽。一次世界大戰前那十年，英格蘭只留下極其零星的女足紀錄。但就如同一次世界大戰終將打破社會體制對於婦女投票權的抵抗，戰爭引起的社會經濟動盪，也會為女子足球打開下一輪實驗空間。

　　一次大戰期間，隨著西部戰線這座屠宰場消耗掉愈來愈多的男性勞動力，女性工廠從業人口也因此大幅提升。在不列顛，工人階級的年輕女性想找工作，軍需品工廠是很受歡迎的目標，第一波女子足球也在此誕生。位在普雷斯頓的狄克柯爾工廠內，男子足球隊表現普普，常受到廠內女性揶揄嘲笑。玩笑之餘，有人提出不妨較量一場，因此一男一女兩支工人組成的球隊，就在普雷斯頓的潘韋頓（Penwortham）附近一片空地踢了一場比賽。狄克柯爾女子隊一鳴驚人，從此持續發展，開始參與慈善賽，為傷兵與其他戰爭基金募款，而且立刻走紅，吸引為數眾多的群眾觀賽。其他工人女足隊起而效尤，陸續成立，在英格蘭北部尤其興盛。至一九二一年，可能已有一百五十支球隊，其中約二十五支隊伍在布萊克本組成了女子足球總會（Lady's Football Association）。女足比賽大受歡迎，觀眾人數在一九二〇年代末攀至高峰，五萬三千人前往艾弗頓的古德森公園球場看狄克柯爾女子隊擊敗聖海倫女子隊（St Helens Ladies）。

　　戰爭尾聲將至時，女子足球也在法國起步，結合了和英格蘭類似的工人球隊，以及偏向中產階級的女子運動俱樂部裡的足球部門。這類俱樂部裡其

中兩支隊伍——女子前進隊（En Avant Femina）和鶯鳥隊（Fauvettes），兩隊成員在一九一八年進行了法國第一場公開女足賽，當作法國對比利時之國際賽前的表演賽。到了一九二○年，大巴黎地區已有大約十二支活躍的女足隊。一支法國女足十一人代表隊經安排巡迴英格蘭，除了與狄克柯爾女子隊較量，也與其他英格蘭代表隊在普雷斯頓、曼徹斯特、西倫敦的斯坦福德球場等地對賽，其中西倫敦的這一場比賽，英格蘭隊伍在兩萬名觀眾面前獲勝。但正如同男性社會菁英害怕女性跨入男性工作場域帶來的結果，戰後想盡辦法把女性趕回家庭勞務之內，英格蘭足總也一樣，深怕女足比賽侵門踏戶。

一九二一年，凡是英格蘭足總轄下登記的球場，一律禁止狄克柯爾女子隊與其他所有女子俱樂部使用，這害女足發展倒退七十年。女足被放逐到勉強湊合的公共或私人空地、公園、市立球場。沒了正式的教練或財務體系，女足賽淪落至邊緣，衰減成有點怪模怪樣的次文化。歐洲男性社會自忖已經讓步給予女性投票權，不想再做出絲毫讓步。受到規則禁止的女子足球，接著又遭意識形態的力量打壓——社會上普遍依醫學與科學文化所建構的價值觀，到了一九二○年代居然還能夠宣稱足球太粗野太危險，不是適合女性身體的運動，甚至於《柳葉刀》（*The Lancet*）這樣權威的醫學期刊上發表。要等到這些論述遭受質疑、失去效力，等到新時代來臨，正式平等的選舉權不再被視為女權運動的終點，而只是起點，女子足球才會再度興起。

III. 新陣型，新氣象

1923 年 4 月 28 日
博爾頓流浪者隊 2—0 西漢姆聯隊
溫布利，帝國球場（Empire Stadium）

不列顛人比較自豪他們的動物，還是他們的禮儀？位在西北倫敦溫布利的帝國球場全新落成，五十萬人聚集來到現場，將近一半的人得以進入球場，

在這樣一場史無前例的社交盛會當中，不列顛人記得的是一匹馬。那並不是場內唯一的馬，甚至也不真的是白馬。

禮儀呢？從高空俯拍，警員喬治‧史柯雷（George Scorey）前方的人群正慢慢緩步後退，史柯雷覺得大家是「尊重他的馬」。國王喬治五世進場，近衛軍樂隊奏響國歌，所有人齊聲合唱。邊線附近和看臺上稍有一些推擠，不過處在這樣不舒服的環境，現場仍洋溢著愉悅、自律和淡定。

翻找留在當時剪輯室地上的雜物，能找到紀錄的片段。從中可以看到，球場方圓二到三英里半徑內，交通壅塞和龐大人潮以使警方疲於奔命。說是歡樂球迷但更像是暴民的一大群人正在接近：

我撥開雜草，穿越草地、跨越鐵路、翻越高牆，才發現進場的路被鐵皮浪板擋住，上面還加了三排帶刺鐵絲。有些人比較大膽，硬是攀越這道可怕的障礙，其他比較不敢冒險的人，則在浪板底下挖地道鑽小洞。9

球場圍牆四周，全是建築工人用的鐵梯、木板、鷹架，活像中世紀圍城後荒棄的戰場。後來到達的人接連攀上城堡高牆。場內，標示牌全都錯了，座位安排陷入混亂，帶位服務員驚慌逃跑。投機者見到空間就爬，也不管是否有人預訂，新進場的人不斷湧入的壓力，漸漸把他們也逼下看臺，逼進球場草皮。五十名肋骨斷裂、缺氧休克的傷患被送往威勒史登醫院（Willesden Hospital），這件事似乎沒產生影響，甚至是成功而非失敗的印記。騎警介入管理秩序，從看臺上看起來很難稱得上溫和。「他們開始衝向群眾，引起人群驚慌逃命。」一直要到員警手拉手串連成一大條警戒線，奮力阻攔住群眾，比賽才得以開始。

要有這種程度的自律，同時輕微施加法律鐵腕，方能鎮壓我們所有人心中的暴民。但群眾也可以像慶典一樣歡樂，這一段我們也剪輯出來了。在前往球場的路上能看到：

……一輛釀酒廠的卡車。車上載著一柄巨大的鎚子，用大大的啤酒桶做

成鎚子頭，還有一根大樹幹插在酒桶裡充當鎚柄⋯⋯表面裝飾著美麗的酒紅和藍色，旁邊有兩根用同樣方法做成的小鎚子，擺在大鎚子兩側⋯⋯車上載著球迷，大家高唱「泡泡歌」和「一二三四五」。[*10]

想像他們困在倫敦北環路的車陣裡動彈不得的樣子。[11]

　　一九二三年足總盃決賽觀眾人數之龐大，反映了職業足球在這個年代益加茁壯，雖然足球在當時已然是國內觀眾最多的運動。一九一九年，甲級和乙級聯賽各從二十支球隊擴大到二十二支球隊。其後在一九二〇和二一年，半職業的南部聯賽和幾個北部聯賽，也分別晉升為南部與北部丙級聯賽。不論是當時或現在，還沒有哪個地方的足球文化能像英格蘭一樣撐起四個全國職業聯賽。四個聯賽總計九十二支球會遍及英格蘭每個角落，只除了康瓦耳和昆布蘭島上最偏遠的鄉村邊緣。各級聯賽的觀眾人數在一九二〇到三〇年代間穩定成長，只有一九三〇年代初受經濟大蕭條衝擊最嚴重的小鎮，發生過集中於地方的球迷人數銳減。但溫布利這一群球迷最受稱揚的地方，不是規模人數，而是行為表現。現場群眾集結卻未淪為暴民，集體用幽默面對困境，用克己對抗壓力，並表現出對當權的尊重。足球是人民的運動，但人民並沒有什麼好可怕的。

　　這肯定是英格蘭足總和英足聯希望足球向全世界展現的形象。雖然不無遺憾，但英格蘭足總已和商業化和職業化的力量達成和談，只是不能容忍再往這個方向進一步變化。各種形式的科技和具體發明，都被放在復古唯美的濾鏡下檢視，這一層濾鏡把維多利亞時代晚期足球雜亂的仕紳教養，當成足球體育和美學價值的金科玉律。英足聯和各頂尖球會的主席也滿足於現狀。他們不費吹灰之力就獲得一群消費大眾，而且看起來不需要進一步服務、投

---

* 譯註：西漢姆聯隊又被暱稱為「鐵鎚幫」，在東倫敦起家，鎚子是他們的代表圖案。酒紅和藍色是球衣顏色，泡泡歌和一二三四五則是加油歌，遇上主場比賽球迷會在場內吹泡泡。

資或招睞這些大眾，只要提供煤灰土堤和拆掉圍籬的看臺就夠了。最高工資和轉會制度讓球會擁有凌駕於球員的無上權力，而且有效抑制商業剝削足球，加上英格蘭足總規定球會股東只能持有限量股份，更強化了這一層抑制。足球是一門生意，不過是一門極為保守且特別的生意。球會之間不會彼此爭搶顧客，不用花費大量心力關注球迷需求，也不用把大部分收益交歸老闆。以嚴格的經濟用語來說，這是一項低風險、低投資、低報酬的遊戲，不信任創新，不在乎競爭，不列顛足球界的掌權菁英就喜歡足球維持這個樣子。但就像不列顛大部分的工業資本一樣，他們終究會被他們瞧不起的方法和人才所取代。

英格蘭足總的整體施政方針，從戰後面對女足興起的態度就看得出來，它對愛爾蘭危機的反應也是如出一轍。當愛爾蘭自由邦竟然有膽成立自己的足球總會，還在一九二三年加入國際足總，本土四國立刻集體迴避愛爾蘭球會和國家隊。一九二〇年代末，英格蘭足總把矛頭轉向悄悄潛入高階業餘足球的職業化風潮。這最後導致英格蘭北部主要業餘球隊出現形同獵巫的現象，三百四十一名球員和一千多名行政官員遭到罷黜。好像沒別的事可做一樣，英格蘭足總還計劃反對週日比賽，認為球場開泛光燈多此一舉，同時也不讓媒體大眾參與任何形式的決策。

足球與賭博有瓜葛也受到強烈反對。足球場禁止用於賽狗，球迷俱樂部也不得用簽注方式替球隊募款。英格蘭足總難得採取先發制人的策略，遊說政府於一九二〇年通過《現金足球賭博法案》（Ready Money Football Betting）。繁文縟節的法條，名字也繁文縟節。這項法案希望禁止足壇所有型態的賭博，只有與信用借貸有關的不算在內。這麼做顯然可以是為了排斥工人階級，也可以是為了保護工人階級，端看所持的觀點為何。然而，賭博投注產業找到了一道法律漏洞。莊家只在民眾押注的比賽實際舉行過後才收錢。透過聰明行銷與有效營運，「集資投注」成了全民風氣，至一九三〇年代中期，每週都有超過六百萬人參與投注。英足聯對賭博產業的怒氣，終於在一九三六年爆發成公開衝突，英足聯會在預定比賽的兩天前才公布賽程，讓他們來不及印製彩券，希望藉此擊垮賭博產業。賭博公司、媒體、球會——

所有因為接連的紛爭而賠錢者，聯手逼英足聯打退堂鼓。自此之後，賽程恢復提早宣布，英足聯也分到了一杯羹。

以電臺播報比賽，英足聯對於這個概念也同樣緊張兮兮。與英國國家廣播公司（BBC）多次協商之後，英格蘭第一場足球現場轉播在一九二七年一月二十二日播出，由阿森納隊對上謝菲爾德聯隊。同年有更多比賽跟進，最後高潮以轉播一九二年足總盃決賽作結。往後四年，廣播轉播了近百場比賽。播報員喬治・「天啊」・艾利森（George "By Jove" Allison）為轉播注入了些許平民調調。實驗精神也延伸至實況報導，播報員會參考印在《廣播時報》上的編號網格，播報球員的場上位置。然而，英足聯內部對媒體的反對日漸升高，低級別聯賽的球會尤其害怕廣播只報導名氣較大的球隊會害他們的球迷流失。一九三一年，英足聯宣布一概禁止現場轉播。

有趣的是，相較之下英格蘭足總計劃要創新的一個領域，就是廣播，特別是英格蘭足總盃，從一九三〇年在空中放送以來便一直維持至今。英格蘭足總刻意利用足總盃錦標賽，藉機展現足球是「全民運動」。英國國家廣播公司實況轉播的公信力可以讓足總盃與大英帝國日（Empire Day）、賽船大會和國王的耶誕演講平起平坐，是穩固足球地位的重要手段。但戰後初期歡騰的群眾，尤其是那些從英格蘭北部放假一天來逛大都會的球迷，被視為嘈雜的伴奏，與重要場合不相襯。對此，英格蘭足總的處理方法是更改決賽的售票規畫，分配給出賽球隊雙方球迷的票大幅減少，大部分票都給了其他球會、相關機構和貴賓親友。一九二七年，英格蘭足總為美化決賽，還在開踢前邀請現場合唱聖歌〈與我同在〉（Abide With Me）。隔年，《約克郡觀察家報》（Yorkshire Observer）寫到哈德斯菲爾德隊球迷遠赴現場，看到球隊以三比一敗給布萊克本流浪者隊：「因為一個念頭，典型愛好運動、歡樂愉悅的英格蘭球迷，變成龐大的宗教集會，所有人整齊劃一舉起帽子的場面，現在成了長久流傳、向深植於民族性格中的宗教情操致敬。」[12]

這種佯裝的淳樸風貌，也再現於職業足球隊過時的內部結構當中。真正與踢球有關的事，幾乎完全拋給球員內部自行決定。球員的地位比不上球會中產階級的職業董事，業界其他所有細節全由這些董事支配，包括挑人組隊。

球員獲得的指導頂多只有：「上場之後該怎麼做，你們應該知道。」隊員之間，輩分資歷主宰一切，基本上形同師父與學徒制度，邊做邊學、邊看邊學，這些沒有條理方法的學習方式，就是教學核心。所謂練習，僅限於低強度、隨興所至的體能鍛鍊，跑跑步，舉舉重。控球訓練和練習賽受到嚴格限制，理由很荒謬，說是平常碰不到球，星期六比賽來臨，球隊才會對球有渴望——但卻沒有人問，到時候縱然好不容易拿到球，球員知不知道該怎麼辦。到一九二五年修改越位規則以前，由於這種保守文化根深柢固，足球很少出現創新的戰術或技巧，亞瑟‧格林戴爾（Arthur Grimsdell）於一九二〇年代替熱刺隊首創長拋球戰術，比爾‧麥克拉肯（Bill McCracken）為紐卡索隊改進越位陷阱，是其中兩個少數案例。相反地，英格蘭職業足壇不斷製造出高品質火爆硬漢，常被戲稱或暱稱為球隊裡的「殺手」。阿斯頓維拉隊的法蘭克‧巴森（Frank Barson）就是一個典型人物，他凶悍到被罰下場便足可證明這一點。

　　保守到這種程度，如果說代價是缺少創新，那麼好處就是穩定。競爭與金錢的動力受到控制。確實有豪門球會試過，想辦法走其他門路破解最高薪資規定，以挖角、吸引或留住頂尖球員，但回顧起來，破例的似乎不多。例如一九二九年，阿森納隊想招睞普雷斯頓隊的艾力克斯‧詹姆斯（Alex James），提議在倫敦一間百貨公司給他安插一份工作，當運動器材展售員。但體制堅持不讓步，球員工會也很順服，到了一九三〇年代末才開始考慮罷工。球迷群眾比較難管。卡萊爾聯隊、米爾沃隊和女王公園巡遊者隊，在三〇年代都曾因為球迷發生暴動，扔擲石頭、闖入草皮，而被迫關閉球場。不過，這類事件其實很罕見。唯一爆發群眾騷亂暴力且長久持續的只有發生在蘇格蘭，宗教派別對立在格拉斯哥揮之不去。

　　一次世界大戰後頭十年，蘇格蘭、尤其是格拉斯哥足壇，時常發生小規模的球迷騷亂，偶爾爆發大規模事件。格拉斯哥這座城市本身似乎不斷遭遇麻煩。城市經濟在戰間期幾乎都處於衰退狀態，市內最貧窮的地區社會治安極度惡劣，早期工業化的結果開始形成不利影響，公司行號數量衰減，房地市場景況淒涼。更有甚者，愛爾蘭移民在這之前半個世紀大規模遷入，使新

教徒與天主教徒形成社會對立。復活節起義留下的苦果，與普遍盛行的宗派主義，更讓對立火上加油。這種互相報復的宗派主義，就是一九二一年愛爾蘭自由邦誕生的時代特徵。

有這樣的背景，也難怪足球會變成一座角鬥場，宗派差異競相在此展現、深化，偶爾更演變成暴力。在格拉斯哥還有額外一項因素，當地有由來已久的剃刀幫派（razor gangs），他們處於灰色地帶，身分介於犯罪組織、地痞流氓、足球流氓原型之間，是那個年代街頭文化的有力角色。剎車俱樂部（brake clubs）的發展更讓情勢雪上加霜。最早成立於一八八〇年代，煞車俱樂部是足球史上最早的客場球迷組織。球迷團體一開始會自己雇用，甚至擁有自己的接駁馬車，前往或離開客場比賽的路途上，這些馬車就變成一輛輛移動酒館。到一八九〇年代末，凱爾特人隊已可誇耀他們的剎車俱樂部多到能組成一整個聯會。剎車俱樂部在戰間期更加流行，而且車輛自動化了，移動範圍大幅提高。流浪者隊和其他球會很快也跟進，從此每逢最激烈的運動賽事，大量客場球迷湧現就成了蘇格蘭的日常風景。

女性也好，難管的球迷也好，來自足球核心圈子外部的挑戰，到頭來都還經受得住。對足球現狀最嚴峻的攻擊出自內部，化身為赫伯特・查普曼，這個發明現代足球經理的的關鍵人物。查普曼展開執教生涯之初，在利茲城隊捲入財務醜聞。他在一九二〇年轉任哈德斯菲爾德隊，幫助球隊贏下三座聯賽冠軍後，一九二五年加入阿森納隊。也就是在這裡，他著手發明出現代足球管理模式。一名足球員的傳記敘述查普曼來到球隊當時：

> 赫伯特・查普曼坐下來重整足球，簡直跟一位商業大亨坐下來重整獲利一樣。企業家用來加速商品製造的每個手段，在他眼裡也同樣能用來加速量產進球。[13]

相對於不列顛足球和不列顛工業迂腐的傳統主義、不知反省的自滿，以及欠

缺效率的勞動分工,查普曼是一股福特主義*理性化的力量。為達此目的,查普曼影響最深的革新,是在足球俱樂部既有的權力結構當中,替自己開拓出一個自治空間。過去球會董事負責簽球員和組隊,球員有他們私下的階層關係,自己組織賽場上的行動,訓練員則提供最低限度的訓練、醫護和洗衣服務。查普曼新握有的自主權,核心精髓是他對選擇隊員、球隊比賽、戰術使用的絕對掌控。開賽前半小時,除了球員和行政人員以外,其餘人等禁止出入更衣室。不願意或沒有能力聽取命令並實際執行的球員,一律剔除。查普曼能夠建立起這樣的權力基礎,不光是靠他的個人魄力,也是剛好正逢阿森納隊內部紛亂。前任董事會主席亨利·諾里斯爵士(Sir Henry Norris),因為爆出中飽私囊而黯然下臺。樹立起權威之後,查普曼自然也有資金和人力可以部署一連串創新且備受仿效的戰術計畫。

查普曼發明的新戰術,是因應一九二五年修改後的越位規則。戰後年代,英格蘭職業足壇的進球數不斷下滑。舊規則之下,進攻前鋒與球門線之間必須另有三名球員才不算越位,老練機敏的後衛只要站位前壓,就能輕易讓前鋒落入越位陷阱。來自球會方面的壓力,迫使國際足球協會理事會(International Association Football Board,足球規則的最終制定團體)修改規則,球門前減少成只要有兩名球員就不算越位。接下來幾個賽季,進球湧現,進球數增加將近五成,這也讓英足聯轉而重視起防守。不少教練或球員實驗過新陣型和新戰術以應付這類問題,查普曼不是唯一一人,但他率先構思出一整套系統性戰術,且帶領的球隊有能力實踐他的構想——日後人稱WM陣型。最明顯的差異是中後衛的角色改變。在一八八〇年代演化出的 2-3-5 陣型當中,中後衛(center-half)並不是防守角色,真要說還比較像是控球中場(playmaker)的雛型,把球帶出防守區,發動攻勢。現在中後衛被拉回後防線,擺在左右後衛之間,專司防守,常被稱作終結者。舊陣型的另外兩名中場球員,即左右翼(wing-halves),功用不再只有盯緊對方的兩翼,而是被

---

* 譯註:福特主義(Fordism)指的是現代資本社會以工業化和標準化為基礎,大量生產、大量消費的社會經濟體系。命名自亨利·福特(Henry Ford),他創辦的福特汽車首先應用生產線來量產汽車。

拉回中場主要範圍，既肩負防守責任，也負責把球帶出防守區，傳向前線。

　　傳統 2-3-5 陣型下，前鋒線習慣一起前壓，沒有特別專精的位置，也不用額外擔負中場或防守的責任。但在查普曼的戰術陣型下，前鋒的角色、體格、技巧和訓練方式都有更精細的區分。邊鋒（winger）緊貼邊線移動，鑽縫傳球。中鋒（centre-forward）要比較高大魁梧。位在兩者之間的內鋒（inside-forwards）是 M 字尖端兩點。他們必須串聯防守，並擔任球隊進攻時的大腦。查普曼執教的阿森納隊因此展現出現代福特化生產流程的許多重要特徵：高度專業分工、系統化重複的工作流程、工作設計、管理者就近監督及控管球員。

　　不過一旦踏上球場，查普曼的球隊會被期待表現出一定程度的自發性、反應力、發明力，沒有生產線會這樣要求工人。阿森納隊特別又是防守反擊的高手。他們有能力而且不怕把空間讓給對手，退回組織嚴密的後防線，趁敵隊球員過度挺進前線時，有意識地拉長對手戰線。當阿森納隊一奪回控球權，一記長傳球就能利用對手空出的空間，像克里夫・巴斯汀（Cliff Bastin）這種腳程快的球員就能善加運用，趁隙得分。阿森納抵消攻勢、及時得分、保持領先的能力，催生出「幸運阿森納」的綽號，但這不是運氣，他們是經過精心計算並付諸實行的。全國各地球迷的反應，說明了阿森納的現代戰術多麼思路清晰、牢不可破，也說明了他們的成功與其大都會身分，在提塞德地區（Teesside）的球迷眼裡，阿森納這支球隊是來自「陰柔的南方，來自倫敦，來自政府所在的城市，大家總想像在那裡一切傷風敗俗之事，背後都有人陰謀操弄。」[14]

　　如果查普曼只是帶頭革新戰術、拓展教練的自治權，對創生現代足球的貢獻已經很可觀了，但他的精力和創造力似乎還源源不絕。他固定在《星期日快報》發表看法自成一家的專欄。查普曼把專欄當成佈道講壇，不失中肯地談論足球界引進的無數科技和實用發明，例如夜間燈光、白球的使用、人工草皮發展、球衣編號、公共球場的時鐘倒數半場時間。每一篇文章都經過細心算計，意欲傳達足球的魅力，同時改善足球提供的場面水準。但這些做法英格蘭足總一個都不願意推展，幾乎每個構想都能挑剔否決。查普曼也深

諳知名度和媒體的潛力。前往海布里球場的地鐵站原本叫「吉列斯匹路」（Gillespie Road），查普曼說服倫敦交通局將之改名為「阿森納」站。海布里球場甚至沾過兩三點星光，一九三〇年代不列顛影壇兩位明星，女演員安娜‧尼格（Anna Neagle）和導演賀伯特‧威考克斯（Herbert Wilcox），查普曼曾邀請他們親臨觀戰，並刻意安排媒體報導。

　　查普曼在海布里球場的繼任者喬治‧威爾森（George Wilson），繼承了名人教練的衣缽，證明自己善於表演、博取知名度，但不論是他，還是英格蘭職業足壇其他領銜人物，二戰之前沒有人複製得了查普曼對球會的政治手腕、對球隊的戰術掌握，還有他現代化的訓練與執教方法。一直要到一九三八年，史丹利‧勞斯（Stanley Rous）才出版了英格蘭足總第一本教練專書，距足總成立已將近八十年，勞斯在某方面可說是足球界最現代化的人物。紐卡索聯隊直到一九五〇年代中期還是由球會董事挑選球員，英格蘭國家隊也始終沒有一個教練符合查普曼立下的模範，直到艾爾夫‧拉姆西（Alf Ramsey）於一九六〇年代初接任。英格蘭足壇勉強激出的的創新火花，都被管理者滯悶的保守、怠惰、自滿給抿熄。歐洲足球不同，沒有空洞的慣例和過往霸業催生的自信使其因循守舊，歐洲足壇渴求新點子，熱中此道的足球教練構成新興的跨國網絡，查普曼只是一部分，各國教練吸收採納他的構想，同時也發想出新的戰術和訓練模式。這個國際網絡裡的代表人物，有在布達佩斯的吉米‧侯根、都靈的維多里奧‧波索（Vittorio Pozzo）、維也納的修格‧麥索。

　　不過，他們的戰術並沒有能簡單說明的相同之處。事實上，在職業化且競爭日趨激烈的情況下，戰術打法的變化愈來愈大，球隊和球員都在尋求創新，好讓自己與其他打法比較固定、容易預測的對手有所區隔。要評論足球史早期戰術打法之前，幾條注意事項必須聲明在先。首先，一九二〇和三〇年代雖然留下很多足球記錄影片，但拍攝整個場地或整場比賽的影片非常少。用粗糙的攝影技術在邊線固定位置拍下的影片，剪輯成新聞片段，只留下關鍵時刻，對於那個年代足球真正的跑動、擺陣、站位，從這些影片實難獲得準確的全貌。第二，觀察者針對足球風格寫下的紀錄，與攸關國族身分

的政治辯論關係愈來愈深。放在民族主義者的鏡片下檢視，足球可能會因為隱而不宣的政治和文化需求，出現不同的形貌。

英格蘭足球雖然常被諷刺漫畫描繪得比實際上單調，不過對世界其他地方來說，還是一個穩定的參考基準。英格蘭風格在外人印象裡，肉體對抗極度激烈，接近粗暴。這種打法仰賴充沛的體能，以供大量跑步和體力消耗，同時充分利用橫傳球、頭頂球和長傳球。在中歐，維也納、布達佩斯和布拉格之間的人才與體育網絡交織、關聯緊密，似乎也孕育出一種獨特打法，且自詡承襲自「蘇格蘭式的傳球戰」。教練明顯比英格蘭更強調技巧和控球，按照侯根的說法，球員會被叮囑要「把球控在草皮上」。這種戰術顯然夠有特色，當代才會將之稱為「維也納體系」或「多瑙河學派」。

在拉丁美洲，同樣由蘇格蘭流傳下來的球風也成為一項重要元素，構成新興的「拉布拉他河足球」——多短傳、善於控球、多人進攻，全都是受到當代賽事報導稱讚的特點。但拉丁美洲還另外加上一點，那就是更重視個人技巧的靈敏精妙，倒掛金鉤和香蕉球便號稱是南美大陸的球員發明的，個人盤帶在這裡也獲得光榮的地位。

這兩種模式對義大利的球風都產生顯著影響，演化出第四種類型的球風。整個一九二〇年代，義大利足壇非常依賴中歐，一個賽季有六十名球員招募自當地，教練亦從當地引入。同一時間，義大利也汲取了拉丁美洲經驗，至一九三〇年代中期以前，引進很多阿根廷、烏拉圭和巴西球員。兩種足球文化獨特交會，加上維多利奧‧波索的權威護佑，誕生了一種義大利特有打法的概念，稱為「義大利打法」（il Methodo），後來又稱為「義大利體系」（la Sistema）。義大利人的貢獻可分為兩方面。第一，義大利足球對於陣型站位有一套複雜但精準的專門用語。舉例來說，義大利把不同類型的後衛又再加以細分，像 terzino marcatore 是定點後衛，terzino fluidificante 是能在指派的防守職責之外自由跑動的後衛。第二，由於有精確專門的用語，義大利在細部戰術分析上比其他足球文化更有系統，重視盯防，追求不讓中場組織核心有發揮空間。

除了這些早期足球流派之外，歐洲其他地方也能見到創新、仿效及發展。

瑞士的卡爾‧列賓（Karl Rappan）是首位實驗運用「清道夫」的教練，清道夫或稱 libero，是配置在傳統後防線之後的終極防守球員。德國的塞普‧赫伯格相當於國際足壇的查普曼。他所領軍的德國國家隊不只能踢強壯版的查普曼ＷＭ陣型，而且如同查普曼在阿森納隊一樣，赫伯格後來也拓展出戰術自治和球隊管理的權力。從其公開發言可知，赫伯格也是能吸引媒體又激怒媒體的創新之人。他可能是第一個精通以格言警句重述謬誤推論之道的教練。連同其他眾多踢球、看球、追蹤、執教的人，赫伯格確保了自規則確立以來，足球首度能在不列顛以外的地方開展未來，而且沒有哪裡發展比得上維也納。

IV. 歐陸足球之都維也納

　　維也納是歐洲大陸的足球之都……每逢週日，不論晴雨，至少總有四萬到五萬名觀眾聚集在一起，這種情景還有哪裡看得到？還有哪裡會有超過半數的人口都這麼關心賽事比分，幾乎每兩個人就能聽到一人在談論聯賽的比賽結果或球會未來賽事的展望？[15]

答案是別無他處。布達佩斯和布拉格相差不遠，但這兩個地方可以同樣看成是維也納足球狂熱的一部分。維也納在一九二四年成為不列顛境外第一個舉行職業聯賽的地方，匈牙利和捷克幾乎立即跟進，一方面是受到鄰國鼓舞，一方面也是害怕球員流失到奧地利首都。但為什麼是維也納？中歐多瑙河沿岸在一次大戰以前，足球僅勉強稱得上流行，為什麼戰後卻以令人目眩的速度發展躍進？這有一部分是領土分裂的產物，是舊政治社會框架瓦解後中歐地區釋放的活力形成的結果。當大戰在一九一八年十一月慘烈作收，局勢也日益明朗，哈布斯堡王朝與其治下的多民族帝國已經沒戲唱了。末代皇帝卡爾一世（Karl I）退位不到一年就躲到了瑞士。領土邊沿的匈牙利、捷克、波蘭和南斯拉夫紛紛宣告獨立，解體的王國中心只剩下領土縮得小小的奧地利。一九一八年十一月十二日，在維也納市政廳的階梯上，新生的奧地利共

和國來到世間，雖然沒人曉得有誰由衷希望她誕生。泛日耳曼主義的支持者希望與德國合併，社會主義者與新成立的共產黨黨員希望建立工人共和國，基督教民主黨人要求一個君主立憲國。當時舉行了一連串公投，福拉爾貝格邦（Vorarlberg）支持併入瑞士，提洛邦（Tyrol）和薩爾斯堡邦（Salzburg）支持併入德國，結果只是更加證明奧地利的存在風雨飄搖。

維也納本身從一座兩百一十萬人的大城市，受人口五千兩百萬人的跨民族帝國統治，變成一座一百八十萬人的首都，治理一個只有六百四十萬人、過半數是德語人口的國家。維也納的獨特之處，過去部分受到哈布斯堡帝國的千面風采遮蔽，如今在僅存的奧地利鮮明分立的文化和政治風景之內，顯得格外清晰。一九一九年全國普選，基督教民主黨人卡爾·倫納（Karl Renner）選上總統，在他支持下，最後一團政治革命的火苗熄滅，軍人和工人模仿蘇聯組成的委員會一一被逐至邊緣或解散，共產黨員兩度嘗試武裝政變都被平息下來。相反地，同年維也納市的地方選舉，逾半數百分之五十四的票都投給了社會民主黨與該黨的市長候選人雅各·洛伊曼（Jakob Reumann），從此直到一九三四年社會民主黨被扼殺為止，維也納的執政權始終不曾交予他黨。維也納是奧地利社會民主的實驗室、展示所，也是民主實踐的驕傲。社會民主黨提出的社會改革、集合住宅計畫與文化政策，造就了「紅色維也納」（Rotes Wien）——被黑色汪洋包圍的一座赤紅小島，黑色是農村的代表色，奧地利基督教民主黨牧師長袍的顏色。兩黨之間的差異不只是顏色而已，他們的衝突也使得城市與鄉村對立、現代與傳統對立、世俗與宗教對立、世界主義與民族主義對立。在這樣兩極化的情況下，維也納主宰著奧地利足球，除了少數鄉鎮之外，依然鮮少到奧地利其餘地方比賽，如此自負的掌控也讓足球成為維也納的城市象徵。

維也納獨特的社會與地理生態，造就了一整個世代的青少年，街頭足球是他們社交生活的中樞。十九世紀末到二十世紀初，維也納的大規模工業化發展發生於 Vorstadt，傳統習慣翻譯成郊區。但 Vorstadt 所指的郊區可不是一家一戶的溫馨住宅區或理想烏托邦花園城。這些郊區絕大多數是未經規劃、漫無法紀的廣大區域，充斥大型商業建物和工廠，建有高密度住宅以供滿溢

而出的新興勞工階級居住。這些新興郊區之間和郊區內部，有大片無人管理的無主公有地——從半完工的建築工地，到空曠的田野，再到半耕作的公有地，維也納足球就從無數在這裡踢球嬉戲的人群間興旺起來，鄰里間的競賽也顯得更加重要，因為比賽用地就是大家平常躲避國家和父母權威，在那裡狂歡、喝酒、交朋友的地方。

　　一九一八年十二月，奧地利新共和政府第一波行動的其中一項，就是法律保障一日工時最多八個小時。維也納工人階級從漫長工時的宰制下獲得解放，開始出於復仇心理，投身參加及觀賞形式更有組織的足球。奧地利足總在一九一四年登記在案的球員有一萬四千人，一九二一年人數幾乎增加三倍，已有三萬七千人。不光是野生球會，郊區現在還有能力支持更有組織的球會在頂級聯賽踢球，這當中包括法沃里滕區（Favoriten）的赫塔隊（Hertha）、麥德林區（Meidling）的華卡隊（Wacker），以及魯道夫胡格（Rudolfshügel）、席默林（Simmering）、胡特多夫（Hütteldorf）等地區的球隊。維也納這座城市現在變得比較工人階級，但也變成不如以往多元。帝國滅亡促使大批克羅埃西亞人、匈牙利人和波蘭人離去。單論足球界的話，只剩斯洛伐克人和猶太人還留著，各以 SK 斯洛文隊（SK Slovan）和維也納力量隊為代表。國際賽的入場人數至一九二五年以前增加了四倍。聯賽觀眾也不斷成長，其中無產勞工階級的人數愈來愈多，也漸漸令資產階級媒體擔憂。《新維也納時報》（Neue Wiener Journal）便提到：

　　足球運動吸引到的人口階層愈廣，足球迷群體擴展愈大，球迷鬧事不僅愈發頻繁，嚴重程度也不斷提高。他們隨地撿石頭木棍互毆，如果符遜（Fuschen）和德拉亨菲德（Drachenfeld）來的先鋒部隊也在場，他們甚至會持刀械鬥。[16]

社會民主黨曾試圖建立「紅色」足球文化加以取代，希望引導維也納工人階級的運動精力，從明顯具有政治破壞力的本土愛國主義及商業化的誘惑，轉向比較健全的社會主義業餘精神。但工人足球協會驅動得了的始終只有維也

納一小部分的足球能量。社會民主黨當時的文化政策野心勃勃，希望催化「人心革命」，但維也納人的心渴求更振奮人心的足球，那是微小的紅色聯盟所做不到的。維也納市內一流的「布爾喬亞」球會踢的足球，才是大家想看的足球，而且也為長久以來使城市分裂的社會文化衝突，提供了經由運動表現的形式。牢牢紮根於工人階級的維也納快速隊，不論球迷或球風都依然保有工人階級的模樣。一名觀察者就認為：「他們不曾讓球迷失望，因為他們不曾放棄，總是奮戰到哨聲響起。快速隊紮根於地方人口，從未漠視他們發跡的主場。綠白軍團是一支實至名歸的郊區球隊。」[17] 維也納業餘隊（Wiener Amateure），後來轉型成奧地利維也納足球俱樂部（FK Austria），在球場上與快速隊勢均力敵，並與自由派布爾喬亞以及市內大量猶太知識分子和專業階級歸類在一塊兒。或許是嫉妒這種球迷基礎能帶給球隊充沛資源，有些人把他們的比賽稱為「薪水足球」，形容球員踢球好比被「咖啡館濃厚的菸霧」給迷暈了頭。一九二一年入隊的卡爾・葛耶（Karl Geyer）承認他是為錢來的，但也是因為他想與「比較有腦袋的社會族群」一起踢球。[18]

　　歐洲首個職業足球聯賽就在這樣緊繃的足球背景下，在歐陸第一位重要的足球思想家兼官僚手中創立。維也納足球發展背後運籌帷幄之人，就是修格・麥索。他於一八八一年出生在波希米亞莫雷斯喬（Moleaschau）一個上層階級猶太家庭，全家人在一八九三年搬到維也納。麥索少年時代在維也納業餘隊擔任內前鋒，同時就讀商業院，修習從商之道，但還是靠著家中人脈關係，才在國家銀行替他安插了一個行員職位。銀行業務從來只佔用他一點點時間心力，他的精力充沛，先是在奧地利足總擔任祕書，後來接任國家隊教練，從一九一二年到一九三七過世為止，只有戰時服役期間不在任上。麥索直接參與了創立全世界第一個定期舉辦的俱樂部國際錦標賽：中歐盃（Mitropa Cup），以及歐洲大陸第一個國家隊錦標賽，吉洛博士盃（Dr Gero Cup）。除了赫赫有名的奧地利維也納隊也由他經營之外，麥索還是奧地利國家隊「夢幻陣容」的教練兼主創者，這支隊伍在一九三〇年代早期馳騁國際足壇。

　　這一切發展得以實現，最大關鍵是職業化合法化。談到轉變至公開商業

化足球的過渡時期，麥索日後說那如同一次商業賭博，但就實際而言，他只是把已經在運作的事情賦予形式而已。所謂已經在運作的事，不光是常見的各種檯面下酬勞、虛報費用、安插工作等等世界各地準職業足球的特徵。維也納在這些之外，還擁有一種世故老成、無所拘束的足球文化，與城市裡的知識分子和電影、音樂等大眾文化緊密連結，在此前提之下，不僅足球能夠順利商業化，還造就了風格獨特的多瑙河足球。促成此般文化融合的熔爐，也是維也納所有大事醞釀成形的地方，就是維也納的咖啡館。

傳說在十七世紀，奧斯曼帝國大軍終於在維也納近郊被擊退，軍隊撤退之際留下了咖啡。新開張供應咖啡飲品的咖啡館，與在英格蘭一樣，成了十八、十九世紀興起的布爾喬亞階級重要的社交場所，都市人在這裡見面、聊天、交流意見、形成看法，不受宮廷官場的繁文縟節拘束。到了十九世紀末，維也納的公共空間已經充分發展，某些咖啡館甚而能專門服務特定客群與小部分知識界和政界菁英。格林斯泰咖啡館（Café Griensteidl）成名甚早，這裡提供的環境激盪出以亞瑟·史尼茲勒（Arthur Schnitzler）為代表的維也納現代主義文學，他的鄰桌則可以找到維克多·阿德勒（Viktor Adler），奧地利社會民主黨的創辦人。從荀白克（Schoenberg）受佛洛伊德首創精神病學啟發而創作的實驗音樂，到魯斯（Loos）激進的設計與建築，從維根斯坦（Wittgenstein）邏輯實證主義的精闢理論，到奧地利馬克思主義（Austro-Marxism）嚴格但實用的激進主張，二十世紀最初那三十年間，維也納的咖啡館孕育、提攜了一連串出色的知識與文化運動。

但咖啡館從不單純只是研討室或演講廳的替代品。咖啡館具有民主、開放的性質，堅持把探討理論與探索樂趣合而為一，加上地點又位在都市中心，因為這種種條件，神經質的維也納菁英與他們的高雅文化得以在這裡與各種大眾娛樂交流來往，如插科打諢、八卦陰謀、電影、劇場和足球。圓環咖啡（Ring Café）原本是維也納板球員的集散地，後來成為維也納足球界的社交中心。一名常客描述那裡像是「一個首創由足球愛好者和狂熱者組成的議會……偏好哪一支球隊也佔不了上風，因為幾乎維也納每個球會都有代表在這裡。」[19]

　　琳瑯羅列的維也納足球文化，許多交織在約瑟夫・烏利迪（Josep Uridil）的生涯裡。一九二〇年代初最受歡迎的足球員，烏利迪是一名裁縫師傅的兒子，一八九五年出生在工人階級郊區奧塔克靈（Ottakring），開闊的空地和荒地是當地一大特色，也為他早年提供了練習場地。烏利迪是一次大戰後快速隊的當家前鋒，壯健的體格為他博得了「坦克」的綽號。這名伺機而動的前鋒沒有影片保存下來，不過從當時的一段敘述也感受得到他的某種魅力：

　　別人能比他早進球，但沒一個有他這樣浩大的氣勢、沛然的力量，他憑藉這股動力奔馳在足球場上。對手要是敢擋住這部賽跑機器的路，可是會大難臨頭。那人會被撞翻在地，幾乎要給碾碎，分解成化學分子。[20]

戰後維也納到處是烏利迪的身影。那年頭的流行金曲是一首活潑的狐步舞曲，由流行創作歌手赫曼・李奧波（Hermann Leopold）所作，歌名就叫〈烏利迪今天要上場〉（Heute spielt der Uridil），一九二二年一整年，維也納街頭巷尾的舞廳和宴會廳都播著這首歌。隔年，快速隊的球迷更自行伴奏演出烏利迪的主題曲迎接他上場。贊助、代言、廣告接踵而來，果汁、巧克力、肥皂、內褲和運動服飾產品都印上了烏利迪的臉。

　　然而一九二五年，維也納職業足球聯賽創辦第一年，奪冠的並不是維也納快速隊，最受矚目的明星也不是烏利迪。冠軍是維也納力量隊，維也納頂尖的猶太運動俱樂部。隊伍成立於一九〇九年，隊名的 Hakoah 一字，就是希伯來語「力量」的意思。力量隊並不是唯一成立於奧地利的猶太運動團體，甚至還不是第一個，但截至此時就屬它最受歡迎也最為成功。十九世紀末、二十世紀初，中歐猶太人對運動的態度，與歐洲猶太人應如何在一個反猶情緒日漸高漲的世界裡自處的論爭極其相關。對於已與歐洲生活同化的舊世代上層階級猶太人，以及比較傳統、剛剛都市化的猶太農民，運動在他們眼裡被視為流氓的行當，應該不計代價敬而遠之。

　　馬克斯・諾道（Max Nordau）對這種看法提出最強烈的質疑。這位支持

猶太復國主義的知識分子首創「健碩猶太教」（Muscular Judaism）一詞，很顯然是以十九世紀不列顛的健碩基督教為參照。他承認基督教歐洲的主流看法認為猶太人是一個身體衰弱的軟弱種族，不適合也沒興趣從事任何類型的體能活動。更慘的是，他們還說對了。長久生活在猶太人聚居區（ghetto），窩在「狹小的猶太巷弄」，結果就是「我們可悲的四肢忘了怎麼自在擺動，眼睛在不見天日的幽暗房間裡習慣了緊張兮兮地眨巴；我們的聲音害怕無休止的迫害而消減成了神經質的呢喃。」要治療這種情況，只能靠積極採取行動，「讓猶太人貧弱的身體恢復過往元氣，使其活躍、強壯、靈敏、有力」，這個方法就是運動。[21]

十九世紀末的猶太復國運動提出創立猶太人獨立專屬的體育運動，但只是要當作一種手段，推動猶太人移居他處建立民族國家。相較之下，新興的專業猶太人階級偏好與歐洲社會同化，寧可加入奧地利維也納隊這種經過篩選的上流布爾喬亞運動俱樂部。同階級內的其他人則被社會民主黨和共產主義的世俗普世理想吸引，確實猶太人也在維也納的工人運動團體裡表現突出。但只有維也納力量隊追求一種運動與文化經驗，既要宣揚猶太民族身分，同時也要積極參與維也納和奧地利社會主流結構。力量隊要在聯賽與魯道夫胡格隊和席默林隊平起平坐出賽，但他們同時會在球衣上配戴大衛之星。他們會在對方賽場上與非猶太維也納人較量，並且贏得勝利。

力量隊始終不只是單純的運動俱樂部，尤其作為維也納猶太人社交生活的中心，它的地位愈來愈重要。但維持俱樂部對外形象的，仍是出戰維也納最高層級運動賽事的男子足球隊。球員華特・法蘭柯（Walter Frankl）回憶球隊首度與郊區的野生球隊比賽，寫道：

> 每個星期他們都要一路把球門柱拖到場地裡去，敵隊球迷不時朝他們扔石頭。力量隊的守門員不只要防守對方前鋒，還要彈開來自他身後觀眾的攻擊。但什麼也打擊不了這些先驅的鬥志、熱情和勇氣。[22]

維也納的正規聯賽體系接納了力量隊。到了一九一三年，他們爬上乙級聯

賽，還在市立垃圾場附近替自己找到了一片場地。

　　緊接著一次世界大戰後那幾年，力量隊持續成長，也從私下轉變成公開的職業化。資助球隊的保守猶太人，十多年前還不屑於粗野的運動，如今焦急地想為處境維艱的弱勢猶太族群保住社會地位。一九二三年前往英格蘭的一次短期巡迴賽，力量隊已然證明了自己的實力，以五比一擊敗明顯居於劣勢的西漢姆聯隊。下了球場，俱樂部為了在比賽時保護球隊和廣大的球迷，還招募猶太摔角手和拳擊手組成一支嚇人的保鑣大軍。一九二五年，聯賽還剩最後兩輪，力量隊便靠著亞歷山大・法比安（Alexander Fabian）在比賽第八十七分鐘進球追平比分，提前奪下冠軍。殊不知，法比安其實是守門員，而且一隻手臂還用三角巾吊著。那個年代還沒有替補球員，他在一次衝撞後手臂骨折，便和前鋒調換位置。健碩猶太教看來步入了全盛時期。

　　一九二五年夏天是力量隊發展的轉捩點。俱樂部前往美國東海岸巡迴，在當地蔚為轟動——確切來說，他們紐約波羅球場（Polo Field）的比賽，吸引了四萬五千名觀眾，突破當時的足球紀錄。很多球員後來就沒回家了，因為美國職業球會前仆後繼要簽下這些維也納人。在這裡薪水比較優渥，仇視猶太人的情緒又少得多，誰能怪他們想留下來？少了他們，力量隊並未解散，但再也不若以往厲害。烏利迪也過了巔峰時期。他在快速隊留到一九二〇年代末，之後轉往斯洛伐克、義大利和羅馬尼亞執教，但他的名氣很快也黯淡下去，他的名氣從未真正超越維也納本身的盛名。烏利迪離開後，馬蒂斯・辛德勒（Matthias Sindelar）漸漸成名，他效力於奧地利維也納隊，而非烏利迪的維也納快速隊。從辛德勒身上，戰間期維也納的咖啡館文化發現了他們盼望已久的足球員和新風潮。「坦克」讓位給了「紙人」（Der Papierene）。頭腦取代蠻力，精妙腳法取代了橫衝直撞。從樸實健壯的足球起家，維也納這座城市將創造出如辛德勒那樣飄逸細緻、講求腦力的足球與日後的夢幻陣容。

V. 拉美職業化足球的誕生

　　中歐的職業足球隨帝國瓦解、舊社會秩序消亡而誕生。拉丁美洲的職業
足球則誕生於一連串新興經濟發展和社會變遷的混亂過程。走在這股變化前
緣的是阿根廷和巴西。一次大戰步入尾聲時，阿根廷社會已歷經變革。一八
七〇年至今這五十年來，一個以鄉村農作為主的西班牙裔社會，已邁入都市
化和工業化。城市近半人口幾乎都是初至阿根廷的第一代移民。政治方面，
一九一二年落實的男性公民普選權促使國家轉型，結束了阿根廷保守地主菁
英長年以來的宰制。這些菁英一度希望攏絡初握權力的選民，但阿根廷都市
中產階級和工人階級選票的重量，把平民主義的激進公民聯盟黨（Unión
Cívica Radical）拱上權位，黨主席伊波利托·伊里戈延（Hipólito Yrigoyen）
也於一九一六年當選總統。然而由於投票權把婦女和移民排除在外，加上戰
後接踵而至的經濟動盪，致使許多民眾投向阿根廷的無政府主義、工團主義、
激進聯合主義等各色大旗下，一九一八年的全國大罷工背後撐腰的就是這一
波支持潮流。往昔民意優先的激進公民聯盟黨政府下令出動軍警平息罷工運
動，手段冷酷無情。阿根廷工人階級勢力崛起因此受阻，但為時短暫。一九
二〇年代，阿根廷的社經結構穩定發展出一種傾向工業化和工人階級的性
格，繼任的幾位激進黨總統也開始受到社會主義與共產主義發展以及大城市
裡信心活力日增的工人文化挑戰。

　　足球就處於這個文化的核心。踢球、看球、追球的趨勢在一次大戰前歷
經大幅成長，戰後仍持續不輟。除了四個正規聯賽、無數地方獨立比賽和青
少年賽事之外，布宜諾斯艾利斯還能自豪擁有商船水手聯賽、共產黨員聯賽，
跟一個分離社會主義者聯賽。頂尖球會不斷招募願掏腰包的「伙伴」，增建
大量公共設施和體育設施。觀眾固定超過一萬人，舊球場和舊場地已不敷使
用。賽事競爭激烈，球員泰半是工人階級出身，再加上俱樂部有金錢和權力
的管道，不免會用私下授受、虛報花費、安插工作等手段酬庸。向來一副神
聖不可侵犯之姿的英語媒體，於一九二六年寫道：「構成本地一流隊伍的球

員，專業程度絲毫不輸英格蘭最冷靜務實的大型聯賽。阿根廷的足球員天天
練習，不分冬夏都在踢球……名義上，他們其實是在為覬覦大球隊財務的紳
士工作。」[23]

　　這裡所說的紳士不只對財務有興趣，也對政治有興趣。從世紀交替以來，
阿根廷的政治人物就會參與國際賽，沾染球隊勝利的榮光。一九二〇年代，
他們開始把注意力轉向那些樂於擁有名人主席和董事的球會，例如艾多‧坎
東尼（Aldo Cantoni），聖胡安地區（San Juan）的參議員，也是阿根廷足總
和颶風隊（Huracán FC）的主席；或如佩德羅‧彼得蓋因（Pedro
Bidegain），既是聖羅倫索隊（San Lorenzo）主席，也是激進公民聯盟黨的
重要人物。一九二六年，國內俱樂部足球的整體問題，在共和國總統馬塞洛‧
德艾維亞爾（Marcelo T. de Alvear）眼裡已經重要到讓他願意擔起責任，調
解布宜諾斯艾利斯兩個敵對聯盟之間的衝突，一九一九年這兩個聯盟為了一
連串行政和財務紛爭相互攻訐，之後宣告分裂。足球擄獲了平民大眾的憧憬，
這一點毋庸置疑，但若說足球受到當時民粹政治陰謀利用的話，那又是怎麼
辦到的呢？一九二〇年代的激進社會運動核心存在著一個意識形態的兩難，
那就是該如何把不同階級的選民聚合在一起。要去哪裡找方法，這個方法又
要怎樣塑造一個新的集體身分認同，以突破左派的重圍？答案很明顯是要找
出一個全體共有的國族身分。但阿根廷是什麼？身為一個阿根廷人是什麼意
思？十九世紀末民族主義者留下的文化遺產把阿根廷的靈魂定位在彭巴草
原，一片由孤獨的高卓牛仔馴服駕馭下的廣袤大地，他們的形象如同馬丁‧
菲耶羅（Martín Fierro）[*]，孑然一身的男子氣概是鄉村英雄的原型。這種形
象在邊遠地區也許還行得通，但拿到首都人口密集的移民街區、帕崔喬斯公
園區（Parque Patricios）的探戈舞廳、花區（Flores）的電影院、阿維亞內達
（Avellaneda）的工廠，可就顯得荒唐可笑了。到了一九二〇年代末，阿根
廷已把民族形象代表從馬丁‧菲耶羅，換成阿根廷足球員吉勒摩‧史達比利

---

[*]　譯註：阿根廷作家荷西‧賀南德茲（José Hernández）於一八七〇年代創作之同名史詩的主
　　人翁。詩作內容描寫高卓人的生活，歌頌阿根廷鄉野風貌，被視為「高卓文學」
　　（Gauchesque poetry）的巔峰之作。二十世紀曾被改編為電影。

（Guillermo Stábile），阿根廷的足球風格也成為新的男子氣概與國族觀念的核心象徵。

> 比起田園情調和高卓神話，國族意象建立在足球上得以呈現一種都市型態……國族觀念不再只以顯貴家族偉大的萬神殿和西班牙傳統為準，足球引入一種以工人階級為代表的國族身分……由足球界的有機知識分子推舉的民族英雄，都來自於既存的工人階級，才剛都市化不久，剛學會識字，追隨阿根廷民粹主義第一波潮流，大力要求擁有文化與政治影響力。[24]

這些足球界的有機知識分子 * 拿布宜諾斯艾利斯足球當原料，轉換成一整套國族神話，而他們主要多是《體育畫報》（*El Gráfico*）雜誌的成員。《體育畫報》雜誌創立於一九一九年，是一份目標男性讀者的圖文週刊，內容涵蓋政治、運動、新聞，以及舞者和歌手照片。到了一九二一年，運動之外的內容都已去除。到了一九三〇年，《體育畫報》雜誌單在布宜諾斯艾利斯就能賣出十萬份，公認為是拉丁美洲的體育聖經，在智利聖地牙哥、波哥大、利馬、基多和墨西哥市市區的書報攤都買得到，甫上架隨即搶購一空。雜誌文章經常帶有說教語氣，具教育性質且自居現代。更重要的是它發展出一種談古論今的運動新聞寫作範本。刻劃不同年代的優秀球隊與出色球員並給予評價，不斷建構及重構世族譜系和黃金年代。全國冠軍每一次易主皆被認為與前任得主有關聯，依照最近僭越篡位、捲土重來或虛張聲勢的表現，前任冠軍在敘事當中的地位也得重新洗牌。在這種報導形式之下，加上他刻意的回憶，《體育畫報》雜誌的烏拉圭編輯勞倫佐·波羅柯多（Lorenzo Borocotó）為拉布拉他河流域的足球發展構思出一套歷史理論：

> 理所當然，隨著時代推移，盎格魯撒克遜對足球的種種影響也逐漸消失，

---

* 譯註：有機知識分子（organic intellectuals），為馬克思主義社會學家葛蘭西提出的概念。他將知識分子分為傳統知識分子與有機知識分子，前者維護政府、學校、教會、法律等現有的社會體制，後者則反對現有機制，為受壓抑的團體發聲。

把位置讓給了沒那麼冷靜自持而更加活潑好動的拉丁靈魂……與不列顛不同之處在於，我們的足球沒那麼單調，沒那麼一板一眼、循規蹈矩，因為我們不會為了集體榮譽就犧牲個人表現……因為這樣，這種足球更靈活也更有魅力。25

拉丁美洲足球與男子氣概的定義，漸漸站到了英格蘭人和英格蘭特質的對立面。英格蘭人專一且守紀律，結合集團組織與肉體力量，這是工業勞動力能生產出工業產品的必要前提。然而在拉丁美洲拉布拉他河流域，工業化的進程尚未在社會經濟、風景地貌或生活步調上留下深刻印記，因此這裡的男性氣質更好動、更有衝勁，且更以個人為重，追求靈活敏捷而唾棄蠻力。也就在這個年代，第一次出現用音樂來比喻足球——球隊如同交響樂團，控球中場好比指揮，側鋒則是獨奏樂手；認同足球是藝術，或者說要求足球要像藝術的想法，當時廣受稱揚。比較兩種足球風格，波羅柯多聲稱拉丁美洲足球幾乎已追上了英格蘭足球：

　　我們相信，我們幾乎可以說拉丁美洲的足球技術更嫻熟、速度更快也更精準。也許因為依賴優秀球員的個人行動而缺乏效率，但阿根廷人的足球，連帶包括烏拉圭人的足球在內，踢起來更漂亮、更稱得上藝術，也更精準，因為我們把球帶往對手禁區，靠的不是高空長傳，長傳一秒就到了，但我們靠的是一連串簡短、準確的團體配合，熟練的盤帶和精巧的短傳。26

波羅柯多認為，這種球風源自於布宜諾斯艾利斯足球獨有的城市經驗。pibe意指少年或小鬼頭，是這種球風的代表原型。他們生長於最窮困的家庭和街區，只能踢破布或稻草揉成的球。城裡的畸零空地提供了具體舞臺，讓他們得以揮灑活力與想像。他常會發現自己在非正規的足球賽裡人擠人、奔跑空間狹小，沒有正式規則也沒有裁判保護，少年被迫發明新動作和新踢法。最要緊的是，他必須發揮街頭生活學來的那些不可或缺的狡猾手段。

　　因此到了一九三〇年代初，阿根廷足球已經與英格蘭和蘇格蘭足球一

樣，在國族文化中佔有一席之地。甚至，相較於英格蘭有板球在競爭國民運動之名，蘇格蘭有橄欖球瓜分人氣，足球在阿根廷還更加顯赫，最高層級的足球在各方面都有專業能力且能自給自足，只除了名氣。影響足球未能正式確立的主因在於，阿根廷的頂尖球員有很多流失到了義大利。

　　義大利企業家安立可・馬洛尼（Enrico Maroni），琴夏娜（Cinzano）酒造公司兼都靈足球俱樂部的老闆，一九二〇年代初到布宜諾斯艾利斯洽公。他在一場紐維爾舊生隊的比賽上看到前鋒胡立歐・李波那提（Julio Libonatti）的表現，當場決定簽他。李波那提成了第一個離開阿根廷赴義大利的頂尖球員，一九二五年轉籍都靈隊。一九二八年，阿姆斯特丹奧運決賽由兩支南美洲球隊對決，將拉丁美洲的足球天賦展露無遺，萊蒙多・奧西（Raimondo Orsi）此後也受到酬勞吸引，離開獨立隊，加入尤文圖斯，週薪八千里拉、轉會費十萬里拉之外，還送一臺飛雅特五〇九型（Fiat 509）汽車。國家隊浮誇的前鋒雷納多・西薩里尼（Renato Cesarini）在隔年跟進，待阿根廷出戰一九三〇年世界盃決賽之後，後衛路易斯・蒙提（Luis Monti）也被尤文圖斯給簽走。少了明星的聯賽很快也失去觀眾，但怎麼做才能把明星球員留在國內？職業化漸漸成為難以抗拒的選擇。

　　一九三一年，球員罷工行動觸發了最後的改變。一群要求自由合約的球員代表朝總統府遊行。總統烏里布魯（Jose Uriburu）指示群眾去向布宜諾斯艾利斯市長陳情，市長指出假如通過自由合約，球員就不再算是業餘了。哪個業餘球員會有合約在身，又何來足夠理由要求他遵守合約？但現在時候到了，該面對這個博卡青年隊主席口中所謂「枝微末節的荒唐問題」了。罷工事件一個月後，十二支球會宣布轉為職業隊。河床隊和獨立隊這兩個業餘倫理和貴族精神的最後堡壘，也只再撐了幾個星期。十八支球會組成的首屆職業聯賽於五月開踢。阿根廷足球現代化至此已達到一定程度，即使把任何項目的運動賽事都包括在內，在歐洲以外仍無人能及。球員可以公開收取酬勞，不用在於檯面下交易，雖然他們仍未拿到也拿不到自由合約。烏拉圭和智利面臨的爭論和壓力雖然比較小但訴求相同，兩國沒有太多選擇，只能仿效跟進，否則就得眼睜睜看著大量國內球員出走到拉布拉他河對岸或安地斯山脈

的另一側。

　　其他南美洲國家並未引入職業足球，這些地方不是資金或組織短缺，就是兩者都不足，只有巴西例外。巴西足球職業化的過程當然也跟阿根廷和烏拉圭沒兩樣，由某個小眾階層發起抗爭，其中多半出身貧寒的球員對抗主掌聯賽和俱樂部的菁英，爭取改善薪資和工作條件。不過在巴西，勞資對抗的表面還要再加上另一層社會對立，有些方面甚至包含在這層對立之內，那就是種族的對立。巴西可謂擁有美洲最多的非裔人口，法律直到一八八九年才禁止蓄奴。種族歧視和不平等待遇隨處可見。鄉村剛獲得解放的黑人農民沒有土地、生活赤貧，即使有人想辦法來到城市，也會發現自己身處在社會與經濟金字塔的最底層。白人貴族則生活在恐懼之中，怕鄉下無產階級發動革命，也怕血統在床上遭到汙染。在城市裡與黑人一起踢足球，無疑被視為有損顏面的事。馬利歐・菲略（Mário Filho）在一九三〇年代寫過一篇報導，回憶卡洛斯・阿貝多（Carlos Alberto），他是黑白混血兒，在工廠球隊美洲隊擔任替補球員。一九一六年，連續幾場出色表現使他得以轉會到富明尼斯隊。他為富明尼斯效力的第一場比賽對手就是美洲隊，相傳賽前有人看到他在更衣室裡瘋狂地朝自己臉上撲白米粉，希望皮膚看起來白一點。每當他出現在邊線，美洲隊的球迷就會無情叫罵，大喊「Po de Aroz」，意思就是白米粉——至今對手還是會拋出這句話嘲諷富明尼斯隊。幾年後，美洲隊招募了一名天賦異稟的黑人碼頭工人，名叫曼特加（Manteiga，也有奶油的意思），隊上有九個隊友掉頭走人，不願出賽。雖然這個時候，黑人和混血球員已經常出現在聖保羅州聯賽和里約熱內盧州聯賽，但一九二一年在布宜諾斯艾利斯舉辦的美洲盃，巴西總統仍拒絕讓黑人球員代表巴西出賽。

　　這一切都在一九二三年瓦斯科隊（Vasco da Gama）贏得里約熱內盧州聯賽冠軍後有了改變。在這之前，所有奪冠球隊陣容全都是白人。瓦斯科隊的勝利隊伍內有四名黑人球員。這支球會在一八九八年由剛從葡萄牙來到里約的移民成立，最初是划船俱樂部，後來在一九一五年增加了足球項目。不同於富明尼斯隊和佛朗明哥隊，瓦斯科的會員多半是商人，經營小型家族企業，或服務新葡萄牙移民社群。這些商人和他們的兒子雖然也渴望從事運動，但

不像那些貴族有大把閒暇時間，他們很早就鼓勵俱樂部向固有的社會階級圈外招募球員。不只如此，不論工作、上街或比賽的時候，瓦斯科隊的活動範圍也比較靠近里約的貧民區。球會成員野心蓬勃，沒有什麼社會或種族隔閡能當作理由讓他們不派黑人球員上場。瓦斯科隊在一九二二年贏得乙級聯賽冠軍，隔年繼續贏得里約熱內盧州聯賽冠軍。

豪門球隊驚愕之餘，既感威脅又覺受辱，紛紛退出另組聯賽，一邊嘀咕職業化造成的危害，瓦斯科和其他較小的球隊則分開來自己對戰。瓦斯科隊沒有因此退縮，還著手興建當時里約最大的球場。聖雅努里奧球場（Estádio São Januário）於一九二七年揭幕，可容納五萬多名觀眾，直到馬拉卡納球場（Maracanã）落成以前都是巴西最大的球場。觀眾會說話，人人都想看瓦斯科隊的比賽，他們擁有當時的夢幻陣容。佛朗明哥隊、富明尼斯隊、博塔弗戈隊（Botafogo）被迫屈從，於一九二六年合組成單一聯賽，但這些菁英自有他們不合情理的要求。所有球員在賽前都會被要求填一份複雜的行政登記表格並親筆簽名，內容包括他們的詳細個資，例如出生地、父母出生地、職業、學歷和國籍。這在當時看來很明顯是為了排除窮人和文盲，不讓他們上場。但瓦斯科隊的對策很簡單，送球員去上基礎識字速成班就行了。聯賽還設立永久機構，委託其調查球員的財務狀況、職業和謀生方式，希望把隱藏的職業化和私下的酬勞逼上檯面。對此，瓦斯科隊的董事乾脆在家族事業裡為明星球員安插幽靈職位。

職業化對於聖保羅比較不是問題。相對於里約那些炫耀賣弄的貴族奧運選手，聖保羅市的菁英多半是經商的運動愛好者，不太會過分擔憂市場關係和給薪勞動。但當時的聖保羅比里約「白」很多。當地新興的球會，如哥林斯人隊和桑托斯隊（Santos）的確都具有勞工性格。義大利體操體育隊（後來改名為帕梅拉斯隊〔Palmeiras〕）反映聖保羅市的大量義大利移民族群，哥林斯人隊則吸引了敘利亞人，但各隊幾乎都未見黑人球員。聖保羅的菁英把足球場讓給貧民之餘得以免於面對種族爭議。

如同在阿根廷，使局面開始倒向職業化足球的，是球員奔赴海外的風潮。一九二〇年代末，義大利球探在聖保羅的義大利移民族群間大為活躍，范東

尼兄弟（Fantoni brothers）就是一九三〇年代初，最早遠赴義大利的眾多球員之一。義大利時值法西斯黨執政，拉齊奧隊由瓦卡洛將軍（General Vaccaro）領軍，對這些海歸的義大利球員特別有興趣。白人巴西球員也去到了阿根廷，聖羅倫佐隊該年代的奪冠隊伍中就有五名巴西球員。原本都在里約的黑人球員，一九三〇年代初也開始到海外碰運氣。瓦斯科隊一九三〇年至歐洲巡迴出賽，佛斯多（Fausto）和賈奎爾（Jaguare）兩名球員被說服在巴塞隆納中途離隊。多明哥（Domingo）和李奧納狄（Leonadis）代表巴西隊在蒙特維多出戰烏拉圭隊表現出色後，也於一九三二年前往烏拉圭試踢了一個賽季。

　　一九三二年，美洲隊主席奧斯卡・達・柯斯塔（Oscar da Costa）打破沉默，承認付薪水給球員，他認為時候已經到了，大家應該坦露實情，公開轉向職業化。隔年，聖保羅州聯賽和里約熱內盧州聯賽都轉為職業聯賽，米納斯吉拉斯州（Minas Gerais）、南里約格蘭德州（Rio Grande do Sul）、巴拉那州（Parana）等新興足球重鎮也迅速跟進。全國各地的機會之路，如今向黑人和混血球員敞開，他們也蜂擁而至。一九三三年初，聖保羅第一場職業足球賽，聖羅隊以五比一擊敗桑托斯隊，賽中亞瑟・弗利登萊希（Arthur Friedenreich）以三十八歲高齡出陣。弗利登萊希是一九二〇年代巴西的明星前鋒，父親是德國人，母親是巴西黑人。在政治人物呼籲排除黑人的時期，白皮膚讓他得以留在國家隊內。他在一九二一年的美洲盃決賽踢進致勝球，也是巴西第一位進球破千的球員。但整個球員生涯當中，他那一頭洩漏身分的非洲鬈髮始終令他感到羞恥，他常常在賽前想盡辦法把頭髮梳直固定。上述一九三三年的那場比賽，他為聖保羅隊踢進了一球，我喜歡想像他這時候已經不再會覺得尷尬了。

VI. 西歐職業化足球的發展

　　在中歐和拉丁美洲，不論業餘、半職業或徹底商業化的足球，都是大城市的遊戲。捷克足球以布拉格為中心，奧地利足球在維也納，烏拉圭足球指

223

的是蒙特維多。阿根廷足球雖然遠及羅沙略，但最遠也就到這裡。西地中海地區是職業足球發展的第三根支柱，有別於人之處就在於這個地方的足球在成為國家機構的同時，也發展成經濟和社會現象，然而在其發展所在的國家，國家機構和國族意識向來薄弱，或存在有某種形式的多頭競爭。在西班牙，地方民族主義強盛，且與足球緊密相依，組建國家隊和爭奪全國冠軍在此引起最多紛爭。足球偶爾能發揮團結一致的功能，但多半還是當成上演衝突和異議的競技場。在法西斯義大利眼底，足球不僅反映地下社會潮流，也是建立國家民族的積極手段。墨索里尼的法西斯政府可能連讓火車準時都還辦不到，卻倒是排出了足球賽程表。義大利足球戰後雖立即陷入行政混亂，但不到十年已變成實力堅強的足球聯賽之一，強到能在一九三〇年代培育世界一流人才。義大利貧困的南方雖與一般國民生活脫鉤，但成立真正的全國錦標賽至少部分補償了這一點。在法國，足球與緩慢擴散的工業化經濟並進，廣大偏遠的鄉村法國與鄉下小鎮晚了二、三十年終於也被拖進二十世紀。

當地足球與國族問題的關聯雖然不盡相同，不過這三個國家都各於十年內形成大眾足球文化和全國職業聯賽。西班牙經濟發展儘管相對落後，但在三國當中率先於一九二八年創立全國聯賽，且從一九二六年起就認可職業化，不久即讓職業化合法。西班牙足球界沒有任何具影響力的貴族業餘集團，因此免於遭遇職業化的最大阻礙。相反地，資助西班牙一流球會的同好，大多由各省的商業菁英和職業人士構成，他們是西班牙足球商業化的活躍推手，這個階級對於自由薪資勞動＊原則顯然不會有多大的道德疑慮。事實上，西班牙幾乎還是歐洲唯一未對球員設下最高薪資規定的地方。義大利在一九二九年跟進，全國聯賽首個賽季就在該年開踢。這是墨索里尼獨裁政權的體育官員鐵腕執行的結果，只是職業化在這之後悄悄引進，政府對其造成的道德和具體影響仍有些微不安。法國雖然經濟比較進步，足球根源較為悠久深遠，但卻在一九三二年才吊車尾地宣布職業足球合法並成立全國聯賽。會這

＊　譯註：馬克思的理論認為薪資勞動是一種自由勞動，這裡所稱的「自由」是指勞工有把勞力放上市場販賣、交換酬勞的自由。

樣拖拖拉拉落於人後，部分可以用法國的工業化發展模式來解釋。法國鄉間有大片地區尚未接觸到工業化發展，何況比起西班牙或義大利，法國足球界存在的貴族業餘群體也比較大、有更大的社會影響力。表面或許看不出來，但法國足球其實行的是一種「黑箱業餘主義」（L'amateurisme marron）。法國菁英長久以來行事偽善，對性別氣質的態度就是一例，公私之間的道德觀念、禮儀規範、責任義務區隔嚴密，更鞏固了這種雙面態度，表現在足球上，就是引進職業化的步調遲緩、不情不願，可同時私底下給錢的制度卻維持得最久也最明目張膽。

　　西班牙足球與西班牙民族的關係也具有雙面性質，有兩件事最能總括這一點：一九二〇年的安特衛普奧運，跟一九二五年巴塞隆納的新球場——樂戈特球場（Le Corts）關閉一事。戰爭或許能推廣足球，但無法讓足球有好的發展。死傷和營養不良是足球的大敵。西班牙在兩次世界大戰都處於中立，戰後年代兩度攀上國際足球賽事的高峰，一次是一九二〇年奧運，一次是一九五〇年的世界盃。西班牙出賽安特衛普奧運的隊伍，是包括在西班牙境內歷來首次上場比賽的西班牙國家隊。隊員在賽前大多沒出過國，這次奧運被當成了解西班牙在國際足球排位高低的一次機會。初步的結果是還滿高的，西班牙擊敗丹麥，但在準決賽輸給地主國比利時。接下來在決賽，比利時領先之時，對手捷克隊抱怨英格蘭主裁判不公平，憤而離場。金牌頒給了比利時，但銀牌並未頒給捷克。主辦方倉促安排了一場小型賽事以決定亞軍得主，西班牙接連擊敗瑞典、義大利和荷蘭，拿下了銀牌。有此成就更令人驚嘆的一點是，銀牌爭奪戰的前兩場比賽，西班牙為了該由巴斯克人還是其他民族上陣、各民族應該佔多少比例，內部還爭執不休，但當站上了球場，尤其是對瑞典的那場比賽，西班牙隊證明自己是一個令人畏懼、團結一致、英勇無畏的群體。終場哨聲響起前，場上只剩下十五名球員。很多人喜歡想像西班牙是個戰士王國、西班牙人是一個不可分割的戰鬥民族，報導這場賽事的《阿貝賽報》（*ABC newspaper*），率先為他們描繪這場神話一般的事件，勾勒出所謂的「憤怒的西班牙人」（La Furia Española）：

今天下午，足球場上演了前所未見最野蠻、最殘暴的比賽……瑞典隊率先進球以後，決定改採暴力手段以保領先。我們的年輕人不甘示弱，大喊「把人撂倒」回敬對方，之後也確實照著說的話做。我們最終靠著十足的膽識和毅力贏得勝利。瑞典隊被揍得鼻青臉腫走下球場，那是他們應得的報應……

其他國家對我們有什麼看法？一片好評。以前沒人相信西班牙足球這麼厲害，他們一直以為我們只會鬥牛。[27]

第一次世界大戰或許隊西班牙足球有益，但對於平息國內不斷升高的政治和社會騷動並無多少幫助。緊接於戰後的那幾年，普利摩·德里維拉將軍（General Primo de Rivera）策動政變，在王室、軍隊和其他保守團體大力支持下，推翻軟弱無能的政府。德里維拉解散議會、禁組共產黨與行業工會、廢止賦予地方自治權力的法案，改實行一種獨裁形式的統治政體與經濟計畫，與墨索里尼在義大利進行的實驗相去無幾。

目標國家主義中央集權的政府，很快發現自己在加泰隆尼亞地區捲入了足壇的政治紛爭當中。加泰隆尼亞最大的兩支球隊，巴塞隆納足球隊和皇家西班牙人隊（Real Espanyol），已經分別堅定地標舉著加泰隆尼亞民族主義和西班牙國家主義的旗色。巴薩隊的會員和董事有不少人曾在一九二〇年代初參與請願向馬德里政府訴請加泰隆尼亞獨立。皇家西班牙人的支持者則與軍國主義團體「伊比利頑石」（Peña Ibérica）聯手，發起對立的請願行動——皇家西班牙人的極端球迷至今仍採用「伊比利頑石」這個名號。巴塞隆納城市經濟蓬勃發展，巴薩隊因此累積了足夠的球迷和資金，在一九二二年興建新的樂戈特球場，相對皇家西班牙人隊也在里瓦的紡織業大亨捐助下，在一九二三年興建了薩利亞球場（Sarria Stadium）。兩隊的競爭在一九二四年一場德比戰上化作衝突，巴薩中場皮普·薩米蒂埃（Pepe Samitier）被判罰下場，硬幣隨即如雨點一般落進場內。比賽宣告中止，巴塞隆納市新上任的軍政府下令雙方關門重賽，但此舉只是把球迷間的戰鬥轉移到了場外。德里維拉政府對加泰隆尼亞生活的干預不只限於足球。政府挾中央集權和卡斯提亞人的優越地位，鎮壓當地其他形態的文化獨立和文化差異，通過立法禁止於公共

生活和教育體制使用加泰隆尼亞語。

但巴薩隊和皇家西班人隊各自與其政治盟友的認同，要到一九二五年六月十四日才算完全確立。當天傍晚，巴薩安排了一場義演賽，以支持「加泰隆尼亞奧菲斯」（Orfeó Català）這個加泰隆尼亞合唱團，該合唱團從十九世紀末以來一直是加泰隆尼亞復興藝術文化的重要樞紐。政府允許比賽進行，但不准賽場出現一絲公開表揚或宣示。對此，加泰隆尼亞的民族主義政治菁英以大舉出席作為回應，列席的還有合唱團創辦人、文化界民族主義代表人物安索姆・克雷夫（Anselm Clave）。在這個表態意味濃厚的組合之外，巴薩隊的英格蘭協創者兼球會董事威蒂兄弟（Witty brothers），還邀請暫時停泊於該市港口的皇家海軍樂隊前來助興。無意間被扯進這種場合，皇家海軍可能不了解這背後複雜微妙的文化脈絡，在開賽前奏起西班牙國歌，隨即招來陣陣噓聲和叫囂。幸好他們立刻停下來改奏〈天佑吾王〉，現場的加泰隆尼亞群眾立刻報以熱烈掌聲。馬德里政府的看法截然不同，認為這整齣戲是公然叛國、羞辱國家。政府罰款球會和球會董事，處罰球場和俱樂部關閉六個月，並暗示球會主席漢斯・坎普離開西班牙，坎普照做了。巴薩向來親近加泰隆尼亞民族主義理想，如今在這件事之後，兩者再也密不可分。

西班牙足球興起之速、人氣之盛，靠的是有能力在單一足球文化裡，結合民族、地域、城市認同與彼此之間的衝突矛盾。但成功也源自於早期一代天賦異稟的球員，他們的演技與魅力，再結合一小群高度商業化且野心蓬勃的球會董事菁英，為足球下了強效猛藥。一九二○年獲得王室恩寵的皇家馬德里隊，是當時最商業化也最富野心的一支球隊。一九二四年，他們的新球場查馬丁球場（Chamartín）開幕，皇馬以三比二擊敗紐卡索聯隊，球場所在地區很快也將成為首都最高級的地帶。一九二○年代的頂尖前鋒，巴斯克人荷西・瑪利亞・佩納（José María Peña），從亞勒那斯隊（Arenas Club de Getcho）被皇馬買過來；更有甚者，當時名氣最大的兩名球員，里卡多・薩莫拉（Ricardo Zamora）和皮普・薩米蒂埃也從巴塞隆納被挖角過來。

薩莫拉和薩米蒂埃代表了西班牙足球在那個年代的許多特點。尤其是薩莫拉，他是一個國族建構的產物，一個西班牙男子氣概與行事作風的鮮活化

身。他可能是當代最優秀的守門員，也是一個貨真價實的職業球員。薩莫拉的球員生涯從巴薩隊轉到皇家西班牙人隊，後來回到巴薩，然後又去了皇馬，為了追求更優渥的薪資而不斷轉換球會、文化和地區。人稱「天神」（El Divino）的他，最有名的一段描述說他「比嘉寶*還出名，長相還更好看」。他在球場上常穿著高圓翻領衫、戴時髦俏皮的軟呢帽，其他守門員後來紛紛仿效他的打扮。下了球場，他過的是一種波希米亞式狂歡不羈的生活，沉湎於雪茄、夜生活和美酒干邑。他會帶著迷人的倨傲神情，笑稱自己不玩回力球（Pelota）改玩足球是因為「球大那麼多，我想說一定比較容易接住。」薩米蒂埃的生活方式差別不大，不過他的外表和魅力很難與薩莫拉媲美，他風靡西班牙靠的是實力。他擔任後中場組織全隊進攻，被譽為是史上第一個真正看清楚整片球場和場上每一名球員的足球員。

比起在西班牙，足球在義大利受戰爭與其餘波的打擊較深。一九一八年一戰結束，義大利雖然是勝利的一方，但戰爭已然耗盡了國內經濟資源，自由派菁英少了治國的信心和空間，全國上下大多失去耐心。全民普選實施後，一九一八年到一九二二年之間幾次選舉結果，讓義大利陷入兩大陣營尖刻且暴力的對立，一方是新成立的共產黨、社會主義者、天主教教會與其同盟，另一方是至今自成一格的社會主義者班尼托·墨索里尼（Benito Mussolini）新創的法西斯黨。足球管理組織這段時期既分裂又混亂。所謂的全國錦標賽，架構成為了大球會與小球會之間、北部與南部之間長年無解的爭端起源。義大利足球總會（Federazione Italiana Giuoco Calcio, FIGC）差點在一九二一年分裂成對立派系。隔年，協會真的分裂出兩個聯賽，後來雖然重新結合，但國家協會的地位已跌至新低，因為它毫無預警突然向所有俱樂部增收費用，想掩蓋原因不明的龐大債務，而後竟又在未徵詢全國各地區意見的情況下，就冒冒失失制定新的法規。

一九二二年，墨索里尼與法西斯黨進軍羅馬成功奪權之後，足球的命運

---

* 譯註：葛麗泰·嘉寶（Greta Garbo），瑞典出身的好萊塢電影女演員，擁有高冷脫俗的美貌。多次提名奧斯卡最佳女主角獎，後獲奧斯卡終身成就獎。

也由此決定。舊時代菁英乖乖把權力交到了他們手裡，法西斯黨人很快便開始動手解散、監禁、取締或殺害反對勢力，掌握國家每一個重要的世俗機構。法西斯黨對運動的態度起初還顯得混亂沒有頭緒。與墨索里尼本人一樣，很多黨內高幹的觀念想法都是在激進社運中得來的，而這些社運往往對運動不以為然。另一方面，法西斯黨掌權後，明白表現出干預國家文化精神生活的意圖，而手段不外乎就是很多極端民族主義分子愛用的那一套混雜生物觀、種族觀、戰鬥觀與達爾文學說的理論。這兩股法西斯思想潮流匯集在一起，政權不意外會發展出特定立場，把體育運動捧成全國最流行的休閒活動及場面，其中尤以足球為甚。

　　這些場面並不特別有教化意義，這讓政權裡不少人感到擔心。一九二五年北部聯賽，由波隆納對熱那亞的決賽就具體表現出這個問題。兩次對戰平手之後，第三場在波隆納舉行的重賽，比賽進行到二比一由客隊領先。波隆納球員穆奇奧里（Muzioli）這時起腳射門，在很多人看來球已經越過球門線了，熱那亞的守門員才把球從門柱邊撥出去。裁判判開角球。當地法西斯黨的領袖里昂多‧亞平納提（Leandro Arpinati）獲得手下殘暴的黑衫軍支持，率眾衝進球場表達抗議。裁判改變立場，說服波隆納隊繼續比賽，但又向熱那亞隊暗示比分會維持二比一，而他繼續比賽只是為了避免事端擴大。終場哨響，熱那亞隊以為比分是二比一，波隆納隊認為是二比二，裁判同意後者並宣布踢延長賽。熱那亞隊離場抗議，波隆納隊自認奪冠於是歡樂慶祝。義大利足協強迫雙方在都靈進行第四場重賽，但再度以平手告終，雙方球迷在車站等待搭火車回家時擦槍走火。鬥毆在車站大廳和月臺上爆發，還由人從波隆納的車廂裡向外開槍。第五場也是最終場決賽由波隆納獲勝，比賽關著門舉行，只有波隆納的法西斯菁英能列席看臺。

　　政權終於決定行動。透過義大利奧委會這個傘型運動組織，法西斯黨人奧委會主席蘭多‧裴瑞蒂（Rando Feretti）已控制住全國所有運動行政機關，他指派三名專家（一名法西斯黨資深官員、一名工程師、一名律師兼仲裁）組成專門小組，為義大利最高層級足球制定新的法規。一個月後，小組提交《維亞列戈章程》（Carta di Viareggio），奠下現代義大利足球基礎。這份章

程認可義大利奧委會透過對義大利足協的權力來管理足球，因此等同於認可
法西斯黨對足球的掌控，義大利足協的成員將全部由上頭指派。新的國家聯
賽（Lega Nazione）成立，領銜的球會來自全國各地，雖然主要還是集中在
北部。北方聯賽起初還在地方群體之間進行，但一九二九年發展成熟的全國
聯賽成立起來，硬是不太公平地納入南部球會，尤其法西斯政權更大大強調
了這一點，堅持國家隊此後應該在羅馬出賽，義大利足協總部也應從北部遷
至首都。另外還增設全國盃賽，讓比較小的球會也有機會在全國舞臺發光，
雖然官方支持的是業餘足球觀念，但實際上非業餘球員也受到允許。義大利
法律一如既往創造了一個灰色地帶，建立已久的球員人力市場仍得以在法西
斯業餘觀念的幌子背後有效運行。從圈內人的紀錄來看，義大利足球明顯多
了一定程度的團結和目標，那是過去未能實現的。維多里奧‧波索提及舊政
權，寫道：

> 　　誰忘得了那些出了名的會議，從晚上九點開到凌晨四點，結果沒半點結
> 論，花五六七個鐘頭討論一些一個人十分鐘就能決定的事情⋯⋯以前多的是
> 這種事。後來政府大力介入，引進俐落務實的系統，重振整個環境的活力。[28]

《國家報》認為法西斯政府與黨成立的國家聯賽，為足球提供了「新的脈動，
整頓足球發展，鼓勵足球茁壯，賦予足球意義。」[29] 命名與風格也是法西斯
政府在意的問題。部分球會使用的英語隊名受到反對，在墨索里尼執政期間，
熱那亞和米蘭的隊名都改回義大利語型態，國際米蘭的隊名則被認為太國際
化，改以米蘭一位聖徒之名，命名為安布洛西亞（Ambrosia）。義大利球會
一九二〇年代的招募策略倒是真的很國際化，從奧地利、匈牙利、捷克斯洛
伐克、南斯拉夫等地廣泛招攬教練和球員人才。隨著法西斯政權的經濟政策
日漸專制又將國族主義任務加諸在足球上，舊有策略也為之動搖。假如聯賽
裡充斥外國球員，勢必很難產出新的義大利民族英雄。但義大利法西斯主義
意識形態的假面再度立刻露出馬腳：一九二〇年代末全國聯賽禁用外國球員
以後，俱樂部把招募心力移轉到南美洲便是，這裡無數球星有義大利血統，

申請公民身分不是難事。這些人稱「海歸遊子」（rimpatriato）的球員，為那個年代的大球會和義大利國家隊本身帶來新的活力與技術。

前面說過，一次世界大戰對法國足球發展有益。全國大規模動員人力，讓足球傳播到國內每一個角落。戰爭期間也證明足球是最流行的大眾觀賞運動，這一點從法國眾多相互競爭的運動機構創辦的一大堆新盃賽就看得出來，包括法國運動協會聯盟（USFAS）創辦的全國盃（Coupe Nationale）、足球協會聯盟（LFA）的聯邦盃（Coupe interfédérale），甚至還有自行車機構、天主教教會和不列顛軍隊舉辦的盃賽。一九一六年，法國對比利時的非正規國際賽吸引了大批觀眾，這些賽事之間的差異最後都受戰爭消融，顯得無關緊要，各聯會因此得以結合成單一足球主管機關，即法國足球總會（Fédération Française de Football, FFF），並於一九一九年創立法國唯一的全國盃賽和錦標賽。體操因為與日耳曼有關，名聲一蹶不振，橄欖球又證明無法拓展至固有的據點以外。相較之下，原本沒有代表足球隊的地區和城市，例如土魯斯和波爾多，現在也有了。足球的人氣在一九二四年獲得證實，為了那年巴黎奧運的足球賽事，法國興建了國家球場——哥倫布球場（Stade de Colombes），舉行的比賽在奧運各項賽事中引起最多討論和最多觀眾進場。

然而，儘管對外表現出現代革新和無畏膽識，法國聯賽的結構依然古老過時，足球高層嚴格禁止球員支薪、對抗商業化推力，法國投資條件的結構性缺陷也使得對抗比較容易。除了少數俱樂部以外，觀眾依然很少，球場一樣很小，勝出的常常是地方小球隊，如尼母、塞特和坎城。每週工作日五天半、週六下午放假的規定，對中歐和斯堪地那維亞工人足球的發展至關重要，但在法國卻來得特別遲，要到一九三〇年代末人民陣線政府上任才立法成文並實際施行。話雖如此，檯面下的職業化發展，或所謂的黑箱業餘主義，早是人盡皆知的事。

法國足總在一九二九年首度研究起職業化的問題，但小球隊和地方聯賽深怕到了自由市場將無法和真正全國聯賽的大球會爭奪球員，因此集體施壓迫使足總定論反對職業化。面對舊日業餘仕紳和小球會共築的壁壘，打破阻

礙的是法國足壇和經濟界的一股新興力量──新工業企業家。尚皮耶・寶喬
（Jean-Pierre Peugeot），寶獅汽車的創辦人兼老闆，一九二九年在家鄉與工
廠廠區所在地，合併兩支小球會創立了索肖足球俱樂部（FC Sochaux）。

　　支持足球的不單只有寶喬。全國各地都有企業家不吝投資足球，盧貝隊
（FC Roubaix）主席是一名紡織業大亨，釀酒業富商亨利・瓊西斯（Henri de
Jooris）則在里耳隊有相同地位；創立龐大雜貨事業的吉夏爾家族（Guichard
family）資助聖德田隊（Saint-Étienne FC）。穀物商拉聖尼（La Cesne）助創
了馬賽奧林匹克隊（Olympique de Marseille），羅杭兄弟（Laurent brothers）
則從布業生意分出時間給色當（Sedan）的球隊。這股壓力奏效。法國足總
現在多了法國體育媒體支持，新創「註冊球員」這項分類，可以依照固定合
約支領固定薪資。到了一九三三年，法國足球的最高層級已全數職業化，但
球會和觀眾規模依然很小。法國足球在歐洲特別的是，由家父長制家族企業
資助的小鎮或中型城鎮球會，財力和實力卻勝過大城市的中產階級球會，類
似這樣的可能只有瑞典的鑄造廠城鎮球隊。照道理大城市潛在的觀眾應該最
多才對，可當時法國盃決賽雖有共和國總統到場加持，吸引的觀眾人數卻只
有英格蘭同等級比賽的四分之一。

VII. 中歐和北歐的新足球文化

　　職業化發展在最進步的足球國度一路挺進，但來到阿爾卑斯山以北後卻
停下了腳步。在低地國、丹麥、瑞典和德國，雖有與西地中海地區相同的職
業化條件，但足球賽事依然維持在業餘的層級。緊接在一戰後那幾年，這幾
個地方不論國內和國際足球在社會上人氣都大幅增長。工人階級球員和觀眾
向足球聚集，種種變化為足球商業化帶來可能，但社會勢力平衡同聲一氣限
制商業化發展。

　　在丹麥，主要的限制在於規模和觀念。丹麥的個體農民對經濟、人口、
社會影響不大，國內工業工人階級規模又相對較小，因此足球在都市的市場，
比國家的經濟發展程度通常能夠應允的市場來得小。但更重要的是，業餘主

義的文化深植於丹麥足球菁英心中。畢竟，丹麥足總成立比諸法國和西班牙要早上二十年，早在業餘主義還是不列顛足球常態的時候，就已加以吸收效法。一九二〇年代，丹麥足球對哥林斯人觀念中那種公平競爭堅信不疑，甚至堪比現代憤世嫉俗的不列顛媒體。同為上流階級的道德批判，只是當時指向職業足球。丹麥報媒嚴厲譴責瑞典國家隊，說他們太奢侈、供應太多不必要的設施和訓練，那些在丹麥人眼裡都與職業化沾上了邊。哪個丹麥球員要是貿然接受薪酬，就不得加入國家隊，要到二戰過後許久才解禁。職業化在丹麥並未挫敗，也未遭到拒絕，而是幾乎未曾浮現。

在瑞典和德國，工業化和都市化發展更快速也更集中，工人階級相應之下規模較大也較有力量，形成的衝擊與機會在一九三〇年代初把兩國的足球文化帶到了職業化邊緣，但在兩邊都半途而止。瑞典這一邊是因為工人階級在政治上取得了勝利——以嚴守路德派教義清心寡欲、滴酒不沾的社會民主黨，以及同盟的社會運動為代表。德國這一邊則是因為工人階級與同盟陣營皆徹底敗給了納粹崛起。

瑞典足球在一九二〇年代極為興盛，瑞典足總得以在一九二四年首度成立全國聯賽，雖然接下來二十年除了兩次例外，每一年奪冠的隊伍都來自工業化程度較高的西海岸。一次大戰以前，瑞典媒體對於報導足球十分保守且態度冷淡，但在大量識字工人階級群體出現後，新型態的足球新聞也隨之發展成形。瑞典報紙運用與不列顛媒體首開先例的相同手法，結合名人八卦和地方對抗，把足球變成國內各大城市和眾多小工業城鎮大眾文化的日常主食。這些情況激起的地方愛國主義和鄉土認同，隨著「鑄造廠球隊」（foundry teams）集資成立而益發強烈，例如桑德維肯（Sandviken）、德格弗斯（Degerfors）、奧特維達柏（Åtvidaberg）。這些小鎮上，居民的經濟和社會生活多由單一大企業主所主宰，通常是金屬冶煉或伐木業。面對工人階級快速動員，階級恐懼加上老派的「貴族使命」促使工廠主投資起地方足球隊。在經濟產業比較多元的大鄉鎮大城市，這種鄉下家父長制沒有作用，戰前已經分裂的足球陣營是沿著階級界線固定成形。在哥特堡，加爾斯隊（GAIS）和奧爾格里特隊（Örgryte）形成社會下層和上層階級的兩根砥柱；在馬爾摩

（Malmö），相似的組合是馬爾摩ＦＦ隊和馬爾摩ＩＦＫ隊。

這種巨幅成長對瑞典足球造成的結果有兩方面。首先，在一九一〇年代的理性業餘主義下，給國家隊球員實物當成小謝禮或發給休假補貼是可允許的，但如今整套制度已被毀棄。門票上漲的同時，瑞典足球漸漸充斥著替球員密謀安插工作、無節制的飲酒揮霍、宴會、飯局和其他形式的酬勞。第二，足球觀眾現在大幅增加，喧鬧、酒醉、不守秩序的情形愈來愈嚴重。瑞典首見群眾大規模入侵球場事件就發生在一九二五年，由作客的蘇格蘭艾爾德里人隊對上斯德哥爾摩球隊的比賽。新聞報導一名瑞典球員遭蘇格蘭人攻擊，但裁判沒注意到。蘇格蘭人接著進球得分，已經在氣頭上的球迷大舉湧入草皮。隔年在同一座球場，一連串類似事件也發生在瑞典對義大利的比賽，導致入侵行動再度上演。[30] 這兩起事件指出了問題的根源，一來球迷的人口組成有所改變，愈來愈年輕、愈來愈窮，且沒有年長的家人同事在旁約束；二來又有強烈的地方愛國主義和國族主義這帖特效藥。再者，裁判素質低劣是十分普遍的問題，就連瑞典足總也承認為此生氣理由正當。最後還少不了劣質烈酒的關鍵催化。

對於這些弊病，部分布爾喬亞球會試過提高票價，希望能擋掉烏合之眾，但這卻導致觀眾群起罷看比賽，球會只得讓步。瑞典足總的反應則是搓著手乾著急，同時在球場立起一大堆告示牌，懇求觀眾乖乖守規矩。

一九三三年，戰間期瑞典的足球騷亂達到顛峰，瑞典足總終於祭出重招，關閉鬧事最嚴重的幾座球場。但真正改造瑞典足球的不是瑞典足總，而是社會政治變遷的巨浪，這一波變化始自一九三二年瑞典選出國內第一個社會民主黨政府。在這之前，眼見足球人氣攀升，各種實質和意識形態的反對於數十年間不斷累積。舊自由派資產階級依然執掌足總，但也發現出了斯德哥爾摩辦公室便愈來愈難主持大局。舊資產階級政治與社會權力的衰退透過足球一覽無遺。同樣命運的還有傳統社會秩序的支柱如警力和自由教會，以及諸多群眾政治的新勢力。禁酒運動在瑞典大有問題的飲酒文化中，地位節節升高，擁有非同小可的政治與社會聲望，是沉浸於酒精氣氛的足球賽事強勁的對手。工會運動和社會民主黨也心存疑慮，學德國和中歐的作法，攻擊菁英

運動，希望另行創造屬於工人的運動和足球文化。

瑞典社會民主黨是二十世紀選舉最成功的中間偏左政黨，要義在於妥協。其他像德國社會民主黨和歐洲大多數共產黨都拒絕階級聯盟，堅持完全掌權，也因此吞下苦果，瑞典的社會民主黨不同，他們靠著與國內小農締結長久的改革聯盟，從而取得勢力。掌有勢力以後，他們便得以在此立場與勞工團體和工業金融資本達成一連串影響深遠的協議，帶領國家經濟走出全球蕭條，步入四十年不衰的經濟發展和社會福利。在足球界，激進的社會主義替代方案中止實施，改採由上至下改革管理現有結構。上一個十年被列為重大非法交易的賭博產業，如今隨著國營彩券公司 Ab Tipstjänstt 於一九三四年成立，實質上收歸國有。政府掌握了這條重要的收入金流，得以從足球抽取可觀的利潤。同一年，瑞典足總終於決定清掃大球會暗藏的職業化發展。馬爾摩當地成功的工人球會馬爾摩 FF 隊是這次清掃的頭號目標。在政府持續施壓之下，國家體育機構只得努力節制娛樂和消費預算，以及私下僱用的遊戲。會同地方警力和禁酒運動，瑞典政府和足總控制住球迷騷亂，採用的綜合手法深具瑞典特色，包括公開羞辱流氓惡棍、合理改革警察系統和交通運輸、嚴格管制酒類販賣，此外，也透過加強裁判訓練，針對易起衝突的比賽專門指派人選，真正嘗試克服裁判執法問題。

戰爭期間，足球雖然在德軍士兵之間依然流行，但民間足球則在威廉二世的帝國垂危之際陷入了混亂。全國層級的賽事自不待言，邦層級的情況還好一點。南德足總主辦的鐵十字聯賽敞開大門向所有球隊開放，只要球隊能準時出現在對的球場。球隊人力因徵兵而耗竭，乃至連斯圖加特的兩個同城死敵──奧芬巴哈隊（Offenbach）和踢球者隊（Kickers），為了能派出完整陣容上場也只好暫時合併。接著封鎖區逐步擴大，德國的城市綠地都被徵用拿去種馬鈴薯和包心菜。等足球再興已經是威瑪共和時期的事。霍亨索倫王室退位，德國首度實驗完全國會民主制，接連幾個不太可靠的政治聯盟上臺執政。如同奧地利一樣，新交付給工人階級選民的影響力，很快促成每日工時八小時和週末休假通過。帝國時期一整套限制集會結社的大部頭法規悉數廢除。工人俱樂部一時以迅雷之勢於全國各地成立，且往往受地方政府大力

支持，政府現在總算交在了左派手上。德國足球協會登記的球員人數暴增五倍，球迷觀眾從全國各地依然寒酸的球場看臺滿溢出來。承平時期最後一場全國錦標賽有近六千人觀戰。戰後舉辦的第一場全國錦標賽來了三萬六千人，看紐倫堡隊（1. FC Nürnberg）以二比零擊敗福爾特隊（SpVgg Fürth）。

這兩支南德小鎮球會是一九二〇年代足球界的最強代表，國家隊全體陣容往往都由他們的球員組成，雖然兩隊關係太過惡劣，遇到客場比賽還得分乘兩輛車前往球場。紐倫堡隊略勝福爾特隊一籌，十年內贏得五次冠軍，期間得到「王者」（Der Klub）的封號。紐倫堡隊絕對是當時德國最國際化的一支球隊，曾同時聘用了一位瑞士教練與英格蘭經理弗雷‧史派克斯利（Fred Spikesley）。戰前他們與巡迴的英格蘭職業球隊踢過多場比賽，一路切磋學習，累積到一九一四年已能與熱刺隊打成一比一平手。戰後紐倫堡隊的陣容內，除了德國首位近似明星球員的守門員海恩納‧史圖法特（Heiner Stuhlfauth），還從布達佩斯的 MTK 隊吸收了中鋒艾弗雷‧夏佛（Alfréd Schaffer）。從一九一八年七月到一九二二年二月，紐倫堡隊所有正式比賽戰無不克，期間第二度贏下全國冠軍。那一年的全國錦標賽決賽，他們遇上後起之秀的漢堡隊（Hamburger SV），這場比賽為德國足球留下迄今缺少的一樣東西——一齣貨真價實的史詩大戲，日後可以塑造神話的材料。

1922 年 6 月 22 日
紐倫堡隊 2—2 漢堡隊
柏林

足球迷裡如果有數字命理學家和數學預言家改不掉長年習慣，看到數字就想算一算，這一刻必能帶來無窮樂趣。眼下是德國全國錦標賽決賽，紐倫堡隊出戰漢堡隊，時間是一九二二年六月二十二日，比賽已到九十分鐘，比分仍是二比二。除了加時延長之外，現場沒有任何補給。雙方繼續比賽，球員在場上來回奔跑，體力透支和受傷的人不斷增加。紐倫堡隊的安東‧庫格

勒（Anton Kugler）掉了五顆牙還是繼續奮戰。「大家步履蹣跚，搖搖晃晃，幾乎就要倒下。沒人還有力氣對正射門，但也沒人願意放棄。」天色將暗時，裁判帕可‧包溫斯博士（Dr Paco Bauwens）終於在對戰三小時又十分鐘後宣布比賽結束。

當局安排兩隊在萊比錫重賽，九十分鐘後還是一比一平手。四百分鐘後，局勢唯一的變化只有紐倫堡隊的伯斯被判罰下場，變成十一人對十人。進入補時延長，庫格勒退場，紐倫堡隊減少為九個人。接下來紐倫堡隊又因為特拉格惡意犯規判罰下場而減少到八個人。延長賽到了下半場，比分還是一比一。路特波德‧波普（Luitpold Popp）不支倒下，紐倫堡隊減少到七個人。裁判中止了比賽，律師團介入裁決輸贏。漢堡隊主張獲勝，紐倫堡隊不服，辯稱波普很快就能恢復再戰。德國足協把冠軍盃頒給漢堡隊，條件是他們要宣布放棄冠軍，他們雖不情願也只好照辦。[31]

在萊比錫舉行的這場重賽，六萬多名觀眾擠進只供容納四萬人的球場。工人足球，大眾足球，不只已來到德國，還從看臺滾落到了煤渣跑道和草皮上。

漢堡隊隔年真正奪下冠軍，與杜塞道夫（Fortuna Düsseldorf）、柏林赫塔隊和拜仁慕尼黑隊（Bayern München）一同踢起速度更快、更精練的足球，挑戰並超越了王者之位。柏林赫塔隊尤其上演了擄獲大眾目光的英雄事蹟。他們是一支技術成熟、資金充裕的球隊，連續四年打入決賽，但每次都輸，不是倒楣招致壞運氣，就是神經抓狂信心崩盤。說起故事來更精彩的是，一九三〇年第五度問鼎，他們終於贏了，在這場混亂的公開決賽中，面對現場四萬五千名滿懷敵意、狂扔水果的基爾隊球迷，他們以五比四擊敗霍爾斯坦基爾隊（Holstein Kiel）。

這樣生氣蓬勃的新足球文化，名義上的管理單位一樣還是德國足協。足總內部的資深官員及管理文化依舊極其保守，堅信一套食古不化的「陰謀論」，把德國戰敗與隨之而來的恥辱，解釋成一臺寶刀未老的軍事機器被沒

骨氣的政治人物扯住後腿導致的結果，同一群政治人物如今還在威瑪共和政府任職。德國足協對新共和政府效忠的程度，從一九二○初的旗幟爭議就衡量得出來。足總不用共和國的紅、金、黑三色旗，硬是沿用德意志帝國的紅、白、黑國旗當作會徽。身處新環境的德國足協緊抓住固有觀念不放。在他們眼裡，足球依然是有益身心健康，對鍛鍊青年國民體格、增進道德觀有貢獻的優良運動——這套理想到底能在社會上傳播多遠就是另一個問題了。眼見新工人階級湧現想申請加入俱樂部，新一波真正由勞工組成的球隊也紛紛萌芽，德國足協與德國足球的中產階級領導層鐵定不開心。中產階級與工人階級支持者之間的社會與意識形態對立大到連多特蒙德市立新球場落成都要慶祝兩遍：先由布爾喬亞體育運動俱樂部慶祝過後，隔天再換工人運動俱樂部慶祝。

　　德國工人足球的新星當屬沙爾克隊（Schalke 04），一支來自魯爾地區北部礦業小鎮蓋爾森基興（Gelsenkirchen）的球會。蓋爾森基興在一八五五年開挖第一座礦井。到了二十世紀初，當地已有三座巨大的煤礦礦區、眾多輔助井和器械設施，四處遍布窯廠、工程機廠和化學工廠，與大埃森和多特蒙德都會圈併在一起。很少有地方比這裡更能展現德國工業化的速度和規模，新工人階級彷彿憑空召喚就在此聚居，因為蓋爾森基興和該地區大部分地方本來並沒有無產勞工。工人從東邊被吸引過來，最遠來自會講德語的波蘭。就在這一群第一代和第二代礦工與工廠工人階級之間，西伐利亞沙爾克隊（Westfalia Schalke）於一九○四年成立起來，當時還只不過是普通路上的青少年組成的一支街頭隊伍。環境粗陋原始，這些青少年沒辦法，只能把中產階級球會用壞的球買回來自己修補，在厚底鞋上釘刺鐵充當球靴。球隊一開始都在城鎮西邊廢棄的農莊空地踢球，地上滿布水溝和石子。一九一四年，球隊總算能在蓋爾森基興當地租下一小塊土地，不過他們得自己除草、排水、重建。即便如此，因為也很少有別的事情能為敲鐘打卡的做工生活提供娛樂消遣，沙爾克隊仍愈來愈成功，吸引愈來愈多人加入。

　　戰後那幾年，沙爾克隊與其他類似球隊在地方聯賽金字塔穩定爬升，令地方足協的布爾喬亞階級不禁擔心起來。足協導入「新方向政策」，表面上

說是想削弱令人憂心的敵對意識，以免經常演變成球迷騷亂或闖入場內打架，但其實更像是維持舊有手段，利用暫停球隊升降級兩年，把沙爾克隊與類似球隊排除在頂級聯賽之外。一名沙爾克球員就提到：「他們不希望我們出現在他們的頂級聯賽……中產階級球會……只想跟自己人踢球。」[32] 但德國工人階級不可能永遠讓人踩在頭上，一九二六年沙爾克隊升上了德國西部地區的頂級聯賽。到了這個時候，他們已然促使熱烈的工人階級足球文化在魯爾地區發展成形。一九二八年，沙爾克隊終於有能力興建他們第一座正規球場，場內可容納四萬人，且球隊只須支付微不足道的租金給當地一間煤礦廠即可承租土地。

待一九二〇年代初通貨膨脹的混亂平息下來，凡爾賽和約最可怕的效力也減弱之後，德國經濟經歷了短暫繁榮。加上戰後足球觀眾人數激增，顯然沒有其他謀生手段或財務支柱的工人階級球員也漸漸增加，邁向職業化發展的商業動力再度復甦。但這一切都必須在暗中祕密進行，因為德國足協仍固執堅守著一種非常正統的業餘主義形制。

德國足協的立場極度強硬，強硬到一九二四年聽聞奧地利和匈牙利職業足球合法化，他們的反應竟是宣布國家隊將不會出戰派職業球員上場的對手。思及奧地利和匈牙利是少數會考慮與德國人比賽的球隊，德國足協這一番宣示更顯得不近人情。由於德國足球暗地裡存在職業化的各種軼事證據持續累積，德國足協終於在一九三〇年針對沙爾克發起調查以殺雞儆猴。調查結果免不了總結道：「先發隊球員持續收取經費，金額遠高過可以接受的程度。」[33] 德國足協隨後祭出重罰。十四名球員被禁賽，球會收到鉅額罰單，且整整一年無法參加德國足協主辦的賽事。球會財務長威廉・尼爾（Wilhelm Nier）引以為恥，竟至自殺。這一死毫無意義。沙爾克隊到一九三一年即獲准回到冠軍聯賽，甚有七萬名觀眾買票入場看他們與杜塞道夫隊踢友誼賽。

業餘主義的邏輯與足球界的現實太過脫節，光靠罰金和禁令並不足以防止足球商業化。職業隊與業餘隊的實力差距在一九三一年無情地暴露出來，奧地利夢幻隊以五比零和六比零兩次痛宰德國隊。時機已然到來。在球迷最多、足球最盛的地區──魯爾地區、南德、柏林，要求薪資合法化的壓力持

續升高。一九三二年，德國足協同意會在一九三三年五月二十五日召開決策
會議解決這個問題。但自一九三三年一月三十日，興登堡總統（Hindenburg）
任命阿道夫・希特勒（Adolf Hitler）出任總理時，那場決策會議便永遠不會
召開了，一股大過任何勢力、超乎足總想像的力量，一股大到能抗衡大眾市
場邏輯、把德國與整個歐洲化為瓦礫的力量，將會接管德國足球。

第七章

誰的遊戲規則：
國際足球與國際政治（1900–1934）

施於足球的外交壓力愈少愈好。

——不列顛外交部備忘錄，1933[1]

少年吧！鄉親吧！我親愛的法國人！聽我說！十四年來，《L'Auto》每天出刊，從沒胡說八道吧？同意的話，就聽我說！

普魯士人是一群雜碎……骯髒的方頭仔，一群無腦的羊羔，沒半點主張，只會任人宰割。各位這次一定要拿下他們，那些骯髒的雜碎……

你們這次出戰的是一場大賽，一定要用盡球場上學到的所有招式……但是小心！當你的刺刀抵著他們的胸口，聽見他們哀哀求饒，別心軟。殺光他們！

——法國運動記者，亨利・德杭基（Henri Desgrange, 1865-1940），

《L'Auto》，1914.08[2]

最好記住，當你跟人踢足球……不論政治人物怎麼想，你不會想殺了對方。我們希望締結真誠的兄弟情誼，而依我看最好的方法，就是鼓勵各國在體育場上較量。

——不列顛奧委會副主席，狄西斯爵士（Lord Decies）[3]

I. 運動即戰爭？

不列顛政務機關簡略的忠告裡暗藏的智慧；法國運動日報《L'Auto》編輯近乎抓狂的極端民族主義；奧運天真到無可救藥的世界主義崇高理想。這三段相互矛盾的說詞，說明了歐洲和美國菁英在二十世紀前三分之一這段時期裡，對國際體育與國際政治的幾種主要看法——有些人認為最好運動歸運動，政治歸政治；另一些人認為，運動即戰爭，或者至少也是另一種政治手段。也有些人認為，運動可以奠定烏托邦理想中的政治和平。從一九〇四年國際足總成立到一九三四年世界盃，世界歷史劇烈動盪，奧運會把足球乃至其他運動當作普世和平使者的理念，盡皆化為齏粉。國族政治粉碎了這些希望，劫持了運動競賽的舞臺，也劫持了運動在國內與國際政治角力場上被賦予的意義。不列顛堅持政治與運動無關，牽扯政治並不妥當，姑且不論這樣的立場有無價值，眼前對手紛紛把文化與政治意涵加重灌注在足球賽和足球實力上，不列顛不可能再堅守下去。

在工業化社會的菁英之間，在運動界一大群依舊堅決當業餘運動員的群體之間，奧運理念並不乏支持者。國際足總很多創辦成員也懷抱著與推動國際奧委會相同的普世和平理念。但一次世界大戰這座納骨塔大煞風景，令早期這種樂觀主義黯淡失色。一八九六年到一九一二年間，即使舉辦了五屆奧運，似乎也沒能多有效地阻止帝國間的競爭，歐洲終究難逃蹂躪。等到一九三六年柏林奧運被當成荒誕的政治宣傳活動舉行，對於奧運精神有充分力量能化解病態的國族主義熱情，若還有人殘存一點希望，這時也已顯得不合時宜。

不列顛至少在一九二〇年代末以前，足球機關與外交部普遍相信足球和政治並非一體也不該混為一談。板球比較接近外交官員的社會階級和運動重心，被視為增進大英帝國與殖民地融合的重要文化紐帶，但足球不具這種角色。就連像《每日快報》（*Daily Express*）這樣好戰的民族主義論調，評論一九二九年與德國隊賽前民間的擔憂恐慌都說：「還有比這更傻、更無益的

煩惱嗎？足球場上，不論是我們擊敗德國人，還是德國人擊敗我們，那一點也不要緊。真正要緊的是，我們應該敞開心胸歡迎他們，進行『友善的較量、和平的競爭』。」[4] 然而，政治和運動觀察者愈來愈清楚看到，這種想法並非所有人都認同。針對同一件事，《泰晤士報》一篇社論寫道：「假設好了，若是法國人去到德國，或是捷克人去到奧地利，旁觀者很難完全不作他想。國際政治深植在一般歐洲人心中。」[5] 這正是問題癥結所在。不列顛大可堅持自己對運動親善、去政治化的看法，但假如對手──那些他者、那些歐洲人並不這樣想的話，那麼賽局就輸定了。一九二八年，不列顛駐都靈領事向外交部回報足球在義大利的社會地位時，就認為歐陸之人看事情有「不同的心理角度」。[6]

拉丁美洲和中歐雖然各自有一小群奧運理念的信奉者，也有自己版本的「政治歸政治，足球歸足球」，但為足球定下規則的，卻是「足球是另一種政治手段」的擁護者。前面曾說過，歐洲各地的民族主義者和軍隊在一次大戰前，把大量群眾參與運動當成民族復興、種族生物學存續、取得軍事優勢的手段。運動常以戰爭語言描述，看起來才適用於軍事訓練。如今當真正的戰爭爆發，運動則反過來為作戰行動提供比喻，德杭基的文章就是一例。「運動即政治」的形式能在國際足壇勝出，還有一部分是戰後的政治情勢所致──極端國族主義在一九二〇和三〇年代漸漸掌握了權勢和影響力，最明顯的就是歐洲的法西斯黨。不列顛在國際足球創立之際拒絕扮演領導決策的角色，也給了他們操弄的空間。

一波又一波冒險進取的不列顛人，在十九世紀末把足球帶向了世界，國內卻沒有一個敢於冒險進取的足球統治集團可以相配。甚至，不列顛早期足球特殊的發展狀態，以及不列顛與歐洲國際政治的關係，催生的正好是恰恰相反的一種人：一群傾向孤立封閉的菁英，幾乎毫不掩飾自己的傲慢自負。由於很早就徹底商業化，不列顛足球發展超前其他國家甚多，競賽實力的差距甚至大到可以保證絕無對手。不列顛足球與國際足總關係原就冷淡，一九一四年以後又因大戰帶來的創傷和嫌隙而更加疏遠。

不列顛足協雖然日後會重回國際足總門下，但真說起來他們已經不太想

再捲入歐洲事務當中。這在某些方面形同解放，因為不列顛不在，反而替新的足球強權打開了世界舞臺，拉丁美洲和中歐都成為國際足球發展重要的革新者。但為此也必須付出代價。不列顛的離開留下了真空，儘管國際足總立意良善，它所推崇的誠正知禮、自由進步的國際足球，政治化的程度仍愈來愈深，於戰間期墨索里尼統治的義大利達到頂點，那就是一九三四年世界盃。如今回想起來，這也許在所難免，因為國際足球發展成熟的年代，恰恰也是大眾極端國族主義政治在歐洲和拉丁美洲臻至巔峰的年代。比起世紀末歐洲處處犯錯的帝國，新一代的獨裁者和民粹主義者更精於操控大眾品味、更有意願也有能力介入大眾文化，他們在一九二〇到三〇年代對足球興起積極濃厚的興趣，而且沒有人阻止他們。

II. 國際足總的誕生

國際足球誕生於一八七二年，而且起源非常侷限。只是足球（和橄欖球）賽事由英格蘭對上蘇格蘭就構成一場國際賽。往後四年只有一場這類比賽，仍由英格蘭和蘇格蘭較量，之後威爾斯於一八七六年第一次挑戰蘇格蘭，然後是一支愛爾蘭球隊在一八八二年首度參戰。十九世紀末，不列顛單獨制定出了球場內外的賽事規則。一八八二年，四個構成國（這四國的集體總稱）的足總派出代表會面，共同組成國際足球協會理事會（International Association Football Board, IAFB），擔任最後確立足球規則的團體。理事會立刻主張球門應用固定橫樑代替布條或繩子，同時也安排了世界第一場國際足球錦標賽——本土四角錦標賽。首屆比賽在一八八四年舉行，由蘇格蘭奪冠。該賽事的重頭戲是英格蘭對蘇格蘭的比賽，到了一九〇六年，兩國的代表隊已經過半都是職業球員，比賽在漢普頓公園球場吸引了十萬名觀眾見證蘇格蘭以二比一獲勝。一戰前夕同樣對戰組合的比賽更吸引了十二萬七千名觀眾。

英格蘭各種業餘球隊除了參加一九〇八年和一二年兩屆奧運，一九一四年以前也經常到西歐和斯堪地那維亞半島短暫巡迴。這些球隊常被對手當成

英格蘭足球的官方代表，但英格蘭足總並未授予他們真正的國家隊頭銜。由職業球員構成且公認是英格蘭足總官方指派的英格蘭隊，要到一九〇八年才首度上陣，分別在維也納和布達佩斯大敗奧地利人和匈牙利人。隔年他們再度重演榮耀，但也就到此為止。英格蘭球隊直到一九二〇年以前再也未至海外出賽。蘇格蘭、威爾斯和愛爾蘭的存在，讓英格蘭顯得好像善於社交，這三國從未到不列顛群島以外的地方比賽。相較之下，英格蘭業餘俱樂部球隊大受歡迎，不乏機會遠遊海外。各式各樣的哥林斯人隊、流浪者隊、漫遊者隊、校友隊、大學隊和軍團隊，從總部在倫敦的英格蘭公家機關隊，到北部的礦業城鎮隊伍奧克蘭主教隊（Bishop Auckland），全都到訪過中歐和西歐，某一支漫遊者隊往東最遠還到過莫斯科。想到這些球隊能吸引多少觀眾付錢進場，職業足球俱樂部很快也緊跟其後；一戰前十年，共有三十多支英格蘭及蘇格蘭球會出賽海外，巡迴歐洲和南美洲。北倫敦的熱刺隊是當中最勤奮的一隊，一九〇七年到一九一四年一共巡迴了八次，其中一次還遠赴阿根廷和烏拉圭。紹森德聯隊（Southend United）相反地則畫地自限，只到柏林與赫塔隊踢過一場比賽。[7]

　　比起不列顛，海外的足球協會對於旅行心態開放得多。拉丁美洲的阿根廷和烏拉圭在一九〇一年率先與對方正式較量。奧地利和匈牙利在一九〇二年跟進。兩方的組合都形成一種公開的競爭場面，挑起社會激情的程度不亞於英格蘭和蘇格蘭的碰撞。一九〇四年國際足總成立後，法國、荷蘭、比利時、瑞士也加入國際足球圈，斯堪地那維亞半島接著跟進，然後就在槍聲響起之前，沙俄也加入了。除了新興的國際足球網絡以外，跨國足球也在二十世紀初發展起來。文化和政治空間這個時候尚未被中央集權、國界封閉的民族國家侵吞，國際足球場面充滿討喜的特例。比方說，蘇格蘭、威爾斯和愛爾蘭球隊常常參加名義上的英格蘭足總盃。匈牙利和波希米亞的一流球隊也會受邀到維也納參加挑戰盃。瑞士移民在法國馬賽成立的瑞士體育場隊（Stade Helvétique），一九一一年贏得法國冠軍；法國西南部和西班牙北部的球隊，則在兩國都還沒有國家錦標賽的時候參加跨邊境的庇里牛斯盃（Pyrenees Cup）。米蘭隊和義大利北部其他頂尖球會，一九〇一年起會越

過阿爾卑斯山到瑞士參加基亞索盃（Chiasso Cup）。但米蘭隊與來自羅馬的
球隊對戰卻還需再等十年。

　　跨國郵政系統、電報纜線和鐵路全都在十九世紀下半葉發展起來，這些
是所有國際運動賽事想固定下來都必定要有的基礎建設。有了這些新的運輸
通訊系統，也有必要成立負責管理與技術標準化的國際機構，例如創立於一
八六五年的國際電報聯盟（International Telegraph Union）和創立於一八七四
年的萬國郵政聯盟（Universal Postal Union）。貿易界、法律界、科學命名系
統也紛紛成立類似組織，還有最重要的——時間。因為沒有一套公定的時間，
工業社會無法運行，也肯定沒有賽程表能讓人遵守。因此哪怕許多法國人反
對，不列顛格林威治的時間自此定為全球標準時間。西歐一小群足球行政官
員也在這樣的背景下，意識到足球界也需要某種體制性的國際管理機關。

　　如同全球標準時間的制定，足球界普遍也認定不列顛會跳出來當全世界
的參考基準。一九〇二年，荷蘭足總向英格蘭足總送出一份提案，希望成立
類似機構。這封信獲准到其他構成國的足總辦公室繞了一圈，英格蘭足總才
終於回覆，語意模糊地表示他們會邀請大家到英格蘭會談，但時間地點未定。
法國體育運動協會聯盟（USFSA）主席羅伯特・格林（Robert Guérin），拒
絕接受「等有時間吧」這樣的答覆，以代表身分前往倫敦與英格蘭足總主席
金納德爵士會談。這場會議冗長且毫無結果，格林回報他們的談話有如「拿
刀切水」，漫無著力之處。格林沒有氣餒，在一九〇三年號召有意願的當事
單位召開會議，可惜依然沒有成真，一九〇四年他又試了一次。這一次，五
月十二日在巴黎聖奧諾雷街（Rue St- Honoré），包括來自比利時、丹麥、法
國、荷蘭、西班牙、瑞典、瑞士等七國的代表，共同創立了國際足總，或者
高盧民族可以用法語光榮稱呼其全名：Fédération Internationale de Football
Association。但有一點必須要說，法國共有三個自稱負責制定足球規則的運
動協會，格林只代表其中之一。另外西班牙這時甚至還沒有一個國家性的足
總，派來的代表是馬德里隊的成員，自稱能代表卡斯提亞人，加泰隆尼亞人
同不同意自然是個問題。不列顛起初冷眼旁觀，但德國、奧地利、義大利、
匈牙利全都立刻申請加入。

一九〇六年，英格蘭總算姍姍來遲。英格蘭足總承認新管理組織成立的事實，開始切斷表面上與阿根廷、智利和南非足總的連結，這三國往後十年都加入了國際足總，美國亦同。捷克波希米亞也申請入會，但奧地利要求將之排除，因為波希米亞實際上還是奧地利領土。但假如波希米亞因為主權關係不得入會，蘇格蘭和愛爾蘭也提出申請，怎麼就被允許了？可倘若允許波希米亞加入，奧地利和德國便威脅他們境內每一個邦國也都要申請加入。波希米亞終究逃不過被排擠在外。蘇格蘭和愛爾蘭則獲准加入，後來並沒有接到霍爾斯坦邦或薩爾邦足球協會的申請。芬蘭和挪威各自剛從俄羅斯和瑞典統治下解放，一九〇八年獲得國際足總會員資格，標明他們也加入成為獨立民族國家的一員。

這段時期，國際足總既是國際行政機關，大柢上也維持著紳士俱樂部的型態——成員一律是男性，且出身上流階級或專門行業。總會內部始終有人詳盡規劃，並不斷倡議舉辦國際錦標賽和歐洲冠軍賽，但國際足總什麼也沒辦。國際足總的心力泰半集中在處理管理國際足球必要的文書作業、提供裁判、決定誰能加入、決定誰能在什麼時候與誰對賽。然而這也可能引起摩擦，尤其開戰前最後那幾年，想必是國內對不列顛的仇恨和敵意讓他們膽子也大了起來，德國代表開始向國際足總施壓，希望國際足總納入國際足球協會理事會納入，取得足球規則的制定權。一九一三年，國際足球會理事會決定向「那些歐陸人」讓步，給國際足總安排一個理事席次，但堅持所有提案都須五分之四成員同意方可通過，以此抵銷國際足總的權力。一九一四年春，理事會新成員在巴黎首度會面。當然，不列顛人此後得耗費漫長的四年駐紮在法國。

不列顛早年從國際足總缺席，後來又多所提防，結果不光是把命名權讓給法語而已，也表示國際足總核心的意識形態從當時到現在都更偏向高盧人而非盎格魯薩克遜人。不列顛人徹底對政治冷感、「讓政治遠離足球」的心態，雖然也可見於國際足總，但一旁總少不了一種更強烈、更明確的奧運理想世界主義觀，雖然往往被國際奧委會固執堅持的業餘主義給搶盡鋒芒。戰前，國際足總與一小群熱心的愛好者，致力維續一種名義上去政治化的足球，

以及一種可望喚起理解認同、促進世界和平、友好的社群論
（communitarianism）。一九一四年夏天，整個歐洲大陸似乎都已蓄勢待戰，
在那段局勢緊繃的最後時刻，國際足總向任何還可能在聽的人發出一段堅定
的宣言，表示他們「支持所有以努力拉近國族距離、在雙方萌發衝突時以和
平調解取代暴力協商的行動」。[8] 但沒有人在聽。同一天稍晚，斐迪南大公
就在塞拉耶佛遭人暗殺，一連串導向戰爭的致命導火線就此點燃。

III. 國際足球的蕭條

第一次世界大戰雖然起了關鍵作用，讓足球在歐洲和拉丁美洲從城市菁
英的遊戲變成工人階級的遊戲，但當下卻對國際足球造成破壞。一九一四年
到一九一八年，國際足總名副其實被打入冷宮。拉丁美洲之外只有四個國家
在戰爭期間參與過國際賽事，分別是挪威、丹麥、瑞典，這三個國家在自己
安全中立的斯堪地那維亞半島相互競賽；另外就是美國，美國在一九一七年
接待過來訪的丹麥隊和瑞典隊，不久德國U型潛艦就封鎖了海域，就算是中
立國家也無法再安全出航。

當戰爭在一九一八年告終，勝利國一方面著手懲處戰敗國，一方面也打
從根本重劃起歐洲和中東版圖。兩個過程都反映在國際足總的會員資格上。
戰後外交協商的重心是各式各樣的和平條約，凡爾賽和約與成立國際聯盟是
其中最重要的兩項。國際聯盟總部設於日內瓦，代表一眾民族國家組成的國
際共同體，旨在促進和平。戰敗的同盟國——德國與瓦解的奧匈帝國，起初
不被允許加入國際聯盟。體育界也比照辦理。一九一九年年底，國際奧委會
把邀請權交給將在隔年主辦安特衛普奧運的比利時，成功把同盟國排除在奧
運之外。姑且不論國際奧委會這一手棋在法律和外交上多巧妙，明事理的人
都知道，比利時被德國佔領了四年，不可能還會邀請戰敗的同盟勢力。

國際足總內部對此意見分歧。法國和荷蘭當然大力贊同排除同盟國，但
心態最狠的卻是號稱去政治化的英格蘭足球界。英格蘭足總討論此問題的會
議紀錄上簡單明瞭寫道：「英格蘭足總無法接受與同盟帝國的足總隸屬於同

一個協會，不管那是不是官方協會。」這番論調也反映出不列顛民間的普遍想法，認為侵略者理應受到懲罰。[9]國際足總受到不列顛給的靈感，提議不只剔除戰敗的同盟國，凡是與他們對賽過的國家隊，或與他們的球會比賽過的球會，都應一律剔除。瑞典和義大利對此表示反對。兩國足總皆堅持他們有權利與所有希望的對手比賽。國際足總執行委員雖然重申他們會按照承諾剔除德國和奧地利，但英格蘭不滿意。一九二〇年，英格蘭與其他三個構成國集體退出國際足總。這麼做的後果使得隔年亞伯丁隊和敦巴頓隊可以與丹麥的地方球會比賽，但卻去不了瑞典，因為瑞典國家隊該年初出戰過奧地利。如何向約定好的外國對手證明自身誠信，不列顛球會被迫擔負起責任，這也在一九二二年給格拉斯哥流浪者隊的歐洲巡迴計畫立下難以跨越的障礙。但時間一久，英格蘭足總與不列顛的公眾意見一樣，漸漸緩和了反德國的立場。亞伯丁獲准至維也納比賽，不久，球會想去哪裡比賽也都行了。繼續脫離國際足總已經失去理由，因此四個構成國又在一九二四年重新加入。

　　第一次世界大戰對政治最立即的衝擊，是粉碎了歐洲帝國王朝的正統與王權。戰爭失利、經濟蕭條、社會凋敝與國內的民族起義，使帝國受到沉重打擊。當收拾殘局的時刻到來，美國總統威爾遜（Woodrow Wilson）與美國政府在和平協商時堅持提出民族自決原則，各國只得按照此原則安排。就連大英帝國也被迫放棄其最悠久的殖民地──愛爾蘭。或者該說是大部分的愛爾蘭。愛爾蘭起義後，繼之而來的便是愛爾蘭自治與自由邦的成立。民族、文化或政治團體幾乎全都分立另組，足球也不例外。愛爾蘭足球總會於一九二一年成立，且在新設立的外交事務大力支持下，一九二三年申請通過國際足總會員。根據地在貝爾法斯特的北愛爾蘭足總（Irish Football Association, IFA）對此格外惱火，再三主張自己仍有權從愛爾蘭全島提拔球員，雙方之間餘燼未熄的衝突火苗再度燒得熾熱。但因為四個構成國這時候並非國際足總會員，對於愛爾蘭足總獲准入會也無法多說什麼。他們能做的，只有集體同意構成國不會與愛爾蘭國家隊或愛爾蘭足總旗下的任何球會比賽。事後回想起來這不外是一場陰險的政治算計；一個鐵了心腸要打擊愛爾蘭足球的賽事、收入與球迷發展，把小國的足球文化活活餓死的手段。

　　奧地利和匈牙利戰前已是國際足總會員，戰後隨著哈布斯堡王朝瓦解，波希米亞終於獲得自由，化身為全新的捷克斯洛伐克加入國際聯盟和國際足總。原屬奧匈帝國各省的克羅埃西亞、斯洛維尼亞、波士尼亞，與早先獨立的塞爾維亞，從戰後帝國瓦解的混亂中合併創立了南斯拉夫王國這個代理政權，一九一九年在王室積極支持下加入國際足總，王室大概是當時南斯拉夫其他唯一還能發揮作用的國家機構。波蘭戰後終於從哈布斯堡、霍亨索倫、羅曼諾夫王朝的三方宰制下解放，近兩百年來首度重新恢復為獨立實體，國際足總會員資格和國際足球發展也隨之跟進。波羅的海三小國愛沙尼亞、拉脫維亞、立陶宛，皆成功從俄羅斯帝國解體的殘骸中脫身，對於國際足球甚至更為狂熱，一九二〇年代初加入國際足總，還創立了三國之間定期舉辦的波羅的海盃賽（Baltic Cup）。足球文化悠久但官僚系統遲緩的國家，如希臘、羅馬尼亞和葡萄牙，後來才慢悠悠地加入。

　　新世界早先已成立的民族國家克服了與歐洲遙遠的地理阻隔。除了阿根廷和智利（一戰前已加入）以及哥倫比亞和委內瑞拉（分別於一九三六年和一九五二年加入）之外，所有南美洲國家（巴拉圭、巴西、烏拉圭、厄瓜多、祕魯和玻利維亞）都在一九二〇年代加入了國際足總，同時透過自己的地區性組織南美洲足球總會，運行全世界最有制度的國際足球賽事。美國是一戰以前阿根廷以北唯一的國際足總會員國，後來尾隨加入的有加拿大、墨西哥、中美洲國家哥斯大黎加、巴拿馬、瓜地馬拉、薩爾瓦多，還有加勒比海獨立島國古巴和海地。在這片廣大而欠缺來往的地區，足球籠罩在其他更成功的美式運動的陰影下，發展依然僅侷限於大都會的小塊區域。要到一九三〇年代末才會再推動國際賽事發展，創立相關的聯會和團體。

　　中東版圖在第一次大戰尾聲亦隨奧斯曼帝國瓦解而發生變化。現代土耳其民族國家由總統凱末爾（Kemal Atatürk）領導，從帝國的瓦礫堆中誕生。一九一八年，不列顛軍隊與奧斯曼帝國盟軍攻佔伊斯坦堡時，足球短暫流行過一陣子，旋即消失於對希臘戰爭與創立共和國的動盪之中。但建國一完成，土耳其立刻申請加入國際足總，足球所代表的「世俗文明」正是凱末爾決心帶領國家走上的方向。奧斯曼帝國舊有的省分盡為法國和不列顛瓜分。埃及

最先擺脫帝國主義最後階段的統治枷鎖，緊接著在一九二三年加入國際足總。黎巴嫩和敘利亞構成法國在中東地區的部分勢力範圍，兩國在一九二〇年代和一九三〇年代初趕走了法國人，分別於一九三五年和一九二七年宣布建國並加入國際足總。不列顛的勢力範圍包括伊拉克、外約旦和巴勒斯坦。伊拉克南部油田和外約旦首都安曼（Amman）確實有足球活動，兩國會在戰間期獲得獨立或申請加入國際足總也是無須懷疑的事實；但在巴勒斯坦，不列顛的政權和意圖受到的抨擊更大，情況又是另一回事。

　　不列顛人來到巴勒斯坦以前，當地歐洲猶太移民族群已發展出小規模、非正規的足球文化，留下的紀錄顯示他們在一戰前期曾與土耳其士兵比賽，後期對象則換成不列顛軍隊。土耳其軍在戰爭中途就已落敗被逐出當地。不列顛實質佔領一段期間後，一九二二年接到國際聯盟指示，將巴勒斯坦委由不列顛託管。又稱「神學院」（yeshiva）的猶太族群快速增長，新一波來自西歐和中歐的移民則在足球場上成為猶太人的強勁對手，他們在家鄉和歐陸軍隊裡長期接觸過足球。到了一九二〇年代中期，左派和右派的猶太政黨各自推行起社會運動與相應的體育俱樂部（哈普爾隊〔Hapoel〕和馬卡比隊〔Maccabi〕），而足球是群起入黨的年輕人間最流行的運動。與不列顛軍人與警察球隊的競爭很激烈，比賽常因指控不列顛裁判反猶而演變成集體鬥毆，但衝突只限於球場內。主流猶太政治看法尚未把不列顛託管視為問題或阻礙。在民間相對和平的氣氛下，足球愛好者尤瑟夫‧葉庫提力（Yosef Yekutieli）向國際足總提出申請，希望讓巴勒斯坦足總入會。一九二四年，向國際田徑總會求取認可的一次類似嘗試，因為田徑運動為猶太人獨佔的問題，導致進展並不順利。葉庫提力這次向國際足總保證，巴勒斯坦足總與足球賽事會維持向全體開放，不論是猶太人、阿拉伯人或基督徒。國際足總接受申請，巴勒斯坦在一九二九年成為國際足總會員國。然而，巴勒斯坦在一九三〇年派國家隊出賽埃及的時候，球衣上雖然寫著字母 P 代表巴勒斯坦，胸前口袋卻看得到小小的 LD 兩個字母，那是希伯來語巴勒斯坦的開頭縮寫。最後，遠在歐亞帝國的範圍以外，東亞剩下的少數幾個獨立國家——泰國、菲律賓、日本、中國也紛紛加入了國際足總。

　　國際足總從一九一九年只有二十四個會員國，到一九三九年已成長至五十六個會員國。但這時一樣又有四個顯眼的空席──不列顛本土四國於一九二四年重新加入國際足總後，只待了四年又於一九二八年退出，這次離開得很堅決，要到第二次世界大戰結束，他們才會重新加入。說來也奇了，英格蘭和蘇格蘭足球商業化和職業化得這麼徹底，導致他們二度退出的原因卻是業餘主義和休假津貼的問題。比起一九二〇年代普遍的文化與政治爭議，不列顛足球界對歐洲並非一律持孤立態度。球會甚至比戰前更常到訪歐洲大小地方。跨英吉利海峽兩岸，英法代表的行政官員之間亦建立起友好乃至於親善的個人關係和書信來往。巴黎競賽隊和阿森納隊於一九三〇年代，每年固定在國殤紀念日舉行慈善友誼賽，比利時甚至也受邀至英格蘭出賽。但這些親和友善是其限度。國家隊夏天赴賽海外，只限制去不具政治爭議性的地主國，如法國、比利時、瑞典、西班牙和盧森堡。蘇格蘭到一九二九年才前往挪威參加第一場對手非不列顛國家的國際賽。威爾斯一九三〇年代只踢過兩場海外國際賽，兩次都是對法國，北愛爾蘭則全都沒踢過。在很多人看來，國際賽就是沒那麼重要，尤其職業界很多人各有各的理由反對太多國際賽事徵用他們付錢請來的球員。英足聯官員查爾斯・蘇特克里夫（Charles Sutcliffe）便刻薄地評論道：

　　說什麼對法國、比利時、奧地利或德國的比賽有進步，我壓根兒不在乎。國際足總於我何干。那些個烏拉圭和巴拉圭、巴西和埃及、波西米亞和泛俄羅斯，這些不像樣的足球總會，居然能和英格蘭、蘇格蘭、威爾斯和愛爾蘭平起平坐，這樣一個組織在我看來，也就是小題大作罷了。如果中歐還是其他別的地區想管理足球，就請他們拿那些權力管好自己，我們自己的事不勞操煩。

會有這種自大的心態，憑的是一種堅定的假設，認為外國人不管再怎麼努力組織管理，球場上與不列顛的實力和經驗落差還是太大，大到不可能跨越，因此根本也不需要評估國際比賽能帶來的好處。這種想法想必深植於不列顛

足球界已久，即便受到實證挑戰也不為所動。一九二九年五月，不列顛在馬德里意外以四比三敗給西班牙隊一事，三兩下就被淡忘在一旁。

這種直言不諱的蔑視達到最高點是在一九三〇年，英格蘭足總受邀至烏拉圭參加首屆世界盃決賽。足總官方的態度明顯受到切爾西隊影響，切爾西隊前一年剛去過拉丁美洲巡迴，球會董事查爾斯・克里斯普上校（Colonel Charles Crisp）後來把拉美之旅紀錄的呈交給了足總。在布宜諾斯艾利斯的一場比賽，邊線旁的球迷出拳毆打切爾西球員。對博卡青年隊的比賽，球迷鬧事導致比賽提前結束，隨後球隊巴士還遭到攻擊。但不管有沒有切爾西隊的恐怖故事，英格蘭都已打定主意不會參加一九三〇年世界盃。英格蘭足總草率回了一封信給烏拉圭，日期是一九二九年十一月三十日，信上寫著：

敬啟者，
　　上月十日烏拉圭足總來信邀請英格蘭足總代表隊於明年七、八月赴烏拉圭參加於蒙特維多舉辦的世界冠軍賽〔原文照登〕，敝國之國際委員會已考慮過此事。
　　我方不克受邀，本人受命表達遺憾。

F. J. 沃爾（F. J. Wall）筆 [10]

當時看似直言不諱、優越不經矯飾的淡然反應，如今從反省角度看來，是極其傲慢的舉動。

IV. 多瑙河足球的興起

不列顛要是不願意或沒能力領導組織國際賽事，那麼其他國家會自己來。國際足總、國際奧委會和拉丁美洲固然是國家隊賽事的先驅，但作為戰間期足球發展進步的第三根中軸，中歐同樣也不畏革新。職業足球雖早早便進入舊哈布斯堡帝國，但並未能夠擔保財務穩定。開支和薪資驟然提高，讓沒有商業營運經驗且可惜尚未商業化的球會窮於應付。然而，看到英格蘭球

隊作客來賽帶來的利潤、這些異國對賽吸引到的大批觀眾,奧地利維也納隊主席麥索相信,讓中歐一流球隊互相比賽一較高下,門票收入想必有助於球會打平收支。一九二七年,麥索在威尼斯召開會議,出席者有奧地利、捷克、匈牙利、南斯拉夫和義大利足總,中歐盃(Mitropa Cup)於焉誕生。

中歐盃(義大利語時稱歐洲盃〔Copa Europa〕)在足球史上地位特殊,甚至可謂關鍵。從創立到第二次世界大戰這十二年間,中歐盃為國際俱樂部足球賽事確立了典範。賽制是基本的淘汰賽,由中歐的頂尖球隊角逐冠軍──後來範圍會擴大到納入瑞士和羅馬尼亞的球隊。每一輪有兩回合比賽,在主客場各比一場,確保每隊都能分到門票收入之餘,也提供公平的比試機會,每一隊不只在自家主場,也必須能在其他國家客場充滿敵意的環境下發揮實力。賽事大受歡迎,水準令人驚豔,好像要確定當時科技之先進似的,還首度在中歐利用廣播空中直播比賽。中歐盃賽事也讓當地球風獨特的印象廣為流傳,義大利人即稱之為「多瑙河足球」(Calcio Danubio)。待球員與教練的流動網絡建立起來以後,更強化了這些足球文化內部之間相互連結。

然而,相互連結未必保證相處和睦。不論是中歐盃,還是奧地利、匈牙利、義大利於同一時期組成的關稅同盟,都未能促成和平。中歐政治依然苦於紛爭和算計。戰間期那幾年,大歐洲的衝突亦威脅著中歐地區,法國和德國在此爭取盟友以擴大勢力,義大利的侵略野心也日益浮現。如此緊張的氛圍下,國際足球不只被拖入政治,還成為政治最有效的避雷針。墨索里尼在羅馬掌權之後,奧地利共產黨員立刻號召群眾,抵制原本要到維也納觀看國際賽的兩萬名義大利球迷。奧地利一名外交官因此悲嗟道,中歐盃的結果似乎很少在球場上底定,反而更常在大使館裡決定。賽事舉辦第一年就有球迷衝突爆發。決賽輪第二場比賽,布拉格斯巴達隊對上維也納快速隊,東道主布拉格以七比四擊敗作客的快速隊,維也納球迷憤而拿起隨身的水果和瓶罐一波波扔向捷克人。

捷克人也有出招的時候。一九三二年,布拉格斯拉維亞隊準決賽抽籤對上尤文圖斯,義大利球員西薩里尼與斯拉維亞隊一名球員在場內發生衝撞,

捷克教練據說拿水瓶丟西薩里尼，還朝其餘隊員比了一些令人玩味的手勢。比賽最後由斯拉維亞隊四比零勝出，隨即引起大群球迷鬥毆，乃至演變成大規模闖入球場。

捷克和義大利政府都想盡辦法抑制群眾對第二場比賽的狂熱期待，但比賽途中，尤文圖斯以二比零領先時，斯拉維亞隊的守門員弗蘭提榭‧普朗尼契卡（František Plánička）突然倒地，顯然是遭觀眾丟石頭擊中。斯拉維亞隊隨即離場走人，回到布拉格受到英雄般的歡迎。兩隊都被取消比賽資格。一如中歐的國際政治，國際足球在此情況下註定是一場零和遊戲。

V. 拉丁足球鋒芒初露

如果中歐是俱樂部國際賽事發展的領頭羊，那麼國家隊國際錦標賽的先驅就是南美洲，在新成立的南美洲足球聯會支持下舉辦的南美洲足球錦標賽尤為表率。成立南美洲足球聯會的構想是在一九一二年，由烏拉圭國會議員兼蒙特維多流浪者隊主席海克多‧戈麥斯（Héctor Gómez）率先提出。一九一六年，為慶祝從西班牙殖民獨立一百週年，阿根廷足總舉辦錦標賽，戈麥斯透過報紙發起協同慶祝的活動。隔年，他在蒙特維多運行新成立的協會，安排了第一屆正式的南美洲足球錦標賽。從一九一七年到一九二九年之間，賽事差不多每年固定在各國的足球大本營舉行，如布宜諾斯艾利斯和蒙特維多（各辦過三次），以及里約（兩次），但也到過維涅馬爾、聖地牙哥和利馬。錦標賽也把玻利維亞和巴拉圭拉進國際賽事，並引來政界菁英和球迷大眾的密切關注。阿根廷、巴西、烏拉圭的足球聯賽這時多已悄悄轉為職業，當中精銳盡出，在錦標賽場上踢出精彩的足球，可儘管如此，南美大陸的進步仍未受到世界各地認同。為此，拉丁美洲足球需要站上全球舞臺。二十世紀前三分之一的時間，全球最負盛名的運動盛事是奧林匹克運動會，最重要的國際運動機構是國際奧林匹克委員會。兩者都鮮少為足球提供亮相機會，直到大眾對足球的興趣超越了其他項目，奧運足球的地位才有所提升，在國際間漸形重要。

　　國際奧委會由法國貴族皮埃爾・德・古柏坦男爵（Baron Pierre de Coubertin）於一八九二年成立，他調度充分的資金和人脈支持，一八九六年在雅典舉辦了首屆奧運賽。奧運選擇的競賽項目深受古希臘運動會影響，田徑賽成為賽事的重頭戲。足球在這座舞臺只是一項表演性質的小眾運動。從紀錄可知雅典代表隊出賽落敗，不過也看到伊茲密爾代表隊被一支丹麥球隊十五比零痛宰。下兩屆奧運，一九〇〇年巴黎奧運和一九〇四年聖路易奧運，足球的遭遇只好上一點點。在巴黎，球賽籌辦很不幸地與萬國博覽會結合在一起，成了幾乎沒人瞧見的餘興節目。東倫敦的一支業餘球隊厄普頓公園隊，以四比零擊敗一支法國球隊跟一群來自布洛涅森林某處的比利時學生。聖路易奧運則幾乎沒有歐洲人露臉，想到橫跨三千哩海洋之後還要轉乘一千哩鐵路，就令歐洲人打退堂鼓。

　　第四屆奧運一九〇八年在倫敦舉行，賽會籌辦和出席率顯著改善。足球被納入正式奧運項目，選拔法國、英格蘭、丹麥、瑞典、荷蘭的頂尖業餘球員參賽，決賽由英格蘭擊敗丹麥。同樣結果也在一九一二年斯德哥爾摩奧運決賽重演。一戰後，比利時安特衛普主辦一九二〇年奧運。足球即使在倫敦和斯德哥爾摩奧運也還只是尋常項目之一，但到了此時已成為奧運最搶眼的盛事。其他體育項目看臺冷冷清清，足球賽觀眾卻是多到滿出來，四萬人前來觀看比利時決賽對戰捷克斯洛伐克。捷克斯洛伐克隊開賽不到半小時就以二比零落後，加上認為英格蘭裁判對他們有偏見，九分鐘後決定棄賽。

　　截至此時，奧運足球錦標賽一直是歐洲人專屬活動，他們世界足球冠軍的地位雖然未經動搖，但根基十分薄弱。一九二四年的巴黎奧運改進了這兩項缺點。埃及、烏拉圭和美國參賽，讓奧運足球多了一點真正的國際感，雖然德國和不列顛都沒參加，但足球水準大幅提高。大眾想必也這樣覺得，總計近三十萬人到現場觀賞各輪比賽，六萬人前往哥倫布球場爭睹決賽，其中一萬人沒有票只能留在場外。他們絕半是來看烏拉圭的，一個離巴黎這麼遙遠的小國，遠到法國人為慶祝奧運替每個參賽國印製了國旗圖案的絲巾，卻

獨獨漏了一國。據愛德華多・加萊亞諾*描述，烏拉圭隊的球員是：

　　工人和漂泊遊子，除了純然的樂趣，他們踢球別無回報。佩德羅・阿里斯佩（Pedro Arispe）是肉品包裝工，荷西・納沙奇（José Nasazzi）切割大理石。「祕魯人」佩托尼（"Perucho" Petrone）在雜貨鋪工作。佩德洛・西亞（Pedro Cea）賣冰。荷西・萊安德洛・安德拉（José Leandro Andrade）是馬戲團樂師兼擦鞋匠。他們都才二十歲上下，雖然照片裡看來已見老態。如果受了傷，塗一塗鹽水、敷幾帖膏藥、幾杯葡萄酒下肚就算治療。一九二四年，他們搭三等客艙抵達歐洲，再用借來的錢坐二等車廂前往巴黎，睡覺就在木條座椅上打發。為了交換住宿和伙食，比賽一場踢完接著一場。[11]

他們一站上球場，法國就注意到了。哪怕國旗被掛反，該奏國歌時響起的卻是一首巴西行軍曲，但烏拉圭仍以七比零大敗南斯拉夫，接著以三比零終結美國，隨後又展現出徹底超越地主的實力，五比一擊敗法國。決賽遇上瑞士，烏拉圭輕輕鬆鬆以三比零獲勝。但光看比分無從得知拉丁美洲在歐洲人眼裡有多麼神乎其技。日後在體育報《隊報》（*L'Équipe*）擔任編輯的蓋比埃・亞諾（Gabriel Hanot）著迷地寫道：

　　勝利隊伍最厲害的本事，在於接球、控球、導球的技藝無比精湛。他們的技術純熟到還有餘裕留意搭檔和隊友的走位。他們不會站著等球傳過來，他們不斷跑動，離開固守的位置，方便接應隊友……烏拉圭人崇尚靈敏變通，體現出的精神是適應而非規矩。他們把假動作、變向、閃避的技術推向極致，但也曉得如何正面快攻。他們不只是帶球高手。他們創造出一種美麗的足球，優雅之餘，兼具變化、速度、力量、效率。在這些優秀的運動員面前，瑞士人顏面盡失，英格蘭職業球員與他們相比，有如農場畜馬站在阿拉伯純種駿

---

*　譯註：愛德華多・加萊亞諾（Eduardo Galeano, 1940 - 2015），烏拉圭作家，兼具記者、評論家、足球迷等多重身分，揚名於左派評論圈。臺灣已翻譯出版的作品有《拉丁美洲：被切開的血管》、《擁抱之書》、《歲月的孩子：366個故事》等。

馬旁邊。[12]

奪冠消息沿著電報線傳來，蒙特維多為之瘋狂，政府宣布全國放假一天，郵局發行郵票以茲紀念，民眾湧上街頭慶祝，球員回國在碼頭受到稱頌歡迎，政府也發給獎金。拉布拉他河對岸的足球圈不太開心。阿根廷人向來自視拉丁美洲足球霸主，烏拉圭人竟然搶先一步參加奧運還有膽拿下冠軍，這令阿根廷人大為光火。兩國之間匆促安排了一場兩回合制對決，阿根廷人決心要向鄰國和全世界展現誰才是拉丁美洲真正最強的隊伍。首回合在蒙特維多進行，雙方平分秋色，一比一平手。第二回合一週後在布宜諾斯艾利斯的巴拉斯卡體育隊（Sportivo Barracas）球場舉行。然而開賽才五分鐘，場邊龐大的人流便不斷侵入球場，雙方球隊接到命令先行離場。警方和軍隊召集人力把滿溢的人群擋在邊線之外，但只擋得了一下子。比賽宣告中止，球迷間雖然發生一些扭打，還一時興起破壞了一間售票亭，不過在下週四重賽的承諾下，總算各自散去。

　　觀眾重新集結的那一天，發現自己和球場之間立起了一道十二呎高的鐵絲網。比賽最後幾分鐘，阿根廷球迷朝烏拉圭後衛安德拉丟石頭，安德拉不負群眾所望，也拿石頭回敬球迷，其他烏拉圭隊員群起效尤。警方介入處理同時，烏拉圭前鋒斯卡羅踢了警察一腳，因此遭到逮捕。觀眾群情激昂，手邊有什麼都朝鐵絲網內扔，烏拉圭隊提早離場。阿根廷隊在場內待完剩下六分鐘而獲得勝利。至今拉丁美洲仍未撤掉球場的鐵絲網。

　　烏拉圭人隔天便打道回府，報導客氣地描述他們啟程之際，「岸上和船上互相交換了一些煤塊。」烏拉圭人在巴黎的成功，一九二五年激勵三支拉丁美洲球隊出航前往歐洲巡迴。國民隊二月離開蒙特維多，八月回國，期間踢了三十八場比賽，有如疲勞轟炸一般，巡迴九個國家二十三座城市，晚上搭夜班火車移動，白天又迎來高強度的比賽。烏拉圭人贏下二十六場比賽，平手七場，只只有五場輸球。超過七十萬人專程來看他們，包括他們在維也納擊敗奧地利國家隊的那一次，有七萬多人到場。博卡青年隊主要在西班牙巡迴，但在德國和法國五場比賽全勝。阿根廷報紙大篇幅報導球隊的進展，

給了記者大量版面發揮，頌揚阿根廷那如芭蕾舞般自由流動的獨特球風。巴西業餘球隊保利斯塔諾競技隊（CA Paulistano）前往法國和瑞士也有出色表現。

與此同時，歐洲的球隊也開始造訪拉丁美洲，現在搭蒸汽輪船航程最快只要三週。一九二二年有巴斯克地區的選拔隊，一九二三年是熱那亞隊，一九二六年是巴塞隆納的皇家西班牙人隊。同城勁敵巴薩則在一九二八年到訪，隔年在華爾街崩盤摧毀了這類冒險所仰賴的經濟結構以前，切爾西隊、波隆納隊、都靈隊、布達佩斯的費倫斯華路士隊，各都走了一趟拉丁美洲。因此到了一九二八年阿姆斯特丹奧運，拉丁美洲足球引起的已不光只是好奇，烏拉圭和阿根廷這兩支頂尖隊伍更成了足壇寵兒。

一切彷彿理當如此。不列顛缺席，烏拉圭和阿根廷這兩支世界最強的球隊互相遭遇，在別無其他敵手的情況下，爭奪足球界第一座真正的世界冠軍。四萬張比賽門票，歐洲各地有二十五萬人想搶。拉布拉他河流域的報紙為各輪賽事貢獻一頁又一頁的版面。電報消息從荷蘭接二連三傳至布宜諾斯艾利斯的報社，通報每一個機會、每一個進球、每一次換人，生活漸漸圍繞著賽事消息構築起來。城市主要區域設置街道擴音器和公共播音系統，以利於消息傳遞。廣場氣氛激昂，張大耳朵收聽新聞的人擠得陽臺吱嘎作響。

轉播途中休息時間，球迷會爆出一陣興奮的評論，但一當擴音器再度傳來聲音，直到停止之前，誰膽敢再說一個字將形同於自殺⋯⋯墳墓般的寂靜，就那幾個廣場彷彿為之籠罩，打破寂靜的只有擴音器單調的嗡嗡聲，偶爾聽得見遠方摩托車鳴了一聲喇叭。[13]

雙方比了兩場才決出勝負。第一場是謹慎的一比一平手。複賽大柢打得更放得開，有時還難分難解。烏拉圭隊由隊長納沙奇領軍的防線，略勝阿根廷的攻勢一籌，始終未讓對手得分。烏拉圭則進了兩球。阿特羅・奈蘭喬（Atilio Narancio），烏拉圭一名資助足球的金主，歡呼道：「我們不再只是世界地圖上一個小點了。」烏拉圭榮登世界冠軍。

VI. 世界盃初試啼聲

　　一九二六年，國際足總祕書亨利・德勞內（Henri Delaunay）道出組織遭遇到的最大困境：「今日國際足球不再甘願被框限於奧運的範圍內，很多國家的職業足球已受到認可且組織成形，可參加奧運的一流選手不再能完全代表各國實力。」[14] 一九二八年阿姆斯特丹奧運證明，足球無疑是當前最受歡迎的盛事，國際足總在激勵之下付諸行動，成立第一屆世界盃籌備委員會，召開會議排解內部針對比賽基本形制吵嚷個沒完的爭執。世界盃將對全世界開放，不只歐洲球隊可以參加。所有球員不分職業或業餘都能代表國家出賽。賽事每四年舉辦一次，金錢收入由國際足總與主辦國拆分。

　　截至此時，有幾個歐洲國家對主辦賽事表露興趣，但顧慮到可行性、風險、花費，紛紛都打了退堂鼓。機會於是留給了唯一有意掏錢的國家：烏拉圭。烏拉圭也的確有錢。當地的羊毛、毛皮、牛肉產業一九二〇年代蓬勃發展。在總統奧多涅茲治下建立起福利國家，依靠農產外銷的豐厚利潤取得充裕資金，維持社會和平，奠立了一個政治進步、高度投資教育、城市發展繁榮的年代。烏拉圭急欲確立國家地位、打響國家名號，證明烏拉圭確確實實就是世界足球冠軍，政府於是表示願意支付來訪球隊的開銷、為世界盃興建一座全新適用的球場，並且提議賽事在一九三〇年七月揭幕——正好是烏拉圭獨立制憲一百週年。一九二九年，國際足總在巴塞隆納的會議上，儒勒斯・雷米（Jules Rimet）把主辦權授予烏拉圭，並委請法國雕刻家亞伯・拉夫樂（Abel Lafleur）製作一座金盃，時稱勝利女神盃，日後方改稱雷米金盃（Coupe Jules Rimet）。

　　不像日後世界盃對於電子媒體、現代通訊、國際觀光的建設需求龐大，烏拉圭不必顧慮這些，只須把心力集中在興建新球場。籌備委員會委請建築師胡安・斯卡索（Juan Scasso）設計，將之命名為世紀球場（Estadio Centenario），以紀念即將到來的制憲一百週年，地點選在城市新擴建後位於中心地段的巴特列公園（Parque Batlle）。一九三〇年二月工程動工，公

園像蟻丘一樣人頭鑽動，兩家不同建設公司卯足了勁興建自己那一半球場。混凝土進口自德國，因為拉丁美洲尚無能力自行生產。實際究竟會有多少球隊到新球場參賽，在年初還是個問題，各地國家足總接二連三回絕了邀請。不來的包括不列顛四國、斯堪地那維亞半島、德國、瑞士和中歐國家。羅馬尼亞國王卡羅爾二世曾在一九二八年個人承諾會支持世界盃，他說到做到，協助組建羅馬尼亞代表隊，並把他們送上了特派郵輪「綠爵號」（Conte Verde）。不過，這些球員大多是受雇於普洛耶什提當地不列顛工廠的油井工人，是國王的情婦居中斡旋，雇主才答應放行。船行到熱那亞，法國隊也上了船，他們在雷米的脅迫下答應參加，但像國內的頂尖前鋒馬努埃・亞納托（Manuel Anatol）或國家隊教練加斯東・巴洛（Gaston Barreau），雷米說服不了他們陪同前往。在國際足總的比利時副主席魯道夫・席德瑞爾（Rudolf Seedrayers）威逼之下，比利時人也一起上了船。只有南斯拉夫隊打扮得漂漂亮亮，搭著一艘叫「佛羅里達號」的遊輪出航，似乎不需要其他動力，光是想到能兩個月不用工作，還能登上拉丁美洲這片足球的新大陸去冒險，這就夠他們樂了。這四個國家與地主國，加上另外八支美洲球隊——阿根廷、玻利維亞、巴西、智利、墨西哥、巴拉圭、祕魯和美國，構成十三個參賽國，一九三〇年七月將集結在蒙特維多。

原定開賽之日，世紀球場尚未完工，第一屆世界盃的開幕戰因此是在國民隊主場中央公園球場（Parque Central）和佩納羅爾隊的波奇多球場（Pocitos）這兩座小小的球場舉行。阿根廷隊演出首輪好戲，與法國的比賽由於兩隊中場表現出色而打得難分難解。阿根廷在第八十分鐘進球打破僵局。法國隊猛烈反擊，派出馬塞・朗吉勒（Marcel Langiller），沒想到裁判竟然提前四分鐘吹響終場哨。阿根廷球迷衝進場內，法國球員包圍裁判理論，騎警追著所有人跑。巴西籍裁判阿瑪迪亞・雷哥（Almedia Rego）尷尬又沒輒，只能雙手一攤承認失誤。草皮清空以後，阿根廷前鋒羅貝多・奇洛（Roberto Cherro）昏倒，重啟的比賽又草草劃下句點。現場佔多數的烏拉圭球迷狂噓阿根廷球員，把法國球員高舉在肩膀上歡送下場。阿根廷一氣之下揚言退賽，但還是現身以六比三擊敗墨西哥。小組賽最後一戰，阿根廷三比

一擊敗智利晉級準決賽。

　　烏拉圭的世界盃有待世紀球場完工才開始。七月十七日球場落成，毫無疑問是當時世上蓋得最好的球場。容納量雖不比漢普頓公園球場或溫布利球場，但在不列顛諸島之外，九萬人已是歷來最大。論建築之美，世紀球場則完全是不同層級。有充沛的海外投資、政府挹注，又有具建築素養的金主贊助，一九二〇年代末，蒙特維多興起一股建築熱潮。除了城市的中央大道與綿延的濱海大街，一種獨特而壯觀的現代主義拉丁風格也漸漸成形，建築特色包括飛騰的純白平頂、精密的幾何結構、弧形的水泥陽臺，以及玻璃磚裝飾。戰間期歐洲誕生極簡主義和現代主義，烏拉圭的建築菁英是最早一批最好學的學生。法國知名建築師柯比意（Le Corbusier）本人亦曾在一九二七年造訪蒙特維多，既是為了學習也是為了傳道。斯卡索就是在這樣的背景下設計出世紀球場。

　　世紀球場計劃成為拉丁美洲第一座鋼筋混凝土球場，雙階橢圓形結構，分成四面看臺，像一朵裝飾藝術的花，多層花瓣成扇形綻放。走道、牆面和座位設計忠於美學核心，表面光滑、圖案簡單。其中兩面看臺決定命名為哥倫布和阿姆斯特丹，彰顯奧運奪冠的榮耀。各界萬分期待第三座看臺將依相同原因取名為蒙特維多。單論這些結構，世紀球場已經非同一般，但斯卡索還在球場北面加上他的「朝聖地標」──一座九層樓的高塔，從百米高空俯瞰低陷的球場草坪。從當時到現在，這座高塔始終不同凡響地昭告著現代樂觀主義。高塔底部的方牆向旁抽長，有如一架飛機優雅流線的機翼。高塔正面是一艘光滑的鐵殼船，船首指向天空。緊接著船首的是觀景臺，順著長方形混凝土凹紋立刻翻轉向上，凹紋一路延伸至塔頂高高的旗杆。沿著塔身可以看到九扇窗戶和九條幾何橫楣，呼應烏拉圭國旗的九道橫條。就在高塔的遮陰下，在上達十萬名觀眾面前（該國男性成年人口的兩成），烏拉圭先後踢掉祕魯和羅馬尼亞，晉級準決賽。準決賽第一場，阿根廷以六比一橫掃美國，隔天烏拉圭在一球落後南斯　拉夫的情況下也追進了六球──追平比分那一球，據說原本該由南斯拉夫開界外球，但一名警察沒讓球出界，接著才讓烏拉圭踢進球門。三天後，烏拉圭與阿根廷進行史上第一場世界盃決賽。

　　那三天消失在一陣旋風般狂亂的活動與臆測之中。歷史文獻比往常更加被傳說與謎團的漩渦吞沒。戰爭迷霧瀰漫，一如河霧吞沒了部分從布宜諾斯艾利斯航向蒙特維多的輪船。船上倒楣的阿根廷首都居民發現自己在拉布拉他河上迷航，而決賽早已落幕。沒人真的知道實際上多少阿根廷人去了烏拉圭（估計約有一萬到一萬五千人），更不知道多少人真正抵達了世紀球場，但布宜諾斯艾利斯的港口從未見過這等景象。有錢人搭乘私人帆船或租用專機出發。郵政部長替自己和親友雇了一艘貨輪，六名眾議院議員徵用了政府一艘靠拖船拉動的平底駁船。航線經過蒙特維多的各家大西洋郵輪營業處，或經營定期短程渡輪的公司，全都被數以萬計的群眾團團包圍。

　　蒙特維多當地場面一樣瘋狂。躲在聖路西亞的阿根廷隊尤其備感壓力。奇洛從對法國一戰以來就一直處於神經崩潰的狀態，無法再上場。路易斯・蒙提（Luis Monti）據說收到雙重威脅，阿根廷人威脅他不准輸球，否則就要殺他母親，烏拉圭人則威脅他不准贏球，不然也會下手。然而蒙提會來，只是因為所屬的聖勞倫佐隊的董事懇求他參賽罷了。烏拉圭民眾聚集在球隊下榻的旅館外頭等著嗆聲堵人，那更是想當然爾的事。

　　比賽當日，兩隊在大隊軍警陪同下前往世紀球場。在布宜諾斯艾利斯，日常生活暫停運轉。通用汽車的阿根廷工廠停下生產線，眾議院延後議程，市內的辦公室職員擠在收音機旁，大批民眾聚集在報社門外。在蒙特維多，世紀球場座無虛席，還有上萬人徘徊在外聽場內觀眾吶喊。比利時主裁判尚恩・蘭格納斯（Jean Langenus）舉哨至唇邊，他知道自己安全無虞，因為烏拉圭政府已接受請求，會特別派人保護他自己、他的助手和家人，回程的船隻也已停妥在港口，終場哨音一響，船一小時內就能啟航。

1930 年 7 月 30 日

烏拉圭 4—2 阿根廷

蒙特維多，世紀球場

紀念塔（Torre de los Homenajes）頂端的旗杆升著烏拉圭國旗，天空萬里無雲，國旗起初幾乎沒有展開，直到一架單薄脆弱、鋼絲加固的雙翼機嗡嗡飛過，吹得國旗冉冉飄揚。世紀球場歡聲雷動，向國旗、飛機、高塔和國家致敬。

四分之三個世紀過去，站在塔頂已看不到國旗，倒是過了七十五年，他們終於裝設了電梯。高塔後方開闊的天空，如今為灰色的混凝土巨塊佔據，那是球場落成幾年之後蓋的大學附設醫院，資金來自是同一股捐助熱潮。醫院高十五層樓，因為年久失修，多棟病房大樓現在看起來陳舊斑駁，水管破裂、石灰剝落。

向下俯瞰球場草坪，你睜大眼睛看到了烏拉圭人和阿根廷人。半場比分二比一，地主國在下半場踢進第三分。但已經沒用了，草坪四處散落著某場搖滾演唱會所留下拆解到一半的舞臺支架。足球現在幾乎填不滿世紀球場。

很快一切都會悉數消失，當年實驗採用的鋼筋混凝土，禁不起大西洋海風鹽分的侵蝕。說不定不用到一百年。說不定氣候變遷會加速作用。拉布拉他河會淹沒這座城市，徒留球場孤立於汪洋之上，如一道彎弧的灰色浮標，提醒著過往水手，水底下有沉沒的寶藏。

———————————

在布宜諾斯艾利斯，沮喪的沉默籠罩住一群群失望的球迷，阿根廷國旗還收捲在他們的旗杆上沒有攤開。入夜之後，沉默讓位給了酒精和怒氣。烏拉圭領事館和菁英出入的東方俱樂部遭到街頭民眾攻擊，一名持烏拉圭國旗的女性被人丟石頭，某幾個街區出現暴民一邊演奏《脫下你的蓋頭來》（*Sacarse el Sombrero*），一邊揮舞著國旗遊街，堅持所有人等都要向隊伍國旗行禮致敬，誰敢不從最好小心一點。半夜街上還傳出槍響火光，警方到了大清早才終於把人群驅散。隔天，某些阿根廷報紙對國家隊表露憎惡，指責隊員缺乏膽識，另一些則披露烏拉圭使詐，國家足球被害妄想和自我厭惡的根源雙雙由此誕生。但真正令阿根廷人失望的是球員欠缺團隊合作。義大利記者貝雷拉至現場觀賽後認為：「阿根廷人踢球優雅而富有想像力，但優越

技巧彌補不了戰術缺失。拉布拉他河岸兩支國家隊，烏拉圭如同辛勤的螞蟻，阿根廷是只顧玩耍的蚱蜢。」[15] 從格拉斯哥第一次舉辦國際賽事至今僅僅過了六十年，最高國際賽事已經橫越汪洋來到大西洋彼岸。個人對上集體、技藝對上戰績、技巧對上力量、美感對上效率，存在於足球核心互不相容的各個極端，不單只是轉移陣地上演，對極限的探索也提升至前所未有的精細程度。

VII. 領袖的世界盃

　　一九三〇年夏末，法國人、南斯拉夫人與其他人回到歐洲，這時的歐洲才正要緩緩墜入幽暗谷，經濟蕭條和政治動盪終將引發第二次世界大戰。該年德國經濟崩盤，雖然稱不上決定因素，但加速了國家社會黨（National Socialist Party）崛起，納粹黨一旦掌權，捷克斯洛伐克與奧地利的命運也隨之底定。在義大利法西斯主義、薩拉查威權統治的葡萄牙之外，現在又加入了德國極權主義；到了一九三九年，各種型態的軍事、君主、專制獨裁，也將在雅典、貝爾格勒、馬德里和華沙掌權。蘇聯強權崛起，右翼國族主義勢力矢志洗刷凡爾賽和約的恥辱，歐洲殘存的民主夾在兩者之間不斷遭受擠壓。歐洲國家社會結構政治化的程度前所未有之深：資本主義對上共產主義、民主對上獨裁、世界主義對上國族主義。國與國敵對，階級與階級相抗。向群眾宣傳政治意識形態的手段在社會上廣為接受，更滋養乃至培植了許多這一類的對抗。那些宣傳手段目的不只是想統治社會，還想深入最微小的層級進行洗腦和控制。各種類型的大眾文化——從運動到時尚、電影到教育，在眾多極權社會都比以往更全面且更有意識地成為政治之事。

　　時代背景如此，國際體育政治化已成趨勢，沒有哪一個國家能因為隨波逐流而個別受到譴責。一九三六年的柏林奧運常常被拿來下定義，說明國際運動如何降格成精心打造用以宣揚國族的舞臺——好在令人欣見的是，賽場上經常冒出料想之外、顛覆計畫的結果。不過一九三〇年代初，歐洲法西斯政權很多政策作風相通，首開此番先例的其實是墨索里尼的義大利。一九三

二年，在巴塞隆納的會議上，國際足總把一九三四年世界盃的主辦權授予義大利。賽事籌備工作與義大利漸趨侵略擴張的外交政策不謀而合，結果就是世界盃賽後，義大利侵略阿比西尼亞（即今伊索比亞）、插手西班牙內戰，同時不斷對阿爾巴尼亞和中歐施壓。一九三四年世界盃在這樣的背景下，不僅是一場運動賽事，更擺明是一場政治操演。墨索里尼在一九三〇年代中期對此多次發表演說，其中一次說道：

> 各位義大利的運動員身負重任。你們要堅持不懈、正直俠義、勇往直前。記住當各位前往國境之外參與競賽，國家運動的榮耀和聲望便交託在你的身體肌肉，乃至於你的精神之上。各位因此必須拿出全副活力、動用全副意志，在陸、海、空所有的競爭當中求取優勝。[16]

不列顛（和斯堪地那維亞半島）幾乎是孤軍奮戰，試圖對運動和公共事務保有不同觀點。不列顛與義大利對足球政治在看法上的差距，充分表現在英格蘭一九三三年初訪義大利參賽所發生的一連串相關事件。英格蘭足總接受義大利足總之邀出席友誼賽，不列顛政府並不知情。義大利報刊對這次來訪表現出無比的興奮期待，甚至驚動《紐約時報》也來報導這場盛事，報上寫道：「現代義大利運動史上還沒有哪一場比賽激起這麼大的興趣。」[17]

墨索里尼蒞臨球場，現場民眾揮舞著手帕歡呼喝采。公播系統發出洪亮的聲音：「領袖在場，勝券在握，我方今日，必定不敗」，他們的確未敗，比賽以一比一作收。德國記者華特‧班斯曼（Walther Bensemann）是當時罕見中立的觀察者，他認為這不是一場好的比賽，所有人似乎都被場面沖昏了頭。英格蘭足總祕書費德列克‧沃爾（Fredrick Wall）也覺得事與願違，寫說：「我無意再接受義大利足總邀請前來作客。」[18] 因此，當義大利以世界盃主辦國身分再度邀請英格蘭賞光，還表示願意負擔開銷，英格蘭與不列顛諸國依然婉拒參加。

全球景氣衰退重挫烏拉圭的出口經濟，烏拉圭嚴重缺錢，因此謝絕了衛冕機會。阿根廷幾乎一樣窮到脫褲子，且為了保護頂尖球員不被義大利球隊

挖角，也拒而不派全職業陣容參賽。但出賽的一支業餘球隊，倒是大方拜訪
了墨索里尼的出生地，在當地獻上友好的旗幟和花圈。南美洲唯二的參賽國，
除了阿根廷，就剩下巴西。巴西對地主國滿懷崇拜，甚至由一位支持法西斯
主義出名的作家掛名當代表團的團長。

　　義大利政府與一九三〇年的烏拉圭一樣，不惜砸錢籌備賽事，預計投入
約三千五百萬里拉。賽事一切開銷都以里拉支付，特別是外國球隊的花費。
《國家報》認為這點十分重要，寫說這件事等於「正式認同義大利貨幣比其
他外國貨幣帶來更多信心和保障」。[19] 一九二〇年代至一九三〇年代初，義
大利已然大興土木，在各地添置了一系列的模範球場，建築結構向法西斯主
義仿古羅馬風格與未來主義美學致敬。政府籌措了充裕資金，足以補貼來訪
球迷百分之七十五的跨國旅行費用，尤其是來自荷蘭、瑞士、德國、法國的
球迷。遊客在義大利境內的交通則完全免費。比賽門票用最高級的紙卡印製，
帶有優雅的浮凸設計。未來主義理論家馬里內蒂（Filippo Marinetti）從選拔
中脫穎而出，負責設計宣傳海報。海報共印行了十萬張，法西斯政權最愛的
「束棒」佩章＊與足球並置的代表圖案，印刷在國家專賣的香菸外盒，生產
了上百萬件。類似靈感的圖案還有閃亮的球場和飛揚在天際的飛機，裝飾在
一套特別發行的紀念郵票上。國際足總原本希望自行在瑞士發行郵票，但法
西斯政府不可能把這個賺錢兼打知名度的機會拱手讓人。墨索里尼個人對世
界盃的認可，是請人做了一座有點俗氣的獎盃，以他的名義命名為「領袖盃」
（La Coppa del Duce），屆時將與雷米金盃一同頒發給優勝者。

　　決賽抽籤在羅馬國賓飯店（Ambassadors Hotel）宮殿般的環境裡進行，
在場者有法西斯黨書記史塔拉契（Achille Starace），以及義大利國家奧委會
主席瓦卡羅將軍。兩名海軍官校學生負責抽籤，其中一人就是將軍的兒子，
整個場面陣仗浩大，四面環繞著黑衣、黑旗、束棒、老鷹和各式各樣的佩章。

　　義大利自然有辦法舉辦世界盃，但他們有能力贏下獎盃嗎？很明顯各界

＊　譯註：束棒（fasces）是古羅馬象徵權威的信物，以多根木棍圍住中心的一把斧頭細綁而成，
　　木棍代表團結，斧頭則代表最高權力。

都期待他們奪冠。三個月前，義大利國家隊才以四比二敗給了活躍的奧地利夢幻隊，令全隊和教練維多里奧‧波索都抖到不行。這或許是一次必要的打擊，讓球隊捨棄老球員和舊戰術，也讓波索好好尋思重組新球隊的問題。他的球隊骨幹由阿根廷人構成，他們都是在一九三〇年代初來到義大利聯賽踢球，泛稱為「海歸遊子」，大多是祖父母或曾祖父母為義大利人，使他們能夠取得義大利公民身分，代表國家隊上陣。中場防守核心，波索有路易斯‧蒙提，他在一九三〇年世界盃曾代表阿根廷出賽。左右兩翼也有兩名阿根廷人，是萊蒙多‧奧西（Raimundo Orsi）和安立奎‧戈耶塔（Enrico Guaita）。鋒線上，他有最接近墨索里尼的義大利所憧憬的體育超人——朱塞佩‧梅亞察（Giuseppe Meazza）。墨索里尼偕同兒子出席了義大利的開幕戰，黨不忘向民眾大肆宣傳，強調他是自己掏錢買的門票。這錢看來值回票價。在法西斯黨員一連串行禮如儀之後，義大利以七比一輕取美國。

　　一九三四年世界盃，大家花錢買票最想看的，是奧地利人組成的夢幻隊。他們是紅色維也納的精髓、歐洲足球的標竿，以世界盃最受矚目的隊伍之姿，來到了義大利。奧地利的國際足球在一九二〇年代已實力堅強，但一九三〇年代初又更上一層樓。夢幻隊的陣容與名號，誕生自一九三一年五月在維也納，他們對陣蘇格蘭隊時的迷人表現。蘇格蘭自詡足球國度，擁有歷史第二悠久的足總盃和職業聯賽，球隊自然也帶著一股不列顛人所向披靡的氣焰，沒想到卻以五比零敗給了奧地利人。就連社會民主路線的《工人報》（Arbeiterzeitung），對於運動界造神封聖的習慣和恣意表露的國族主義，平時深表懷疑，這時也難掩激昂。「看著蘇格蘭人替我們呈現了理想的衰敗，若說有一絲感傷的話，那麼就在昨天，見證勝利從真正的技藝中誕生，反而更加振奮人心。十一名足球員，十一位專業好手——沒錯，生活中還有更重要的事，但這場勝利從根本彰顯了維也納的美學品味、想像力和熱情。」[20]

　　對蘇格蘭的比賽，只是奧地利人十八場不敗的其中一場，這十八場比賽，他們十五勝三平手。擊敗蘇格蘭人之後，奧地利又先後在客場以六比零、在新家普拉特球場（Praterstadion）以五比零，兩次痛宰德國。普拉特球場可以容納六萬名觀眾，也把足球擺進了維也納市中心公園和遊樂場的心臟地帶。

瑞典、法國、義大利、匈牙利、捷克──歐洲足球的領銜國家，全都蒙受與蘇格蘭和德國相同的遭遇。不敗戰績一直延續到一九三二年十二月，奧地利國家隊首度出訪英格蘭。當球隊踏上西倫敦的斯坦福德橋球場，維也納人驚異不已。大批民眾聚集在市中心和英雄廣場（Heldenplatz）四周，這些地方架起了擴音器，等著播出即時賽評。地主隊開場很快便以二比零領先，但進入下半場，奧地利人找回步調，雙方各有進球。經典的一戰，英格蘭隊最後四比三勝出。

　　夢幻隊是奧地利戰間期足球發展的巔峰。教練修格・麥索得以從維也納聯賽充沛的職業球員當中挑選人才。再加上來自一流球隊的球員，多經過嚴酷的國際賽事磨練，像奧地利維也納隊和維也納快速隊都是中歐盃常客。國家隊選出之後，也有機會經常一起出賽，參加中歐舉辦的吉洛博士盃，與歐洲最強的對手激烈較量。夢幻隊陣容裡還有當代首屈一指的足球員，馬蒂斯・辛德勒。辛德勒一九〇三年出生於捷克地區的小城摩拉維亞（Moravia）。他們家與摩拉維亞當地成千上萬的居民一樣，後來搬往維也納，落腳在寒磣的工業郊區法沃里滕，這裡有巨大的磚廠提供工作。辛德勒起初在地方球會ASV赫塔隊（ASV Hertha）的青年隊踢球。一九二四年，麥索安排他轉會到奧地利維也納隊。他在一九二六年首次於國際賽上陣，表現出色，無奈後來失去嚴師麥索的寵信。繼之而來是在國際間闖蕩的四年光陰，直到一九三一年，維也納一群足球評論代表包圍了坐在圓環咖啡館裡的麥索。人人都主張找回辛德勒，麥索終於改變心意。辛德勒上場，蘇格蘭落敗。夢幻隊本已訓練有素、組織有序、勤奮且專業，現在更獲得了組織核心和靈感動力，獲得「變化莫測」這個重要的火花。

　　辛德勒綽號「紙人」，人如其名身形纖瘦，但「夾心薄餅」（the wafer）可能是最傳神的形容，因為他擅長見縫插針，悄悄溜過最嚴密的防線。除了他在一部老掉牙的浪漫愛情電影裡匆匆客串演出之外，現存找不到辛德勒踢球的影片。也許正因為沒有影片，關於他的生涯事蹟不乏加油添醋，不過現有的文字記錄和口述回憶倒是說法一致。哪怕不是歐洲足球第一人，辛德勒也肯定是最優秀的組織核心。終於有個人有餘裕也有信心把頭抬起來，

判斷場上每名球員擁有的空間和時間，依此選擇適當的傳球或跑位路徑。受其影響，辛德勒本人和隊友的球風比起不列顛或義大利足球，明顯比較少肢體碰撞也少用蠻力，靠的是假動作、平衡和頭腦。維也納的咖啡館文化終於擁有符合形象的球員和球風：有教養、有頭腦，甚至稱得上聰穎、敏捷，同時兼具芭蕾舞的美感。等到後人撰文悼念他的時候，辛德勒的球風已演變至史詩故事與詩歌的境界：

　　他踢起足球，有如棋士下棋，心眼開廣，步步算計，料敵在先，總能綜合所有可能，選出最有望者。他的斷球技術無人能比，見機便發動奇襲反擊，亦不厭其煩發明各種伴攻戰術……辛德勒破網進球，就像一段妙語佳句，出現在故事結尾使人得以明白，乃至於領悟整則故事結構之完美、寓意之崇高。[21]

奧地利直到一九三四年世界盃準決賽以前，只另外輸了一場比賽，二比一在主場敗給捷克斯洛伐克。從一九三一年四月到一九三四六月，夢幻隊三十一場比賽只輸了三場，踢進一百零一球。然而，一九三四年六月，這支代表紅色維也納的球隊前往義大利時，紅色維也納已然不復存在。維也納與地方各省、左派與右派之間的政治衝突節節升高，終至引發全國內戰。華爾街股災對經濟造成重擊，奧地利尚未從中恢復。失業率在一九三〇年代初上達四成，促使左右派政治朝極端發展。外有納粹黨脅迫奧地利與德國統一，內有共產黨拿鎮壓恐嚇，時任奧地利總理的恩格伯特・陶菲斯（Engelbert Dollfuss）做出反應，把奧地利的納粹黨和共產黨雙雙禁掉。陶菲斯不願與社會民主黨締結反納粹暨反共產同盟，寧可與墨索里尼協商立約，打造自己的右翼民粹主義準軍事勢力。一九三四年二月，社會民主黨成立的準軍事部隊「保衛團」（Schutzbund），在林茲朝一名警察開槍，破壞了陶菲斯政府與社民黨之間的休戰協定。維也納隨即陷入三天公開交戰狀態。陶菲斯派兵進入維也納，一方面為了軍事優勢，一方面作為關鍵象徵之舉，他下令夷平卡爾馬克思庭院（Karl Marx Hof），這片公共住宅社區是維也納社會計畫的驕傲，也是武裝起義成員最後的要塞。社會民主黨遭到查禁，黨宣告解散，黨內領導人不

是入獄就是被驅逐出境。

　　也因此，來到義大利的已經是一支疲倦且困頓的夢幻隊，而且明明白白表現在臉上。小組賽階段，大家預期奧地利會輕鬆晉級，他們卻只險勝法國和匈牙利才驚險過關。但那樣已經夠了，準決賽他們抽中義大利。賽前一場短暫暴雨，使得聖西羅球場的地面濕滑泥濘。義大利緊迫盯人，遏止奧地利的攻勢。蒙提寸步不離辛德勒，奧地利幾乎沒有半次射正。義大利人則把握住機會，把奧地利守門員連球帶人一起送進了球網。

　　義大利再度靠著唯一進球險勝過關，決賽在羅馬對上捷克斯洛伐克，後者已經淘汰了羅馬尼亞、瑞士、德國，每一場比賽都有所進步，展現出中歐足球的實力和深度。決賽當天，捷克堅守了七十分鐘。接著義大利球員費拉萊斯（Pietro Ferraris）一記滑鏟，撞翻了他們的前鋒普奇（Antonín Puč）。普奇在邊線外吸了一大口嗅鹽之後重回場上，不到一分鐘，就接到表現出色的涅葉利（Oldřich Nejedlý）一記傳球，起腳低空破網，一比零領先。接下來十分鐘，義大利防線瓦解，但捷克隊射門中柱。奧西隨後解救了義大利隊，他在禁區邊緣假裝跑位製造空間，然後突然重心一移，眨眼間就用右腳背外側追平了比分。傷停補時進入第五分鐘，前鋒史奇維奧（Angelo Schiavio）為義大利踢進了致勝球，但在那之前，球沒忘在梅亞察腳下兜了幾下。傳聞堅稱年輕的瑞典裁判伊凡‧伊克林（Ivan Eklind）賽前曾接受墨索里尼本人的酒宴款待，席間有人要他好好想想義大利落敗的後果。這則陰謀傳聞有趣歸有趣，但並沒有半篇文獻可以佐證。義大利教頭波索坐在椅子上被抬進球場，義大利隊接下了冠軍獎盃、領袖盃、一張領袖本人的簽名照，另外還拿到一面金牌，以墨索里尼和法西斯主義之名表揚他們在足球場上的功勳。義大利國歌又從頭演奏了一遍，墨索里尼和法西斯黨在運動場上為國家新興之力尋得了典範。

　　拿下世界盃冠軍後不到兩個月，波索便被派往倫敦，安排一場義大利與英格蘭的比賽，因為誰才是世界足球的終極霸主，答案猶未揭曉。選在這個時候發起挑戰，乍看之下確實很有利。一九三四年初夏，英格蘭赴歐洲巡迴（雖然派出的不是最強隊伍），接連敗給匈牙利和捷克斯洛伐克，這兩隊後

來又都輸給義大利。波索記下他的擔憂，他擔心這場比賽將在英格蘭濕冷的冬季舉行，陷義大利人於不利。一場十一月的比賽，這也正是英格蘭足總提出的打算。但法西斯政權滿懷信心，急於一決勝負。波索寫下：「我是反對的。我打過電話向羅馬表達不同看法。沒用，羅馬高層只在乎比賽是否儘快舉行，這是政治干預，有人興致高昂。我不得不接受。」[22] 於是義大利隊出征了，義大利媒體和運動報刊猛敲邊鼓，吼出一波波國族主義的好戰言論助陣。這場比賽從一開始就被宣傳成「海布里之戰」，《米蘭體育報》（*La Gazetta dello Sport*）編輯布魯諾・羅吉（Bruno Roghi）則把這場比賽喻為「國際戰爭劇場」[23] 從當時的報導看來，這的確有如一場戰役。不列顛外交部一名外交官形容這場比賽是「一件稱不上愉快的事，特徵是一連串令人反感的枝節。」[24] 英格蘭開賽後三比零領先，但義大利急起直追，僅剩十人應戰仍追回兩球。國際足球現狀雖受撼動，但未被顛覆。

　　義大利媒體只能從敗北的事實中，挽回一點道德和美學的勝利，在寫及國家隊時，把球員喻為運動界的戰士、法西斯主義的運動員，「散發格調、風格、技巧與技術……十位球員在場上表現得像一隊角鬥士，戰士十人一心。」[25] 墨索里尼的目光現在已從足球場轉向阿比西尼亞戰場，目標從世界盃轉向了世界強權，從運動界戰士轉向戰爭兵員。這不是第一次，也不是最後一次，法西斯政權將會聽信自己的政治宣傳，而事實會證明，拿國家足球隊的表現預言國家軍隊的表現是最不可靠的參考。

第三部

華麗的比賽

足球短促的二十世紀，1934—1974

第八章

迢迢淘金路：拉丁美洲的足球發展（1935–1954）

博卡，

裴隆，

一條心！

博卡，

裴隆，

一條心！

—— 聚集在博卡青年競技俱樂部的群眾，c.1946[1]

烏拉圭是由兩位巴雷拉（Varela）建立的國家。

—— 烏拉圭社會學家，賽薩·阿圭亞（César Aguiar）[2]

I. 焰火終將點燃

　　前述引言中的兩位巴雷拉，一位是何賽・佩卓・巴雷拉（José Pedro Varela），十九世紀晚期烏拉圭的社會運動者與政治家，其推動的社會與教育改革，為打造拉丁美洲最先進的福利國家開啟先聲；另一位則是烏拉圭足球國家隊隊長歐布都里歐・巴雷拉（Obdulio Varela），職司中後衛，曾經在一九五〇年率隊踢下世界盃冠軍。二十世紀初以來，在兩度出任總統的奧多涅茲所主導的紅黨帶領下，烏拉圭兼顧了經濟發展與社會和諧，同時建立起南美大陸上最自由開放的民主政體。蓬勃發展的國力使得烏拉圭得以主辦一九三〇年第一屆世界盃足球賽，且有餘力將金盃留在自家。在烏拉圭，想要低估國家隊「天藍軍團」與國族認同和民族自尊之間的連結並不是件容易的事。身為一個人口不足三百萬的小國，烏拉圭在十九世紀的獨立甚至是西班牙、葡萄牙、阿根廷與巴西四國角力下的特殊產物。直到二十世紀以前，它從未對世界造成任何衝擊。如今，就像足球寫作先驅、烏拉圭裔的左派作家愛德華多・加萊亞諾筆下的文字：「天藍色球衣是這個國家存在的鐵證。烏拉圭不是個錯誤。足球讓這個蕞爾小國自默默無聞的陰霾中走出。」[3] 當鄰國阿根廷與巴西都擁有其他形塑現代國族認同的歷史素材或文化資源，烏拉圭的檔案櫃打開後卻一片空無。將烏拉圭國家隊等同於國家本身的想法在一九三〇、四〇年代已經廣為風行，到了五〇年便正式確立。那一年，在隊長巴雷拉偉大而頑強的帶領下，天藍軍團在「馬拉卡納大捷」中奇蹟似地擊潰來犯的巴西，在自家舉起金盃。正如日後執掌國家隊總教頭帥印，領軍出戰一九六六年世界盃的翁狄諾・維耶拉（Ondino Viera）所言：「其他國家自有其歷史，而烏拉圭則有足球。」[4] 烏拉圭或許是個極端的例子，然而，國家的史冊中載滿足球的案例並不罕見。

　　一九二九年，華爾街的股市崩盤，加上接踵而至的全球性經濟大衰退，打擊拉丁美洲甚深。綜觀整個一九三〇年代，挹注南美洲的外資枯竭，貸款被收回，農產品與礦產的出口價格一瀉千里。失業與赤貧激化了工會成員和

城市貧民的鬥性，動亂席捲整個大陸。過時的政治體制搖搖欲墜，加深了領導菁英的憂懼，政治上的威權主義得以趁隙而入。華爾街股災爆發後短短四年，阿根廷、烏拉圭、祕魯、智利、巴西、墨西哥與古巴的政治大權盡皆落入軍方手中。哥倫比亞、巴拉圭和玻利維亞則在接下來的二十年各自走上軍事獨裁的道路。儘管許多國家的軍方已經縮手不再干預政治，卻不代表民主政體得以恢復。唯獨烏拉圭是個例外。安地斯諸國*的政權，即由平民中有權有勢者所新創的封閉同盟所接手。在阿根廷與巴西——拉丁美洲最大的兩個國家——經濟發展與都市化創造出廣大而難以控制的都市群眾，與一小群激進而組織嚴密的勞工階級，權力遂鞏固於一種嶄新的、民粹式的極權政體。巴西的熱圖里奧・巴爾加斯（Getúlio Vargas）和阿根廷的胡安・裴隆（Juan Perón）便打造出結合了軍方、工廠主、城市勞工和勞工運動的新政治聯盟。†

　　裴隆與巴爾加斯的支持者極為相似，都廣受工會成員與都市貧民的擁戴。同時，無論是在阿根廷或者是巴西，足球在城市大眾文化當中的地位都已經確立。足球遂成為民粹主義與國族文化最顯而易見的政治手段或工具。在巴西，足球與巴爾加斯一手掌控的嘉年華會和教育制度一樣，都受到層峰嚴密的管制和監控。反之，在阿根廷，足球與政治之間的文化連結則是由下而上，發自民間。萬千群眾在博卡青年隊現場反覆誦唱「博卡、裴隆、一條心！」的畫面，並非刻意設計的橋段，而是發自內心的展演。那些如磐石般支持裴隆的選票和政治力量，全都來自糖果盒球場（La Bombonera）‡的看臺，扎扎實實，真實不虛。

---

* 　譯註：安地斯諸國（the Andean nations），有兩層意義，一般指的是安地斯山脈（The Andes）穿越的南美國家，包含哥倫比亞、委內瑞拉、厄瓜多、祕魯、玻利維亞、阿根廷和智利，它們遠從印加帝國時期便分享近似的文化。若專指南美洲的關稅同盟「安地斯共同體」（或安地斯條約組織），則目前僅包括玻利維亞、哥倫比亞、厄瓜多和祕魯四個會員國。

† 　譯註：巴爾加斯執政巴西長達十八年，是該國史上任期最長的總統。裴隆則三度獲選阿根廷總統，前後統治阿根廷十年。兩人都出身行伍，具有軍方色彩，政策上均對勞工與貧窮者友善，並進行獨裁統治。

‡ 　譯註：中文普遍譯為「糖果盒球場」，是阿根廷博卡青年隊的主場「阿曼多球場」（The Estadio Alberto J. Armando）的暱稱。

　　足球與國族認同之間的聯繫，對於拉丁美洲的現代性，以及這塊土地邁向現代性的過程來說，至關重要。究其原因，在於這裡的國家機器與國族觀念並不是在工業戰爭的溫室裡被催生的。戰火自然曾經在這片土地上燎原，例如一八六〇年代就見證了巴拉圭與巴西、阿根廷和烏拉圭之間的三國同盟戰爭。十八七九到八三年，則有智利、玻利維亞和祕魯為了爭奪濱海銅礦所爆發的太平洋戰爭。戰火替參戰國遺下難以磨滅的印記，但到了二十世紀，戰爭帶來的衝擊已經式微。拉丁美洲在兩次世界大戰中位處邊緣、甚或保持中立的狀態，替此處搖搖欲墜的政權免除了總體戰所亟需的強制發展。巴拉圭與波利維亞之間於一九三二年到三五年所爆發的「大廈谷戰爭」（The Chaco War），不過是將原本就不強盛的兩國推揉到崩解邊緣，而不是迫使國家社會經歷痛苦而迅速的現代化過程。是以，由於缺少建國或征服的英雄事蹟，南美各國的軍方儘管手握大權，卻無能倚靠自身的勇武形象改寫國族認同。

　　拉丁美洲的國家主要是透過足球代表隊與世界打照面。也唯有在足球這個領域，它們才能夠參與競爭甚至是勝出。二戰曾經短暫、但徹底地摧毀了歐洲的足球運動。歐洲的足球一直要到一九五〇年代中期，才重返國際舞臺。而在這段期間，拉丁美洲的足球發展毫無疑問地獨領風騷，領先全球。然而，拉丁美洲不是歐洲的複製品，它並沒有重蹈歐洲足球發展的舊路。它的成功並非來自於篇千一律的工業風足球——倚靠單純效率、刻苦耐力，還有純粹力量的足球。拉丁美洲設定了更高的標準。

　　拉丁美洲的足球發展為一項不僅只是講求理性的運動。當地的球員、教練、球迷和記者一致且頑固地反對「踢現代足球應當等同於經營現代企業」的理念。這項堅持，就如同滲透當地政治和經濟體制的世襲制度、裙帶關係和侍從主義一般，沒有任何現代化的發展能夠將其徹底根除。這份對粗暴功利主義的頑強抵抗，在幾組對立的關係上展現得特別明顯，像是出於興趣而踢球之於為了勝利而踢球；崇尚帶球技藝更甚於崇尚效率。藝術與科學、現代與傳統，波希米亞風格與職業精神，不僅僅是在拉丁美洲交會，彼此更相互碰撞，終將點燃社會和運動的焰火。

II. 阿根廷足球的黃金十年

　　當一九三一年阿根廷的第一個職業聯盟開踢時，諸多象徵該國足球文化的關鍵元素已經到位。足球在此發展之迅捷由此可見一斑。彼時阿根廷闖蕩國際足壇已然三十年。他們曾經是南美的霸主；一九二八年奧運和一九三〇年世界盃則雙雙敗給烏拉圭，獲得亞軍。新興的大眾媒體像是知名的運動雜誌《體育畫報》，或者是發行量最大的報紙《號角》（Clarín），皆在傳頌具有阿根廷獨特色彩的足球球風。得天獨厚的布宜諾斯艾利斯周遭分布著地理上和社會上皆涇渭分明的四鄰，擁護各自的球會。球迷會蜂擁到現場支持在地球隊。大眾運輸網絡亦足以接駁觀賽和散場的群眾。因此，儘管創立於全球經濟觸底的一九三〇年代，阿根廷的職業足球不僅存活下來，更繁榮茁壯。其中有部分原因是出自阿根廷刻意與國際足壇保持距離，就像他們也盡量避免涉入全球的經濟一樣。一九三四年在義大利舉辦的世界盃，阿根廷足協僅派出一支業餘隊伍參加，在第一場比賽就輸給瑞典，打包回家。一九三八年的世界盃阿根廷索性棄權，根本沒有派隊參賽。而那一年捧起金盃的義大利，陣中倒是有大批球員是由阿根廷轉籍過去的。之後的二十年，阿根廷都不曾在世界盃的決賽中露面，並為此催生了本土的職業賽會，讓優秀球員移籍前往西班牙和義大利的風潮迅速止息。畢竟相較於戰雲密布的歐洲，布宜諾斯艾利斯顯然更加宜人。在南美洲，阿根廷所向披靡，當歐洲與太平洋地區壟罩在戰火當中時，阿根廷正在橫掃美洲盃足球賽（Copa América）：一九三七年以東道主之姿將金盃留在家門，一九四一年從智利捧回冠軍，緊接著便是一九四五年到一九四七年間令人嘖嘖稱奇的三連霸。

　　足球的職業化和商業化為阿根廷在國際足壇的耀眼表現奠下基礎，而這個過程在一九三〇年代更加擴大和深化。當廣播的收發範圍終於涵蓋整個國境，布宜諾斯艾利斯的足球和音樂隨之擴散開來。從國境之南：兩千公里外酷寒的巴塔哥尼亞（Patagonia）村落；到疆域之北：與巴西接壤的亞熱帶圖庫曼（Tucumán），人們都在收聽赫克托‧巴雷拉（Héctor Varela）和奧斯瓦

爾多·普格列斯（Osvaldo Pugliese）的探戈音樂，還有菲拉萬蒂（Fioravanti）
那新潮、狂放、跳躍式的足球評論。許多大城市的頂級俱樂部自此觸及，並
且吸引到遍布全國的球迷。布宜諾斯艾利斯聽起來是如此美好，讓遠在圖庫
曼和巴塔哥尼亞的人因此紛紛離鄉，朝它奔去。適逢跨越大西洋的移民潮逐
漸趨緩，自鄉間流向城市的移民剛好填上此一缺口，確保阿根廷高速的都市
化進程持續不墜。布宜諾斯艾利斯並不是唯一人口成長的地方，聖塔菲
（Santa Fe）、哥多華（Córdoba）和羅沙略亦是農村移民口袋中的選項。而
這一波人口和經濟上的移轉，也在第一波地方球會晉升職業聯盟的過程中起
到推波助瀾的效果，其中包括一九三七年職業化的紐維爾舊生隊和羅沙略中
央隊。

　　綜觀整個一九三○年代，阿根廷職業足球的平均票房大約是七千，但這
個數字尚位涵蓋進場的俱樂部付費會員。一般來說，規模最大的俱樂部票房
上看一萬，小一點的則在兩到四千之譜。頂級賽事聚集超過四萬觀眾的景象
亦不罕見。而球迷也將獲得豐美的回饋：整整十年高比分的足球賽事。例如，
從一九三六年九月到三八年四月，阿根廷的甲級聯賽沒有哪一場賽事是以零
比零的和局收場。二戰爆發初期，阿根廷的經濟起飛，足球的觀賽人數翻倍，
並且在接下來的二十年持續成長。河床隊巔峰時期擁有七萬兩千名會員，吸
引約莫十萬人進場看球，即便是其第三、第四級的比賽也有一萬五千個觀眾。
雜誌《體育畫報》一週的發行量是二十萬冊，業餘或玩票的足球賽事佔據都
會區裡每一個公園、廣場和空地。媒體產業在三○和四○年代也持續拋出新
點子，例如報紙《評論家》（La Crítica）就提供現金懸賞即便優秀前鋒當前
依舊滴水不漏、一球未失的守門員，或者是擋下十二碼罰球的門將，都大大
提高群眾對足球的興致。電影院已經是布宜諾斯艾利斯居民日常造訪之處，
如今也開始放映運動相關的影片。裴隆政府曾經資助新聞短片《阿根廷事件
簿》（Sucesos Argentinos）的製播，內容包含兒童運動賽事報導、公部門執
行的運動計畫，還有運動在國際上獲得的成就。不過足球根本不需要贊助，
因為在一九四四到五四這十年之間，阿根廷超過三成的商業電影是以運動為
主題，其中又以足球的曝光率最高。

　　阿根廷足球史上的黃金時期，恰好是政治上「聲名狼藉的十年」（la
década infame）。軍政府瓦解後，接下來十二年，執政的是一個由保守派、
社會主義者，和激進公民聯盟黨所組成的封閉但失衡的同盟。到了一九四〇
年，該同盟甚至得倚靠作票來延續政治生命。這段期間，足球大抵與政治無
涉，城市榮譽與政治野心同樣驅使著中小型俱樂部的董事。然而，足球無可
抗拒的誘惑力，再加上當代的政治任命基本上甚為仰賴侍從體系，足球與政
治之間遂衍生出一個如觸手般內部相通的網絡。例如一九三二到三八年間擔
任總統的胡斯托將軍（Agustín Pedro Justo），一向公開表示自己是博卡青年
的球迷，他的女婿遂於一九三九到四六年間接任博卡青年的主席，而俱樂部
也恰巧在一九四〇年獲得政府鉅額的弱勢通貨貸款，用以打造暱稱為「糖果
盒球場」的新主場。而另一位總統拉蒙・卡斯蒂略（Ramón Castillo）對足球
無感，反倒是兒子興致高昂，就這麼湊巧，卡斯蒂略二世隨即於一九四一到
四三年出任阿根廷足球協會的主席。

　　職業化後的前十五年，四支球隊主宰了阿根廷的職業足壇。連續十六年，
聯賽前兩名的位置都由博卡青年、河床、獨立和聖羅倫索隊這四支隊伍包辦。
對於俱樂部的認同和忠誠，最先建立於一九二〇年代，逐漸強固為一種不斷
自我延續、創造和循環的永恆神話。博卡青年是一支明確地與移民、義大利
裔和勞工階級連結的球隊，也是唯一留守布宜諾斯艾利斯舊城中心的隊伍。
一九三〇年代早期，歐裔的移民潮已漸入尾聲，然而，移民對於阿根廷人口
結構所造成的影響是如此深刻，以致於如今博卡得以聲稱自己是群眾的球
隊，是人民的球隊，球迷的支持「是百分之五十再加一」。反觀河床的球迷
結構就相對混雜，就像是社會上那些胸懷鵠鴻之志的人，河床終究遷離了港
區，北移到巴勒莫和貝爾格拉諾這些更加時髦的西語移民區。他們逐漸在聯
盟中打響貴族的名聲，重視風格更甚苦勞，偏好良好的修養而非眼中只有求
勝的心機。獨立競技俱樂部留在工業重鎮阿維亞內達——布宜諾斯艾利斯的
「工業排水口」——與塵垢為伍。聖洛倫索則落腳在城市西郊的花區與阿瑪
格羅（Almagro），一個中產階級和勞工階級齊肩、作坊和探戈音樂廳比鄰
的地方。這四支球隊都有資格聲明自己對於這個時代的獨特貢獻，然而，最

具象徵性的或許還是河床。

　　一九三一年俱樂部轉型為職業隊時，河床大肆砸錢投資球員，像是右翼鋒卡洛斯・普提利（Carlos Peucelle）和前鋒貝爾納維・費雷拉（Bernabé Ferreyra）等，從此博得「百萬富翁」的稱號。身為當代與權貴走得最近的球隊，河床最早受惠於政府私下的捐助，投資興建附設學校與診所的新球場，用以交換實際的房產利用和象徵性的聲響。阿根廷因此一舉解決了對於斥資興建一座「一週僅僅使用九十分鐘」的場館永不止息的質疑。就這點而言，阿根廷確實遙遙領先世界各國。安東尼奧・貝斯普西奧・利貝爾蒂紀念球場（Estadio Monumental Antonio Vespuccio Liberti），通常簡稱為「紀念碑球場」，選在一九三八年五月二十五日──五月革命 * 的紀念日──揭幕，總統奧爾蒂斯（Roberto Marcelino Ortiz）親自到場。紀念碑球場的結構呈現雙層的馬蹄鐵型，可以容納七萬人，是阿根廷首座由鋼筋水泥打造，具備工業風格的足球場館，當中囊括了一間學校、一個醫務間，還有一系列提供會員運動和社交的設施。在主場的第一場比賽，河床便痛擊遠自烏拉圭前來作客的佩納羅爾隊，表明了這是支能替紀念碑球場增光的雄師，讓輝煌的運動成就與建築的遠大企圖相互輝映。而且，河床仍在進步。他們在三年後臻於成熟，奪下一九四一年的聯賽錦標。《體育畫報》的編輯在現場目睹河床以六比二橫掃查卡里塔青年（Chacarita Juniors）後，形容他們的表現有如機器。自此以後，他們就被暱稱為「機器」（La Máquina）。

　　日本襲擊珍珠港的一九四一年，「機器」摘下首座冠軍，接著又成功登頂三次。隔年，河床在賽季的最後一天才以積分一分的差距從博卡手中搶下錦標。當時，戰火下的史達林格勒（Stalingrad）正被夷為塵土、冰雪和遍地的屍骸。一九四五年河床拋下勝利的彩帶時，日本廣島和長崎的瓦礫堆中仍傳出陣陣的輻射。四七年奪冠時，歐洲正蒙受嚴重的寒害，情況之堪慮，彷彿戰火仍未止息。然而，十二月分的拉丁美洲，陽光依舊燦爛。這裡是另外一個世界。在這成就斐然的六年間，在仿若天堂的世界彼岸，「機器」定義

＊　譯註：The May Revolution，南美洲第一個成功反抗西班牙殖民的獨立運動。

並體現了何謂「我們的球風」（*La Nuestra*）——世界足球之冠。既隔絕於大屠殺之外，又免於戰爭和生存的迫切壓迫，阿根廷足球得以調和出一套混合了工具主義、藝術，還有娛樂的風格特調。在一九二〇年代，崇尚帶球、華麗、甚至帶點浮誇的個人主義曾經是拉丁美洲足球的特色與核心。如今，面對更嚴苛的條件與轉型職業的要求，蘇格蘭的遺風——傳球進攻——也被列入個人必備的技能清單。

球賽的風格進化為毫無保留的進攻，而河床的前鋒五虎將至今仍是演繹攻擊足球最完美的典範。他們是穆諾茲（Muñoz）、莫雷諾（Moreno）、培德雷拉（Pedernera）、拉普納（Labruna）及魯斯道（Loustau）。即便是年少時的阿弗列多・斯蒂法諾（Alfredo Di Stéfano），在河床也不過是這五人的替補。「機器」擅於利用時間和空間，而且總是在傳球。他們保持球權，懂得放慢比賽節奏，伺機而動，直到稍縱一逝的契機閃現，讓他們有機會展現超凡的假動作、射門，或者是衝刺。尤其是穆諾茲，更以其詭計多端揚名於世，他曾說：「探戈，是最好的訓練方式。保持韻律，邁步向前時再改變節奏；學習各種姿態，善用你的腰和腿。」[5]

在當時阿根廷的賽場上，確實有讓探戈迴旋的空間。防守的技巧和策略可惜並不發達，盯人防守幾乎未曾受到關注，或者說中場和前鋒根本不事防守。無論是在比賽中逼近對手，或者是在角落中壓迫對方，都非常粗糙，帶有明顯的功利主義色彩。一旦掉球，奪回球權也不是當務之急，帶球的人時間充裕。同時，也有閒暇享受美酒、佳人和歌曲，因為「我們的」風格從來都不是清教徒的生活之道。在布宜諾斯艾利斯魔幻般的空氣中，職業精神和波西米亞風格可以並存；一支才華洋溢、比賽充滿藝術性的球隊，也可以是一臺機器。烏拉圭知名的左派記者與小說家加萊亞諾曾以神話般的語彙重述穆諾茲的故事：

週日中午，每一次球賽開踢前，他都要嗑掉一大碗燉雞肉，乾掉幾支紅酒。河床的管理階層命令他拋棄混亂的生活型態……他盡力了。整整一星期，他都在夜裡入眠（不熬夜、不晨昏顛倒），並且只喝牛奶。結果他踢出生涯

最差的表現。當他重拾狂歡作樂的生活時，球隊對他處已禁賽。他的隊友罷工相挺，要和這位無可救藥的波西米亞人站在一起。[6]

在一份字斟句酌的不列顛外交文書中，意外地概括了阿根廷足球在全盛時期的影響力。一九四五年，博塔弗戈的主席提議邀請不列顛的俱樂部，戰後來一趟南美巡迴賽，不列顛外交部就此徵詢派駐南美各使節的意見，而駐布宜諾斯艾利斯的大使小心翼翼地做出回覆：

> 當地居民對於足球的興趣毋庸置疑。聯賽當中的頂尖對決能吸引八萬群眾。當阿根廷球員依照自己的規則、在自己的主場踢球時，他們是一流的。即便是英格蘭第一級的頂尖球隊，要與其抗衡都是十分艱鉅的任務。若派出的並不是最精銳的球隊，則對我國足球的聲譽弊多於利。
>
> 即便如此（派出精銳之師與賽），我等對於附議仍抱有幾分猶豫。當地的規則與英格蘭大相逕庭，尤其是對衝撞的規範。阿根廷門將幾乎碰不得……阿根廷的球員和觀眾非常容易激動，現場目擊一位體重十二石（約七十五公斤）的阿森納前鋒在網前帶球衝撞阿根廷門將，恐怕極易引發事端。[7]

阿根廷的球迷為數眾多，能言善辯，情緒容易波動。間或有些球迷打架的報導，不過他們儘管粗魯又無禮，多半並不具有威脅性。

最容易引起紛爭的，似乎是裁判的判決。一九三二年，老安格列斯（Señor de Angelis）負責吹判一場河床和拉普拉塔學生隊（Club Estudiantes de La Plata）之間的比賽。河床當時不僅戰績位居首位，球賽中也以一分領先，直到裁判誤判學生隊的一顆進球有效。他當場遭到球員和球迷包圍，被迫退回更衣室，一刻鐘後他現身宣布這顆進球成立，並開創了如今廣為傳布的金句，「更衣室內的進球」（el gol de la casilla）。諸多流言指出學生隊的主席曾經持槍威脅他。然而，布宜諾斯艾利斯的足球迷最獨特之處，在於他們能唱出一整套表達奚落和支持的曲目，以及喊出愛與恨的口號。在當時，沒有一處球迷能夠與他們所展現出來的親密、情感強度、多元性和機智相提

並論。

　　阿根廷軍方在安於軍營十二年後重返政治舞臺。二戰期間反覆無常又禁
不起考驗的外交政策是一記警鐘，老派民間政治人物組成的統治集團各薔又
貪腐，程度令人咋舌。一九四三年，一伙對政府不滿的軍官發動政變，他們
解散國會，將官員驅離官署，並且實施黨禁。彼時還默默無名的上校裴隆，
被任命為勞工部長，並且在短短兩年內，掀起社會與產業革新的狂潮。聲譽
鵲起的裴隆廣受愛戴，又極富政治魅力，挑動了高階軍官團和軍政府敏感的
神經，讓他隨即在一九四五年十月遭到拘捕並軟禁。數十萬計的工人階級聚
集在五月廣場（Plaza de Mayo）和阿根廷總統府「玫瑰宮」（La Casa
Rosada）前，要求釋放裴隆，成為史上參與人口最眾的單一集會。裴隆主義
（Peronism）——對裴隆的個人崇拜，加上其所構思的計畫和運動——就此
橫空出世。獲釋後，他開始明確鼓吹一個融合國族主義、獨立自主，還有現
代化的迷人論點。勞工階級深深著迷於他的演說風範，還有其對社會改革、
經濟成長及政治賦權的承諾。又因其力倡國家經濟獨立，還有由國家控制的
工業化，讓他的計畫也獲得一個新社會階層——工廠主——的支持。有鑑於
裴隆主義成功融合了阿根廷社會中最具活力的兩個部門（勞工階級和工廠
主），軍方內部的進步側翼和中產階級的知識分子也因此受到吸引。一九四
六年，裴隆參選總統，並且順利取得大位。

　　執政之後，裴隆成功兌現了自己對勞工階級選民的承諾，政府不僅挹注
工會，並且在調停罷工時站在工會這一邊，使得實際工資飆漲。同一時間，
必需品的價格——例如足球票價——仍然維持低檔。政府並將英籍的鐵路公
司、法屬的港口，還有美國經營的電話系統全都收歸國有，讓國內經濟免受
外國勢力的影響。當經濟因為對西歐的出口擴張而迅速起飛，催化了重組的
過程，裴隆藉機清償國家債務，進而宣布國家經濟完全獨立。然而，經濟上
的榮景隱藏了裴隆政權所意識到的現實：即阿根廷企業的不堪一擊。舶來品
的關稅提高，為曾經在選舉中支持裴隆的阿根廷實業家們築起一道防護牆。
同理，透過限制國家隊參與國際足球賽事，國家的足球尊嚴也因此受到保護。
一九四九年的美洲盃和隔年的世界盃阿根廷都沒有派隊參賽。儘管對賽制有

異議是阿根廷缺席前述賽事的官方理由，眾所皆知的是裴隆政權早已看清一個現實：國家優越的信念，很有可能會被國際競賽公開的結果給拆穿，也就有可能會對國家、政權，或者是民族自信心造成傷害。

運動在國內政局扮演吃重的角色。裴隆政府合併了阿根廷奧林匹克委員會（Argentine Olympic Committee）和阿根廷運動聯盟（Confederation of Argentine Sport），並且由國家直接掌控。裴隆任命自己為新組織的主席，伴隨著一波海嘯般的個人宣傳，數不盡的海報和口號，宣稱「裴隆支持運動」及「裴隆：第一名的運動員」。事實上，裴隆和墨索里尼一樣，喜歡狩獵更勝於運動，也是名專業的擊劍手；但同時他也意識到足球在國族建構和社會政策當中能夠扮演的潛在角色。強盛的國家需要國民強健的體魄，還有熱切而強烈的集體經驗。儘管如此，一九四六年到四七年間聖洛倫索堪稱成功的歐洲巡迴——過程中以六比一擊敗無敵艦隊西班牙、十比四力退葡萄牙——並沒有為阿根廷的足球主管機關壯膽。相較之下，一九五〇年世界盃巴西在自家觀眾面前將金盃拱手讓人的震撼教育，更讓他們戒慎恐懼。一九五四年的世界盃阿根廷再度缺席。相對於足球，國際間其他的運動競技因為激起的熱情較少、國內期望亦不高，是較為安全的賭注。因此，在政府的大力支持下，阿根廷以壯盛軍容出征一九四八年的倫敦奧運，並且抱回佳績（三金三銀一銅，排名所有參賽國第七）。隔年，在紀念碑球場，奪牌的奧運選手自裴隆手中接過特製的裴隆紀念獎牌。一九五一年，阿根廷主辦第一屆的泛美運動會（Pan-American Games）。接下來，一整個世代才華洋溢的拳擊手和賽車手，連同他們所創造出來的國際成就，將讓阿根廷政府沉浸於喜悅和滿足之中。

相形之下，國內足球牽涉到的便是較高層級的政治。這個陳述可以由以下的事實獲得確認：政府從不避諱自己對於阿根廷足總資深官員的位置感到興趣，任命他們的權力自然也掌握在手裡。一九四、五〇年代，阿根廷足總的前後任主席歐卡拉‧尼科里尼（Oscar Nicolini）和瓦倫汀‧蘇亞雷斯（Valentin Suárez）便是由裴隆直接任命。另一方面，政府則撥款興建新場館作為回報，例如一九四七年颶風隊以及五一年沙士菲隊（Vélez Sársfield）的

新球場。每個俱樂部在其內部或董事會中都安插一位「教父」，將球隊與裴隆統治下的新權力核心聯繫起來。充滿魅力且曝光率超高的第一夫人伊娃‧裴隆（Eva Perón，通常被稱為艾薇塔 [Evita]），擁有與生俱來的政治敏感度，擅長塑造自己與群眾站在一起的形象，是政治民粹主義的信徒。足球，自然也成為她的工具之一。一九五〇年，第一屆裴隆女士足球冠軍聯賽在阿根廷全境開踢，比賽對所有由孩童組成的球隊開放，只要他們到如今已遍地開花的「艾薇塔‧裴隆基金會」（Evita Perón Foundation）——由第一夫人親自經營的準國家社會福利組織——的任一分會辦公室報到。每隻球隊都獲得球具贊助，而這是許多貧童人生中第一組像樣的球具。所有球員都要接受強制醫療、疫苗接種和 X 光篩檢。數十萬計的阿根廷孩童因此第一次接觸到國家剛剛起步的保健服務。經過無數輪賽事，決賽在布宜諾斯艾利斯舉行。開賽前他們演奏國歌，特意為第一夫人舉辦遊行，毫無意外地邀請她為決賽開球。然而，即便是艾薇塔也認知到自己的極限，在歷時四天的副總統選舉造勢集會失敗落幕後，所有的足球賽程都重新安排，她明白自己無法繼續參賽，無論是足球、政治，抑或是人生的競賽。

　　裴隆統治下的阿根廷，有組織的勞工運動日益增加，甚至連職業足球都涉入其中。勞動關係反映出範圍更廣的都會經濟狀態，諸如工作條件不佳和就業安全未有保障。衝突已經醞釀一段時日，而勞動力正緩慢、堅定、並且自發地集結。早在一九三九年，烏拉圭球員便由曾經領軍奪下一九三〇年世界盃的隊長何賽‧納薩蒂（José Nasazzi）帶頭，罷工四週。一九四四年，墨西哥成立國內第一個職業聯盟，吸引許多受夠低薪還有「封建式」勞動契約的烏拉圭和阿根廷球員。一九四〇年代晚期，就當時整體的經濟環境而言，阿根廷工會成長迅速，在勞動市場獲得政府支持，順利爭取到薪資調漲，還有資方全面的妥協和改進。一九四四年，第一個球員工會成立，就叫作「阿根廷足球員」（Futbolistas Argentinos Agremiados）。到了一九四八年，工會籲請主管機關承認其合法性，訂定最低工資，並且保障球員的簽約自由。眼看俱樂部和主管機關試圖忽略他們的訴求，工會預計在四月展開罷工。阿根廷足總和俱樂部同意承認工會的合法地位，但拒絕在其他議題上讓步。罷工

延宕至七月終究勢難再擋，布宜諾斯艾利斯的球場空蕩蕩的，悄無聲息。隨著時序進入冬季，罷賽依舊持續，政府於是成立特別法庭介入調停。球賽重啟，但即便是特別法庭的建議亦無法滿足球員，十一月時罷工再度上演，聯盟只好以業餘球隊充數，完成整個賽季，但也造成入場的觀眾人數急速下滑。新版的工資與合約終於在一九四九年拍板，不過為時已晚，阿根廷聯盟中最頂尖的球員都已經轉戰位於哥倫比亞的山寨聯盟。只有一個球會置身事外，那就是阿維亞內達競技隊。

儘管每個俱樂部都有「教父」，但不是每一個教父都具備同樣的能耐，享有同等的地位。競技隊的教父是裴隆的財政部長拉蒙·薩里柯（Ramón Cereijo），也曾擔任艾薇塔·裴隆基金會的執行長。儘管他在競技隊沒有正式的職銜，但他與俱樂部之間的關係相當緊密，以至於競技隊之後被稱為「運動員薩里柯」。當拉丁美洲陸續成立新的職業聯盟，阿根廷其他頂尖球會的核心球員陸續出走，流向墨西哥、哥倫比亞，甚至是瓜地馬拉，唯獨競技隊沒有流失任何一員。一九四九年，當各隊均處在戰力流失的狀態，競技隊終於打破過去博卡青年、河床、獨立和聖洛倫索四強壟斷的局面，一舉奪下冠軍。如此輝煌的成就理當要有合適的球場來陪襯，薩里柯於是向政府爭取到異常優渥的貸款條件：三百萬披索，分六十五年攤還。而當競技隊的全新場館竣工時，這三百萬早已加碼為一千一百萬。這座球場最後以總統裴隆為名，因此儘管裴隆曾宣稱自己是博卡青年的球迷，仍親自蒞臨球場的開幕式。同時，阿根廷的外交部長和央行總裁，也都被奉為該俱樂部的榮譽會員。接下來兩年，競技隊順利連莊。於是，在三連霸的最後一年（1951），每一位球員都獲得一輛嶄新的雪弗蘭汽車作為獎賞。同年，裴隆成功連任總統，裴隆主義的權力和歷史定位看似相當鞏固。此時此刻，由於尚能自外於殘酷冷硬的全球經濟與體育競爭，阿根廷在自己的世界裡攀上頂峰。

III. 哥倫比亞的誘惑

西班牙的征服者花費了約莫一整個世紀，仔細搜索如今被劃為哥倫比亞

國土的山林，追尋傳說中的黃金城（El Dorado），但他們一無所獲。另外，也有傳言印地安人會出於儀式的理由，將黃金飾品投入波哥大（Bogotá）外緣的瓜塔維塔湖（Lake Guatavita）。然而，外來者在湖中反覆的撈捕依舊徒勞無功。這注定是一場在錯誤的時間、錯誤的地點，所進行的錯誤追尋。對於外國的冒險家兼投機者來說，真正的黃金城即將於若干年後，在遍布哥倫比亞各大城市的足球場上尋得。二十世紀前半葉，哥倫比亞的足球緩步成長。最早，足球是由不列顛籍的水手和工程師引進位在加勒比海濱海的要塞城市巴蘭基亞。隨後的擴散，則如當地仰賴河流的運輸系統一樣遲緩。哥倫比亞的地理環境佈滿大山和河谷，若欲投資鐵路、隧道和橋樑，其金額之高，前所未見，也還沒有人能設法籌措。不過，哥倫比亞從一九三〇和四〇年代開始改頭換面，而推動改變的引擎是咖啡。二戰終戰前，咖啡已經佔出口收入的八成，為哥倫比亞的經濟繁榮和社會變遷添油加火。鐵路的鋪設連結起原本難以企及之境。主要都市波哥大、美德因（Medellín）、巴蘭基亞和卡利（Cali）均開始邁入工業化。即便是最無不足道的工作和致富機會，都讓城市擠滿來自鄉間的移民，人口甚至過剩。足球晉升職業化所必需的經濟和都市條件如今已經俱足。一九四七年，有別於坐落在巴蘭基亞的業餘足球協會，一個以波哥大為中心的職業足球聯盟「哥倫比亞足球大聯盟」（DiMayor）開始運作。聯盟的靈感來自於阿根廷聯賽的聖洛倫索。一九四七年稍早，該隊造訪哥倫比亞展開巡迴，締造驚人的商業效益。但在聯盟賽程展開以前，政治力量便已介入。

　　保守黨和自由黨共享哥倫比亞的政治權力已經四十載。這裡的選舉相對自由公平；政黨平和輪替；由國家資助的、中等程度的工業化證實相當成功。然而，成也咖啡，亂亦咖啡。政治上和社會上的表面平靜，掩蓋了一股由咖啡因作為柴火、程度直叫人頭暈目眩的社會變遷。都市裡的工會成員、工團主義者還有共產主義者，組織嚴密而活躍。鄉間的農民組織和勞工工會，對於爭取更好的工作待遇和土地取得等議題，施壓亦深。而他們全都視霍爾黑‧埃利賽爾（Jorge Eliécer Gaitán）為自己的代言人和象徵性的領袖。蓋坦的政治生涯始於自由黨，從地方民代一路做到教育部長。他擁有混血兒的外觀，

以及在哥倫比亞烏煙瘴氣的政壇中，彷若局外人般超然的特質，都讓他在這個因為亟欲改變而山雨欲來的國家裡，成為眾所矚目的焦點。他的言談扣人心弦；他最常掛在嘴邊的口號「人民在領袖之上」（*El Pueblo es superior a sus dirigentes*）非常具有煽動性。蓋坦正在組織一個集合多數的政治聯盟，將農村的貧戶和失去財產者；以及城市裡有抱負的技術勞工和遭到邊緣化的中產階級團結起來。到了一九四八年，他不僅是首都波哥大的市長，還是代表自由黨出征的總統候選人。對他來說，即將到來的大選，是一場幾乎篤定勝選的選戰。而對哥倫比亞傳統的統治階級而言，蓋坦的勝選，無疑會爆發社會改革的狂潮。一九四八年四月九日，蓋坦遇刺身亡，至今猶是未解的懸案。波哥大一夕之間陷入動亂，並且遭到重創。當鎮壓終於告一段落，警方停下槍火，已有兩萬人橫屍街頭。

　　哥倫比亞足球職業大聯盟的開幕戰原定五月開踢，卻一路延宕到一九四八年八月。此刻，聯盟不僅賽程延誤，甚至淪為國際足壇的遺孤。在當時惡劣的政治氛圍中，足球大聯盟和足球協會之間的紛爭日益惡化，導致足球協會一狀告上國際足總，籲請後者判處足球大聯盟禁賽，禁止其與旗下的球隊參加國際賽事，或者是與外國球會進行友誼賽。乍看之下這是非常嚴厲的制裁，不過對於身兼知名律師、足球大聯盟創辦人，還有米倫拿列奧隊（Millonarios Fútbol Club）的主席阿方索·聖紐爾·奎維多（Alfonso Senior Quevedo）而言，他看到的是一線曙光：足球大聯盟和旗下球隊既然不再隸屬於國際足總，自然毋須遵守國際足總的規定，尤其是攸關球員轉會的部分。聖紐爾於是派遣米倫拿列奧的教頭卡洛斯·艾爾達比（Carlos Aldabe）親自到局宜諾斯艾利斯，針對頂尖球員展開獵人頭大計。由於毋須再受國際足總的鉗制，轉會費自然可以不用理會，球員的薪資報價提高到相當誘人的程度。約莫一週後，艾爾達比就拍了一封電報，說他將帶著河床「機器」當中的一員培德雷拉返回波哥大。效率簡直令人難以置信。當培德雷拉在米倫拿列奧的主場首次亮相時，當日的門票收入高達一萬八千美金，是一般球賽票房的五倍。更何況，這還僅只是亮相而已，並非正規的比賽。

　　從布宜諾斯艾利斯出走的球員很多，他們不僅只著眼於薪資，還看上在

哥倫比亞才能享有的相對自由和尊嚴。波哥大日報《時報》（*El Tiempo*）曾經引述培德雷拉的心聲：「我想要表達一個完全合乎邏輯和人性的願望：和其他人一樣享有同等的自由。你明知那是完全不可能的。相對於從事其他職業，以足球為業讓我們處在一個極端的處境，那就是被迫放棄勞動自由。」[8]而無論是在巴西的里約、祕魯的利馬、巴拉圭的亞松森，或者是烏拉圭的蒙特維多，培德雷拉的論點都能夠成立。不僅如此，支持米倫拿列奧以高薪獵才的論點，也同樣支持著聖塔菲獨立隊（Independiente Santa Fe）及哥倫比亞境內的每一隻球隊。一九四九年，米倫拿列奧的球員名單中，有九位阿根廷籍、一位巴西籍，一位哥倫比亞籍，一位智利籍，還有一員來自祕魯。卡利體育隊（Deportivo Cali）簽下阿根廷球員為其效力；佩雷拉體育隊（Deportivo Pereira）挖角巴拉圭球員；庫庫塔體育隊（Cúcuta Deportivo）則將眼光投向烏拉圭，一舉挖來一九五〇年世界盃奪冠陣容當中的八員；美德因獨立隊（Independiente Medellín）則吸收來自祕魯的球員。到了一九五〇年，共有一百零九位才華洋溢的外籍球員在哥倫比亞踢球，其中五十七位來自阿根廷。黃金國的誘惑力實在太過強大，以至於唯有哥倫比亞能夠逆轉全球足壇轉會市場慣常的地理邏輯，逆勢吸引整個歐洲的足球員前往淘金，其中包含英格蘭、蘇格蘭、愛爾蘭、匈牙利，還有法國。

　　出身劍橋大學的哥倫比亞外交官路易斯・羅布雷多（Luis Robledo），身兼波哥大另外一隻球隊聖塔菲獨立的主席。他從英格蘭挖來效力斯托克城的尼爾・富蘭克林（Neil Franklin）和喬治・孟福（George Mountford），還有曼聯的邊鋒查爾斯・密頓（Charlie Mitten）。同城的對手米倫拿列奧隊不甘在這波搶人大戰中落居下風，隨即自艾弗頓隊（Everton）和蘇格蘭的哈茨引進比利・希金斯（Billy Higgins）和巴比・弗拉維爾（Bobby Flavell）。由於富蘭克林稍早才受到斯托克城的羞辱，苦候足足三小時，高高在上的董事會才勉為其難與他討論申請轉會的事宜，因此對於聖塔菲而言，他有如手到擒來的獵物。羅布雷多開出的簽約金是一千五百英鎊；而在當時的英格蘭，相應的價碼則是十鎊。密頓在曼聯的週薪是十鎊，哥倫比亞給他的薪資報價接近十倍，還外加紅利、生活支出以及機票。儘管金錢報酬豐厚，但對遠渡

重洋的歐洲球員——特別是富蘭克林——來說，轉變仍大得叫人難以招架。相對於歐洲，這兒的足球極具奔放的個人主義色彩。不過富蘭克林也承認，南美洲球員的技巧驚人。而拉丁美洲的文化更是太陌生也太令人費解，加倍突顯外人的格格不入。富蘭克林只撐了六場比賽，密頓和太座則設法待完一整個球季。

　　然而，單靠俱樂部之間的動態競爭，還不足以掀起這一波全球獵才的熱潮。米倫拿列奧的主席奎維多便直言不諱：「人們因為政治環境」而瘋狂，甚至不顧一切……這也是為何政府——也就是總統培瑞茲（Mariano Ospina Pérez）——支持我們輸入外國球員，並且出資挹注我們……因為他們曉得我們將會讓球場滿座。他們也提供我們很好的匯率：一點七五披索兌換一美金。」[9]同樣抱持支持立場的還有參議院。他們為聯賽冠軍提供了一萬披索的獎金。事實上，哥倫比亞的政局確實危殆。就連對於當地文化和政治並不熟悉的助拳人富蘭克林，都無法不意識到此一事實。他在日記中寫道：「每一天總會見到某種形式的示威……而當哥倫比亞示威者在抗議時，他們是真確地在表達不滿。由於政治氛圍過於激越，當我們在那時，當局正在實施宵禁。」[10]

　　因為蓋坦遇刺而爆發的「波哥大衝突」，由社會動盪演變為血腥的內戰。一九四九年，由保守黨領袖勞里亞諾·戈麥斯（Laureano Gómez）勝出的大選結果，遭受到自由黨人的杯葛。戈麥斯崛起於保守主義光譜中最獨裁的一端，其為西班牙獨裁者佛朗哥將軍（Francisco Franco）和葡萄牙強人安東尼奧·德·奧利維拉·薩拉札爾（António de Oliveira Salazar）的公開仰慕者，對於任何針對財產和禮教的威脅十分警惕，在他領導下的政權於是禁止各項公民自由。保守黨暗中支持暴徒去劫掠、並且縱火焚燒國家重要報刊的辦公室；關閉國會；將高等法院的職缺淪為政治酬庸；操縱選舉有如家常便飯。自由黨人隨後放棄透過選舉爭取執政，轉而在鄉間成立游擊隊，涉入與土地和勞工相關的衝突。他們即將面臨的，是背後由政府撐腰的殘酷鎮壓。單單一九五〇年的戰鬥就有五萬人喪生；接下來三年，死亡人數飆升到二十萬。城市由強勢警力進行維安，共產黨和產業工會受到高度壓制。在肅殺的政治

氛圍中，唯有足球大聯盟能夠轉移群眾的注意力，帶領人們進入馬戲團般的奇幻世界。

足球大聯盟這個馬戲班子確實熱鬧非凡。由於球風奔放、重視進攻，整個一九五〇年僅有六場零比零的和局。佔據聯盟榜首的是米倫拿列奧，自培德雷拉後，他們再接再厲從河床挖來年輕的斯蒂法諾，從烏拉圭找來球星何賽・亞庫齊（José Jacuzzi）。他們以華麗的球風，踢著攝人心魄的足球，耍得對手團團轉。自一九四九年到五三年，米倫拿列奧在五年內四度掄元。一九五一年甚至全年未嘗敗績。「斯蒂法諾後來聲稱他們唯一的策略就是攻擊、並且摺倒對手，同時避免羞辱他們。一旦他們取得足夠的勝分，足球場上的芭蕾舞碼就會展開：足球以無以倫比的速度與精確性，從這個球員腳下傳給另一個球員。有時候就連對手也忍不住停下腳步，帶著純然讚嘆的目光見證此一表演。」[11]「藍色芭蕾」（Ballet Azul）——米倫拿列奧的球衣即是藍色——的美名不脛而走，吸引萬千觀眾蜂擁而來。而根據斯蒂法諾的回憶，正是因為時間上的餘裕和自由，使得他們能夠將足球提升到藝術的層次：

> 米倫拿列奧的球員當真過著……百萬富翁的生活。他們每天在將近中午時訓練，然後受邀到俱樂部的總部吃午餐。哥倫比亞的料理以米飯、木薯、豬肉和炸香蕉為基底，對我們來說非常新奇。他們飲用一種特殊的啤酒「巴伐利亞」（Bavaria），非常順口好喝。酒足飯飽後，我們來一杯哥倫比亞咖啡，世界第一果然不是浪得虛名。接著我們午睡（siesta），或是去看電影，有時也會去短暫跳跳舞。而當你來自探戈的國度，你不會羞於展現你擁有的高超舞技。[12]

國際足總和南美洲足球協會弔詭地無視於哥倫比亞的腥風血雨，派遣官員勞雁往返於波哥大和其總部，商議要結束這波淘金熱。終於，在一九五一年於利馬舉行的一個特別會議上達成協議。哥倫比亞人已經可以預見，面對即將爆發的國內經濟危機，他們在國際足壇上光榮而孤立的地位勢必難以維繫。國際足總顯然只願意給這個足球慶典多活一點時日，足球大聯盟可以保

有他們的球星直到一九五三年年底，之後球員就得離開。哥倫比亞可以再次加入國際足總，條件是得遵照遊戲規則。哥倫比亞在協議上簽了字，國際球監於是解除。一九五二年，米倫拿列奧展開全球巡迴，擄獲了智利、烏拉圭、祕魯、阿根廷和玻利維亞球迷的心。他們隨後飛往西班牙，在馬德里、瓦倫西亞和塞維爾留下勝利。一九五三年，他們回國贏下最後一次聯賽冠軍。球季結束後，國際球員離境返鄉，或者是像斯蒂法諾一樣，因為在先前的巡迴賽中曝光而被相中，得以移籍歐洲。

一九五三年，球季才進行一半，總統戈麥斯就試圖解除陸軍總司令古斯塔沃‧羅哈斯‧皮尼亞（Gustavo Rojas Pinilla）將軍的職務。陸軍則發動政變作為回應，並且獲得社會菁英的廣泛支持。羅哈斯願意給予流竄鄉間的游擊隊特赦，而反抗軍也點頭接受，第一階段的內戰終告結束。羅哈斯的獨裁政權結束後，政治權力由保守黨和自由黨的菁英把持瓜分，並且排除其他勢力長達三十年。哥倫比亞的足球規模，也被迫縮水回到該國真正的經濟水準和政治發展所能維持的狀態。大麻首度現身波哥大。三十年後，當跟隨淘金熱而來的政治和經濟清算逐漸走向盡頭，毒品、足球和暴力將在哥倫比亞重新聚首。

IV. 華麗的巴西球風

在一九二〇和三〇代年代的多數時刻，巴西的足球一直處在「河床足球」（fútol rioplatense）的陰影之下 *。當阿根廷和烏拉圭順利殺進奧運和世界盃的決賽時，巴西卻接連兩屆在世界盃鎩羽而歸：一九三〇年輸給南斯拉夫；一九三四年被西班牙淘汰。而在一九三〇年代拉丁美洲前往西安牙和義大利的足球移民潮中，巴西人只佔少數，而且大半都過得並不如意。不過，一九三八年的巴黎世界盃，巴西是南美洲唯一的代表，而他們泰然自若地走進鎂光燈下。巴西對波蘭一役是瘋狂的進攻戰，釋放出前鋒所有的天賦和能量，

---

* 譯註：河床地區（The River Plate Region）指的大約是拉布拉他河流經的地域，主要位於阿根廷和烏拉圭境內。

同時也暴露出他們貧弱的防線。半場時巴西以三比一領先，但是當正規賽結束的哨音響起時，比數卻回到四比四。加時賽時，巴西前鋒李安尼達斯（Leônidas）成就了帽子戲法，率領球隊以六比五帶走勝利。巴西在八強賽的階段迎戰捷克，證明自己足以與歐洲列強抗衡。在這場身體接觸劇烈、雙方小動作頻頻的一比一和局中，共有三位球員被驅逐出場，其中兩位是巴西人。比賽也造成兩位捷克球員骨折，傷處分別在手和腳。由於傷患太多，只好再戰一輪，在重賽中，雙方球員跟前一場的首發陣容相差了十四人之多，比賽氛圍也隨之丕變。最終巴西在精神瀕臨崩潰的狀態下以二比一勝出，得以揮軍馬賽，與義大利進行四強賽。

　　根據江湖傳聞，當時的巴西陣營由於自信爆棚，連前往巴黎參加決賽的火車票都已經訂好。傳言更指出，李安尼達斯不在出賽名單內是為了養精蓄銳，以為決賽備戰。儘管流言繪聲繪影，真相卻十分平淡乏味。李安尼達斯休兵是因為有傷在身；而且義大利的實力堅強。尤其是皮歐拉（Piola）和克拉烏齊（Colaussi）這對雙箭頭，輕鬆進出以多明哥斯（Domingos）為首的巴西後防，如入無人之境。義大利以二比一揚長而去（最終捧回當屆金盃）。巴西重整旗鼓後在波爾多擊敗瑞典，獲得季軍，成果廣受家鄉父老的讚譽和肯定。而讓這隻巴西隊如此突出的，不僅只是他們的成功，還因為隊上兩位毋庸置疑的球星——前鋒李安尼達斯和中後衛多明哥斯——都是非裔有色人種。

　　球隊載譽歸國後，在眾多的報紙採訪中，最引人注目的莫過於巴西當代知名社會評論家吉爾貝托・弗雷雷（Gilberto Freyre）的一席話：

　　我們的球風與歐洲足球截然不同，因為我們不按牌理出牌、機巧、靈動、迅捷，並且從容；甚至可以說，還包含了球員個人的天分與場上的即興演出，全都彰顯出我們獨具的「混種特質」（mulattoism）……我們的傳導……我們的技巧……再再都和「卡波耶拉」（Capoeira）*脫不了干係，標誌了巴西

---

* 譯註：卡波耶拉（Capoeira），又譯為巴西戰舞，是從十六世紀的巴西非裔奴隸逐漸發展出來的一種結合武術與舞蹈的運動形式，帶有反抗和戰鬥的氣息，之後被視為是巴西精神的體現。

的球風，讓這個英格蘭佬發明的運動更加圓滑順暢、扣人心弦，不像不列顛人和他們的歐洲同鄉總是以僵硬又呆板的方式踢球。所有這些都展現出……華麗又機敏的「混種特質」，這在所有巴西精神中都清晰可見。[13]

　　早在一九三三年，弗雷雷便因為出版了《大屋與奴隸營》（Casa-Grande e Senzala）而聲名鵲起。Casa-Grande 在此指的是弗雷雷位於巴西東北部的家鄉裡，白人奴隸主所居住的大屋；Senzala 指的則是在蔗糖田裡工作的非裔奴隸生活起居之營舍。書名後來英譯為《主與奴》（Masters and Slaves），是本卓然出眾的著作，鉅細靡遺地描述蔗糖田中社交生活的各個面向，而這些面向最終都將指向一個核心，那就是：性（sex）。在以新教信仰為大宗的北美洲，奴主與奴隸之間的性關係，通常被視為低劣、粗暴、無禮和可恥；相較之下，在信奉天主教的巴西，由於人口統計上更加不利於殖民的歐洲人，跨越種族的性關係（miscegenation）往往被視為有益且必須。這論點同時也適用於十九世紀末和二十世紀初移入當地的多元移民，包括義大利人、日本人和德國人。長久以來，因為跨種性交，巴西的菁英對於自身民族有若私生子般的身世，總是忐忑不安，羞於啟齒，而弗雷雷所提出的思維，無異於為他們另闢出一組敘事和觀念，能將種族的多元性轉化為自身的優點。誠如曾經旅居巴西的澳洲裔作家彼得·羅伯（Peter Robb）所言：「弗雷雷所描繪的熱帶風田園牧歌極其魅惑。他筆下的蔗糖莊園，那個已然消逝的世界，佈滿了感官的愉悅和愛的細節。而最引人入勝的部分在於弗雷雷提出的一個概念：巴西那一段充斥著雜交和情欲的過去，滋養出一個嶄新的社會，在那裡，各個族裔都蓬勃繁衍，種族歧視銷聲匿跡。」[14]

　　弗雷雷的見解廣受巴西的知識分子與政治人物援引和發揚，包含當代最頂尖的足球記者馬利歐·菲略。在一九二〇和三〇年代，菲略不厭其煩地鼓吹巴西足球的職業化，尤其倡議要將非裔球員一同納入。他和弗雷雷都主張，這不僅只是道義上必須做的事，事實明擺著的是：巴西的核心本質「混種」──其融合、其多元、其非洲特質（African qualities）──將協助鍛造出一種身體文化，一種心智狀態，和一種偕同模式，能將足球提升到新的境界。

這個論點，發源於菲略有關足球的扛鼎之作《巴西足球中的非裔》（*O Negro no futebol brasileiro*），並且在其中得到闡述，甚至是神話般的地位。[15]

姑且不論菲略與弗雷雷的論點在社會學和生物學上是否站得著腳，至少就運動本身而言，非裔球員對於足球的影響至為明確。在里約，兩支最有系統在徵召非裔球員，並且讓他們實際出賽效力的頂尖球隊佛朗明哥隊和瓦斯科隊，不僅手捧卡里歐卡聯賽（Campeonato Carioca）[*]金盃，也擄獲里約群眾的心。相反地，為了堅持其白人唯一政策，富明尼斯隊只能從距離里約熱內盧愈來愈遠的地方招募球員，並且與早先亦表現傑出的博塔弗戈隊一同在戰績表上陷落。同樣地，在南方的阿雷格里港（Porto Alegre），這段時間是由多元種族混編的國際體育會稱霸，而力保其德裔白人血統的格雷米奧隊（Grêmio），則是悲情的萬年亞軍。聖保羅（Sãn Paulo）迄今仍是白人居多的城市，白人的足球文化盛行。然而該城在一九三〇和四〇年代湧進大批非裔、歐洲白人與印地安族混血兒後裔的移民，包含在世界盃展露鋒芒的李安尼達斯和多明哥斯，兩人都在一九四四年轉會至聖保羅，為該城帶來非洲—巴西的球風，還有無與倫比的魅力。

巴西文化中，與足球發展近似的文化融合，還體現在天主教信仰與非洲巫術崇拜的揉合。據說，瓦斯科隊長達十餘年的冠軍荒便源自於敵隊球員阿魯比尼亞（Arubinha）的詛咒——其曾效力於一支名為安大里（Andrari）的弱隊，在一九三七年遭到瓦斯科以十二比零的懸殊比數羞辱，阿魯比尼亞憤而施咒報復[†]。一九四三和四四年，軍容壯盛、奪冠呼聲極高的瓦斯科，竟接連在競逐卡里歐卡冠軍時以些微之差落馬，為了破解魔咒，球隊遍翻主場每一吋草皮，企圖找尋帶有詛咒的青蛙，但遍尋不著。瓦斯科甚至懇求阿魯比尼亞指點青蛙之所在，由於阿魯比尼亞保證絕無此事，詛咒因此解除，瓦

---

[*]　譯註：巴西各州都有自己的聯賽，卡里歐卡聯賽（Campeonato Estadual do Rio de Janeiro，簡稱 Campeonato Carioca），是里約熱內盧州自一九〇六年起舉辦的足球聯賽。

[†]　譯註：儘管版本各不相同，但瓦斯科此番壓倒性的勝利咸信是莫定在缺乏運動家精神的基礎之上。據說，阿魯比尼亞當時在場邊下跪禱告，祈求上帝讓瓦斯科在接下來的十二年都無法奪冠（一分為一年）。同時，傳言也指出他在瓦斯科的主場草皮下埋了一隻青蛙，才衍生出後續的球場挖掘事件。

斯科旋即獲得一九四五年的聯賽冠軍。

　　然而，巴西這如泡泡般華麗歡騰的新都會文化，竟是從一個乍看能以想像的政治環境中孕育而生。身材矮小、卻和藹如鄰家大叔的軍事獨裁者巴爾加斯，出身於南里約格蘭德州環境艱困的鄉間。他在一九三〇年的總統大選中敗給儒利奧・普列斯特斯（Júlio Prestes），而後者代表的正是當時掌握巴西政經大權的既得利益群體——以聖保羅為根據地的咖啡業主。許多人因此認定普列斯特斯的勝選乃是選舉舞弊的結果。是故，在選舉結束的短短幾週內，反對勢力持續圍繞著巴爾加斯集結。此時，華爾街大崩盤開始重擊巴西的經濟：商品價格一瀉千里，政府則以維繫強勢貨幣的正統金融政策因應，卻因此賠上國家的出口貿易和收支平衡。一九三〇年十月，巴西軍方出手干預，在一次短暫的政變後任命巴爾加斯和他的內閣，使其職掌國家的政權。

　　巴爾加斯絕非軍方的傀儡。事實上，軍方在由他所建立、並且還能確保他持續掌權十五年的政治同盟當中，僅是其中一翼。巴爾加斯的統治特徵是由三個相互內嵌的政策所組成：首先，將權力集中於聯邦政府，而非各州。其次是大力型塑巴西的國族意識。最終，則是邊緣化、並且打壓歷久不衰的移民認同。巴爾加斯結合中央集權和國族主義的政策，目的是打造一個足堪從事工業化和開發方案的民族與國家。他即刻替換掉所有的州長，只保留其中一位，輕而易舉地將他們從獨立且不受控制的權力掮客，貶為聽命於中央的地方官員。一九三二年他下令軍方弭平聖保羅一個武裝的組織叛亂。他的個人權力因為一九三四年起草的新憲法而得到鞏固。儘管該憲法規範了國家未來的選舉事宜，但仍任命他為新政體的首任總統，而且毋須透過選舉。社會中日益高漲的不滿和動盪主要源自於共產主義者和法西斯主義者，儘管兩者當時都還不是夠格的權力競逐者。但這些騷動仍為巴爾加斯提供了緊握大權的機會，他發布了一次內部的政變，並且再次制定名為《新國家》（*Estado Novo*）的新憲章。從一九三七到四五年，巴西的公民權利受到箝制，並且實施黨禁。行政權力集中，並且與義大利法西斯主義創始人墨索里尼早期所嘗試的半社團主義（semi-corporatist）社會模式相熔和，國家便得以透過鎮壓警力，還有由國家支持的產業公會，來掌控並且吸納勞工階級。

在此脈絡下，足球，就像是已然被巴爾加斯政府收編的嘉年華慶典，是民粹政治的工具。一九四〇年代早期，巴爾加斯就透過資助興建聖保羅的帕卡恩布球場（Estádio do Pacaembu），來買通當地的反對聲浪。同樣的，里約的球會佛朗明哥受惠於總統親自安排的低利貸款，得以炒作黃金地段的房產。這項優惠直到巴爾加斯最終的繼任者杜特拉總統（Eurico Gaspar Dutra）上臺時，都依然適用。當巴爾加斯有重大消息要宣告時——像是制定巴西第一個對工人友善的勞工法案，或者是設定最低工資——瓦斯科隊的主場聖雅努里奧球場，往往就是現成的最佳舞臺。軍方對於體能教育的積極關心，亦與強調生物發展的國族主義合流。而這樣的論點在巴西已經廣為流傳。國家和國民的身體素質都要足夠強健，才能因應工業化的需求。巴爾加斯於是在一九四一年成立了一個權力集中的國家體育委員會：巴西體育聯合會（The Confederacão Brasileira de Desportes, CBD），隸屬於教育部，管控國家體育發展的所有層面，主管不論來自民間和軍方，均由總統直接任命。正是透過這個組織，巴西政府擁有形塑足球的手段和利器。

一九四三年，巴西加入同盟國陣營，正式投入二戰。境內為數眾多的德裔、義大利裔和日裔社群，因為來自敵對陣營，自然引人生疑。這些族裔對於自我認同的公開展現被嘎然中止，包含與足球相關的部分。於是，由義大利裔移民組成的聖保羅球隊帕梅拉斯（Palestra Itália），更名為棕櫚樹（Palmeiras）；而它在古里提巴（Curitiba）和好景市（Belo Horizonte）的同名球隊，也以嶄新的巴西形象現身，化身為科里蒂巴隊（Coritiba）和克魯塞羅隊（Cruzeiro）。

然而，巴爾加斯的國族主義工程絕非僅只是壓抑。吸納非裔的巴西人，甚至是慶祝這種族群的融合，都彰顯了其內容的包容性與豐富性。巴爾加斯具有民粹色彩的國族主義，與弗雷雷透過謳歌跨種性交、多元族群，以及雜交混種所築起的智識和政治體系，透過一整個世代才華洋溢的足球文人之手，終在大眾文化的園圃中開花結果。對於巴西前一個世代的知識分子而言，足球是閒暇的消遣，甚至是熱情投入的興趣，但並非文學合適的主題。二十世紀初期里約文壇的首席小說家科略‧內托（Coelho Neto），是富明尼斯的

狂熱球迷，同時也公認是巴西第一位擅自闖入球場的人。他曾因為一個極具爭議的十二碼判罰，自該俱樂部拉蘭熱拉斯球場典雅的愛德華式看臺飛奔而下。其子是多才多藝的前鋒普雷基努（Preguinho），曾在一九三〇年世界盃為巴西踢進三球。但內托從未替足球寫下隻字片語。他的後繼者則不再保持緘默。

　　整個一九三〇到五〇年代，菲略持續致力於與運動相關的編輯、出版和寫作。他是巴爾加斯在這個領域的私人顧問；同時也利用自己的運動新聞專業，來掩護其社會和政治的思想。此外，儘管其文風向來以莊重見長，巴西足球神話仍然是出自他的筆下。例如，他將一九四一年佛朗明哥對決富明尼斯的卡里歐卡德比，稱之為「O Fla-Flu da Lagoa*」，即是此種文體的最佳範例。而最精采的還在後面，一九五〇年代晚期，菲略的弟弟、極具爭議性的劇作家尼爾森・羅德里奎茲（Nelson Rodrigues），繼承了巴爾加斯時期所建立起的足球寫作傳統，並且將其帶向另一個含混著戲謔詼諧與尖酸評論的新高峰。

　　一九三〇年代，廣播開始在巴西全境散播，時間上只比阿根廷遲了一些。足球評論則是早期固定開播的節目之一。一九四二年，賽馬評論員雷貝羅二世（Rebelo Junior）為巴西足壇貢獻出他註冊商標的歡呼，喊出世上第一個超長音的：「球進了了了了了了！」（Gooooooooooooooooooooooooooooooooooool!）不過，當代最有代表性的聲音當屬無人能出其右的阿里・巴洛索（Ary Barroso）。巴洛索是一位來自外省、極易分心的法律系學生。到里約後，相較於書本，他投入更多時間在音樂、足球和舞蹈之上。他在甫晉升上流鄰里的科帕卡巴納（Copacabana）地區闖出名號，主要是以作曲家的身分，但同時也身兼鋼琴家、作家、當地的市政委員，以及佛朗明哥的死忠支持者。一九四〇年代，當美國好萊塢對於巴西知名歌手卡門・米蘭達（Carman Miranda）與科帕卡巴納的迷戀到達最高峰時，華德・迪士尼（Walt Disney）

---

* 　譯註：Fla-Flu 分別是佛朗明哥與富明尼斯的縮寫，Lagoa 則是瀉湖的意思，指的是當時比賽的球場：位於里約瀉湖區拉各亞（Lagoa）的加維亞球場（Estádio da Gávea）。

曾高薪邀請巴洛索出任他在洛杉磯的音樂總監。而巴洛索則以彆腳的英語直率回絕：「（好萊塢）沒有佛朗明哥。」此時，球迷已經能在廣播上聽到佛朗明哥的比賽；但他們同時也能聽到巴洛索的聲音。他如今已是全國最受青睞的評論員。巴洛索與所有的前輩或後繼者都一樣，他既將球賽視為一塊空白的畫布，得以天馬行空地發揮；同時又對它抱持著深刻、熱烈、又虔誠的情感。當佛朗明哥進球時，他用口琴發出一連串歡快美妙的顫音作為信號。當敵隊進球時，他則送出刺耳的嚎叫聲，或者是佐以悲傷低落的語調。他最早開始在球員和裁判進出場時訪問他們，並且針對巴西公民社會的一個明顯現象提出精湛詼諧的評論：幾乎所有人都戴著有色眼鏡看東西；也都受到個人利益的驅使。

　　有鑑於他們在一九三八年世界盃的表現，國際足總給予巴西一九四二年的參賽門票。儘管期間有二戰來攪局，國際足總於一九四六年的會議中，追認巴西為第四屆世界盃的東道主。由於巴西在二戰晚期加入反法西斯的同盟國陣營，使得巴爾加斯的威權統治難以持續。他在一九四五年十月下臺，只擔任參議員，並且透過他新創的巴西勞工黨（BLP）布建新的權力網絡。他對於巴西菁英的掌控依舊深刻，他也仍有能力去指定日後順利當選巴西第二共和國總統的候選人杜特拉將軍。而在杜特拉領導下的世界盃籌備工作，既反映了巴西經濟發展遭遇到的實際問題，亦成為各代理人之間對於經濟發展不休的爭論。儘管巴爾加斯時期已有長足的進步，巴西依舊長期缺乏工業、能源與運輸的基礎建設。在菲略登高一呼的領導下，足球發展主義者倡議在里約興建一處嶄新的場館，為世界盃提供適當的舞臺。新場館的規模與造型，將為巴西足球的高超技藝與該國城市嶄新的現代性提供最具體的證明。「這座場館將會是這個世代、和下個世代的贈禮。它將強化巴西的人文財富。這將是我們所有人贈與的禮物。」[16] 批評者則認為，在資本稀缺的條件下，應當優先投資學校和醫院。對此，詩人巴爾加斯・內托（Vargas Neto）在菲略的《運動期刊》（*Jornal dos Sports*）當中作出回應：「足球也能夠療癒這個國家」，「我不是要反對你們的訴求。我支持它們。但我希望你們能夠投體育館一票。未來對於醫院的需求就極有可能不這麼高。」[17]

在巴西，此案壓根兒沒有反對的餘地。經費由政府籌措，計畫進度由里約首長曼德斯‧莫拉耶斯（Mendes de Morais）一手掌控，任命戈佛（Galvão）、阿傑維多（Azevedo）、巴斯托斯（Bastos）和卡內尼祿（Carneiro）為建築師。一九四八年，球場開始動工。直到球賽開幕時，宏偉壯麗的球場才初步完工。巴西打造出全世界最大，也最能演繹現代美學的足球場。馬拉卡納球場是一個雙層、由白色混凝土製成的巨大橢圓形建築，官方的容納人數為超過十六萬人。從南面的駝背山（Corcovado）峰頂俯瞰，馬拉卡納三百六十度平坦的混凝土屋頂，彷若一艘停泊在曠野荒地的外星太空船，多餘的鋼材則被棄置在里約北區和中區邊緣的貧民窟。這座來自「現代行星」的球場，是由巴西首批自家生產的水泥製成，球場的主入口是道太空風格的長斜坡，上方的屋頂由兩排素樸的圓柱支撐，沒有絲毫要向古典柱廊致敬的意味，一如屋頂內隱藏的懸臂鋼樑，也全都是先進工程和極簡設計的大膽聲明。馬拉卡納高聳的內部拱廊和看臺下的拱壁，在球場的側面形成了一道雄偉的環形廣場，如同人民的運動大道。報紙《夜晚》（*A Noite*）寫道：「如今巴西擁有全世界最大、最完美的球場。彰顯了巴西子民足堪大任的能力，以及這個國家在所有人類活動當中的發展。」[18] 菲略則寫道，馬拉卡納為巴西注入新的靈魂；它同時也預示了巴西的潛能，一如沉睡中的巨人，即將甦醒。

巴西足球代表隊的準備工作正一絲不苟地進行。在比賽正式開始前，球員便向一個特殊的訓練營報到，與世隔絕，為時數月。但有大量的廚師、行政人員、和醫療團隊隨侍在側。主辦城市里約也沒有閒著。里約嘉年華會在懺悔節舉行的森巴遊行，特別以世界盃作為主題。廣播裡固定撥放著祈求巴西勝利的流行歌曲。雷米金盃就擺在市中心的里約布蘭科大道（Avenida Rio Branco）上的鞋店櫥窗展示，吸引數以千計的人懷著敬畏之情前往朝聖。開賽當天，韓戰爆發，但沒人注意。大家都在前往馬拉卡納的路上。

五千隻和平鴿振翅高飛，新球場施放了二十一響禮炮。由於球場的天花板才剛剛竣工，當天也在看臺上的英籍裁判亞瑟‧埃里斯（Arthur Ellis），據說被天花板上落下的白色粉狀大雨（石膏或灰泥）澆了滿臉。賽場上，巴西隊順利擊退墨西哥，總共踢進四球，六次擊中門柱。基於明顯的政治考量，

巴西下一場的出賽地點選在聖保羅，面對來犯的瑞士。比賽中巴西的表現起伏不定，雙方五次交換球權，最終就以二比二踢平一支雖有組織、但並不特別出色的對手。小組賽階段最後一場面對南斯拉夫的比賽，如今變得極為關鍵。南斯拉夫手中已經握有兩勝，他們可以在犧牲掉巴西的狀態下順利晉級。那一天特別燠熱，十六萬里約人湧入球場，啤酒售罄，第一線的醫療站人滿為患，數以百計的群眾中暑。南斯拉夫一開賽僅以十人應戰，因為米蒂齊（Mitić）在未完工的球場地下通道內，一頭撞上暴露的大樑，劃傷了他的頭。當他上場時，由於巴西隊的阿德米爾（Ademir）踢進一球，南斯拉夫以零比一落後。當南斯拉夫十一位球員全數到齊，他們似乎足以和地主互別苗頭。雙方拉鋸直到球賽尾聲，席席努（Zizinho）破門打破僵局，二比零巴西晉級。

　　短暫等待兩天後，最後一輪的比賽開踢。本次的賽制安排並不尋常，採取的是四隊的小組循環賽，而非淘汰賽。那一週，適逢里約當地的地方選舉，巴西的政治階級傾巢而出，緊跟著國家代表隊，以尋求選票支持。隨著巴西隊在賽場上日益挺進，愈來愈多的政治人物和掌權者想要與球隊合照，或者是跟隨著球隊一同亮相。他們也更常造訪連球員家屬都止步的訓練營，還有賽前賽後的更衣室。儘管背負著舉國期待的壓力，巴西依舊以七比一擊潰瑞典；六比一逼退西班牙。與西班牙的比賽中洋溢著興高采烈的氛圍。當第三顆球破網時，全場觀眾在頭頂揮舞著打結的白色手帕，對著西班牙人高唱「再會」。官方的應援樂隊開始演奏嘉年華會的熱門歌曲：卡門·米蘭達活潑輕快的〈馬德里鬥牛〉（Bullfight in Madrid）。這一刻應同時登載於巴西足球和樂曲的史冊當中：「球賽的壯觀場面轉變為人類已知規模最大的集體合唱之一，球迷大合唱與巴西隊的比賽如同一體兩面。」[19] 相較之下，烏拉圭，四強集團的最後一員，卻將場面弄得非常驚險。他們在聖保羅以二比二踢平西班牙；靠著吹哨前的兩粒進球險勝瑞典。令人振奮的是，賽事的最後一場比賽——巴西對決烏拉圭——事實上是一場傳統的對決。只不過若想帶走金盃，烏拉圭就得贏；而巴西只需要踢平。

V. 烏拉圭的迴光返照

　　烏拉圭在首次捧起世界盃金盃後的二十年，日子過得並不順遂。烏拉圭一九三〇年在世界盃登頂的時候，國內經濟恰巧也攀上繁榮的頂峰。然而，一如華爾街大崩盤的衝擊波一舉顛覆了巴西與阿根廷的政局，烏拉圭為時已久的公民執政也面臨到相同的命運。商品價格崩跌，烏拉圭的經濟一瀉千里。一九三二年，軍方猝然出手。而跟隨著短暫政變而來的，是長達十年由軍方支持的保守獨裁。這段期間內，諸如選舉的政治競爭都受到禁止。

　　就像是啤酒和羊毛工業，烏拉圭足球從世界市場中消失。一九三四和三八年連續兩屆世界盃，烏拉圭都沒有參賽。一九二〇年代快意風光的歐洲巡迴也未曾重演。直到三〇年代中期，菁英球員持續橫跨大西洋前往西班牙和義大利；餘下的人則群集到布宜諾斯艾利斯。當哥倫比亞的淘金之門敞開時，幾乎引發球員的大奔逃，逃離烏拉圭足球經濟所能提供的微薄薪俸。在國內，只有首都蒙特維多有職業足球，使得競爭性大幅下降。冠軍基本上由兩支球隊佩納羅爾與蒙特維多輪流包辦，淪為無限迴圈的雙頭寡斷。

　　烏拉圭的足球官員從不認為一九五〇年的世界盃決賽值得一拚。曾經有報導指出，該國的足總主席賈克伯博士（Dr. Jacobo）在對國家隊喊話時甚至曾說：「重點是別讓這些人踢進六球。如果只讓他們踢進四分，我們的任務就算成功。」[20] 而恰是這般少輸為贏的失敗主義（defeatism）刺激了烏拉圭隊員，為他們做好背水一戰的精神武裝和心理準備。

　　沒有任何事物能夠遏制、或者是動搖巴西取勝的信念，無論是球員的體能狀態，抑或是任何徵兆、警告或提醒。當天，據說有超過二十萬人湧進馬拉卡納。這個數字甚至超過里約成年人口的五分之一，也依舊是單一足球比賽的最高紀錄。而就在最關鍵、也最高潮的決賽當天，竟上演了足球史上最傲慢自大的劇碼：恰恰在比賽開踢之前，里約市長突然透過公共廣播系統發表演說：「巴西人啊，我認為你們是這項賽事的勝利者……球員們，幾個小時之內，百萬同胞將歡呼稱頌你們為冠軍……你們比所有競爭者都還要優

越……且容我向身為征服者的你們致上最高敬意……」[21] 只能說，就算要編，都不可能編出如斯劇本。

1930 年 7 月 16 日
巴西 4 － 2 烏拉圭
里約熱內盧，馬拉卡納球場

外景，白天：在蒙特維多郊區外有個小小的、搖搖欲墜的足球場。它小小的門楣上有個被葡萄藤遮住半邊的牌匾，寫著歐布都里歐‧巴雷拉體育館。我們聽到烏拉圭隊長巴雷拉的語音。

歐布都里歐‧巴雷拉（語音）：相信吧！我們贏了。因為，我們贏了。再沒有了……我們踢一百次只會贏那麼一次。

檔案：當巴西球員戰戰兢兢地在食堂用午膳時，身旁有（身著西裝與軟呢帽的）保鑣穿梭其間，層層戒備。我們聽到巴西教頭弗拉費歐‧寇斯塔（Flávio Costa）的語音。

弗拉費歐‧寇斯塔（語音）：烏拉圭總是干擾巴西隊員的睡眠。我很擔心球員們週日上場比賽時，一副好像他們已經把冠軍標章繡在球衣之上的樣子。

外景、白天：我們在巴雷拉體育館已經腐朽的球門內，緩慢地朝向中場移動。

歐布都里歐‧巴雷拉（語音）：看臺上著火了，四處都是火星。而我必須做我該做的。我必須盡可能地拖延，延遲將球擲回場中好讓球賽繼續，而且次數愈多愈好，時間愈長愈好。因為一旦我們急著再度開球，他們或許老早就得五分了……他們從興高采烈轉為噓聲四起，他們變得緊張；而我們冷靜下來。此時，我才將球離手。我差一點就要被驅逐出場。我覺得非常幸運，因為即便我這麼做，還是得以留在場上。之後，吉賈和席亞菲諾相繼進球。大勢就此底定。

檔案：吉賈射進超前分。當他破門時，我們聽到寰宇電臺（Radio Globo）的評論員路易士‧曼德斯（Luiz Mendes）以他慣常的嘶吼宣告得分。他重

複了六次，震驚、詫異、憤怒，困惑。攝影機的鏡頭停駐在球門角落的那顆球。在不遠處，透過慢動作重播，吉賈轉身擁抱他的隊友。群眾中有個女人，透過慢動作，緩緩轉向攝影機。她臉上的表情破碎了。

路易士‧曼德斯（語音）：烏拉圭進球！！！！！！……

烏拉圭進球？？？……

烏拉圭進球。

烏拉圭進球？

烏拉圭進球？？

烏拉圭進球？？？？……

烏拉圭……進……球！

烏……烏……烏拉圭……進……進球！

烏拉圭……

進……

球！

檔案：國際足總主席儒勒斯‧雷米在一小群官員與喜極而泣的烏拉圭球員簇擁間，顯得格外迷惘。他悄悄地打開一個上了鉸鍊的木箱，將裡頭的獎盃頒給巴雷拉。

儒勒斯‧雷米（語音）：我察覺自己獨自一人在球場上的人群中，感受到來自周圍的推搡。獎盃在我手裡，我卻茫然不知所措。最終我看到烏拉圭隊長，便將獎盃遞給他，同時低調而慎重地與他握手。

檔案：馬拉卡納幾乎空無一人。只有低廻的風聲清晰可聞。

球王比利（語音）：絕望深不見底，宛如一場戰役終結，巴西敗北，而無數群眾葬身沙場。[22]

———————————

　　烏拉圭從早已空蕩蕩的馬拉卡納開溜，返回下榻的酒店。賽後的宴會提早結束，烏拉圭足總官員一面告誡球員留在旅店，以防當地群眾敵意高漲；才轉身自己卻一頭栽入一夜的紙醉金迷和燈紅酒綠。由巴西足總所頒發的獎

牌質地也依循同樣的神邏輯：球隊的管理者獲頒金質獎章；球員則獲得銀牌。巴雷拉與球隊的物理治療師埃內斯托・費戈里（Ernesto Fígoli）喝乾了旅館的存酒，隨即逕自外出，在里約展開一段以啤酒和威士忌作為燃料的冒險巡航。他們在每個轉角都被外國記者與悲痛的巴西人攔下招呼。在兵敗馬拉卡納之後，一開始，巴西絲毫鼓不起精力，也沒有意願做賽後檢討或交互指責。巴西球員只想躲得遠遠的，找個地方將自己掩蓋起來，獨自撫慰那難以下嚥的內疚和苦痛，時日愈久愈好。從那天以後，他們也再不曾披過白色的戰袍。*

　　巴西舉國壟罩著沉悶的氛圍，為國家民族投下自我懷疑的濃厚陰影。民心渴求安定，並且嚮往過往的榮光。四個月後，他們當真再度選舉巴爾加斯出任總統。直到一九五二年四月，巴西未曾出征任何一項國際賽事。還要再過兩年，直到一九五四年三月，他們才再度回到馬拉卡納這個傷心地。當交互指責的時機來臨，代罪羔羊包含了左邊衛小鬍子畢苟吉（Bigode）、後衛胡菲納爾（Juvenal），還有門將巴柏沙（Barbosa）。他們全被媒體批評為怯懦、缺乏心理素質和紀律，而他們全都是非裔。尤其是巴柏沙，他獨自承受了外人難以想像的責難，直到五十年後死於赤貧。他記得當他走進一間烘培坊，有位婦女認出他來，然後告訴自己的兒子：「你看，那就是讓全巴西為之哭泣的男人！」[23] 據傳他曾將在馬拉卡納把守的球門門柱拆除焚毀，並且用燒騰的煤塊烤肉來吃，以示報復，但顯然收效甚微。一九九三年，國家隊為了備戰隔年的世界盃，在特雷索波利斯（Teresópolis）舉辦訓練營，巴柏沙被排除在外。而且，直到一九九五年迪達（Dida）首次披上國家隊球衣，巴西已經近半個世紀不曾讓非裔的門將上場。那個曾經由弗雷雷和菲略從足球當中召喚出來的國家；那個族群多元、信心滿滿和進步的巴西，如今在種族主義、自我懷疑和自我憎惡的淘洗中已逐漸消逝。

　　一九五四年，巴西在教頭澤澤・穆雷拉（Zezé Moreira）的帶領下再戰

---

* 譯註：巴西在一九五〇年世界盃決賽當中穿著主體為白色、領子為藍色的球衣應戰。巴西敗陣後連球衣顏色都遭到檢討，認為該球衣因為缺乏國旗的代表色，因此不夠具有代表性，也不夠愛國。

世界盃。他帶往瑞士的這支巴西軍團後防堅強，但進攻線上仍有吉吉（Didi）和酋林努（Julinho）兩位才華洋溢的年輕球員。他們帶領球隊輕取墨西哥，輕鬆地踢平南斯拉夫，順利挺進八強賽。自從兵敗馬拉卡納起，巴西球員長久揮之不去的標籤便是球星的心理失調。評論指責他們無法保持冷靜，並且踢出有紀律的球風。批評者甚至含沙射影，說這是受到非裔球員的影響。這些批評穆雷拉都聽進去了，並且藉以調教他的球員。

　　從結果來看，穆雷拉的調教似乎沒有收到成效。在八強賽中，巴西的對手是當屆呼聲最高的匈牙利。馬札兒人最終以四比二揚長而去，然而整場比賽最讓人記憶猶新的卻是過程中澎湃洶湧的暴行。巴西隊長鮑伊（Bauer）使勁放倒對方同為中場的波西克（Bozsik），導致他必須離場進行治療。接著，波希克和巴西隊後衛尼頓・桑托斯（Nílton Santos）雙雙因為鬥毆被判罰出場。八分鐘後，另一位巴西前鋒昂貝托（Humberto）也跟著步上後塵。巴西隊後衛賈爾瑪・桑托斯（Djalma Santos）衝著匈牙利前鋒席柏（Czibor）展開報復。匈牙利前鋒希德庫提（Hidegkuti）反將巴西隊前鋒印度（Indio）推倒在地，並且踩踏他的小腿。吉吉被警方控制在邊線。當兩隊離場時，雙方人馬的混戰更一路延燒到球員通道和更衣室。[24]

　　巴西已經從內部崩塌。由於四年一度的總統大選與世界盃的週期相符，世界盃的失利再一次伴隨著政局的更替。在當選後的第四年，巴爾加斯面臨到社會上巨大不滿的聲浪、勞工運動不時高漲的訴求，還有蠢蠢欲動的軍方。為了保留最後的自尊，巴爾加斯選擇在總統官邸內自戕，免除了一場箭在弦上的軍事叛變。

　　一九五四年的世界盃對烏拉圭來說也是分水嶺。在賽事的前幾輪中，衛冕軍以摧枯拉朽之勢橫掃捷克，蘇格蘭和英格蘭。終於在四強賽中，他們與匈牙利狹路相逢，雙方踢出世界盃史上最精采的賽事之一。然而，正規賽鳴哨前的追平球並不足以讓烏拉圭收下勝利。匈牙利人更強壯，技術也更高超。烏拉圭班師回朝，直到十二年後才重返世界盃賽場。國內的頂尖球員如吉賈和席亞菲諾都移籍義大利，獲得公民權，並且為義大利國家隊效力。如今重返民主政體的烏拉圭，政權在紅黨與白黨之間不斷交替，國家的足球錦標則

在佩納羅爾與蒙特維多國民兩支球隊之間頻頻易手。這樣不斷拉鋸的平衡，曾經讓烏拉圭生氣勃勃，更造就其成為世界上第六富國，並榮獲四次世界足球冠軍，如今卻讓這個國家日趨僵化和衰頹。雖然還不至於瞬間從天堂落入地獄，但打從一九五四年開始，他們就一路在走下坡路。

1954 年 6 月 30 日
匈牙利 4—2 烏拉圭（延長賽）
洛桑，奧林匹克體育館（Stade d'Olympique）

　　在超過四分之三的時間裡，這場球賽只有一隊進入狀況。匈牙利人所向披靡，掌握場面，取得領先。衛冕軍落後兩分，眼看即將要被淘汰。匈牙利球員的速度和力量，讓烏拉圭球員相形之下顯得遲緩又單薄。就在最後十五分鐘，歐貝格（Hohberg）天外飛來的兩粒進球，將球賽帶入延長。加時賽的前幾分鐘，他再度於五碼之外起腳勁射，卻射中門柱。反彈後的球在爭搶中出界。

　　那是烏拉圭最終的迴光返照，它們再也不曾如此接近世界盃決賽。隨著延長賽的下半場開踢，烏拉圭球員明顯體力耗盡。匈牙利球員則全速奔馳，科奇斯（Kocsis）隨即頂進兩球，帶走勝利。烏拉圭的經濟即將走下坡，整個一九五〇年代，和大半個六〇年代都將在低檔徘徊。國家的經濟同樣失去了動力，在歐洲與遠東國家的眼中，顯得笨拙而無足輕重。[25]

第九章

生死之戰：
歐洲足球、戰爭與和平（1934–1954）

一九四一年六月二十二日，德軍入侵蘇聯，是整個二戰中決定性的一次行動。是日，九萬群眾群聚柏林，觀賞聯賽決賽。當時，他們的心裡在想些什麼？

——運動記者，賽門·庫柏（Simon Kuper）[1]

人們發現，要將當前的戰爭作為運動的一種補償，是完全無法令人滿意的。

——大眾觀察，1939[2]

I. 第三帝國最後的榮光

他們究竟在想什麼？大眾觀察——針對不列顛社會日常生活最早也最具啟發性的研究，無論是戰前或戰爭期間都有執行——問的是同一個問題。倘若不列顛和德國當時瀰漫著同樣的氛圍，那麼他們所思所想的即是足球。維也納快速隊——如今是第三帝國第十七大區的球隊，在與德國沙爾克隊的比賽中，經歷了六分鐘的混戰後，從零比三落後的絕境脫困，最後以四比三反超。戰時仍在看球的不只是德國人。一九四〇到四一年，義大利人亦蜂擁而至義大利足球甲級聯賽（Serie A）觀看波隆納隊奪取冠軍。與此同時，義大利軍隊企圖入侵阿爾巴尼亞和希臘，卻因為能力不足以勝任而潰敗。這些小鄰國無情地揭露義軍在後勤和科技技術上的不合時宜。足球與戰爭同時並行此一現象，與二十五年前的足球經驗形成尖銳的對比。一戰期間，除了武裝部隊與戰俘營之外，足球在所有參戰國當中銷聲匿跡。二戰時期，在戰事最膠著、戰況最慘烈的頂峰時，足球賽事亦偃旗息鼓。例如波蘭與其他主要的歐陸國家，在整個戰爭期間都沒有舉行全國性的足球聯賽。但是在烽火的中心之外，無論其形式是否正規，也無論是在全國或地方層級，足球活動都持續進行。足球確實非常重要。德國的外交部長約姚阿幸・馮里賓特洛甫（Joachim von Ribbentrop）在早期的戰地日記中因此寫道：他「賦予德國球隊在海外亮相，或者是外國球隊來訪德國崇高的價值。」[3] 一戰後的二十五年間，足球的社會意義和戰爭的本質都產生重大的改變。

在一九二〇和三〇年代，尤其是在歐洲比較進步的區域，足球都工業化了，要不是以商業化或職業化的形式，就是由專制國家給接管。一九二〇年代的騷亂和三〇年代早期的全球經濟衰頹，造就了新的獨裁政體。但無論是在這些新獨裁國家，抑或是殘存的民主政體，足球都躍升為最多人觀賞的運動項目，一個國族文化的核心組織，以及一項衡量國家實力的強效指標。在真實戰爭的陰影下，足球代理衝突的作用沒有用武之地，但它在國家內部的作用被放大了。儘管一戰時各國總動員，民生艱困，以及暴力的規模就已經

前所未見，但也不過是二戰的前奏曲。二戰期間，光是蘇聯一地，就有兩千萬人喪生。戰火中除了必須承受閃電戰、巴巴羅薩行動（Unternehmen Barbarossa）*、蘇聯的焦土撤退、德勒斯登大轟炸等傷亡慘重的軍事行動，還得要生產為數龐大的機器、彈藥和軍火。各國政府更被迫要以前所未有的方式去動員、壓迫、哄騙與說服社會大眾。而足球正是政府策略當中的一環。

此時足球最重要的功能，就是要讓大眾感覺「一切如常」。里賓特洛甫之所以支持戰時的國際足球交流，便是為了要重新召喚承平時期的運動節奏。如同德國國家隊的傳奇前鋒弗里茨・瓦爾特（Fritz Walter）在前往義大利的船上被爭先恐後的德國士兵團團包圍時所言，「對他們而言，我代表了那些永遠失落的概念：和平、家園、運動」。[4] 當和平終於到來，那些仍然有家可歸的人返鄉後，歐洲人去看足球。戰後，整個歐陸，不管是國內或國際比賽的參與人數皆創下新高。一九四五年夏天，挪威盃（The Norwegian Cup）的決賽，十五萬八千人擠進僅有三萬五千座席的場館觀看費德列斯達（Fredrikstad）和利恩隊（Lyn）的對決。不列顛、德國與法國，規模最大的國內和國際賽事通常都能吸引高達六位數字的球迷進場。此後十多年的大多數時候，足球是一項簡單但還過得去的活動，一個財政緊縮、但定期舉辦且讓人渴望的賽事。直到一九五○年代中期，隨著人口和經濟復甦，歐洲足球才足以和拉丁美洲相抗衡。而後者自從一九四○年代起，就在世界足壇獨領風騷。一九五四年在瑞士舉辦的世界盃，則是十六年來第一次在歐陸舉行的世界盃。

然而歐洲早已不是一九三八年會師法國世界盃時的歐洲。一九四五年，蘇聯紅軍駐紮在柏林和維也納；實際上也佔據了波蘭、保加利亞和羅馬尼亞。很快地，他們也進駐匈牙利和捷克斯洛伐克。歐洲被分裂為共產主義與資本主義的歐洲；東歐與西歐；華沙公約組織（Warsaw Pact）與北大西洋公約組織（NATO）；親蘇與親美……分化的過程在一九五五年告一段落，尤其是

---

* 譯註：巴巴羅薩行動是德國在二戰中發起進攻蘇聯的行動代號，原先的計畫迅速佔領蘇聯的西部領土，不料卻在莫斯科受阻，數千萬人因此罹難。

以德國與柏林為中心；在此，兩者同時都分裂成兩個陣營：東德與西德、東柏林與西柏林。歐洲足球的發展，也準確標記著東西雙方經濟重建和政治分裂。

在西歐，足球仍然歸屬於私人和自發的範疇。在東歐，足球則是國家資產和準官方組織。德國則同時擁有兩套版本。在戰爭平息之後，整個歐洲由於版圖位移，形成了嶄新的國家、國界和權力位階；足球也持續提供敘事的調色盤，述說著統一和分裂，勝利和災難，崩解和復甦的故事。對英格蘭人來說，足球是國家沒落的指標。在匈牙利，足球同時與國內的兩股勢力對話：一方是潛伏的戰前中產階級過往；一方是新興共產技術官僚所寄予的誇大希望。在西德，足球提供了重新想像的契機，在其間，德國是綠茵場上的贏家，而不是戰場上的贏家。長久以來，足球不但是戰爭的隱喻或替代，更是歐洲各國實際爭戰的工具和手段。然而，在某一個罕見而稍縱即逝的時刻，足球亦成為體現歐洲和平基石的一項運動和象徵。

II. 馬德里：戰火初燃

西班牙是這場大火的序曲。華爾街股市大崩盤也結束了一九三〇年代西班牙德里維拉將軍搖搖欲墜的軍事獨裁統治。在其退位後，西班牙透過選舉做出了建立共和國的決議。國王阿方索八世（Alfonso XIII）流亡，由尼塞托‧阿爾卡拉‧薩莫拉（Niceto Alcalá Zamora）和曼努埃爾‧阿薩尼亞（Manuel Azaña）共組聯合政府，進行改革，內容包含重新分配耕地，以及賦予區域的、語言的，和政治的自治權。由於第二共和後續產生的歷任政府，都試圖要劇烈地將國家導向符合其意識形態的道路，使得國內原本就已經存在，乃至根深柢固的對立——國族主義與區域主義、左派與右派、世俗與教會——顯得更加白熱化。第一個阿薩尼亞政府攻擊士紳貴族；教會成功喚起一九三二年一個失敗的軍事政變；一九三三年的普選，則由右派取得勝利。新政府意欲將前三年的改革推翻，左派於是發起半武裝的反抗，導致一九三四年的全面罷工以及同年稍後在阿斯圖里亞斯自治區（Asturias）的全面暴動。足球

在政治上的重要性，早已經在巴斯克區和加泰隆尼亞區得到確立。而今，在最後一屆國王盃決賽的關鍵時刻，內戰的烏雲正在天邊聚集，足球的政治性則在整個西班牙境內蔓延。決賽在共和主義的大本營瓦倫西亞舉行，由自從阿方索八世流亡後，便拔去皇家頭銜的馬德里隊，對決巴塞隆納隊。瓦倫西亞的群眾以無情的噓聲和口哨招呼上半場取得二比一領先的馬德里，當馬德里的門將里卡多・薩莫拉救下巴薩最後一分鐘的射球，他們盡情地宣洩憤怒的情緒。

　　一九三六年的普選，「人民陣線」（社會主義者、共產主義者、共和黨人、和區域主義者）險勝右翼的「國家陣線」（武裝的基督教民主黨、保王派，和本土的法西斯黨派長槍黨〔Falangists〕）。人民陣線重新啟動政治變革，釋放左翼的政治犯，將有疑義的軍官調離指揮職，賦予加泰隆尼亞自治權。軍方緊急醞釀政變，使得資本飛速外移、通膨高漲、並且爆發一連串的罷工。左翼新政府鬼鬼祟祟地提高武裝，準備行動。一九三六年七月軍方發動攻擊，西班牙爆發了將近三年的內戰。西班牙的全國聯賽，就如同其他國家組織，在暴力之下四分五裂。

　　戰爭初期，最激烈的戰事都集中在馬德里。政變的領導人正是前皇馬的球員和董事阿多弗・梅倫德斯將軍（General Adolfo Meléndez）。在蒙大拿（Montana）軍營的大戰中，叛軍遭到共產主義者所組織的在地反抗軍擊潰，梅倫德斯將軍隨即偷渡離開馬德里。馬德里的董事聖地亞哥・伯納烏（Santiago Bernabéu）為共和黨民兵所逮捕，但在另一位皇馬支持者——西班牙駐法大使，信奉社會主義的阿爾瓦羅・德阿爾博諾斯（Álvaro de Albornoz）——的搭救下獲釋。為了維繫權力平衡，在戰爭爆發前夕，馬德里便指派立場溫和的共和黨人拉斐爾・桑切斯・圭拉（Sánchez Guerra）出任球隊主席。然而，狂熱的政治氣氛瀰漫著被包圍的馬德里。在這裡，富人受到打壓，共和黨的民兵統治街頭。圭拉的地位不保，位置先由兩位政委取代，隨後被共和黨部隊中的共產黨官員安托尼歐・歐爾特加中校（Antonio Ortega）取而代之。俱樂部先前不對外開放的設施如游泳池，如今對大眾開放。會員費取消。蘇聯式的工人運動和大眾體操開始取代如今在查馬丁球場

上有一搭沒一搭，且日益缺乏組織的足球賽事。

在內戰爆發的前兩年，馬德里雖然由共和派控制，但因為戰線不斷轉移，再加上中間錯綜著許多鹿死誰手尚未可知的地區，使得它與其他共和派控制的區域斷了聯繫。而該市競技足球的命運亦是如此。然而，在加泰隆尼亞和巴斯克，共和派的勢力相對穩定，而且持續保有沿岸的撤退路線。在這裡，從一九三七到三八年，無論是區域聯盟或者是國際巡迴都持續進行不輟。海外巡迴是意義重大的額外收入來源，也是傳達共和困境的良機。當索諾爾（Josep Sunyol）當選球會主席，巴薩和加泰隆尼亞獨立運動的聯結達到高峰。索諾爾出身加泰隆尼亞極端富裕的布爾喬亞家庭。一九三一年時，他出任加泰隆尼亞左派共和黨（ERC）的國會代表，並且就和所有企圖心旺盛的民粹主義者一樣，也在巴薩的董事會取得一席之地。同時，他在自家發行的報紙《蘭布拉》（La Rambla）上發表足球專欄。一九三五年，他出任球會主席。索諾爾對球會的主要貢獻就是壯烈成仁。隔年，他開車翻越瓜達拉馬山脈，而此處正是兩軍相爭之地：共和派試圖維繫沿岸和馬德里之間溝通的路線暢通無礙；而佛朗哥卻想要從其位居布哥斯、瓦雅多利德和沙拉曼卡的大本營傾巢而出，向首都步步進逼。索諾爾此行所為何來並不清楚，從政治、戰事觀光、到簽約球員等原因都有人提出。無論如何，他被長槍黨人半路攔截，留置，旋即處決。內戰所遺留下來的長期苦痛，使得索諾爾的遺骸遲遲無法歸鄉安葬，甚至因此引發了長期而醜惡的衝突。

眾所皆知，西班牙只是即將爆發的戰爭的預演。佛朗哥和右派受到歐陸法西斯主義政權的強力支持：西班牙境內有為數五萬的義大利軍人，還有一支法西斯的志願民兵。德國禿鷹軍團（Legion Condor）所帶來的空優武力與毀滅性科技讓共和軍始終無法與之抗衡。法國和不列顛政府自限於內部姑息及拖延政策，選擇以委婉的語句指責共和軍，並且選擇無所作為。蘇聯盡量限縮自己提供的支援。而歐陸的左派支持僅限於由國際旅（International Brigades）當中的狂熱分子胡亂拼湊而成的雜牌軍。

到了一九三七年，戰爭的態勢日益清晰。即便戰事尚未結束，國際足總選擇核可佛朗哥手下的西班牙皇家足球協會（RFEF）為轄下機構，而不是

共和黨人提出的組織。隔年稍早，信心十足的長槍黨成立了西班牙第一份，至今依然是發行量最大的運動日報《馬卡報》（Marca）。該報的創刊號發行於一九三八年的耶誕節前夕。頭版是一名擺出法西斯手勢的金髮女郎，標題寫著：「致所有西班牙的男女運動員。」《馬卡報》早期的文章中，有篇前馬德里球員和董事伯納烏的特稿。他一九三六年自共和派統治下的馬德里潛逃到法國，隔年返回西班牙並且在依倫（Irún）投效佛朗哥陣營。伯納烏看似已經準備好迎接嶄新的未來。對他來說，在新西班牙（New Spain），「幾位渾身臭汗的年輕人這樣的運動景觀即將消逝，取而代之的，將是在專業的訓練員指導下，身心都健全的青年。」[5]

　　一九三九年三月，戰火終告止息。佛朗哥的軍隊進駐馬德里。馬德里的查馬丁球場令人不忍卒睹。就像是城市內的其他地景，只剩空殼的廢墟。在圍城期間所有木造座椅全被拆下當做燃料燒光。在隨之而來的屠城行動中，馬德里隊的主席歐爾特加中校，是十萬名被捕、進而捐軀的共和黨人之一。其餘三萬五千人命喪集中營。歐爾特加的前任，立場較為溫和的圭拉，先是遭到囚禁，隨後則被放逐。副主席兼財務里維拉（Valero Rivera）落網後遭到殺害。西班牙是個由軍事佔領的國家，足球必須遵循佛朗哥的戒嚴法。國王盃重新命名為大元帥盃（Copa del Generalísimo）。一九四一年，政府設立了體育部（DND），一手掌握境內所有形式的運動，西班牙足協自然也不例外，由在阿卡薩堡（Alcáza）圍城戰役中堅守不屈的英雄──長槍黨的莫斯卡多將軍（José Moscardó）綜理其事。觀眾和球員。觀眾和球員被鼓勵在賽前呼喊「西班牙站起來！」或「佛朗哥萬歲」，並高唱長槍黨的歌曲〈太陽的臉〉（Cara del Sol）。這些行為儘管並非強迫，但受到積極的支持。國家隊的紅色球衣一開始被換成更政治正確的藍色。官方報紙《奮起》（Arriba）指出足球在新西班牙佔有特殊的位置。該報回溯西班牙國足在國際賽事戰果輝煌的一九二〇年代，將正港西班牙球風的重現，與內戰中右派的勝利連結起來。

　　西班牙憤怒（furia Espanola）出現在西班牙生活中的各個層面，自從「解

放戰爭」之後更是達到前所未有的境界。在運動中，furia 在足球當中體現得最為明顯。透過足球，西班牙民族的男子氣慨得以淋漓盡致地釋放，在國際賽事中壓制那些技巧更高，但攻擊欲望卻較低的外國球隊。6

在此氛圍下，勢必得將英語的殘餘盡除：畢爾包競技隊的 Athletic Bilbao，改以西班牙語命名為 Atlético de Bilbao，巴薩也從 FC Barcelona 正名為 Barcelona Club de Fútbol。更有甚者，幾乎所有球會的董事和主席全都由馬德里的人來取代。在最頑強反抗的區域安插政治上最為可靠的官員。例如長槍黨的艾德華多・萊斯塔拉（Eduardo Lastaragay）就被強行安插在畢爾包競技隊。馬德里競技在戰後人手稀缺到無法成軍，於是與弗朗西斯科・莎拉曼卡上校（Francisco Salamanca）率領的空軍球隊整併為航空競技隊（Atlético Aviación）。在回歸到馬德里競技大隊之前，他們在教頭里卡多・薩莫拉的執教下，於一九四一和四二年取得二連霸。同時，它們或許是唯一能夠在此政體有限的金援下得利的球隊。

巴薩所遭受的對待可說最為慘烈不堪。一九三九年歲末，在莫斯卡多將軍一聲令下，球隊主場樂戈特球場進行了一連串翻修，將加泰隆尼亞的精神與自主性徹底根除，法西斯主義的美學大行其道。協助官方草擬反自治信條的右翼知識分子埃內斯托・希梅內斯・卡巴耶洛（Ernesto Giménez Caballero），是該政權施行政治和語言霸權的工具。他面對滿場的群眾發表演說，慶祝加泰隆尼亞自共和派的手中解放。一九四二年，佛朗哥親自侵門踏戶，將巴薩和其所代表的民族踩在腳下。他在樂戈特球場舉行的凱旋遊行由釋放一千隻和平鴿揭開序幕，後頭跟著兩萬四千名的長槍黨員魚貫而過。然而，儘管空降了恩里克・皮涅羅（Enrique Piñeyro）出任球會主席；被困在一個被自家政府包圍的城市裡；習慣的商業語言遭到禁止，巴薩仍舊奮起迎向挑戰，在一九四二年贏得大元帥盃。而這是佛朗哥所樂見的結果。在這個階段，政府很高興能在敵人的心臟地帶推廣足球，做為去政治化和侵略的政治算計的一部分。

然而，政府的寬容仍有其限制。巴薩可以奪冠，但不容許以泛政治化的

方式慶祝其勝利。一九四三年大元帥盃的四強賽，其中一場是由巴薩出戰皇馬。第一場賽事巴薩在主場樂戈特以三比零勝出，球迷樂得以喇叭、噓聲和口哨招呼皇馬。前皇馬門將、如今擔任天主教保守派日報《Ya!》記者的艾德華多‧提歐斯（Eduardo Teus），在其賽事報導中指出，群眾的行為是對國家的不尊重。於是，在主場賽事之前，馬德里就在現場提供哨子免費發放給群眾。巴薩的防護員安赫爾‧穆爾（Angel Mur）回憶：「在比賽前夕，我們不得不更換旅館。即便如此，我們整晚都寸步未離。因為我們深信自己會被私刑處死。比賽中我們的門將一直遭受攻擊，迫使他盡可能地遠離球門，也讓皇馬球員得以從各個方向長驅直入。」[7] 就連巴薩的休息室都迎來不速之客：惡名昭彰的國家安全首席德羅曼尼（José Escrivá de Romani）。據傳他對比賽所下的指導棋非常明確。比賽結果：巴薩一比十一輸球。

　　對所有的西班牙人而言，這粗暴的不正義再清楚不過。雖然馬德里的運動報刊粉飾太平，但在打造國家團結的政策下，政府高層無法容忍如此公開、又如此不受控的失序，還將區域衝突搬上檯面。兩隊的主席皆因此捲鋪蓋走人，俱樂部遭到罰款，整個冬天兩隊踢了一連串友好而和平的比賽。巴薩得到另外一個空降的官員出任主席，皇馬則迎來伯納烏。皇馬自此開始躍升國際勁旅。

　　有鑑於老球場查馬丁始終無法使用，伯納烏的首要任務就是為球隊籌建一個新主場。在一九四四年慘淡的經濟狀態下，全國大部分區域都嗷嗷待哺，期待國家投入鉅額資金根本不切實際。經費來自於俱樂部四萬五千名付費會員，他們小心翼翼地投資。伯納烏熱切地動員首都的中產階級，展現其科技長才，並且財政公開。他運用廣泛的人際關係，組成一個設計團隊，成員包含為佛朗哥建造內戰紀念碑「烈士谷」（The Valley of the Fallen）的建築師佩德羅‧穆古魯薩（Pedro Muguruza）。由於水泥極為短缺，有流言指出，鋪設於球場看臺的水泥，和烈士谷的來源相同……。當球場完工時，原先它所處在的位置是城市的北緣，如今已經蛻變為馬德里主要的精華地段。球場、俱樂部，還有中產階級，地位都在上揚。在馬德里和西班牙的足球史和歐陸的其他地區重新接壤以前，歐洲大陸自有它的內戰要打。

III. 極權國家的崛起

在佛朗哥統治下的西班牙，國家對足球的政治組織和意識形態動員，不過是其對戰間期幾個最為專制的歐洲列強——義大利、德國和蘇聯——的東施效顰罷了：儘管在意識形態上野心勃勃，財務部門卻是一片赤貧。法西斯的義大利是由黨國完全掌控運動官僚組織的先驅。獨立的宗教或勞工運動組織遭到遣散；不安於室或意義特殊的俱樂部則安置官員來負責。職業化遭到掩蓋，由國家貼補財源。實際的競賽往往被包裝上極端國族主義的論述。運動，尤其是足球，整體來說就是為了國家的內部團結而服務；為了戰爭準備、訓練和強化國民的身體素質；同時向外宣揚該政體的能力與力量。到了一九三五年，墨索里尼和他的同僚將專制足球臻於完美：創造出歐陸最強勢的聯盟之一，順利主辦三四年的世界盃，並且將獎盃留在國內。

一九三〇年代早期，尤文圖斯毫無疑問是該聯盟的霸主。在此之前，尤文圖斯曾經取得一些成就，受到自由黨菁英和皮德蒙特大區老貴族的青睞。其中最具代表性的，便是長期出任球隊主席的文學家科拉蒂尼（Corradino Corradini）。但是當一九二三年，飛雅特創立者的兒子愛德華多‧阿涅利（Eduardo Agnelli）成為俱樂部的主席後，球團的命運、財富和社會地位都不可同日而語。飛雅特成立於一八九九年，是義大利領航的工業與機械公司。而阿涅利家族則是義北重要的商賈之家。他們的球隊尤文圖斯則是新的義甲聯賽中，最商業化、也最謹慎經營的球隊。儘管義大利的市場有限，飛雅特依舊持續成長、多角化經營，並且不斷創新。在一九三〇年代，它位於米拉菲奧里（Mirofiori）的工廠，乃是義大利境內最先進的工業設施。飛雅特是最早投身小車量產，並且將空氣動力學的設計放上生產線的製造商之一。發源於此企業底氣的財富與自信，使得阿涅利投注相當可觀的資源在尤文圖斯：一九三二年興建了一開始以墨索里尼為名的新場館；簽下具有義大利血統的頂尖南美球員，像是來自阿根廷的前鋒奧西、中場蒙提和西薩里尼；鉅額招攬最好的本土球員，包括中場暨前鋒喬凡尼（Giovanni）、中場馬里奧‧瓦

爾里恩（Mario Varglien）、中場貝托里尼（Bertolini）和前鋒博雷爾（Borel）。
尤文在教練卡洛・卡爾卡諾（Carlo Carcano）的領軍下，獨佔一九三一到三
五年的聯賽冠軍。

　　一九三五年是義大利的關鍵年。義大利終究化恫嚇為實際的行動，揮兵
入侵阿比西尼亞（Abyssinia，即今日的衣索比亞），卻同時彰顯了政體的帝
國野心和軍事力量之間巨大而危險的落差。國際聯盟針對該入侵行為，對義
大利發布了禁令，其中涵蓋了運動器材的輸入，但不包含運動競賽。義大利
足球，比往昔更甚，成為外交政策的工具，而且月復一月，變得更加具有攻
擊性。一九三七年，德義簽訂反共產國際協定，歐戰迫在眉睫。義大利國家
隊再次在一九三六年柏林奧運凱旋而歸。再從法國捧回三八年世界盃的金
盃。此刻，國內足壇是由波隆納領銜。他們在新中世紀石磚的主場出賽，由
野心勃勃的在地法西斯黨撐腰。一九三〇年代末、四〇年代初期，他們贏下
四次全國冠軍，兩次中歐盃冠軍。

　　當戰雲密布，山雨欲來，法西斯政權緊縮其對於運動的控制。義大利奧
委會（IOC），現為法西斯黨的一翼，試著針對國內的體能教育、運動俱樂
部和運動的官方組織施加更多系統性的管控。當時有增強學校的體能教育，
以及將運動俱樂部和休閒性的運動轉為演習的嘗試，但僅流於紙上談兵。在
和平的最後時日，義大利奧委會與其高階官員的心力主要放在籌組一個盛大
的體育盛典，來慶祝法西斯主義二十週年。當一九四二年的大限真的到來，
沒有一個法西斯高層還能慶祝些什麼。

　　德國的法西斯主義掌權較義大利晚了十年，但也加速了該國轉變的步
調。在納粹掌權到二戰爆發的短暫期間，德國的足球被迫經歷了閃電般由上
而下的改革。由於在一九三二年的普選當中囊括了三分之一的選票，希特勒
和納粹黨向總統興登堡要求總理的職位，並且在一九三三年年初得償夙願。
短短數月內，他們通過法案賦予自己掌握德國經濟、政治和文化等幾乎所有
層面的合法權力。他們建立起一個全國性的體育組織——德意志帝國體育協
會（Deutscher Reichsbund für Leibesübungen）——由馮查摩・歐思登（Hans
von Tschammer und Osten）主理其事。德國足協並未解散，而是成為新組織

內部主管足球和英式體育的部門。德國足協的資深成員立即加入納粹黨。德國國家隊的教練群在一九三〇年代末跟進。德國足球，終究還是向新的政治勢力宣示效忠，以及其見風轉舵的政治敏銳度。

一九三三年六月，教育部長伯哈德‧魯斯特（Bernhard Rust）下令驅逐國家社福、青年和運動組織當中的猶太人。然而，德國的足壇早已搶先一步，先發制人。四月時，在由猶太裔記者和足球福音的倡議者華特‧班斯曼所創辦的雜誌《踢球者》當中，德國足協即清楚地對其會員表達立場：「猶太裔或者是馬克思主義的成員將無法出任區域性的組織或俱樂部的領導職。還沒有開始動作的機構，應盡快做出適當的調整。」[8]

財務長雨果‧萊茲（Hugo Reiss）是法蘭克福隊（Eintracht Frankfurt）的財務長，遭到他曾經參與建構的球隊驅逐。前國家隊球員尤里烏斯‧赫許（Julius Hirsch）離開卡爾斯魯厄，諷刺的是，後者還是猶太人華特‧班斯曼所一手打造的球隊之一。紐倫堡隊即刻驅逐所有猶太裔的會員。成千上萬個組織跟進。唯一的例外大概就屬拜仁慕尼黑，一支剛剛獲得隊史第一座全國冠軍，來自巴伐利亞首府慕尼黑的球隊。拜仁是一個非宗教性的機構，但無論是董事會、球員和球迷當中都有許多來自當地的猶太社群，包含球會的主席庫特‧蘭鐸（Kurt Landauer）。蘭鐸僅僅保住其主席位置到一九三三年三月。不過他的去職乃是出自黨政高層的壓力，而非俱樂部的決定。一九四〇年，拜仁甚至趁著到瑞士巡迴的機會，冒險去探訪被放逐的蘭鐸。

刀鋒轉向左派和教會。第三帝國和德國足協聯手解散許多以教會為基礎的獨立球會，特別是社會主義與共產主義陣營的球隊。威瑪共和時期各邦的隊伍均遭到解散，重組為十六個「大區」（Gau）——這是納粹特別保留的中古日耳曼語詞彙。青少年足球自各俱樂部與主流足球管理人的控制中解離，並且置於日益壯大的希特勒青年團（Hitler Youth）的羽翼之下。俱樂部的董事會時不時就要接受審查，有時甚至會安插官員。聽起來像是英語發音的隊名，像是勝利隊（Viktoria）和不列顛尼亞（Britannia）全都被一筆勾銷。若干合併的計畫則由地方的熱心人士推動，例如一九三八年所創立的波鴻隊（VfL Bochum）。然而，將所有球隊解散並重組的計畫並沒有完成。時間點

滴消逝。畢竟，戰雲已經密布，戰爭一觸即發。

　　納粹政權對足球的干涉有限，不僅僅是因為時間不夠，還肇因於希特勒對足球是出了名的無感。儘管他認同國際運動的政治功能、觀賞賽事強大的情感力量，以及運動對於經濟和軍事的種種益處，強健的民族等等，但他本身完全不從事任何運動，也只對拳擊和摩托車賽事顯露出些許興致。他不參與國際足球的政治。在第三帝國的前三年，國家隊依然扮演德國外交使節的角色，彷彿德國仍舊處在歐洲權力均衡的往日時光。一九三四年世界盃，德國擊敗奧地利獲得季軍，超乎眾人的期待。一九三五年在倫敦與英格蘭之戰，被視為成功的宣傳。一萬名德國球迷在國家的資助下到場，展現新德國的良好形象。一九三六年的奧林匹克運動會，是考驗足球的政治效力的關鍵時刻，結果卻不如預期。在開幕戰中，德國輕鬆地以九比零擊敗盧森堡，順利晉級次輪，即將迎戰排名較低的挪威。之前從未入場看球的希特勒，在阿爾貝特‧佛斯特（Albert Foster）——但澤自由市（Danzig）的大區領導人——鼓吹下，預計偕同其內閣成員，進場觀看這場高唱凱歌邁向八強的比賽。元首希特勒、國民教育與宣傳部部長戈培爾（Paul Joseph Goebbels）、納粹黨的副元首赫斯（Rudolf Hess），「蓋世太保」（Gestapo）的創立者戈林（Hermann Göring）、科學、教育與文化部長歐斯特（Raust）和內政部長弗里克（Wilhelm Frick）與超過十萬人一同在柏林的郵政球場（Poststadion）親眼目睹子弟兵被挪威以二比零淘汰。開賽僅僅六分鐘，德國的球門就被踢破。戈培爾在日記中回憶那煎熬的片刻：「……元首焦躁不安。我幾乎無法控制自己。沐浴在緊張之中。群眾怒火中燒。這是前所未見的爭鬥，群眾的想法再明顯不過。」9 挪威人在哨音響起前五分鐘再偷進一球。希特勒起身掉頭，再也不曾現身足球場。

　　一九三八年三月，德國開始著手併吞奧地利，奧地利足協遭到解散，改造為第三帝國的第十七個大區，維也納足球隊遭到旋風式掃蕩和重整。猶太裔俱樂部維也納力量隊首當其衝，被勒令關閉。政府徵收所有資源，其足球紀錄全部刪除。所有曾在該季與力量隊交手的球隊，戰績上都顯示為三比零勝。具有明顯猶太色彩的非教會球隊像是奧地利維也納隊和第一維也納隊則

是第二波待處理的對象。奧地利維也納隊的董事會成員不僅遭到解職,更空降一位奧地利納粹黨員擔任主席。後者試圖將俱樂部更名為東部邊區(Ostmark)*,以符合納粹的地理概念。俱樂部高層埃貢·烏爾萊希(Egon Ulrich)僅僅因為名字的發音近似猶太名,就被解雇。至此,將奧地利球隊納入第三帝國的步驟已經正式完成,但實際上和感情上,原先就已存在的敵意倍增。奧地利社會中的絕大多數歡迎且接受德奧合併,其中包含許多足球界的高層,但在維也納,仍有一股反對、鄙視納粹與德國足球的思潮暗湧。維也納快速隊的漢斯·佩瑟(Hans Presser)的說法廣為流傳:「他們嚴格遵照軍方守則來踢球⋯⋯這是他們的強項。」[10] 當德國球隊作客維也納,根據祕密警察的報告,引發了「反德國的口號、鬥毆、投擲石塊,還有瘋狂似地支持主場球隊。」[11] 一九三八年世界盃,奧地利球員納入德國國家隊,原本預期是一劑強心針,結果證實是個災難。

德國足協很清楚國家隊徵選的條件為何。「奧地利人勢必入選。德奧團結一心的狀態必須呈現。最高元首要求六比五或五比六的比例,歷史對我們抱持著如此期待。」[12] 總教練塞普·赫伯格只好妥協,但更衣室裡瀰漫著緊張憤慨的氣息。一九三八年的世界盃,德國隊遭到法國群眾丟擲腐爛的水果伺候。好不容易踢平瑞士後,卻在重賽中以二比四敗陣。足球,看來與納粹黨八字不合。這場比賽打亂了原先看似平穩的權力轉移與適應,也讓維也納輝煌的足球文化和孕育它的脆弱的都會社會生態發出天鵝般垂死的悲鳴。無論是維也納的都會生態亦或是足球文化,都將因德奧合併與後續爆發的戰事而遭受不可挽回地損害。夢幻隊的指標球員馬蒂斯·辛德勒,就拒絕了教頭赫伯格為第三帝國效力的邀約。他的最後一場出賽是在維也納,代表「舊」奧地利對抗德國。這場比賽被宣傳為三個星期前德奧合併的慶典。

---

*　編註:希特勒併吞奧地利後,將之改為「東部邊區」(Ostmark),意指附屬於第三帝國之下的一區,以往的國名奧地利(Österreich)不復存在。

1938 年 4 月 3 日
奧地利 2—0 德國
維也納，普拉特球場

　　辛德勒的紀錄影片很短：鏡頭的距離很遠、身影幾乎難以分辨，那是在斯坦福橋球場對上英格蘭。恰似在一個浪漫喜劇中客串演出。鏡頭切到真實的球賽，幾個令人難以置信的頭球和關鍵的攔截。這樣就已足夠，因為如果我們看到更多畫面，那麼詩歌和散文中所記載的記憶可能就不那麼神奇了。自從他最後一次為舊奧地利出征以後，騷人墨客就沒有停止以此為主題進行創作。故事是這樣的。

　　儘管已經掛靴，甚至還受到膝傷的折磨，辛德勒仍被遊說重新披上奧地利的球衣，最後一次出戰即將併吞他們的德國。辛德勒堅持他們穿上舊帝國紅白相間的球衣出征。不過，任何最後的努力都在當局私下要求踢平的堅持前成為泡影。上半場，辛德勒錯失許多進球良機。有些敏感地說：這可以解讀為辛德勒反抗的表態。下半場時，辛德勒的耐心崩解，他開始破門得分。辛德勒接獲隊友西斯塔（Karl Sesta）一計大膽的高吊球，射進讓比賽結果一錘定音的第二球。得分後，辛德勒疾馳到納粹官員與奧地利屬官的貴賓包廂前跳舞慶祝。群眾大喊：「奧地利！奧地利！奧地利！」

　　英雄般的神話歸英雄般的神話，球場上的反抗歸球場上的反抗。三個星期之後，百分之九十九的選票贊成德奧合併，同時解散奧地利帝國。辛德勒，如今已完全退出足壇，收購了一間猶太咖啡館。納粹將猶太人自奧地利的所有商業和公職驅逐。辛德勒付給前店主合理的金額，並且在維也納法沃里滕區（Favoriten）的拉森伯格大街（Laxenburgstrasser）上默默地販售咖啡和啤酒。從警方的檔案中我們曉得他抗拒張貼納粹海報和代為收取捐獻。他也回絕了教頭的徵召，無意為第三帝國效力。

　　在當時的一帖照片中，我們看見他，肩膀下垂、手插口袋，眼睛望著地上。看起來像一個已經玩完的人。[13]

隔年，辛德勒離奇地離開人世，與女友卡蜜拉（Camilla Castagnola）一起陳屍在他的公寓，死因是烤箱瓦斯外洩後的一氧化碳中毒。是意外？自殺？還是謀殺？都有可能，也都沒有差別。紅色維也納和足球有了殉道者。

足球，就像是大多數有組織的社會運動，在十月革命後的蘇聯嘎然而止。直到一九二〇年代中期，當內戰停火，社會與經濟狀態相對平穩，以及新經濟政策上路，足球——事實上是所有運動——才逐漸恢復。在非主流意識形態高張的年代，集體化與國家控制和私人進取與微型市場並行，蘇聯政權與其理論家對於運動在新蘇連社會中的地位看法分歧。馬克思—列寧主義對足球並沒有發出一言一語的批判，除了廣泛地聲稱運動是馬戲團，一個階級統治與政治混淆的工具。但資本主義已經垮台，而依照共產黨（CPSU）的主張，沒有蘇聯的執政階級可以利用運動來達到鎮壓的目的，於是蘇聯人在工業化的社會中，只剩下兩種西歐的運動模式：奧林匹亞與職業化。在新經濟政策底下，這兩種模式同時並存。一方面，新蘇聯的軍事、教育和社會官僚政治將業餘運動與有益健康的娛樂視為是打造新蘇聯人——體態適中、強健、有紀律、而且合群——的必要工具。此為業餘奧林匹克精神與多元運動結合的世界。第一批依此精神建立的多項運動俱樂部在莫斯科成立，例如一九二三年成立的莫斯科迪納摩隊，以及一九二八年創立的中央紅軍隊（TsDKA Moscow，莫斯科中央陸軍隊〔 CSKA Moscow 〕的前身）。迪納摩是由內務人民委員部（NKVD）的主席捷爾任斯基（Felix Dzerzhinshy）下令成立，得到蘇聯內政部和內務人民委員部的支持。中央紅軍隊莫斯科的幕後老闆則是蘇聯紅軍。兩者都跟蘇聯國家的核心政權緊密聯結，早期對於外來的、布爾喬亞的足球抱持懷疑，而更傾向於大眾體操與田徑。然而，當新政權證實自己有能力在許多方面為國家帶來轉變，卻無法撼動民間對於足球運動根深柢固的喜愛。儘管遭遇各種困難、面對各種貧乏的狀態，城市中的年青人不減對於足球運動的熱情。他們持續踢球、看球，甚至願意為此付費。正是在此情況下，足球得以在如此克難的年代中維繫下來，甚至逼使迪納摩隊和中央

紅軍隊設置足球部門。

　　一九二四年列寧逝世後，史達林掌權。蘇聯在經濟和運動政治層面呈現了翻天覆地的改變。新經濟政策遭到揮棄；一九二八年，啟動第一個蘇聯經濟的五年計畫；下一個五年計畫於三三年接續實施；然後是三八年第三個五年計畫。在共產黨的鐵腕下，蘇聯經濟和社會經歷了飛快的強制集體化和工業化。若以生產力增加和都市化的比例為衡量基準，則蘇聯在短短十年內便經歷了西歐和北美耗時四十年的工業革命。莫斯科的人口在一九二八和四〇年間幾乎翻倍。新興工業城在俄羅斯東部和西伯利亞崛起。強制工業化的必然結果就是來自最高層的政治壓迫。國家安全體系啟動的掃蕩和威嚇，確保任何形式的反對都遭到消音或摧毀。蘇聯的工業化還能將源源不絕的奴工投入最嚴苛的企劃和環境。在數百萬計的受害者中，不僅有五位運動部部長，重要體育學院的領導，運動相關領域的醫生，還有上千位男女運動員。

　　即便是在這種環境下，仍有獨立的或半自主的機構在夾縫中生存，像是莫斯科的足球俱樂部紅普列斯尼亞（Krasnaia Presnia），一九一九年前後，由傳奇的斯塔羅斯金兄弟創立。如果說，迪納摩是由上而下成立的最佳範例，則紅普列斯尼亞便是它最佳的鏡像：一個純粹誕生於底層的俱樂部。在富有魅力與領導力的尼古拉·斯塔羅斯金（Nikolai Starostin）帶領下，紅普列斯尼亞在革命戰後的瓦礫堆中攀升。莫斯科開始在工人階級市郊組織足球隊。紅普列斯尼亞在票房收入和前往中亞和西伯利亞的例行巡迴支持下，得以生存，甚至蓬勃發展。

　　在一九三〇年代初，運動俱樂部和城市規模的足球聯賽，在高層的主導下重新組織。在黨的意志下，所有俱樂部都必須附屬於公部門，並且最終由公部門經營。斯塔羅斯金已經證明他是卓越的足球和冰上曲棍球雙棲球員，同時也是個善於盤算的商人。他說服中央管理蘇維埃經濟中小型服務業的機構（例如理髮師、裁縫和服務生）來資助他。更有甚者，他與黨的青年運動領導人也建立起緊密的關係。而後者提供了必要的政治支持和保護傘。俱樂部命名為斯巴達克隊 —— 以西元前一世紀羅馬的奴隸領袖斯巴達克斯（Spartacus）為名。一九二〇年代，由斯塔羅斯金曾經為一支同名的德國勞

工球隊效力。這支球隊隸屬於由德國馬克斯思想家羅沙‧盧森堡（Rosa Luxemburg）和卡爾‧李涅希特（Karl Liebknecht）共同成立的斯巴達克同盟（Spartacus League）。迪納摩如今在各省區都市已有諸多分支。除此之外，許多新興的球會開始冒出頭來，像是鐵路產業有火車頭隊（Lokomotiv）；在莫斯科南方的汽車製造業有魚雷隊（Torpedo）。蘇聯如今有足球俱樂部、有職業化狀態不一的全職傑出球員、有一群人數日益增加、幾乎沒有任何消遣的城市勞工階級，還有便捷的城市大眾運輸系統——再再都是全國性足球聯賽的先決條件。

　　為了符合自給自足社會主義的革命思想，除了在一九二〇年代與土耳其有若干場比賽之外，蘇聯從未參與過國際競賽。然而，在三六年元旦，一支斯巴達克—迪納摩聯軍獲准在巴黎與巴黎競賽俱樂部舉辦一場表演賽。蘇聯敗北。斯塔羅斯金藉機倡議籌組一個真正的國家聯盟以提升足球素質。六個月後，第一個聯盟和國家盃賽鳴槍起跑，而早期蘇聯的足球工業化算是告一段落。最開始只有來自三個城市的七支隊伍參賽，但觀賽的成效無以倫比：從日常勞動與監視的牢籠中突然獲釋的群眾，為數驚人，而且難以預測。

　　聯賽之所以如此轟動，並不是因為蘇聯足球的技術品質，而是球場上默默上演著，或有時也不那麼默默上演著的社會衝突的深度和意義。衝突的核心，則是迪納摩和斯巴達克。當然，幾乎沒有任何有關當時的文字記錄，無論是官方或者是非官方的。一直要到後共產主義時期，戰前蘇聯的足球才被記錄下來。一九三〇年代，一位斯巴達克的球迷如此記憶：

　　斯巴達克的球迷與迪納摩的關係極為劍拔弩張。迪納摩代表的是威權：警察，國家安全機構，惹人厭惡的特權菁英。他們吃好穿好，而且絕對不是住在公共公寓……而我們住在龐大的公共公寓。我們都是勞工階級。[14]

因之斯巴達克和迪納摩的競爭關係乃是菁英與群眾之爭，黨國與社會之爭。然則斯巴達克從未成為反對的一股力量甚或是象徵。反而，它的社會意義比較像是在以下兩者之間擺盪：以另類的方式成為蘇聯的一部分；或者是提供

一個「小小說不」的機會。球隊文化的差異明顯展現在各自對於一九三六年首次官方體育文化日的態度。兩支隊伍預計在紅場，以及史達林本人面前上演一場表演賽。有鑑於足球比賽難以預測的特質，以及史達林本身顯而易見的興致缺缺，迪納摩在最後一刻退出，免去一次可能不愉快的政治對決。相反地，斯巴達克已準備好，能自個兒派上兩隊球員，由志工縫織九千平方公尺的綠色地毯，足以覆蓋紅場上的鵝卵石。球賽僅有三十分鐘，負擔不大。最後踢了四十多分鐘。

斯巴達克不是專屬任何一個群體的球隊。或許是斯塔羅斯金；或許是他們與知識分子的友好關係，但球隊有類似於民主的印記。將你的心託付給斯巴達克，你擁有希望，與你周遭的環境保持距離。[15]

在極權主義的時代，斯巴達克提供了一個自治的空間。他們鋒芒畢露的運動天分、自然流暢的球風都極富吸引力，這種如夢似幻的球風，與迪納摩的機械化完全不同。

在恐怖主義橫行之下，成功可能滋生怨恨，華麗總是遭致猜疑。一九三七年十一月，蘇聯的頂尖運動員勒茲納門斯基（Georgii Znamenskii），向體育部長密告了斯塔羅斯金：「斯塔羅斯金將他所有的時間、精神和金錢全都投注於足球。他忽略其他運動項目。他只允許特定人士與足球隊一起工作，他只聽從自己，而不是接受大局和組織的指引。這種做法和一支私人運動俱樂部的主管沒有二致。」[16] 他同時也被控訴以金錢投機和透過關係從軍方獲得運動員。對於這些指控，斯塔羅斯金在自己的自傳中坦承，確有或多或少的真實性，但也指出這乃是蘇聯職業足球新世界的標準做法。然而，在史達林的恐怖統治脈絡下，這些行為無時無刻都極有可能被羅織入罪。斯塔羅斯金生存下來。因為除了上述的種種事蹟，他還是個極有成就的政治網絡經營者。在斯巴達克的重要比賽前，為數超過一千的公關票會在莫斯科政局的黨國菁英當中發送。而恐怖統治的主要劊子手——情報頭子尼古拉·葉卓夫（Nikolai Yezhov）——更是他的私人內線。

　　有了實際的和政治的支援，加上全國最好的訓練和戰術，斯巴達克在一九三八年的表現簡直勢不可擋，同時獲得聯賽冠軍和盃賽。然而政治的浪頭即將轉向，朝著他們當頭打來。一九三八年，拉夫連季‧貝里亞（Lavrenti Beria）成為內務人民委員部的領導。他銜著史達林之命，緩和清算帶來的破壞。葉卓夫和他的黨羽遭到處決。誠如羅伯‧艾德曼（Robert Edelman）之言，此舉「對國家有益，對斯巴達克有害。」[17] 更糟的是，貝里亞乃是迪納摩的退役球員，更是該球隊的死忠球迷。他開始親自出席迪納摩的每一場主場賽事。一九三九年，斯巴達克再度蟬聯聯盟冠軍。當他們在盃賽的決賽中擊敗聖彼得堡澤尼特隊（Stalinets Leningrad）時，球隊看似可望再度成為雙料冠軍。然而，大出眾人所料，即便是運動部都大感意外的是，貝里亞竟然堅持要讓四強賽時的對手迪納摩和斯巴達克重賽。儘管比賽是由一個迪納摩的退役球員吹判，但斯巴達克當時仍以一比零獲勝。不用說，該位裁判立即遭到逮捕並且人間蒸發。這也使得重賽的裁判安排面臨重重困難。運動部長斯涅戈夫上校（Snegov）不得不直接介入並指定一位裁判。斯巴達克再度取得勝利而保有獎盃。在斯塔羅斯金的回憶錄中，他描述道：「當我在比賽最後抬頭瞥向包廂時，我看見貝里亞霍然起立，暴怒地踢翻他的座椅，旋風般地離開球場。」[18] 貝里亞火大到甚至試圖遊說總理維亞切斯拉夫‧莫洛托夫（Vyacheslav Molotov）簽署針對斯塔羅斯金的通緝令，控訴罪責與一九三七年那一次如出一轍。莫洛托夫一口回絕。不過當戰爭開打，貝里亞將會展開報復。

IV. 民主與法西斯的較量

　　歐洲新極權國家的足球的高度政治化，並沒有放過剩餘的民主國家。事實上，法國的運動部長將法西斯主義與共產主義下運動所帶動的社會流動視為自由民主的挑戰：「關於民主國家就本質而言，無能發展出強有力的運動和休閒機構這樣的論點，我們已經聽過太多遍。我們的企圖就是證明這樣的論點根本謬誤。」[19] 而這僅只是法國一九三六年五月甫上臺的「人民陣線」

（PF）政府諸多的野心之一。全球性的經濟蕭條正在侵蝕法國的社會紋理。長期把持政權的右翼政府，無法有效動員政治和經濟資源來處理經濟衰退、失業潮，還有來自萊茵河對岸逐漸靠近的戰火威脅。他們似乎也無法壓制內部高漲的法西斯氣焰。人民陣線，名稱仿效西班牙的對手，便是在國內和國際法西斯主義的雙重威脅中團結起來的。經過二十多年的分裂，左派——包含社會主義者、共產主義者和產業工會——終於同意共同推出一份參選名單和政策，最終在普選當中獲得勝利。三六年六月，法國溫和左派的萊昂·布魯姆（Léon Blum）正式出任總理。

　　整個法國陷入興高采烈的高昂情緒。群眾的慶祝活動在街道和公共空間蔓延。勞工階級的自信心自十年來的經濟困頓與政治束縛中解放。一連串的罷工與佔領工廠隨之而來。法國雇主讓步，允諾改良勞動條件，薪資調漲並簽署馬提翁協議（Matignon Accords）。目睹群眾展現豐沛的政治力量，法國政府大受鼓舞，尤其是新任的運動部長，信奉社會主義的里歐·拉格朗日（Léo Lagrange）。該部門的設置本身便是度量人民陣線施政的一個尺度：政府即將投身閒暇的政治，其內容包含基礎的運動設施，以及大眾運動，這些之前由不可靠、又沒有實體官署，因此經常隱而不顯的菁英官僚體系所負責的事項。更有甚者，在此以前，公共設施竟然無人聞問。儘管法國已經在一九〇〇和二四年先後承辦過兩次奧運，但以市鎮為單位的公共球場與游泳池的營建紀錄卻極為稀缺。

　　不到兩年，人民陣線就失去政權。不過他們在足球領域留下的足跡卻難以抹滅。人民陣線本身就是法國落後且未竟的工業化，與其破碎而缺乏組織的工人階級的衡量指標。致力於改革勞動市場與建置社會福利制度的左翼政府，無論是在不列顛或西班牙，都比法國出現得更早。前者更是提前十餘年。法國的足球也是一樣。它是足球的主要發展國當中，最晚接受職業化的國家之一，直到一九三五年才真正完成。而且，職業足球主要是在小城市球隊中普及，而非大都會。這個現象直到一九三〇年代晚期終於出現變化，各大都會開始出現強而有力的球會，像是巴黎的競賽俱樂部和馬賽的奧林匹克。在業餘和休閒運動的層級，人民陣線所打造的官僚與政治機構開啟了法國國家

介入運動的傳統，直到今日。在那個預算緊縮的年代，它也成功建立起一系列的公共運動設施。

讓這類國內發展和創新增色的，是一股拒絕讓極權社會獨佔鰲頭、獨領風騷的堅決態度。一九三七年，巴黎主辦世界博覽會。布魯姆相信這將會是一個「民主與法西斯主義全面對決」的競技場。然而在博覽會附屬的足球賽事當中，法西斯主義者艾米利亞‧羅馬涅（Emilia Romagna）的球隊波隆納，卻氣走切爾西。義大利媒體吹捧、誇大了法西斯主義下的足球如何強盛。隔年的世界盃，同樣是由法國作東。整個歐洲大陸的政局，戰雲密布。儘管法國並未如一九三四年墨索里尼那般傾注一國之力，但也確實投注可觀經費挹注場館。巴黎的王子公園球場（Parc des Princes）和哥倫布球場都獲得擴建。前者更增加了裝置藝術的門面。此外，規模較小、距離亦較遠的兩個球場：安提伯（Antibes）的方堡球場（Stade du Fort Carré）和阿弗赫的綠徑球場（Stade de la Cavée Verte）亦獲得重建。同時，還新建兩個全新的場館：馬賽的韋洛德羅姆球場（Stade Vélodrome）和波爾多的萊斯庫爾公園球場（Parc Lescure）。後者，無疑是回應法西斯球場過度浮誇、奢華的建築設計。球場的設計出自建築師雅克‧杜耶拉（Jacques D'Welles）和拉烏爾‧喬德（Raoul Jourde）之手，以強化混凝土蓋出簡單、直筒的橢圓形建築。三百六十度的屋頂，在當時獨一無二，完全不需要廊柱來支撐，提供無以倫比的視野。綾紋狀的鋼筋混凝土區塊，環繞球場上層看臺，有節奏的起伏。不用單一高塔或其他集中的建築設計，萊斯庫爾公園球場採用更多民主化的特色。特別是四個看臺置放在主看臺的尾端，好像是一艘渡輪的艦橋。半圓形的結構裝飾著半圓玻璃窗，後面金屬支架聳立，好似船桅和纜索，上面的探照燈可以被自由吊起或放低，這種古怪的多元建築主義也在球場之外被仿傚。球場位於密集的住宅區當中，而不像紐倫堡或羅馬奧林匹克綜合體育館蓋在富裕的空地。萊斯庫爾公園球場擁有多處的出入口。科技先進，建築大膽，互動性強，裝飾設計多元而有趣，開放不具威脅性。萊斯庫爾公園球場對法西斯主義的粗糙與幻想傳達一個比「致命打擊」更高的訓斥。

不列顛這一次不僅缺席了民主政體與法西斯的較量，之後更缺席了一九

三八年的世界盃，其所謂運動應和政治分流的足球文化，如今不過是在服務政府所擬訂的綏靖政策。打著締造和平的旗號，足球重啟了與德國的外交，英格蘭隊在一九三〇年作客德國，最後雙方以三比三握手言和。短短五年之後，英足總更決定禮尚往來，在一九三五年十二月邀請德國來倫敦踢球，這次當然也如同以往，並未先知會不列顛政府。注意到這場比賽的弦外之音的人並不多，僅有一些左翼和猶太媒體撰文反對，還有一些猶太社群、貿易工會和反納粹組織發起抗議。

　　隨著賽事逼近，群眾的情緒也愈來愈激昂。特別是在倫敦。尤其是據傳德國將透過輪船和鐵路輸送一萬名左右的球迷渡海而來。也許是極度的政治天真，亦或無知，最有可能兩者都有，英格蘭足總竟然決定賽事將在熱刺的主場白鹿巷球場舉辦。無視北倫敦的猶太社群支持哈林蓋隊（Haringey）和斯坦福丘（Stamford Hill）。當時，包含《每日工人報》（Daily Worker）在內，均報導一位波蘭的猶太裔足球員遭到殺害。德國大使駁斥。然則，激進分子在街頭發放手稿，譴責該起謀殺案、該場球賽與德國人。傳言五千或者為數更多的群眾，將在比賽日當天在球場上遊行。班奈・詹納（Barnett Janner），代表白教堂選區（Whitechapel）的自由黨國會議員在《新聞紀事》（News Chronicle）當中論證：「納粹對於羅馬天主教、教徒和猶太人的處決，就如對運動家精神的冒犯。」[20] 不列顛人相信德國大多數人也討厭法西斯主義，並且會反抗，但他們大錯特錯。在開賽前五日，不列顛工會大會（TUC）領導一個遊行到海德公園的示威活動，吸引超過兩萬群眾參加。開賽當天，滿場，但沒有抗爭。唯一一個被逮捕的人是個膽識過人的年輕人，他攀登白鹿巷球場的屋頂，並且將納粹旗幟降下來。

　　兩造政府與多數媒體的反應，內務大臣約翰・西蒙爵士（Sir John Simon）所言：「我們國家得堅持一項傳統，即運動歸運動，政治歸政治。」[21] 事實上，德國的來訪引發了外交部和內政部針對運動前所未有的政治討論。表面上對此事件引發的政治冷漠，觸發另一個政治口角。結果政府採用一個觀點：常態化、友善與遠離政治就是最有效的政治。清楚區隔德國與英格蘭的不同：極權與民主。因此，超過一萬的德國球迷在維多利亞火車站下

車時,受到熱烈歡迎。他們在倫敦市區晃蕩,進出茶館,在萊斯特廣場車站,接受德語導覽,其中許多是猶太移民。

德國邀請英格蘭在一九三八年的五月回訪柏林。德國才剛剛併吞奧地利。這二十年來,歐陸距離戰爭又更近一些。不列顛的外交政策在張伯倫主導之下認為希特勒對領土的野心已被滿足。同時認為姑息可以為改善軍備爭取時間。在此脈絡下,外交部對於賽事禮儀和外交極為敏感。對足總挑明:英格蘭足球隊須應德國要求擺出納粹手勢向群眾致意。英格蘭以六比三贏得比賽。但他們已輸掉太多。超過一萬一千名德國人,包含多數內閣成員,在英格蘭球員舉起他們的手時,高喊希特勒萬歲。

在瀏覽一九三八年世界盃的參賽和缺席名單時,很難不去認知到即將到來的衝突形式。在西班牙、中國和日本,衝突已經爆發。儘管不列顛依舊缺席本屆賽事,但不列顛面對競賽仁慈而遷就,已與前兩屆賽事的冷漠輕視大不相同。不列顛在一九三四年世界盃之前,拒絕國際足總在羅馬開會,但同意一九三八年的巴黎會議。一個新的政治體育友好協議就此在英吉利海峽展開。這是第一屆世界盃英格蘭和蘇格蘭足總有正式的代表。它們真的不想參加或觀看一九三○或三四年的賽事。西班牙陷入內戰。蘇聯捲入革命。日本為了專注在滿州的戰事而退賽。前兩屆均有參賽的美國,對於歐洲的內戰避而遠之。奧地利儘管獲得參賽資格,如今卻僅僅是第三帝國的其中一個行政區。其國際足總的會員資格也已經喪失。其他缺席名單還包括烏拉圭和阿根廷。由於僅有三支歐洲以外的隊伍,這使得一九三八年的世界盃是有史以來最歐洲中心的世界盃。巴西:震懾了整個歐洲,最終闖入四強。古巴:在墨西哥退賽後替補。是第一次也是最後一次參賽。還有替代日本的荷屬東印度群島。古巴在第一輪擊敗羅馬尼亞,讓世人驚艷。但在八強賽以八比零遭到瑞典羞辱。荷屬東印度群島的命運差不多,在對壘匈牙利時遭到屠殺。

義大利隊搭乘火車前往馬賽時,在車站遇到超過三千位反法西斯激進分子的迎接。墨索里尼針對歐洲政治的演說。「法西斯革命……激發了運動比賽的活力,它在群眾之中創造了運動精神。眾所皆知的是,好戰尚武的精神將是直接的後果。」[22] 義大利面對挪威的首戰在政治高張氛圍中開踢。教練

維多里奧‧波索在他的回憶錄中說到：「我們的球員作夢都沒想到會如此政治化。他們代表自己的國家，自然也穿上國家顏色和徽章。」[23] 然而，一萬名反法西斯的示威者。當義大利隊在國歌聲中舉起手做出法西斯手勢時，全場的謾罵達到頂峰。

賽事進行到八強賽事時，根據籤表，法國將在巴黎開門迎戰義大利，政治的熱度於是飆高。由於兩隊的球衣都是藍色，必須抽籤。義大利輸了，根據往例應該穿著白色球衣應戰。此時，一道簡潔而直接的軍令來自羅馬：穿著黑色。這是第一次，也是唯一一次義大利穿著黑色的戰袍出征。儘管這場賽事夾帶了太多政治意涵，然而，對法國來說，義大利高明太多。在法國門將迪洛爾托（Di Lorto）烏龍球後，皮歐拉再追加兩粒進球。在四強賽義大利在馬賽擊敗巴西。決賽以四比二擊敗匈牙利。這支隊伍在巴黎沒受到款待，回到羅馬後，得到墨索里尼的召見。該年稍晚，義大利車手吉諾‧巴塔利（Gino Bartali）獲得環法自行車賽（Tour de France）的冠軍，新培育出的小馬尼爾可（Nearco）則贏得了巴黎賽馬大賽冠軍，成為賽馬史上的經典名駒。墨索里尼和義大利媒體歡慶國家的富強。

一九三八年歲末有片刻的遐想。張伯倫帶著他的那張紙和保證從慕尼黑返國。在英格蘭足總七十五週年的活動中，英格蘭與歐洲聯軍踢了一場球。聯軍陣中擁有兩位德國人和七位義大利人。英格蘭輕鬆地以三比零帶走勝利。三九年元月，張伯倫前往羅馬，企圖博取義大利將戰爭再延後一會兒，英格蘭足總正忙著與義大利和其他歐洲列強協調賽事。無論是就國家隊或者是俱樂部的層次，慕尼黑的緩兵保證只是短暫的，當德國佔領布拉格，不列顛開始取消與德國方面的比賽。不過表定一九三九年五月的英格蘭對義大利則依照計畫進行。三十萬人索票。義大利當局更計畫要向其歐洲帝國轉播這場賽事：幅員包括阿爾巴尼亞和南斯拉夫內的義大利語區。英格蘭再一次做出法西斯致敬禮。這一次對著聖西羅球場的四個角落。雙方以二比二踢平。當月稍晚，義大利在南斯拉夫的際遇或許是觀測未來比較理想的指標：球員被南斯拉夫當地的群眾包圍，並且向他們的巴士投擲石塊。當德國隊在布拉格對陣捷克，還有在奧地利維也納隊與沙爾克對陣，也受到類似的對待。在

一九三九年八月二十七日，匈牙利在華沙以四比二擊敗波蘭。九月二十七日，
德軍佔領華沙。直到一九四七年，波蘭都將不再有保有組織的足球。

V. 足球不死，亦未凋零

　　一九三九年十月，德國和蘇聯將波蘭蠶食鯨吞。在那之後，有一小段空
檔。法國、比利時和不列顛，為了即將來臨的侵襲做好準備，都取消了足球
聯賽，改以友誼賽和小型的錦標賽替代。荷蘭人和丹麥人，無視於等待他們
的命運，完成了整個賽季。一九四〇年四月，德軍發起攻擊。丹麥幾乎在瞬
間淪陷，挪威在不列顛的些許支援下多撐了兩個月。緊接著是比利時、荷蘭
和法國。到了六月底，全都投降。不列顛的遠征軍自敦克爾克撤離。而不列
顛皇家空軍和納粹德國空軍對海峽與北海的空優爭奪正如火如荼。同一時
間，蘇聯擴張至芬蘭、拉脫維亞、立陶宛和愛沙尼亞，將獨立與國際的足球
從波羅的海三國驅離，長達半個世紀。

　　有鑑於無法取得空優，德軍於是將目標轉向南方和東方。當時他們的盟
軍義大利正在不列顛的牽制下，在北非節節敗退；同時也在阿爾巴尼亞和希
臘的邊境受制於希臘。德軍入侵南斯拉夫和希臘，同時德國非洲軍（DAK）
迫使不列顛與其同盟撤退至利比亞沙漠的另一邊，並且深入埃及。一九四一
年六月，德軍展開決定性的行動：入侵蘇聯。十二月時，德軍已佔領烏克蘭，
包圍列寧格勒，直抵莫斯科的大門。在歐洲的新帝國當中，足球的命運對許
多國家而言，是佔領者、粗糙或寬容的手段。對剩餘的參戰國而言，足球依
舊是公關的工具。

　　瑞典、瑞士、西班牙、葡萄牙、愛爾蘭和土耳其等歐洲的中立國，在戰
爭期間都繼續踢球。或許是因為德國在佔領丹麥期間的管制最為溫和，使其
成為唯一一個能夠保持足球文化的參戰國或被佔領國。丹麥不僅僅能夠維持
聯盟的運作不輟，避免饑荒，同時也還算能夠掌控原本的政府和安全部隊，
甚至還可以火速將境內的猶太人送往波羅的海對岸的瑞典。位於光譜另外一
個極端的，是希臘和南斯拉夫，兩國境內的武裝反抗分子，都為德軍製造極

大的麻煩。而自從淪陷後，足球聯賽就再也沒有舉辦過；主要的足球場館不是淪為鐵路調車場，就是成為炮灰。至於荷蘭、法國和挪威，則處在光譜的中段。

　　荷蘭的足球與丹麥的例子極為相似，都在戰爭中適應良好。只有一九四五年的球季因為德軍撤退和繼之而來的同盟國解放而中斷。事實上，荷蘭的足球在戰爭期間欣欣向榮。俱樂部的會員數增加，足球的參與人數上升，運動賽事的票房直上雲霄。在德國勞改營和工廠工作的五十萬個荷蘭人，擁有自己的足球賽。飢餓的城市足球迷，則會以大賽的門票與農人交換乳酪和蔬菜。而這是德國人與他們的荷蘭同盟所樂見的。德國駐荷蘭佔領區長官阿圖爾・賽斯・英夸特（Arthur Seyss-Inquart）就說：「運動的人不會犯罪。」[24]狂熱分子，一如期刊的主編，則發現，足球主要轉移的是無聊和乏味，對於犯罪欲念的轉移較少。[25]

　　不只是足球蓬勃發展，包含圖書館的使用率、閱讀、還有前往劇院看戲的數量都達到歷史新高。德國在文化和運動的介入有限。諸多具有天主教、新教與勞工運動背景的足協被迫合併為一個單一而受控的國家機構。所有殘存的英式足球用語及俱樂部名稱，包括任何關聯到流亡不列顛的皇室成員，都被更名。荷蘭的猶太裔，自一九四一年中葉起，德國開始施壓荷蘭的足球管理機構，要求他們驅逐猶太裔會員，禁止他們參賽或者是在賽事中執法。五個以阿姆斯特丹為據點的猶太俱樂部被強制關閉。猶太裔的裁判被禁賽甚至一度造成困擾，只因戰前的荷蘭有太多的裁判都是猶太裔。然後驅逐和清洗開始了。荷蘭電臺運動記者韓・霍蘭德（Han Hollander）也在被驅逐的名單之列。他是足球在一九三〇年代普及的最大功臣，國家隊、荷蘭廣播裡的足球代言人。就這點來說，無論是在足球，警察或者是猶太組織而言，荷蘭都在自己的國土上悄悄且系統化地與納粹的「最終解決」（Endlösung）政策共謀。並未有刻意混淆、擱置或者是緩和德國的要求。少數的荷籍猶太人之所以能活下來，是因為些許關鍵的個人和機構所展現出的勇氣與人性。阿姆斯特丹的阿賈克斯隊（Ajax Amsterdam）便是其一。協助藏匿並幫助俱樂部的猶太支持者、董事和球員。[26]

　　投降之後，法國的國土與足球都被一分為二。德國直接佔領了從北境與大西洋沿岸向內到巴黎的這個區域。地中海沿岸與法國境內的阿爾卑斯山，則由維琪政府共管。自由、都會與社會主義元素都被剝奪的情況下，維琪政府毫無掩飾地種下法國式極權。奢想這個被攔腰砍斷的國家，仍是一個原汁原味的工業化前的世外桃源。奠基於人民陣線及新的意識形態，維琪政府極為重視運動與極端保守主義。在法國網球選手尚·博赫塔（Jean Borotra）帶領下，維琪公然反對職業主義，指出商業主義與競爭毒害了第三共和的運動和整個社會。法國足球總會遭到架空，國際足總主席儒勒斯·雷米也悄悄遞出辭呈，並且在整個戰爭期間徹底銷聲匿跡。職業化仍然被准許。但從一九四二年起，每一支隊伍都必須要有至少四位業餘球員。對於政府而言，商業化顯然是不可接受的。在接下來的球季，職業球員的分類終止。所有球員都成為公務員，所有球隊都是公務單位。在法國，就像是在荷蘭一樣，在灰暗的一九四〇年代初期，足球是少數的生活消遣。一九四二年，哥倫布球場坐滿四萬五千名觀眾，見證了巴黎紅星隊（Red Star Olympique Audonien）擊敗塞特隊（FC Sète）之役。

　　如果說足球界在荷蘭和法國，算是在正常與合作之間擺盪。挪威顯然是持反對與反抗的路徑，不像丹麥仍然保有極高的獨立與政治權力。挪威因為反抗而被強制設置了在地的獨裁政體。納粹扶植的挪威總理奎斯林（Vidkun Quisling），背後則有兩個師的德國駐軍撐腰。師法德國的同僚，挪威的納粹黨指派一名體育活動領導人（Sportsführer）來總理全國的俱樂部。挪威也毫不含糊，祭出全國性的運動罷工來回應，球迷不進場、球員不踢球、教練不執教，管理階層也不運作。滑雪冠軍選手比耶·魯德（Birger Ruud）如此回覆那些支持他在佔領期間繼續參賽的言論：「如果我非得去比賽，我就會一把火燒了我的滑雪板。」[27] 利恩隊的八百位會員同時退出俱樂部，而某場在奧斯陸的烏勒瓦爾球場（Ullevaal Stadium）的比賽，能容納四萬人的場地只來了不到一百位的觀眾。一九四二年，挪威盃舉辦在柏根（Bergen）的一場四強賽中，僅有二十七人到場。此時參賽隊伍與觀眾都大為降低。反觀鄉間，非法的運動賽事如雨後春筍一般蓬勃發展。而這些場合也成為挪威反抗

運動網絡當中的重要節點。一九四三年，納粹近衛軍統帥希姆萊（Himmler）對於造訪挪威的安全感到疑慮。於是圍捕許多依舊保持獨立的俱樂部和運動協會的官員，並入獄。

　　當挪威足壇以拒踢作為反抗的手段，不列顛的足球則以持續踢球表達反抗。當軍方一成不變地參與每場戰事，並且從最新的戰役中學習。不列顛的足球主管機關也是一樣。一九一四年大戰爆發後，英格蘭足總因為保留了官方的賽事受到批判。因此他們對於三九年九月三日宣戰令的回應便是宣布足總盃停賽。不料，這一回政府和民間卻都抱持反對的意見。足總回心轉意。在三九年末到四〇年初的長期停戰期間，不列顛踢著有一搭沒一搭的足球，以區域競賽取代聯盟賽事。戰爭辦公室設定了八千人的觀賽人數上限。面對收入大減與殘缺的陣容，職業俱樂部撕毀球員合約、放棄分紅並且減薪。球隊收入轉作慈善救濟。球員因此獲准自由轉籍。這段紛亂成為美好的記憶，就像歷史回顧不列顛戰時的大後方，那種面對艱困的輕漫，應變的能力，是劇場鬧劇、絕妙故事的一部分。球隊現身時經常陣容不全，或者是球具短缺，導致要在現場徵求志願者伸出援手。就像是士官布萊森（Bryson）就曾經在一九四一年對陣伯恩利隊的比賽中，為布萊克本巡遊者踢進致勝分。

　　在二戰中，不列顛共有二十七萬名軍人命喪沙場，六萬五千名平民遇害。儘管國土在一九四〇和四一年遭受嚴厲的空襲，甚至到了一九四五年全境都還在戰火的威脅當中，但德軍從無一刻踏上不列顛的土地。蘇聯打的則是另外一種型態的戰事。超過一千五百萬名軍人捐軀，七百萬平民犧牲。德軍不僅佔領國家的農產與工業精華地帶，更將其破壞殆盡。唯一殘存的工業區在烏拉山外重置。基輔、史達林格勒、列寧格勒在戰火中滿目瘡痍。存活下來的堅忍卓絕，沒有絲毫多餘的時間和精力踢球，無論是正規或非正規的比賽皆然。蘇聯聯賽在整個戰爭期間完全停擺。足球僅僅是象徵，就像是一九四二年五月，在列寧格勒尚未建成的基洛夫球場（Kirov Stadium）所踢的那場比賽。該場賽事吸引一萬群眾，同時也向城市轉播。另一場付出極大代價的比賽在德軍投降之後，在荒廢的史達林格勒舉行。軍方對上倉促重整的提比里西迪納摩（Dinamo Tbilisi）。而在戰線之後，一九四二年，基輔迪納摩隊

（Dynamo Kiev）殘存的球員和納粹空軍在基輔展開對決。而在首都莫斯科，政治則如常運行。一九四二年具利亞說服政治局委員馬林科夫（Georgi Malenkov）簽發逮捕令，拘提斯塔羅斯金兄弟們。四人全部都被判有罪，並且送往西伯利亞。

在一九三九到四二年歲末，德國國家隊在其盟國、衛星國家與中立國之間巡迴，踢了超過三十場國際賽事。義大利、匈牙利、羅馬尼亞和保加利亞時落在盟國第一分項。而脫離前南斯拉夫的克羅埃西亞和在捷克淪陷後脫離的斯洛伐克，則屬於第二類衛星國家。西班牙、瑞典和瑞士則是最後一個分項。儘管位於戰火最為熾烈的戰區，匈牙利和保加利亞在戰時依舊保持完整的足球活動，直到終戰前夕德國撤軍。斯洛伐克與克羅埃西亞的足球聯賽，天生體質較弱，僅維繫了兩年，武裝分子的反抗運動與公眾的反對，更使得聯賽無以為繼。義大利完整地踢完一九四二年的球季。隔年，儘管國家受到侵略，義大利人依舊沒有停止踢球。德國則是在戰爭的前四年間，如常進行足球賽事。事實上，德國高層鐵了心要將足球賽事的如常進行作為一項指標，昭告其人民：戰爭或許是痛苦的犧牲，但它絕對不會徹底吞噬正常的生活。在一九四○年德國盃（the German Cup）決賽的官方節目單中，作者洋洋得意地寫到，當人們觀賞比賽時：

在此同時，英倫三島上的男男女女正在恐懼中等待德軍的全線進攻。當地俱樂部的球場草皮早已被開挖或撕毀，期待當關鍵時刻來臨時，這孤注一擲的作為能夠起到些許作用。[28]

一九四二年是二戰決定性的一年。德國非洲軍在阿拉曼（El Alamein）遭英軍擊潰。第六軍眼看將被殲滅於史達林格勒的荒地之上。德國國家隊在戰時極度緊縮的經濟條件下，還得應付頻繁的移動與嚴格的訓練，早已師老兵疲，呈現出強弩之末的態勢。當他們在柏林的家鄉父老面前以二比三負於瑞典之後，外交部次長馬丁・路德（Martin Luther）寫道：「離開球場時，十萬群眾的心情低落。足球場上的勝利，要比拿下東方的一座城池還要更加

貼近人心。為了國家士氣著想，一定要禁止這一類的比賽。」[29] 故事的終局發生在一九四二年十一月的布拉提斯拉瓦（Bratislava）。在這座歷史悠久的斯洛伐克城市，德國紮紮實實地以五比二踢走地主隊。球員弗里茨・瓦爾特回憶道，在賽前例行為陣亡將士默哀的時候，場邊群眾發出了令人難堪不快的耳語和騷動。

　　一九四三年年初，有鑑於德國日漸衰頹的軍事與經濟力量，戈培爾徵詢大眾是否做好總體戰的心理準備。但無論答案為何，他們事實上已經進入總體戰的狀態。報章雜誌大量公告各種大規模措施，貧困、犧牲和行政規章，在在顯示總體戰的到來。在所有事項當中，「國際性的運動賽事即將暫緩，直到有更進一步的訊息公布……因為兵源不足，而且勞工將不得休假。」然而，境內的足球運動依舊保有若干空間。「具有地方色彩的運動賽事將繼續舉辦，以維繫工作士氣和職業道德。」[30] 事實上，有鑑於民間對於足球賽事的籲求聲浪極大，某種形式的全國錦標賽仍舊獲准，推行如常。德國社會軍事化，最後見到一連串的新隊伍像是布尼茨空軍隊（LSV Pütnitz）和史特拉斯堡聯隊（Sports Union SS Strassburg）。最遲到了一九四四年春，全國錦標賽告一段落。獲得冠軍的德勒斯登在數月後陷入火海。同年八月，眼看東有俄軍在華沙郊區集結；西有英美聯軍會師巴黎，德國境內所有介於十六到六十歲的男性都被徵召從軍。戰爭結束了，第三帝國土崩瓦解，其足球體系崩解。由於橫屍遍野，屍首堆積如山，甚至無法一一安葬。在一九四五年年初，一具裝著弗里茨・恩克（Fritz Unkel）的棺木送到，整整八天八夜，曾經備受尊崇的沙爾克隊主席，躺在幾乎是焦黑一片的蓋爾森基興墓地。直到家屬自行將其安葬。[31]

VI. 不列顛重返榮耀？

　　二戰後的十餘年間，歐洲一分為二，成為東歐與西歐。分裂的德國，則是權力平衡的支點與國際政治的中心。歐洲足球的歷史，遵循著大致相同的方向前進。戰後東歐與西歐的足球重建，展現在東西截然不同的經濟政治路

線。東德的史達林主義，與西德總理康拉德‧艾德諾（Konrad Adenauer）影響下的西德，各自爭取代表歐洲與足球霸權。重返國際足壇的英格蘭，深信戰前的地位不會動搖。但崛起於東方的匈牙利，其黃金陣容，挑戰並粉碎了這些幻象。然而卻在一九五四年的世界盃敗給西德，回歸到警察社會的國際新秩序。

　　義大利足球在這場掙扎中有拼。號稱「大都靈時代」（Il Grande Torino）的都靈隊是半島北方的足球強權，在一九四三到四九年間囊括五次冠軍，亦是國家隊的骨幹。一九四九年，整支球隊在空難中殞落。就在挑戰第六座錦標前夕，都靈剛結束和里斯本與本菲卡隊（Sport Lisboa e Benfica）的友誼賽，自里斯本搭機返航。濃霧中，飛機一頭撞上山壁。而山巔上，巍巍佇立著俯瞰整個都靈的蘇佩加聖殿（Basilica di Superga）。送葬的群眾超過二十五萬，人潮塞滿街道，聚集在教堂周遭。義大利的足球肯定會浴火重生，但都靈則在戰後重建的十字路口萬劫不復。在足球的榮譽榜上，他們再也不曾重返榮耀。同樣地，西班牙的足球自內戰中重生。產出頂尖球員與在國際上極具競爭力的隊伍，像是巴薩和西班牙人隊。巴薩不僅在五個球季內豪取三次西班牙聯賽桂冠；更從來自法國、義大利和葡萄牙等拉丁裔歐洲國家的眾多球會中脫穎而出，贏得戰後新設的拉丁盃（Copa Latina）冠軍。可惜他們的巔峰來得太早。當歐洲冠軍俱樂部盃（European Cup）創立，而西班牙人重新融入主流歐洲時，巴薩的實力已經不若舊瓶添上新酒的皇馬。

　　不列顛在足壇的領先地位在戰後初期看似不曾動搖。五月十日，大不列顛在漢普敦公園球場以六比一輕取歐洲聯軍。這場賽事是為了標示國際足總的回歸，象徵過往衝突的休止，以及國際足球和平到來。同時，它也為已經破產的國際足總募款。大不列顛的組成分子涵蓋了至少一位來自各國（蘇格蘭、英格蘭和威爾斯）的球員，其中絕大多數都是戰前的國家隊老面孔，像是門將法蘭克‧史威夫特（Frank Swift），翼鋒史丹利‧馬修斯（Stanley Matthews），前鋒湯米‧勞頓（Tommy Lawton）和前鋒維爾夫‧曼尼恩（Wilf Mannion）。歐洲聯軍的陣容當中，沒有球員來自不列顛的政治黑名單，像是前軸心國、伊比利半島的獨裁政權，或者是東歐正在崛起的共產主義國家。

只有一位球員來自捷克。然而彼時捷克斯洛伐克依舊以共同政府的方式運作，而且共產主義者尚未取得政府的主導權。該隊最頂尖的球員來自丹麥、荷蘭和瑞典。他們的中立或相對較緩和的佔領，使得球員體魄和足球發展都比較茁壯。

媒體和公眾對足球有不同的投射。不列顛媒體說最主要的反差是不列顛人依賴天生才華與直覺，歐洲人則是靠訓練與教練。一如更寬廣的不列顛文化，足壇對於知識分子（智識）存疑，不相信理論，貶低有證照的專業。大不列顛的勝利是全面的，它的規模和不費力，確立了踢球的共識：「當球賽進行時，這是一場證實不列顛足球實力的賽事。但事實上，它也突顯了夕陽無限好，只是近黃昏的趨勢。」[32] 日不落帝國原先高掛的太陽已經西沉。埃及和印度都已經獨立，不列顛撤出巴勒斯坦，拋棄希臘。承認唯有美國才有資源插手介入南歐的政治。

要在世界足壇定位不列顛足球的真實地位極為困難，尤其是當其正在經歷戰後的欣欣向榮。假設足球史家尼可拉斯‧菲什威克（Nicholas Fishwick）關於英格蘭足球已然成為「工黨」的所言為真，那麼足球在戰後不啻是復甦的慶典，而非英國國教派的喃喃自語。一九四五年八月，不列顛的選民第一次以選票將工黨送上執政的位置，徹底讓國家的經濟與社會結構轉型。在憲章運動垮臺將近百年後，不列顛的勞工階級不但有所組織，甚至還獲得了政權。足球業已成為勞工階級的運動，受到前所未有的歡迎。[33] 早在戰前，足球在不列顛就是最多人觀賞的運動賽事，在一九三八到三九年球季吸引超過兩千萬球迷入場。四九年時，觀賽人數倍數成長為四千一百萬，達到史上新高。直到六〇年代初期，基本上都維持在三千萬人以上。觀賞國家足球熱度指標，即是業餘足總盃。一九四九年的決賽，吸引九萬五千人湧入倫敦的溫布利（Wembley）球場。足球在艱困年代是最好的競賽，由於不再分擔政府戰爭的娛樂稅，其門票便宜到只要一先令即可入場。與其他娛樂相較，不受數量限制，也沒有黑市。

「此時此刻由我們當家做主」其實在首相艾德禮（Clement Richard Attlee）的政府中，沒有人真的說出這句話，儘管它經常被引用。這話對於

經濟和情感都很艱困的執政當局而言，也許太殘酷，太自滿，也許正如知名記者安東尼‧霍華德（Anthony Howard）所言，他們應該說出來。那麼他們的抱負也許能符合所代表的工黨和勞工階級的具體意象。艾德禮政府的成就在創設常設機構，使不列顛轉型成社會福利國家，但也使其經濟體淪為缺乏教育、投資不足的狀態。全國充斥著保守而受傷的公司幹部和一群熟練但防禦心強的工人。然而這種工業化下，權力平衡的狀況也延伸到最平和、組織鬆散的足球隊員。一九四五年十一月，球員威脅罷工。最高薪資漲為週薪九英鎊，並且恢復戰前的分紅制度。在不斷成長的球員工會鼓動之下，職業足協在一九四七年贏得政府新勞工裁決法庭的勝利。最高薪資調漲為週薪十二英鎊，並且為資淺球員設下合理的樓地板薪資。雖說如此，任何與過去的大改變是不可能的。職業足協無權挑戰薪資也不能改變長久以來球員的合約制度和轉隊條款。就如若干產業工會的運動，他們申報實質獲利但沒有改變最基本的產業組織和處理衝突準則。在此情況下，一九五○年代，頂尖的不列顛球員開始勇於向義大利、法國和哥倫比亞投石問路。

足球文化和足球產業開始蓬勃發展。職業足球在全國境內重建。在戰後的十年之間，有八支隊伍曾經獲得聯賽冠軍，包括四支從來未曾嘗過冠軍滋味的隊伍：樸茲矛斯、切爾西、熱刺和流浪者。為數破紀錄的群眾觀賞一個不尋常的公開、公平的運動。廣播電臺聘請最受歡迎的戰地收音機評論員轉播球賽。然而，足球聯盟對於廣播存疑。此時電視加入廣播的行列。雖在科技發展初期且費用昂貴。一九五○年的足總盃，仍吸引超過百萬人收視。到了一九五三年，隨著電視日益普及，超過千萬人在螢光幕前目睹馬修斯獲得榮耀。

一九四六年三月，足總盃的一場比賽，吸引至少八萬群眾。根據其中一位目擊者，這座球場，尤其是球門後方、煤渣築城的邊坡，並不是設計來承受如此大量的人潮。「球場的邊坡非常簡陋，事實上就只有土方，再加上一些舊石板充當階梯。下雨時，縫隙間都是水，泥漿噴濺出來。」[34] 若干已經進場的觀眾，打開一個門，讓朋友進入。然後已經關閉的其他球門被迫打開。當群眾意識到有免費球賽可以觀賞，數百人開始攀爬過牆。龐大的壓力湧入

看臺，使得原本不牢靠、陳舊的圍牆倒塌。人潮四處向球場奔逃，就像是酒瓶的瓶蓋被驟然打開。三十三人死亡，超過四百人受傷。事後官方報告建議應當授權地方政府發照和檢查球場，避免憾事再度發生。足球產業並不高興。董事會極端保守，害怕地方政府介入，尤其是工黨。他們說服自己，說官方的安全標準如此之高，相關配合費用將會高到導致他們破產。這個事件與戰時的死亡規模相較，只是小巫見大巫。

此時英格蘭國家隊傳來捷報。戰後球隊從未吃敗仗的佳績，付出代價的歐洲群星賽對決，以及國內足球的風行，都圖謀掩飾球隊的衰敗，足總甚至指派全職教練華特・溫特巴頓（Water Winterbottom）指導英格蘭國家隊。雖然球員遴選權仍留在冗長的、不可思議的、神祕的、通常是無能的董事會上。教練華特・溫特巴頓與足總祕書長斯坦利・勞斯組成足總的現代化核心，兩人致力改善足球教育和訓練，認為傳統的英格蘭足球工匠智慧亟需被有系統的訓練、體適能和攻守球技取代。但他們的主張仍是少數聲音。

一九四五年末，莫斯科迪納摩造訪不列顛，這種異議方受囑目。他們與切爾西和遊騎兵踢平，擊敗阿森納，讓卡地夫蒙羞。如果這樣的結局還不明顯，那麼請看一九五〇年世界盃英格蘭的災難。英格蘭隊大老遠前往巴西，勉強擊敗智利，然後接連以零比一輸給美國和西班牙。其中，美國隊基本上是由低階聯盟、退役球員、以及業餘球員拼湊而成。英格蘭差辱地慘遭淘汰。然而幻象依舊存在。都可歸咎於長途跋涉、不熟悉環境、意料外的傷病，還有對手純粹的僥倖。足球記者布萊恩・格蘭維爾（Brian Glanville）譴責這樣的自欺，嘆道：

英格蘭足球始終君臨天下的迷思奠基在一個事實之上：無論是英格蘭或蘇格蘭都未曾在本土輸給外國球隊。他們在海外一再輸球，還有，在遙遠的國外，輸球並不算數。因為當他們踏上不列顛的國土，我們就會給他們好看。[35]

即便是這個迷思很快地也將被戳破，而這一次，劊子手改自東方遠道而來。

VII. 足球和政治並肩而行

在一九五〇年代早期的華沙，數以萬計的波蘭青年無償地付出勞力，打造十週年紀念球場（Stadion Dziesięciolecia），慶祝波蘭共產黨執政十年。一九五五年七月，正式揭幕。較預期晚了一年，但這棟冰冷毫無裝飾的苦行僧似的工業建築，見證了足球繁重累人的過程，恰似當時在東歐史達林主義生硬陰沉的保護下的社會各面向。專研足球與足球場館的運動史家西蒙·英格利斯（Simon Inglis）準確掌握其美學元素：「戰後社會主義球場館，是一個巨大、嚴肅、開放的缽碗，以泥土做邊坡，排列式板凳座椅，區分為四十區塊。球場兩側是地道，面對灰色砂岩石塊，好似火車要出現。」[36] 橫跨整個東歐，類似的巨型碗狀建物，在戰後被摧毀的城市中佇立。在波蘭南部，霍茹夫（Chorzów）的西里西亞球場（Stadion Śląski）荒廢的礦坑遺跡。在列寧格勒，基洛夫球場一九三八年起造，半完成。偶爾當作足球場地及戰時例行的防空火炮陣地。一九五〇年才正式開幕。在羅馬尼亞最大的城市布加勒斯特，國家球場（Stadionul Naţional）啟用，紀念一九四四年羅馬尼亞反抗德軍佔領，在五三年開幕。萊比錫的中央球場（Zentralstadion）和布達佩斯的人民球場（Népstadion）球場接連啟用。這些場館，全都刻意打造成國族主義運動的視覺焦點，以及對於共產主義執政的歡慶。

紅軍，一九四五年五月，佔領了南斯拉夫和阿爾巴尼亞以外的多數區域。共產主義者與保皇黨員將德國人和義大利人掃地出門。在波蘭、保加利亞和羅馬尼亞，共產黨執政。保加利亞和羅馬尼亞在次年公投，捨棄君主統治。一九四七年波蘭操縱選舉，掃除農民和右翼的反對勢力。捷克斯洛伐克和匈牙利，非共產主義的政治勢力共產黨人與其共組聯合政府，分享政治權力直到四八年。他們併入蘇聯的速度加快。起因是美蘇兩強針對四七年希臘內戰及四八到四九年柏林危機的衝突。德國區分為東西兩邊。在東歐，共產黨已經取得完全執政，憲法賦予他們人民的共和國，以及一黨專政的國家，開始監禁可疑的共產黨員與政治對手，並且掌控經濟與媒體。

　　蘇聯模式，制定於經濟和政治層面，也在運動領域中複製。史達林模式是消滅對手和替代者。橫跨整個東歐，偵查機構與共產主義的青年運動結合；關閉基督教青年會，器材重新分配；任何殘存的、具有民族主義色彩的獨立機構——特別是波蘭和捷克斯洛伐克的蘇克爾體操——都遭到封殺。個別國家的奧委會成為共產主義主導的運動或教育公署的附庸。運動毫無疑義地政治化了。東德的主流青少年雜誌坦言：「東德的運動員必須理解到：他們得學著為咱們屬於工農的國家贏得比賽。」[37] 在蘇聯意識形態行家總是對足球有些鄙視，認為它是前朝的流行，對於忠誠人士、廣大群眾及不可預料性提供自治的空間，具有潛在的威脅性。資源總是盡可能投向體操或田徑運動。但如以往，他們仍需面對足球廣受歡迎的現實。若你無法擊敗它，就加入它。足球隊遂成為國家控制下的機構。武裝力量或內政部——負責監視與管制足球。任何具有疑義或政治傾向的球會都被接管或者是邊緣化。但東歐足球仍有些許空間，得以採莫斯科斯巴達克模式，讓被壓抑的少數民族組隊。

　　在捷克斯洛伐克，政權無論是在足球或者是政治領域都遭遇到固有文化的挑戰。足球場上，原有的球會秩序已然成形；就像是共產黨員也要面對既有的政治人物與黨派。布拉格斯拉維亞隊是該城市自由派知識分子的球隊。在德軍佔領與共產黨統治之間的短暫空檔，他們曾經奪得一九四七年的聯賽冠軍。隔年，青年時期曾經效力該隊，及長後長年投身捷克斯洛伐克民主政治的愛德華·貝奈斯（Edvard Beneš）宣布辭去總統職位，不久後身故，宣告了共產黨完全取得該國的政權。當斯拉維亞隊的冠軍教頭約翰·馬登在任內身故，共產黨立即將球隊更名為蘇克爾斯拉維亞七世（Sokol Slavia Praha VII），並且以與黨更為親近的球員取代既有的陣容。而變身後的斯拉維亞隊，一直要到世紀末的一九九六年，才再度在聯賽中奪冠。布拉格斯巴達，布拉格勞工階級的球隊則被黨漠視。共產黨透過軍方，在四七年取得另一支次級球隊 ATK 布拉格（ATK Praha），之後改以杜克拉布拉格（Dukla Prague）之名。在整個一九五〇年代稱霸捷克足壇。共產黨員始終無法完全壓抑的另一股勢力，則是斯洛伐克的分離主義者。戰後，斯洛伐克的共產黨控制了當地首府的領銜球隊布拉提斯拉瓦隊（Slovan Bratislava），並且在傾

其資源挹注下，獲得三屆冠軍。直到一九八九年，都拒絕鬆手。

在波蘭，戰後的第一個聯賽冠軍由華沙的波蘭人隊（Polonia）捧回。與布拉格斯拉維亞隊一樣，波蘭人也是該城戰前知識分子的球隊。然而，對於共產黨而言，其獨立的民族主義色彩濃厚而可疑，因此將波蘭人打入冷宮。同時，共產黨將其左右手都探入足壇，由軍方控制的華沙萊吉亞隊（Legia Warsaw），將其更名為華沙中央陸軍（CWKS）；內政部則取得格瓦達（Gwardia）。就像他們的領頭者，兩支球隊都未能獲得波蘭人的青睞，也未曾真正控制波蘭的足壇。在保加利亞，軍方創立了專屬的球隊索菲亞中央陸軍（CSKA Sofia）。內政部則將戰間期最受歡迎的球隊列夫斯基隊（Levski）納入麾下。他們嘗試要將球隊易名為迪納摩，卻發現群眾極為反感。而且球迷認為自己才是球隊真正的主人，而不是內政部。群眾獲得勝利，隊名改回列夫斯基隊。就像是複製一樣，在羅馬尼亞，軍方創立了所屬的球隊布加勒斯特陸軍隊（Armata），後來更名為中央陸軍隊，最後定名為布加勒斯特星隊（Steaua Bucharest）。祕密警察合併了戰前的幾個球會，成立布加勒斯特迪納摩隊（Dinamo Bucharest），並且在市中心的精華地段興建主場球館。唯有出身鐵路產業的布加勒斯特快速隊（Rapid Bucharest），依舊是異議的祕密隱藏點。

同樣的情形也發生在東德，任何舊秩序的殘留都盡可能快速地抹除。中產階級的足球和運動俱樂部（FKs and SCs），被重組為無產階級的運動團體（SGs）。這些運動機構不僅被分配由安全部隊和軍隊接管——前者如隸屬於東德警察的德勒斯登迪納摩隊（Dynamo Dresden），後者則包含隸屬軍方的柏林前鋒隊（Vorwärts Berlin）——同時也落入尚未被蘇聯強制遷移的重工業之手。類似的東德球隊有施滕達動力隊（Lokomotive Stendal）、萊比錫化學隊（Chemie Leipzig）和埃弗特渦輪隊（Turbine Erfurt）。

戰前的知名球隊德勒斯登隊（SC Dresden），現在被更名為腓特烈施塔特運動團體（SG Friedrichstadt），則是少數未被政府收編的球會之一。在一九五〇年一場關鍵性的比賽中，他們的對手是由三支規模較小的球隊合併而成的茨維考赫許俱樂部（Horch Zwickau）。許多參與者將這場比賽視為舊與

新、真誠與虛假、布爾喬亞與共產主義者的對決。目擊者指出，在腓特烈施塔特以一球領先後，茨維考便開始訴諸系統性的暴力，時間長達八十五分鐘。裁判卻視而不見。茨維考最終雖以五比一勝出，卻也觸怒了現場的觀眾。群眾如潮水般湧向草坪，並且攻擊茨維考的隊員。後者好不容易才在整排騎警的拯救下脫身。為政者對此展現出其強硬的態度，解散了腓特烈施塔特，並且將旗下的多數球員轉籍至次級聯盟的德勒斯登菸草（BSG Tabak Dresden），一家雪茄製造工廠的球隊。

　　為了補救，德勒斯登很快就成立了由祕密警察主導的新球隊，並旋即更名為德勒斯登迪納摩。可惜這一支球隊隸屬於國家安全部史塔西的魔下。球隊立即從其他十一支隊伍當中挑出十七位頂尖球員。德勒斯登迪納摩的運作毫不意外地立刻就上了軌道，並且在一九五三年成為東德聯賽的冠軍。那一年，透過野蠻地鎮壓柏林勞工的罷工與陳抗，國家安全部、共產黨，還有整個政權展現了他們對於人民的恐懼和蔑視。國家安全部的情報頭子埃里希・梅爾克（Erich Mielke），堅持要將冠軍隊伍重新安置在辦公室左近。德勒斯登迪納摩遂成為柏林迪納摩。同樣的，一九五四年，一支位於捷克邊境山區礦業小鎮的公務人員球隊勞特上遊隊（Empor Lauter），一躍成為戰績榜上的榜首。有鑑於該城市需要一支會贏球的球隊，在羅斯托克（Rostock）產業工會和政客哈里・提許（Harry Tisch）的一聲令下，整支隊伍被搬遷到這座緊鄰波羅的海的港灣。

　　在南斯拉夫，足球組織在戰爭甚至尚未結束已經重現。一九四四年底，德軍已被掃出國門，國家遂有時間和精力創立新球隊。一九四五年二月，貝爾格勒便成立了新的足球俱樂部。過往中產階級球會博爾察隊（BSK）的設施，由新成立的梅塔拉隊（Metalac）接手。南斯拉夫總統狄托（Josip Tito）則出任榮譽主席。球隊稍後被祕密警察收編，並重新命名為 OFK 貝爾格勒（OFK Beograd）。一九四五年三月，城市的共產主義者利用前南斯拉夫隊的殘存陣容為基礎，成立了貝爾格勒紅星隊（Red Star Belgrade），並且開始吸引大學、貝爾格勒警方，還有塞爾維亞政治菁英的支持。十月，南斯拉夫國民軍（JNA）成立了貝爾格勒游擊隊（Partizan Belgrade）。在克羅埃西亞，

札格瑞布迪納摩（Dinamo Zagreb）成為克羅埃西亞民族主義的地下象徵。

戰爭期間，南斯拉夫累積的經驗和傳承，在戰後並未完全丟失。南斯拉夫國家隊，對於南斯拉夫共產黨而言極其重要，毋庸置疑。是以在招兵買馬和實際的後勤支援上，都獲得妥善的照顧，國家隊早被賦予代表南斯拉夫聯邦的功能，而非只是塞爾維亞、克羅埃西亞或斯洛凡尼亞。一九五二年，南斯拉夫與蘇聯，持續不斷的紛爭，更進一步被拉高重要性。一九四八年，狄托與史達林交惡，宣稱南斯拉夫將走向獨立的國家社會主義道路，並且保留與歐洲新政權維持等距離的定位。這樣的自治精神，招致史達林和共產黨從未稍減的憎恨。

根據一九五二年赫爾辛基奧運的足球籤表，南斯拉夫將在首輪對上蘇聯。兩國媒體均視這場球賽為更深刻的意識形態與戰略路線之爭。在裁判鳴哨前的最後二十分鐘，蘇聯仍以一比五落後，球員即將面臨下放西伯利亞的處分。根據南斯拉夫媒體的報導，蘇聯球員為此大發雷霆，瘋狂地想要力挽狂瀾，最終連趕四分（全部都是角球），掙得重賽的契機。南斯拉夫以三比一在重賽中取勝。那些賽前呼籲重啟反對狄托的蘇聯媒體全都噤聲。中央陸軍隊，這支組成奧運代表隊核心的軍方球隊因此悄悄解散。直到隔年史達林過世才撤銷。

南斯拉夫則繼續挺進，直到決賽才以零比二敗給匈牙利。整個奧運期間，匈牙利一直保持在顛峰的狀態。他們粗暴地力克羅馬尼亞，在預賽中以第一名出線。他們在第二輪以三比零氣走義大利，七比一羞辱土耳其。在面對公認的強隊瑞典時，他們依舊能夠破網六球。加上面對南斯拉夫時踢進的兩分，匈牙利總共在五場比賽踢進二十球。然而，讓芬蘭球迷拜倒在匈牙利裙下的，並非僅只是高進球和高比分，而是他們如何踢進這些球。匈牙利踢的是截然不同的足球。就如隊長費蘭奇‧普斯卡斯（Ferenc Puskás）所言：「在奧運期間，我們的足球頭一次開始展現出流暢力量。那是『全攻全守』（total football）的原型。當我們進攻時，所有人都加入戰線。防守時亦然。」[38] 英格蘭足總的祕書長斯坦利‧勞斯是四強賽對瑞典時的觀眾之一。比賽結束時，他轉向匈牙利足協的祕書長桑多爾‧布許（Sándor Barcs），邀請匈牙利造訪

溫布利，他們握手達成協議。比賽時間在爭議當中訂在一九五三年的十一月。

　　為何這支勢如破竹的不敗之師，還有其新穎的球風會來自匈牙利？為何它在史達林極端統治下的東歐依舊能夠繁榮茁壯？答案當然是機會與運氣。匈牙利聚集了一整個世代才華洋溢的球員：格羅希斯（Grosics）把守球門；波西克和薩卡里歐奇（Zakariás）是防線上的中流砥柱；波斯基（Borski）與希德庫提為中場命脈；鋒線上則有科奇斯和席柏衝鋒陷陣。這陣容一字排開，全是高手。誠如普斯卡斯所言，他們的球員素質罕見而傑出。然而，打造一支不僅只是長勝軍，還徹底顛覆足球本質的球隊，倚靠的就不只是運氣了。首先，一九五〇年代早期的匈牙利國家隊，繼承了戰爭期間匈牙利輝煌的足球文化。匈牙利終究曾在決賽時輸掉了三八年世界盃。擁有歐洲最好的兩支球會費倫茨瓦羅斯隊和 MTK 布達佩斯隊（MTK Budapest FC）。儘管戰火讓匈牙利的足球基礎設施與球員付出代價，它逃過同盟國猛烈的轟炸，以及紅軍的報復。

　　足球和政治都在一九四六年重新啟動。一個由保守黨、共產黨與社會民主黨組成的聯合政府在蘇聯武裝部隊的陰影下展開統治。在這一段相對平靜開放的時期，匈牙利的足球聯盟重新啟動。同時，一群才華洋溢的教練，像是戰時均派駐外地的貝拉‧古特曼（Béla Guttmann）和馬頓‧布考維（Martin Bukovi），紛紛自海外歸國。在國際足壇，匈牙利開始嶄露頭角。在都靈一場與義大利的對抗中，普斯卡斯由於表現出色，尤文圖斯公開以十萬美金向他招手。一九四八年，當歐洲的分化即將成為定局，共產黨在一場備受爭議的選舉中，讓其政治對手失勢喪權。隨後，在隔年的第二次選舉中，選民面對到只有共產黨候選人的景況。匈牙利成為人民共和國，並成立了一個祕密警察組織，而共產黨內外的敵手不是被送上刑場，就是受到高調而公開的審判。

　　此時，匈牙利的足球遺產掌握在共產主義者的手中。慣常的國家改造將足球與足協牢牢地置於運動部與黨之下。俱樂部附屬於各個國家機構。布達佩斯傳統勞工階級的球隊費倫茨瓦羅斯，遭受到強制變更隊名與球衣顏色的羞辱。而屬於猶太人、布達佩斯之自由主義者的 MTK 布達佩斯隊，在「最

終解決」政策中流失掉它原本的主要支持者。遺下的空殼由新成立的祕密警察接手。因此，國家的資助主要流向被軍方接管的小球隊捍衛者基斯佩斯（Kispest），隨後更名為捍衛者隊（Honvéd）。一九五〇年代早期，頂尖的球員被集中在基斯佩斯和 MTK 布達佩斯隊，以確保他們入選國家隊時，仍會因為熟悉彼此而保有默契。

　　而被政府賦予重責，要整合這些素材，並將其轉換為實質勝利的關鍵人物就是古斯塔夫・席比斯（Gusztáv Sebes），一個在政治資歷上無可挑剔的人選。席比斯是長期的共產主義支持者；一九三〇年代曾在巴黎的雷諾公司從事工業組織；更是匈牙利產業工會運動的領導成員。一九四九年，他受命為國家隊的總教頭時，還身兼運動部的副部長。門將格羅希斯追憶他時曾經說道：「席比斯致力於追求社會主義的理想，而你可以從他的言談當中感受得到。針對每一場關鍵的比賽他都會拋出所謂的政治議題。他最常掛在嘴邊的就是社會主義與資本主義的激烈競爭不僅隨處可見，更活生生地體現在足球場上。」[39] 執政當局無疑想要藉由足球來建立政治資本，同時也集中資源來建立一個全新的國家級場館：人民球場，以作為匈牙利第一個產業五年計畫的核心標的。席比斯妥善運用加諸於身的各項權力。他擘建了全國性的球探網絡，與匈牙利聯賽的所有教練合作，在週間為國家隊特意安排友誼賽和訓練課程，最重要的是，針對球員、戰術，還有觀念做各種實驗。

　　矛盾的是，在當時史達林主義風行的匈牙利，表達自主、非主流信仰，還有交付主動性予公眾乃是死罪。席比斯卻打造了一塊備受保護的空間，包容信賴、對話與自主。創新始於格羅希斯逐漸開始扮演清道夫門將的角色：相較於同儕更倚賴雙腳，具備在禁區範圍外主動處理或攔截對方長球的能力，同時隨時準備好將球以滾動而非腳踢的方式迅速傳向空檔，以發動快速反擊。在球場的另一端，匈牙利保留兩位邊鋒，但期待他們不僅只是沿著邊線移動，而是隨時能與當時的兩位內鋒相互錯位、輪轉，甚至是角色交換。傳統進攻陣勢當中的第五位鋒線——九號球員或者是中鋒——則退縮至中場，一個因球員不斷向前場推進而逐漸萎縮的兵家必爭之地。如此，匈牙利演化出四個後衛的陣型。這個陣型中，兩位中場球員的主要任務是組織與進

攻；從球場的中央撕裂防線，切入空檔；在十二碼附近把握機會起腳射門；在鋒線當中嫻熟地穿針引線；並且以不按常理的行進和形式困惑防守者。當巴西以此陣型出征一九五八年的世界盃時，被稱為 4-2-4 陣型。然而，匈牙利才是真正開創 4-2-4 先河的祖師爺。

　　一九五三年三月，史達林過世。抗議的火焰在柏林的街上和建築工地閃現。這把火也燒向匈牙利。拉柯西（Rákosi）鋼鐵廠的工人罷工，丟下工具，要求改進。不滿的情緒也開始在匈牙利的鄉間與小城鎮中悶燒。共產黨的領導階層被召喚到莫斯科。時任蘇聯共產黨第一總書記的赫魯雪夫（Khrushchev）嚴責他們的失敗和對過度引用史達林主義教條的愚忠。南斯拉夫總理拉柯西被貶下臺。改革主義者伊姆雷・納吉（Imre Nagy）上臺。由於這個微小的極權解凍，一種樂觀氛圍轉變，可能性開始透出曙光。一九五二年，匈牙利國家隊十戰十勝，隔年亦保持不敗之身。在羅馬與義大利的對陣，證實了匈牙利有可能是世界第一的理論絕非空話。匈牙利在這場比賽中，展現了創新傳球過人和戰術的老練，加上隊長普斯卡斯表彰高昂情緒的典範帶動，在最後幾分鐘大叫門將射球得分，終場以三比零獲勝。下一個對手是英格蘭。席比斯審慎，注意細節。就在兩軍交戰的幾個星期前，席比斯看了英格蘭與歐洲群星在溫布利的比賽。他發現球的彈跳不同，草皮也有特殊的質地。他於是安排匈牙利球員在與溫布利規模相同的球場，用英格蘭的球練習。在前往倫敦途中，他安排球隊與一支由雷諾工廠員工組成的球隊踢一場友誼賽。比賽在一萬五千名生產線工人之前開踢，在古老帝國的核心帶來一小股國際無產階級團結一致的氛圍。一如一九三二年的奧地利，還有一九三四年的義大利，當匈牙利國家隊踏上英格蘭領土時，他們懷抱著一顆要將王者拉下馬來的雄心。

1953 年 11 月 23 日
英格蘭 3—6 匈牙利
倫敦，溫布利球場

在巴西和非洲，球迷會將施有魔法的圖騰、小飾物或符咒埋在對手球場的草皮之下。英格蘭不時興這一套。英格蘭理性而勤奮。英格蘭處在黑與白之中。那厚重而髒汙的倫敦霧霾已經在球場上空盤旋。裹著厚重外套和帽子的攝影師，多數跑去匈牙利球門。他們期待英格蘭進球。

對某些人來說，英格蘭球員看似正捲起袖子，開始輪值工廠另一個血汗的班表。他們的球衣鬆垮累贅，而匈牙利球衣恰恰合身；他們腳上穿的是笨重的高統皮鞋，匈牙利人腳下套的則是輕盈、現代的低筒戰靴。他們的身形壯碩如牛，匈牙利人則剽悍精瘦。英格蘭隊長比利·萊特（Billy Wright）開玩笑地對史丹利·馬修斯說：「我想我們應該沒問題。他們甚至沒有適當的裝備。」就在開球之前，普斯卡斯將球輕輕挑起，靜置於左腳趾尖，重複兩次後，他轉而將球拋向他的左右大腿，靜置，再將球回到腳上，用腳跟在身後將球閃電般地短傳給伊雷古提。這是賽前排遣緊張的把戲？抑或是在英格蘭老舊的足球殿堂內刻意展現的滿不在乎？

一個帝國的頹傾需要多久時間？輸掉一場球賽又需要多久時間？四十五秒。匈牙利開球。在無人看管的情況下，伊雷古提抬腿將沉重而且濕漉漉的英製皮球勁射入網。英格蘭扳回一分。但在接下來的五十五分鐘，匈牙利又踢進另外五球。他們原本可以踢進十球。他們談笑用兵。而英格蘭幾乎碰不到球。就算他們好不容易持球，也需要觸球兩三次才能夠有效控制。但就算他們球權在握，似乎也不知道接下來可以做些什麼。匈牙利人從空中截球，他們將球控制在胸口。在傳球至隊友行進的路徑前極少抬起頭來。他們的鋒線滿場飛奔，橫跨整個球場；從後場就發動攻勢；及時跟進退防；全速進行反擊。他們看起來才是現代足球的勁旅。

拆除帝國體育館（即溫布利球場）不過是幾個月內就能完成的事。據說，

有個當時建築工人懶得移走的蒸氣火車頭就埋在球場下方。一片搖搖欲墜的帝國榮景，就搭建在早已被人遺忘的工業革命之上。[40]

魔咒終究有解除的一天。英格蘭早先在歐洲馬失前蹄、在巴西被羞辱，如今在主場的家鄉父老前吞敗。整個布達佩斯的人都湧上街頭；匈牙利人在熱鬧的歡送陣仗中離開維多利亞車站；在巴黎東站被譽為歐洲大陸的足球英雄；在維也納西站被視為曾經威震足壇的奧地利國家隊「夢幻隊」的後裔。在匈牙利的每一個火車站、每一處站牌，球員們都受到熱烈的歡迎，沐浴在花束與禮物的海洋之中。共產黨召集成千上萬人群，公開授勳並私下給予現金獎勵。六個月後英格蘭揮軍布達佩斯，兩軍再戰。結果毫無懸念，匈牙利若有千般好，英格蘭便有萬般弱，最糟的是根本沒有從溫布利一役中汲取教訓。匈牙利最終以七比一揚長而去，更顯得英格蘭史無前例地笨拙，無力招架。

VIII. 球是圓的：伯恩奇蹟

所有的足球文化必定都能夠在情感和實質上滿足特定以追求秩序、控制與完整性為樂的男子氣概。現代官僚體系化的運動為紀錄蒐集者與數據統計狂提供了難以計數的樂趣。對於有蒐藏癖的人來說，商業化的世界還添加上菸盒收藏卡、郵票、紀念幣和貼紙簿。針對重感情的人，則提供各種空前多樣的紀念品和徽章。在教練方面，這種巨細靡遺的狂熱中，催生出沒完沒了的筆記達人、人肉檔案櫃、細節魔人，還有令人難以忍受的完美主義者。自一九四五年五月八日凌晨德國戰敗的「零點」（Stunde Null）開始，何處竟容得下這些不可或缺的瑣事？何處竟能夠提供這樣一個與現實完全脫節的空間？荒謬的是，在這樣的時刻，面對著荒蕪、難以言喻的全面破敗，還有全然的空無，正是那些偏執，且如自閉症患者般對周遭的社會與道德浩劫絲毫無感的人，才得以生存，並且茁壯。當時仍舊是德國國家隊教頭的赫伯格，

就同時具備了情感上的自閉，還有偏狹的視野。在戰爭的後半段，他從不間斷地追蹤麾下那些因徵兵而四散各處的球員，在敦促他們保住小命的同時，還力勸他們要維繫體能，並且針對弱點加強。在整個戰爭期間，事實上是在他整個執教生涯當中，他足足寫滿三百六十一本筆記本，而其中只有足球。對於二十世紀中葉歐洲足球以外的議題，他隻字未提，甚至連最細微的暗示都沒有。對他來說，「零點」並不是道德反省或者是個人懺悔的時機，而僅只是重整國家隊的時刻。就偏執與熱中這一點而言，赫伯格並不是孤例。一九四五年夏季，在國境之南，斯圖加特隊的前董事薩克曼（Gustav Sackmann）就四處招兵買馬，努力召集戰前的球員組成一支球隊。

　　第三帝國的國土並未歸還給奧地利、法國、捷克斯洛伐克、波蘭和蘇聯，而是被蘇聯、法國、不列顛和美國瓜分。如我們所知，在俄國的勢力範圍內，建立共產黨政府，以及由國家直接掌控的運動體系在一九四六年已經有跡可尋。在英、法佔領區內，兩國對於德國之足球發展並未流露半點同情之情。球隊不准恢復，球賽也不得進行。有報導甚至指出，不僅門柱和球網都被沒收，任何接近納粹色彩的足球服裝都被燒毀。相反地，在美國的管轄區內，有鑑於足球被視為無足輕重的文化活動，不僅允許踢球，甚至還受到鼓勵。足協成立於一九四五年後期，不到一個月內，小型的區域性邦際聯賽（Oberliga）就順利上路。到了四六年，美軍的佔領區內已有四個類似的聯賽。德國自我組織的能力似乎未被削弱。當被佔領的情緒逐漸消散，不列顛與法國也開始准許正式的組織足球。東西兩邊不斷升高的衝突情勢，也預示了德國的分裂，使得同盟國佔領區域彼此之間關係更為緊密。美國、不列顛和法國佔領區首先合組貨幣聯盟。隨後，就在四八年，首屆西德全境的足球錦標賽決賽就在科隆開踢。全國超過一半的建築物被毀。草皮的狀態、俱樂部的會所，還有其他設施的情形不難想像。在一九四六至四七年整整兩個球季，頂級俱樂部的球員是為了麵包和湯而踢球。在城市裡，軟式棒球（rag-ball）和街頭足球死灰復燃的景況空前，實在是因為再也沒有什麼其他的消遣。在這一段極端匱乏的時間裡，居住在城市裡一整個世代的德國孩童，重新發現自己對於這項簡單易行的運動的熱愛。

即便有一個國家聯賽，但當然沒有所謂的國家隊，也沒有國際足球。國際足總已經中止德國的會員資格，並且禁止其會員國與德國國家隊進行任何層級的比賽。一九四九年，同盟國的佔領區合併為德意志聯邦共和國，同時各方也同意了一份臨時的憲法，簡單地被稱為基本法。德國的軍事與法律地位等最終問題被歸於一類。德國足協在一九四九年冬天重組；在東德，也成立了其史達林主義的相應組織。在西南部仍由法軍佔領地的薩爾（Saarland）地區，則獲得國際足總所賦予的獨立地位，在接下來的四年得以參加國際比賽，直到重回西德的懷抱。國際足總的禁賽令如今已經解除。一九五○年，德國總算在十一萬五千位家鄉父老面前迎戰瑞士。而這場比賽也成為德國自一九四二年來的第一場國際足球賽。與許多新瓶裝舊酒的戰前德國組織的重建一樣，德國足協也絲毫未去納粹化。帕可‧包溫斯戰前曾經擔任足球裁判與官員，一九三三年曾經加入納粹黨，其猶太裔的夫人甚至為此自殺。但這些黑暗的過去並沒有成為他日後官職路上的障礙。包溫斯隨後徵召了一批要不曾經是納粹黨內的活躍分子，要不就是曾經涉入大德意志帝國運動種族立法的人出任新聞聯絡人與組織幹部，成為新協會的骨幹。在教練部分，戰前與赫伯格一同負責國家隊的奧托‧內茨（Otto Nerz）和弗里茨‧林奈曼（Fritz Linneman），在德國投降後均因納粹黨員的身分遭到拘留，也都沒有成功撐過艱辛的牢獄生活。赫伯格曾經在內茨的慫恿下入黨，因此受到審訊，在被視為年輕的親納粹分子後被罰款飭回。在短暫從事教育工作後，赫伯格再次重掌德國國家隊的兵符。

正是赫伯格的這支球隊為戰後的西德足球寫下歷史性的一頁：一九五四年世界盃的勝利，被譽為「伯恩奇蹟」（Das Wunder von Bern）。西德足球搖身一變，從名落孫山外到世界第一、從不受歡迎的球隊到備受尊崇的冠軍，恰恰猶如現實生活中西德轉變的縮影：從遭敵國分區佔領到主權獨立的國家。國族建構的史詩敘事，總是以赫伯格與隊長瓦爾特領銜，再加上廣播電臺球評辛默曼（Herbert Zimmermann）、踢進致勝球的拉恩（Helmut Rahn），以及一路過關斬將的 Adidas 創辦人阿迪‧達斯勒（Adi Dassler）等人的客串演出。

　　赫伯格和瓦爾特平凡樸實的風格始於他們對於政治始終如一的無感。就像許多親歷過從德國投降到西德繁華的德國人一樣，他們選擇避開歷史與政治，而不是正面與其交手。赫伯格從基督教民主聯盟（CDU）與戰後第一任總理康拉德‧艾德諾那兒獲得些許顯貴的權力。兩人都以明顯的博學和低調不招搖的親和魅力，在各自的領域獲得權力的光環。與納粹的浮誇與精於修辭相較，兩人親切溫暖，虛心有常識。瓦爾特，凱澤斯勞藤（1.FC Kaiserslautern）的中場球員，在足球場上老練精幹，私底下卻極其單純：專注、謙虛、忠誠，並且為了團體榮譽不屈不撓，打死不退。他的寡言更為生涯增添神祕與傳奇的色彩。戰爭結束前，瓦爾特依附在東線上空軍單位的一個足球隊。他後來被美軍拘捕，並且交付給蘇聯，被送上開往西伯利亞的列車。在終點站烏克蘭，他與守衛一起踢球消遣。他被營區官員認出身分，重新安排他的出路，出乎意料地將他送回德國。戰爭期間，瓦爾特感染瘧疾，從未徹底痊癒，而且奇怪地總會被濕冷的氣候觸發。這種天氣因此被稱為「弗里茨‧瓦爾特天」。這是一個奇蹟般從大戰與佔領期間存活下來的人，帶著渾身傷病，回到自一九三九年就離開了的同一支球隊，重拾當初的生活。

　　在瀰漫整個民族的自我克制氛圍中，德國極其低調地為一九五四年的世界盃鋪路。無論是就政治或者是心理層面而言，公開表達好戰或挑釁的國族主義語彙仍然是不可接受的。儘管球隊的表現良好，卻沒有讓人聯想到勝利。事實上，德國隊得以出國，甚至是贏球的念頭，在當時幾乎是文化上和情感上的打火石，一觸即發，極其危險，最好連想都不要想。德國自一九五○年的世界盃除名，以及四八和五二年連續兩屆奧運被禁賽，推遲了德國重返國際運動競賽，此一遲早要面對的現實。然而，隨著兩德分裂即將完成，這件事再也無法拖延。在大賽開踢前夕，德國秣馬厲兵，要在首戰遭遇土耳其。然而，德國的報紙一面倒地聚焦在法國與德國之間針對德國重整軍備，以及西德重組為一個主權獨立的國家緊鑼密鼓的談判。西德是一個即將誕生的民族國家，但在它的公民心目中，這究竟是一個什麼樣的國家，則尚在未定之天。而一九五四年的世界盃決賽，為它們提供了一個尋求解答的絕佳機會。

　　決賽揭露了幾件事。其一是中立國願意為此買單，瑞士是當時全歐洲唯

一一個經濟狀況還不錯的國家，足以勝任主辦球賽的任務。另一點則是拉丁美洲之於歐洲的優勢已然不復存在——至少暫時如此，烏拉圭和巴西都在晉級的路途中鎩羽而歸。英格蘭疲弱的表現，確定它們落在世界足球次一級的位階。而新成員土耳其和南韓的參賽，也顯示戰後世界盃已開始有跨洲世界主義的味道。

　　相對於德國，匈牙利的奪冠之心不僅來勢洶洶，更可說是成竹在胸。他們依舊展現不凡的實力。他們移地到埃及冬訓，並且獲得海外購物、甚至是走私的特許，只要是在當局可容忍的範圍內。匈牙利懸掛彩旗，全國的告示牌上掛滿球隊的海報。發給各大使的冠軍慶功派對的邀請函已經印就。抵達瑞士後，匈牙利立刻就以十比零在一場熱身賽中海扁盧森堡。在小組賽中，他們以九比零羞辱南韓，八比三輕取德國。經歷了這一場決定性的勝利，決賽中再次與德國碰頭看似機率甚微。他們幾乎不曾關注到德國漸次地進步：擊敗土耳其、南斯拉夫、奧地利，然後晉級冠軍戰。普斯卡斯因為德國後衛維納・利布里希（Werner Liebrich）粗暴的衝撞而退場，但儘管少了他，匈牙利依舊在兩場比賽中表現犀利，照亮了球賽的不同層面，同時確保了他們在世界足壇中的統治地位。面對巴西時的伯恩之戰，匈牙利踢進四球，並且透過一連串粗暴的行動，頑強地死守己方的陣地，導致賽後球員通道內的混戰。四強賽中他們面對的是衛冕冠軍烏拉圭，踢進兩分，並且控制比賽。實力尚在的烏拉圭也踢進兩分，將球賽帶進延長賽。匈牙利的自信和適應力為他們再踢進兩球。已經坐擁奧運冠軍的匈牙利，已經分別擊敗上一屆世界盃的決賽成員：在英格蘭和海外兩度羞辱英格蘭；四年未嘗敗績；擁有精湛技術與創新戰術，如今他們堂堂進入世界盃決賽。

　　迷思的迷霧、錯誤的資訊老早已籠罩匈牙利陣營。但似乎已足以證明當他們抵達伯恩時，陣容並不完整。儘管傷勢尚沒有完全復原，普斯卡斯仍舊回歸陣線。而這也成為積怨的原因，還有諸多引起妒忌和衝突的決定之一。匈牙利教練團在距離球場一段之處被群眾擋住，無法穿越，對於匈牙利陣營不快的氣氛完全沒有助益。他們被迫徒步前往萬多夫球場（Wankdorf Stadium）。在推擠當中，席比斯發現自己就在瑞士警察的步槍槍托之下，差

點就被爆頭。當時正在下雨，雨勢持續了整個下午都沒有停歇。

1954 年 7 月 4 日
西德三 3—2 匈牙利
瑞士伯恩，萬多夫球場

舞臺左方：天堂。天使席比斯坐在他的雨雲上，激昂地說些什麼，卻沒有特定的對象。**舞臺右方**：費蘭奇·普斯卡斯，依舊是一尾活龍，正坐在他的起居室，朝一盤油膩的香腸持續進攻。

席比斯：大戰前夕那一晚簡直慘不忍睹。那天正好是瑞士銅管樂團的競賽，遊行的隊伍喧鬧到凌晨兩點，剛好就在我們下榻的旅館外面。決賽當天，他們在午餐過後又立刻開始彈奏。

普斯卡斯：（從頭到尾都沒有從他的香腸當中抬頭）全世界的媒體都簇擁著我們。我們家喻戶曉。但同時我們也是眾矢之的，人人都想扳倒我們。

席比斯：然後是雨。決賽前整天都在下雨。到了下半場，雨下得更大。場地變得鬆軟、泥濘，對球員來說更加容易疲憊。

普斯卡斯：（持續大啖香腸）開賽沒多久我們就以兩球領先。而且我們至少錯失了半打射門良機。然後我們決定略作保留，放慢節奏，將球控制在中場。

席比斯：半場時，所有人都在抱怨裁判……我們為什麼老是碰上不列顛來的裁判？

（普斯卡斯推開他的餐盤，對著席比斯開口。）

普斯卡斯：我們丟失了愚蠢的兩分。我們應該持續加壓，並且伺機踢進致命的第三分終結比賽。就在裁判響哨前，我踢進了追平分，但那個威爾斯線審格力菲斯（Sandy Griffiths）認定我越位，判進球不算。就連英格蘭裁判威廉·林（William Ling）都已經給我們分數了。

席比斯：假使匈牙利贏球，國內就不會出現反革命了，在推動社會主義的建設方面，反而會有一股強大的推力。

（普斯卡斯嗤之以鼻，並且咕嚕咕嚕地喝下一小罐啤酒。）

在舞臺正上方，出現格羅希斯憔悴的身影。他低頭望著拉恩在匈牙利罰球區邊緣的影像。兩個匈牙利後衛望著彼此，再看看球，爭論誰應該負責。威脅已經解除，但卻是在拉恩將球勁射入網之後。德國群眾的吶喊，就在哨聲響起的六分鐘前，潮起，然後潮落。

格羅希斯：無論是當時，或者是現在，我個人都能感到一股深不見底的失落朝我襲來。就在那一天，我的生命失去了些什麼，再也不曾恢復。在他們擊敗我們的那一天，這樣的結果讓我們看清了自己打從心底的自負，在此之前，我們從未發現。當我們在第八分鐘踢進第二球時，我們還以為一切都已經搞定了。[41]

德國國內最初那股興致缺缺的態度早已煙消雲散，世界盃如今成為大眾的焦點，全國幾乎都圍在收音機旁，或是湧入第一波設有電視的咖啡廳或人家內。當賽事終了的哨聲響起，《曼徹斯特衛報》駐柏林的特派員如此報導：

那是狂野的歡慶。人們開始在人行道上起舞。群眾群聚在咖啡店內外聆聽廣播講評。興奮的群眾在廣播音量開到最大的計程車旁翩翩起舞。[42]

據估計，當德國隊從瑞士邊境搭乘火車返回慕尼黑時，短短的路程聚集了大約兩百萬群眾前往迎接。媒體不尋常地以興高采烈的語氣報導有人因為打賭匈牙利一定會贏，願賭服輸，開心地到理髮廳剃光他的頭髮。在其中一個計畫外的停駐點，球員和官員被禮物淹沒：

人們像葡萄一樣吊在樹上。像昆蟲一樣掛在鐵路的號誌上。整個村莊都動了起來。義消樂隊套上他們特殊的制服。地方官員穿上最好的西裝。就像過去他們歡迎威廉二世一樣。[43]

這一股熱血沸騰的情緒，以及公開的狂歡，正是鍛造神話與意義的重要時刻。西德對贏得世界盃的反應，首先也是最重要的是：物質比精神重要。西德已經處在經濟奇蹟的頂端。一九五四年，西德的工業產能每年提升百分之十一；出口提升百分之二十。德國或許無法製造軍火，但它們為整個世界提供製造軍火的機器和工具。當德國隊總算抵達慕尼黑，由十二輛賓士敞篷車組成的車隊正恭候他們大駕。在接下來的那一週，在數不清的民間慶典與不在行事曆上的各種場合，隊員們享受到經濟奇蹟最直接也最實質的果實：冰箱、電視、縫紉機、地毯、水晶吊燈，而製造商則獲得他們的背書。再沒有比 Adidas 更好的例子：他們發明釘鞋，讓德國隊足以應付各式各樣的氣候。Adidas 代表德國出口製造業的傑出卓越。

官方的慶功宴選在慕尼黑一處地下的啤酒酒窖。透過巴伐利亞廣播公司，德國足協主席包溫斯的致詞以現場直播的方式向公眾放送。在混合著酒精、情緒與食古不化的國族主義政治等氛圍當中，演講以尚可接受的陳腔濫調起頭，述及德國的心靈與精神，接著指出球隊是受到北歐天神奧丁（Wotan）的精神啟發，隨後在他指出球隊正是從「領袖原則」（Der Führerprinzip）當中獲益而達到最高峰。不幸中的大幸是巴伐利亞廣播公司中斷了演講，然後搞丟了錄音帶。然而，結合了亞利安神祕主義與獨裁的極端民族主義的幽靈已經遭到釋放。在伯恩，群眾唱的是德國國歌的第一個小節：「德意志、德意志，高於一切」（Deutschland, Deutschland, überalles）。而非西德政府正式批准的第三節：「團結、正義與自由」（Einigkeit und Recht und Freiheit）。事實上，在德國的公開慶典上也時常是如此。

這倒也簡化了東德媒體處理相關新聞。之前，媒體已獲准表達些許汎德國領土的道賀，但卻採用極端痛苦、被迫表示禮貌的態度。拋開這層義務，東德媒體就可以斥責西德的勝利催化各種復仇主義、法西斯主義、具有攻擊性的民族主義。法國媒體與輿論稍微緩和，但也具批判性。在不列顛，被解讀為德國在運動上更廣闊的勝利的一部分，例如賓士汽車最近在賽車大獎中的勝利，以及西德在經濟發展上的成功。在戰爭勝利的九年後，不列顛仍然苦於廣大而嚴峻的限量配給，比戰敗的德國還要嚴重。此外，不列顛首相與

艾諾德進行的軍備磋商會議，也低調地表示，一個重新武裝，並且具有獨立
主權的西德確將出現。

　　輕描淡寫、保持低調，是高層對於勝利的反應。在柏林，德國隊在九萬
五千位群眾目前公開表揚。總統特狄奧多・霍伊斯（Theodor Heuss）趁機剔
除掉包溫斯和他的同黨。他訓誡說：「好的踢球，不代表好的政治。」要求
群眾齊唱國歌的第三小節，還親自朗誦那段文字，以免萬一群眾不知道。《南
德日報》（Süddeutsche Zeitung）的頭條，有意識地去政治化「偉大的勝利，
偉大的日子，但那不過是一場比賽。」這種輕描淡寫確是有效的策略，以邊
緣化極端民族主義者對於世界盃的詮釋。但，無法模糊世界盃帶來真正的政
治與社會意涵。《曼徹斯特衛報》的柏林特派員在獲勝後報導：「要了解這
份喜悅，　定要記得這個國家的驕傲，自從九年前災難性地跌落後，就在深
沉的迷惘下走得搖搖晃晃。還有，尤其在柏林，情感釋放的狂熱，以跳脫到
處可見的廢墟環繞景象」。[44]

　　在此脈絡下，很難不去閱讀德國廣播評論員新默曼的話：「結束了。結
束了。結束了。德國是世界冠軍！」就像是戰後既羞辱又艱困的佔領與重建
的結束。《明鏡週刊》（Der Spiegel），毫不掩飾地推崇勝利是文化奠基的
重要時刻。「在走上歧路兩千年之後，日耳曼人終於發現了民族生存的真正
命運。」[45] 至於命運的意思是什麼？勝利很好。但更好的是贏得一場比賽，
而非一場戰事。最佳很好，但更好的是球賽踢得最佳，而不是最善於統治。
國家民族的特質勤奮工作、忠誠、紀律和秩序可以動員來製造汽車和洗衣機，
而不是坦克。團結與階級最好表達的場所是足球場，而不是戰場。

　　在匈牙利，勞工階級聚集的布達佩斯郊區，有零星低調的動亂。當夜幕
低垂，當中醉意最深和怒氣最重的民眾，前來市中心的國家足球樂透辦公室
前放火。隨後，全體群眾行進至國家廣播電臺的總部，呼叫評論員的上司塞
佩什（György Szepesi）。看板被推倒，派對被取消，球隊在武裝警衛的護送
下偷渡回布達佩斯。返國以後，他們收到許多個人威脅與眾多的公開的敵視。
在匈牙利戲院上映的決賽影片，乃是政府重新編輯的版本，其中匈牙利有超
過九成的時間持球。但他們無法修改結局。匈牙利的社會主義不會因為培育

出來的輝煌的足球而獲得成功。但它將會因為這一次運動上的失敗而嚴重挫敗。無論是黨或者是球隊,都將在即將來臨的起義中中槍倒地。

第十章

天使與魔鬼：
拉丁美洲的足球發展（1955–1974）

巴西贏球堪比美國征服月球。

——《巴西日報》（*Jornal do Brasil*），1970.06.22

從足球之中，可見藝術、尊嚴、天賦、厄運、神與魔、自由與命運、旗幟、讚美詩歌與淚水。最重要的是，它讓我們看見：儘管巴西在許多地方仍有不足，但它的足球很美好。對足球冠軍來說，這件事至關重要。畢竟，能夠成為森巴、嘉年華還有足球運動的翹楚，總比在戰爭和銷售火箭這類事情上出類拔萃好。

——巴西人類學家，羅貝托・達瑪塔（Roberto DaMatta, 1936-）[1]

I. 足球即藝術

　　尋常的八月天。即便是嚴肅如《巴西日報》，當它將美國阿波羅登月任務與巴西第三次在世界盃捧起金盃相提並論時，它並不是在開玩笑。一九六二年，美國甘迺迪總統（John F. Kennedy）宣告：「這個世界如今正在探究太空，月球，和更遠的星球。而我們立誓：我們不會見到它屈服於高舉征服之旗的敵營腳下；而是安處在自由與和平的旗幟之下。」[2] 他藉此闡述了登陸月球令人難以抗拒的象徵作用：該行動本身，即是美國式現代性最完美的表徵。當然，阿波羅任務之所以成立，就某方面來說，混和了冷戰時期的裝腔作勢，還有戰略性的被害妄想症，更與政府對軍火工業的暗中補貼有關。只不過，這種觀點畫錯了重點。重點在於：登陸月球不僅極度困難，還極其無用。美國如今已經躍升全球經濟與科技的龍頭，然而，它本身的疆界早已攻克，並且固定；而地球上其他地方的邊界，也為了維繫東西衝突的軍事平衡而遭到凍結。在此情況下，月球為美國沒完沒了的心態帝國主義（metal imperialism）提供一個嶄新而公開的處女領域；接露一個技術官僚統治下顯而易見的前景。阿波羅計畫是一個高科技的煙火秀，展示了在工具理性的指導下，大量集結科學、技術與財政資源所能獲致的成就。而這一切是為了什麼？這樣一來，就可以搶先在一個滿是石頭的外太空球體上，插上他們的旗幟。

　　巴西更勝一籌。因為一個人無法編造任何有關高竿的權力操控，或者是與工業相關的基本理由，去解釋對於一顆皮球的征服。說到底，究竟還有什麼事物比足球賽更加沒有效益、轉瞬即逝，徹底的沒有幫助？就像美國人一樣——不過財大氣粗、揮霍無度的程度稍低——巴西人投注科學、心理學與經濟資源去推動境內的足球發展，積極佈局國際競賽，尤其是贏得世界盃。而且，不像美國的太空計畫全是枯燥乏味的理性計算，巴西的足球受到另外一組參數的影響：即足球是藝術、是大眾觀看的視覺表演、是舞蹈，也是戲劇。然而，巴西足球的不可能任務在於要在這兩組競爭的理性當中解決矛盾，

並取得平衡：工具的或是美學的；高效的或是美麗的；在享受愉悅的同時贏得比賽。此一任務要是成功，即便只是維持一陣子，不僅能夠調和位居拉丁美洲足球核心的兩難，甚至所有現代社會的矛盾。對巴西，或者是拉丁美洲的其他地區而言，巴西隊在一九七〇年世界盃奪冠時展現在世人眼前的足球，是呈現該地顛簸動盪的社會發展路徑最清晰也最崇高的文化表現之一。而對那些在場的人來說，巴西隊的足球看起來究竟是什麼樣子？企圖要為蘇格蘭運動作家休‧麥克凡尼（Hugh McIlvanney）的作品增色並不容易，他在最原始的科技支援下，在墨西哥城的阿茲特克體育館現場，即刻記下如下文字，並且以電報方式發出：

　　球賽的最後幾分鐘涵蓋了該隊足球的精華，其優雅，其活力，還有純粹的愉悅。其他球隊令我們興奮，並且贏得我們的尊敬。而處在最佳狀態的巴西隊，帶給我們的是自然而深刻的喜悅，一個強烈而鮮明的肉體經驗……展示在我們眼前的，是讓足球成為最優雅，最扣人心弦，也最感動人心的團隊運動的本事。巴西當然對於自己一身的無雙本領感到自豪，但也不難看出他們急切地想要透過足球說些什麼。說說那些關於比賽，也關於他們自己的事。若你不熱愛足球，你不可能成為世界第一。而坐在阿茲特克體育館看臺上的我們，臉頰因為興奮而發紅，都領悟到我們目睹了某種形式的讚頌和致敬。[3]

足球即藝術。足球即戲劇。足球即芭蕾或交響樂。有超過半世紀的時間，拉丁美洲是依據此前條件來鑄造足球，不僅強調它們的重要性，更堅持它們與赤裸裸地追求勝利一樣重要。四〇年代名震一時的河床隊由無可救藥的波希米亞人與探戈藝人組成；五〇年代由波哥大米倫拿列奧擔綱的「藍色芭蕾」；還有五八年和六二年在世界盃掄元的巴西隊；全都是一九七〇年那支巴西隊的前輩。就這一點而言，一九七〇年巴西隊的崛起，並不是平地一聲雷，或者是曇花一現般的一次性存在，而是悠遠傳統當中的一小部分。然而，倘若相同風格的足球早已在拉丁美洲流傳，接下來的問題便是：為何此一球風最極致的呈現，會恰恰出現在這個時刻？偏偏是由這支球隊來演繹？一個想當

然爾的答案是：這支巴西隊有源源不絕的天賦與能力可資利用。不過，若拉開一點距離來看，蓋爾森（Gérson）、托斯唐（Tostão）、卡洛斯·阿貝多、里維利諾（Rivelino）和察辛努（Jairzinho），即便是比利本人，全都是他們那個時代的產物。一個南美大陸的經濟史、政治史和運動史相互作用，獨一無二的時代。

這些極具象徵意義的現代主義工程——無論是登陸月球或者是藝術足球（*futebol arte*）——其基本的先決條件是長達二十年史無前例的經濟成長。從韓戰（1950-53）開始起飛的全球性經濟榮景，一直持續到一九七〇年代中期，其勁道在美國特別強勁和深遠。這樣也好，畢竟沒人說過登陸月球是件便宜的事。拉丁美洲也同享這一波經濟繁華。它為南美大陸所生產的原物料提供了一個不斷擴張的市場；也替一九四〇年代因「進口替代工業化政策」而湧現的國內企業爭取了喘息的空間。在阿根廷和巴西，一九五〇年代的就業率與薪資上漲，使得勞工階級的消費能力顯著提升，同時也創造出一個新的都會中產階級。即便如此，拉丁美洲始終未曾接近過經濟合作暨發展組織（OECD）國家所成就的高生產力、高就業率與高社會福利。貧窮依舊普遍。城鄉差距日益明顯。里約、聖保羅和布宜諾斯艾利斯內部不斷擴張且新生的棚戶區（*favellas*）和貧民窟，反映的恰是這種分布不均的狀態。而這種分配顯著不均的經濟成長，使得政府與足球菁英擁有充沛的資源來經營有組織的、高度競爭的職業足球。同時，城市的赤貧人口確保了飢渴、源源不斷、極富天賦的人力資源。因為若是財源不足，足球的基礎建設便無以為繼。而若是財富過剩，勞工階級的工作機會也會增加，那麼街頭混混和不良少年的社會生產線就會放慢下來。

這些變動背後的政治脈絡，在拉丁美洲也有各種不同的變異。這段期間由經濟剩餘（economic surpluses）所產生的餘裕，足以支撐智利與烏拉圭享有有限但尚稱穩定的民主政治；在安地斯諸國與墨西哥，則鞏固了既有的菁英統治。相對來說，兩個主要的足球國家——巴西和阿根廷——其政治便經歷了更為複雜的進程，也對其濃烈鮮明的足球文化留下某些影響。兩國都有能力展現賞心悅目的足球，也有能力踢出陰狠而工於心計的球風，在球場上

展現殘酷與暴力。兩國之間的差異，在於前述兩股力量的佔比不同。在巴西，藝術足球依舊定義了整個時代。在阿根廷，現代主義足球的代名詞則是所謂的防禦足球，或稱「反足球」（anti-fútbol）。

此一年代始於過氣的民粹主義者失勢，以及他們所組成的統治聯盟瓦解。在巴西，總統巴爾加斯於一九五四年自戕，戲劇性地避免了如箭在弦的軍事政變。隔年，阿根廷總統裴隆被洛納迪將軍（Lonardi）與阿蘭布魯將軍（Aramburu）所領導的短命軍政府驅逐出境。在這兩個國家，接踵而來的是長達十年日益惡化的混亂失序，政治上則多半是平民主政的民主狀態，而非軍人干政。在巴西，總統胡塞利諾・庫比契克（Juscelino Kubitschek）利用建設新首都巴西利亞（Brasília），並且採取竭澤而漁式的、擴張主義的總體經濟政策，為國家經濟發展重新添柴加火，甚至有些燒過了頭。當巴西的經濟一飛衝天，舉國對於工業發展與國際認同的熾烈渴求，在一九五八年於瑞典，以及四年後在智利兩次捧起世界盃金盃後，終於獲得回報。森巴足球的優勢在這段期間幾乎可以預期：一九三〇和四〇年代所奠定的傳統極為深厚；足球在國內廣受歡迎；而庫比契克任內經濟的強勢發展與瀰漫整個社會的樂天氣息，更為足球的蓬勃發展營造出一個友善且有利的氛圍。

相較之下，在阿根廷，由於經濟情勢一下由高峰跌至谷底，一連串民選政府試圖對此失控狀態做出回應。同時，社會的 M 型化和分裂甚為劇烈，使得經濟發展所需的社會妥協與社會安寧難以維繫。面對這些挑戰，事實證明，接續的幾屆阿根廷政府無論是就制度面或者是政治面而言，都無法勝任。在後裴隆的時代，走出獨裁專制與保護主義的阿根廷，終於直接暴露在世界經濟與世界足球的殘酷競爭之下，卻因此受創甚深，不僅意識到自己身陷長期的還款泥沼，還踢著落後國際潮流十年，早已不合時宜的足球。面對眼前的混亂與不安，阿根廷足壇的主流回應是採取全面嚴防與極端的肌肉戰。或者，就拉普拉塔學生隊的情況來說，就是踢出與巴西的藝術足球完全相反的球風：摒棄所有道德規範與價值基準，不計一切代價以求勝。此一極端的球風，便是日後逐漸為人所知的「反足球」。

巴西與阿根廷兩國致力於追求快速成長，其政治結局便是軍事與專制政

府長期把持政權。然而，為何拉丁美洲會採取特別壓迫或殘暴的手段來對治
其政治、經濟與社會問題，仍舊需要更進一步的解釋。一九五九年，一小撮
由古巴共產黨革命分子斐代爾‧卡斯楚（Fidel Castro）與革命團體「七二六
運動」（26th of July Movement）的核心成員所組成的游擊隊員，揮軍進入哈
瓦那。為期兩年的農村叛亂已經足以推翻古巴總統富爾亨巴蒂斯塔
（Fulgencio Batista）的獨裁政權。巴蒂斯塔的高壓措施不只讓他與美國公眾
和民意的距離愈來愈遠，更為卡斯楚規模仍小的武裝民兵提供了源源不絕的
新成員。到了一九六〇年，古巴革命的輪廓已經逐漸清晰。非共產黨黨員離
開政府，可耕地實施大規模的改革，美國或其他國家所持有的資產全都收歸
國有。在國內，其政體愈來愈接近經典的社會主義專政，外交事務上則傾向
蘇聯。受到阿根廷裔的核心幹部、隨後亦出任古巴國政大臣的埃內斯托‧切‧
格瓦拉（Ernesto 'Che' Guevara）的影響，古巴也開始向外伸出觸手，支持在
拉丁美洲四處燎原的激進和游擊隊活動。然而，一九六七年，格瓦拉在玻利
維亞高原所領導的短命叛亂清楚地揭露一個事實，即古巴直接輸出革命的能
力有限。隔年，他被美軍協助訓練的玻利維亞官兵射殺。不過，間接路線倒
是展現出無遠弗屆的影響力。在六〇年代中後期，巴西、阿根廷、烏拉圭和
哥倫比亞的極端分子紛紛舉槍起義，想要複製古巴的武裝抗爭模式。而在智
利，國會當中左派——包含共產主義者——的實力和企圖心，都有顯著地成
長。

　　一九七〇年代早期全球性的經濟崩跌，驚動了智利與烏拉圭原先已經焦
慮不安的軍事菁英與中上階級，成為兩地邁向武裝威權主義的推手。至於巴
西和阿根廷，由於軍隊介入政治有比較悠遠的歷史，則更早做出如斯決定。
巴西的軍方在一九六四年奪取政權，並且持續掌權二十年。在阿根廷，翁加
尼亞將軍（Onganía）在一九六六年發動奇襲。扣除一九七三到七六年間裴
隆的餘黨曾經短暫執政，卻一事無成的插曲，阿根廷的軍政府有效地把持政
權直到八三年。這段期間，無論是巴西或者是阿根廷，都想要把握他們所繼
承的足球文化——藝術足球與反足球——以燃燒最後的餘火，攫取最後的榮
光。巴西總統梅迪西將軍（Médici）沉湎於一九七〇年巴西在世界盃奪冠的

喜樂。阿根廷總統翁加尼亞將軍則讚揚競技俱樂部與學生隊在球賽中所展現的陽剛野性，以及其遊走規則邊緣的戰術與小動作。然而，在這兩款足球文化當中，無論是場內或場外的暴力都升高了；恰恰與雙方政府為了維繫政權而採取日益高壓的手段齊頭並進。古巴是棒球文化佔絕對優勢的地方，而從此處捎來的訊息極為明確，那就是無論是踢最好的或最凶狠的足球，都無法養活任何人。

II. 沒有國界之分的拉丁美洲

善與惡；美與醜，拉丁美洲足球的雙重面向都能在代表這個世代的俱樂部賽事：南美自由盃（the Copa Libertadores de América）中找到自己的位置。拉丁美洲比歐洲提前四十年開辦國家隊之間的國際競賽。然而，在發展俱樂部之間的國際賽事上，步調卻相對比較緩慢。毫無疑問，拉不拉他河夾岸的球隊早在二十世紀初便開始相互交流，但並沒有能夠與歐洲在戰間期所舉辦的中歐盃相提並論的賽事，遑論一九五五年由歐洲足總成立的歐冠盃，一個跨越歐洲大陸，將各國冠軍球會齊聚的淘汰賽。一九四八年，終於跨出嘗試的第一步，一個泛南美洲的俱樂部聯賽在聖地牙哥舉行。此一南美洲冠軍錦標賽（Campeonato Sudamericano de Campeones）的參賽隊伍來自七個國家，最後由里約的瓦斯科隊奪冠。然而，要在如此幅員廣袤、空中交通不發達，而且預算有限的狀態下舉辦類似的競賽，則最基本的後勤和經濟問題都難以克服。改變的推動力來自歐洲。歐洲足總建議舉辦跨洲的洲際盃（Intercontinental Cup），讓每年歐冠盃的盟主，都和南美洲的冠軍一分高下。但誰才是南美洲的冠軍？當舉國的足球文化依然侷限在唯一一個主要城市時，誰又是足以代表祕魯或烏拉圭的冠軍？一如既往，在拉丁美洲，唯有最出類拔萃的城市才得以和外界更廣大的世界取得連結，位居偏遠地帶的窮鄉僻壤和外省城鎮，仍舊難以抵達。家族長氣息濃厚的南美洲足協與各國足協深思細想了快要兩年。倘若賽事可行，不僅有錢可賺；也有榮譽可供爭取；但同時，亦有許多抱怨和牢騷。例如，俱樂部對於球員的需求將會大大提高，

以至於影響國家隊層級的美洲杯（事實上，一九六七年到七五年之間，美洲盃確實從行事曆上消失）。此外，投入的賽事成本恐怕也不一定能夠回收（確實也時常發生）。不過，南美大陸上的空中運輸大有進展，而跨洲或世界級的俱樂部盃賽所勾勒的前景又太過誘人。一九六〇年，第一屆南美冠軍聯賽在布宜諾斯艾利斯開踢，由聖羅倫索對決巴伊亞（Bahia）。後者來自巴西的巴伊亞，位於加勒比海沿岸，距離布宜諾斯艾利斯三千公里開外的北方。

　　一九六〇年代中期，已經紮穩腳跟的聯賽重新命名為自由盃，以向十九世紀初期擊退西班牙帝國，並且為如今獨立的南美大陸奠定政治基礎的那些軍人總統致敬。自由盃援引了該項遺產的兩個層面。一方面，它與解放者時代的泛美洲主義重啟對話，賦予玻利瓦爾（Bolívar）那「一個沒有國界之分的拉丁美洲」的願景一個新的生命。另一方面，賽會實際上仍然保留了狹隘的、容易分裂的、偏狹的地方主義——一如當初將玻利瓦爾的大哥倫比亞（Grand Colombia）四分五裂，而且再也回不去的那些暴躁易怒、難以相與的將軍們所抱持的價值和理念。與任何泛美的事業或企劃一樣，自由盃必須面對四個環環相扣的問題：一、拉丁美洲長久的貧窮與疲弱的經濟；二、幅員廣大且地形複雜，運輸網絡相對落後；三、成員國在經濟與足球發展上巨大的差異，無論是就規模大小或者是水準高低而言；四、在各個不同文化間針對種族、邊界糾紛等長久的猜忌和妒忌。這些因素足以在一九六〇年代成為區域經濟合作與發展的障礙。而組織區域性的足球賽事，儘管要處理協調的任務少得多，推動時同樣困難重重。

　　在自由盃開踢的前十年，賽事從未以完全相同的模式運作兩年，探索和嘗試過的賽制多不勝數：外圍的淘汰賽、輪空、預賽、迷你聯賽、中型聯賽和巡迴賽。參與的球隊數量起伏不定。祕魯與厄瓜多爾起先並未參與，隨後加入。委內瑞拉進了又退，退了又進。不過無論如何，其實力都不足以與其他球隊相抗衡。小國家裡的知名球隊，例如烏拉圭首都蒙特維多的佩納羅爾與國民，期待更多比賽以彌補國內的小市場。國內競爭激烈的大球隊，尤其是巴西，希望比賽少一點。各國足協有時候甚至根本不希望辦任何比賽。巴西與阿根廷為了備戰世界盃，就時不時退賽。哥倫比亞也曾因為內部政治問

題，以及該國足協與聯賽之間的分裂而退出賽事。賽會的經濟推理決定了賽制的走向：捨棄客場淨勝球規則或者是比較總積分的規則來決定主客場制的淘汰賽，反而是將勝場與積分皆列入考慮，因此衍生許多吸金的附加賽。儘管如此，收支依舊難以平衡。在一九六〇年代末期，巴西在一段時間的缺席後再度參與，條件是它們的球隊在客場比賽時能夠獲得百分之四十的票房收入，同一時間，其他球隊只能獲得百分之二十。當發現配對的搭檔波利維亞根本沒有錢時，烏拉圭威脅退出賽事。布宜諾斯艾利斯的競技隊是六七年自由盃的冠軍，而他們將俱樂部在七〇和八〇年代長久的經濟衰頹歸咎於六七和六八年參賽時所招致的負債。

　　然而，儘管在經濟和組織的基礎上都搖搖欲墜，自由盃仍舊為拉丁美洲俱樂部層級的比賽提供了一個舞臺，一個讓他們能夠出類拔萃的舞臺。第一屆冠軍佩納羅爾是第一支嗅到商機的球隊。在一場四強賽中，他們在滿座的觀眾前敗給聖羅倫佐，因此得在自己的主場進行第三場加賽。一九六一年，佩納羅爾擊敗聖保羅的帕梅拉斯，再度登上冠軍寶座，過程中吸引了大批群眾。藉此，佩納羅爾賦予此一賽事一些值得追尋的目標。或許，直到目前為止，自由盃提供了海外賽事的異國情調，富麗堂皇的王者頭銜，還有對佩納羅爾而言尚在萌芽的王朝；然而，它還沒能創造出史詩一般的敘事。不過，六二年的決賽即將改變這一點。

　　第一場比賽，桑托斯隊以二比一在蒙特維多獲勝。第二場對決中，佩納羅爾以三比二領先直到下半場後半。智利籍的裁判卡洛斯‧羅布里斯（Carlos Robles）被從看臺投擲而來的石頭擊中，失去意識，直接倒在球場上。四十分鐘後，當他悠悠轉醒，他決定中止比賽。在巴西的說服下，他總算改變心意。在球賽重啟後，桑托斯在倒數時段踢進追平分。但同時其中一位邊裁又被投石器給擊倒。羅布里斯判決進球不算，同時宣布終止已經進行三個小時的比賽。他同時宣告比賽結果三比二由佩納羅爾拿下。桑托斯在第三場加賽中獲勝。

　　桑托斯的勝利令人嘆為觀止，而伴隨著勝利而來的，是名滿全球的知名度與豐厚的財務回饋。這激勵了時任博卡青年主席的阿貝多‧阿曼多（Alberto

J. Armando）。於是，與古往今來的任何一支阿根廷球隊相比，博卡開始投注更多心力於自由盃。事實上，博卡在一九六三年開始施行一項策略，在國內賽事中派出較為疲弱的陣容，以專注準備自由盃。這項策略成功地讓博卡闖進該年挑戰者盃的決賽，但仍不足以挑戰正處在戰力巔峰的巴西桑托斯。球王比利與庫奇努（Coutinho）的進球宣告大勢底定。然而，在接下來的十二屆比賽，阿根廷人豪取十次冠軍，只在一九六六年和七一年失手兩次。接下來的十年，自由盃提供了各式各樣的戲劇性場面，與六二年登場的鬧劇相得益彰。一九六五年，桑托斯與佩納羅爾在三場賽事中，上演了史詩級的高比分射門饗宴：桑托斯以五比四取勝；三比二佩納羅爾帶走勝利；最終二比一由佩納羅爾在加賽中揚長而去。六六年，佩納羅爾在決賽中面對河床，上演了足球史上最驚心動魄的其中一場逆轉秀。兩隊一直廝殺到第三場比賽方能決定勝負誰屬。中場時，在智利的聖地亞哥，河床以兩球領先，而且看似勝券在握。佩納羅爾忽然回神，在七十二分鐘時將比數扳平，並且在延長加賽以四比二逆轉成功。六七年的自由盃，則是消耗戰的展現。阿根廷的競技俱樂部在歷經馬拉松式的二十場競賽後終於出線，獲得冠軍。隔年，競技在四強賽中敗給同樣來自阿根廷的學生隊，將王座拱手讓出。兩隊廝殺三場才分出勝負，而且比賽過程罕見地火爆，過程並不愉快。學生隊是來自大都會布宜諾斯艾利斯南方一個濱海小鎮的球隊，此前知名度與支持度都不高。由於它是第一匹跌破眾人眼鏡的奪冠黑馬，他們成為散佈自由盃「充滿可能性」的一個重要元素。他們甚至自六八年起連拿了三屆冠軍。而他們的球風，也逐漸靠向他們第一次氣走競技時所倚靠的粗暴與小動作，而非他們擊敗巴西帕梅拉斯隊、贏得首冠時那不含心機的、自由奔放的球風。在奪冠之路上，學生隊可說是另闢蹊徑，從無畏的初生之犢，成為嬉鬧劇中的反派角色。

在整個一九六〇年代，南美洲大型展演的特色便是極易擦槍走火，失控走調，隨著時間推進，變得益加危險狂暴。學生隊在自由盃揚名立萬的一場勝利，即是一九七〇年踢走佩納羅爾那場血淋淋的激戰。比賽最終淪為雙方球員在中場附近拳腳齊飛的群架。儘管在正面看臺直接目睹了事件發生的始末，針對這場意外，南美足協的執事諸公決定毫不作為。隔年的自由盃，爆

發了「糖果盒球場之戰」，終於踩踏到南美足協容忍的底線。在首輪比賽中，博卡青年在布宜諾斯艾利斯遭遇到祕魯球隊水晶競技俱樂部（Club Sporting Cristal）。在比賽終了前數分鐘，比數二比二僵持不下，兩隊突然爆發集體互毆的大亂鬥，導致十九位球員驅逐出場，僅賸兩位門將和一位效力博卡的祕魯裔球員全身而退。布宜諾斯艾利斯警方決定將兩隊球員監禁三十天，直到一個倉促成立的特別司法委員會將其釋放。南美足協的祕魯籍主席歐斐洛・薩利納斯・富勒（Teófilo Salinas Fuller），單單依據祕魯媒體的訊息，即發布命令將博卡從比賽中除名，並且禁止其參加國際賽事。而南美足協令人難以接受的疏忽，以及完全站不住腳的偏頗，所展現的不過是拉丁美洲的治理模式中經常不按牌理出牌、而且高度偏袒的那一面。

在巴西以外的其他地方，軍方已經手握大權，但前述偏袒而毫無規則可循的治理模式並不管用，再加上長期的區域發展不均，都替政治衝突、武裝叛亂與造反添柴加火。一九六八年，祕魯政權由一個民粹主義的軍政府接管。波利維亞和墨西哥都在動盪之中。左派則在烏拉圭、智利和阿根廷大有進展。武裝的陰謀集團與恐怖主義者的分支倍速成長。失序，以及對當權者的失敬如此真實有感。暴力迫在眉睫，流竄於街道之上，甚至衝著自由盃而來。七二年，在布宜諾斯艾利斯，由獨立隊做東，迎戰來自厄瓜多瓜亞基爾的巴塞隆納運動隊（Barcelona Sporting Club）。在客隊錯失一個發生在獨立隊禁區的手球判決後，他們拒絕重啟比賽，逕自掉頭走人。球賽最終以一比零的比數將勝利判給獨立。七三年的四強賽，由波哥大的米倫拿列奧對上布宜諾斯艾利斯的聖羅倫索。在裁判判決主場球隊米倫拿列澳進球無效後，哥倫比亞的球迷一擁而上，追打裁判。聖羅倫索的球員幸運地逃過一劫，最後由一列裝甲車隊護送他們離開球場，

III. 足球王國的華麗與蒼涼

巴西國家隊在一九五四年世界盃與匈牙利不愉快的交鋒後打道回府，不料卻回到一個積怨已深的國家，情勢之惡劣，就像是伯恩之役那一場在球員

通道間爆發的大亂鬥。自一九五○年起，總統巴爾加斯就開始追求日益民粹
導向的經濟路線。這不僅讓他疏遠了軍方將領、主要的實業家，還有銀行家，
更讓後者坐立難安，空氣中因此飄散著叛亂的氣息。到了五四年八月下旬，
密謀者已經磨刀霍霍。面對辭職下臺的要求，巴爾加斯在里約的總統官邸內
開槍自戕，子彈射穿他的心臟。巴爾加斯的自裁無疑具有高度的政治性。在
他過世後，舉國陷入一片哀傷、哀悼和迷茫。政變的威脅悄悄褪去，而巴西
在一連串臨時政府的治理下蹣跚前行，直到五五年的歲末。巴爾加斯留下的
遺產是一個足夠開發的國家，在熱帶農耕的疲憊和都會工業的動力之間保持
平衡。一九五五年，透過選舉庫比契克為總統，巴西果決地選擇第二條路徑，
而巴西足球有條不紊地步上軌道。

　　庫比契克是擁護中央集權的政治人物，出身米納斯吉拉斯州分肥撥款的
實用主義政治；不過，他的個人魅力和他對於火熱經濟發展的堅定承諾，都
替他所帶來的活力四射的光環增色。他承諾帶領巴西「五年達到五十年的進
步」。乘著韓戰之後全球經濟狂飆的浪潮，利用巴西的合理的信用評級，庫
比契克持續揮霍無度。有鑑於軍餉大漲，並且接收諸多嶄新的各式設備以供
操作或玩樂，軍方暫時保持中立。國外的跨國企業受邀進駐，且來者頗眾。
投注在重要基礎建設的公共開支開始成長。而他也下達了總統任期最關鍵的
一道命令：首都終將從里約搬遷到巴西利亞——位於里約西北方六百公里一
處未開發的高原。金流和混凝土開始晝夜不停歇地奔流。有長達五年的時間，
巴西的經濟一飛衝天，年均成長率都超過百分之六。大城市由於是經濟爆發
集中的區域，足球觀眾的人數大幅飛升，吸引了大量金錢流向足球運動。一
九三六年里約冠軍聯賽的最後一場比賽，由佛朗明哥對決富明尼斯，總共有
十七萬七千位觀眾坐滿馬拉卡納球場，目睹一場零比零踢平的比賽，觀賽人
數創下俱樂部比賽的世界紀錄。足球對於巴西大眾想像力的控制從未如此嚴
密。在巴爾加斯的時代，非裔和歐非混血的球員在經濟與技術風格上，都融
進了職業足球競賽。如今，此一遺產因為源源不絕的資源挹注、大量匯集的
城市移民，還有蓬勃發展的大眾文化而獲得鞏固。

　　一九五○年代的巴西足球，不過是新興工業城市裡文化生活的一部分，

雖然說是必不可少的一部分。來自鄉村的移民大量湧向城市，而足球應援能為那些迷失而困惑的人提供即刻的城市認同。對那些有工作有薪水得以加入俱樂部的人來說，俱樂部不僅能提供運動設施，還有社會地位與歸屬感。巴西音樂與足球之間的既定連結更為緊密，因為球迷會將他們最先在嘉年華慶典與森巴學校所學到的旗幟、煙火和歌唱等整套表演節目改變得益加完善。里約的海灘，城市居民群聚休閒的好去處，亦是足球創新的重要實驗室。在這裡，沙灘足球進一步發展為組織運動；足排球（foot-volley）則在沙灘上一字排開的排球場上完美演進。富有或貧窮；膚色白或膚色黑；儘管投入的人口中男性依舊佔據壓倒性多數，足球、飲酒派對和烤肉已經是社交生活當中的核心。

　　這段期間，啟發巴西足球的謬思女神當屬尼爾森・羅德里奎茲，其為巴西傳奇運動記者菲略的弟弟。菲略的作品不僅記錄，更開創了巴西足球的傳奇，如同一名眼睛發亮的鄰家大叔在為你編織故事，但在人類學家弗雷雷的筆下，巴西是個具有非洲風格、多元族裔的豐富熔爐，最重要的主心骨就是足球。而羅德里奎茲的路術又大不相同，集劇作家、評論員、論戰的投入者和專欄作家於一身，他的散文詼諧、譏諷、驚世駭俗。除了足球，羅德里奎茲的文字在里約四下掃視，搜尋著墮落、瀆神、歇斯底里和極樂狂喜的元素，靠著咖啡因、尼古丁和酒精混合之下產生的刺激，在都市景觀之上打造出一座狂熱的蒼穹。他在加速的都市化和經濟起飛的背景下寫作，他的偏袒甚至比阿里・巴洛索還要更極端：「我是富明尼斯人，過去一直都是富明尼斯人。我會說：我前幾輩子都是富明尼斯人。」他對神祕事物和陰謀的癡迷，使得他將足球運動當中的「機會」給擬人化為「阿米達的超能力」（Supernatural de Almeida）——阿米達指的是中世紀時一個住在里約北方郊區的瘋子，傾注一生心力創造僥倖成功與大爆冷門。

　　除了球賽和球場，巴西足球的興起乃是由四項內嵌的因素來推動。一、國家的經濟活力創造出財富、組織的聚集中心，還有自貧困區域源源不斷地輸出有天賦球員的生產線。二、在巴爾加斯的統治下，國族、階級和種族的問題得到部分解決，意味著一大群出身貧困但天分洋溢的球員，能夠依據個

別的能力進入職業足壇。而這些球員包括非裔的巴西人、歐裔和印地安人結合的後代，以及印地安人。三、一個確實懂得放鬆和娛樂的都會公民社會誕生。羅德里奎茲、社交足球，還有里約海灘上創意無限的休閒活動，乃是反映此一更廣大社會現象的三個指標。那是一個大眾舞曲噴發的時代——最著名的即是巴薩諾瓦（bossa nova）。同時也見證了在大眾媒體上首次進行的實驗：將歇斯底里的王朝傳說，還有復仇者的悲劇改寫成劇本，首先以廣播劇的形式推出，接著發展出在電視上播映的連續劇。四、然而，極度的娛樂需要傾注鉅額的金流，也需要能夠勝任的組織。而對一九五八年的巴西而言，四項條件都已經到位，一應俱全。

備戰一九五八年世界盃所需的鉅額款項直接來自總統庫比契克。同時，球隊在前往瑞典的途中，將在義大利停留巡迴，進行移地訓練，順道賺取一些不無小補的經費。組織的部分則由若昂·哈維蘭吉（João Havelange）來提供。哈維蘭吉是巴西社會中人數不斷增長的本土富豪之一，才剛剛選上巴西足球協會（CBF）的主席。若將選舉結果看作其未來政治權力的指標，則哈維蘭吉所獲得的票數是一百八十五票贊成，十九票反對。在表決中勝出。他的對手是卡利圖·侯夏（Carlito Rocha），另一支職業球隊博塔弗戈的主席，一位將足球管理與無毒信仰結合的特殊人物。相反地，哈維蘭吉是徹底的理性主義信徒，犀利的政治人物和傳奇的網絡建立者。在他身旁，代表聖保羅利益的，乃是屬於同一個階層的保羅·馬切度·德卡瓦略（Paulo Machado de Carvalho），聖保羅足球俱樂部的贊助商和該城的電子媒體大亨，旗下包含 TV Record 和 Radio Panamericana。兩人組織了一個專家雲集的技術委員會。委員會理論上的領導人、實際上打理整支球隊的是擁腫的文森·菲歐拉（Vicente Feola）。他曾經在一九五七年與聖保羅一起贏得聖保羅州足球聯賽，從當時也在聖保羅工作的匈牙利教頭古特曼身上吸收許多概念。古特曼同時也是是將匈牙利的戰術與陣型傳遞到拉丁美洲的關鍵連結。除了費歐拉之外，為了減輕他的責任，團隊還包含一位醫生、一位訓練員、一位心理醫生、一位牙醫、一位財務，還有全方位的卡魯斯·納西門托（Carlos Nascimento）。最後，厄內斯托·桑托斯（Ernesto Santos）則是全職的球探，

負責在敵對陣營的訓練營附近打探消息。

　　一九五四年世界盃的舊陣容當中，只有少數幾位入選新軍，包含後防線上的兩個桑托斯和鋒線上的吉吉。新陣容的主要成員是由新世代的年輕新血組成，邊鋒喬埃爾（Joel），中場季托（Zito）、邊鋒佩佩（Pepe），和前鋒瓦瓦（Vavá），博塔弗戈的邊鋒加林查（Garrincha），和桑托斯的少年英雄：比利。整支球隊在里約的頂尖醫院接受縝密的體檢，卻接露了驚人的宿疾、疏於照顧和長期的營養不良。幾乎全隊的腸道都有寄生蟲，感染梅毒者若干，另有一些球員貧血。由於此前從未看過牙醫，全隊一共拔除超過三百顆牙。從流行病學的角度來看，一九五八年的巴西國家足球隊儘管是黃金陣容，但終究是人，也有傷病纏身。

　　在巴西，球員在米納斯吉拉斯州的鄉間與世隔絕，專心備戰。在拜訪瑞典超過二十五處地點之後，技術委員會設定了一個鉅細靡遺的每日行程，時間單位精細到每個小時，日期則介於四月七日到六月二十九日，從球員的報到日到決賽日的次一日。不像此前巴西組織的任何一支國家隊，管理單位針對每一位球員的飲食、運動、家庭生活還有性生活，建立起顯微鏡般的監視和控制機制。球員必須謹記一長串哪些該做哪些不該做的規約，包含何時該穿什麼，還有對那些人可以說些什麼。納西門托甚至堅持瑞典的旅店將原先的二十五位女性職員通通換成男性。不過，技術委員會終究無法關閉距離最近的天體營。

　　一到瑞典，巴西隊的起步稍嫌小心翼翼。他們輕取奧地利，面對英格蘭則以零比零踢平。對陣蘇聯的比賽成為第一輪決定性的賽事。在當時冷戰疑神疑鬼的氛圍當中，再加上蘇聯史普尼克太空任務大獲成功的刺激，巴西人將蘇聯視為理性科學足球的典範，在工業計畫和工業巨人症的紀律要求下更為堅強。巴西陣營當中的理性主義者仍在爭執是否讓比利和加林查上場。心理醫生若昂・卡爾瓦海耶斯（João Carvalhaes）認為比利「十足孩子氣，缺乏奮戰精神……沒有團隊運動不可或缺的責任感。」[4] 至於加林查，則是智力測驗的分數極低。而且，根據卡爾瓦海耶斯，他不應該在壓力太大的比賽中上場。然而，這位心理學家的專業與經驗其實是測試聖保羅的公車駕駛的

應徵者是否適任；除此之外，其模型也仍然沒有擺脫白色巴西的觀點，以及種族主義假設的窠臼。究竟是技術委員會或者是球員本身堅持入隊的報導不一，總之比利和加林查都上場亮相。巴西，儘管依舊圍繞著游刃有餘、健美有力的吉吉建軍，找到了他們的最佳陣容。在開賽的前幾分鐘，巴西立刻火力全開，踢出細膩好看的足球。比利踢中門楣，加林查展現了迷人的盤帶，瓦瓦取分。巴西帶著同樣的自信與活力在八強賽對決威爾斯，接著在四強面對法國時飆出非凡的高比分比賽，以五比二收下勝利。包含比利在下半場的帽子戲法。

1958 年 6 月 29 日
巴西 5—2 瑞典
瑞典斯德哥爾摩，羅森達球場

　　他們展現出來的足球顛覆了世人的理解。他們將滑溜的白球穩穩控制在腳邊，彷彿那不過是一團棉絮……吉吉在中場神出鬼沒，如入無人之境。他是串聯的中樞，也是啟動攻勢的發動機。除了吉吉，還有瓦瓦和比利這一雙直探敵隊禁區的利刃。他們當中固定有一個人領跑場上其他人。他們讓南瓜變馬車，使得老鼠變成人。

——加林查

　　自從開賽四分鐘以零比一落後，巴西現在已經以四比一佔上風，他們以相互交錯的複雜模式在球場上刻劃，如此鮮活，如此清晰，以至於每一個對比，每一個區別都顯得清晰和生動。存在於這些球隊、與這些球員之間的鴻溝，是否確實無法跨越？

　　瑞典球員體型高大、膚色白皙、髮色金黃、相貌稜角分明，彼此間有著相當高的同質性。巴西隊則像是一盤什錦雜燴，只不過整體而言身高更矮、膚色更黑、髮色更深，輪廓更加圓潤。容貌是最不重要的。嚴冷肅穆的極圈，

遭遇溫暖繁茂的熱帶。新教徒，而且是恪守教規的路德派信徒，面對墮落的拉丁天主教徒。新世界與舊世界、已開發國家與後進工業國、自發的民主與狂熱的民粹。瑞典穿著黃色，巴西穿著藍色，足球，則又是另一個顏色。

在巴西，大家圍在收音機四周，聽眾為了任何動靜和所有端倪歡聲雷動，即便是瑞典的第二顆進球，也讓大家開心愉悅。在比賽的最後幾分鐘，瑞典的群眾究竟支持誰已經很難分辨。當瑞典偶爾掌握球權時，他們反覆高喊主隊的隊名。然而，當加林查在沒有碰觸到足球的狀態下，圍繞著球兒飛舞，將兩位瑞典防守者釘在原地時，他們讚嘆歡呼。當一位巴西球員因傷倒地，而瑞典繼續推進球賽時，他們開始發出噓聲。當一位瑞典邊鋒將球帶到球門線並準備跨越時，他不慎滑倒，而瑞典群眾哄堂大笑。

一計來自巴西半場的長球劃過天際，直朝比利而去。他以胸部停球，利用球落地的瞬間跨過它，一派從容地用後腳跟將球傳出。充滿愉悅的歡呼並未停歇，且音量正在增強，球已經回傳給在十二碼罰球區附近的比利。只見他縱身一躍，遠離球飛行的軌道，側頭輕輕將球頂進球門。當歡慶開始時，比利仍然躺在地上，隊友蜂擁而上要將他扶起。他的身體感覺起來很沉重，乏力，沒有意識。哨聲響起，他們協助這個男孩重新站立起來。淚水、狂喜、頭暈目眩、還有蹣跚的擁抱。

巴西球員拿著一面巨大的瑞典國旗繞場慶祝，挺直了腰桿在場邊觀賽的瑞典國王不顧儀節，逕自走下看臺，消失在混亂雜沓的身影、擁抱還有哭泣之中。[5]

倚仗著高明的策劃和奇蹟般地湊巧，巴西利亞的落成典禮就在世界盃決賽的隔日。巴西隊在返鄉旅途的各個階段，獲得空前的讚揚和歡迎。在倫敦、巴黎、里斯本和勒西菲（Recife），雞尾酒、歡迎會、喝采與群眾如影隨形。當他們總算在里約降落，立刻被送上一輛市政府的消防車，緩緩地通過蜿蜒彎曲的道路，從機場直達寬闊而多線道的巴西大道（Avenida Brasil），直奔總統官邸。

　　四年後，此一陣容的多數成員都去了智利，挑戰另一座世界盃。智利足協的主席卡洛斯·迪特本（Carlos Dittborn）在競爭主辦權時，曾經幽幽地觸動國際足總的心弦：「你們一定要將世界盃交付我們，因為我們什麼都沒有。」雖然不是真的什麼都沒有，但若是與瑞典，甚至是瑞士相較，確實是小巫見大巫的一場賽事。一半的比賽是在真的很小的省級城市阿里卡（Arica）和蘭卡瓜（Rancagua）舉行。在比尼亞德爾馬（Vinãdel Mar），僅有五千人能夠入場觀看捷克與南斯拉夫在四強賽一較高下。而這一次巴西秣馬厲兵的過程，與一九五八年相較，絲毫沒有半點放鬆。儘管抽籤抽到在海平面的比尼亞德爾馬出賽，全隊還是開拔到高海拔的山區進行高地訓練。巴西的技術委員會甚至到當地政府核照的青樓進行健康檢查。又一次，巴西的開賽表現中規中矩，卻沒有太多驚喜。球隊或許在奪冠熱門的壓力下感到有些吃力。接著，比利在與捷克斯洛伐克的賽事中受傷，結束他這一次的世界盃之行。八強賽時面對英格蘭，巴西授權加林查在球隊攻擊時，可以不拘泥於任何一個位置或角色。而他藝高人膽大的神勇表現，確實讓巴西的比賽大有起色。只見加林查從側翼飄移到球場中央，兩次踢破敵方大門，並且送上大禮給瓦瓦，讓後者將他射門的反彈球輕鬆補射入網，踢進巴西的第三分。

　　四強賽中，加林查在智利防守者伊拉迪歐·羅哈斯（Eladio Rojas）寸步不移的盯梢下，再次成為巴西力克地主的大功臣，率隊以四比二獲勝。羅哈斯鐵桶般的防守包含了頻繁的肢體碰撞與粗暴的小動作，甚至使出戳眼的陰招。在持續騷擾八十五分鐘後，終於讓加林查的理智線啪地一聲猛然斷裂。加林查從背後膝擊施暴者羅哈斯，後者順勢應聲倒地。加林查旋即被判罰出場，並且在即將到來的決賽中被處以禁賽。面對橫生的意外，巴西的政治和外交系統即刻進入緊急狀態，全面動員，全速運作。有鑑於邊裁的證詞在任一聽證會上都具有決定性的效力，一位國際足總理事會的巴西代表，成功說服該役的邊裁動身前往蒙特維多的聽證會。祕魯總統命令他派駐智利的大使向祕魯籍裁判關切此事。而巴西總理坦克雷多·內菲斯（Tancredo Neves）被要求要在最高層級斡旋協商。最終裁判撤銷判決，使得加林查得以在冠軍賽中亮相，與對手捷克與斯洛伐克一分高下。面對腳下功夫細膩的捷克，巴

西即便在開賽時以零比一落居下風，也絲毫未見緊張憂鬱的情緒。在踢進三球後，他們再度捧起金盃。在球賽的倒數幾分鐘，只見加林查數度停球，將腳放置在皮球之上，泰然自若地等待、挑釁對方上前爭球。巴西隊對於比賽、足球，還有足球運動的掌控，是如此悠哉從容，又無懈可擊。

　　自一九五〇年代晚期到整個六〇年代，巴西的足球因為大批才華洋溢且各佔勝場的球星而熠熠生輝。其中尤以兩位球員自同儕當中脫穎而出：他們是比利和加林查。兩人並轡而行的自傳與生涯，適巧見證了巴西足球的美好和殘酷。兩人在降生時同樣貧困匱乏、膚色黝黑、是道地的外省鄉巴佬，還有各自少人知曉的名字。加林查來自里約邊陲之外的工業小鎮保格朗德，誕生於一個印地安與歐裔結合的家庭。自襁褓時期起，他的左腿朝外彎，右腿向內屈的狀態就很明顯。不過，儘管從未矯正，但也似乎不曾影響他的行動。實事上，這似乎讓他在帶球行進時更加難以預測和掌握。很小的時候，他就已經展現足球的天賦。就像同個村莊裡的人，加林查在家鄉的紡織工廠開啟勞工生涯，但很快地就被安排進入公司的足球隊，並且獲准減少工時。要不是友人硬拖他到里約的俱樂部參加測試，這個青少年極有可能就此埋沒在家鄉。雖然他確實參加了若干測試，但似乎不甚關心結果。他在數次測試中遲到，有時甚至沒帶上足球靴，時不時就乾脆放棄。在與博塔弗戈的測試中，他對上的是大名鼎鼎的國家隊左後衛尼頓·桑托斯。加林查徹底摧毀桑托斯的防線，立即獲得簽約。他在博塔弗戈度過他大半個職業生涯，為球隊奉獻出他最精華的歲月。

　　加林查無憂無慮，凡事不上心，在社交上毫無野心，他不懂得人情世故，在與社交上更練達或社會地位更高一層的人結伴同行時，他幾乎就像是窩藏在另外一個世界。他踢足球的方式同樣毫無頭緒，漫無章法。他多半擔綱翼鋒的角色，同時具備帶球過人和快速分球的本事。然而，現代足球細膩的分工和瑣碎的任務編派完全不適用於加林查。他飄移滲透直達中線；任意地穿梭中場；在禁區內取分。無論是賽前或賽後，他從不知道是誰在盯防他，甚至從沒介意過對手是何方神聖。在博塔弗戈時，他就發現他完全聽不懂，更別說是理解所謂的戰術。當全隊圍坐著黑板聽取戰術時，他獲准在一旁玩桌

球。西班牙鬥牛時群眾激勵鬥牛士的頌唱「噢嘞！」（olé），因為加林查而被帶進足球場內。里約的觀眾在他每一次以假晃和變向戲耍可憐的阿根廷後衛瓦里多（Vairo）時，高喊「噢嘞！」。若要說何者是加林查的註冊商標，或者是必殺技，那便是：永遠找得到方法帶球越過防守者的本事。有時候他因為太享受這件事，甚至會在過人後轉身，再故技重施一次。

比利，原名埃德·阿蘭德斯·多納西門托（Edson Arantes do Nascimento），一九四〇年誕生在米納斯吉拉斯州內一個迷你的鄉野城鎮特雷斯科拉松伊斯（Três Corações）。他的父親年輕時踢過半職業聯賽，所以曾經教授埃德一些基本的技巧和概念，也時常給予鼓勵。後來因為工作的因素，舉家搬遷到城市巴烏魯（Bauru）。此地也是少年埃德為第一支球隊「九月七日」（7 September）踢球之所在。當時，他赤著腳，在貧民窟裡簡陋的球場征戰無數。吸引了巴烏魯競技隊（AC Bauru）和該隊教頭瓦德瑪爾·德布里托（Waldemar de Brito）的目光。而後者，正是曾經代表巴西出征一九三八年世界盃的沙場老將。此刻，埃德已經以比利的名號闖蕩江湖——儘管這個綽號的來歷和意涵早已不可考——也以十五歲之齡開始在成人球隊踢球。布里托將比利帶到聖保羅，向豪門球隊展示他的才華和能力。比利在與桑托斯簽約時，年方十六。他在處女秀中以替補身分踢進一球，開啟了日後他那長達十七年、征戰一千兩百場比賽，令人難以置信、不可思議的生涯。桑托斯是一支正在攀升的球隊，主場設在聖保羅州日漸衰敗的港口城市。自從一九三五年以後，他們從未在城市聯賽中奪冠。如今，作為聖保羅成長中的工業與汪洋大海之間的吞吐門戶，城市開始蓬勃發展，而球隊開始贏球，在相隔二十年的五五年捧起聖保羅州足球聯賽的冠軍獎盃。隔年，比利的隊友名單又加入門將吉爾瑪（Gilmar）、後衛瑪羅（Mauro）、佩佩、季托，還有前鋒帕戈（Pagão）等生力軍。然而，比利是其中最拔尖的存在。比利在桑托斯的教練魯拉（Lula），曾經如此論述比利無與倫比的存在：

我們再也不能將比利與其他球員比較，因為他擁有所有理想球員該具備的一切特質。他有速度，無論是地面戰或者是空戰都能應付自如；他有健碩

的體格；他的腳法細膩；他控球精湛；他能夠發號施令；他可以機動作出巧妙應變；他不自私，溫和友善，而且虛懷若谷。我認為他是全世界唯一一個在起腳射門時，總是精確瞄準敵方球門確切死角的前鋒。6

桑托斯不僅在國內制霸，也在國際賽中取勝，替球隊錦上添花。他們在歷經三場經典的馬拉松賽事後踢走佩納羅爾，拿下一九六二年的自由盃冠軍。隔年則送走博卡青年，蟬聯王座。一九六二年，在擊敗佩納羅爾之後，桑托斯在洲際盃挑戰歐洲冠軍里斯本與本菲卡，以惦惦自己的斤兩。第一回合交手，桑托斯靠著比利的兩顆進球以三比二贏下。接著，桑托斯以五比二在里斯本奪下驚天一勝。比利個人成就了驚人的帽子戲法。巴西政府因此宣布當天為國定假日。

　　足球為不同體型和類型的球員提供專業的任務和位置，並且要求各式各樣的技術和能力——像是肌肉發達、柔軟度、平衡、視覺、觸覺敏感度和戰術意識——而比利之所以是罕見的天才，正在於他幾乎擁有全套足球所需的技能，而且每一項的品質都很高。尤其是他的大腿與胸部觸球，更是極品。比利似乎可以輕鬆攔停來自任何高度與角度的球，將球靜置於他的腳尖。而經常隨之而來的腳尖踢球毫不拖泥帶水，一貫乾淨俐落。雖然單靠身體素質和速度，比利一樣能撕裂對手的防線，但是他能夠將急停、旋身、護球，三項動作一氣呵成的實力，讓他能輕鬆瓦解對手的防守。統計上來說，比利長青的職業生涯與耐力簡直不可思議。他經常在一年之間輾轉於三或四個大陸，出征超過一百場比賽，更別說對手加諸於他的防守強度日益增加。但是在一九五六到七七年之間，比利仍舊設法維持出賽的頻率，總計出賽超過一千三百場。他的得分效率同樣讓人瞠目結舌，生涯踢進超過一千兩百球，幾乎是一場一球。這當然還不包括由他所發動和創造出來的進球。

　　比利和加林查自瑞典返國後的生活，為兩人日後大相逕庭的生命軌跡做出解釋。比利受邀參加一場民間的歡迎會，收到一臺在聖保羅組裝的三輪小汽車作為贈禮。由於不會開車，又不願意冒著違法的風險拆掉其中一輪，比利在幾乎沒有動到那臺車的狀態下逕自展開足球訓練。反觀加林查，他默默

地逃離里約，低調地溜回保格朗德，花了幾天迅速累積、並付清一大疊酒吧的賬單，與老朋友隨興踢個幾球。往後十年，比利過著模範生般的職業生活；加林查則縱情酒食，像是最放縱的工廠勞工。儘管青少年時稍嫌羞怯，成年後的比利能言善道；加林查則沒有留下任何具有實質內容的訪問。比利的雄心勃勃，清楚知道自身能力的價值。就算他曾數度受騙於毫無誠信的合伙人，失去所有，他仍設法從教訓中提煉出價值。加林查的企圖心低得不太正常，幾乎可說是完全沒有企圖心，他不清楚、也不在乎自己究竟賺了多少錢？而這些錢又花到哪兒去了？比利設想規劃未來、加林查活在當下；比利投入訓練、加林查睡大頭覺。在他們的生涯末期，兩人都獲得新的綽號：比利的是 O Rei，意思是「球王」，光芒萬丈，卻高高在上，身在與群眾不同的世界。加林查的是 O alegria de povo，意思是「人民的歡樂」，屬於這個不完美的世界，殘疾、酗酒、脆弱又宿疾纏身。無論是過去或現在，球王都備受景仰，但加林查得到了人民的愛。

巴西從巴爾加斯政權晚期到庫比契克任職總統的這段期間，孕育出比利和加林查等一個世代才華洋溢的足球員。然而，這段輝煌的日子即將到達盡頭。一九六〇年，難以預測、特立獨行，在選戰中反而是亮點的聖保羅州長雅尼奧・奎德羅斯（Jânio Quadros），在右翼反貪腐和反通貨膨脹的平臺上，獲選為巴西總統。上任七個月後，他突然向巴西國會遞出辭呈，並且獲准。他的遺缺由副總統若昂・古拉特（João Goulart）遞補。古拉特此前曾在超民粹主義的巴爾加斯最後一任內閣中，出任勞工部長。儘管對於政府在國內外的政策左傾感到緊張，軍方和產業鉅子帶著疑義冷眼旁觀。眼看著一九六二和六三年國內的經濟都沒有起色，古拉特嘗試以聯合政府的方式進行統治，拉攏了工會、天主教基本教義派，還有城市裡的波希米亞人。這些人全都讓保守勢力皺眉，但還不至於讓他們感到驚慌。但是當政府開始在農村鼓勵組織工會，他們再也坐不住了。在美國政府的暗中協助下，軍方在一九六四年採取行動，古拉特隨後逃往烏拉圭。由卡斯特略・布蘭科（Castelo Branco）將軍領導的新政府，著手肅清共產主義對於國家與社會的影響：武力鎮壓並查禁產業工會，進而實施黨禁，解散國會，嚴格控制媒體和經濟。足球雖不

在整肅的待辦名單上，卻被視為未付稅款的來源。從一九六四到六五年，一個新授權的國家稅收部門向吉吉、馬里奧‧薩加洛（Mário Zagallo），還有尼頓‧桑托斯追究大批未繳的稅款。加林查的財務狀況和他的餘生一樣亂七八糟，阮囊羞澀的他完全無能支付累積十年的稅款。要不是巴西足協主席哈維蘭吉憂心他無法參加六六年的世界盃，乾脆替他埋單，他幾乎逃不過上法庭的命運。

那沒有造成絲毫差異：巴西出征一九六六年的世界盃，尋求三連霸，只不過規模不若以往。一九五八年黃金陣容的多數球員——吉爾瑪、賈爾瑪‧桑托斯、貝里尼（Bellini）、奧蘭多（Orlando）、季托、查林加和比利——仍在陣中，而且只要他們還能站，就能贏下比賽。開幕賽中，看起來光是靠著舊模式就足以成功。比利和加林查的自由球帶領巴西以二比零踢走保加利亞。接下來面對匈牙利和葡萄牙，巴西卻都以一比三敗北。在比賽過程中，比利持續遭受到對手粗魯的犯規，尤其是保加利亞後衛澤切夫（Zhechev）和葡萄牙後衛莫拉耶斯（Morais）。巴西隊班師回朝。桑托斯也開始走下坡，再也不曾在自由盃奪冠。桑托斯仍有餘力在聖保羅州聯賽取勝，只是頻率開始降低。一九七三年，在一個愚蠢的裁判誤打誤撞地幫忙下，他們再度奪下冠軍。當時，對手是聖保羅的波圖格薩隊（Portuguesa），兩隊進入點球大戰。儘管兩隊都還各有兩次射門機會，裁判卻直接宣布由桑托斯奪冠（主管機關最後決定冠軍由兩個俱樂部共享）。桑托斯還背負了比利昂貴的天價合約，更不用說其他隊友的薪資也水漲船高。球隊的高層逐漸倚賴海外巡迴來增加收入。單單是一九六七年，桑托斯就在阿根廷、智利、哥倫比亞、烏拉圭、祕魯、巴西、加彭、薩伊、象牙海岸、德國和義大利留下足跡。隔年，他們踏上歐洲、美國和墨西哥，還有他們例行的南美短途差旅。在一九七〇年年末，當董事會得知比利的合約即將在七二年年底到期，而且他沒有續約的意願，他們便加快了巡迴的步調，以收取最後的利益。七一年桑托斯造訪香港、波利維亞、薩爾瓦多、馬丁尼克、瓜德羅普、牙買加、哥倫比亞和海地。巡迴所賺取的金額很難估算，因為董事會成員和其友人回先將他們的支出贖回；此外俱樂部沉迷於房地產開發和投機買賣，斥資興建嶄新的俱樂部總部。與

此同時，桑托斯的主場，白色石灰塗牆的維拉貝爾米羅球場（Estádio Vila Belmiro），開始它長期而持續的衰頹。一個夢幻般的賭場開發案吞噬了所有的現金，卻從未真正矗立在世人眼前。

巴西足球向來都處於危機邊緣，如今看似就要失控。自一九六〇年代中期到七〇年代初期，里約冠軍聯賽中因為暴行而被驅逐出場的球員逐年增加。六四年，里約─聖保羅錦標賽（Torneio Rio – São Paulo），在一場由博塔弗戈出戰桑托斯的關鍵比賽中爆發鬥毆，並且迅速擴散。三位球員立刻被驅逐出場，包含一向溫文儒雅、沉著冷靜的比利。六六年，里約冠軍聯賽的決賽，九位佛朗明哥的球員在球隊以零比三落後邦古（Bangu）這隻小球隊的情況下，在盛怒中聯手包圍裁判，爆發推擠。隔年，在瓦斯科對富明尼斯的一場比賽中，二十一位球員立即被判離場。最後在一九六八年，由歐拉利亞隊（Olaria）對上美洲隊的比賽，過程殘暴，導致全場二十二位球員全都被趕出去。

巴西成為一個愈來愈暴力的國家。小規模的游擊隊活動，有些甚至只需幾個盡心盡力的細胞，持續地從它們隱藏在都市飛地與農村的基地發動攻擊，對政局造成騷擾。大學生成為軍政府鎮壓的主要目標。一九六四年，他們透過打擊校園來啟動他們的統治。逮捕、刑求、殺害關鍵的激進分子，並且試圖徹底取消學生政治。檯面下的行動。好戰的學生重新整合。一九六八年。獨裁統治。觸發了全國最大的學生抗議行動。一方面他們吸引了工人和工會的支持。而後者掀起罷工的巨浪。另一方面他們招致了另一波的國家暴力。殘餘的游擊隊也開始採取行動，針對政府的顯著支持者啟動一連串大膽的綁架和私刑。從六九年到七〇年年初，巴西軍方處在防禦的位置，被迫使用極端的手段──像是一次逮捕上千人的巨型撒網行動，還有野蠻的刑求──以確保其統治權。那一年，巴西以一比二在馬拉卡納敗給祕魯。比賽剩下一分鐘，巴西隊的托斯唐野蠻地踹了祕魯的德拉托雷（De la Torre）。鬥毆持續四十分鐘，大批警力到場。最後哈維蘭吉被迫乞求祕魯完成比賽。

一九六〇年代邁向尾聲，七〇年世界盃日益逼近。加林查和比利之間早已分岔的道路，確定在此一分為二。六六的世界盃成為加林查最後出征海外

的國際比賽。他已經踢完他在博塔弗戈的最後一場比賽，只不過當時他和公眾都還沒有意識到這件事。該年稍晚，俱樂部將他轉賣至哥林斯人隊。他在那踢了幾場比賽，但這次短暫的過度幾乎沒有留下任何印記。他的職業生涯與私人生活都嚴重破壞了他身體與情緒的平衡，如今已無法修復。他的膝蓋承受了難以置信的扭轉和彎曲，是第一個報銷的部位。早在一九六三年，在每一場比賽結束後，他都得花時間利用夾板固定、服用高劑量的止痛藥，並且抽出膝關節內的積水。手術勢在必行，且即刻必要，但是加林查和博塔弗戈都傾向一拖再拖。當他總算下定決心手術時，為時已晚。他的膝蓋健康和他的球賽品質一樣，再也不復以往，回不去了。更糟的是，在經歷過一次岳母因此喪生的車禍後，加林查陷入嚴重的憂鬱，酗甘蔗酒卡沙夏（Cachaça）的行為越來越惡化。僅存的精力、身體狀態、守時和對於訓練的渴望一夕之間土崩瓦解。巴西繼續向前走。而身無分文，幾乎完全倚靠妻子的加林查，陷入長達十年的爛醉如泥，直到一九八三年逝世才得以解脫。

　　相較之下，比利的成功無可限量。在同一個世代的球員當中，唯有他有經紀人和經理。雖然他曾經損失高額的財富，但他賺的錢仍足以讓他的社會地位上升到其他球員難以望其項背的高度。他被稱為國寶，暱稱申請專利，與百事可樂簽約，在電視連續劇中入境，並且擁有自己的廣播秀。

　　一九六九年的最後幾周和數場比賽，比利逼近他生涯的第一千顆進球。早在十月底，當進球累積到九百九十顆時，媒體已經預見此一里程碑的到來。隨著進球數緩緩增加，期待的氛圍也越築越高。在第九百九十八顆進球時，在巴伊亞的客場，無數國內外記者和攝影師群聚的球門後方，閃光燈和鏡頭擠得水洩不通。不過，他們只瞥見他的射門直擊橫樑而反彈下來。回到里約，瓦斯科的守門員安德拉達（Andrada）因為擋下比利，遭到歇斯底里的噓聲伺候。直到第一千顆進球誕生，那是一顆十二碼罰踢。在煽情的淚水和宣言中，比利將該球獻給巴西的孩童。一位巴西的參議員為此寫了一首詩要向他致敬，在國會當眾宣讀。隔天，全球其他地區的報紙頭條都是阿波羅第二次登陸月球的新聞；唯有巴西的媒體將頭版切成兩半，阿波羅十二號在一邊，比利在另外一邊。

IV. 英阿世仇：爭冠軍也爭領土

僅將此獻給那人，那位知曉如何替阿根廷的運動注入內涵和活力之人。世界上首屈一指的運動員。[7]

博卡青年的主席阿曼多，以一九五四年該隊的冠軍，向總統裴隆致敬。正是那年，阿根廷足球創下最高人次入場觀看的紀錄。那些以如此規模塞滿布宜諾斯艾利斯和羅沙略球場看臺的勞工階級，此刻也是他們集體權力的最高峰。裴隆的政府向產業工會愈靠愈近，薪資上漲的速率快到難以置信，街道上變得更加大膽和喧囂。前一年，一個裴隆主義的幫派才縱火將布宜諾斯艾利斯的賽馬會──阿根廷貴族的社交中心──燒得一乾二淨。在博卡贏得冠軍的那一年，裴隆和他最激進的追隨者插手天主教會的權力：離婚合法化，教會學校由國家接管；在後續引發的衝突中，主教座堂付之一炬。教宗將整個內閣都逐出教會。但沒有人眨一下眼。此刻充滿權勢和所向無敵的感覺，足以引誘小心翼翼的裴隆主義足球展開一連串國際賽事的冒險。當阿根廷正式踏上前往愛爾蘭、西班牙和葡萄牙的遠征之路，隨即嘗到勝利的滋味，獲得甜美的回報。他們在一九五一年拜訪英格蘭時惜敗。而那一場比賽其實是不列顛慶典的一部分。五三年在布宜諾斯艾利斯雙方再一次交手，阿根廷熱切地期待著。事實上，雙方原本安排了兩場比賽。在第一場賽事中，英格蘭派出替補球員，按照自家足總的規則來紀錄這場比賽，阿根廷這一方則精銳盡出、嚴陣以待。最後阿根廷以三比一取勝，在狂喜的勝利與慶典氛圍中，裴隆宣布比賽當日 ── 五月十四日 ── 為年度假日「足球員日」（Footballers' day）。英格蘭的首發陣容幾天後才現身，為第二場比賽備戰，但比賽卻因球場淹水而取消，這樣的小花招讓阿根廷得以繼續沉浸在勝利的喜悅中。到了五四年年終，裴隆對於教會的攻擊，還有驚人的通貨膨脹疏離了文官階級的保守派核心和產業鉅子，一場政變正緊鑼密鼓地籌備。一九五五年年中，將軍們去信對裴隆下達最後通牒：辭職或者是血洗。裴隆對於戰

鬥沒有任何胃口，不像艾薇塔，他從來不曾武裝工會。他逃到巴拉圭，開始長期的流放生活。

在洛納迪將軍和更保守的阿蘭布魯將軍主政下，阿根廷進入一段軍人獨裁的時期。追隨裴隆的政黨遭到禁止，運動組織和運動政策的去裴隆化開始進行。除了在足球的官僚體制內頻繁地走馬換將，肅清裴隆主義的指標便是阿根廷明確地回歸國際足球賽事。行動始於一九五五年在聖地亞哥美洲盃的勝利。一九五七年，阿根廷出征在利馬舉行的美洲盃，而且戰果輝煌。他們對哥倫比亞時狂轟八分；隨後以六分之差震懾智利；四分輕取烏拉圭；三分擊退巴西。陣容中青春洋溢的鋒線組合包含馬斯奇奧（Maschio）、安格里羅（Angelillo），和西佛里（Sívori），三人並稱「臉蛋蒙塵的天使（Los Ángeles con cara sucia）」，證實阿根廷孵育球星的能力絲毫未減。起碼大老遠跑到祕魯的義大利球探如此深信。一年之內這三位天使便都離開阿根廷，馬席歐去波隆納，安格里羅到國際米蘭，西佛里去尤文圖斯，他們也全都替義大利國家隊效力。阿根廷在國際足球經濟的出口地位沒有改變。因此，當阿根廷參加五八年世界盃時——一九三四年後第一次參賽——頂尖球員都不在陣中，早已琵琶別抱。事實上，由於前鋒位置需才孔亟，年屆不惑，卻仍在球場上奔馳的安吉‧拉普納——河床「機器」的最後一位成員——遂被選進陣中。

這是國家的災難。開幕戰中，阿根廷迎戰衛冕冠軍西德。阿根廷在開賽兩分鐘就破網得分，然而德國人的耐力與組織系統化地消耗阿根廷的戰力。最後德國以三比一結束比賽。儘管率先進球，北愛爾蘭所輸出的抵抗強度稍弱，在球場上也給阿根廷留下太多空間展現優勢，阿根廷以三比一帶走勝利。只要擊敗捷克，阿根廷仍有機會晉級八強。雙方在赫爾辛堡（Hälsingborg）一戰高下。阿根廷的節奏緩慢，明顯無法跟上捷克。他們不是被緩慢地消耗，而是一面倒地丟失六球。阿根廷在班師回布宜諾斯艾利斯的途中，遭到群眾投擲垃圾。而被捷克斯洛伐克屠殺的比賽內容也一一陳列、剖析，並且評估其意涵。最後，政治媒體與足球界都一致認定：兵敗赫爾辛堡證實了裴隆式的現代化徹底失敗。一九五八年歲末，阿蘭布魯將軍的軍政府預備將政權

交還給民間的政黨，期待專制統治的短暫介入能夠破除裴隆主義，勞工階級勢力，產業工會的戰鬥力，還有通貨膨脹。

在經歷了這一段去裴隆化的短暫插曲後，阿根廷進一步地被分化。在一九五八年的普選中，裴隆主義者不是棄權就是將選票撕毀；社會主義者一分為二；保守派一分為三；而政治立場不左不右的激進主義派僅剩一半。激進公民聯盟黨的阿圖魯・弗朗迪奇（Arturo Frondizi）在極不穩定的授權當中當選總統。然而，在阿根廷政體的核心中是一個大騙局。裴隆理論上已被阿蘭布魯政權驅逐出境，國家與部分國有組織後續對於裴隆勢力的驅逐，也不遺餘力。但是裴隆依舊保留了幽靈似的存在。產業工會運動演變為代理裴隆主義的政黨，公開以「組織 62」（*Organizaciones 62*）參與選戰。而理當退出政治的軍方，逐漸扮演起武裝政治警察的角色，毫不妥協地反對裴隆返回阿根廷；以及一直支持裴隆的人民聯盟進行重組。弗朗迪奇證實無法勝任，而且與產業工會過於親近，在一九六二年被軍方罷黜。其職務在次年由阿圖魯・伊利亞（Arturo Illia）接替。一如其前任，伊利亞謹慎地在左右之間的小徑上前行──左邊是裴隆主義的相似物；右邊是由日益不滿的實業家和將軍們所組成的同盟。然而，到了一九六六年，就連這寸步難行的小徑都將消逝。然而，在裴隆下臺的這十年，適足以創造出適當的中間立場讓持續的經濟成長得以發生。這段期間的阿根廷足球，同時受到這曇花一現的經濟榮景其社會結果，還有政治的鏡像和表裡不一。

阿根廷的經濟成長總是區域不均。再一次地集中在布宜諾斯艾利斯。在裴隆的治理下，它已經變成一個更開放的勞工階級都市。裴隆時代所留下的有形遺產包含了巨大的、由多座高塔組成的公立醫院；在城市後院蔓延的住宅群；和西語移民區中鉅額補助的球場。而在城市記憶中裴隆主義的無形遺產包括：城市廣場和通衢大道被他的支持者擠得水洩不通，還有足球根深柢固的文化意義和廣受歡迎。隨著裴隆倒臺和流放，布宜諾斯艾利斯內勞工階級的經濟榮景和文化存在都降低了。一個新的都會中產階級取而代之。許多人從事正在興起的服務業，或者是在文化部門工作。他們剛剛被挖掘的購買能力和不斷變動的消費模式，為一九六〇年代早期都市的文化品味定調。布

宜諾斯艾利斯人生活習慣上最顯著的轉變，就是休閒時間從消耗在街道上，轉移到在起居室內打發。阿根廷的中產階級，就像其他的方的同儕一樣，開始選擇看電視而非上戲院。而從六〇年代中期起，當足球開始在電視上實況轉播，客廳的扶手椅便取代了露天球場的廉價座位。

在一九六〇年代初期，阿根廷最高層級的聯賽票房從一九五四年裴隆時代的高峰，瞬間下跌四成，而政府給予公眾的補助極為微薄。在赫爾辛堡和阿蘭布魯之後，阿根廷的足球和企業失去國家的補助，因此更加暴露在全球的競爭當中。博卡青年和河床決定做出反應，以競爭人民的時間和金錢。他們增加賭注，並且提供更適合觀賞的足球，得到大眾媒體一致地支持。博卡主席阿曼多和河床主席利貝爾蒂開始吸收外籍傭兵來吸引觀眾：烏拉圭人、祕魯人和巴西人。然而，儘管所有浮誇的承諾，球隊和教練學會了區域防守和四位後衛平行為一條防線的防守陣型。

這是阿根廷足球現代化的主要關鍵：強調防守和組織，還有職業道德與紀律的新語言。此一精神，在赫萊尼奧・埃雷拉（Helenio Herrera）身上得到最高的彰顯。埃雷拉是四處雲遊的阿根廷教練，在國米將十字聯防（catenaccio）──四個盯防的後衛和一個清道夫──和如彈簧般的防守反擊演繹發展到極致。在阿根廷，教練馬努・吉烏迪西（Manuel Giúdice）一九六〇年代早期曾執教於獨立隊，讓他的球隊依樣畫葫蘆，頗有成效，分別在六〇和六三年獲得聯賽冠軍。進而贏得兩次自由盃。他們絕對不只能在拉丁美洲稱霸。他們在進場時有特別的陣型；高舉雙手向群眾比出勝利的手勢；而且他們的自信爆棚。他們第一次拿下自由盃時，讓王者桑托斯黯然讓出王座。他們在馬拉卡納從零比二落後逆轉，最後以三比二揚長而去。阿根廷的新防禦足球在胡安・卡洛斯・洛倫佐（Juan Carlos Lorenzo）的手中添加上陽剛的氣質。洛倫佐在智利以及英格蘭舉行的世界盃會內賽執教阿根廷國家隊。六二年的阿根廷國家隊，相較於五八年的陣容，是一支狀態更好，運作得更協調的團隊。然而他們依舊踢著過時的半場足球，在第一階段淘汰前，被英格蘭結實地擊敗。一九六六年開拔前往英格蘭的球隊又更好，更強悍，更有組織，逐漸採取現代化的戰術，不過依舊融合了許多傳統的短傳。阿根

廷與被看好的西德踢平。擊敗瑞士和西班牙。他們在八強遭遇英格蘭，上演一場定義當代阿根廷國家隊的比賽。

　　球隊的進展短暫地被阿根廷孱弱的民主的最後一絲喘息打斷。總統伊利亞在將軍翁加尼亞領導的政變後下臺。後者宣布關閉國會，鎮壓大學，計畫要進一步限縮產業工會的活動。整個國家就像沒有發生任何事情一樣，泰然自若地觀看八強賽。在整個拉丁美洲，賽事已經引起一些懷疑。針對比利而來，惡意而未被懲罰的犯規。巴西在賽事之初出人意表的出局。再加上裁判偏袒歐陸，虧待拉丁美洲的氛圍，都指向一個沒有明說的陰謀：要做掉阿根廷。一如賽前預測，比賽的氣氛緊張，犯規頻頻，更糟的是，誠如作家布萊恩‧格蘭維爾所形容，德國裁判魯道夫‧克萊特萊（Rudolf Kreitlein）「……跑前跑後，是在讓賽況惡化，而不是降溫，他興致勃勃地──把球員登記在案，就像個熱中於蒐集車號的小學生。」[8] 阿根廷隊長安東尼歐‧拉亭（Antonio Rattín），已經在對英格蘭中場博比‧查爾頓（Bobby Charlton）做出無傷大雅的犯規時被記名。此後每當克萊特萊做出判決，他細長的抗議身影都非常明顯。當他對另一次記名提出抗議，裁判將他判罰出場。

　　英格蘭主教練艾爾夫‧拉姆西在賽後立即做出回應：「我們的精稅之師理當要迎來合宜的對手──一支來踢球的球隊，而非一群野獸。」[9] 這番評論點燃了阿根廷的怒火，也刺傷了他們的自尊。球隊返回布宜諾斯艾利斯，接受總統洗塵和道德勝利者的鋒芒。在一個政治體系中，沒有任何一個政府、無論是軍事的或者是平民的，可以確認並且做完其任期；而陰謀和反陰謀逐漸成為政治生活當中的日常；疑神疑鬼變成新的共同感受，則來自國外的陰謀早晚可以預期。一般來說較為保留的《紀事報》（Crónica）以頭條做出回應：「首先他們從我們手中偷走馬比納斯群島（islas Malvinas ／ Falkland islands），接著他們偷走世界盃。」[10] 該報甚至派遣一架小飛機，降落在群島外圍的石礁，然後升起阿根廷的國旗。

　　翁加尼亞指派他的人馬蘇亞雷斯擔任阿根廷足協的主席。蘇亞雷斯在走馬上任時宣布：「政府過去從未對足球俱樂部關閉大門，未來也不會。」這句話實際上的意思即是將有一筆特定數量的經費用以清償俱樂部過去的負

債，尤其是未繳的稅款，用以交換改革後的國家聯賽。由布宜諾斯艾利斯球隊主宰長達三十年的單一聯盟，即將開放。在新的安排中，將會增加兩個稍短的聯賽——全國冠軍聯賽（Nacional championship）和大都會冠軍聯賽（Metropolitano championship）——以提供更多機會給小城市球隊，像是哥多華和圖庫曼。倘若打破過去陳舊的壟斷是意圖，目的確實達成。在往後十年，冠軍頭銜不再由布宜諾斯艾利斯獨攬，向外分布至羅莎略中央和紐維爾舊生隊。或者是由首都的小球隊像是颶風隊、沙士菲和查卡里塔青年等拿下。小球隊中的佼佼者無疑是拉普拉塔學生隊，他們在一九六七年贏得大都會冠軍聯賽，隨後四度挑戰自由盃，蟬連三次冠軍。學生隊能夠達成此一成就，是因為他們是阿根廷足球強調防守、肢體對抗，還有亢奮的職業精神這一條演化路徑的終點。他們踢的正是反足球。

　　學生隊不是隨機的突變。事實上他們在阿根廷足球發展的主線中，一直處在領先的位置。一九六七年的洲際盃由格拉斯哥的凱爾特人對決競技，可以看做是學生對崛起的序曲。第一場比賽在蘇格蘭舉行，不出所料，凱爾特人主動出擊，並以一比零獲勝。競技浪費許多時間，做出許多危險動作。回訪賽時，就像是重返一九六六年世界盃的八強賽——管他愛爾蘭、蘇格蘭，還是英格蘭人，通通都一視同仁。當凱爾特人踏進阿維亞內達的那一刻，迎面而來的就是一道超過八萬人由刺耳口哨和迸發情感所築起的牆。凱爾特人在熱身時，連顆球都沒有。他們的門將辛普森（Simpson）被人群中投擲出來的石塊擊傷，只能由替補球員補上。襲擊者的身分不明。凱爾特人的攻擊有如水銀瀉地，一波接著一波。要不是明顯受到威嚇的烏拉圭籍裁判瞻前顧後，猶豫不決，不然他們早該有三次十二碼罰球的機會。終於一次罰球判給了凱爾特人，讓他們以一比零領先。直到拉佛（Raffo）為競技踢進追平分。不過，這一球根據多數阿根廷媒體的描述，已經越位，進球應該無效。競技決不放過任何可以佔便宜的機會：半場休息時，凱爾特人的更衣室連水都沒有提供。下半場開賽幾分鐘，競技隊把握機會取得領先，並且採取各種花招、利用規則漏洞來拖完整場比賽。許多時間被白白消耗，只因觀眾將球取走，並且拒絕歸還。結果比手段更重要。

　　一戰定江山的最終戰預計在蒙特維多的世紀球場舉行。凱爾特人的陣營中儘管仍有疑慮，接受了賽程的安排，只要求人身安全的保證，還有一個新裁判。為數兩萬的阿根廷人跨越了拉布拉他河，只為了觀看另外一場裁判完全失控的比賽。這一次凱爾特人以其人之道還治其人之身，不只挺身還擊，並以肘擊回敬。然而，魔高一丈的競技在小動作方面的修為依舊技高一籌，把野蠻藏得更加隱微；將惡意用技巧包裝。凱爾特人折損三位球員，競技損失兩位。然後，在混戰中，競技偷得一分。當比賽結束，競技隊繞場一週，在經過以烏拉圭觀眾為主的觀眾席時，看臺上的群眾紛紛朝他們丟擲物品。當憤怒的蒙特維多人在外頭大肆破壞時，競技的球員和官員全躲在更衣室內，直到警方幾波持著警棍衝擊後才將群眾驅散。凱爾特人球團對旗下球員處以罰款。反觀競技，根據傳言，為他們的球員購置新車。

　　當競技捲入洲際間的戰事時，學生隊，一支來自拉布拉塔濱海度假勝地的小球隊，正在不厭其煩地重複創造成果。就如媒體報導所言，他們的風格是：

　　花費一整週的時間，透過有如實驗室內嚴謹的動作，來將球技盡善盡美，並且將苦練的成果在第七天有效地爆發，轉化為戰績表上的排名位置。由於學生隊持續在大量製造分數，就像他們製造屬於他們的足球……倚靠苦練更甚天賦。學生隊持續在贏。[11]

在教頭奧斯瓦多・蘇貝迪亞（Osvaldo Zubeldía）麾下，這支沒有明星的球隊，一支最接近斯巴達式訓練的球隊，在一九六七年贏得大都會冠軍聯賽。即使在這個階段，他們的比賽中也有某些暗黑的成分，但它浮出水面時，立即會被當作謠言予以壓抑。評論反對反足球的標籤，傾向於認為學生隊的球風「較為篤實而不是美麗」。運動雜誌《體育畫報》的專欄作家胡菲納爾（Juvenal）甚至指出，他們「年輕、強健、守紀律、充滿活力、重視心靈，實際上非常正直的人。」[12] 正是翁加尼亞將軍和他的同僚希冀阿根廷青年仰望學習的典範。

　　一九六八年，學生隊在經歷了四強賽與競技之間鼻青臉腫的馬拉松大戰，還有決賽與帕梅拉斯之間融合了鬥性與技術的決賽，奪下隊史第一座自由盃冠軍。蘇貝迪亞的球隊能夠以各種方式取勝，但是比賽的核心具體展現在球場之上，並且為場上的指揮官卡洛斯‧畢拉多（Carlos Bilardo）所掌握。根據畢拉多回憶，蘇貝迪亞的足球最重要的便是科技與工具理性：「任何場上可能出現的狀況都已經預見，並且反覆練習過。角球、自由球、投擲進場，我們按照最有利的狀況使用。同時我們還有祕密手勢和語言，用來讓對手陷入圈套。」[13] 對於細節的重視收割甜美的成果。在自由盃中，學生隊超過一半的進球來自事先部屬好且反覆操演過的戰術，而且持續不斷地破壞更開放，技術更好的球隊的進攻。防守時，他們採取難纏的人盯人體系，並且總是保持隊形：一個目前極為普遍，但對當時的阿根廷而言極為少見的紀律展現。

　　當戰術不足以應付戰況時，學生隊另有妙計。中場胡安‧拉蒙‧維隆（Juan Ramón Verón）如此形容：「我們試著找出有關對手個人的所有資訊。他們的習慣、個性、弱點、甚至是他們私下的生活。如此我們就能在場上激怒他們，刺激他們反應，升高被驅逐出場的風險。」[14] 阿爾巴雷斯（Cococho Álvarez）在一九六九年自由盃的決賽前就被盯上。他偏好挑戰裁判判決的習慣被發現，並加以利用。學生隊球員會檔在他和裁判之間，觸怒他好讓他對他們動手。阿爾巴雷斯不過是學生隊諸多被設計，然後被判罰出場的受害者之一。當比賽重新開始，學生隊是破壞的大師。他們知道如何犯規，嚴重到能夠將比賽暫停，但又不至於被舉牌。只消一個回傳或改變方向，他們便能夠改變球賽的節奏，絕大多數是將它慢下來，拉緊韁繩。假使節奏還是太快，他們便會直接浪費時間。

　　一九六八年，身為南美洲的冠軍，學生隊渡海至英格蘭與曼聯進行洲際盃的第二場系列賽。在總統翁加尼亞親自蒞臨的狀態下，他們已經在阿根廷以一比零擊敗曼聯。這場回訪的比賽是六六年世界盃後兩國在英格蘭境內的第一場比賽。比賽結果以一比一踢和，使得學生隊成為世界冠軍。對阿根廷來說，這個結果醜陋卻極為必要，這是對英格蘭和艾爾夫‧拉姆西最甜蜜的

復仇。

　　倘若國家榮譽要求阿根廷擁抱暴力與反足球的犬儒主義，但仍有界限。阿根廷中產階級對於以粗糙手段達成計畫的容忍度正在降低。學生隊的犬儒主義變得難以辯護。就像是翁加尼亞的軍政府提供了官僚體制化的極權主義，卻沒有帶來穩定和繁榮。一九七〇年，當學生隊在自由盃決賽中，費盡吃奶之力才險勝佩納羅爾，媒體承認他們已經無法再上層樓，接下來只能逆來順受。

　　翁加尼亞統治的經濟與政治失敗在一九六九年年底爆發，並且惡化。在快速工業化的城市哥多華，內部相交與相互支持的學生和勞工團體，發起了一連串的陳抗，在幾個星期內就延燒成幾近於武裝的叛亂，史稱科爾多瓦事件（El Cordobazo）。政府以暴力鎮壓強佔、罷工和靜坐。而當一個規模較小但類似的叛亂在羅沙略爆發，政府選擇以同樣的方式處理。軍方依舊手握實權，只不過代價是更嚴重的暴力和憤恨。一九六九年八月，當阿根廷兵敗祕魯，他們取得七〇年世界盃門票的機率就大幅降低。學生隊和他們獨特的風格，成為國家災難的代罪羔羊。壟罩在一片撻伐的烏雲之下，他們前往米蘭進行洲際盃的第一場比賽。結果以零比三輸球。

1969 年 10 月 22 日
學生隊 2—1 AC 米蘭
布宜諾斯艾利斯，糖果盒球場

　　一九六九年五月下旬，哥多華省的工業城市。爆發了一個自主的抗議遊行，反對翁加尼亞總統嚴峻的經濟限縮和政治壓迫。產業工會、學生、整個城市都湧向市街，佔領市中心。總統下令軍方介入，其中包含一列裝甲車的縱隊。左翼的極端分子攀上屋頂，伏擊士兵。軍隊雖仁慈以對，但集結更多兵員器械作為回應。當哥多華被佔領時，超過六十位公民死亡。

　　十月底，首都，布宜諾斯艾利斯。學生隊整晚力挽狂瀾地、有意識地施

展暴力。蘇亞雷斯（Aguirre Suárez）肘擊ＡＣ米蘭前鋒孔賓（Combin）的
臉頰，造成顴骨骨折。門將普雷提（Poletti）攻擊米蘭的中場李維拉
（Rivera）。後衛馬內拉（Manera）將李維拉踢倒在地。當學生隊打破踢平
的狀態時，他們場上只剩下九個人。

　　翁加尼亞總統嚇壞了：「如此丟臉的行徑將會讓阿根廷的國際聲望蒙塵，
並且激起一整個國家的反感。」普雷提，馬內拉和蘇亞雷斯被送往監獄監禁
三十天。蘇亞雷斯和馬內拉被禁賽一年。普雷提終身無法再上場踢球。而在
科爾多瓦事件中射殺平民的軍士們獲得勳章。

_____

該場比賽震懾了運動雜誌《體育畫報》，將學生隊視為國家的敵人，而非代
表。「電視拍攝了變形了的比賽圖像，將其轉化為全世界的城市游擊戰。」
15 曾經是一九六〇年代中期正直而嚴肅的仿效對象，已經退化成暗中危害的
陰險青年——左翼的武裝分子。藏在字裡行間，《體育畫報》和其他主流媒
體正是轉變阿根廷青年的深層社會變化的象徵紀錄。老舊世代的社會階層，
保守派的社交儀節和文化品味，在遭遇到主張平等和享樂主義的新大眾文化
時就已經開始解體了。然而阿根廷的年輕人，一旦在心理上得到解放，並沒
有全都走向個人主義式的享樂主義，追求瘋狂地飲酒作樂和精美的華服。作
為對於古巴革命和科爾多瓦事件的回應，反對阿根廷政府和軍方的極權主
義，他們在一九七〇年成立了蒙托內羅斯（Montoneros）游擊隊運動。學生
隊最後一次在自由盃舉起金盃。蒙托內羅斯綁架並且處死了阿蘭布魯將軍。
阿根廷正一步步走向政治瓦解。

V. 前進吧，巴西

　　隨著一九六九和七〇年的抗議和異議歸於平靜，巴西的軍政府在新任總
統梅迪西將軍的領導下，重新振作起來，正視贏得公眾合法性的問題。雖然
在總統布蘭科的任期內，足球只是逃漏稅的議題，從來就不是關注的中心。

但總統梅迪西對足球非常熱中，是佛朗明哥的鐵桿球迷，對於類似的公關和宣傳在當今巴西的作用也比相對保守的前任更加警覺。在巴西前往一九七〇年世界盃決賽的過程中，他無疑展現了積極的興致，低調地，也或許沒那麼低調地遊說將前鋒戴伊魯（Dario）納入國家隊陣容。戴伊魯是他親自下令從米內羅競技（Atlético Mineiro）轉會到佛朗明哥的。他遊說的對象是國家對教頭薩德尼亞（Saldanha）。薩德尼亞在一九五七年時曾經執教博塔弗戈，並且率隊贏得那年卡里歐卡的冠軍。其他時間他擔任足球評論員和專欄作家。眾所周知，他來自一個富有但激進的家庭，年輕時是知名的共產主義者。他依舊保有心直口快的個性，廣受公眾喜愛，但是對於政府而言，卻極為可疑。薩德尼亞的足球戰略與軍方大相逕庭。他看似挑選球員後就放牛吃草。為了要讓巴西在進入資格賽前保持放鬆，這無疑是個好計畫。

然而，薩德尼亞不僅拒絕讓戴伊魯入隊，其拒絕總統的方式更是直接，甚至有些唐突。「我不會幫總統選擇部會首長，他也不能幫我選我的球員。」種種都讓他被放上觀察臺，被用放大鏡檢視。薩德尼亞花了一整個冬天在歐洲，對於歐洲足球展現的精力和肌肉戰感到憂心忡忡，回國後決定調整陣容，以應付更偏重防守，更強調肢體碰撞的球風。然而，調整陣型後的巴西在主場敗給阿根廷；在一九七〇年年初的客場比賽踢平。坊間開始出現撤換教練的流言。情況急轉直下。薩德尼亞公開批評比利。他帶著一把填彈的手槍走進里約的飯店大廳，搜尋他的頭號批評者祐斯特里奇（Yustrich），佛朗明哥的經理。巴西足協以情緒不穩的理由將他撤換。

取而代之的是馬里奧·薩加洛，一九五八年黃金陣容的沙場老將，很安全、很冷靜，值得信任，而且在巴西找得到人。當上尉克勞迪奧·庫蒂尼奧（Cláudio Coutinho）受聘為體能訓練師，而且海軍將領吉拉尼莫·巴斯圖斯（Jerânimo Bastos）現身巡迴派對時，證實了軍方的影響力確實存在。金錢從來不是問題。庫蒂尼奧曾經被送往美國太空總署（NASA），學習施用在太空人身上的運動和保健之道。巴西隊幾乎已經成為傳奇的世界盃準備之道，如今更是達到新高點：每位球員都獲得特別量身訂製的手工戰靴。全隊在開拔的兩星期前就已經開始進入中美洲的睡眠和飲食模式。球具全部重新

設計，以應付墨西哥的酷熱和潮濕。

　　一九七〇的世界盃，是第一次彩色轉播。對於觀眾來說，那就像是色彩的魔術。巴西的黃色戰袍在墨西哥正午猛烈的白色陽光中閃閃發光。正午開踢則是為了配合歐洲電視的節目表。不過對於那些仍舊收看黑白電視的人來說——事實上這些人佔了絕大多數——畫面同樣令人眼花撩亂。七〇年墨西哥的世界盃，巴西總共出賽六場，踢進十九球，是冒險、進攻和積極比賽毫不含糊的紀錄。他們通曉人情世故，只有一場沒有讓對手進球。他們讓捷克一球，給羅馬尼亞兩球，向人們展示他們的能力，並且提振對手反抗的意志。開幕賽對上捷克斯洛伐克，在一比一踢平時，比利站在己方的半場邊緣，就在中場圓圈的後方，意識到捷克門將維克托（Viktor）正遠離球門線長達十五公尺。比利沒有停下來思考，他踢出一記又遠、又高的曲球。就算球還沒有上升到最高點，但它的方向和落點將會很接近球門上方的角落。維克托手忙腳亂地回防。這球剛好擦過門柱的邊緣。但巴西在對捷克斯洛伐克和羅馬尼亞時，無論如何踢進了七球。

　　倘若東歐球隊給予巴西隊炫技的空間，英格蘭提供的則是扣人心弦的挑戰。衛冕軍幾乎展現出他們最好的實力，並且將巴西的進球限制在一球。由於對方的防守固若金湯，需要極端的創造力來攻破。托斯唐帶球突破成堆的防守，比利跟進，自罰球區將球完美無瑕地傳給位在唯一一個空檔的察辛努。

　　八強賽面對祕魯，巴西面對的簡直就是未進化版的自己。祕魯足球發展的路徑跟巴西一樣，只不過時間上晚了二十年。一九五〇年代晚期，足球職業化為非裔的年輕人提供了一條擺脫經濟困境的路徑。因此，祕魯國家隊在人口學上非常近似巴西隊，有顯著比例的非裔祕魯人，和歐裔和印地安族混血的球員。他們同樣受教於巴西人吉吉，後者與薩加洛同是五八和六二年黃金陣容當中的大明星。無可避免的，這是一場開放比賽和進球的饗宴，巴西以四比二擊敗小老弟。而烏拉圭在準決賽提供了大好機會，驅逐一九五〇年後揮之不去的幽魂。

1970 年 6 月 17 日
巴西 3—1 烏拉圭
墨西哥瓜達拉哈拉，哈利斯科球場（Estadio Jalisco）

眼光立刻被吸引，並鎖定在烏拉圭罰球區外大約兩公尺的一個點。那裡空蕩蕩的，只有微微發光的草皮。三個物件正精確地在此處交會。托斯唐的穿越球以中等速度持續滾動。剛從球門線疾馳而來，披掛著黑色戰袍的烏拉圭門將拉馬薩克齊維茲（Mazurkiewicz）正在減速，準備好面對一計射門，一個變向，或者是施展一計撲救。還有閃著金黃微光的比利，他的步伐，和閃閃發光的白襪，正在擴大並且加速。

球，門將和前鋒交會。比利必定減緩了他的衝刺，或者是停下了球。你的眼光依舊膠著在同樣一個點，撞擊即將發生的點。唯一停留在那兒的只有單膝跪地的馬薩克齊維茲。只有在你視野的邊陲，你可以瞄到球滾向他的右手邊。而比利，剛剛對球施加了最溫柔的、輕如鴻毛的一觸，正撞向他的對手。馬薩克齊維茲亦做足準備，要承受即將到來衝擊。在沒有減速的狀態下，比利從馬薩克齊維茲的左邊切過。透過一個犀利的轉身，就在驚詫的守門員後方，比利和球再度會合，將其射向球門，差一點就踢到左邊門柱。球的飛行路徑與絕望的烏拉圭後衛交錯而過，後者蹣跚地翻過球門線。

決賽中巴西遭遇義大利。場上一比一的僵局長達六十分鐘。義大利的環狀迴路似乎就是鐵桶般的嚴防。接著，在五分鐘內，蓋爾森和察辛努相繼得分，將比賽帶回真正的攻守平衡。比賽的最後二十分鐘屬於巴西，他們的第四分原先只是錦上添花的歡慶，如今被視為典範。

克羅多阿爾多（Clodoaldo）以如此精采卻又非典型的帶球開啟攻勢，他迷惑了五位防守者，將球從左半邊傳給察辛努。察辛努帶球從左翼往中間移

動，將球傳給球門前二十碼的比利。再一次，察辛努吸引了對方的防守球員
法切蒂（Giacinto Facchetti），調動他遠離原本的位置。此時，卡洛斯・阿貝
多就像是一顆魚雷般斜切直衝而來。眼見他迎向前來，比利從容地轉身，將
球滾往他行進的路徑，寫意精準就如草地保齡球。毋須確認，毋須偏離路徑，
毋須調整步伐，阿貝多起右腳勁射，將球低低射入網內。那是令人難忘的進
球。它那似乎不可避免的特性，增強了，而不是減低了其興奮感。[16]

球隊循著老路線返回巴西利亞，舉國放假一天。街道成了嘉年華。而總統官
邸，自從一九六四年政變以來，第一次對公眾開放，僅此一天。總統官邸持
續維持關閉，直到軍事佔領結束。總統梅迪西向全國演說：「看到吾國同胞
沉浸在此最高形式的愛國主義當中，是如此愉悅，讓我感到全然的快樂。我
認為這場勝利，展現了我們良好的運動家精神和深刻的手足情誼，還有我們
致力於國家發展不斷上升的信念。」[17] 政府的公關機器循環播放〈前進吧，
巴西〉（Pa Fente Brasil）的旋律，原先是為了這支世界盃球隊所寫的官方歌
曲，錄製後在許多不同場合使用，像是廣告、廣播插曲，還有公眾活動。

　　比利躍起頭槌的照片，搭配政府的口號「這個國家如今勢不可擋」
（ninguem segura mais este pais），出現在無數的巨幅海報之上。巴西的軍政
府藉此將自己、其經濟發展的願景、國家團結，與巴西足球的豐功偉業綁在
一起，並且在幾乎整個一九七〇年代試圖將足球納為己用。他們資助了一個
龐大的場館興建計畫，而且嘗試要將觸手伸進足球機構和價值觀。然而，他
們將在沒有比利，也再沒有世界盃勝利的狀態下從事這些事。一九七一年，
比利最後一次代表巴西出戰南斯拉夫。儘管一九七四年時總統梅迪西和足協
主席哈維蘭吉懇求他再次出征世界盃，並且鼓動一個斥資四千萬，以電視為
首的宣傳活動來說服他，仍然被比利婉拒。自從他七四年正式從足球退休後，
他曾經在美國復出，成為紐約宇宙隊（New York Cosmos）和美國足球聯賽
的球星和救世主。七五年，當他離開前往美國的那一年，正好是巴西經濟奇
蹟開始萎縮的第一年。全球經濟發展趨緩，正縮減巴西的成長到步履蹣跚的
地步。

　　身為三度捧起世界盃冠軍的國家，巴西得以擁有一座雷米金盃。在一九七○年代的中後期，某個不明的時間點，正是巴西開始受到衰退和限縮的衝擊，金盃失竊了。金盃不曾失而復得。幾乎可以確定它被融掉拿去變賣。當糧食都不夠的時候，誰還需要獎盃？正如不列顛運動與社會史家湯尼・梅森（Tony Mason），以如此直白的語句概括這段時期的拉丁美洲，足球的重要性，即便是藝術足球，也有其侷限性。

　　足球或許確實是一種激情，更甚於一種愉悅。或許比一無所有好些。但只有它肯定是不夠的。18

第十一章

魅力與榮耀：
歐洲高度工業化的足球（1955–1974）

此時浮現出一幅未來的願景：是否只消一、二十年的光景，所有的足球賽都將在星空月下舉行？還有更多支持夜間出賽的理由。它有一種戲劇化的、劇場般的，能放大各種感官的質感。球賽的節奏益加突顯；流暢的攻勢披上了更加鮮明、豐富多彩的輪廓。在漆黑的夜空背景裡，周圍的群眾半處在暗影當中，或許看不真切，但依舊是血肉之軀。當他們口中的香菸點亮夜空，點點閃爍的紅光，彷彿數以千計的螢火蟲翩翩飛舞。

——《泰晤士報》，英格蘭第一場泛光燈照射下的比賽報導，1956.02 [1]

足球比賽最大的謬誤即是眼中只有勝負，將贏球視為至關重要。這完全畫錯重點。根本不是這樣。球賽最重要的是榮譽；是以體面而瀟灑的方式呈現；是吸引萬眾矚目；是猛虎出閘，而非守株待兔。

——北愛爾蘭足球員，丹尼‧布蘭奇福勞爾（Danny Blanchflower, 1926-93）

I. 新影像技術與新足球時尚

　　《泰晤士報》的記者顯然可以預視未來，雖然不過是驚鴻一瞥。即使現在不是所有的足球賽事都使用人工照明，但人工照明的吸引力依舊不容辯駁。在一九五〇年代素樸艱苦的英格蘭，近晚籠罩著灰暗的薄霧；一週中間的那一場泛光燈下的足球賽，為辛苦工作一週的人們，帶來令人振奮的短暫喘息。那裡充滿劇場的魅力；暗影中位居背景的合唱團，以及前臺聚光燈下耀眼的明星。截至當時為止，足球在歐洲依舊是日間的活動；雖然熱情與張力仍在，但是說不上多有魅力。從一九五〇年代末期一直到六〇年代，足球賽事終於開始展現猶如星塵微光般的魅力，而那不僅僅是來自於照明。首先，歐洲一體化的潮流催生了歐洲足總和歐洲冠軍俱樂部盃，而後者為歐洲足球提供一個嶄新而扣人心弦的戲劇化賽事。其次，電視廣泛地轉播足球，不僅改變了球賽的經濟，還有其與大眾文化浪潮、青年活動，以及社交名人之間的關係。但最深切的莫過於它改變了比賽的集體經驗和記憶——因為在電視錄像出現之前，我們過去的歷史視野是偏狹的，很多部分甚至是全盲的。第三，此為富裕的足球，高度工業化的歐洲足球，由新財源，新方法，新的球風支持的足球。比賽前所未有的好看，因此賦予足球無窮的魅力。

　　歐洲足總成立於一九五四年，次年其主辦的第一項賽事歐冠盃開踢，標誌了歐洲足球的組織發展的轉捩點。既說明了歐洲原先在國際足總的支配地位，也說明了歐洲因為經歷長期內戰的煎熬，所以此前根本沒有泛歐洲的足球機構存在。相較之下，南美洲儘管於政治上紛紛擾擾，卻早在一九一六年達成足球上的統一。[2] 此外，時至一九五二年，歐洲在國際足總內的多數優勢已經不復存在，對於組織的實質主宰也逐漸消逝。歐洲的足球行政官員，原本對於後殖民時代足球政治的版圖變更已經緊張兮兮，如今更因為南美洲代表在一九五二年國際足總赫爾辛基大會上所展現的集團力量與組織能力而憂心忡忡。率先倡議打造歐洲足球領地的是法國足總的祕書長亨利·德勞內，以及其義大利和比利時同僚。在國際足總執委會的英德代表支持下，東西歐

的足球官員，都在一九五四年六月齊聚伯恩。僅管希臘的代表遲到，但在是日結束以前，歐洲足總成立的決議已成定局。這項決議幾乎可以視為足球版本的的《舒曼宣言》──一九五〇年，當時的法國外交部長羅貝爾・舒曼（Robert Schuman）宣布啟動法德共同生產煤礦與鋼鐵的計畫。這項計畫的經濟價值雖然有待商榷，卻蘊含極為關鍵的政治意義：使得法德兩國之間難以開戰。同樣的，對於歐洲足總而言，歐洲合作和一體化的概念和意義，亦更甚於實質的政策。唯有在創始會議之後，德勞內才在他的關鍵論文〈論打造歐洲足球的可能性〉中，為此一特殊的政治時刻勾勒出實用與運動層面的機智回應。歐洲的政治領袖耗費了額外六年的折衝樽俎，才簽署《羅馬條約》，成立歐洲經濟共同體。而歐洲足總創立泛歐洲的足球比賽，卻毋須如此大費周章，只花了短短一年就已成真。

　　再一次地，法國人扮演了驅動歐洲一體化的智識與組織力量。這一次，是法國《隊報》的資深編輯與撰述──蓋比埃・亞諾和雅克・菲蘭（Jacques Ferran）。亞諾和他的同事對中歐盃和拉丁盃瞭若指掌，早已反覆推敲過促成歐陸頂尖俱樂部賽事的想法。一九五四年，英格蘭球隊狼隊（Wolverhampton Wanderers）在其教頭史丹・庫利斯（Stan Cullis）的指使下，在被水浸潤的球場上擊敗布達佩斯捍衛者，隨後莽撞地聲稱自己是歐洲冠軍，法國至此再也忍無可忍，起而將理念化為行動。亞諾將他的計畫寫成一封公開書信：賽事將邀請歐陸的頂尖球隊相互較勁；比賽將在球季間進行；賽制採取主客場淘汰制；比賽將在球季間的週間夜晚舉行，因此泛光燈將派上用場。賽制的安排一方面考量避開各國的聯賽賽程，一方面希望吸引下班後的人潮。媒體人亞諾的人際關係自然是無懈可擊，他的計畫受到俱樂部和各國足協的歡迎──除了不列顛人。當時不列顛對歐洲一體化的態度，介於興致索然和不屑一顧之間。不過歐洲持續前進不輟，與歐洲足總合作的第一場新型態賽事，時間就訂在一九五五年九月，由里斯本運動對上游擊隊來揭開序幕。從降生的那一刻起，歐冠盃就在俱樂部層級的賽事中設立起一個標準，迄今仍難望其項背。

　　往後二十年間，歐洲足總另外組織了幾項賽事，包含參賽對象為各國國

家隊的歐洲國家盃（European Football Championship，簡稱歐洲盃），還有另外兩項淘汰制的賽事：歐洲盃賽冠軍盃（UEFA Cup Winners' Cup）和國際城市博覽會盃（Inter-City Fairs Cup），即之後歐洲足總盃（UEFA Cup）的前身。這些比賽雖然都帶來了各自的奇人軼事、樂趣和精采時刻，但依舊無法和歐冠盃相提並論。這個時期的歐洲足球史，絕不能掠過歐冠盃的命運，還有那些接續捧回冠軍的俱樂部。這些，都將成為當代歐洲足球史的敘事骨幹。雖然高工業足球迎來兩個世代天賦異稟的足球員，它的巔峰仍然保留給偉大的球隊和俱樂部。而這座山峰的脊柱，則呈現出最具體，也最有啟發性的地理分布。自一九五六年起，除了法蘭克福隊之外，所有的決賽隊伍都來自西地中海，直到六六年貝爾格勒游擊隊在決賽中敗北。歐冠盃的首批強權崛起於伊比利半島，西班牙人以皇家馬德里為代表連續蟬連五屆冠軍（1956-60），然後在一九六六年又贏得一座金盃。之後，由本菲卡這支來自葡萄牙的王位覬覦者取得歐洲王者的封號，直到將它出讓給米蘭的男爵們：AC 米蘭和國際米蘭。一九六七年是個轉捩點。那一年，國米將冠軍拱手讓給第一支來自北歐的王者之師凱爾特人。隔年，當本菲卡向曼聯俯首稱臣，則歐洲足球勢力的板塊轉移看似得到確認。然而，北歐統治並不等同於不列顛統治，因為不列顛人的優勢隨即為荷蘭與德國所取代。同時，這兩國恰好是歐陸最晚實施足球職業化和產業化國家聯賽的國家。一九七〇年由鹿特丹飛燕諾隊（Feyenoord Rotterdam）取得冠軍；一九七一到七三年的歐冠王者是阿賈克斯；緊接著連續三年皆是拜仁慕尼黑的天下。他們將歐冠盃的冠軍盃留在北方。

　　歐洲合併、競賽，以及泛光燈照明對於塑造歐洲足球極為重要，但電視終究扮演了影響最為深遠的角色。說到底，足球還是視覺藝術的一種，而電視則讓欣賞這項藝術的觀眾，從數以萬計，一舉膨脹到上千萬。這並不是說足球無法讓其餘的感官活絡起來——打個比方，它讓我們品嘗勝利的甜蜜，也吞下失敗的苦澀。對於球員來說，則是汗水和泥土的滋味。而比賽的氣味也因為人群和地域而有所不同：在米德斯堡和勒沃庫森，比賽時總有化工廠辛辣的醋酸鹽味道飄散；馬賽有著濃郁的黑色菸草煙霧；蘇威托則是熱灌木野草的藍色與紫色羽毛狀煙霧、謝菲爾德有詭異肉派的氣息，貝爾格勒則是

烤葵花子的味道。觸覺是全面性的，芒刺在背、毛骨悚然都可以反映足球為後頸所帶來的那股感覺；也有像把高空旋轉球停下來的那種，既柔軟又精準的壓力。聽覺就是這項比賽的特長：約翰・克魯伊夫（Johan Cruyff）可以從音色來判別射球或傳球的質感、他的隊友格里・穆倫（Gerrie Mühren）則厭惡面對場上的強風陣陣，因為「整場比賽你都得要能夠聽到球的聲音，聽到踢球時球在靴子上製造的聲響、包括踢的力道、速度等。若碰到大風時則時常會對球生氣，因為球就是不聽你的使喚。」[3] 其實不管起不起大風，場邊的觀眾不僅會發出歡呼或噓聲，還會歌唱、吼叫與咆哮，所以身為場上的球員，居然能聽到這麼多聲響，還真是不可思議。就如同亞塞・霍普克（Arthur Hopcraft）所形容的：「足球場上廣大球迷所發出的集體聲響簡直無與倫比，他們讚頌喜悅，咆哮憤怒。足球持續的流動刺激了那不墜的激情。」[4] 流動來自於移動，來自不斷地製造並且破壞模式與空間，讓前述那位坐在泛光燈下的《泰晤士報》記者如此目眩神迷；而這種流動，沒有任何靜態攝影、任何圖像、任何畫作能夠完美而充分地呈現。

　　電視的問世和播送、賽事錄影，改變了球賽的歷史紀錄。儘管在此之前即有少數足球影像紀錄的存在，但是價值有限。它們多數是為了電影院放映的新聞短片而拍攝，很多鏡頭顯得突兀、斷斷續續，並不連貫；同時缺乏對於球賽整體動態和流暢感，以及球員的移動模式的關照。受到市場的影響，再加上現場攝影機的數量有限，留給我們的只是片段：跑出鏡頭外的比賽狀況；從最弔詭的角度拍攝零星進球的狀況。有鑑於此，此前人們對於球賽的集體記憶在視覺上基本上是空白的，僅能倚仗不可捉摸的廣播，靜態的照片和文字紀錄：將這些媒介的優勢全部加總，也無法與動畫掌握球賽的能力相比擬。所以，無怪乎在這個世代以前，未曾出現哪個偉大球員的經典標準。皮奇奇（Pichichi）、弗利登萊希、辛德勒、布魯默（Bloomer）、安德拉、斯卡羅尼（Scarone）、馬佐拉（Mazzola）和皮歐拉——在球癡等級的小圈圈之外，各個時代和文化最偉大的球員都鮮為人知。相較之下，在一九五四和七四年之間，談到偉大的足球員，幾乎隨便一個人都能提出長長的候選名單。然而，此間決定名單的主要因素，往往不是球員球技的高下品質，反而

不脫視覺上的親近性。較不為人所知的球員，通常其職業生涯都是在電視轉播的最早期：斯蒂法諾、普斯卡斯、雅辛（Lev Yashin）、馬索普斯特（Josef Masopust）、史丹利‧馬修斯、吉吉、瓦瓦，還有加林查等球員的生涯巔峰都在一九六四年之前。而在集體記憶裡烙印最深的球員，全都是在電視真的普及之後，才攀上他們職業的巔峰：像是尤西比奧（Eusébio）、喬瓦尼‧李維拉、博比‧查爾頓、丹尼斯‧羅（Denis Law）、喬治‧貝斯特（George Best）、弗朗茲‧貝肯鮑爾（Franz Beckenbauer）和約翰‧克魯伊夫等人。而真正縱橫兩個世代而不墜的，唯有球王比利。

電視傳送與接收的基礎科技發展於一九三〇年代早期；戰前甚至已經出現有限的運動賽事直播。在英格蘭，英國廣播公司傳送過一九三八年英格蘭足總盃的決賽畫面；德國則將一九三六年的奧運錄影傳輸給少部分的觀眾欣賞。戰後，首先開啟運動賽事直播風氣的正是美國。他們不僅在現場轉播的核心技術領域領先群雄，更正式將運動電視轉播的版權商業化。在歐洲，戰前電視轉播的先行者，與戰後率先將焦點回歸足球運動的是同一群人。一九五二年歲末，西德開始直播漢堡地區的賽事。一九四八年，英國國家廣播公司直播倫敦奧運和足總盃決賽。直到一九五六年，法國才第一次直播賽事：由蘭斯隊（Stade de Reims）對上梅斯隊（Football Club de Metz）。電視機更晚才在西班牙和葡萄牙問世。一九五四年，歐洲廣播聯盟（EBU）轉播了該年世界盃當中的九場賽事；縱然歐洲廣播聯盟沒有付出什麼代價就將轉播權手到擒來，但電視機的銷售量無疑幫了大忙，而國際足球市場的存在也因此得到確認。一九六〇年的歐冠盃決賽，皇馬對決法蘭克福，是第一場覆蓋整片歐陸的現場轉播；雖然轉播權利金只賣了八千英鎊，但接下來的幾十年，無論是觀眾人數或是電視轉播足球的價值都急速攀升。到了一九七〇年，由於彩色電視的誕生，以及電視在歐洲社會的全面普及，關鍵賽事都能吸引數以千萬計的觀眾。

一九六〇年代在足球轉播部分，最具創新意識的是不列顛、德國和義大利人。英國廣播公司在轉播的覆蓋率上具備最健全的體制框架，但同時也要面對最保守和最疑心重重的足球主管機關。一直要到六〇年代，他們對於轉

播聯盟比賽的限制才較願意放行。西德是最早取得先進轉播技術，也是第一個規劃電視版權出售的國家。不過，義大利人最早意識到媒體播送運動賽事的潛能，所以也是最快發明媒體新代碼和模式的國家。一九五四年的時候，電視節目《週日體育》（*La Domenica Sportiva*），這個最早、至今仍是歐洲電視史上最長壽的運動節目，在義大利廣播公司（RAI）播出。之後，隨著可進行高速編輯的錄影器材問世，開始出現放送賽事精華集錦的節目：德國的《運動秀》（*Sportschau*）最早在一九六一年就已經出現；英國廣播公司的《今日賽事》（*Match of the Day*）始於一九六四年；然後是義大利在一九七〇年的《九十分鐘》（*90° Minuto*）。

慢動作重播的技術則是在一九六〇年中期於美國最先成熟，一九六七年以義大利將此技術用在「音像同步裝置」（moviola）之上，隨即證明了慢動作重播是電視足球轉播中最具臨場感且扣人心弦的元素。透過第一代剪接師維特利（Heron Vitelli）與薩西（Carlo Sassi）的巧手，賽後分析從配角逐漸攀升為電視節目不可或缺的一部分：從對科技的好奇，轉變為創造與調查陰謀論、爭議與不確定性的主要新聞工具，更讓一九六九年米蘭德比的報導，得以成為第一個對歐洲賽場上「幽靈進球」的明確判決。而英國獨立電視臺（ITV）在轉播一九七〇和七四年的世界盃時，派遣一整組評論員與足球名人擔任轉播和講評工作，賦予權威人士和技術專家談話性和辯論性的戲劇型態。

這段期間，電視對於足球財政的影響雖然備受歡迎，但仍舊微不足道。在不列顛之外沒有商業電視台，也沒有轉播權的競爭者，使得足球直播的商業價值難以膨脹。因此電視轉播足球的價值就顯得有限。比票房銷售依舊是球會最重要的收入來源。儘管與戰後的高點相比，進場觀賽的人數雖略有下滑，但並未跌落谷底。名門球隊的人氣甚至有走高之勢。電視開始蠶食足球的觀眾市場，但並不是因為現場轉播的緣故，而是因為在一個相對富裕的社會裡，觀看電視成為諸多打發消閒時間的選項之一。足球同時還得面臨其他的競爭，像是駕駛新車兜風；郊區興起的居家男性本色：DIY 與園藝風氣；還有女性在掌控家戶支出與休閒時間分配上日漸上揚的權力。

　　然而，電視創造集體經驗的能力前所未見。一九六六年，超過一千五百萬人在電視機前目睹英格蘭贏得世界盃決賽。一九七○年，超過一千七百萬義大利人守在螢光幕前觀看藍衫軍出戰世界盃的決賽——在整個共和國的歷史上，沒有一件事能夠同時吸引那麼多義大利人一齊進行。這些在國際足球日記上的高點，也幾乎是全面參與的時光，帶給戰後歐洲的想像的共同體最強大、也最震撼的時刻；相同國籍的人儘管在物理上四散各處，卻能夠藉此凝聚，去琢磨自己的身分意義和認同。

　　就像支撐著它的長期經濟成長一樣，高工業足球，廣義來說，是建立於更早前創造的那些方法、技術與社會關係的融合上，但僅能在國際關係平穩，而國內階層祥和的狀況下擴散。電視與泛光燈的相關科技早在二戰前就已成形，卻遲至戰後十餘年才得到廣泛使用。歐洲足球產業所使用的球靴、球、球具、球場、運動場館，還有運輸工具，在科技上與大戰前後十年的尖端科技沒有太大差別。直到一九七四年，第一顆純粹由人工材料製成的足球才得以在國際賽事中派上用場。赫斯特‧達斯勒（Horst Dassler）和 Adidas 所提供的給一九五四年西德世界盃冠軍的鞋底螺釘，跟接下來二十年間所出現的任何東西一樣先進。而球場上科技的主要創新——鋼筋混擬土和鋼材懸臂——最早是在一九三○年代試用；而人造草皮只有美國職業運動在使用。即便是在六○和七○年代用途日廣的各式各樣刺激肌肉生長的類固醇、興奮劑、安非他命，或是其他提升運動表現的藥物，其基礎仍舊是二十年前的製藥科技。

　　富裕足球的特點在於，這些創新都是為了提高國際化與專業度的條件下，因而匯聚一堂並供給頂級的俱樂部使用。在一九五○年代前，足球俱樂部和各國足球協會的官僚和組織能力搖搖欲墜的程度令人頗為心驚。歐洲足總在七○年代以前，並沒有設置全職的新聞聯絡員。極少球隊意識到公共關係的意義，更別說為此騰出一個位置。董事會的管理多數時間毫無章法、外行領導內行，也不願意承擔風險⋯⋯成功的球會，至少有一部分要歸功於組織的條理分明，儘管在確切的方法和權力結構的安排上個別差異極大。特別是義大利人，在開創新的球隊管理勞動分工上極具創見：出錢的主席；處理

政治、轉會和組織的專業經理人；還有全新調教球隊的教練。單單是引進全職、專業的教練本身，對許多足球文化而言即是令人耳目一新的創舉，也正因為這些新制度的新興倡導者，許多當代的關鍵戰術與技術的精進才得以成功。

　　富裕帶來的不僅僅是足球內部官僚機構與指揮鏈的合理化，它也創造了一整個世代更精壯、更健康、更長壽的球員。他們在足球場上針對步伐、速度和耐力的訓練階段都明顯提升。不過富裕同時也會滋養不滿。一九六○年代晚期，整個歐洲的勞工運動團體和產業工會都有志一同地開始突發性的抗議。勞工，一旦遠離了失業與赤貧的恐懼，開始爭取不僅僅是荷包，還包括勞動條件和雇用他們的管理體系。足球員並沒有自外於這一波勞工運動。不過確實，以他們一般聘用合約內的那些幾乎可以說是封建的條件，他們確實是最亟需改變的一群工作者。比如在義大利，球員在七○年代前期之前，根本沒有保險或退休金；在不列顛，足球勞力與資本之間的決定性關係則是因為一九六一年取消了最高工資才發生的。而在法國、荷蘭與義大利，遲來的球員工會是到六○年代，因為有了罷工的威脅之後才有的。但其實足球員永遠無法成為工業鬥爭的先鋒——尤其是職業足協在一九七三年被逐出工會大會時。

　　當代的足球員被視為新型態的文化偶像。在戰間期，義大利的法西斯主義者試圖要將其世界盃的冠軍成員提升為奉行法西斯主義的超人。奧地利咖啡廳的知識分子，塑造他們的民族英雄辛德勒為注定凋零的美麗。在戰後，球員們總是被戴上可敬的、低調的愛國桂冠：沉默寡言、忠貞不二的列夫‧雅辛，是把守蘇維埃無產階級者大門的門神。德國國家隊隊長弗里茨‧瓦爾特，是德國經濟奇蹟勤奮而謙遜的象徵。出身波蘭移民家庭的法國攻擊中場雷蒙‧科帕（Raymond Kopa），是善良、盡責又融入的移民。英格蘭隊長比利‧萊特，是鎮定沉著，冷靜自持的化身，知道如何捲起袖子努力幹活。在一九六○年代，足球俱樂部與球員這個原料所塑造出來的文化意義，逃離了政客的直接掌握；並且，雖然媒體在這個過程裡仍然扮演著舉足輕重的角色，意義的領域則因為青少年與流行文化、以及球員本身出現巨幅的改變而門戶

大開。

在一九六〇年代,球員和那個世代的其他人一樣,都蓄著頭髮,要想知道這種瑣碎行為的涵義,就得瀏覽一九五〇年代晚期、六〇年代早期歐洲群眾的照片。他們清一色都是男性。無論年紀,他們的衣著鮮有變化:暗色的西裝或夾克、白襯衫,搭配暗色且素面的領帶。雨天時,他們套上厚外套和長雨衣。冬季時添上圍巾和帽子。夏季時將兩側和後腦的頭髮剃短並推高。到了七〇年代中期,襯衫和領帶幾乎消失無蹤;丹寧布料遠比粗花呢(tweed)更時尚;至於帽子,只要不是職業球隊出產的絨球毛線帽,全都是不合時代潮流的東西。更濃密、更長的頭髮,是這一代與父執輩最清楚的區隔。曼聯的貝斯特因為一臉落腮鬍,還有與披頭四(The Beatles)成員相似的一頭蓬鬆長髮,在西班牙獲得第五位披頭四(El Beatle)的稱號。當義大利球員吉吉·梅洛尼和李維拉的頭髮長到觸及衣領,就直接打破了該國時尚界所有的裁縫規則。克魯伊夫一頭散亂不羈的鬃毛,還有攻擊中場君特·內策爾(Günter Netzer)頂上那頭濃密飽滿的鬈髮,宣告了歐洲足壇嶄新型態的男子氣概——從個人主義、享樂主義一直到炫耀性消費,另外也有獨立主義和反獨裁;到最後,無疑就是魅力的本質——加上一些性別火花、一些悶燒著的運動性魅力。

歐洲的高工業足球獲取了魅力,但它是否也能帶來榮耀?金錢與權力的力量,雖然一直都離足球不遠,但不像在東歐那般的病態霸道,在西歐反而距離足球有一些距離。比起商業化,足球是比較合理化、職業化的。當時候的創新都是在教練、訓練、戰術和內部組織,而非開創新的財源。電視的出現,相較於其他根本的經濟轉變,對我們如何緬懷當時無疑有著最大的影響。雖然比起戰前,有更多的金錢投進了這個運動裡,它大部分都還是維持在家庭工業的範疇裡;除了寥寥可數的明星球員,多數球員的薪資約莫與技術勞工的水平相當。此時期雖然也發明了廣告與品牌,但直到一九七三年,就連熱刺自己都還覺得沒必要在白鹿巷球場讓醜陋的廣告看板入侵。同樣的,政治也遠離足球。法西斯主義的落敗,象徵從最頑固的干擾者手中拯救了這項運動——雖然此時東歐仍盡力保存著足球與政治的親近性。然而,在歐洲分

裂的時代，歐洲足總乃是少數正常運作的泛歐洲機構。而足球更是兩個陣營極少數且規律進行的文化交流形式。在藉由稀薄的商業化和相對非政治化所創造出來的體制和心靈空間裡，足球得以走上更為自主的道路。足球，就像丹尼・布蘭奇福勞爾所認為的，是與榮譽的緊緊相繫——是關於贏球，但也要贏得精采而有格調。當然那個世代也充滿了殘忍、腐敗、吝嗇、背叛、恥辱和單純就是狡詐，但電視紀錄出來的是個難以抗辯的事實：歐洲足球確實滿溢魅力與榮耀。

II. 匈牙利的衰頹

匈牙利國家隊的主教練席比斯，在回憶過去時曾宣稱：「倘若匈牙利能夠贏下世界盃，國內就不會出現反革命，反而會呈現一股強大的推力，來促進社會主義的建設。」[5] 不過，誠如阿根廷軍政府在一九七八年的體悟：所有足球場上的勝利，都無法安撫一個怨氣沖天，並且滿布暴戾之氣的社會；也無能為失去合法性的統治菁英提供有力的抗辯。事實是，匈牙利的共產主義終究得面對其無可避免的失勢，無論席比斯念茲在茲的幻夢是否成真。在世界盃敗北後，佩掛隊長袖標的普斯卡斯，成為球迷傾倒滿腔憤懣和失望的代罪羔羊。為了安全考量，他甚至一度退出國家隊。政府則將矛頭指向門將格羅希斯和教練席比斯。長期被國安單位懷疑其政治立場的格羅希斯，一九五四年秋天在賽前練習時遭到逮捕。他被監禁、拷問和刑求長達十五個月。獲釋後他被處以境內流放，迫於情勢只能為一支偏鄉的小礦工球隊陶陶巴尼奧（Tatabánya）效力。

席比斯則是政治地景快速變遷的受害者。一九五五年三月，改革派的總理伊姆雷・納吉倒臺，在黨內舊史達林派系的領導者總書記拉柯西的主導下，被共產黨開除黨籍。史達林主義者重新掌權。此一政治走向恰與東歐其他地區的改革方向背道而馳——後者的內部政治正在經歷後史達林時代的解凍。少了運動成就的加持與政治正確的光環，席比斯受到來自官僚體系與意識形態毫無間斷的攻擊。在一九五六年年中，他被體育部公開譴責其布爾喬亞傾

向。許多出身於他一手打造的教練體系的教練，被外放到奈及利亞、埃及和巴西執教，美其名是拚足球外交。國家隊的津貼顯著縮水，球員藉著移訓或國際比賽走私的機會也大幅降低。

匈牙利國家隊直到一九五五年，在海外贏了蘇格蘭之後，才稍微緩解了掙扎求生的處境。不過，無論是國家隊或者是該國政府，都將在隔年的年初開始崩解。經過一個冬季在埃及的巡迴，匈牙利以一比三敗給土耳其。返鄉後，在一個五月的雨天，又以二比四在人民球場向捷克隊豎起白旗。這是匈牙利在球場重建後初嘗敗績，現場群眾為之震懾。接下來的夏天，他們丟失了上半場三比一領先的優勢，以四比五向比利時俯首稱臣。同時，拉柯西的政權，竟遭受其最親密的盟友蘇聯顛覆。首先，蘇聯的最高領導人赫魯雪夫與南斯拉夫握手言和，並且公開呼籲整個東歐要替史達林肅清時的受難者，包括要為曾因支持南斯拉夫總統狄托而入罪者洗刷冤屈，而對匈牙利的公眾而言，這就不得不指向一九四〇年代被拉科西處決的匈牙利共產主義先驅——拉斯洛‧拉依克（László Rajk）。為他平反這件事逐漸被匈牙利的公眾理解為是推動去史達林化最重要、也最必要的行動。這項運動的壓力隨後又因為赫魯雪夫在一九五六年二月，對蘇聯共產黨中央委員的那場祕密但卻廣被散播的演說之影響而倍增。期間，他公開譴責史達林，並細數其罪狀。受迫於壓力，拉柯西不得不公開宣稱拉依克的清白，並且試圖將罪責推卸給祕密警察機構。

從後見之明的角度來說，以施行史達林主義的匈牙利來說，僅僅是坦誠有罪或犯錯，都像是對拉柯西政權的合法性和可信度打上一個大大的問號。往後幾個月，隨著更多知識分子與作家自囹圄中獲釋，重見天日，訴求改變的聲浪也日益升高。如今，拉依克的遺孀登高一呼，要為亡夫平反，其訴求則日漸與要求納吉回任總理的聲音結合。蘇聯不得不在六月讓拉柯西下臺——考量到他無法在匈牙利國內繼續維持政權、而在國際間也因為在莫斯科與貝爾格勒和解的此刻，他反狄托及其超史達林主義的政治傾向而顯得尷尬。但他的繼任人還是無法介入橫跨該地區的整個抗議浪潮。在波蘭，整個秋天都在集結工人抗議、罷工和暴動的力量，十月。改革派瓦迪斯瓦夫‧哥

穆爾卡（Władysław Gomułka）在華沙掌權。匈牙利國家隊總算從一九五六年年初的連敗泥沼中回神，在莫斯科以一比零擊敗蘇聯，也贏回廣大的人氣與認可。十月六日，如今正式平反為政治受難者的拉依克，在布達佩斯風光再葬，吸引足足二十萬人前往弔唁。

至此，全國各地都新成立了許多獨立學生會、產業工會、作家社群與知識分子的學術網絡，成為熙來攘往的集會場所與對話的熱點。他們因此草擬了一系列新的政治訴求，包含言論自由、出版自由和自由選舉。十月二十三日，有大約一萬名的抗議群眾在下午於布達佩斯的裴多菲廣場（Petöfi Square）集結，主要是學生和高中青少年，為了支持波蘭的工人運動而走上街頭。隨著時間過去，有愈來愈多人加入他們。群眾開始穿越城鎮，往國會廣場的方向前進。隨後，剛下班的工人也陸續加入。起先，抗議的訴求是要表達與波蘭人同仇敵愾，由列寧主義的口號和共產主義的標誌點綴。不料，情況急轉直下，抗爭突變為國族主義式的不滿。從事金屬工作的勞工放倒了城市中許多史達林半身雕像的其中一座。抗議群眾忻下這位舊時代獨裁者的頭顱，在內部澆灌汽油，並且將其付之一炬。當天晚上六點，為數超過二十五萬名抗議群眾集結，要求納吉回任並解散祕密警察。此時軍校的學生還有更多的工人也加入；整個城市國旗旗海飄揚，蘇聯的標誌被從中央切開。當晚八點鐘，有人開了第一槍之後，示威遊行迅速惡化為蔓延整個城市的街頭巷戰。雙方陣營一邊是示威者與支持他們的軍警；另一方則是零星而困惑的軍隊，還有在整個城市被追獵的祕密警察餘部。兩天之後，戰火才平息。祕密警察解散、蘇聯撤退、納吉回任總理，街道終於恢復平靜。

意識到企圖以舊形式復興共產黨勢力的侷限性，納吉立刻以街頭為優先，宣布結束一黨獨大的政治體制，解散共產黨並將其改革為社會主義政黨；而最激進的一項決定，就是立刻讓匈牙利退出華沙公約組織。這時這個國家最頂尖的足球員們，在盛名與特權的庇護下，開始神不知鬼不覺地奔往海外發展。歐洲足總諭知布達佩斯捍衛者，無論匈牙利境內是否爆發革命，他們仍期待該隊前往維也納，完成與畢爾包競技之間既定的歐冠盃賽事。同城的另一支球隊 MTK 布達佩斯亦動身前往維也納。一九五六年十一月四日，蘇

聯軍隊入侵匈牙利，擁立一個由匈牙利共產黨員亞諾什·卡達爾（János Kádár）領導的新政府。其結果也毫無懸念，因為蘇聯的軍武勢力壓制了武裝但散亂的匈牙利都市青年與工會組織的抵抗。納吉與其同伙在尋求南斯拉夫大使館的庇護前，向西方發表了最後一場廣播來聲援匈牙利。最後因為他們誤信了誘敵陷阱而遭到處決。這時，街頭的戰爭在布達佩斯的藍領階級密集區是最為慘烈的，尤其是費倫斯華路士城的郊區，這個與城市同名的俱樂部長久以來從未受到共產主義人士的青睞。費倫斯華路士的足球迷們——破產、放蕩、被邊緣化的年輕人們，變成了反抗軍的核心，也是戰爭中傷亡最慘重的人群之一。兩星期後當戰事停止，布達佩斯殘餘的學生與工人委員會，試圖在人民球場舉行大規模的反抗集會，最後因場館被蘇聯坦克團團圍住，不得其門而入，所以作罷。

匈牙利頂尖球員的離散，注定了其人民與球隊的疏離。一九五六年的下半年，MTK 布達佩斯前往奧地利、德國、比利時和英格蘭巡迴，最後回到匈牙利。而布達佩斯捍衛者隊先後在西班牙和巴西巡迴，內部就比較分歧。如同捍衛者的前鋒提區（Tichy）描述他們在畢爾包的比賽：「我們甚至連行李都還沒放下，就已經被經紀人團團包圍。每一個球員都收到開價。」[6] 席比斯奉命要將球員全數帶回，但任憑他威脅利誘、連哄帶騙，當他返抵國門時，仍有三人並未同行。科奇斯轉投巴薩，席柏在義大利足協駁回他加入羅馬隊的申請後，旋即跟進投身紅藍軍團。普斯卡斯則在一九五七年為皇馬效力，隨後改披西班牙國家隊的戰袍。儘管在匈牙利的堅持下，歐洲足總不得不對他們處以短暫的球監，但是球員出走已成事實，覆水難收。匈牙利足球開始一段漫長而尚未結束的衰頹。席比斯旋即被解除所有的教練職位。雖然少了他和前述的主力球員，國家隊的底氣還足以讓他們連續三屆闖進世界盃的八強賽（1958-66），並兩度踢進四強賽，但到了六〇年代末期，無論是人力或精神上的資本都已耗盡，蕩然無存。

III. 西班牙的復甦之路

　　無論是對喜劇或足球而言，時間點便是一切。就在西班牙終於從內戰所留下的滿目瘡痍中匍匐而出，並開始重新嘗試與世界接軌的同時，巴塞隆納是這一股動能的源起之地。該城位居產業緩慢復甦的心臟地帶。人口因數十萬計從南方貧民窟遷徙而來的移民而向上飆升。當這群人抵達後，他們總是選擇則支持巴塞隆納而非西班牙人。安靜地融入了多數的加泰隆尼亞民族主義者。巴薩正處在極佳的競技狀態。在一九四八到五三年間，巴塞隆納已經贏得了四座聯賽冠軍、三座大元帥盃，和兩座拉丁盃（法國、西班牙、義大利和葡萄牙四國頂級球會之間的錦標賽）。一九五二年在巴黎舉行的拉美足球盃，擊敗尼斯蔚藍海岸的勝利，點燃了流亡的加泰隆尼亞民族主義者大肆的慶賀。當五五年歐冠盃正式登場時，巴薩已經是強弩之末，地位由皇馬取而代之。這支西班牙聯賽的冠軍球隊，不僅只是稱霸西班牙，也即將名列歐洲足壇的強隊之林。

　　一九五五年的西班牙，就算不到飢荒的程度，仍舊處在赤貧的狀態。皇馬不僅算不上是豪門球隊，位置還頗為尷尬：球隊處在始於一九二〇年代、西班牙足球漫長的專業化與現代化的最終路途上，卻硬生生地被內戰還有戰後的孤立主義給打斷，直到一九五〇年代才有慢慢復甦的跡象。此時，俱樂部是由聖地亞哥・伯納烏，一個舊秩序時的擁護者所掌控。皇馬不像是即將繼承他們歐陸霸權的義大利或不列顛人，利用專業與高知名度的經理人這種新式勞力分工、或是嘗試獨特或實驗性的球路來保持其身為歐洲強權的身分；反而是如同伯納烏喜歡稱呼他們的，一支老派而傳統的球隊。在過去的數十年間，伯納烏為皇馬鋪下了成功的結構、經濟與政治的基石。新的查馬丁體育館——也就是後來世界聞名的伯納烏球場——重新開張，結合了一箭到底式的會計作業、大批中產階級的付費會員，以及場館可容納廣大觀眾的優點；若以當時的標準衡量，俱樂部開始變得相對富裕。雖然伯納烏與皇馬當時仍與佛朗哥政權交好，但也受益於只有小範圍變化的影響：明星球員仍享有進

口車的特殊許可、可進行外幣存款、有利計畫的許可等等。不管西班牙足球這背後一缸子的陰謀論，還是沒有任何實質證據顯示他們接收了來自國內、或是歐洲的裁判或官員的協助。真正扭轉皇馬命運的關鍵，在於一九五三年，經過與巴薩一番激烈的搶人大戰，皇馬終於迎來斯蒂法諾的降臨。

這位綽號「金箭頭」（La Saeta Rubia）的阿根廷中場，剛剛結束他在哥倫比亞米倫拿列奧的冒險旅程，踏上西班牙的土地。[7] 斯蒂法諾可說是皇馬未來十年的大腦、心肺、靈感來源，更有如一把利劍。儘管嚴格來說是中場球員，但是他的身影和影響力涵蓋了整個球場，無論是跑動量或體能在當代都舉世無雙。他對隊友的期待同樣嚴苛，相傳阿曼西奧（Amancio）首次披上皇馬戰袍時，發現球衣並未繡上隊徽時，卻只換得前輩向他吼道：「小子，你先用汗水浸透這件球衣再說！」。斯蒂法諾不僅能盯防，也能深入防守、組織並調度全隊執行。領導球隊時，他不只是單純地吩咐或指導，而是恩威並濟，軟硬兼施，既明確下令又好言相勸，故能顯著提升身邊球員的表現。他能快速發動有利攻擊、敏銳觀察。也有足夠的創造力，能不斷創造空間，在中場和對手的禁區邊緣構成致命的威脅。身為一個並非職司前鋒的球員，生涯踢進超過八百球的紀錄不啻為空前絕後。無論是身處靜止或飛奔的狀態，他的姿態一貫挺拔不群又泰然自若，總是抬頭挺胸，鷹眼四處掃視。當被問及斯蒂法諾與球王比利的比較時，其皇馬隊友阿隆索（Alonso）表示：倘若比利是一把小提琴，那斯蒂法諾便是一整個交響樂團。

一九五六到六〇年間，皇馬連續捧回五座歐冠盃冠軍，為所謂的卓越與成就設下標準，成為今後所有歐洲球隊見賢思齊的目標。與一九六〇和七〇年代稱霸歐洲足壇的義大利和北歐球隊不同，皇馬並不是戰術的創新者。事實上，在他們的巔峰時期，皇馬依舊沿用傳統五位前鋒的陣型。他們也並不仰賴具有領袖魅力的單一主帥，在五連霸期間，皇馬一共經歷四位主帥：比利亞隆加（Villalonga）、肯尼基亞（Carniglia）、弗萊塔斯（Fleitas）和穆諾茲，沒有一位能夠在俱樂部內隻手遮天，球隊也沒有空間留給這麼一號人物。以俱樂部運籌帷幄的後臺來說，伯納烏的影響力無人能出其右。而場上就靠斯蒂法諾此一鞭策著團隊的智囊——這才是皇馬最真實的實力——孕育

出來的一個精良小隊，由伯納烏不斷補給著。圍繞著斯蒂法諾，他也集結了土生土長的一支核心菁英，包括亨托（Gento）、穆諾茲和莫洛尼（Molown），外加上南美洲隊員像是烏拉圭人桑塔馬利亞（José Santamaría）和阿根廷人埃克托・里亞爾（Héctor Rial）。在一九五七年，皇馬從一九五六年在歐冠盃決賽中曾經擊敗過的蘭斯隊裡，挖來雷蒙・科帕。次年，伯納烏將自匈牙利流亡、無業又過胖的費蘭奇・普斯卡斯納入麾下。而那些無法尊重權威或繳出成績的人則捲鋪蓋走路。例如優秀的巴西前鋒吉吉就只待了一個球季。

最重要的是，皇馬的鬥志無與倫比。就像斯蒂法諾如此談論其主場球迷：「他們希望球隊去拚搏……希望球隊贏得比賽……希望球隊贏球為先，然後再享受比賽。」新的主客場制、不牢靠的運輸、在陌生土地上艱困的客場賽事，沒有事情能難倒皇馬。在一九五五年聖誕節那一天，皇馬在第一屆歐冠盃的八強賽裡，先在主場對上了游擊隊，最後以四比零取得勝利。當時伯納烏的激勵戰術就是希望它的隊伍，清楚地告訴那些無神論的南斯拉夫對手，他們是在一個信奉基督的國家出賽。不過，他們在客場的貝爾格勒面臨挑戰，比賽時氣溫近零下十度，球場上滿是積雪；游擊隊一開場就凌空踢起一球，不偏不倚擊中門楣，重達十公斤的積雪因此落在皇馬門將身上。身為地主隊，游擊隊自然知道該如何應付此種天氣，因此進了三球，皇馬拚上九十分鐘的防守，最後靠著進球數較多而順利晉級。後來在準決賽時他們對上了米蘭，他們展現了踢順風球的能力；儘管米蘭曾兩度追平，但最後仍在伯納烏以四比二落敗。此外，皇馬也懂得如何自逆境中扳回頹勢──在決賽中，他們對上蘭斯，開賽前二十分鐘時便以零比二落後，但最後仍展現出強勁的反攻力道，以四比三反敗為勝。同樣的大舉進攻，加上堅定的信念，也讓他們順利擊潰義大利人最嚴密且最無情的防守陣型（五七與五八年決賽中對上佛羅倫薩〔Fiorentina〕及米蘭）；在最重要的時機點，即使面對最粗野的對手，他們也能夠將實際執行與口頭戰術結合，而一九六〇年的歐冠盃決賽更是皇馬的巔峰之作。

那場比賽是在格拉斯哥的漢普頓公園舉行，共有十三萬觀眾進場見證皇馬對上西德冠軍法蘭克福；日耳曼人雖然率先進球，七十分鐘後卻發現自己

以一比六遭到屠殺。斯蒂法諾儘管完成了帽子戲法，卻依然無法與普斯卡斯的梅開四度相提並論。當時有幸觀戰的那個世代，包括透過電視第一次看到皇馬比賽的許多觀眾，這場比賽原本只有聽聞或閱讀文字敘述的方式，如今終於得以親眼目睹。「昨晚皇馬展現出他們無人可比的氣勢。斯蒂法諾堅定不移的大將之風、花招百出的普斯卡斯完美的技巧和令人屏息的獨創性、迪蘇爾（Del Sol）的勤懇賣力、亨托的致命速度、阿納里奧（Canario）的令人矚目的直接切入……列出皇馬隊伍等於列出優秀事蹟大世紀……」[8]德國人後來靠著兩次進球聊表安慰，但對於戰果而言根本無濟於事。皇馬就像是就地冊封為聖人一般，快過所有聖人的紀錄。

在首屆洲際盃賽場上，皇馬也寫下了自己輝煌的一頁。在蒙特維多對上南美洲冠軍佩納羅爾時，他們很聰明地先以零比零逼平對手，然後在家鄉的主場上再以五比一收拾對手。雖然到一九五〇年代末期，佛朗哥政權自行強加的外交與文化隔離，已經開始走入尾聲，但西班牙相對來說還是一個鎖國狀態。皇馬不僅是代表國家的使節，更是面對世界的窗口。眾所皆知，佛朗哥在球隊四處旅行之後，喜歡訪談俱樂部的官員和球員們；特別是球隊到東歐的行程，算是揭露當地糧食短缺和受苦難的詳細狀況。更重要的是，在一九五六年的決賽前夕，西班牙駐巴黎的大使館竟然比二十年前更有人氣、更受歡迎。據當時的外交部長費南多・瑪麗亞・卡斯提利亞（Fernando Maria Castiella）所形容：「皇馬代表著一種運動精神。是我們歷來最佳的外交使節。」許多國家的政府都將球隊視為實際上的外交官。前鋒伊格納西奧・佐克（Ignacio Zoco）回憶道：「我們通常都與各國政要會面，他們會向斯蒂法諾、普斯卡斯、亨托獻花。至於我們嘛……呃……我們幫忙提行李……」[9]在他們歐洲之旅的路上所吸引的觀眾群裡，皇馬也吸引了離散在歐洲各地的西班牙人。當中有為數眾多的政治流亡者、加上受到當時政權不斷施壓和迫害的人，聚集起來抗議佛朗哥政權；最明顯的就是一九六二年在都靈，對上尤文的準決賽，那天正好是西班牙共產主義者胡立安・格理瑪歐・賈西亞（Julián Grimau García）遭到處決的翌日。

皇馬在歐冠盃的霸業，終結在巴薩手中。後者在阿根廷裔教練赫萊尼奧・

埃雷拉的帶領下勵精圖治、且加入大批被流放的匈牙利球員的強勁攻擊，與後場高壯的加泰隆尼亞人防守。在一九六一年錦標賽的第一輪，巴薩在諾坎普球場擊敗皇馬，雖然皇馬持續堅稱有四個進球都被英籍的裁判瑞格‧利夫（Reg Leafe）宣判無效。但巴薩最後在決賽中敗給了本菲卡，因此也苦等了超過三十年才拿到歐冠盃的冠軍。當時皇馬的明星球員走得走（科帕在一九六〇年回到蘭斯）、老得老（普斯卡斯和斯蒂法諾都逼近四十），但他們的底氣猶存——贏了一次西甲、兩度在歐冠盃決賽欠缺臨門一腳。而此兩次歐冠決賽都是史詩級的對決：第一次與風華正盛的本菲卡踢出高比分的精采賽事，後來在一九六四年輸給了剋星埃雷拉和祭出鐵桶陣的國米。

　　西班牙球壇天分洋溢，不只在皇馬，也在巴薩、瓦倫西亞和皇家薩拉戈薩（Real Zaragoza）等球會，他們在一九五八到六六年共贏得了六屆國際城市博覽會盃。這些球員不僅有原生的西班牙人，也有像是歸化的普斯卡斯和斯蒂法諾等人。但國家隊卻始終沒有辦法複製這些俱樂部的成功經驗，西班牙隊甚至連五八年世界盃的會內賽都沒能踢進。佛朗哥為了避免球員飛到莫斯科參加對上蘇聯的準決賽，直接要求他們退出六〇年首屆歐洲盃的賽事。到了六二年世界盃的時候，由埃雷拉執掌帥印，他與帶傷的斯蒂法諾發生衝突，導致斯蒂法諾無法上場比賽，最終使得整個團隊無心戀棧，在第一輪就遭到淘汰。當時的運動新聞因此發布了針對教練、球員陣容，以及戰術的世界主義大肆抨擊。《馬卡報》寫到：「整支國家隊充斥著外國人，接受外國戰術的薰陶和調教，再也不像是一支真正西班牙的球隊般踢球。10 如今，西班牙的極端民族主義信念大行其道。在一九六三年的時候，西班牙足壇禁止外國籍球員，而且維持這樣的狀態長達十年之久。

　　一九六〇年，佛朗哥決定鬆綁西班牙的經濟，開放外資與觀光。並且在他的「主業會」（Opus Dei）技術幕僚的指引標準下，開啟了國家贊助的成長計畫。在此一審慎開放的政策下，西班牙在一九六四年承辦第二屆歐洲盃。國家隊由內戰時西班牙長槍黨人士比利亞隆加來指導，他保證會創造一支「年輕、熱情、富侵略性，又充滿男子氣概的隊伍」。這次的抽籤就像那些會發生在冷戰時期的故事，這支由觀眾、還有佛朗哥本人認可的「國家」隊

伍，在伯納烏適時擊敗了匈牙利和蘇聯。軟弱的西班牙媒體在目睹這場比賽後寫道：「至此這個世紀過了四分之一，我們從沒有像現在一般，更熱情的歡迎共產主義和它夥伴們的失敗。」[11]

可惜好景不長在。一九六六年的世界盃，西班牙的表現極度貧乏。接下來兩屆都連會內賽的門票都未能取得。那時只有皇馬拿下一次主要賽事的勝利——六六年歐冠盃對上游擊隊的比賽，以全西班牙人的陣容贏得比賽；這支隊伍被戲稱為「ye-ye's」，起源是用嚴謹的西班牙發音翻譯披頭四歌曲的副歌「她愛你，耶耶耶。」（She loves you, yeah-yeah-yeah）。六五年時，披頭四在馬德里的鬥牛場內舉辦了第一次、也是唯一的一次演唱會。他們的音樂、髮型和聽眾的反應，都被這座城市政治與文化的守舊親衛隊認為是既無法理解又具破壞力的。

不過，沒有就此創造新王朝，也沒有就此開啟連勝的狂潮。確實，一九六六年成為眾所皆知的「荒年」的起點。回想起來，「ye-ye's」成了舊秩序的最終產物，就像伯納烏自己，在這種新北方流行文化裡感到不自在一樣。伯納烏欣見麾下的球員剪短髮和刮鬍子；球衣下擺紮進褲子裡；襪子拉高；私生活堪為楷模。為更高的理想投入與犧牲——當然這裡指的就是皇馬球隊，這樣才足以稱得上是俱樂部的典範。但此時在這個新的西班牙，規則和態度都在溶解。隨著北歐人湧入西班牙的海灘、流亡分子帶著歐洲的金錢和態度回歸，披頭四所帶來的衝擊大概也重複了一百萬次。隨著巴斯克主義者、學生和產業工會紛紛走上街頭，各種公權力開始受到攻擊，終於在一九六〇年代末期演變成與政權的公開政治抗衡。伯納烏在一九六九年發言時，受到時代變化而感到心煩意亂和困惑，徒勞地空想著足球仍能夠代表舊有正常狀態的一些準則和願景：

我們為國效力，我們希望能讓人們感到開心。大家都很喜歡足球，而有了足球的西班牙人更可以從容面對日常生活的問題。我們正生活在一個充滿誤會和困惑的時代。人們只求真正的平靜。他們不想要問題叢生。而足球能夠讓人們規律地暫時忘卻生活中所面臨的困境。[12]

然而，人們並沒有真正遺忘自身的問題，而皇馬也沒有以繼續得勝，來減緩舊政權老去凋零的速度。一九七一年，皇馬首次在歐冠盃缺席。他們正在經歷，以他們的說法——輸掉歐洲盃賽冠軍盃的屈辱，而這個錦標賽卻是他們一直以來都藐視不屑的。到了一九七四年，幸運之神離他們更遠了，他們跌入了更次一級的歐洲足總盃，而且在第一輪就被伊普斯維奇給淘汰。

一九七四年稍晚，西班牙足壇禁用外援的禁令解除，伯納烏上球員市場替皇馬物色外籍助拳人。但是他決定球隊的樣式和政治包裝的能力已到尾聲。德國人君特・內策和保羅・布萊特納（Paul Breitner），伴隨著濃密的頭髮和體毛的時尚來到伯納烏，好像強調著守舊派應該變革。也因此穆諾茲這個有十四年資歷的老教頭下臺一鞠躬，取而代之的，是無神論的南斯拉夫人米利安・米爾揚尼奇（Miljan Miljanić）。種種變革都只是徒勞無功。歐洲賽場的榮光依舊遙不可及。到了一九七六年在主場舉行的歐冠盃準決賽，皇馬對上拜仁慕尼黑時，當他們的點球被裁定無效時，竟然有位球迷從看臺上直衝到場內，然後一拳打在裁判的臉上。皇馬不僅輸掉比賽，還一併輸掉尊嚴。大元帥佛朗哥輾轉纏綿於病榻。加泰隆尼亞民族主義死灰復燃，而中興的巴薩在里努斯・米歇爾斯（Rinus Michels）和約翰・克魯伊夫崛起後的帶領下，等待屬於他們發光的時刻。

IV. 法國的認同危機

一九五六年的歐冠盃決賽，這段敘事的高潮無疑是皇馬崛起，然而，對於失利者蘭斯而言，這個結局亦教人滿意。它證明自己是可敬的對手，並且在足壇最高等級的賽事中，展現了法國所攀升的足球實力。法國足球總會以及運動媒體的菁英，聯手催生了後來的國際城市博覽會盃（一九七二年後改制為歐洲足總盃）與歐冠盃的賽事。法國是率先擁抱泛光燈科技的歐洲國家之一，二戰後，法國聯賽的票房更立即飆升至平均每場一萬一千名觀眾的規模。蘭斯隊的鋒線上，擁有一對傲視法國足壇的雙箭頭：雷蒙・科帕和朱斯特・方登（Just Fontaine），教練席上也有當代頂尖的年輕教練阿爾貝特・巴

圖（Albert Batteux）。其有意識地圍繞著核心球員打造戰術，將蘭斯塑造成一支開放、風格俊逸、頻頻進球的勁旅，這個鐵三角也成為五八年世界盃法國國家隊的核心，儘管科帕後來轉投皇馬，蘭斯隊的實力依舊足以讓科帕在一九五九年的歐冠盃決賽上和前東家碰頭。然而，不過十年光景，法國足壇的票房跌落空前谷底，由於舉國上下對於足球漠不關心，使得法國對外無論是在國家隊或者是俱樂部層級，表現都乏善可陳。

即便是在一九五〇年代末期的高峰，法國也從未對自家的足球發展感到自信，甚至對於自己的國家身分亦感不適。圍繞著科帕與法國國家隊而起的爭論，竟引發了五〇年代法國社會對於國家認同既敏感又分歧的論辯。科帕是波蘭移民的後裔，其姓氏全稱是科帕斯澤夫斯基（Kopaszewski）。當時，有數以萬計的波蘭人湧向法國東北部的礦區工作。科帕儘管身型嬌小，但速度飛快，也是帶球過人中一等一的高手，關鍵時刻亦能擔當傳導臨門一球的大任——通常是從側翼橫傳發動攻勢；或者是將球送到長驅直入的中鋒跑動的終點。法國社會對於科帕的評價或態度兩極：左派人士讚頌他的個人主義和天賦；右派人士卻抨擊他浪費天賦且不顧團隊。與共產黨親善的運動雜誌《疾速鏡刊》（*Miroir-Sprint*）和《足球鏡誌》（*Miroir du Football*），其特派員將足球視為人民的慶典和娛樂。因此，科帕開放且經常是個人化的打法，比起強調集體紀律和贏球為先的精神更受歡迎。然而，《隊報》和《法蘭西足球》（*France Football*）的高層則恰恰基於同樣的理由譴責他。

科帕的地位和他身為超級公眾明星的意義，不僅牽涉到階級、也受到族裔問題的影響，他的波蘭血統無疑是種族主義者奚落辱罵的源頭。一九五四年世界盃，他和國家隊的表現都相當貧乏，群眾衝著他喊：「滾回礦坑去，科帕！」（Kopa retourne á la mine）問題當然不只出在科帕一人。雅克·菲蘭爭論道：法國足球就好比是「一盤俄國沙拉，一團混亂……簡直是教條與學說的大雜燴。」[13] 他當然不只是在抨擊戰術，同時也在影射五八年法國世界盃代表隊的種族問題。當時法國隊的主力球員除了科帕，還包括義大利移民的後裔皮安托尼（Roger Piantoni）。此外，方登的生母是西班牙人，而他誕生在北非摩洛哥的馬拉喀什。蓋比埃·亞諾更是針對法國國足的不穩定性、

個人主義、缺乏精力充沛、勤於跑動的球員，以及沒有能將敗局力挽狂瀾的救星這幾件事特別提出批判。要強調的是，他並不是個反移民的人，他還曾經大聲譴責法國聯盟施加在外籍球員身上的一些禁令。但此處的重點不在移民，而在於整合。以科帕為例，他獨樹一格的踢球方式應當得到寬容，以交換他如模範生般的言行舉止、出色的跑動率，以及他對這份法國事業的堅定承諾。那麼，要如何在此一日益複雜的種族熔爐當中鍛造出真實、有特色，又有效率的法國球風？隨著五八年的世界盃愈來愈近，這卻只是那些更廣泛、更激烈且發酵中的辯論當中的一個小小縮影而已。

　　法國的國族主義尚未完全從二戰期間被征服、佔領，還有維琪聯合政府的恥辱中復元。身為戰勝國，並且透過取得核武以及一席聯合國安理會的常任理事而維持國家在國際舞台上的重要性，但法國的偉大卻仍舊遭受攻擊與質疑。它的印度—支那帝國因為一連串傷財、苦澀且丟臉的軍事失利而丟失，突尼西亞和摩洛哥被迫出讓給當地追求獨立的勢力，而它的非洲和加勒比海帝國顯然也撐不了多久。最重要的是，阿爾及利亞的獨立運動者同時與其宗主國法國、及定居當地的歐裔移民爆發了公開的武裝衝突。歷經兩年殘酷的鬥爭、三個政府、數千條人命，阿爾及利亞的獨立運動好不容易才平息下來，而且僅僅是將鬥爭移置到邊境和遼闊的荒郊野外。這使得當地的歐裔居民益發絕望，也愈來愈難以控制。他們大聲疾呼巴黎得提出強而有力的領導。在一九五八年世界盃會內賽的前幾週，要求戴高樂將軍（Charles de Gaulle）重新掌權的呼聲愈來愈高。此時，法國國家隊陣中的兩位球員哈喜德・穆庫魯西（Rachid Mekloufi）和穆斯塔法・茲圖尼（Mustapha Zitouni），悄悄離開法國，投效在突尼斯的阿爾及利亞入民族解放陣線代表隊。14

　　因此，一九五八年五月開拔前往瑞典的法國隊，帶著滿腦子對建國和身分的疑惑未解出發，而且陣營異常低調，僅有少數記者和球迷隨行。正當國家陷入極端的政治風暴，他們被保護在瑞典一個偏遠的鄉鎮，在那裡打牌、玩法式滾球，以及出席一些友誼賽。當賽事正式開踢，他們表現耀眼、宣示法國的風格和企圖，以七比三輾壓巴拉圭。在對上南斯拉夫時雖踢進兩球，卻也被對方灌了三球，之後更以二比一淘汰了蘇格蘭。在一場進攻完美的比

賽中，以四比零橫掃北愛爾蘭。在四強賽中對上巴西，就真的棋逢對手，自己踢進兩球，但卻拱手讓出五球。最後，即便是通常無關痛癢、踢來一團和氣的第三名之爭，這支勁旅還是展現了水準，華麗地以六比三擊敗西德。方登的四次進球讓他的賽事進球數達到十三顆，至今仍名列世界盃進球榜。然而，在其他狀態下應該會爆發民族自信與愉悅的狀態——世界盃第三名——在法國卻只造成啟人疑竇的漠不關心，因為此時此刻在大後方的法國境內，國族建構與國家型塑的真實政治正活生生地上演。整個五月和六月，法國都處於變動的狀態。當政府準備與阿爾及利亞民族主義者開啟談判、在阿爾及爾的駐軍佔領了城市並威脅叛變，要求戴高樂重新掌權。戴高樂將軍接下此一挑戰，解散了法蘭西第四共和國，以他自己的形象建立了第五共和國——中央集權的總統制。在擁有極大的行政權力下，他決定退出阿爾及利亞，而不是繼續殖民。

科帕和穆庫魯西雙雙在一九六○年代初期重返法國的俱樂部踢球，但法國足球衰退的局勢已經積重難返：觀眾雪崩式崩跌，在一九六八年觸底。即便是頂級聯賽，場均人數也少於七千人，更別提第二和第三級比賽時空盪盪的觀眾席。曾經是全國最好的俱樂部都得縮編，不是與其他散兵游勇合併（像是土魯斯和巴斯提亞），就得降級到較低階的聯賽，且可能永遠無法重返（像是盧貝隊和塞特隊）。沒有一支法國俱樂部能夠晉級歐洲賽事的決賽或準決賽。往後四屆世界盃，國家隊也只踢進會內賽一次。隨著紅星和桑坦得競技先是解體，隨後雙雙消失，巴黎成為足球沙漠。

在一九五八年世界盃繳出優異表現的法國國家隊，不僅沒有享受到張燈結綵的慶祝儀式，其成就甚至沒有獲得國家社會的重視和承認。但即使有，這項運動的基本難題仍未獲解決。足球持續和在國境之南風行的橄欖球、還有整個國家都很受歡迎的自行車運動競爭觀眾和更廣泛的文化意義。電視從來沒有跟足球運動建立起共生關係，一九六零年代足球微不足道的轉播覆蓋率，等同於宣告這項運動的邊緣地位。法國的俱樂部不能指望像義大利、葡萄牙和西班牙等地的主要球隊一樣，利用政治和財務關係來挹注球隊，而且仍維持在小市場小規模的經營模式。在職業足球的底端，球員仍是兼差踢球。

球隊深陷在低薪、運動表現低落、觀眾稀疏的惡性循環裡。六〇年代所推動的城市地理學與郊區現代化，讓俱樂部的經營更加困難。除了巴黎以外，當代沒有一個法國城市的人口成長率、人口規模和密度能夠達到支撐一個足球俱樂部所需的標準。此時，在不列顛，六〇年代的青年文化、流行音樂與足球之間的互動極為頻繁；但在法國，這些卻都只是休閒和文化的選項之一，有時甚至彼此相互排斥。六〇年代後期的反主流文化運動，明確地排拒起足球和它所代表的不合時宜的老舊社會階序。

V. 大米蘭時代

　　伊比利半島引領足壇的統治地位，斷送在一個城市之手——米蘭。AC米蘭在一九六三年的歐冠盃決賽踢走本菲卡，六九年便再度捧盃。國米則在六四年擊敗強敵皇馬，隔年收拾本菲卡，接連贏下兩座歐冠盃。在米蘭的王朝之路上，AC米蘭三度登上世界之巔，國米則在六七年和七二年兩度殺進歐冠盃決賽後惜敗，六八年AC米蘭再下一城，贏得歐洲盃賽冠軍盃。伊比利半島的黃金十年就很多層面來說，是舊足球產業化循環的完成，見證歐洲的足球強權自北歐轉移至中歐，接著是義大利和伊比利半島，如今在新的經濟與政治氛圍中，榮光又再次回到義大利手中。

　　整體來說，義大利足球，特別是米蘭的足球，是由戰後工業化的新浪潮、經濟奇蹟與普遍富裕所孕育出的歐洲足球。其特質是高度工業足球結合了關注細節的專業精神，加上理性、戰略上的系統性知識，以及球場內外高度組織化的專業分工。在米蘭，此一現代化的球風恰好與興起的現代化工業匯流。重新翻修的聖西羅球場（San Siro stadium）足以容納八萬人，堪稱是歐陸最頂級新穎的球場。為了應付愈來愈多買票進場的球迷，當局決定在舊看臺上方，增建四層懸臂式的看臺，並在主結構外建造了一系列的混凝土螺旋式走道，讓觀眾毋須經過球場大門，從大街上就能直達自己的座位。可說是功能主義與最大膽前衛的美學態度兩相結合的最佳典範。

　　倘若沒有一九四九年的蘇佩加空難，義大利足球可能會更早到達巔峰，

空難既影響了實質面，也造就心理的創傷。最令人痛心的，是義大利國家隊驟然失去原先要出征五〇年世界盃的核心成員。重新選訓的義大利國家隊揚帆出征巴西。在都靈總裁羅齊歐・諾佛（Ferruccio Nov）的規劃之下，他們不搭飛機，而是花兩週的時間，乘船前往南美洲。這項選擇對於一個剛經歷過空難的國家而言，倒也無可厚非，但可以預期的是，當義大利球員風塵僕僕地上岸時，顯然都不在最佳狀態。相較於波索—墨索里尼時代高度專制的鐵腕作風，義大利足協如今採取較平易近人、近似大學校院委員會的管理模式，以新興的多黨政治中常見的政黨協商方式來運作，不料卻導致連續不斷的內訌和分裂，連帶影響國家隊在世界盃的表現。而這一沉淪，轉眼就是十六年。一九五四年，義大利在第一輪加賽時被地主國瑞士淘汰，五八年，由於接連爆冷敗給葡萄牙和北愛爾蘭，甚至連會內賽的門票都沒能取得。一九六二年，藍衫軍如願踢進會內賽，卻在小組賽中與地主國智利爆發衝突，雙方拳腳相向，徒留「聖地亞哥惡戰」的渾名。六六年的賽事則又是另一種災難，才華洋溢的義大利隊竟在小組賽中遭到毫不起眼的北韓狙擊，從而無法晉級，班師回朝時更在熱那亞機場慘遭自家球迷以爛番茄洗禮。

蘇佩加空難的遺緒重擊都靈隊，讓其在財務、精神與運動等各個層面就此一蹶不振。他們曾於一九四六到四九年間獨攬了四屆聯賽冠軍，空難之後，卻整個一九五〇與六〇年代皆與頂級聯賽的冠軍無緣，只在六八年拿下次一級的義大利盃冠軍。現實中輸得愈慘烈，記憶中「大都靈時代」的榮光就益加濃厚，蘇佩加空難及其後來的一蹶不振，便是這齣集體編造出的悲劇神話的主旋律。尤其是眼看同一時期聲譽鵲起的同城死敵尤文圖斯，如今已是全國最成功的豪門球隊，再再都為這一切更增添酸楚的愁緒與淒美的色彩。彷彿感受到了俱樂部的窮途末路，都靈隊的主場費拉德爾菲亞球場（Stadio Filadelfia）的水泥結構亦是斑駁如斷垣殘壁，以至於到了六〇年代初期，球隊甚至被迫與尤文共用科穆萊納球場（Stadio Comunale）。愈來愈多人認為都靈隊恐是遭到詛咒，註定無法超越過往的成就，並受困於不斷緬懷過去、結果卻是自我削弱的傷逝情懷。而六〇年代當家球星吉吉・梅洛尼的殞落，讓被詛咒的傳言更加言之鑿鑿。梅洛尼深受球迷喜愛，當一九六七年都靈決

定將他轉賣給同城死敵尤文時，抗議群眾蜂擁至兩支球會主席家門前的街道抗議。最後交易喊停，梅洛尼留在都靈，卻在同年開始的球季時車禍身亡，而肇事的司機正是俱樂部與梅洛尼的忠實球迷。過去似乎仍然圍繞著義大利國家隊與都靈徘徊不去，他們當年的成就早已被塵土覆蓋，就算尚未完全遭到遺忘，也早已不是上流政治與文化圈中的話題。全新的義大利與全新的足球都誕生在別處。

　　到了一九五〇年代中期，足球一躍成為義大利全國的民間信仰。足球季的開季、冬歇期、開春回訓成為新的國民行事曆，幾乎取代了過往的宗教儀式。球賽通常在週日下午三點準時開踢，一如舉國共同舉行的彌撒，只不過崇敬的對象是運動。球員在踏入或離開球場時習慣在胸前手劃十字，總管和教練在邊線撒上聖水的情形也並不罕見。足球語言與宗教詞彙逐漸趨於一致：一記不凡的撲救或球賽結束前的逆轉被稱為「奇蹟」（miracolo），球迷歷久彌新且堅定不移的支持是「信念」（la fede），而信念自然逃不過考驗與折磨，是為「苦難」（suffering），球隊降級通常被稱為通往煉獄或地獄的旅程，若能驚險逃過，即是「救贖」（la salvezza）。一九六〇年代戰績輝煌的國米，則有「蒙受上帝之手親觸」之譽。

　　二戰終戰後，進場看球的群眾就頗為可觀，到了一九五〇年代，票房開始急速攀升，與週日望彌撒的人口消長呈現極端的對比。由於城市勞工階級的實際薪水持續上揚，除了初來乍到或極端貧窮之人，定期進場看球是人人負擔得起的消費。就此而言，義大利足球確實不同凡響。儘管同一時期的各個足球文化與其觀眾都已經跨越社會中的藩籬，但義大利球迷在社會階層和職業類別上的分布之廣，義大利足球文化滲透社會之深，依舊後無來者。在影響支持球隊的因素中，戰間期建立起來的區域或城市認同，以及彼此間的世仇關係，仍舊比社會地位和經濟程度更為重要。只要概觀米蘭球迷便可發現，沒有哪一個特定的經濟群體或鄰里區域，會固定追隨 AC 米蘭或國米。然而，這並不代表義大利足球中並不存在階級之分，而只證明了在戰後的義大利，各個形式的社會生活都或多或少圍繞著贊助人與客戶之間的上下關係，而不是某個經濟階級或職業類別成員之間的水平聯盟。義大利足球對社

會生活的涉入之深，從當時廣受歡迎且鉅量發行的運動報紙可以略知一二。其中最為人所知者有三：以米蘭為中心，長期深耕運動新聞的報壇巨擘《米蘭體育報》，較為資淺的《羅馬運動報》（Corriere dello Sport）及《都靈運動報》（Tuttosport）。在義大利，上至內閣辦公室、下到西西里島卡塔尼亞（Catania）最迷你的酒吧或理容院，這些報紙都隨處可見，每日的發行量高達數百萬。

Totocalcio 是義大利在戰後創立由國家管理的足球博弈事業，之後演變為義大利家庭生活中不可或缺的重要元素。其風行的程度，跨越了社會階級與地域的差異。而對於那些無緣親臨現場的球迷來說，足球相關的廣播節目依舊廣受歡迎。而新上市的電晶體收音機由於體積大幅縮小，便於攜帶，也是看臺上最火紅的商品。當時流行一邊觀賽、一邊收聽《分分鐘足球》（Tutto il Calcio Minuto per Minuto）──第一個現場報導即時戰況的節目，讓聽眾得以全面關注全國各地的比賽，尤其是逐漸升高的戰情、進球集錦，還有錯失的射門。

而成功搭上一九五○年代這一波浪潮的指標球隊，正是尤文圖斯。大抵來說，由阿涅利家族擁有與經營的飛雅特團隊，將尤文從三○年代中期的低谷，重新拉回檯面之上。不過，無論是飛雅特企業或是都靈這座城市，在二戰結束後數年都經歷了重大的轉變。城市規模擴大了將近一倍，吸納了無數來自義大利南方赤貧區域的廉價勞動力，而像西西里和薩丁尼亞（Sardinia）這種環境更加惡劣的島嶼，也輸出大批移工。移工填補了飛雅特和其他當地工廠不斷新設且擴充的生產線。而尤文正是這些移工心中所屬的球隊，這明顯可以理解為某種形式的侍從主義：即勞工與他們的雇主立場一致，站在同一陣線，而不是自己從內部組織起來對抗老闆。然則，尤文提供的絕不僅只是表達服從的場域，對於這個世代的移工來說，尤文代表的是現代性，是嶄新的機會，是即將在城市展開的新生活。

一九五○年代中期，尤文經歷了俱樂部史上的第二個高峰。在球隊的最高層，吉亞尼・阿涅利（Giovanni Agnelli）仍是飛雅特和尤文的舵手，依照自己的信念和願景「樸實、認真和嚴肅」來打造球隊。與此同時，他的么弟

翁貝托（Umberto）逐漸成為俱樂部手腕高超的政治調停者和技術指導。球隊陣容在加入威爾斯前鋒約翰‧查爾斯（John Charles）和阿根廷前鋒奧馬‧西沃里（Omar Sivori）之後得到補強，隨即在國內聯賽嶄露頭角，開啟另一段屬於尤文的盛世。軍容壯盛，戰績輝煌，再加上媒體鋪天蓋地的關注，尤文逐漸躍升為具備全國代表性和影響力的俱樂部，而不僅只是都靈的球隊。事實上，來自南方、移居都靈的新移民，寄回家鄉的不只是工資，還有他們對於尤文的喜愛。由於尤文實在太受歡迎，以至於在一九六〇年代，即便是政治立場分據光譜兩端的兩人——例如義大利共產黨的總書記帕爾米羅‧陶里亞蒂（Palmiro Togliatti），及新法西斯政黨「義大利社會運動」（MSI）的領袖裘裘‧阿米蘭蒂（Giorgio Almirante）——在綠茵場上都是尤文的球迷。

　　然而要想在歐洲賽場獲取成功，倚仗的不光只是有錢有勢、認真與嚴肅。就如飛雅特雖然在義大利的國內市場稱霸，在出口市場卻很掙扎。尤文的處境如出一轍：在家一條龍，在主要的歐洲賽場上卻沒能留下叫人印象深刻的代表作。而另一座義大利城市米蘭恰巧補足了都靈和尤文的不足。到了一九六〇年代初期，米蘭理解到自己是義大利的道德資本（moral capital），也是北方新利基工業經濟發展的最前線。米蘭或許沒有飛雅特，但擁有輪胎製造商倍耐力（Pirelli）、家電商扎努西（Zanussi）、車商愛快羅密歐（Alfa Romeo）和英諾桑提（Innocenti）。這座城市展現了勤奮工作與鮮明的時尚設計相得益彰的成果。奠基於此成果之上，米蘭展現了防守型足球的精湛技藝，也就是一般通稱的十字聯防（catenaccio，原意是「門栓」）。防守型足球的理論家與提倡者是《米蘭體育報》的主編吉亞尼‧布雷拉（Gianni Brera），在那個時代，電視與其他視覺影像仍只是諸多媒體的一部分，尚未具備壓倒性的金融與文化力量。報紙的讀者數量仍然很多，歐洲足球更為文字書寫提供了讀者和平臺。在法國，《隊報》的蓋比埃‧亞諾提供讀者高明遠大的組織野心，而英格蘭，特別是在一九六〇年代，開始出現高品質的運動新聞，最具代表性的當屬傑佛瑞‧格林（Geoffrey Green）和亞塞‧霍普克，而幸好有布萊恩‧葛蘭維爾，英格蘭才終於出現一位眼界跨越英吉利海峽的足球記者。格拉斯哥人休‧麥克凡尼也逐漸成長為當代最優秀的賽事播報員，

能在最緊張的時間與資源壓力下，以精確、風趣和精雕細琢的華麗詞藻，喚起觀眾的情緒反應和當下的賽事張力。而就這方面而言，《米蘭體育報》的布雷拉或許是其中無人能出其右的佼佼者。

　　布雷拉一九一九年出生於波河河谷（Po Valley），四二年，以一篇研究湯瑪斯・摩爾（Thomas More）《烏托邦》（*Utopia*）的論文，順利取得政治學的學位。一九四四年，他加入義大利人民武裝反抗組織（Italian Partisans），並順利地在戰爭中存活下來。據他的說法，在戰時自己「被當作活靶射擊的時候，比拿槍實際瞄準敵人的時候多。」他多才多藝、嗜好廣泛，且精力充沛，而吃吃喝喝更是其歷久不衰的喜好。除此之外，他創作四部小說，將三部法國劇作家莫里哀（Moliére）的劇作翻譯成義大利文，更喜歡觀賞賽事並將之書寫下來。一九五〇年，當他三十而立時，成為《米蘭體育報》的編輯部主任，自此重塑了義大利足球的語言與現實。他能夠交互運用新聞論戰、聖徒傳記、神化創造、搬弄是非、挑起衝突，寫下義大利足球歇斯底里的軼聞歷史。他替球員取綽號，還有開創新詞彙的本領極為高超。在本雷拉開創「拖延戰術」（melina）這個新詞之前，要怎麼形容球員在己方半場的後防線與中場之間來回傳球，以消耗時間或挫敗對手？而在本雷拉發明「小修士」（abatino）這個說法之前，大家怎麼形容那種看似弱不禁風、連過人和鏟球都嫌吃力，卻能在關鍵時刻攻入致勝球的中場球員？然而，撇開這些豐功偉業，本雷拉最傑出的貢獻在於戰術的討論。在本雷拉主導《米蘭體育報》以前，戰術問題從未得到足球媒體如此認真不懈地對待。足壇上適逢兩個新趨勢為類似的戰術討論推波助瀾，並且更加聚焦，那就是：一、描述不同類型的球員和他們在球場上的位置的詞彙不僅繁複至極，還持續演進。二、賽後對於場上球員進行系統性地評估。義大利早就識別到球場上複雜的分工，包括中後衛、邊後衛、清道夫、盯人戰術、防守與進攻中場、挑水工、破壞者、場上指揮官、翼鋒與控球中場。布雷拉對比賽戰術的投入，帶給大家的不僅僅是表面的描述，而是一套哲學，指出不管哪一步棋，都有相對應的反制；所有攻擊策略終有防禦的方法；因此，雙方零比零踢平是完美球賽最完美的結局。

十字聯防作為實戰的體系首先是由奧地利籍的教練卡爾‧列賓，在一九三〇年代執教瑞士聯賽的塞爾維特隊（Servette）時發展出來的。在當時傳統的陣型當中，三名後衛分別採取人盯人的方式來防守對方的三名前鋒。倘若任何一名後衛打算逼近他要盯的人，就沒有人在他後面補防。列賓後撤鋒線上的一名球員，將其置於三名後衛之後，擔任清道夫的角色。這或許是職業足球史上第一回，有一個球員受命盯防一塊區域，而不是一個對手。雖然列賓從未關注過這種策略對於另一端得分的影響，靠著這套系統，瑞士仍在一九三八年的世界盃擊退德國和奧地利。然而，讓十字聯防的戰術體系臻於完美的，是一九六〇年代米蘭的內雷奧‧羅科（Nereo Rocco）和國米的赫萊尼奧‧埃雷拉。

十字聯防，無論是過去或現在，都說明了一種心態，無論是在教練、球員與球隊之間都時常出現，用義大利足球的陳腔濫調來說，即是：「我們的首要目標就是讓對手抱蛋而歸。」但是它也暗喻了不可或缺的謹慎及精密的風險分析。持有球權的價值一直受到珍視，在明知不可為的進攻狀態下丟掉球權，或是慢不經心地傳球，罪責幾與叛國相同。於是十字聯防逐漸演變為不擇手段取勝的絕招，在義大利咸認它本身即是一種藝術。戰術性犯規或是「職業的」犯規或許不是義大利足球的發明，但義大利人無疑是最早精煉這項技術，並且為其命名的先驅之一。當自己支持的球隊以犯規擋下對手得分時，義大利球迷會鼓掌喝采；即便犯規的代價是黃牌、紅牌，甚至是驅逐出場。而在如此強悍的心態與戰術武裝下，米蘭即將征服整個歐陸。

兩支來自米蘭的球隊都在一九五〇年代在國內聯賽踢出耀眼的成績。米蘭排出瑞典鋒線格倫（Gunnar Gren）、諾達爾（Gunnar Nordahl），和尼爾斯‧利德霍姆（Nils Liedholm）。國米在以防守著稱的教頭阿爾弗雷多‧馮尼（Alfredo Foni）帶領下，也贏得一次桂冠。尤文在歐洲與全球的迅速成功，同樣奠基於俱樂部在五〇年代開創的資源與人脈，能夠將富有且人面廣闊的主席，以及在政治與運動領域都長袖善舞的技術顧問齊聚一堂。而米蘭和國米則還能再加上充滿領袖魅力的球隊經理，即擅於教導小球隊十字聯防藝術的主教練內雷奧‧羅科，攜手技術指導維亞尼（Gipo Viani）一起回歸米蘭，

後者早在十年前就在鑽研十字聯防，堪稱義大利該領域的先驅。他們攜手建立以後衛施薩‧馬爾蒂尼（Cesare Maldini）為中心的防守體系；打造出一個圍繞著李維拉——極富創造力的控球大師——運作的中場體系；而在六〇年代的鋒線上，則派上英籍的吉米‧格雷夫斯（Jimmy Greaves）和來自巴西的喬瑟‧阿爾塔非尼（José Altafini）。在第里亞斯特（Trieste）的方言中，羅科的暱稱是「老闆」（El Paròn），因為他有時如鄰家大叔般和藹慈祥，有時又像個性情暴躁的惡霸。在他的執教下，米蘭在一九六二年贏得聯賽冠軍。隔年，受惠於李維拉兩次精彩的傳球，讓米蘭贏得六二年的歐冠盃。在短暫回到都靈之後，羅科返回米蘭，並再度贏得聯賽冠軍、歐洲盃賽冠軍盃和歐冠盃，並在六九年的歐冠盃決賽中，以四比一讓正在竄起的阿賈克斯歐冠夢碎。米蘭擁有鋼鐵般的戰鬥意志，這在他們於六九年洲際盃擊敗鬥性堅強的拉普拉塔學生隊時，更是嶄露無遺。當時羅科是如此交代球員：「對著所有會移動的東西起腳，如果那恰巧是球，就再好不過。」

一九五五年，國米的命運在白手起家的石油大亨安傑羅‧莫雷蒂（Angelo Moratti）出任主席後出現轉機。在經歷幾乎每年替換一次教練的波折後，他在六一年迎來赫萊尼奧‧埃雷拉執掌帥印，而後者才剛剛帶領巴薩兩度奪下西班牙聯賽冠軍。在國米，埃雷拉有莫雷蒂擔任金主，再加上一位人面廣闊而手段不無疑義的義大里奧‧阿羅迪（Italo Allodi）出任球隊的政治掮客和技術指導。接下來七年，這個國米金三角開創了所謂的大國米時代（Il Grande Inter）。埃雷拉在義大利被譽為「魔術師」（Il Mago），是全球足壇第一位明星教頭。他的出身和年紀始終是個謎團，只知道他在世紀之交出生於拉布拉他河的一個島上，父親是西班牙的無政府主義者，在卡薩布蘭加度過貧困的成長階段，在因執教馬競與巴薩而名揚國際之前，靠著為法國職業足球隊踢球、爾後當教練來脫離窘境。雖然他並非第一人，但確實是建立義大利足球高度專業主義與注意細節的關鍵人物之一。埃雷拉治理球隊的方式是典型的獨裁管理，球員私生活中的小事、飲食與行為都受到監控。或許是因為他自己的佛教信仰與平時的瑜珈練習，埃雷拉要求球隊在賽前閉關，並且透過集體冥想和專注訓練，讓球隊能夠完全不受媒體、家庭與朋友干擾。

其訓練制度以及對於體能水平的要求極為嚴格。

　　埃雷拉對職業足球心理動力的掌握，讓他特別強調觀眾的重要性。他鼓勵安傑羅‧莫雷蒂成立國米的球迷俱樂部，並資助球迷前往義大利國內和歐洲各個城市的客場比賽替球隊加油——這可說是預見了日後獨立的「極端球迷」組織（ultra）的成立。對此，埃雷拉補充了許多嚴謹、但有時難以理解的紀錄、理論化、發言與書寫方式。埃雷拉的座右銘是「攻擊足球」（*Taca La Bal*）——不要只是滿足於取得球權或是持球，而要充分利用它，讓球為你效力。可以說埃雷拉神奇地預料到未來十年荷蘭足球的空間思維，埃雷拉下令；「創造空間。足球就如同生命、繪畫和音樂一樣，空白和靜默就跟填滿一樣重要。」[15] 埃雷拉或許渴望拉開空間的比賽形式，但其執教球隊的實際打法卻是封閉空間：限縮空間、關門、與難以穿越的障礙。大國米時代可說就是建立在如此銅牆鐵壁的防禦之上。

　　一九六〇年代晚期，義大利的國內足壇一片欣欣向榮，國家隊也總算締造出端得上檯面的成績，義大利也得以主辦六八年的歐洲盃，雖然他們需要透過丟擲銅板才能在四強賽勝出蘇聯，在決賽中也需要靠重賽才能擊敗技藝高超的南斯拉夫，但他們終究拿下三十年來第一座大賽級的獎盃。七〇年的墨西哥世界盃記錄了這個世代義大利足球的最高峰，義大利殺入決賽，惜敗巴西，雖然因為全球都在傳頌巴西的豐功偉業，而讓義大利的傑出表現乏人問津。對義大利人來說，最重要的一場比賽是四強賽中以四比三淘汰西德的賽事，他們在延長賽的表現說明了一切。在比賽的最後三十分鐘，只見擅於十字聯防的義大利球員反常地朝著對方球門一陣狂轟濫炸。不僅如此，在一個國家象徵與集體經驗都很貧乏的社會，該場比賽居然吸引了高達一千七百萬名觀眾收視，輕而易舉地成為義大利電視史上最龐大的觀看數字。他們見證了一支融合了南北俱樂部的代表隊，當中最為人稱道的是由射手吉吉‧里瓦（Gigi Riva）所領軍的薩丁尼亞小球隊卡利亞里，在上個球季才爆冷贏得聯賽冠軍。義大利作家基耶薩（Nando Dalla Chiesa）曾經這樣描述此段經歷：

　　為了取代未能奏效的傳統防守戰術，義大利選擇突圍、主動出擊、在幾

乎失控的情感、熱情、本能的爆炸中連進三球……不再拘泥戰術、秩序、也
沒有玩世不恭的犬儒精神……這些都留在過去。[16]

　　青年反抗、挑戰既定秩序的精神，還有針對腐敗的妥協、淺薄的消費主義，
以及對落伍的社會政治風俗的譴責，首先在一九六八年的法國社會爆發。一
九六九年，西風東漸，此一潮流以熱秋運動的模式，在義大利蔓延開來。在
該國七十年來對政治經濟統治最大的公開挑戰中，工人罷工、佔領工廠，和
一千個左翼微型組織的學生與烏托邦主義者結合在一起。在現代化與民主化
的虛飾之下，義大利的政治與公眾生活尚有許多不盡人意之處。對於那些選
擇密切觀察義大利足球的人，一九六八年的精神並不是主流，封閉、侍從和
犬儒才是。

　　　一九六〇年代初期爆發了義大利足球史上第一宗禁藥醜聞。六二年國米
的少數球員被發現陽性反應，使得公眾對於球隊其他成員的清白持續存疑。
六三年，五位熱那亞的球員因為服用安非他命，接到禁賽數場的處分，梅洛
尼因為拒絕藥檢而被禁賽。最嚴重的是，曾經在六四年聯賽冠軍戰擊敗國米
的波隆納球員，被控服用增進運動表現的藥物。前述每個個案爆發時，都有
人提出此狀況可能並非單一個案的想法，但進一步的正式調查付之闕如。這
反應和政權面對貪腐和收賄的指控如出一轍。有時，當證據確鑿，事情就會
上報，例如一九五五年的卡塔尼亞裁判危機（Catanian refereeing crisis）。不
過多數時候，俱樂部、媒體與義大利足協的態度是一貫否認。當英格蘭記者
布萊恩·葛蘭維爾公開控訴義大利的俱樂部涉嫌系統性地討好和賄賂歐洲賽
事的裁判，卻遭到義大利媒體和足球權威人士的排擠，他們為了自保而全盤
否認，既虛偽又缺乏誠信。[17]

　　　裁判的政治學或許是義大利足球和義大利社會最清晰也最令人擔憂的指
標問題。對於裁判職權的態度，沒有什麼會比義大利民間對於合法性、法律
與權力的看法，更能提出清楚的解釋。到了一九八〇年代，這歸結於近似偏
執無法改變的犬儒主義。在此一階段，這只是鄙視義大利政體明顯的結構性
不公。在一九六七年威尼斯和國米之間的一場比賽出現一連串偏頗的判決之

後，頂尖裁判與足球管理人員喬治・博圖（Giorgio Bertotto）創造了「心理奴役」（psychological slavery）一詞來描述裁判對於大型俱樂部無意識、但系統性的偏差。國米，一支以十字聯防為戰術的球隊，其作為最後一道防線的清道夫，無可避免地會在禁區內與對手爆發肢體碰撞，卻超過一百場比賽未曾遭遇點球判罰。

　　如果義大利當局已嚴陣以待，努力阻擋足球與社會的改變力量，那麼社會大眾並不滿足於什麼都不做，任憑既得利益者繼續享有特權，並且自攻擊中恢復。在一九六〇與七〇年代初期，義大利政壇出現一波又一波集體抗議與革新的微型組織。足球界也不例外，球迷開始成立第一個自治的球迷組織，也就是之後聲名遠播的「極端球迷」。最早有記錄的極端球迷組織在六八年出自 AC 米蘭的球迷「雄獅之巢」（Fossa dei Leoni）。不久便出現「國際男孩」（Inter Boys SAN），以及桑普多利亞隊為了向老明星足球員庫切亞里（Tito Cucchiari）致敬而以其名字命名的極端球迷組織。到了一九七三年，當都靈的兩支隊伍都成立了他們的首個極端球迷組織，這種非預期社會運動的意識形態傾向昭然若揭：都靈給自己起了一個好戰的名字「公牛軍團」（Granata Corps），而尤文圖斯的「哥兒們」（Drughi）則坦承受到英格蘭作家安東尼・伯吉斯（Anthony Burgess）的大作《發條橘子》（*Clockwork Orange*）中的幫派所影響。

　　儘管足球員的收入與社會地位相對稍高，但他們就像技術工人一樣，將一九六九到七〇年的熱秋運動，視為大展拳腳的機會。當時的簽約制度與提供給球員的福利支援極為匱乏和原始。例如，直到一九七〇年，球團依舊沒有提供球員保險和退休金。在這方面，他們跟義大利經濟中大部分的技術工人沒有差別。薪水的增加沒有伴隨絲毫系統性的福利供應或任何威權階序和生產現場不公平的改變。在七〇年代初期，產業工會與足球員都透過威脅罷工來達成以上的目的。義大利如今陷入一連串的產業紛爭、通貨膨脹，政治上左翼和右翼的極端主義，國家與私人的恐怖主義。經濟奇蹟的光芒褪色，足球亦是如此。儘管義大利足球的實力仍舊可以擠進歐冠盃的決賽——七二年的國米與七三年的尤文——但已經無力再舉起金盃。

VIII. 英格蘭球迷文化的成形

一九四七年撤出印度，一九五〇年世界盃向美國稱臣，一九五三年以三比六敗給匈牙利，一九五六年蘇伊士運河危機在外交上失利……，十年來一連串嚴峻的失利，顯示出無論是政壇或足壇的頹勢，不列顛都無力逆轉。儘管不列顛看似仍然富強且具備影響力，但就連不列顛人也不諱言，自身的足球實力早已江河日下。如今回過頭檢視，一九五四年後的二十年，經濟顯著成長，全國人民的生活都有所改善，然而總有種不安的感覺陰魂不散，那就是相較於在政治、經濟與運動上的對手，不列顛早已落後一大截。

英格蘭、蘇格蘭、威爾斯和北愛爾蘭四支國家隊總算擺脫了故步自封、保守孤立的狀態，全都順利闖進一九五八年瑞典世界盃的會內賽，但毋庸置疑的，他們的實力全都落在世界足球的第二或第三級。英格蘭尤其令人失望，五四年世界盃的八強賽，因有翼鋒馬修斯、前鋒羅福特斯和邊鋒芬尼在陣中而沾沾自喜的英格蘭，在烏拉圭面前踢得和普通人一樣平凡，以二比四拱手讓出勝利。一九五八年，英格蘭在第一輪賽事只繳出三場平手的成績，隨後在加賽中敗給實力平庸的蘇聯，喪失晉級八強的資格。六二年智利世界盃，巴西前鋒加林查令人炫目的技巧將英格蘭拒於八強之外。就如不列顛的工業產品一樣，不列顛幾支國家隊的進展都不甚理想。

找尋衰頹的原因成為政治經濟學與足球政治的終極目標，而潛在的禍首甚多：統治菁英思想保守且堅持業餘主義、投資長期匱乏、權力階層中缺乏認真且稱職的技術官僚，針對教育程度不足或未經適度職訓的勞工實施排他限制……種種原因都造就了足球的衰退。不列顛的資本形成率在先進的資本主義國家當中排在最低的等級，在整個一九五〇和六〇年代，都不到國民生產毛額的百分之十五。不列顛對足球同樣吝嗇，戰時最嚴重的破壞一旦修復，以老特拉福球場為例，就再也無人關注不列顛的足球基礎設施是否有所更新。英格蘭在一九六六年主辦世界盃時，連一座新的場館都沒有建，所徵用的球場，頂多是重新粉刷。溫布利球場加蓋了屋頂，但盥洗室和餐飲設施依

舊是戰間期的老古董，謝菲爾德星期三的鋼製懸樑看臺是當時唯一建築上的
進展。不列顛企業與俱樂部的老闆不僅百般不願意投資建築，使用新科技的
步調也極為緩慢，更無心把錢花在國家經濟亟需的訓練和實習制度之上。

　　一九五〇年代和六〇年代初，英格蘭的足球管理的總體情形與首相麥克
米倫（Macmillan）與其內政部門治理國家的狀態極為相似，不但採用的方式
已經落伍，還為此感到沾沾自喜，極為自負。足球聯賽和英足總對於當代的
許多新發明仍舊疑心重重。足球博弈在五〇年代晚期仍被拒於門外；泛光燈
照射的夜間聯賽直到一九五六年仍遭到反對；電視覆蓋率受到嚴格限制——
即便在一九六四年賽事精華節目《今日賽事》開播之時，仍舊有許多賽事不
見天日。最讓人瞠目結舌的是，五五年的聯賽冠軍切爾西，竟然決定不參加
新創的歐冠盃，將自身的文化偏狹展露無遺。一九四六年，華特・溫特巴頓
受命執掌英格蘭國家隊兵符，並負責發展全國的教練訓練與執教的一般準
則。將如此重大而龐雜的工作交付一人，顯示出英足總要不是過於天真，就
是壓根兒沒那麼在乎。身為前職業球員，且受過體育教育的訓練，溫特巴頓
堪稱是英格蘭國家隊管理階層中第一位技術官僚，但即便如此，他也未能完
全掌握這支由同一個行事詭異的遴選委員會所挑選出的國家隊。他會和隊員
闡述戰術的思考脈絡，並與他們一起討論，但從其完全沒有料想到其隊員在
面對匈牙利時的潰不成軍，也沒有從中學到教訓，再再顯示出他在戰術掌握
和與球員溝通等方面皆有其侷限。

　　英格蘭足球另一股現代化的力量來自曼聯的馬特・巴斯比（Matt
Busby）。巴斯比接手曼聯後，將球隊從二戰後的危殆中拯救出來，贏得一
九四八年的足總盃冠軍，並打造出一支青春洋溢而戰力堅強的「巴斯比寶貝」
（Busby Babes）。後者在五〇年代一共贏得三座足總盃冠軍，也是第一支進
軍歐冠盃的英格蘭球隊。面對歐冠盃，切爾西當時因為恐懼而退卻，巴斯比
所領軍的曼聯則不惜紆尊降貴也要將其拿下。巴斯比的創新是多方面的。用
他自己的話來說，最重要的是：「我要方法！」而裝著方法的錦囊，正掌握
在曼聯手中。巴斯比靠著個人魅力與威信，掌控整支球隊。他建立起青年軍
的體系，還有專業訓練與支持的架構，並且將蘇格蘭勞工階級的團結精神套

用到足球產業。一九五七年，曼聯在歐冠盃的初次亮相中以十比零屠殺比利時冠軍安德萊赫特隊（Anderlecht）；隨後在準決賽中歷經一番苦戰，才見負於衛冕冠軍皇馬。隔年歐冠盃的八強賽，它們飛往南斯拉夫迎接與貝爾格勒紅星的第二場比賽，雙方以三比三踢平，曼聯順利晉級。前方等待著的，是準決賽與 AC 米蘭的對決。然而，慕尼黑空難毀了一切。從貝爾格勒班師回朝的途中，曼聯的班機在大雪中自慕尼黑機場起飛，卻不幸墜毀。總計二十三人殉難，多人重傷。曼聯驟失核心的球員與教練團。在準決賽中，一支臨時組成的陣容守住了曼聯的主場，但在 AC 米蘭的聖西羅球場以零比四遭到淘汰。全英格蘭足球最叫人熱血沸騰的新興勢力，由最具現代性也最具冒險精神的教頭領軍，卻在放射萬丈光芒以前便殞落。

不過大多數英格蘭職業球員的命運，並不那麼戲劇化，一如他們出身的階級。實際薪資持續上揚，直到某個始點，導致消費模式、預期心理，以及志向與抱負皆出現轉變。職業球員自艾德禮的工黨政府獲致的遺產，是專門處理勞資糾紛的勞動裁判系統。在該系統的推波助瀾下，球員的最高薪資從一九四七年的週薪十二磅，上漲到五八年的二十磅。那些領取最高薪酬與紅利的球員，收入比起一般技術工人大約多出一半，雖然僅有大約三成的運動員能夠達到這個薪資等級，而即便是位於薪資結構最上層者，也可以感受到這項差距逐漸在縮小：一九四八年時，他們的收入已經達到男性技術工人的兩倍。這項經濟與文化的參考點之所以毫無爭議，是因為英格蘭的足球員幾乎全數來自勞工階級的家庭（超過一半來自英格蘭北部）。儘管身為公眾人物，他們在面對高層時所受到的輕蔑，與在工程或營建產業內相近出身的人所遭遇到的狀況如出一轍。當巴恩斯利隊（Barnsley）的門將哈利·郝（Harry Hough）提出交易請求時，球會主席裘·理察斯（Joe Richards）只冷冷回他一句：「我要你去哪就去哪。」

球員的另一個選擇是移籍國外。然而就如尼爾·富蘭克林和查爾斯·密頓（Charlie Mitten）在哥倫比亞的歷險所示，尋常英格蘭球員的文化資本和個人自信尚不足以應付移籍到另外一處職業足球文化所需面臨的複雜和困境。[18] 一九五五年轉會到尤文的威爾斯前鋒約翰·查爾斯，大概是當代唯一

成功的案例。分別投效 AC 米蘭和都靈的格雷夫斯和丹尼斯‧勞，都撐不到一個球季就宣告回歸。

倘若離開並不是一個好的選項，公開對抗似乎也不是。「協會足球球員與教練工會」（Association Football Players and Coaches Union）儘管有招搖而難纏的蘇格蘭後衛吉米‧格斯里（Jimmy Guthrie）坐鎮出任祕書長，依舊是個組織簡陋且支援匱乏的工會。球員對俱樂部的忠誠度，往往高於對自己的階級。即便如此，不滿的情緒依舊蔓延。隨著考文垂隊的前球員吉米‧希爾（Jimmy Hill）接任工會祕書，工會總算有效地動員起來。與格思里相反，希爾並沒有將鉚釘工人的生涯當作是自己或職業足球員的參照對象。那些從電視、電影和音樂產業中走紅的新星和企業家——多半出身於勞工階級——才是他看齊的典範，就如同他精彩的後半生——出任球隊主教練和董事；中東的足球企業家；以及電視上的足球權威——所坐實的那般。他口齒清晰、機敏犀利、熱情友好且充滿自信，是天才洋溢和良好個性的混合體，與其他足球員大不相同。他將工會的名字改為「職業足球員協會」（PFA）——一個令人聯想起現代白領世界的名字。而那個世界，正是他心目中職業足球應該歸屬的位置。如今他萬事俱備，蓄勢待發。

在一九六〇年中，一份明確且經過討論商定的改革大綱已經擺在足球的主管機關眼前：取消最高工資、重新商議轉會費用的球員分紅比例、建立新的球員留用機制，讓球員在轉隊時能夠獲得更多自由，以及一份新合約。經過長達半年的討論與爭吵，聯賽勉強同意廢除最高工資的限制，其他議題則分毫不退。希爾和工會成員在爭取媒體曝光上遙遙領先對手，獲得公眾輿論的支持；同時，為了展現產業的向心力，他們同意在一九六一年初罷賽，以逼迫對手全盤接受工會開出的所有條件。直到罷賽前一天，除了留用機制之外，聯賽對於所有要求都予以放行。希爾對此也有所準備，他著手處理紐卡斯爾聯隊前鋒喬治伊斯漢姆事件，後者的情況則是被禁止離隊。當案件進入法庭，法官明確表示：英格蘭足球的整個合約制度對於球員交易的限制，是明目張膽且站不住腳的。即便如此，要貫徹執行法庭上的判決，還要再花上十五年的光景。然而，球員的頂薪在一夜之間倒是直衝雲霄。富勒姆的前鋒

強尼·海恩斯（Johnny Haynes）成為第一個週薪一百英鎊的球員。接下來十年，薪資穩定上漲，頂薪球員晉升為富足的中產階級。

有關最高薪資門檻的鬥爭清楚地說明一件事：唯有通過計劃和組織才能贏得與既得利益者的對抗，而且只要逮到機會，他們就會反抗，或者只會勉強接受。這種情況必需要提倡改變和現代化，要將厚臉皮與內在實事求是的務實偏執結合起來，不然對手真的會逮住你，將你生吞活剝。而厚臉皮與執拗正是哈洛德·威爾遜（Harold Wilson），以及新崛起的足球技術官僚——包含總教練和教練——所具備的特質。威爾遜於一九六三年成為工黨領袖，而他對國家未來的承諾讓舉國人民感到激動又興奮。他強調經濟與社會的現代化，正確指出國家所面臨的問題：過時的系統與管理、外行的商業與政治菁英，以及舊時的社會階序和不平等，對於國家青年所造成的限制與壓迫。相反地，他勾勒出一個屬於不列顛的願景：科學、知識，以及那些具備知識和科學的人，將重新塑造這個國家。

在我們所有對於未來的計畫中，我們正在重新定義，並且重申我們所謂的社會主義，也就是科學革命。然而，除非我們準備好針對瀰漫我們整個社會體系的經濟和社會態度上做出深遠改變，則革命不會成真。在這場革命的白熱當中鍛造的不列顛，將使得限制性的行動或者是老掉牙的方法在產業中無處容身。19

從當代的足球總教頭身上可以嗅出類似的氛圍。儘管他們彼此間仍有諸多差異，但都代表了足球教練的新階級。他們全都是退役的職業球員，都從雇主和董事會那兒爭取到高度的自主和權威，在訓練方法上極具創新意識，對於戰術問題就算不到熱中著迷的程度，至少都極為熟稔。他們對準備工作的狂熱，堪稱鉅細靡遺。此間重要的英格蘭總教頭包含熱刺的比爾·尼可森（Bill Nicholson）、西漢姆聯隊的羅恩·格林伍德（Ron Greenwood），還有早先在伊普斯維奇鎮（Ipswich Town），後來任教於英格蘭國家隊的艾爾夫·拉姆西。領軍的都是蘇格蘭人：巴斯比和他所領軍的、自慕尼黑空難後奮起的

曼聯、凱爾特人隊的喬克·斯特恩（Jock Stein）和利物浦的比爾·香克利。
這群主教練重塑了不列顛的足球，並且在一九六〇年代短暫地扭轉勢頭，並
在國際賽事中攀上頂峰。

　　慕尼黑空難後，英格蘭球界中率先表明現代化的球會和教練便是熱刺與
尼可森。尼可森從前教練亞瑟·羅（Arthur Rowe）繼承了一支體質強健，擅
於傳球的球隊。其中，中場布蘭奇福勞爾是隊中的代表人物。尼可森在此基
礎上增添了以清道夫戴夫·麥凱（Dave Mackay）、翼鋒克里夫·瓊斯（Cliff
Jones）和前鋒格雷夫斯為首的猛烈攻擊和創意天分；堅持建立在持球和搶位
基礎上的賽事計畫；思考如何運用空間；強調短而精確、迅捷的傳導。當戰
力到達頂峰，尼可森的熱刺在一九六一年贏得聯賽和足總盃的冠軍，是二十
世紀第一支拿到雙冠王的球隊。就算放眼歐洲，他們也極具競爭力，六二年
歐冠盃，他們直闖準決賽後才在木菲卡腳下稱臣。隔年，他們成為第一支贏
得歐洲冠軍頭銜的英格蘭俱樂部，捧起歐洲盃賽冠軍盃的金盃，在決賽中以
五比一粉碎了馬競的冠軍夢。

　　西漢姆聯的教頭格林伍德，為球賽帶來更加明確的戰術方法，與球員間
亦維持著更開放也更平等的對話關係。他同時籌劃、並且投資領先全國的青
年培訓計畫，培育出一九六六年代表英格蘭稱霸世界盃的其中三位國家隊成
員：隊長博比·摩爾（Bobby Moore）、前鋒傑夫·賀斯特（Geoff Hurst）和
中場馬丁·彼得斯（Martin Peters）。西漢姆聯則贏得一九六四年的足總盃，
以及六五年的歐洲盃賽冠軍盃。

　　一九六二年，聯賽冠軍的頭銜由拉姆西執教的伊普斯維奇鎮取得。那是
諸多技術官僚和社會工程的結晶。東安格里亞地區（East Anglian）從未出過
聯賽冠軍，而伊普斯維奇鎮是個既偏僻、又過時的小地方，可說是最不可能
出冠軍之處。一九六一年，拉姆西率領球隊從第二級中脫身，並且在隔年一
舉稱霸。他在幾乎沒有金援的狀態下完成任務，運用他對於細節、準備和訓
練異於常人的執著，往往將球隊逼迫到極限邊緣。他近乎無情地專注於工作，
而且極為厭惡業餘人士、或是足球知識圈的圈外人。在一場預備賽中，當伊
普斯維奇鎮的主席上前向他致意，恭喜球隊奪下冠軍，據說拉姆西冷冷地直

視前方，厲聲說道：「我在工作，請讓開。」當溫特巴頓交出國家隊主帥的兵符，拉姆西是接棒的不二人選。

在蘇格蘭人當中，香克利是一九六〇年代最先嶄露頭角的教練。一九五九年，當利物浦迎來香克利時，球隊正陷入聯賽的第二級。球隊在一九六二年升級，分別在六四年和六六年奪得聯賽冠軍；六五年贏得足總盃，並且順利晉級歐冠的準決賽。香克利的成就奠基在令人熱血沸騰又兼容並蓄的融合之上。現實中，他立即的成就是建立起自己在球隊內部針對足球事務的絕對權威，並且打造一個人才濟濟、暱稱「球靴室」（boot-room）的支援團隊，成員之後升為總教練的鮑伯・佩斯里（Bob Paisley）。在組織的所有層面，從運輸到投資訓練器材，再到訓練的體系，香克利事必躬親，絕不假手他人。除了這些創新，他根據早年在蘇格蘭西岸一小處礦區的經驗，確立了一個足球和團隊建立的典範。首先，他追求的願景是純粹簡單的足球。將球傳給另一位身披紅衫的隊友，然後佔據另外一個接球的有利位置。當地的媒體迅速認知到他所帶有的歐陸色彩：持球、短傳，還有不拖泥帶水的簡潔動作。另外一個願景則是將團隊榮譽置於個人表現之上的足球。第二，他為休息室帶來團結一致的氛圍。這從他偏好穿著運動服甚於西裝，更樂於涉足訓練場而非躲在自己的辦公室可見一斑。這股士氣同時也得到其他物質條件的支持，例如絕不允許球員之間出現過大的薪資差異。

然而，無論是聚焦於香克利的實際作為，或是他根深柢固的蘇格蘭勞動階級性格，或許都遠不是重點所在，反而錯失了他的治理當中最核心的元素：「他士官長般的髮型，拳擊手般的站姿，他斷斷續續、充滿男子氣概的表達，決不符合所有人浪漫的想像。但這就是他。十足十的他。」[20] 這是一個由技術官僚治理與講求秩序的時代，一個講究方法與計畫的時代，而香克利，正是此一時代的一部分。但不像其他大多數人，他仍舊理解並擁有愛、風趣、個人魅力與團結一致的威力，而正是在這些秉性當中，是其浪漫主義之所在。香克利是這一波新教頭當中，最活力充沛且樂在其中的，甚至無法抗拒與球員在停車場踢一場五人制足球。而他的機智和風趣？當利物浦球迷在市政廳外大肆慶祝奪冠時，他喊道：「就連毛主席，也沒見過這樣耀眼的紅軍！」

　　然而，香克利的利物浦總是不限於香克利、球靴室或紅軍，此現象是由球迷，還有整個城市塑造而成。利物浦的翼鋒彼得·湯普森（Peter Thompson）如此回憶：「那是比賽日的兩點四十五分。安菲爾德球場（Anfield）。香克利仍不見蹤影。忽然間他闖了進來。他的襯衫被撕裂，領帶鬆開，西裝外套凌亂。『發生什麼事了，老闆？』、『我剛剛和男孩們在柯普看臺（Kop）上。』」——原來他被他們高舉著橫越整個看臺。

　　與大多數英格蘭球場一樣，柯普看臺在一九二八年建立之後，就幾乎完全沒有改變。作家亞塞·霍普克在一九五〇年代如此形容柯普看臺：

　　極其不舒服。階梯就像是學校遊樂場的廁所一樣油膩噁心。空氣令人作嘔，飄散著啤酒、洋蔥、打嗝、排氣和其他更糟糕的味道。言語是一連串令人不快的下流詞藻。當人潮湧動，一個大男人……會在推擠中被抬離地面，像是由某一種柔軟的起重機攫起並懸吊，時間長達數分鐘……有時甚至再也回不去剛剛被怪物啣起的那一處。21

怪物仍然會咬人。一九六六年，在一場歐冠盃的賽事中，因為推擠踩踏，造成超過二百人受傷。在英格蘭的其他地方也可以找到同樣的情形，但柯普看臺是一九六〇年代不列顛球迷文化最清楚的例證和最偉大的創新。孕育出柯普看臺的城市正處在高檔，它的碼頭和輕工業蓬勃發展。隨著利物浦的崛起，埃弗頓也是如此；這裡被稱為科學學院，他們在一九六三年贏得聯賽冠軍。作為大英帝國的港口，利物浦比倫敦以外的任何地方都更加開放，並且與加勒比海移民和美國跨大西洋的音樂有更多連結。當電視、音樂和喜劇的市場逐漸對勞工階級出身的藝人開放，利物浦悠久的風趣談吐和俏皮應答給予這座城市起步的優勢。當然這裡有披頭四，儘管他們很快就離開，但還有更多新星即將誕生，包含歌手和演員希拉·布蕾克（Cilla Black）、喜劇演員肯·達德（Ken Dodd）和吉米·塔爾柏克（Jimmy Tarbuck）、傑瑞與調解人樂團（Gerry and the Pacemakers），以及其他「Mersey Beat」的詩人。有鑑於利物浦有段時間成為大眾文化的重心所在，而安菲爾德球場正是流行音樂與足

球初次相遇的場合。

　　一九六〇年代以前，不列顛的綠茵場上少見自發性或是有組織的歌唱。城市勞工階級歌曲的來源主要有二：教堂和音樂廳。基督教歌曲〈與我同在〉在一九二七年足總盃決賽前就已經是球場上慣常會唱的曲目。同時，普茨茅斯隊在戰後的戰績長紅，伴隨著的是模仿教堂鐘聲和旋律的龐培吟唱（Pompey chimes），歌詞是：「搗蛋吧，龐培！龐培，搗蛋吧！」（Play-up Pompey, Pompey play-up）。紐卡索聯隊的支持群眾在一九三〇年代採用〈布來敦賽事〉（Blaydon Races）作為應援歌曲，在該隊一九五〇年代足總盃的連勝中唱得特別有活力。西漢姆聯唱的曲目是〈我永遠吹著泡泡〉（I'm Forever Blowing Bubbles）。伯明罕城隊的球迷則是選擇哈利·勞德（Harry Lauder）的夯歌〈保持在正確的路上直到盡頭〉（Keep Right on to the End of the Road）。諾里奇城（Norwich City）的球迷重新擁抱一首舊時極受歡迎的歌曲〈使勁踢球吧，諾里奇城！〉（On The Ball, City）。然而，不列顛足球迷的聲音，聽起來依舊是集體咆哮和一小句話的拼貼。

　　事態在一九六〇年代初出現轉變。首先，一九六二年世界盃的巴西球迷和他們的最愛的曲子〈巴西，恰恰恰！巴西，恰恰恰！〉（Brazil, cha-cha-cha! Bra-zil, cha-cha-cha!）在電視曝光，吸引英格蘭人爭相模仿，球迷紛紛將自己支持的俱樂部名稱代入，並且複製其節奏。在利物浦的柯普看臺上，當艾佛頓的一位球員受傷離場時，評論戲謔地說道：「弗雷德已死，哈哈哈。」（Dead Fred, ha-ha-ha!）。自此以後，球迷開始簡單直接地挪用和改編琅琅上口的兒歌，以及孩童跳繩時念的口訣：「二、四、六、八，我們要選哪一個？」（2-4-6-8, who do we appreciate?）

　　自一九六三年歲末起，利物浦的死忠球迷開始合唱披頭士樂團的〈她愛你〉、弗雷迪和夢想家（Freddie and the Dreamers）的〈你為我而生〉（You Were Made For Me），以及希拉·布蕾克的〈看誰是條漢子〉（Anyone Who Had a Heart），並改編傑瑞與調解人樂團的〈你永遠不會獨行〉（You'll Never Walk Alone）作為利物浦的國歌。事已至此，流行金曲儼然利物浦看臺上的日常語言，而一九六七年蓋瑞·史普雷克（Gary Sprake）的事件可以

說明一切：時任里茲聯門將的史普雷克是正準備好要開球，面對向前壓迫的利物浦球員，他雖然沒有將球拱手讓出，但仍舊失手讓球滾進球門。數以萬計球迷隨即高唱戴歐康納（Des O'Connor）的經典歌曲〈奶油手〉（Careless Hands）予以回應。

屬於香克利和利物浦的時刻在一九六五年到來。他們在歐冠盃的準決賽中面對國米。在主場賽事中，利物浦是攻擊、移動、傳導、得分的機器，一如香克利的構想。面對由噪音和嘲諷築起的音牆，他們撕碎國米令人聞之膽寒的防線，以三比一勝出。然而，客場比賽中，他們尚未找到足夠的韌性、運氣和小動作好讓自己在當時的歐洲贏球。國米和裁判聯手以三比零踢走利物浦。而不列顛足球至此所有的進展尚無法證明他們已經足以重返頂級。

IX. 日落不列顛

不列顛足球向上發展的曲線並未就此停住。接下來的三年內，英格蘭主辦世界盃，並將冠軍留在國內，一九六七年，凱爾特人稱霸歐冠盃，隔年輪到曼聯接手，但接下來，就每況愈下了。六八年後，國際賽中仍不乏亮點──切爾西和格拉斯哥流浪者先後贏得歐洲盃賽冠軍盃，向來是英格蘭天下的歐洲足總盃，六八到七三年間也接連由英格蘭球隊奪下冠軍。然而，無論是國家隊或俱樂部都無法複製六〇年代末期的榮光。到了一九七五年，除了利物浦之外，所有的頂尖球隊都衰頹不振。同時，六〇年代早期零星上報的偶發性足球暴力、騷亂和損毀財物，在七〇年中期已然成為定義不列顛足球文化的特色。

很難不發現當代不列顛的政治也依循著同樣的軌道運行。在一九六四年工黨國會選舉獲勝與六七年英鎊大跌之間的幾年，受到壓抑的社會能量與人民的訴求，在一波流行文化發酵、社會與性別解放的浪潮之中（例如離婚與墮胎的立法改革）得到短暫地釋放。六八年爆發的不列顛學運，與同時段爆發於歐陸的同性質運動相較，顯得不足為奇。真正撼動整個國家的是北愛爾蘭的衝突，以及各個產業之中日益高漲的工會抗爭活動與活動中的戰鬥氛

圍。事實上，勞資關係的問題變得如此刻不容緩，讓威爾遜政府在執政的最後兩年，一心想要調解勞資糾紛，並且控制重創不列顛產業的快閃式無預警罷工，但卻注定以失敗收場。一九七〇年秋季的大選，威爾遜期待能獲勝，卻敗給了希斯（Edward Heath）領所導的保守黨，後者為了努力打破國家衰退和衝突的僵局，承諾將投注一個世代的時間，在經濟和社會政策上做出極度右傾的轉變。對於敗選，威爾遜將其敗選的一部分原因歸咎於英格蘭在七〇年世界盃遭淘汰後低迷的國家士氣。希斯試圖強制推行工資與價格政策，並且改革產業工會，結局卻是七二年臭名遠播的政策一百八十度大轉彎，並陷入一連串與礦工爆發的混戰。到了七四年，工黨歷經兩次國會大選才以些微多數重新執政，不列顛的政體與綠茵場看似都難以治理。

一九六六年的英格蘭世界盃，上演了若干類似「伊令喜劇」（Ealing Comedy）和《胡鬧》（Carry On）系列電影當中的荒謬情節。最早，一九六六年三月在西敏寺舉辦的運動和郵票展覽，雷米金盃被作為展覽的焦點來展示，不料竟然遭竊，令倫敦蘇格蘭場的警探忙得焦頭爛額。一週後，一隻名為「醃黃瓜」（Pickles）的混種狗在南倫敦嗅出金盃的蹤跡，原來它被報紙包著，棄置於灌木叢下方。之後，在那個品牌塑造和活動管理仍在萌芽的年代，英足總創造出世界盃史上第一個官方吉祥物「世界盃威利」（World Cup Willie）：一隻正在起腳踢球的卡通獅子，身穿米字旗 T 恤。透過吉祥物的設計，英足總和那些在比賽中揮舞著米字旗的英格蘭群眾，完全無視聯合王國與英格蘭間的差異，展現出「一個不列顛」的概念。往後，愛爾蘭、蘇格蘭和威爾斯民族主義陸續開始挑戰此間未被明說的英格蘭霸權。

電視轉播的覆蓋率在這次賽會中大幅躍進。一九六二年智利世界盃，播報者仍須將影片空運回歐洲，如今整個歐陸都能觀賞現場直播。來自世界各國、背景多元的新聞記者比以往都多。因此，六六年這場英格蘭世界盃，位處中央位置的英語敘事，與其他對於賽事的理解和描述相互交織——沮喪的德國人仍舊為了決賽中俄籍邊裁的判決而憤恨不平；南美洲依舊堅信阻撓他們更上層樓的陰謀論；北韓人的光榮時刻，以及他們在提塞德地區與當地人共享的，短暫而美好的夏日時光 。五八年的瑞典世界盃，格林尚把巴西球員

描述為「黝黑而充滿異國風情的陌生人」，如今他們都活生生地在葛迪遜公園球場（Goodison Park）踢球。英格蘭的贏球，讓所有人都顯得更慷慨和開放。當然，世界盃也確實是個能向外接觸、彼此聯繫的契機。倘若如今世界盃已成為每四年為期一個月的遊樂場，那麼源頭就一九六六年的英格蘭世界盃。

　　當然，拉姆西早已預知一切。他的調度謹守分際，安全有效，而且運作良好。只可惜這位井井有條、情感壓抑的男人，無法公開分享他的勝利，以及他對於球員和國家的興奮和喜悅。在他的隊伍裡，容不下誇張炫技，以及吉米・格雷夫斯式的個人主義，也不允許狂奔不受控的翼鋒。英格蘭，就像其隊長博比・摩爾，紮實、可靠，站位精明，防守專業。在中線上，諾比・史泰爾斯（Nobby Stiles）和艾倫・鮑爾（Alan Ball）都是競爭心旺盛，埋頭苦幹又強健的球員，是整支球隊的精神象徵。進攻上則有諸多武器可供選擇——包含查爾頓、赫斯特、亨特、彼得斯——有的機動性強，有的搶分能力卓越。然而，英格蘭決不只是譁眾取寵，雷聲大而雨點小。十年來在執教與戰術上的轉型，直接影響了英格蘭的比賽，也確實給予他們實質上的優勢。傳中球的落點從傳到近門柱變成傳到遠門柱，這最早是由格林伍德從匈牙利引進西漢姆聯，如今已是英格蘭獨樹一格的進攻手段。英格蘭也是第一支以如今幾乎已經成為標配的 4-2-4 陣型贏得重大盃賽的球隊。拉姆西採用能夠兼顧攻擊的中後衛——巴西曾是其中的佼佼者——使得翼鋒顯得多餘而無用武之地。

　　四強賽的對手是葡萄牙，也是賽會中最會搶分的球隊。英格蘭在比賽中揭示自己有多麼優秀。決賽時在經歷延長賽後以四比二力克西德，則是令人驚嘆的劇本。無怪乎當工黨首相哈洛德・威爾遜稍後加入慶功行列時，也忍不住親手碰觸獎盃的渴望，並且促狹地說：「我們只有在工黨執政時才會打贏世界盃。」然而，他如此致力尋求的勝利氛圍，仍不足以遏止國家股票市場和匯率的下滑，避免不了的英鎊重貶終於到來。然而，世界盃的勝利的確有長期的反響。從那以後，英格蘭從未停止談論一九六六年，讓整個國家在面對不斷被拉開的實力差距而感到沮喪時，能在後帝國衰頹的日子裡活得稍

451

微舒服一些。大英帝國,坐上世界第一強權寶座的權利,早已遠颺。然而,英格蘭的實力尚存,偶爾還是可以盤踞世界第一的寶座,如同現代世界中一個次要強權揮之不去的命運。

倘若一九六六年的空氣中瀰漫著的是《胡鬧阿爾夫》(*Carry On Alf*)的氛圍,一九六七年的代表電影就是《夏日假期》(*Summer Holiday*)。歷經十年慘淡貧乏的表現,格拉斯哥的凱爾特人隊在主教練喬克‧斯特恩領軍下,搖身一變為在蘇格蘭呼風喚雨的球隊,並且做足贏下歐冠盃的準備。一九六六年,他們拿下九連霸的第一座獎盃,踢出極端攻擊性的球風。他們總是精力充沛又熱情洋溢。他們拉開空間,以速度壓迫,並且極為投注心力。信奉新教的斯特恩,從格拉斯哥信奉天主教的勞工階級當中,拼湊出他主要的冠軍陣容。而這些球員與凱爾特人的球迷,幾乎都來自相同的階級,並且共享地緣關係。凱爾特人球員的崛起,同時反映且促進了其支持者在社會階序中向上爬升的過程。一九六〇年代的經濟發展,為蘇格蘭西部的天主教社群打開了個人與集體解放的一小扇窗,以擺脫蘇格蘭宗派主義的束縛。一九六七年,當凱爾特人在歐冠盃的四強賽踢走杜克拉布拉格隊,他們早已準備好要征服歐洲。他們並不孤單,十九世紀時以馬車或鐵路接駁球迷前往客場比賽的球迷俱樂部被重新改造,以適應歐洲一家與大眾旅遊的年代。各式不同的交通工具一字排開,集結在格拉斯哥,為的是運送約莫兩萬個球迷前往里斯本。其中有許多人畢生沒有離開過蘇格蘭,更別說要造訪歐陸。他們倆倆乘坐一臺摩托車、在 Mini 轎車中塞進六個人、七十個人共乘一輛遊覽車,夾帶著一箱箱啤酒,攜上他們人生的第一本護照。這群球迷穿越法國、發生機械故障、改搭便車、轉錯彎,然後橫越西班牙,在路邊就地紮營。有的準時,有的在開賽前最後一分鐘才及時趕到,有的遲到,有的則遲到很久。但無論如何,球迷總算全數抵達,在國家球場前集合。

1967 年 5 月 25 日
凱爾特人 2—1 國際米蘭
里斯本，國家球場

　　從馬佐拉在第七分鐘踢進點球開始，我們已知國米將要坐守這一分的領先，而凱爾特人必須設法取分。在接下來的八十三分鐘，凱爾特人屢屢發起攻擊，國米則祭出鐵桶陣。凱爾特人足足射門四十九次，國米僅有一次，也沒有獲得任何角球。凱爾特人將球沿著側翼盤帶，透過連續的長短傳，企圖滲透進對手的禁區，在側翼三角傳球，控制中央區域，然後探索、刺探，射門。然而每一步棋都被盯防，每一次射門都遭到阻擋。攻勢被破解，傳球被攔截，空間被限縮。國米彷彿一道道密不透風的垛牆、堡壘，以及防禦的高塔。

　　球賽幾乎都集中在國米的半場進行。如今更壓縮到球門前最後三分之一的位置，退卻到他們的最後一道防線。此前，國米偶爾能取得球權，稍微將球帶遠以紓解壓力。此刻國米正急於將球帶離自己的門前，然而卻在轉瞬間又看到它回到自己跟前。

　　然而，希望逐漸流逝，懷疑暗自升高。呼吸急促，時間緊迫。國米只能眼睜睜看著後衛吉默（Gemmell）旋身、射門、破網。而被攻破大門的國米早已搞不清楚中線在哪，更別說那條線後方的土地。凱爾特人的致勝球至此實至名歸。

　　最後的幾分鐘，突然間場邊的人群都活躍了起來，爬出看臺，攀上球員走道邊的水泥牆上。在國米球門後面的是滿坑滿谷的人頭、帽子，以及觀眾身後大量的標語和旗幟。而國旗和旗桿是家庭手工製的，或者用拆卸下來的家具零件做成的愛爾蘭三色旗，也是手工裝飾的，上頭寫著「凱爾特人七比一輕鬆贏，凱爾特人隊得冠軍沒問題」。標語的字母粗糙且稜角分明，是用黑色修飾膠帶拼寫出來的，而綠白條紋旗幟上的凱爾特人花體字樣則是用金色穗帶拼寫出來的。加油板上披著綠色與白色的圓環、手工編製的披巾、觀

光用的墨西哥帽，以及以白色棉線織出蘇格蘭球員約翰·克拉克（John Clark）字樣的綠色絨球帽。有個 T 恤上以綠色毛氈寫著喬克·斯特恩的金髮小孩從人群中推擠出來，還有個容貌飽經風霜的男子，穿著白色艾倫島（Arran）的開襟毛衣，背上以綠色毛線繡出整支球隊的陣型。

當比賽結束的哨聲響起，觀眾翻下圍牆，跳出護欄，湧上走道，如潮水般淹沒整片球場。群眾陷入一陣狂喜。有些人立刻趴下來抓草皮與草地。其他人突然之間看見球員們驚訝與困惑的表情便群起而上，用展開且糾結在一團的圍巾與身體將他們簇擁包圍，手還抓著他們的衣服與鞋子。那些還在奔跑的人群之中，有的撞在一起，有的手牽手、肩搭肩，有的相互擁抱，有的散開亂竄，有的則是成群結隊地連滾帶跳衝上球場，臂膀勾搭著手舞足蹈。頭戴白色帽子一臉驚愕的葡萄牙球場人員、興高彩烈的當地男孩們、手戴白色手套的警察，以及身穿套裝的攝影師，全都身陷人群之中盤旋打轉。有個男人將國旗插在球場中央圓圈處，面對著它屈膝膜拜。一個身穿綠色洋裝的女孩在球場邊線迴旋奔跑。最先衝上球場的那一群人，重新聚集在角旗附近，大聲歡唱。

當後衛比利·麥克尼爾（Billy McNeil）終於設法走上政治人物所坐的地方，並且舉起巨大的獎盃，現場的混亂絲毫沒有暫停的跡象。

———————————

隔年，輪到巴斯比和曼聯迎來屬於他們的勝利。慕尼黑空難的十年後，巴斯比打造出另一支雄師：鋒線上有曼聯鐵三角貝斯特、查爾頓和丹尼斯·羅，編織出絕妙的攻擊足球。在四強賽中，曼聯透過與皇馬史詩般的對決，重拾自己歐洲列強的地位。他們在主場先下一城，而後在伯納烏以三比三踢平。決賽時，他們在溫布利迎戰本菲卡。正規賽中，兩隊以一比一僵持不下。延長賽時，劇本改寫，曼聯最終以四比一完勝。

貝斯特無疑是那個世代最有天分的不列顛球員。他是同世代中極其罕見的盤球高手，同時擁有最優雅而精確的平衡感，使得他能閃躲或避開聯賽中衝著他而來的大量鏟球和肢體衝撞。貝斯特的拖把頭，衣著品味，以及失敗

的精品生意，為他在不列顛和西班牙都贏得第五位披頭四的稱號。貝斯特超
級活躍的社會流動與國際成就，被隨之而來的私人危機與成癮問題給硬生生
打斷。就像是日後約翰藍儂所複製的那般。貝斯特為曼聯奉獻的精采好球，
被其日益趨向波希米亞式的生活風格、對於女色和酒精永不滿足的渴望，以
及大眾媒體中過分且有害的報導給相互抵消。生理上的傷害與心理上的壓
力，最終聯合起來侵蝕他的健康、自信和求勝慾望。一九七〇年足總盃，他
在第五輪面對北安普頓隊（Northampton Town）時，一舉踢進六球，被視為
其離開曼聯前的告別秀。如同披頭四樂團，儘管多次嘗試東山再起，但只能
勉強活過一九七〇年代，無法飛黃騰達。

　　在不列顛夏季的足球狂熱之前，是長達十年有關各種麻煩的事件和報
導。的確，一九五〇年代末期，在全國各地的足球列車上，在青少年與年紀
二十初頭、血氣方剛的青年人間，酗酒的情況極為嚴重，喧嘩與胡鬧演變為
破壞與鬥毆的狀況也屢見不鮮。然而，年輕世代中最主要的道德淪喪問
題——偏離了傳統的社會倫理與階層——發生在「泰迪男孩」（Teddy
boys），乃至於「摩德族文化」（Mods）與「搖滾男孩」身上。這些擺脫過
往規範的次文化之所以得以發展，肇因於青年勞工的雇用與工資的爆發性的
成長，並受到了美國流行與電影文化中世代差異與反叛象徵符號的滋養。「泰
迪男孩」甚至撇開了足球，改在舞廳、冰淇淋店，以及街道上炫耀他們粗鄙
勞工階級的時髦品味。摩德族與搖滾男孩則借助了摩托車的機動性與獨立
性，將比武競技搬到了海邊。但一九六〇年代早期的這些事件，為看臺思想
提供了素材，展現出一種腎上腺素狂飆的信號，地域性鮮明的政治氛圍，以
及大眾容易取得的壽命短、卻內容豐富的媒體報導。這個群體對於可支配收
入增加與遵從制度瓦解的相互效應，感到興奮不已，他們與舊的世代天差地
遠，正急速改變著社會的調性。

　　媒體關於混亂現象的報導在冷漠與恐慌之間取得了平衡。一九六三年，
當艾佛頓隊在古迪遜公園球場豎立起柵欄以區隔球迷時，引燃了真切的關注
和震驚。《世界新聞》（News of the World）派出的記者，還自作多情地寫道：
「足球流氓？但他們看起來這麼友善？」艾佛頓隊則不予回應。從五〇到六

○年代早期，看臺上早已發生若干事端。一九六五年末，一顆未爆的手榴彈自米爾沃爾隊的端投擲到布倫福德隊（Brentford）的球門邊，引起了恐慌。《太陽報》（*Sun*）著手報導，並引發了一種永久的歇斯底里狀態：「不到九個月，世界盃就要開賽。我們只剩下這麼多時間可以嘗試修復這個國家曾經擁有的良好聲譽。此時此刻，足球已經病入膏肓。」[22] 一九六六年春，利物浦對凱爾特人的歐洲盃賽冠軍盃的準決賽上，另一相似的恐慌現象隨之而來。在安菲爾德球場和帕克海德球場（Parkhead）上都發生鬥毆，瓶罐如驟雨般擲向場中

　　世界盃期間一切平靜，然而卻是短暫的例外。隔年球季（1966-67）是第一次有明確可辨認的幫派分子確實在自家主場上演了一場「看臺暴動」（ends）：在離開主場時，佔領對手的場地，接連發生的鬥毆事件則是艾佛頓與曼城支持者的衝突引起的。超過四十人遭到逮捕。愈來愈多球迷選擇搭乘英國國鐵的列車去看比賽，但列車上的酒後暴力事件卻也日益頻繁，如今足球專車成為暴徒非官方的移動式總部。他們鬧事之後就可下車，省下善後的麻煩。

　　政府當局與警方當下的反應是嘗試利用優勢警力或圍籬，在球場內將球迷隔離開來，並將帶頭的幾個人從這群不良幫派中抓走。這個措施的立即性結果是為了加深並且神聖化球場的地域性——而這正是「看臺暴動」的本意。然而當局實在太過天真，根本未能監控或阻止真正的策劃者。就算這個隔離策略能夠在九十分鐘內將人群分開，但是在球迷出沒的公共領域或火車站，卻沒有安排相應的警力。之後每個週六下午在尤斯頓（Euston）、國王十字（King's Cross）和聖潘克拉斯（St Pancras）等倫敦主要車站爆發的鬥毆，遂成為家常便飯。

　　真正導致混亂情況急轉直下的是「光頭黨」（Skinheads）的崛起，以及他們與足球暴力迅速發展起來的關係。光頭黨由加勒比海傳來的「壞小子」文化（rude-boy）發展而成，並迅速在倫敦白人勞工階級中最困苦的區域發展。電視節目、暴力，以及此風潮簡單、易仿效的特性，在六○年代末期迅速傳遍全國各地。光頭黨主張硬漢風格，以對抗嬉皮的陰柔氣息，他們排拒

時髦的裝飾、摩德族文化自以為酷的偽世界主義，及其義大利式的套裝與摩托車。平頭、工作牛仔褲和厚重的靴子是光頭黨對自身無產階級狀態的宣告，也是次文化表現的一種具體手段，頻頻傳頌著使用暴力的觀念。光頭黨為足球文化帶來了更高層次的團結、不屈不撓、以及戰到最後的精神，而這恰恰是警方與俱樂部都無從反駁的。一九六九年，一大群熱刺球迷在賽後回家時，在火車上製造了多場混亂，有關當局決定將他們丟包在距離倫敦四十公里開外的村莊弗特威克（Flitwick），結果他們繼續在該鎮的主要街道上暴動。隔年，不列顛人甚至可以窩在舒服的扶手椅上，觀看電視轉播里茲與斯托克城隊支持者之間的激烈鬥毆。

　　然而，不過就在幾年前，足球在倫敦已經沾染上前所未有的社交氣息。切爾西前鋒彼得·奧斯古德（Peter Osgood）回憶起當時在斯坦福橋球場的氣氛：

　　　你會見到女星拉寇兒薇芝（Raquel Welch）、奧妮布萊克曼（Honor Blackman）、你會見到喜劇演員李察奧蘇利文（Richard　O'Sullivan）、魯尼科貝特（Ronnie Corbett）、麥可克勞福德（Michael Crawford）和珍西摩爾（Jane Seymour）。這些大人物和米高肯恩（Michael Caine）都曾經出現。我永遠記得我在聯賽中的第一百個進球⋯⋯我繞場一圈致意⋯⋯而球迷呼喊我的名字奧斯古德⋯⋯當我走進更衣室，你猜誰坐在那兒？是美國演員史提夫麥昆（Steve McQueen）。[23]

世界各國在國王大道上碰撞，新錢與舊錢，邪惡貴族，裝模作樣電影導演、勞工階級的壯碩男孩與摩德族硬漢；足球、音樂、時尚和電影。披頭四已經離開利物浦，而那些所謂的「六〇年代搖擺分子」（the Swinging Sixties）——那些真正追求此一生活型態的一小群人——來到了倫敦，而他們的球隊是切爾西。十年來，切爾西僅僅贏下一座獎盃——一九六五年的聯賽盃（EFL Cup）。但是地點決定一切。斯坦福橋球場附近有時髦的公寓平房、沙龍、切爾西精品店、高級住宅區、便宜的市場。它的地理位置、支持者，

以及球員都反映出了罕見卻真實的不同階級的融匯。

如果說切爾西是「快速致富」的社會流動模範，那麼唐・列維（Don Revie）的里茲聯隊則展現了另一個截然不同的道德觀。列維採用匈牙利人「回撤型中鋒」（deep-lying centre-forward）的戰術，率領曼城拿下一九五六年的足總盃。因為高明的創新手法，讓他的形象總跟陰險謀士聯想在一起，在他的整個職業生涯，媒體從來沒有放棄這樣的稱號，加油添醋地對他予以人格汙衊。和工黨領袖哈洛德・威爾遜一樣，列維就是另一個聰明的北方小伙子，以剛強的形象掩飾了內心偏執的不安全感。列維於一九六一年起執教當時處於降級邊緣的里茲聯，並在六四年鹹魚翻生、重返頂級聯賽，並在該年戰績排名居次，獲得亞軍。接下來的十年，里茲聯隊從未掉出四強之列。六八年在國際城市博覽會盃上打敗費倫茨瓦羅斯隊的隔年，他們實現了列維的夢想，贏得了聯賽冠軍的頭銜。之後雖在歐冠盃決賽中失利，但在國內的盃賽表現同樣優異，抱回了六八年的聯賽盃，四次殺進足總盃決賽，最終在七二年舉起獎盃。

列維與他同時代的技術官僚同行一樣，熱中於狂熱的準備工作，為俱樂部營運每個層級的事項都建立起一套鉅細靡遺的控制機制，而且他是第一個嚴正處理紙本作業的人，其累積起來的俱樂部、球員與其性格、風格，以及弱點的所有資料與檔案，構成了里茲聯的支柱。由此衍生出一種特殊的足球形式，儘管有能力踢出偉大的球風，卻將心力集中在削弱對手的優勢，在敵方的進攻中見縫插針，最重要的是要力保不失分。列維也是個善於吸引群眾目光的高手，他更換了球衣顏色，為的是模仿皇馬的全白球衣，並善於在賽前熱身時鼓譟現場群眾的情緒。然而，里茲聯在人民的記憶中，始終是北方人的、強健勇武的男子氣概，採取的是預先謀劃、受控的侵略行為，至於列維這種為求勝利不遺餘力的花招，是不列顛賽場上前所未見的。

整個一九六〇年代，里茲聯與切爾西被炒作成假想敵，其對戰逐漸被比喻為北與南、外省與都會、腳踏實地者與投機者之間的對決。七〇年足總盃決賽終結了六〇年代的榮光和爭鬥舞臺。比賽的戲劇張力高漲，但足球的品質低落，全場充斥著肢體碰撞與犯規。最後雙方以二比二在溫布利戰成平手，

隨後切爾西在加賽中以二比一竊取勝利，把握機會在隔年的歐洲盃賽冠軍盃中踢走皇馬，捧回冠軍。慶功派對固然令人印象深刻，事後爛醉如泥的醜態亦然。在往後的二十年，除了債務、麻煩和降級之外，再沒有值得一提之事。

　　如果切爾西的垮臺是個訊號，象徵大都會魅力產業與足球短暫結盟的終結；足球賽事持續墮落，從具有價值的國家資產淪為令人難堪的鏽帶廢墟；那麼球場上最嚴厲的教訓無疑落到了英格蘭國家隊身上。一九七〇年史詩般的足總盃決賽後一個月，英格蘭以衛冕世界冠軍的身分出征墨西哥。第一輪對上巴西，他們展現絕佳的狀態，防守聰明，戰術純熟，具有競賽意識，時機掌握一流，最後僅以一球見負。他們在八強賽敗給西德後打道回府，浪費了兩球的領先，並且在延長賽中多失一球。一九七二年，西德在歐洲盃八強賽前來溫布利球場踢館，以三比一帶走勝利。然而，記分板上的數字無法呈現出他們的運動和陣容輪轉，到底困惑和羞辱地主隊到何種境地。拉姆西變得益加偏執易怒慍、難以共事。壓垮駱駝的最後一根稻草是波蘭在七三年造訪溫布利，儘管實力受到低估，甚至招致訕笑，但波蘭人彷彿不要命似地拚搏，將英格蘭擋在七四年世界盃的大門外。拉姆西黯然下臺。

　　不列顛足球走向日暮途窮的氛圍，如今已能切身感受。香克利毫無預警地急流勇退，令人難以置信。他不曾受到迫切的壓力，也沒有陰謀集團在扯他後腿。經他之手重建後的利物浦，才剛剛拿下歐洲足總盃和國內聯賽的冠軍。然而，基於令人費解的考量，他決定此刻是道別最好的時機。蘇格蘭方面，一九七二年流浪者在巴塞隆納歐洲盃賽冠軍盃的勝利，全因西班牙警方和流浪者球迷間擴散至整個城區的鬥毆而相形失色。凱爾特人隊，仍舊是聯盟的霸主，在七〇年的歐冠盃決賽中向飛燕諾俯首稱臣。流浪者的主場愛布羅克斯球場，則是另一場足球災難的事發現場。七一年一月，一場凱爾特人對上格拉斯哥流浪者的世仇對決，原已紛紛離去的球迷因為一顆比賽後段的進球重返球場，在看臺上爆發嚴重的推擠，造成六十六人殉難。後續的調查揭示了不列顛足球基礎建設崩壞的程度，並且亡羊補牢地引進一個安全執照的系統。而正如八〇年代即將證實的，即便是這個系統也有極其不足之處。一九七四年，凱爾特人奪下由喬克·斯特恩執教的九連霸的最後一座聯賽冠

軍。幾年後,這位大人物將因明升暗降而交出兵符,接任俱樂部董事。而他所一手籌組的黃金陣容,不是掛靴就是離隊。

然而,或許曼聯的解體才最叫人震驚。一九七一年時,如今封爵為馬特爵士的巴斯比,其位置已經從板凳席搬移到董事會。查爾頓掛靴退休、丹尼斯·羅轉會至曼城、貝斯特的狀態下滑,原因綜合了狀態不穩和酗酒。巴斯比的後繼者維爾夫·麥吉尼斯(Wilf McGuinness)在種種不切實際的過高期待下戮力工作,甚至連頭都禿了。法蘭克·奧斐雷爾(Frank O'Farrell)應付得好一些。到了一九七四年,在湯米·達克蒂(Tommy Docherty)的帶領下,曼聯面臨降級的命運。在老特拉福球場西側的斯特雷特福德看臺(Stretford End),曼聯的惡名超越當今所有球迷。在七四年的兩次大選期間,不列顛的社會與政局瀰漫著懸而未決的弔詭氛圍,國家似乎就要分裂,對於如何回應身邊加劇的產業、財務與能源危機,意見極度分歧。註定面臨降級厄運的曼聯,在當季的最後一場比賽面對同城死敵曼城。開賽前五分鐘,丹尼斯·羅以後腳跟將球射入曼聯球門。這對曼聯的球迷來說簡直忍無可忍,他們如潮水般湧進球場,比賽宣告取消,成為英格蘭足球聯賽第一場因為球迷失控而中止的比賽。群情激憤的力量與以往一樣虛幻,但降級的結果不可能改變,曾經的歐洲之王如今連在曼徹斯特城裡稱王都做不到。

X. 荷蘭全能足球的興起

在德國佔領期間,荷蘭的足球蓬勃發展。與其他許多的荷蘭機構一樣,儘管明裡暗裡都有和納粹合作,特別是在對付荷裔猶太人的時候,但其領導階層或組織並沒有因為戰爭受到任何激進的迫害。[24] 由於被從未明言的同謀禁錮了心靈和情感,荷蘭社會生活在一種暫時性失憶的狀態。以運動為例,最具代表性的就是眾所周知的納粹合作者洛斯提(Karel Lotsy),以荷蘭足球協會(KNVB)的主席之姿,用沉悶且迂腐的保守主義來統治荷蘭的足球發展。對於荷蘭的足球高層而言,職業化是不被允許的,是低俗不堪、唯利是圖的行為,更是對其威權的威脅。與其他北歐、丹麥、瑞典和德國的業餘

足球文化一樣，高度的參與以及業餘但極具競爭性的聯賽，造就了一代足以在海外發展職業生涯的球員。例如法斯・韋基斯（Faas Wilkes）在一九四九年離開後先後為國米和瓦倫西亞隊效力，阿貝・倫斯特拉（Abe Lenstra）加入佛羅倫薩，基斯・萊弗爾斯（Kees Rijvers）則加入聖德田隊。然而，他們全都因此遭到國家隊除名。一九五三年，這批離散的職業球員齊聚一堂，為了替澤蘭地區的洪患募款，組隊與法國國家隊進行慈善義賽。隨後，荷蘭足協在公眾的壓力之下，鬆綁其對職業運動的禁令，對象同時包含國內與國際的職業足球。儘管如此，荷蘭國家隊的表現並不理想。他們在阿姆斯特丹以一比五輸給西班牙，一比二敗給土耳其，採用的是古老過時的戰術。荷蘭當時對WM陣型仍相當陌生，更不用說是匈牙利的創新陣型。當然，這背後或許有更深沉的文化力量在運作，正如當時國家隊成員漢斯・卡拉伊（Hans Kraay）所言：「我們有天分，也具備發展足球的潛能，只是人格不夠強壯，還有我們的生活方式。我們太過膽小怯懦，我們仍自外於這個世界。」[25] 而荷蘭的孤立與保守主義，將在一九六〇年代初期被拋諸腦後。

　　戰後的荷蘭社會不僅僅受到針對德軍佔領時期保持噤聲的束縛，同時也受到僵固而分化的社會結構的制肘。荷蘭四個主要的宗教政治團體——自由派、社會主義、新教與天主教——不僅僅在政治上進行組織和全體投票（en bloc），還接受不同教育，閱讀不同報紙，擁有各自的廣播電臺，甚至，除了稀薄的半職業俱樂部聯賽這個級距，他們連足球也各踢各的。此一包羅萬象的社會區分，結合了低調而壓抑的對社會規則的唯唯諾諾，主導了荷蘭的文化。不過，隨著一九五〇和六〇年代荷蘭的經濟起飛，新世代所取得安全感、獨立、空閒時間，還有可支配收入，全是都二十年前所無法想像的。年輕世代和其父執輩所緊密連結的老舊認同和微型世界之間的臍帶，正逐漸消解。正如一名阿姆斯特丹人所言：「在此之前，年輕人必須拿薪水回家，現在我們可以保有自己賺來的錢，用來買唱片、足球賽門票和摩托車。」[26] 阿姆斯特丹首次萌發的獨特青年次文化「廣場幫」（Pleiners，指在萊頓廣場〔Leidseplein〕周邊閒逛的單車族）和「迪克幫」（Dijkers，指出身勞工階級的摩托車族，喜歡披著皮夾克，在尼文迪克〔Nieuwendijk〕周邊出沒）。

隨後加入他們的，還有阿姆斯特丹城內的大學生，他們反對既有學生社團中羞辱人的階級制度，比各職業工會還更像鬥爭者的社團，並進而在一九六三年，在城中成立了組織。所有人都開始關注不列顛的流行樂、非裔美國的靈魂樂，還有山寨版廣播顛覆性的頻道。六二到六七年間，城市裡爆發一連串歇斯底里的快閃事件，正是這些群體組成了這些事件的核心參與者與觀眾。

一九六二年歲末，超現實主義詩人賽門‧溫肯努赫（Simon Vinkenoog）舉辦了主題為「打開棺木」（Open the grave）的即興演出，預言了舊傳統在新阿姆斯特丹的衰微。在一九六五年的解放日（Liberation Day）──將納粹趕出國門的神聖日子──成千上萬的群眾在城市中聚集，神經兮兮地高喊「給我 Bolletjes！」（源自早餐穀片 Bolletjes 的廣告詞）。透過集體的胡鬧，一針見血地戳破了荷蘭整體對過去歷史的掩蓋。克魯特維德（Robert Jasper Grootveld）──半是搗亂者，半是表演者，半是巫師──在一連串魔術表演中採取了類似的策略，混合了瘋狂攻擊菸草產業，和令人上癮且受到奴役的消費主義。城市警方雖然覺得這些場合令人費解，但仍判斷具有威脅性，便開始下重手介入，強行解散集會，並攻擊參與者。想當然爾，這種作法的後果是吸引更多群眾，讓事件的社會意義和聲望翻倍上揚，也更加鞏固了持續和反抗的意志。直到國家菁英決定寬容是比暴力更為有效的鎮定劑，群眾與事件才開始逐漸消失。而當巴黎學運在六八年引爆時，阿姆斯特丹或許已經過了集體文化發育的青春期。

在超現實實驗與浮誇所構成的不安氛圍當中，阿姆斯特丹經歷了身體文化的轉型。這座城市容許性產業將身體商業化，與毒品次文化對腦部與心靈的戕害。同一股尋求個人解放的衝動，喚醒了舞蹈、身體劇場和芭蕾的文藝復興，以及隨之而來的，在阿姆斯特丹的舞廳和時尚產業迸發出的精力與風格。這一波動盪而缺乏組織的文化變遷，催生出其獨特、但短命的政治形式，例如一九六〇年代中期興起的「白衣幫」（white-clad Provos，荷蘭無政府主義者的原型），當荷蘭女王碧翠絲（Princess Beatrix）在一九六六年大婚時，他們威脅要在城市的水庫中倒滿迷幻藥，並且以白色煙霧彈將其掩蓋。在一場樂觀理想主義者的行動中，為了破除私有財產和私家車的制度，他們免費

發放白色的單車。六七年，他們在阿姆斯特丹市議會拿下一個席次，但隨即解散。

　　至此，荷蘭反主流文化的勁道足以破壞固有的僵化、階序和遵從，那些曾經定義何謂荷蘭的價值；反抗新教倫理的遊戲規則，並且賦予身體解放和裝飾一套新的美學詮釋。然而，反主流文化仍有其不足之處──它本身不夠強固有效，它的經濟與政治願景也不夠全面──以至於面對市場的傳統邏輯，它僅能提供不切實際而象徵性的機敏回應。而型塑現代荷蘭的這三重遺產──社會解放，對於運動中的身體的美感鑑賞力提升，以及理智的經濟個人主義──全都壓縮、概括於一位指標性的人物：荷蘭史上最偉大的足球員約翰・克魯伊夫。

　　一九四七年，克魯伊夫誕生於貝騰多夫（Bettendorp），阿姆斯特丹一個勞動階級的街區，鄰近阿賈克斯的主場迪美亞球場（De Meer stadium）。從十歲起，他就跟著阿賈克斯一起訓練。他的父親是雜貨店店主，在他十二歲的時候過世，母親隨後在阿賈克斯的訓練中心擔任清潔工。他是個瘦骨嶙峋的青少年，看似弱不禁風，不足以應付職業比賽的強度。然而，一九六四年，不過十七歲的他就已經在職業賽初試啼聲。克魯伊夫絕對是荷蘭史上最偉大的球員，具備超凡的平衡感與卓越優雅的控球技巧。他的速度驚人，有能力做出令人目瞪口呆的衝刺、過人和轉身；天生具備精確的幾何概念和空間意識，讓他得以從各個不可思議的角度射門，並且在傳導時預見當下尚未出現的空檔。誠如運動記者大衛・米勒（David Miller）所言，他是「穿著足球靴的畢達哥拉斯」。然而，作為一位團體戰球員才是他展現超凡價值之處。他是場上的指揮官，當他不處在奔跑的狀態時，他說話組織球隊，當他沒有帶球時，會朝著球的方向而去，會示意要球，引導隊友進佔空檔，調動他身邊的所有人奔赴當下危機和機會之所在。

　　荷蘭記者斯邁特（Hubert Smeets）曾這樣形容克魯伊夫：「你可以在他身上看見六〇年代的頭尾兩端，以及戰後嬰兒潮世代的兩端。一方面他反對當權集團的遲疑和躊躇不前，另一方面他也意識到自己的個人利益。」[27] 在財務方面，克魯伊夫很快就認知到自己的價值，同時意識到當局的偽善，並

且勇於起身挑戰。當他理解到荷蘭足協在自身官員出差時，有出資為其保險，但球員卻並未享有同等的待遇，他起而領導反抗。他對於媒體極端開放，且樂於受訪。一九七四年的世界盃決賽，與 Puma 簽有豪華大約的克魯伊夫，塗掉鞋子上荷蘭國家隊官方贊助商 adidas 著名的條紋商標，然而他絕非唯利是圖。斯邁特主張：「克魯伊夫捲入各式各樣的衝突，是因為他開始追問整個世代都想說出口的問題：『為甚麼事情是這樣運作的？』」[28]

倘若克魯伊夫是荷蘭足球巔峰時刻的指標性人物，他同時也是一支偉大球會的一部分。在英籍總教練傑克·雷諾茲（Jack Reynolds）和維克·白金漢（Vic Buckingham）的領導下，阿賈克斯建立起歷史悠久的青年培訓與全面進攻的傳統。但在一九六〇年代中期，他們尚無法將這些繼承來的傳統轉化為勝利。一九六四年，當白金漢遭到解雇，並由荷蘭籍的里努斯·米歇爾斯取而代之時，他們正處在降級的邊緣。七年後他們即將成為歐洲冠軍，踢著前所未見，最卓越流暢的足球，即日後世界聞名的「全攻全守足球」。結合了阿賈克斯的贊助和支持、米歇爾斯的運籌帷幄，以及克魯伊夫的天賦和理念，再加上願意追隨他一起成長的球員，還有荷蘭對於空間概念的獨特理解。

一九六〇年代初期，阿賈克斯吸引了一群兼容並蓄且富裕的支持者，其中包含替德國人修築海岸防禦工事和掩體致富的范德梅德（Van der Meijden）兄弟，還有若干阿姆斯特丹的知名猶太人。他們從大戰中生存下來，並且繼續留在城市裡。此一名單上有百萬富翁加侖薩（Maup Caransa）、俱樂部主席范普拉赫（Jaap van Praag），還有紡織大亨暨前國際裁判霍恩（Leo Horn）。在他們的共同培育下，俱樂部走過半職業的歲月，不僅要擔保轉會費；提供兼職或虛擬的工作給球員；有時還要協助他們創業。六〇年代中期，阿賈克斯陣中的所有球員都有第二份工作。這段期間，俱樂部中有幾位猶太裔球員，但由於阿姆斯特丹的猶太人口大幅減少，以至於他們只佔球迷的一小部分。然而，阿賈克斯確實帶有濃厚的猶太色彩，而球隊也樂於擁抱此一事實。實際上，阿賈克斯的猶太氣息濃厚到許多人甚至深信克魯伊夫也是猶太人，雖然他並不是。

　　米歇爾斯最初的貢獻在於利用前述手上的資源，來形塑一個真正的職業俱樂部文化。球員們現在得以全職投入訓練，米歇爾斯更以持續而嚴厲地決心要求他們：一天排滿四個階段的訓練。他引進新的器材和設施，只因當他上任時，球隊連張像樣的按摩桌都找不到。他同時建立起高度的內部紀律，並且堅持球隊不斷壓迫的進攻球風。以接近 4 — 2 — 4 的陣型迎戰對手，阿賈克斯逃過降級的命運，並且開始贏球。一切都從一九六六年荷甲的冠軍開始。米歇爾斯淘汰了一些年齡偏大的球員，引進了強悍的南斯拉夫後衛、貝爾格勒隊的前隊長瓦索維奇（Velibor Vasovic），為球隊帶來堅毅的專業精神和百折不屈的求勝意志。隨後，針對陣容當中的缺口，米歇爾斯藉機晉升，並且培植俱樂部農場中的本土青年才俊，包含中場格里·穆倫、後衛巴里·赫爾索夫（Barry Hulshoff）、後衛韋姆·舒比爾（Wim Suurbier）、後衛魯德·克羅爾（Ruud Krol）和中場約翰·內斯肯斯（Johan Neeskens）。

　　阿賈克斯在一九六七年歐冠盃臻於成熟，在第二輪比賽中，以五比一在阿姆斯特丹驅逐香克利所執教的第一代雄師利物浦。香克利信誓旦旦地向家鄉失望的球迷保證，阿賈克斯必將在利物浦的主場安菲爾德傾覆，最後卻被以二比二逼成平手。他們雖然在次輪遭到杜克拉布拉格淘汰，不過逐鹿歐洲的雄心，已經在改頭換面的新阿賈克斯心中佔據中心位置。接下來的四年當中，阿賈克斯囊括三次荷甲冠軍。一九六九年，他們在歐冠盃的決賽中敗給經驗老到的 AC 米蘭。荷蘭當年足球文化之豐饒，在隔年的賽事中嶄露無遺。賽前不被看好的飛燕諾比阿賈克斯更進一步，在米蘭舉行的決賽中爆冷擊敗凱爾特人隊。在奧地利教頭恩斯特·哈佩爾（Ernst Happel）的執教下，飛燕諾呈現出和阿賈克斯相同水平的技術，同時，他們陣中還有如日中天，以帶有弧度的傳球名震江湖的中場范哈內亨（Wim Van Hanegem）加持。然而，當代荷蘭足球最讓人記憶猶新的，仍是一九七一到七三年間，阿賈克斯連續三度在歐冠盃掄元。他們不僅只是帶走勝利，還以前所未見的方式踢球。

　　一九六〇年代末期，阿賈克斯從 4 — 2 — 4 陣型改為 4 — 3 — 3。自此以後，這便是阿賈克斯體系的核心，每位球員都有專屬的指定號碼、位置和任務。其中最重要的創新在於將這些位置想像為球員在流動網絡中的節點。

球員當時在場上的位置，決定了他要扮演何種角色，而不是由球員的背號來決定。倘若義大利人發明了盯防空間，而不是盯防球員；則荷蘭人的創新則在於，由個人所佔據的位置來決定怎麼踢球，而不是依照事前依據勞動分工所分派的位置。

正如所有巧妙的陣型，它不單創造出好的結果，還節省了創造結果所必須消耗的體能。阿賈克斯的後衛克羅爾特別強調這在比賽中的重要性：

我們的陣型同時解決了體能問題。你要如何在九十分鐘的競賽中持盈保泰？身為左後衛，當我沿著側翼向前推進七十公尺，對我最不利的狀態就是回防時，我得向後再跑七十公尺，回到我的起始位置。因此假若左中場能取代我的位置，而左翼鋒遞補中場的位置，便縮短了〔必須奔跑的〕距離。這便是基本原理。[29]

進攻時，阿賈克斯尋求將空間最大化，運用緊靠底線的邊鋒和向前衝擊的後衛。防禦時，他們善於壓縮空間，透過壓迫持球者，界定明確的防線，製造越位陷阱，來擠壓對手球員。當他們進攻時，十一人同時進攻；防守時，十一人同時防守。整體來說，他們尋求將球給予在場上擁有最大空間的球員，或者是能夠透過下一次傳球，創造出最大空間的球員。因為唯有擁有空間，才得以移動或取分。位置與功能的彈性，空間的延展與壓縮，策略性地追求空間……全都要求場上的每一個球員要有全能的技術，戰術與空間識別的意識，高度的專注，還有快速轉動的思緒。

全攻全守足球的發明，既是集體的努力，也出自米歇爾斯和克魯伊夫的精心策劃，但毫無疑問也是整個球隊所造就的產物。但如此獨特的踢球方式為何就出現在荷蘭？英格蘭作家大衛‧溫納（David Winner）提出解釋：「荷蘭人能別出心裁且抽象地思考其足球空間，是因為幾百年來他們已經別出心裁且抽象地思考生活中其他所有的空間。」[30] 全攻全守足球在荷蘭的文化生活中有許多語言學上的前身，例如總體建築（Total architecture），此概念最初是由麥克‧德克拉克（Michel de Klerk）提出，在其中，作為一個典範，

建築或大型項目中的許多獨立元素必須在功能上和風格上融入到一個全景中──阿賈克斯董事會成員和迪美亞球場的建築師當‧盧德柏格（Dan Roodenburgh）就接受了此一概念。但或許，全攻全守足球和荷蘭更廣泛的空間概念之間的關係，要在藝術領域中尋求解答。在十七世紀維梅爾（Vermeer）等藝術家的作品中，都可以看見極其精確的透視法和構圖，而在簡約的現代藝術形式中，二十世紀初蒙德里安（Mondrian）的抽象畫，也逐漸減少以風景及大自然為素材，改宗視覺藝術中最簡單的元素──線條和方塊、橫線和橫線、原色和黑白。但並不是說荷蘭人能準確感知到空間，或加以崇敬，而是他們向來都善用空間。

　　荷蘭一直是歐洲人口密度最高的國家，這也讓他們打造出地球上最系統化、人性化的景觀。藉由填海造陸，建設大量的圩田、堤防和防洪系統來保衛為數不多的空間，並根據該區域政權的更迭，不斷創造、分割、再重劃。在這片人工打造出的土地上，當然不會有山，也幾乎沒有丘陵，就是一大片一望無際的水平低地，此一維空間顯然鼓舞了荷蘭人極為看重垂直美學，這從他們對狹窄樓梯的奇怪偏好便可見端倪。這也讓他們各個都成為空間利用大師，在這片散亂的土地上，人人都能善加利用自己的那一方小空間。

　　繼皇馬之後，從未有球隊能在歐冠盃達成三連霸。阿賈克斯在一九七一年踢走帕納辛奈科斯隊（Panathinaikos），在七二和七三年分別撕裂國米和尤文的防線。七三年四強賽對決皇馬，阿賈克斯顯示出他們在歐洲足壇的統治力。阿賈克斯一比零領先，格里‧穆倫在禁區邊緣接獲一記長傳，他停都不停，而是在腳上將球撥弄了兩三次，全場起立，為了他的放肆和技巧大聲歡呼。一記短傳傳給閃電般向球門衝擊的克羅爾，球剛好越過球門。

　　然而，支撐阿賈克斯成功的條件，也是造成它沒落的原因。一九七一年，米歇爾斯離開球隊前往巴薩。這項人事異動帶來的潛在不穩定，因為其繼任者而得到緩和。羅馬尼亞籍的主教練科瓦奇（Stefan Kovacs）認知到球隊在米歇爾斯執教下享有的自主程度，故行事極為低調，讓球隊得以繼續運作。然而，當一九七三年科瓦奇去職，由相對傳統的盧保（George Knobel）接掌兵符，球隊開始顯得不甚穩定。在七三、七四年的球季，球隊重新遴選了隊

長。在過去三年間，這個位置三次易手，從瓦索維奇到凱澤（Keizer）再到克魯伊夫，此時又用凱澤取代克魯伊夫。短短幾週後，克魯伊夫以接近一百萬美金的轉會費轉投巴薩，金額創下當時的紀錄。內斯肯斯在一年後跟隨克魯伊夫的腳步離開；翼鋒雷普（Johnny Rep）投效瓦倫西亞；穆倫投奔塞維利亞（Sevilla）；其他人分別前往比利時、德國，或者乾脆掛靴。此一崩解似乎成為一代代阿賈克斯強權的宿命：富裕有餘能打造冠軍，卻窮到無法留住冠軍球員。然而，這一批球員仍有一場盛大的表演在身，一場全攻全守足球的展示尚待進行，而他們將在最大的舞臺上全力以赴，那就是一九七四年的西德世界盃。

XI. 西德足協的改革

伯恩奇蹟後，西德足球沉湎在自我滿足與自鳴得意的光輝中，為了與總理艾德諾執政時期國內的氛圍及不斷成長的經濟模式與消費步調一致，足球當局假定現狀一切良好，毋須更進一步的現代化和職業化。是以，到了一九六〇年代初，德國是西方主要國家中唯一沒有公開的職業聯賽的國家。球員持續倚靠由暗盤收入支出的微薄飲食、變造的支出、掩人耳目或兼職工作，以及小費和津貼來生存。西德在五八年世界盃以殿軍作收。這成績既然稱不上是災難，自然也沒有糟到能激起絲毫改變。然而，真相愈發清晰，西德足球逐漸落後於其他歐洲國家。阿爾卑斯山南部的俱樂部開始定期讓德國球員披掛上陣。六二年世界盃，西德國家隊在八強賽被南斯拉夫淘汰，戰果昭示了兩隊實力的差距。當此一世代的新星前鋒烏維‧席勒（Uwe Seeler）差點就要被埃雷拉和七十五萬德國馬克引誘到國米，即便是死忠的業餘主義擁護者德國足協，也不得不承認是時候面對改革了。

一九六三年，德國足協創立了有十六支隊伍的職業聯賽「德國甲級足球聯賽」（Bundesliga）。正如西德社會市場經濟中所有的商業運作一樣，聯賽的業務受到諸多法規與限令的箝制。聯賽中新近擁有執照的球員最高薪資為五百德國馬克，倘若加上紅利，收入可望翻倍。而國家隊陣中放眼國外球

團者，薪資可望再翻一倍。轉會費的天花板為五萬德國馬克。第一支收下冠軍的隊伍是科隆隊（1.FC Köln）。該球隊不僅受惠於萊茵河流域蓬勃發展的經濟，更要歸功於球隊本身是聯賽中最有組職，也最具備職業素養和意識的球隊。球賽的職業化曾經引起一些關注，認為此舉必將導致財富、實力與冠軍頭銜集中於少數富裕的球會，就像其他地區的發展軌跡，但卻違背了西德強烈的聯邦主義價值觀。然而，在運作了七年之後，德甲分別由七個不同的俱樂部奪冠，競爭極為激烈，而西德足球的整體水準似乎正在提升。歐洲賽事中，可見西德的俱樂部嶄露頭角。一九六五年，慕尼黑 1860（TSV 1860 München）直闖歐洲盃賽冠軍盃，直到決賽才敗給西漢姆聯隊。隔年，多特蒙德（Borussia Dortmund）踢走利物浦，高舉冠軍獎盃。一九六七年，拜仁慕尼黑擊敗格拉斯哥流浪者，將冠軍留在德國人的手中。六六年的世界盃，西德取得亞軍。不過對於整個國家而言，他們輸在邊裁若干迭有爭議的判決。

　　西德的足球確實正在成長，觀眾人數上揚，而歐洲早期最優渥的電視轉播合約，更讓俱樂部的荷包滿滿。然而，在球賽複雜的管理系統所創造出來的灰色地帶和漏洞當中，暗盤、熱錢、逃漏稅與腐敗的次文化正在翻騰。新型態的足球經紀人與掮客蜂湧而出，例如前馬戲團藝人施瓦本（Raymond Schwab）和匈牙利律師萊茲（Otto Ratz）。轉會費的上限徒具虛名，球隊慣常透過特定手段來掩蓋這項事實，像是將額外的支出加到泛光燈的賬單，或者是修整草皮的成本當中。球員從轉會交易當中的獲利遭到削減。柏林赫塔隊不僅執行前述所有的技巧，更試圖買通反對的球員，好讓他們配合。事實上，德國足協只要隨便找間球會一查，都能夠輕易查獲這些操作的痕跡，但直到一九六五年，他們才在柏林隊的帳戶中發現一筆高達二十萬德國馬克的缺口，柏林因此受到降級處分。

　　柏林隊的董事會為了抗議，指控聯賽中的其他球隊亦有貪腐的情形（其中多數證據確鑿），德國足協僅僅以提高薪資以及轉會費的上限作為回應，試圖確保交易光明正大、公開透明地進行，結果自然是徒勞無功。一九七一年季賽的最後一天，奧芬巴哈隊、比勒費德隊（Arminia Bielefeld）、奧伯豪森隊（Rot-Weiss Oberhausen）等三支球隊在降級邊緣。最後保級戰的結果：

比勒費德隊在柏林奮力擊敗柏林赫塔，奧伯豪森隊與布蘭什外格隊戰成平手，奧芬巴克隊則輸給科隆隊，因而遭到降級。幾天後，俱樂部主席卡內拉斯（Horst-Gregorio Canellas），一位西班牙與德國混血的香蕉進口商，邀請特定的足球官員與記者光臨其五十歲的生日派對。期間，他播放出自己與聯賽多名球員的對話錄音，當中科隆的球員開口要錢交換輸球，柏林的球員則開口要錢交換贏球；值得一提的是，當時另一支球隊比勒費德隊已經付款要柏林輸掉比賽。德國足協最初的反應是將涉入的球員和卡內拉斯本人禁賽，降級的積分榜則維持不變。卡內拉斯於是針對聯盟打假球與賄賂的部分展開個人窮追猛打的調查，提出無可辯駁的憑證，揭示聯賽當中至少有三分之二的球會涉案，最終超過五十位球員、教練和主席皆判罰終身禁賽。至此，除了徹底開放薪資與轉會市場外，別無他法。

即便市場受到操控，暗盤交易滿天，現實中（即便未必是法律上）仍舊替西德足球的職業發展營造出有利的條件。而在此基礎上，西德的足球也日益蓬勃發展。與同步崛起的荷蘭足球相似，該項運動的發展受到當代政治與文化變遷的刺激與形塑。聯邦聯盟的催生的時間點，恰好是德國基督教民主聯盟長期執政畫下句點的時刻。此前，國家大政先後掌握在艾德諾，以及其繼任者路德維希・艾哈德（Ludwig Erhard）之手。一九六五到六八年，國家事實上是由基民盟和威利・布蘭特（Willy Brandt）領導下的德國社會民主黨（SDP）所共組的聯盟治理。六八年，布蘭特擊敗基民盟，自己出任總理，直到七四年因為間諜醜聞而倉促辭職。德國社會和足球在這六年間都經歷了轉變。聯盟的冠軍頭銜，原先由境內各個俱樂部輪流摘冠，但是在一九六九到七七年這八年當中，冠軍獎盃集中在拜仁慕尼黑和門興格拉德巴赫（Borussia Mönchengladbach）這兩支球隊手中輪替。國家隊的表現也達到新高度，在七〇年世界盃與義大利的準決賽中，踢出迄今最精采的比賽。一九七二年，西德國家隊在歐洲盃奪冠，更展現出前所未見的開放、天分與創意。

一九六〇年代晚期，拜仁和門興隊同被視為西德足球新崛起的明日之星：特別強調青春活力、冒險還有藝術性，更甚於效率。就像是荷蘭的阿賈克斯和飛燕諾，他們都得利於足球的高度職業化與投注於足球的新財富。受雇的

教練們都樂於實驗且強調進攻：在拜仁陣中，有南斯拉夫裔的查伊科夫斯基
（Zlatko Čajkovski）、布蘭科‧澤貝茨（Branko Zebec）；在門興，則有韋斯
魏勒（Hennes Weisweiler）；拉特克（Udo Lattek）則兩支球隊都待過。拜仁
的陣容一字排開，全是赫赫有名的國產新星，包含門將瑟普‧邁爾（Sepp
Maier），日後成長為組織中場的貝肯鮑爾，還有沉默寡言的傳奇前鋒蓋德‧
穆勒（Gerd Müller）。門興麾下則有攻擊中場君特‧內策和尤普‧海因克斯
（Jupp Heynckes）。兩隊陣中都有若干異國臉孔，不過與其他多數競爭者相
較，兩隊在轉會市場上顯得謹慎小心。拜仁偏好瑞典球員，門興則招攬了敏
捷的丹麥前鋒艾倫‧西蒙森（Allan Simonsen）。兩隊都喜歡傳球，在中場
重視臨場的創意更甚於拘泥於技術，也都很擅於得分。拜仁在一九六九年奪
下聯賽冠軍，門興接手後連拿兩屆。拜仁則自一九七二到七四年間拿下三連
霸，不甘示弱的門興則以連贏三屆來回敬對手。

　　一九六九到七七年間，亦是德國青年反對運動與都會恐怖攻擊達到頂峰
的年代。六〇年代晚期的反主流文化運動與學運，政治化了西德的公眾文化，
甚至到了面目全非的程度。當西德出征一九五四年世界盃的時候，將政治、
國族問題與運動混為一談在現實中是遭到禁止的。然而，到了七〇年代早期，
西德的一切都政治化了。新的社會運動與思潮堅持德國人迄今尚未以清晰而
誠實的態度來集體檢視自身的納粹過往。伴隨著經濟奇蹟而來的舒適消費主
義，如今因其膚淺與精神病理學而受到攻擊。聯合政府的共識政治、社會市
場，以及德國聯邦議會，都受到極端的左派和右派的共同嘲弄。在此脈絡中，
德國作家赫爾穆特‧伯蒂格（Helmut Bottiger）如此寫道：

　　門興和拜仁：激進主義或合理性，改革或實用主義。如果有需要，拜仁
選擇以一比零贏球。拜仁從未讓自己陷入欣喜若狂的狀態，他們以精明慎重
的風格贏得勝利。相反地，門興隊的年輕球員們，會不顧一切、義無反顧地
向前。[31]

兩支俱樂部與其球風之間的對比，若能將兩隊的球星——貝肯鮑爾和內

策——放在一起比較，焦點或與能夠更鮮明。貝肯鮑爾渾身散發出一股保守主義的氣息（他目前的政治理念證實了這份傾向），他「足球皇帝」（der Kaiser）的美譽更鞏固了這一層印象。儘管最初他是因為年幼時擔任輔祭男童，其扮相與精神失常的巴伐利亞國王路德維希二世（Ludwig II）極為神似而得名。他也擁有某種自在、淡漠和自負的氣質，但沒有一項與主流的德國足球群眾的偏好相符。相對而言，內策扮演的角色是浪漫而叛逆的足球員，長髮飄逸、天賦異稟，與球迷更為親近。然而，這些對比都禁不起批判性的審查。貝肯鮑爾的私生活無疑比內策更不尋常。此外，貝肯鮑爾出身工人階級家庭；反觀內策，儘管絕非權勢集團的後裔，仍是富足的外省種籽貿易商的子嗣。除了貝肯鮑爾，拜仁陣中可還有保羅・布萊特納（Paul Breitner），留著一頭蓬鬆的爆炸頭，公開自承是毛澤東的信徒，並拒絕在比賽前唱國歌，這都使得他在政治光譜上落在內策的左邊，更別提門興的後衛貝提・弗格茨（Berti Vogts）。弗格茨是門興的後防中樞，而且是個一般人在路上都希望遇到的保守派。針對貝肯鮑爾所擁有的權力和財富，內策同樣不吝於冷嘲熱諷：「球場上可見十一位商人，每一個都在照看自己的利益。」

　　兩支球隊的風格也適用於同樣的說法。儘管伯蒂格提出前述鮮明的對比，然而，當我們仔細剖析，兩隊的球風事實上極其相似。門興曾分別以十二比零和十一比零羞辱多特蒙德和沙爾克，拜仁也同樣具備大屠殺的能耐，或甚至會在如翹翹板般大幅擺盪的賽事中棄械投降——最為人所知的是一九七三年時，拜仁原本以四比一領先凱澤斯勞藤，最終卻以四比七敗下陣來。六九年後，拜仁愈發常見在中場就發起一波又一波的攻勢，以貝肯鮑爾做為自由遊走的自由人，藉由他由守轉攻的長距離跑動來扭轉比賽。門興則以防守反擊名震江湖。奠基於內策察覺一記五十公尺、跨越球場的傳球的神奇能力。在他們共同主宰德國球壇期間，拜仁事實上比門興破門更多次，也丟失更多球。然而，自一九六〇年代末期開始，拜仁無疑成為其他球迷人人嫌惡的眾矢之的。

　　回頭來看，這段期間是將政治與文化的紛爭投射到足球的領域；而足球領域的主張，儘管有其真實性，但也無法完全得到證實。在這段期間，拜仁

不只開始贏球，還開始扭轉德國經營足球生意的方式，就像巴伐利亞的其他球隊一樣。巴伐利亞原先是個寂靜清冷、與世隔絕的地方；這裡的人信奉天主教，極端保守，主要以務農維生。但日後成為領跑西德經濟的最前沿，並且取代西部的魯爾區，成為國家的工業重心。魯爾區擁有粗鋼、化學與煤礦工業，巴伐利亞則有最先進，最精密，最頂尖，也最有品味的工匠、工程師，車廠和飛機製造商。正是此間蓬勃繁榮的經濟與政治上日益增加的能見度，替慕尼黑迎來一九七二年的奧運，也為拜仁配置了全國最大、最現代化的球場。球迷大幅成長，而拜仁擁有將球迷轉變為收益的技巧，早在一九六六年就任命聯賽中第一位商業經理。拜仁是鼓吹巴伐利亞區域認同的旗手，而不是更廣泛的反動保守主義的領袖，然而無論過去或現在，這都受到德國其他地區的憎惡。

　　拜仁的運氣不錯。他們一九七〇年代中期在歐冠盃取得的成就，要歸功於球隊在最後階段逆轉的能力，還有好手氣。一九七四年面對馬競，拜仁看似一路挨打，直到在延長賽的倒數幾秒才踢進絕殺球追平比分，逼出一場重賽。並在重賽中，抱著冠軍獎盃揚長而去。七五年，拜仁擊敗里茲聯蟬聯冠軍寶座，雖然比賽中的大多數時刻皆由里茲聯主導，但在一顆進球被判無效，還有力求十二碼罰踢而終不可得後，情勢開始逆轉。相較之下，門興依舊是小市場球隊，窩居在狹小而充滿活力的球場。在歐洲賽場上，他們更常拿石頭砸自己的腳，錯失良機，彷彿中了某種魔咒。一九七七年，他們闖進歐冠盃決賽，卻淪為利物浦的手下敗將。如果說俱樂部足球替西德提供了一面稜鏡，透過它能探究其內部深刻的分歧，那麼國家隊則提供了團結一致的慰藉，只因它集結了拜仁和門興最頂尖的球員。一九七二年歐洲盃的八強賽，西德在溫布利球場迎戰英格蘭，那是此一世代德國足球的黃金時刻。他們靠著移動和聰明以三比一力退精銳盡出的對手。在賽事的最終階段，他們重現了先前的英勇功績，率先踢走比利時，並在決賽中擊敗蘇聯。連世仇義大利的《羅馬運動報》都稱讚他們充滿「想像力和天才」。而在自家主辦的世界盃，則正在向他們揮手致意。

　　一九七四年的世界盃，不僅是世界盃本身，甚至是對於所有的全球性運

動而言，都是歷史上的轉折點。在法蘭克福舉辦的國際足總會員大會（FIFA Congress）幕後，前主席史丹利・勞斯的位置已被巴西人若昂・哈維蘭吉取而代之——象徵了世界足球在政治地理學上的板塊位移，以及構造比例的改變；同時宣告了高度商業化的時代來臨。[32] 達斯勒的運動用品集團 Adidas，是全球運動商業化的先鋒，不僅將提供賽事的比賽用球，且將透過整體賽事來推動龐大的行銷企畫。本屆世界盃的資格賽輕易地成為史上最盛大且最全球化的一次，產生出賞心悅目且兼容並蓄的十六支會內賽隊伍。包含新面孔海地和澳洲，以及第一支來自非洲薩哈拉以南的參賽隊伍薩伊。這段期間，西德主要的外交政策乃是總理布蘭特所推動的東進政策（Ostpolitik）——致力於緩和與蘇聯的關係，並且追求與東德關係的正常化。在此政治風向下，東歐地區獲得充分的代表：包含南斯拉夫、波蘭，以及第一次也是唯一一次參賽的東德。根據賽程安排，東西德將在第一輪賽事中交手。賽事的運作規模大於以往歷屆的世界盃。現場的觀賽人數在一九六六和七〇年小幅上升，但票房的銷售僅是賽會整體收入的一小部分。如同未來所有的鉅型運動活動一樣，電視轉播權利金與企業贊助即將成為賽會的主要收入。結果，一九七四年西德世界盃官方正式核可的記者數量，足足是七〇年墨西哥世界盃的兩倍以上，還要加上人數大幅增加的電視技師大軍。整體而言，賽事的組織極為完善，甚至小有獲利。其中多數的盈餘將回歸給參賽國。即便如此，賽事仍舊予人老舊過時、粗野不文的感覺。閉幕式上俗不可耐的表演就是最為有力的證據：兩個年輕的樂團表演之後，加拿大女團緊接在後，壓軸的則是一千五百人的德國費雪合唱團（Fischer-Chöre）。

賽事的奪冠熱門是地主國西德和荷蘭，兩隊都有各自版本的進攻式足球，但也暗藏了更衣室內的危機。西德的球員乖乖蹲在設在鄉間的訓練營，那裡的維安滴水不漏。由於一九七二年慕尼黑奧運的綁架案殷鑑不遠，再加上紅軍派策動的暴力事件不斷升溫，這一點被視為絕對必要。然而，當直升機在頭頂上空盤旋，球隊和教頭赫穆特・舍恩（Helmut Schön）正為了錢而產生分歧，爭論不休。這是一個世代衝突的縮影，放眼全德國，到處都有為了金錢、地位和權力引發的衝突。德國足協仍然無法理解他們將比賽完全職

業化的決定所造成的結果，僅提供德國隊微不足道且可笑的贏球獎金，其金額不到義大利隊的五分之一，是荷蘭隊的四分之一。總教頭舍恩因為無法與這些新興的職業選手取得共識，甚至已經打包好行李，要將整支球隊解散回鄉。隊長貝肯鮑爾接手球隊，透過協商將獎金提高三倍，進而說服每個人都留下來。這是一個關鍵時刻，德國足球史上第一遭，權力略過德國足協和國家隊的教練，直接轉移到球員身上。和平再次接管球隊。西德隊順利晉級第二輪，過程中踢走智利和澳洲。唯有當面對東德時，在詭譎而造作的氛圍中，爆冷以一球讓出勝利。舍恩的情緒開始崩解，球員則暢飲直到破曉。在記者會上，輸球被提出討論分析，舍恩沉默以對，而貝肯鮑爾再次步上舞臺中央，冷靜中肯地剖析球隊的機會。在前所未見的非正規領導下，西德隊搖身一變，一路過關斬將，先後踢走南斯拉夫、瑞典和波蘭，直闖冠軍賽。在那裡，他們即將面臨荷蘭的挑戰。荷蘭從巴塞隆納召回米歇爾斯和克魯伊夫，分別承擔總教頭和隊長之責，並且自阿賈克斯和飛燕諾集結一批令對手聞之喪膽的精銳之師。他們輕騎闖過第一輪，撕裂烏拉圭鐵桶般的防線；與瑞典踢平；最後在多特蒙德痛擊保加利亞。在那裡，所有身披橘衣的球迷第一次群聚在一起。在第二輪的賽事中，他們羞辱阿根廷，踢走東德，最終費盡千辛萬苦，才靠著防守和空優擊退巴西。

　　一九七四年世界盃決賽開賽的第一分鐘，全都在看荷蘭隊表演：發球的哨音響起，克魯伊夫在自己的半場掌握球權，皮球如彈珠臺上的彈珠快速地傳向左側，克魯伊夫精準地跑進德國禁區。德國的烏利·赫內斯（Uli Hoeness）對克魯伊夫犯規，荷蘭由中場內斯肯斯操刀罰踢。接下來的二十三分鐘，荷蘭人牢牢掌控了比賽，球在彼此腳下輕鬆、頻繁而交錯地傳遞。他們的動作透露出明顯的傲慢，觸球顯得隨意草率。這不僅僅是為了要贏球，更明顯的意圖是要蔑視對手。翼鋒雷普回憶，「我們想取笑德國人。我們或許沒有加以思考，但我們就是如此。不斷地傳球，完全忘了要取得第二顆進球。」中場范哈內亨的回應直截了當，「只要能差辱他們，我不介意我們只以一比零勝出。」比賽初期確實如其所願，直到西德隊也獲判一次十二碼罰踢，並且順利取分。下半場時，西德再進一球，取得領先後就決不鬆手。

荷蘭人至今都還清清楚楚地記得球評蓋普（Herman Kuiphof）當時的字字句句：「我們又被耍了一次！」一句話濃縮了二戰時被德軍佔領的創傷，喚起未經妥善療癒的自責和憤懣。荷蘭人以沉默和謊言來面對決賽的失利，與他們之前處理二戰時的傷痕如出一轍。[33]

　　當晚的慶功活動是場災難。德國足協拒絕讓球員的妻子出席慶功宴，球員們於是放棄官方的派對，到城裡去喝一杯。儘管荷蘭輸掉球賽，但他們絕對知道如何娛樂，如何慶祝，還有如何將職業足球員當成人來對待。一如西德門將邁爾嫌惡地表示：「德國人能夠完美地籌辦一場世界盃，並且以不懈的意志和紀律輾壓最強大的對手。但卻完全不知道該怎麼辦場派對。」[34]

第十二章

我們會證明誰才是真正的贏家：
非洲足球發展（1900–1974）

當大衛・李文斯頓醫師（David Livingstone）抵達尚比亞時，他的行囊裡帶了三
樣東西：醫藥箱、聖經，還有一顆足球。

  ——尚比亞足球評論員，丹尼斯・李維維（Dennis Liwewe, 1936-2014）[1]

他們靠著槍枝和器械來統治我們。當雙方都手無寸鐵，都在足球場上，我們會證
明誰才是真正的贏家。

  ——阿爾及利亞民族獨立運動領袖，費爾哈特・阿巴斯

  （Ferhat Abbas, 1899-1985）[2]

I. 非洲人不踢球？

可惜沒有絲毫證據顯示李文斯頓確實帶了足球前往尚比亞。然而，身為非洲最受人景仰的足球評論員李維維，確實掌握了比字面上更為深刻的意涵。如果說還有些什麼值得從西方與非洲這一段既不愉快又不對等的文化相遇中保存下來，那麼足球勢必榜上有名。西方的醫療儘管對於當地的醫療傳統不屑一顧，仍是非洲普遍且迫切的需求。基督宗教的遺產相對複雜。它和原生的慣例與習俗交相混合，錯綜交織，但依舊發展成幾乎半個非洲大陸的共同信仰。足球的貢獻就絲毫沒有模糊的空間，它在這裡並沒有足堪比擬的競爭對手。更有甚者，不像是科學與宗教，足球這一項由殖民者輸入的運動，已經被非洲住民轉變為自尊和獨立的象徵，也因此無可避免地成為政治與社會抗爭的手段。費爾哈特・阿巴斯是民族獨立運動的領袖，在一九五八至六二年對抗法國的獨立戰爭期間，他是阿爾及利亞臨時政府的總統。他認清到一個事實：無論是在經濟、政治、文化……或者是生活當中的任何場域，只要是在殖民者與被殖民者會遇接觸之處，則戰場必定對殖民者有利。非洲的傳統醫療、宗教，以及政治獨立便是如此，只是被選擇性地迴避或忽略。然而，在唯有實力能見真章的足球場上——一個無處可躲、避無可避，即便是用盡修辭和詭辯也無法抹煞進球事實的場域——才能看出孰強孰弱。而同為殖民地的大半個亞洲、太平洋島嶼，甚至是加勒比海，都和非洲擁有相同的改變動力。只不過，為何與世上其他的殖民地相較，非洲如此迅速地接納了足球，並且如此認真而積極地投入？

倘若考慮到此一驚人的事實——在幾乎涵蓋整個薩黑爾（Sahel）*以南的班圖（Bantu）語系中，當地的原生語言並沒有指涉「球」（ball）的字彙——則非洲的足球發展進程就更令人瞠目結舌。難道上古非洲完全沒有出現球類

---

* 譯註：薩黑爾（Sahel）是非洲北部撒哈拉沙漠和中部蘇丹草原地區之間一條總長超過三千八百公里的地帶，從西部大西洋伸延到東部的紅海，橫跨塞內加爾、茅利塔尼亞、馬利、布吉納法索、尼日、奈及利亞、查德、蘇丹和厄利垂亞等九個國家。

遊戲嗎？可以肯定的是，非洲過去從來不缺遊戲。古埃及有關嬉遊或競賽的紀錄尤其豐富：馬車競速、擲矛，還有技擊運動。摔角在全非洲都隨處可見：從奈及利亞東南部伊博族（Igbo）高度儀式化且紀律嚴明的競賽，到馬利（Mali）班巴拉人（Bambara）狂放而毫無結構的大亂鬥（mêlées）。大湖地區（Great Lakes）*的居民利用獨木舟和木筏競技。而在整塊大陸，由於非洲人四處以棍棒相向為戲，亦有組織嚴明的射箭比賽，介於戰爭、狩獵和運動之間的界線不斷地被跨越。

只有在班圖文化的邊緣，才探查得到球類遊戲的蹤影。古埃及人確定有從事球類運動，但形式更像是排球，或者是傳接球。在阿拉伯人遷徙至北非以前，居住在該地山區的柏柏人（Berbers），會以石頭來進行類似曲棍球的遊戲。在衣索比亞中部的高原上，阿姆哈拉語系（Amharic）的基督徒從事「杰能拿」（Genera）遊戲超過千年。在大陸的最南端，好望角附近的薩恩人（San），也有發展出球類運動。

在這裡，球被用來丟、接、擊打，但從未曾用來踢。腿和腳約莫是用來跳舞的，因為非洲的傳統舞蹈比任何其他區域都還要豐富。在非洲社會，舞蹈無處不在且多元紛呈、亦莊亦諧、可男可女、可眾樂樂亦可形單影隻。儘管歷史沒有如果，但還是讓人很難不去想像一種可能：單單是在舞蹈中加入一顆球這樣簡單的魔法，會不會就此觸發了足球在非洲的早熟，以及其所開啟的無限有趣的可能性。

II. 足球上岸了

然而，足球並非單獨而來。那不過是歐洲從十五世紀末以來，長期對非洲殖民和掠奪的過程中，一個微小甚至是不經意的輸入元件。葡萄牙人最先在非洲西岸探險，建立起小規模的貿易據點和堡壘。同一時間，伊比利半島在中南美洲，不列顛和法國在北美和加勒比海區域的殖民都處於如火如荼地

---

* 譯註：大湖地區（Greak Lakes）是指東非大裂谷中和裂谷周圍一系列湖泊的總稱。

進行式。而新世界新建的礦區和農園，對於奴工的需求刻不容緩。阿拉伯的商人和軍人從東非掠奪奴隸已經有段時日，如今葡萄牙、荷蘭，法國和不列顛全都加入這一波搶人大戰。很難小覷此一毀滅且泯滅人性的行為，會對非洲以及其和西方之間的關係造成怎樣的影響。從十七世紀中葉到十九世紀初期，約莫兩千萬人被迫離開非洲大陸，許多人是被非洲的內陸王國奴役，並且賣給歐洲人。

　　歐洲的奴隸交易在十九世紀中葉告一段落。歐洲開始朝非洲大陸的內陸探索，搜尋那些從他們小小的沿岸堡壘無法立即取得的戰利品。暴力而失序的土地掠奪，以及其衍生的後果，最終由柏林會議，來賦予虛偽的正當性。會議中，歐洲列強解決其分歧，並將非洲劃分為各自的權力領域。十九世紀的最後二十五年，歐洲帝國主義對於非洲的侵略更進一步：起步較晚的義大利雖然在阿比西尼亞鎩羽而歸，仍成功取得利比亞和索馬利亞。大英帝國直接揮軍佔領埃及和蘇丹，並且開始在東非和南非活動。同一時間，法國人則開始在北非定居。伴隨這一切而來的，是消滅或拉攏當地的菁英，還有非洲社會在經濟、政治和文化各個層面的全面屈服。

　　究竟是誰，在何時，用了什麼方法將可可樹引進西非的黃金海岸，此一問題至今無解。但回想起來，這無疑是一件劃時代的大事。將足球引進非洲也是一樣。儘管我們無法精確指出是哪一天，在非洲的哪一塊土地上，第一次進行了所謂的足球運動，但起碼我們知道大英帝國的代理人正是所謂的始作俑者。最早，是商船或軍艦上的水手在靠港登陸後，抓緊時間在港邊踢起球來。船員將球帶回家中。緊跟而來的，是一波波的水手和殖民地官員，帶來一整套足球比賽運動的、道德的和社會的精神特質，就此定居下來。殖民地駐軍和駐警是將足球散佈出去的關鍵角色。在東非，英王非洲來福鎗團（King's African Rifles）大量招募當地的兵員，除了傳統的軍事訓練，非洲住民首先學會足球和西方拳擊運動的規則。在南非，第二次波耳戰爭時馬菲京（Mafeking）被圍，城內的英軍與匆促成軍的非洲隊伍踢球消遣。在開普敦，軍方設立專屬的足協，並且早在一八九一年就開始進行定期的賽事。

　　殖民官署的文員部門帶有更強烈的運動和比賽傾向。不只是帝國熱帶殖

民公署所招募的新血，許多都來自鍾情運動的公學或牛津、劍橋大學。公署本身在僱用和選才時，也會特意尋找運動型的人。一八九九年到一九五二年，派赴蘇丹的官員有超過九成來自不列顛頂尖的私立公學。眾所皆知，其中一位總督會在屬下間流傳一本皮革裝訂的書，內裡鉅細靡遺地記載了體育活動、紀錄和成就。有鑑於成功的牛津、劍橋運動員在殖民官署中的數量激增，外交部開始流傳一句玩笑話，將將蘇丹形容為：「藍人＊統治的黑人之地」。[3]

　　除了這些殖民統治的中心樑柱，不列顛也在非洲發展教育、醫療、貿易、工程、礦業、營建和傳教事業，並且適度地建立起各自的運動俱樂部。南非是最多不列顛人移居的非洲殖民地。最早在一八六六年，就有第一份有關比賽的紀錄，地點在皮特馬利茲堡（Pietermaritzburg）。而第一支俱樂部皮特馬利茲堡郡（Pietermaritzburg County），於一八七九年成立。到了一八八二年，納塔爾足協（Natal FA）由三支全是白人的俱樂部共同成立：德爾班阿爾發（Durban Alphas）、木蓋尼星辰（Umgeni Stars）和納塔爾黃蜂（Natal Wasps）。在德爾班，家族長作風的歐裔工廠主，支持旗下的白人勞工階級組成球隊；到了世紀之交，約翰尼斯堡和開普敦也紛紛跟風仿效。極不尋常的是，由於歐裔勞工與新興的非洲都市人口彼此緊鄰，足球快速地滲入各個黑人城區，球賽於是在狹小的街巷或者是蘭德礦坑上方平坦的部位開踢。在南非，歐裔與非裔社會之間有意識地區隔發展早已可見端倪。足球從未成為白種南非的國球。南非國家橄欖球隊（The South Africa national rugby union team, 暱稱跳羚 [Springbok]）在一九〇六和一二年兩次國際巡迴中所獲致的成功，確保了這項由波爾人流傳下來的運動，成為歐裔南非的國球。儘管不列顛、葡萄牙和其他白人移民持續看球並踢球，但足球即將成為非洲人、有色人種、印度人還有民族解放運動者的運動和競技。

　　早期，在西非那些大英帝國的殖民觸手尚未觸及的零星地帶，宗教與公立學校取代了軍隊和殖民官署，扮演了傳揚足球的關鍵角色。一九〇〇年，

＊　譯註：此處的藍人（blues）典故出於劍橋和牛津大學的代表色都是藍色，因此甚至有劍橋藍和牛津藍之別。

殖民地教育家牧師弗雷瑟（Alec Garden Fraser）將足球引進其在烏干達坎帕拉（Kampala）的學校。隨後又將其引介至黃金海岸的阿齊穆塔學院（Achimota College）。一九〇三年，來自迦納海岸角（Cape Coast）公立學校的男學童，受到足球的深深吸引。他們曾經在若干場合觀賞過水手們之間隨興地踢球和比賽，也曾經受邀一齊同樂。不列顛報紙上的賽事報導讓他們興奮莫名，報紙的殘篇在教室內的課桌椅間傳遞。他們身受啟發，制定自己的計畫，在維多利亞花園公園（Victoria Park Garden）的閱兵場就著月光偷練。那兒是唯一個鋪設草皮的開放空間。經過三個月的練習，他們有模有樣，準備成軍，儘管他們沒有球柱，沒有球場標線，甚至不懂全部的規則。在眾人的驚奇與讚嘆中，第一支全非裔球員組成的俱樂部：迦納海岸角的菁英宣布成軍。在民族主義尚未萌芽的政治文化中，不列顛總督斐德列克・霍吉森爵士（Sir Frederic Hodgson）讚揚且縱容他的帝國子民展現此一主動性，樂見他們在第一場賽事中安排了歐洲的對手。他們以一比二向一支水手組成的隊伍稱臣。但在第二場面對不列顛公務員的賽事中以三比一取得首勝。到了一九〇五年，他們擁有第一本足球規則，也催生了第一批非裔裁判。跟風模仿的非裔球隊如雨後春筍般冒出：包含艾弗頓隊、動力（Energetics）、運動之燕（Sports Swallows），和博爾頓漫游者。一九一〇年，阿克拉城（Accra）成立了無敵俱樂部（Invincibles），隔年，阿克拉橡樹之心（Hearts of Oak）登場亮相，是撒哈拉沙漠以南歷史最悠久的球會，至今依舊存在。歐洲人在此地四處組織各項非裔的聯賽和錦標賽。

自迦納海岸角再往東，不列顛人在奈及利亞艱困的建設工作正要邁入尾聲。不列顛的殖民勢力自一八六一年起開始進入拉哥斯（Lagos），接著建立起所謂的油河保護國（Oil Rivers Protectorate）*，總部設在卡拉巴（Calabar）。以此為基礎，不列顛征服了奈及利亞南部的剩餘區域。至於奈及利亞北方的土地，名義上是從不列顛特許的皇家尼日公司（Royal Niger

---

* 譯註：油河保護國是不列顛於一八八五年在現今奈及利亞境內所成立的保護國，該區域實際上是尼日河所沖積而成的三角洲，該區因為盛產棕櫚油而被稱為油河。

Company）手中贖回。一九一四年，三地合併。位於卡拉巴的霍普韋德爾職業學校（Hope Waddell Training Institute），是將足球引介到奈及利亞的先驅。該校是由在當地宣教已經數十年的牙買加長老教會所成立，時間是一八九四年。一九〇二年，神父詹姆士・路克（James Luke）前來擔任校長，同時也帶來一顆足球。該校師生第一項有紀錄的比賽時間是一九〇四年的六月十五日。打著赤腳的奈及利亞師生，以早熟的球技擊退來自皇家海軍薊艦（HMS Thistle）上的對手。比數三比二。

　　大英帝國與埃及的相遇過程，與其在非洲的其他屬地都不相同。一八八二年，不列顛控制了埃及與其搖搖欲墜的蘇丹帝國，以確保蘇伊士運河的安全，並且確定該國會持續向諸多歐洲債權人繳納利息。不列顛人此際所面臨的，是一個因為奧斯曼時期最後幾位帕夏向外鉅額舉債，因而無法完成現代化的社會。當地的皇室和都會菁英依舊保有政治和文化的影響力，他們的勢力或許可以兼容和抑制，但不容打壓或根除。此間足球的發展歷程毫不易外地亦與其他地方不同。埃及的統治階級並未利用其積累的文化和政治資本，來打壓日益崛起的足球──就像奧斯曼人在伊斯坦堡之所為──反之，他們不僅張開雙手歡迎足球，還頗為擅長這項運動。這些曾經觀賞過足球，也曾經與不列顛早期在開羅的駐軍一塊踢球的本土精英與其子弟，在一九〇七年成立了阿赫利隊（Al-Ahly）。由於埃及上層階級的足球實力之高，組織資源之豐富，早在一九一一年，本土出產的前鋒哈珊・荷加奇（Hassan Hegazi）便以職業球員的身分為英格蘭球隊富勒姆（Fulham）出賽，日後更以全職學生的身分，在劍橋大學主修阿拉伯文和歷史。

　　在一戰以前，足球在法屬非洲殖民地的發展較為緩慢，反映了兩個事實：一是在法屬殖民地內歐裔和非裔的分隔較為嚴謹。二是整體而言，法屬殖民機制一向不太重視運動所佔的文化比重，尤其是足球。事實上，在法屬的中非和西非，唯一有非裔踢足球的的地方是布拉薩市（Brazzaville，在今日的剛果）。當地天主教修道院的僧侶引進了足球，只因他們憂心繁華的城市生活對於非裔住民的道德福祉會有不良的影響。

　　坐擁高薪，卻沒有太多事情好做……在布拉薩他們很快就展現出固有的懶散習氣，染上放縱的慣習，過著花天酒地的生活。這與法國對殖民地的教化承諾背道而馳……這是為什麼我們引進各式各樣的競賽，藉此我們將移除敗德的舞蹈與身邊的狐群狗黨對他們產生的影響。[4]

一八三〇年起，歐裔移民開始湧入法屬北非。一八九〇年代，阿爾及利亞成立了奧宏快樂隊（Club de Joyeuses d'Oran），並且在一八九七年設置了足球部門。儘管經常引起當地的法國教育機構不滿，阿爾及利亞的學童、學生和年輕的銀行行員，總是利用石膏粉在草地上畫出標線，彼此共用球靴和球具，並且把握機會在顛簸的閱兵場上，或者是任何能在阿爾及爾、奧宏和君士坦丁（Constantine）找到的空地上踢球。不出十年，他們已經在主要的城市中辦起聯賽，並且吸引群眾前來觀看。一九〇六年，比亞爾運動隊（Sport Club d'El Biar）與不列顛艦隊無畏號（HMS Dreadnought）的艦上成員舉行比賽，吸引超過兩千位觀眾。與南非的案例極為相似，當踢球的歐裔勞工階級與殖民地原住民的物理距離拉近，足球便非正規地傳向大城市中的阿拉伯街區。一九一〇年，首支阿拉伯球隊套上他們的綠色球衣，並且以杜佩雷的運動之星（L'Étoile Sportive de Dupere）之名登場亮相。對於非洲的殖民尚未終結，足球的散播也還在萌芽的階段，但這項陌生卻又扣人心弦的歐洲運動，已經成為這塊黑色大陸主張認同，還有靜默地為其獨立宣言發聲的平臺。

III. 殖民政權的衰亡

　　一戰改變了歐洲的政治地景。王朝陷落，而帝國瓦解。然而對於遠離震央的非洲而言，戰爭帶來的有感餘震只及於埃及。在開羅，當地的政治菁英重新取得政治與運動的獨立。政治上，埃及於一九二二年自不列顛手中獨立。然而，在此之前，他們已經靠著足球在國際上打響名號，在一九二〇年成為第一支踢進奧運的非洲球隊。八年後的阿姆斯特丹奧運，他們的實力足以挺進四強賽，才向給阿根廷俯首爭臣。一九三四年，埃及在兩場資格賽中接連

擊敗由猶太裔球員組成的巴勒斯坦隊，成為第一支踢進世界盃會內賽的非洲隊伍，得失球比例為十一比二。會內賽時，埃及雖然在義大利的拿坡里以二比四向足壇強權匈牙利低頭，不過他們與經驗老練的歐洲球隊之間的差距，不再遙不可及。然而，原先位居政府與國家隊骨幹的埃及上層階級，如今卻逐漸失去對埃及社會的控制。不知不覺間，埃及的大街小巷都踢起足球，貧窮的都市底層也開始培養出一批新世代的球員。危險的革命思想在同樣的鄰里間萌芽，在俗世的社會主義者和穆斯林的兄弟會之間傳遞，為埃及的政治中心軸帶來一連串的挑戰。政治上的針鋒相對，恰好與開羅兩支頂級俱樂部——阿赫利和一度被更名為法魯克（Farouk）的馬萊克隊（Zamalek）——之間的對決併行。從會員的身分背景和其政治觀點來看，兩支俱樂部的壁壘分明：自由的共和主義者相對於保皇黨和保守主義者；瓦夫德（Wafd）民族主義運動與其國會代表相對於國王與其心腹。由於彼此競爭的強度太強，創造出一個不穩定的、日趨專治的，最終亦不成功的政治活動，既無能抵抗來自下層的動亂，也不能維持埃及足球早先的地位。

　　不過，對於非洲大陸的其他地區而言，足球就像是殖民的管轄權一樣，只侷限在沿岸港市，努力地在加入殖民官署與教會學校的新興都會菁英當中，開鑿出小小的空間。無論是帝國或者是足球，都尚未將自身的影響力強加在非洲的鄉野地帶。殖民國透過世人想像得到最單薄、最脆弱的方式來治理此一區域，要不是設置組織鬆散的偏遠據點，就是拉攏當地傳統的部族酋長或首領。足球早期在阿克拉和卡拉巴的蓬勃發展，尚未傳遞到北方信奉伊斯蘭的領地，像是上迦納的阿散蒂人（Asante），以及奈及利亞北方的豪沙（Hausas）人。然而，在一戰結束後的三十年間，一連串的變化將使得足球和民族主義在非洲的大半個區域遍地開花。首先，敗戰後的德國對於非洲的影響力告一段落，其殖民地由法國、比利時和不列顛接手。過程中，足球也開始散播到喀麥隆、多哥蘭、坦干伊加（Tanganyika）和非洲的西南部。其二，足球是殖民政權允許非裔人士公開參與、組織的少數活動之一，使得足球成為新興民族主義菁英招兵買馬與秣馬厲兵的主要中心。而這些人，日後都將成為致力於非洲獨立的先鋒。奈及利亞的民族主義先驅納姆迪·阿齊基韋

（Nnamdi Azikiwe）在一九一六年回憶起他在拉哥斯的童年：

> 我十一歲時搬來拉哥斯。當時，拉哥斯國王學院前有塊空地，街坊鄰居的男孩稱之為「多倫多」（Toronto），是青少年聚集、運動的祕密基地。我們在那兒以芒果籽、萊姆、柳橙，或者是舊的網球來當足球踢。任何情況下，男孩們都會分為兩組，一場熱情洋溢的球賽便應運而生。我們會依據每場比賽的特性來制定或調整規則，儼然無師自通的足球學家（soccerists）。[5]

而與阿齊基韋相似的足球學家即將遍布非洲大陸。他們習得新的組織技巧（通常是透過足球的行政或管理工作）；獲得以機構為基礎的支持（因為與俱樂部產生連結）；並且透過在運動與政治場域所累積的勝利，培養出無法澆熄的自信。在南非，足球俱樂部和非裔與印度裔的足球組織逐漸與新興的民族主義運動緊密連結。早在一九一六年，知名的民族主義者查爾斯・杜伯（Charles Dube）和威廉・杜伯（William Dube）便在德爾班成立了非裔的足協，由日後非洲國民大會（ANC）的主席艾伯特・盧圖利（Albert Luthuli）出任協會的副主席。同一時間，非洲國民大會創辦人之一的甥姪輩丹・圖奧拉（Dan Twala），控制了約翰尼斯堡的足協。足球廣受歡迎。到了一九四〇年代，約翰尼斯堡的班圖足協（Johannesburg Bantu FA）能夠吸引超過一萬人參加他們週日下午的球賽。

其三，儘管還稱不上完全或全面，但殖民勢力已經開始從沿海都市擴散至小城鎮和鄉野地帶。在社會層面也從位居頂峰的非裔菁英，下達至底層階級。即便經濟投資和基礎建設的發展有限，且刻意著眼於殖民公司的利益，非洲的經濟與城市成長仍舊起步發展，尤其是在礦區與工業區內經歷過微型工業化的熱點，成長特別明顯。足球受到礦產公司、殖民地的鐵路與港口管理機構，還有商業企業的支持，在剛剛萌芽的非裔勞工階級當中蔚為風潮。

在羅德西亞（Phodesia）*，經濟和足球的齊步共進變得高度政治化。歐裔的
白種移民在一八九〇年代將足球引入該區。不過，由於他們創立的索茲斯柏
立運動俱樂部（Salisbury sports club）徹底排外，意謂著非裔居民反而是透過
南非才與足球產生第一次的接觸。窮人遷往位於蘭德的礦區，傳統部落菁英
的子弟紛紛前往南非的非裔頂尖學校就讀。他們因此學習到如何踢球。恩德
貝勒國王（Ndebele King）的孫子羅本吉拉（Lobengula）代表學校出賽。由
羅德西亞移民組成的兩支球隊，則參與了約翰尼斯堡的亞歷山大盃賽
（Alexander township）。返鄉的移民發現布拉瓦約（Bulawayo）對於新傳入
的足球接受度最高。布拉瓦約集中了幾乎所有羅德西亞的工業與交通基礎設
施，在二戰之前，吸引了蜂擁而至的移民，也經歷了大規模的都市化。華爾
街大崩盤後隨之而來的經濟重挫，導致動亂四起，迫使殖民官員快馬加鞭地
南向取經，向南非討教如何安撫不受控的非裔勞動階級。其中一項處方便是
足球。一九三〇年代，非洲福利社會（AWS）獲准在布拉瓦約推動足球運動。
到了一九四一年，這個由非裔人士營運的機構在布拉瓦約已經擁有一個城市
聯盟，共有十六支足球隊參賽，每年的賽季長達九個月。非裔人士所展現出
的組織能力對於殖民者而言是個警訊，不列顛人為此神經緊繃。更讓他們憂
心忡忡的產業工會運動，則與足球發展並轡而行。班傑明‧伯朗博（Benjamin
Burombo）和西帕布尼索‧曼優巴（Sipambaniso Manyoba）等人直接將威脅
指數翻倍，只因他們既是工會幹部，又分別身兼高地人（Matabele
Highlanders）和紅軍的隊長。一九四七年，當殖民政府試圖要從非洲福利社
會手中奪取足球的掌控權時，非裔人士以杯葛所有官方的足球活動作為回
應。隔年，其他城市紛紛跟進，掀起殖民地一波杯葛、罷工和示威的浪潮。
殖民政府不得不同時在經濟與運動兩項議題上讓步。

　　在承平的戰間期，法屬北非或許是非洲大陸足球最為發達的區域。除了

---

*　譯註：羅德西亞（Phodesia）原是不列顛在非洲南部的殖民地南羅德西亞（Southern
　　Rhodesia）。一九六五年獨立，一九七〇年轉型成為共和國，但直到一九七九年都未獲國
　　際承認，一九八〇年後獲得國際承認後，改國名為辛巴威共和國（Republic Of
　　Zimbabwe）。

南非，這裡是最多歐裔移民聚集，也是都市化程度最高的地方。法國人除了自己大批遷往摩洛哥、突尼西亞和阿爾及利亞，也邀請義大利人移居突尼西亞。摩洛哥有西班牙移民的身影，而在地中海沿岸一系列發展中的港市裡，也可以找到他們混合了貿易與族裔的族群。根據帝國的政策，此間的足協被視為母國的分支機構，因此附屬於法國足球總會。一戰後，殖民者的俱樂部間建立起有組織的競賽。事實上這乃是國際賽等級的賽事，規模超越多數歐洲和拉丁美洲的賽會。在這些社會中，足球的啟蒙來自殖民者的運動俱樂部所圈圍起來的封閉世界。在地居民先是觀賞，然後正式參與競賽。在找到組織與政治資源以建立自己的俱樂部前，他們先尋求機會加入較為開放的歐洲俱樂部。有鑑於殖民與被殖民者混為一體所引發的矛盾心理與常見的敵意，無怪乎這種行為會染上抗爭的色彩和對殖民統治的反對。在一戰前後，突尼西亞曾有一個足球聯賽，參賽隊伍全都來自突尼斯周邊的法國、義大利、猶太裔和馬爾他社群。一九一九年，當現代化的突尼斯阿拉伯菁英成立了希望運動俱樂部（Espérance），他們終究得在場上面對其突尼西亞的阿拉伯子民。由於法國殖民官署強烈反對，無論是希望或者是稍後成立的非洲人隊（Club Africain）都只能接納法國董事的介入。那沒有造成任何差異。風起雲湧的突尼西亞民族主義在一九二〇年代將俱樂部推進聯賽，在下一個十年將它們送上冠軍寶座。

一九三七年，為了徹底解決泳池使用所引發的族裔問題，摩洛哥設立了第一個專屬於阿拉伯人的俱樂部——卡薩布蘭加隊（Wydad Casablanca）。歐裔人士早先在卡薩布蘭加的海濱興建許多泳池，並且有限度地開放給當地的阿拉伯人使用。然而，當歐洲人逐漸對控制難以駕馭的阿拉伯人感到力不從心，甚至開始懼怕他們，即不再同意阿拉伯人使用泳池及相關設施。為了因應這個狀況，在國王哈桑（King Hassan）的大力支持下，卡薩布蘭加隊於焉成立，提供富裕的摩洛哥人另一個運動的去處。在突尼西亞和阿爾及利亞，新設置的俱樂部無論是在個人或意識形態的層次上，都與日益激進的共和主義息息相關。而在摩洛哥，哈桑國王將俱樂部與他自己更保守的保皇派民族主義品牌聯繫起來。他說服法國在其宅邸與俱樂部間為他設置一條私人電話

線，好讓他在球賽前、中、後撥電話進去。他並大方地設宴款待球員，以奢侈品犒賞他們。他的主要政敵——社會主義者與共和派領袖阿卜杜勒—拉赫曼·優素菲（Abderrahman Youssoufi）——則致力於組織窮人。二戰期間，例行的球賽被迫停止。戰後，優素菲協助成立拉賈卡薩布蘭加隊（Raja Casablanca），一支代表該城勞工階級的球隊。在戰後激昂的氛圍中，政治權力不斷地從法國朝向本土的勢力偏移，卡薩布蘭加競技和拉賈卡薩布蘭加的表現也愈來愈好，競技在一九四〇年代末期奪下三次全國聯賽冠軍。殖民者壟斷北非俱樂部冠軍聯賽（North African Club Championship）的局勢終究要被打破。競技在一九四七到四九年連下三次冠軍。

在法屬中非和西非，殖民者執行了較為嚴格的種族隔離政策。當法國人的運動俱樂部在阿必尚（Abidjan）和達卡（Dakar）如雨後春筍般紛紛湧現，卻不見非洲的本土社會出現相應的仿效和進展。有鑑於獨立的運動俱樂部在政治上具有動員和組織的潛能，法國殖民當局始終對此心存疑猜，不願鬆綁，拖慢了運動在此間發展的進度。遲至一九二〇年代，足球才傳入象牙海岸。而且是透過迦納的移民，而非法籍的殖民者。然而，到了三〇年代，在阿必尚的商業中心，非裔人口日益增加。在早期的文化領袖與民族主義先驅——像是劇作家蓋督（Germain Coffi Gadeau）和政治人物香坡（Robert Champroux）——的奔走下，開始籌組至今仍舊掌握象牙海岸足球的運動俱樂部：貝塔（Bete SC），之後改名為非洲運動隊（African Sports），也就是現在的阿必尚 ASCE 隊（ASEC Abidjan）。該俱樂部最終由阿必尚城內法國企業的僱員出面成立。在法屬喀麥隆，非裔人士在杜阿拉（Douala）和雅溫德（Yaoundé）這兩座大城市都成立了專屬的俱樂部。法國當局不僅偏執地將觀賽群眾隔離，且只要球隊名稱帶有一絲一毫的法國味，例如馬賽奧林匹克，都會嚴加避免。法軍的軍官被召來經營尚在雛形的運動主管機構。

當剛果—海洋鐵路（Congo-Ocean railway）開通，新的港口設施布建完成，剛果—布拉薩市便開啟了些微的工業化。當城市持續擴張，殖民當局對於城中上萬非裔居民的需求和意向，再也無法視而不見。教會學校加倍努力提供運動性的娛樂。專為非裔族群建置的國民學校，在課表中納入足球。在

濟衝擊，一九五三年的國際足總會員大會依舊僅有埃及、衣索比亞、蘇丹和
南非四個獨立的非洲國家與會，殘酷而赤裸地揭示了戰後非洲的政治地理。
他們團結一致地向國際足總施壓，要求在執行委員會中要有獨立的代表。一
開始，擁有票數優勢的歐洲會員輕率且斷然地否決了他們的努力，理由是近
乎毫不掩飾的、輕蔑的種族歧視。然而，非洲人在蘇聯於東歐的衛星國家中
找到反帝國主義的盟友；同時與敵視歐洲的南美站到同一陣線。國際足總不
得不低頭讓步。非洲大陸獲准設置專屬的足球主管機構，並且即將進入國際
足總的權力核心。一九五六年，非洲足球協會（CAF）在位於蘇丹的喀土穆
（Khartoum）揭幕。而非洲史上的第一個錦標賽則預計於隔年在埃及舉辦，
參賽者包含非洲足協的創始會員。一九五七年，首屆非洲國家盃（Africa
Cup of Nations）開踢，只不過地點改在蘇丹，而且南非並未與賽。蘇伊士運
河危機與一九五六年的戰事使得埃及並非理想的賽事地點。戰火爆發的同
時，當地的足球活動也宣告止息。開羅的阿赫利與扎馬萊克俱樂部均提供其
球場做為臨時的野戰醫院和整兵場。戰後的南非，由於剛剛採取種族隔離制
度，宣稱根據其種族法令，僅能派遣純歐裔或者純非裔的球隊出征，而非一
支種族混和的球隊。非洲足協身為解放年代第一個泛非洲的組織，業已成為
代言其會員國與傳達激進分子之異議的機構，自然對此無法認可，遂不許南
非參賽。南非隨後在一九六一年自非洲足協除名。而國際足總在非洲的強大
壓力下，最終亦將南非除名。

1957 年 2 月 10 日
蘇丹 1—2 埃及
喀土穆，蘇丹

序幕。此乃非洲大陸史上第一個錦標賽的第一場比賽；也是賽事史上的
頭一個進球，和頭一次十二碼罰踢。發生在開球後的二十一分鐘。埃及因此
以一比零領先。蘇丹隨後追平，但埃及的阿德‧迪巴（Ad-Diba）在下半場

踢進致勝分。在殘存的一小段影片中，一位軍裝上裝飾著穗帶的將軍，正在邊線視察一列軍樂隊。對此，我們握有真確的紀錄。然而，追溯非洲的足球史經常讓人走進死胡同，徒然面對一室未知的寂然。非洲足協最初的會議檔案已經佚失——可能遭遇祝融，付之一炬；也可能不是——以至於奈及利亞足協始終誤植自身創立的日期。而當時身歷其境的故舊耆老，若非已經仙去，便是正在凋零。

　　埃及與衣索比亞在決賽中遭遇，而迪巴四度踢破對方門將吉拉（Gila）把守的大門。在解析度欠佳而充滿顆粒感的故舊影片中，灰色碗狀的喀土穆球場，在現場超過三萬蘇丹人的斗篷和頭巾點綴下，呈現出白色的色調。他們一排接著一排，整齊地在邊線旁盤腿而坐。他們在階梯狀的看臺上井然有序地站立。影像益趨惡化，沙沙作響的黑線不規則地在螢幕閃動。

　　鏡頭切換到衣索比亞球門後方的低處。

　　畫面裡看不到這球是怎麼踢的，只見它從禁區邊緣以不快的速度高吊旋轉而來。它猛然下墜，完美地、分毫不差地以些微的角度落入球門橫樑與球柱間的夾角。鏡頭裡我們看不到迪巴，但得分的肯定是他。鏡頭再次轉回群眾。有些人推擠著鐵絲網圍籬。孩童好奇地跪在他們身邊。畫面中的男人們竭力的看向他們的左側，就像所有的群眾一樣，期待能一瞥這輝煌的一刻。

―――――――――――――――

　　非洲足協四個創始會員接下來的足球命運，與個別政治史的進程並轡而行。由於獨立甚早，商業發達，都市發展的程度較高，早些年埃及在非洲足壇握有決定性的優勢。一九五二年的革命廢黜了國王法魯克一世，迎來首個軍事顧問團，隨後任命賈邁勒・阿布杜勒・納瑟上校（Gamal Abdel Nasser）為國家元首。革命之後，手握國政大權的激進軍官階級並沒有忽略足球。開羅的球隊阿赫利奉納瑟為榮譽主席。國王的球隊法魯克，隨著主子垮臺和流放，如今改以鄰里扎馬萊克為名。頂尖的開羅球隊擁有較好的設施與豐沛的資源，傲視其他非洲俱樂部。而綽號法老的埃及國家隊，亦從中得到滋養。軍方則確保自己能從此一重要的國家資源中得利。陸軍元帥阿密爾

（Abdelhakim Amer）隻手掌握埃及足協。軍方招募頂尖的球員並且精心培育。國之重臣薩勒姆將軍（Abdelaziz Salem）獲選為非洲足協的主席。而非洲足協的總部，恰巧就設在開羅。

當國內人口達到巔峰，埃及以阿拉伯聯合共和國——一個短命的泛阿拉伯主義實驗，由埃及和敘利亞共組而成*——的身分主辦一九五九年的非洲盃，並將金盃留在家門。然而，好景不常，埃及的優勢快速消融，不僅其他國家迎頭趕上，埃及自身的經濟與政治發展亦停滯不前。一九六二年，他們在非洲盃的決賽中敗下陣來。六三年在迦納，他們在小組賽階段就無法晉級。六五年突尼西亞舉辦的賽事，為了對該國總統布爾吉巴（Bourguiba）向以色列所提出的和平協議表達抗議，埃及選擇退賽。埃及社會的張力暗流洶湧，面對貧窮和分化的問題，日漸僵化的軍事菁英拙於應對，因此依舊沒有解套。沸騰的情勢終於在一九六六年阿赫利與扎馬萊克的開羅德比中一觸即發，演變為大規模的群眾暴動。軍方開火，三百餘人受傷。此為災難的預兆。

一九六七年與以色列的戰爭，為埃及的社會與足球帶來浩劫。全面性的軍事潰敗和混亂所造成的動盪如此之大，導致足球聯賽足足廢弛了五年。埃及國家隊的表現早已大不如前，但統治菁英對於足球能夠安撫民心的信念從未動搖。即便一九七三年歲末爆發的贖罪日戰爭（Yom Kippur War）耗資甚鉅，後續的情勢也稱不上安穩，總統沙達特（Anwar Sadat）依舊堅持埃及要在七四年的非洲盃作東。然而，就在賽會開幕前一小段時日，飽受戰火摧殘的埃及基礎建設與其固有的侷限性遭到殘酷地揭露。在一場扎馬萊克與布拉格杜克拉——捷克斯洛伐克的軍方球隊——的比賽中，主場的圍牆因為承受不住觀眾的重量而轟然崩塌，造成五十人喪生。埃及政府對此大感驚慌，安排了非洲盃史上第一次的電視直播，以降低現場的觀賽人數。埃及國家隊步履維艱地闖入四強賽，最終向薩伊俯首稱臣，比數三比二。

一九六〇年揭示了南非種族隔離的政治邏輯。要在種族隔離的社會中追

---

* 譯註：一九五〇年代，鼓吹阿拉伯世界去殖民化的泛阿拉伯主義蔚然成風，埃及和敘利亞遂共同組成阿拉伯聯合共和國（UAR）。但由於主導權始終握在埃及手中，敘利亞遂於一九六一年宣布退出，聯盟也宣告瓦解。

求工業化，需要一個大規模的城市控制機制，好在劃定的黑人城鎮中，抑制
一支龐大的非裔勞工階級大軍。然而，正是在打造非裔勞工階級的過程中，
種族隔離政策一步步地為自己製造出未來的勁敵。對於政府限制移動和遷
徙，強制執行《通行證法》（pass laws），以及襲擊非裔政治機構的深刻不滿，
全都在在沙佩維爾（Sharpeville）動亂中一舉迸發。從此以後，種族隔離必
須倚靠催淚瓦斯和真槍實彈來強制施行。相同的都市化進程為南非的非裔足
球帶來新球員和新球迷。非裔的足球創業者組織球賽、聯盟和球隊。他們為
城鎮的冠軍聯賽提供現金獎金。有時，贏家甚至會贏得一頭牛，通常會在邊
線就地宰殺和分食。在足球運動的上層，非裔球隊像是奧蘭多海盜（Orlando
Pirates）和莫羅卡之燕（Moroka Swallows）都是吸票機，因此非常接近職業
隊。不過，由於整體來說，資金總是不足，財務總是吃緊，非裔的南非球員
開始渡海挑戰歐洲的職業賽事。綽號「黑色流星」的前鋒史蒂芬・莫孔（Steve
Mokone），早在一九五五年就投效英格蘭的考文垂城隊（Coventry City）。
一九六一年，綽號「快跑快跑」（Hurry, Hurry）的翼鋒亞伯特・約翰納森
（Albert Johanneson）則為里茲聯隊效力。儘管非裔的足球吸引大批群眾，
本地公司卻只願贊助白人球隊。一九五六年，重量級的非裔媒體——雜誌《擂
鼓》（Drum）——針對此一問題拋出解決之道：

　　別忘了對白人來說，足球不過是另外一項運動。橄欖球有它的市場，足
球只能吸引剩餘的目光。不過，對非歐裔的南非人來說，足球如今已是全民
運動……為何我們不開辦專屬的、跨種族的職業足球聯賽？……過去數週以
來，我們一直在追問這個問題。而無論俱樂部老闆或者競技官員的答覆總是
千篇一律：「好的。我們正在努力。」[6]

他們確實著手進行。一九六一年年初，一群俱樂部老闆和管理階層脫離沒有
種族歧視，但嚴格固守業餘形式的南非足球聯盟（South African Soccer
Federation），另組南非足球聯賽（South African Soccer League）。參賽的俱
樂部從當代位處社會邊緣的古怪企業家處獲得金援：例如猶太裔的夜總會業

者伯尼・卡茨（Bernie Katz）支持開普敦漫遊者（Cape Town Ramblers）；惡名昭彰的罪犯頭子和拳擊推廣者「老爹」尼篤（Daddy Naiddo）力挺德爾班王牌聯隊（Durban Aces United）；而聯盟的贊助經費則來自聯合菸草公司（UTC）。由於俱樂部沒有各自專屬的球場，必須透過精妙的折衝樽俎，來和堅持種族隔離的地方政府協商，以取得場地的使用權。

　　儘管起步並不光彩，甚至有些顛簸，但聯盟運行得風生水起。南非都會區對於足球賽事的極度渴望一直遭到壓抑，對於實力頂尖、組織嚴謹，且沒有種族區隔的足球更是望穿秋水。群眾如潮水般湧向球場，爭睹來自非裔城鎮索維托（Soweto）諾杰席克（Noordgesig）的特蘭斯瓦爾聯隊（Transvaal United）抱回聯賽的首座冠軍。聯賽的規模從最早的六支創始俱樂部迅速擴張，整個國家重要的非白人球隊紛紛加入。足球的質量在一個專業組織的管理下進步神速。球員和球迷之間彼此的社經地位近似，製造出親密而富有表現力的連結。奧蘭多海盜的艾瑞克・「斯卡拉」・索諾（Eric 'Scara' Sono）和莫羅卡之燕的狄佛倫斯・「市政府」・恩巴尼亞（Difference 'City Council' Mbanya），正是非裔城鎮身強體壯、心思敏捷，且意志堅定的足球象徵。支持者的社團是少數政府許可的自治組織，而足球也日漸與非裔城鎮的音樂、派對、節慶和舞蹈的節奏緊密相連。在此一生氣勃勃的混合中，南非人創造出跨越性別、種族、年齡和階級的嶄新友誼，同盟和社區。在種族隔離國家強硬而壓抑的暗影中，南非足球聯賽的萬眾一心，生意盎然、能屈能伸和獨立自主，娓娓道出，同時也滋養了對於解放的欲求。

　　具備如此豐沛的社會與政治力的強效混合物，絕不可能不為人所覺。歐裔的統治階級試圖起訴德爾班的球隊林肯城市（Licoln City），罪名是違犯《族裔區域法案》（Group Areas Act），進行跨種族的足球運動。然而，納塔爾最高法院做出以下結論：南非法律並未明文禁止種族混合的足球運動。不過，在同棟一建築當中進行社交行為，或者是一起進食，確實會是一個問題。有鑑於此一法律漏洞，並且試圖在經濟上和政治上重新掌握非裔的足球運動，政府和南非足球協會（FASA）大受刺激而開始採取行動。地方政府收到明確的指令，禁止租借場地給予南非足球聯賽。一九六三年四月六日，

當數以千計的球迷抵達約翰尼斯堡的納多史普特印度球場（Natalspruit Indian Sports ground），只見市政府以一紙手寫的公告宣告球賽取消。球員和球迷陸續攀越過柵欄。最終，一萬五千名球迷在現場目睹莫羅卡之燕以六比一輕取黑潭聯隊（Blackpool United）。聯賽與球迷這一回合看似風光的勝利其實代價極高。聯賽遭到系統性地封殺，在全國各地都無法取得場地。南非足球聯賽作為視覺的刺激和饗宴，到了一九六六年已經名存實亡。聯賽在隔年宣告解散。

　　當非洲足協的創始會員國在獨立的初始階段跌跌撞撞，步履蹣跚，足協本身卻乘著席捲非洲大陸的政治變革氣旋而御風飛行。一九五七年協會成立之初，僅有四個會員國；到了六〇年，成長為九個；六五年時，二十六個；到了七〇年，除了葡萄牙語區和南部白人移居的地區，去殖民的過程大抵完成，非洲足協的會員國增加為三十四個。遍地烽火的民族主義運動，幾乎都與足球產生或多或少的連結，使得不列顛、法國和比利時的殖民者不勝其擾，倉皇撤離，手腳甚至比當時他們強取豪奪、撕裂瓜分這塊大陸時還要迅速。在非洲，足球因此注定無法從政治與社會衝突的魔爪中遁逃。而迦納和阿爾及利亞，正是這種動盪關係的典型例證。在迦納這個新興國家，足球同時與國內衝突和外交政策有著剪不斷裡還亂的關係。一開始，足球運動因為這層關係而受益。然而，迦納在運動上的成就，將隨著其主要贊助者總統夸梅・恩克魯瑪（Kwame Nkrumah）的失勢和過世而告終。在阿爾及利亞，足球將成為反殖民革命的核心元素。鬥爭終將迎來獨立，但也為阿爾及利亞的社會和體育種下暴力的苦果。

V. 繁星終將殞落

　　一九五一年，夸梅・恩克魯瑪成為英屬黃金海岸的總理。他曾受到四〇年代末期延燒的社會動亂牽連，因而身陷囹圄。然而，大英帝國的殖民官署最終仍舊要向唯一能夠遏止騷亂的政治人物求援。恩克魯瑪不單只是第一位治理自己國家的非裔政治人物。他更是第一波後殖民時期最鼓舞人心，也最

有前瞻視野的非裔領導人。對他而言，未來沒有所謂的折衷辦法，也不會再有陰魂不散的殖民宗主權。非洲勢必要重新取回自己政治獨立的地位。是以，恩克魯瑪以一句「尋求你的政治王國！」來鼓舞動員他的聽眾。在外交政策方面，他是激進的泛非主義最直言不諱，且口才便給的倡導者。當代的非洲，四處是歐洲殖民者任意建構的民族國家以及強制劃分的邊界，而恩克魯瑪等泛非主義者心目中的非洲，則是一塊能夠逾越這些外來框架的大陸。在內政部分，他亦引領潮流，率先實驗非裔的社會主義，並且建立起一個實施干涉主義的國家。他也是第一個步上獨裁專制、一黨獨大的非裔領導人。只不過不久的將來，整片大陸都將追隨他的腳步，走上這一條路。在他漫長的政治生涯的每一個階段，足球都是核心的元素。在非裔執政六年後，大英帝國在一九五七年撤退。在打破殖民枷鎖的關鍵時刻，恩克魯瑪籌辦了迦納獨立的慶祝活動，其中包含了英格蘭球員史丹利・馬修斯的巡迴表演。群眾蜂擁至現場爭睹他魔術般的盤帶。

　　迦納獨立以前，足壇上引領風騷的球隊是以沿海首都阿克拉為主場的阿克拉橡樹之心，還有來自北方庫馬西（Kumasi）的阿散蒂科圖科隊（Asante Kotoko）。科圖科的地緣和族裔關係毫無疑義。俱樂部是由一位當地的計程車司機創立，起因是他對於阿克拉的足球景象印象深刻。返鄉後他成立了彩虹足球俱樂部（Rainbow Football Club），並且提供球具。球隊經歷數度更名，先是鐵達尼（Titanics），隨後是科圖科隊。一九三一年，球隊的狀態不佳，董事會因此徵詢當地的神諭，並據此改名為科圖科，即阿散蒂語中豪豬的意思，亦是萌芽中的阿散蒂民族主義（而非迦納的國族主義）的象徵。該俱樂部如今與阿散蒂人傳統的酋長結構密不可分，好幾個世代以來，後者都出任俱樂部的高階官員。相對來說，橡樹之心與都會的聯繫較強，和族裔的關聯較弱。阿克拉的代表與多元族群的城市人口有較多關聯，在這裡，運作於阿散蒂的傳統治理形式已經解構，由迦納獨立後的新國家秩序取而代之。兩支球隊之間激烈的對抗與兩個新興足協——一在阿克拉，一在庫馬西——的競爭並轡而行，使得安排全國賽事日益困難。同樣的，恩克魯瑪以阿克拉為基地的議會人民黨（CCP）政府，和阿散蒂酋長也因為可可銷售部門的控制權

而爆發衝突。該部門獨佔了迦納最珍貴、且賦稅最高的商品的銷售。恩克魯瑪的政府需要該收益來補助其都會選區、發展計畫；阿散蒂的領導人則希望將財富由他們自己與種植可可的阿散蒂農民均分。足協之爭最後由恩克魯瑪勝出。原先的老臣淡出，而他所指派的阿希尼‧簡（Ohene Djan）透過單一的、以阿克拉為中心的協會，隻手控制了迦納的足球。在球場上，橡樹之心和科圖科都曾在當今的國家聯賽中奪冠。但是在可可的政治世界裡，分贓可就沒有那麼容易。到了一九六〇年代初期，恩克魯瑪已經明令禁止任何帶有族裔色彩的政黨、以暴力威嚇產業工會的運動，並且日益獨裁。

即便恩克魯瑪正努力面對內部風起雲湧的矛盾，他仍舊活躍於國際舞臺。他主張的激進泛非主義，幾乎成為每一個非洲新興獨立國家普遍的修辭。一九六三年，非洲統一組織（Organization of African Unity）在衣索比亞的首都阿迪斯阿貝巴（Addis Ababa）成立，將理念化為具體的機構。獨立後，迦納於一九五七年加入非洲足協，並且取得六三年非洲盃的主辦權。有鑑於特色修辭蔚為風潮，恩克魯瑪賦予迦納國家隊以「墨色繁星」（Black Stars）之名，以紀念同名的黑色星辰號（The Black Star）——一九二二年，牙買加的泛非主義領導人馬科斯‧加維（Marcus Garvey）所包租的船隻，意圖搭載非裔的美國人和加勒比海人重返非洲。恩克魯瑪麾下的墨色繁星由外籍教頭執教，享有政府寬裕的資源。頂尖球員能夠直接接觸恩克魯瑪本人，還有源源不絕的禮物、誘惑和犒賞。與奈及利亞之間行之有年的雅克杯（Jalco Cup），隨即由恩克魯瑪盃（Nkrumah Cup）取代。後者是西非所有新興獨立的國家都會參與的賽事。墨色繁星也被授予外交任務，在肯亞的獨立慶典還有剛果總統蒙博托（Mobutu）的就職典禮上透過表演賽共襄盛舉。即便如此，贏球的正經事從未被忽略。墨色繁星曾經接受當代最嚴苛的測試。一九六二年，他們在巡迴歐洲的過程中，曾與杜塞道夫、莫斯科迪納摩、奧地利維也納和黑潭隊（Blackpool F.C.）交手。一九六三年初，他們以三比三踢平皇馬；以五比二踢走義大利。恩克魯瑪下定決心要擺脫墨色繁星最後一絲對於殖民者的依賴，以及殖民統治的最後遺緒——歐裔的教練是不可接受的選項，必須離開。恩克魯瑪將目光轉向迦納唯一在海外職業聯賽踢球的球員：當時在

德國效力的吉安斐（CK Gyamfi），希望他能在非洲盃期間執教。計畫奏效。盡管恩克魯瑪對於暗殺威脅心存畏懼，以至於無法親自蒞臨現場觀賽，但他很高興能夠收穫美好的回報：迦納流暢的表現，以及迦納以三比零踢走蘇丹那一場決定性的勝利，墨色繁星舉起了金盃。

　　墨色繁星無疑是非洲大陸戰力最強的雄師。一九六五年，他們在吉安斐的指揮下，在突尼西亞衛冕非洲盃冠軍，證實此言非虛。決賽時，他們奮戰到延長賽，才以一球之差氣走東道主。然而，勝利帶來的國際聲望和國內的政治資本，並不足以改善恩克魯瑪在國內日益受到的挑戰。而無論是在足球或者是政治的領域，國際上的成就如今與國內正雷厲風行的內部控制並轡而行。正如迦納是非洲國家當中宣告獨立的先行者，如今它也是轉向集權主義的先驅。一九六四年，恩克魯瑪的議會人民黨成為迦納唯一合法的政黨，國家正式進入一黨獨大的局面。而新秩序在國家聯賽中甚至擁有自己的俱樂部。一九六二年，運動部長簡創立了皇家共和人（Real Republikans），從聯賽中最頂尖的球隊陣容中，分別挑走兩位最頂尖的球員，並且任命英格蘭人喬治‧艾因斯理（George Ainsley）為主帥。俱樂部的抗議聲浪遭到壓抑，唯有阿散蒂科圖科喧鬧不休。執政當局吃了秤砣鐵了心，威脅要將柯圖科從聯盟中除名，必要時將在原主場另立一支名為庫馬西聯（Kumasi United）的替代球隊。最終，科圖科就像是其餘阿散蒂的菁英，暫時同意恩克魯瑪的要求。在他們的第一個球季，皇家共和人表現得毫無競爭力。按理說，他們應該要像總統一樣處在掌控的地位。然而，對手球隊在比賽中能夠在他們的球門前予取予求，他們自己卻始終無法破門。這結局當然不能接受。在他們的第二個球季——國家一黨獨大的局益發勢根深柢固，但也引發更多苦澀的憤懣——他們玩真的，並且贏得冠軍。區區稱霸國內足壇已經無法滿足恩克魯瑪的雄心壯志，他冀望這支球隊能夠成為「非洲人新氣象的大使」，因此皇家共和人在命名時，仿效的對象正是皇家馬達里——唯有創立屬於非洲的錦標賽，並且稱霸非洲，才足以媲美皇馬在一九五〇年代末期的輝煌歲月。於是，一九六四年，非洲足球冠軍聯賽（African Champions League）的前身非洲球會冠軍盃（African Cup of Champion Clubs）在阿克拉開踢，一共有四支

隊伍參賽。不過，皇家共和人在比賽中失利，而夸梅‧恩克魯瑪金盃被迎往喀麥隆的杜阿拉羚羊隊（Oryx Douala）。

但皇家共和人從沒贏過非冠盃。一九六六年六月，軍事政變推翻了恩克魯瑪，皇家共和人在球季結束之前便被迫解散。而恩克魯瑪的盟友所支持的塞康迪獨立隊（Sekondi Independence），亦步上相同的命運。其他盟友像是簡和吉安斐，不但失去保護者，他們的權力，還有他們的工作。墨色繁星曾經享有的支持如今灰飛煙滅。迦納足球在國際上的表現即將倒退十年。在國內，唯一從恩克魯瑪垮臺中獲利的就是他在庫馬西的老對手——阿散蒂科圖科隊重新迎回其最好的球員，成為迦納最好的球隊。一九六七年，他們在非冠盃的決賽中對上薩伊的英格爾伯特隊（Tout Puissant Englebert）。兩隊在前兩場比賽中踢平，由於沒有點球大戰的賽制，第三場勢在必行。然而，當非洲足協最終安排妥當，並且去電阿克拉交代細節，訊息就此打住。庫馬西沒有人知道這項訊息。當他們終於獲知真相時，比賽日期早已過去，由當天準時到場的薩伊人不戰而勝。七〇年兩隊再次在決賽相遇。這一次，在薩伊人雷鳴般的壓力下，科圖科隊的羅伯特‧門薩（Robert Mensah）義不容辭地站出來搶分。迦納最終迎回了恩克魯瑪獎盃，但斯人卻無緣親手接過這項榮譽。此刻，他正在柯那克里（Conakry）苟延殘喘。

VI. 解放、和平與暴力

一九三〇年代中期，當足球運動不再侷限於法裔居民和其他殖民群體，開始擴散至阿爾及利亞裔的穆斯林，包含阿拉伯人和柏柏人時，阿爾及利亞的足球和民族主義就緊緊相繫，再也無法分離。觀賽人數上漲；獨立的運動報刊問世；跨種族和政治立場的球賽司空見慣。二戰以前，這些賽事暗藏的暴力暗潮洶湧。入場群眾按照所屬的種族和階級區隔，其中赤貧階級僅能從球場四周的屋頂和電線桿上觀賽。根據法國殖民當局的報告，位於君士坦丁的吉日利隊（Djidjelli Sports Club）是爆發族裔衝突的熱點。戰後，第四共和對阿爾及利亞殖民地的控制無論是在意識形態或者是實務上都難以維繫，球

賽中的緊張局勢隨之升高。殖民地的法軍將領馬坦將軍（Henri Martins），羅列出多不勝數的問題，說明足球賽事為何如此別具吸引力：煽動性的叫喊，反覆吟誦民族主義色彩濃厚的口號，中斷或干擾比賽，球員間的肢體衝突、拳腳相向波及觀賽群眾等等。

一九五四年，由於當屆世界盃的會內賽在瑞士開踢，以瑞士為根據地的阿爾及利亞民族主義運動者在此相會，並且決定發起武裝抗爭，爭取獨立。當民族解放陣線（FLN）與法軍、警察、和當地的通敵者駁火交戰時，衝突亦反映在足球賽事之上。根據阿爾及利亞報紙的報導，刀刃相向、攻擊警員時有所聞，甚至在一場歷時甚久的動亂後，導致一位球員死亡。殖民者和被殖民者在球場內外早已根生的反感，升高到空前的頂點。面對衝突，法國一方面以武力回擊，一方面也試圖讓阿爾及利亞更貼近主流的法國生活。他們將阿爾及利亞人納入法國屬民，允許阿爾及利亞代表進入國會議場。同樣的，阿爾及利亞足協並非國際足總的獨立會員，僅只是法國足協的附屬機構。法國足壇鼓勵阿爾及利亞與突尼西亞的俱樂部參加法國盃（Coupe de France）；許多阿爾及利亞裔的球員移居法國追求在家鄉無法實現的職業生涯。法國境內亦有阿拉伯裔的支持者，例如阿爾及利亞議會（Algerian assembly）的前任主席阿里・施卡拉（Ali Chekkal），就始終如一地反對阿爾及利亞完全獨立。施卡拉毫無意外地為此付出代價。一九五七年法國盃的決賽，他坐在貴賓包廂，被民族解放陣線的激進分子穆罕默德・班・沙達克（Mohammed Ben Sadok）給刺殺。

足球與民族主義政治的緊密聯繫，在一九五八年得到確立。該年，前鋒哈喜德・穆庫魯西和其他八位在法國踢球的阿爾及利亞裔職業球員，祕密潛往突尼斯加入民族解放陣線的流亡政府，組成民族解放陣線的國家隊。穆庫魯西是當時阿爾及利亞—法國的指標性球員。一九五七年，他才剛和法國陸軍一起贏得世界軍人運動會（World Military Games）的冠軍。他在母隊聖德田備受喜愛和尊重。對他而言，選擇前往突尼斯意味著放棄代表法國參加五八年世界盃的大好機會。法國對此大感驚駭與震懾。當阿爾及利亞的政治人物紛紛轉到檯面下組織解放戰爭，《世界報》（Le Monde）表達了自身不無

驕傲的詫異：「法國群眾對於阿爾及利亞足球員的失蹤，竟比其政治人物的銷聲匿跡更為敏感。」[7] 民族解放陣線代表隊成為民族主義運動沛然莫之能禦的象徵，只因他們將法國的殖民官署踩在腳底。該隊在四年間遊遍十四個國家比賽（包含東歐共產主義國家、亞洲，以及北非和中東的阿拉伯國家），踢出活力四射、冒險進取而充滿個性的球風。場均可以破門四次。正如法國的非裔哲學家弗朗茲・法農（Frantz Fanon）所寫：「殖民應該勝出，但他們應該不靠蠻力取勝。」他們的確贏了。一九六二年，法國撤出阿爾及利亞，民族解放陣線也宣告解散，穆庫魯西也回歸法國和聖德田隊。在阿爾及利亞，他因為對民族與國家的付出而備受景仰，但也因為他的職業精神，遭到社會主義菁英的質疑和厭惡。在法國，他的地位同樣引起爭議，既受到死硬派的憎惡——他們仍舊為了被迫撤離阿爾及利亞而憤恨不平，卻也得到大多數人的擁抱和歡迎。六八年法國盃，當他以聖德田隊長的身分受獎時，等著他的除了捧著獎盃的總統戴高樂，還有那一句「你就是法國」（La France, c'est vous）。

穆庫魯西並不寂寞。在剛剛獨立後的那段時日，足球的高度政治化與阿爾及利亞社會中漸趨日常的暴力，使得阿爾及利亞的足球不管對誰都難以忍受。儘管法國已經離去，數十年來的衝突和血腥依舊揮之不去。事實上，情況遭到一九六四年聯賽的最後數場比賽，當局甚至禁止任何人入場觀賽。球季順利完成，但球場內的和平也僅能維繫這一段短短的時間。

VII. 從場內打到場外

阿爾及利亞革命為足球留下了暴力與失序的遺緒；還有迦納轉向一黨獨大的極權統治，只不過是非洲足球運動發展的兩個風向標。幾乎就在非洲去殖民化與獨立的進程完備的同時，非洲政治生活的弱點和脆弱即開始顯現。一場加彭和剛果 - 布拉薩之間的賽事，殘酷地揭露了非洲大陸基礎建設匱乏的事實。比賽在加彭的首都自由市（Libreville）舉行，一場坍方吞沒了殘弱的看臺，造成九人喪命，三十人輕重傷。肯亞的足球，一如肯亞的政治，迅

速惡化為族裔之間劇烈的、你死我活的權力鬥爭，活生生地在這個新興的家族長式國家上演。在盧奧族（Luo）的政客——例如湯姆・姆博亞（Tom Mboya）和歐金加・阿丁加（Oginga Odinga）——的安排下，盧奧聯隊（Luo United）和盧奧之星（Luo Stars）在一九六八年合併為一支強而有力的民族主義旗手：格瑪西亞隊（Gor Mahia）。盧希亞族（Luhya）的回應是整併自身的球隊，籌組該族裔的超級強隊亞布盧希亞隊（Abaluhya FC），日後演變為亞布盧希亞豹隊（AFC Leopards）。往後四十年，這些球隊和所屬球迷無論在球場內外都持續爆發衝突。

奈及利亞的足球發展同樣反映了國家的政治現象：一是國內政治人物過高的期待；二是在一個各族裔、語言和宗教涇渭分明的社會中，建立起一個長久的國家機構所面臨到的嚴峻考驗。一九六〇年時，奈及利亞的足球看似前程似錦。西部約魯巴族（Yoruba）和東部伊博族（Ibgo）廣大的足球人口，終於向北方擴散。信奉伊斯蘭的豪沙族菁英一開始對足球運動抱持著懷疑且輕蔑的態度，偏好屬於菁英運動的馬球與板球。不過到了一九五〇年代，出身貴族的政治領袖——例如身為索科托軍事領袖（Sardauna of Sokoto）的阿曼杜・貝羅（Ahmadu Bello）——在校園內耳濡目染，開始懂得欣賞足球。卡諾的教長（Emir of Kano），北方主要伊斯蘭都市的傳統統治者，贊助足球錦標賽。即將上位的總理是來自北方的穆斯林塔法瓦・巴勒瓦（Tafawa Balewa）。這位身負重任，要在奈及利亞競爭激烈且不穩定的政治遊戲中，維繫權力平衡的男人，成為奈及利亞裁判協會（Nigerian Referees' Association）的贊助人。國家獨立的慶典在可容納三萬座席的新國家體育館：拉哥斯舉行。一個月前，透過一場在阿克拉舉行的世界盃資格賽，奈及利亞向世界昭告其獨立國家的身分。比賽結果，對手迦納以四比一贏球。未料，奈及利亞民族團結的表象竟然就此即刻破裂。阿齊基韋的奈及利亞及喀麥隆國民議會（NCNC）發佈官方聲明，譴責這次輸球乃是國家恥辱。奈及利亞後續出征國際賽的成績亦不見起色。即便俱樂部在全國各地蔓延，對於足球的需求也不斷增加，但奈及利亞足協甚至無法在一九六〇年爆發的比亞法拉內戰（Biafran civil war）之前組織一個全國聯賽，從而使得該項計畫變得毫

無意義。

　　然而。奈及利亞或許是最糟的情節。在其他地方，足球天分遍地開花。一九七〇年，摩洛哥成為繼一九三四年的埃及之後，第一支晉級世界盃會內賽的非洲國家。而在萊昂（León）數以千計、充滿好奇的墨西哥人眼前，他們達成非洲在世界盃的第一次破門，並且與保加利亞踢成平手。摩洛哥的足球系譜廣為人知，但是驚喜往往來自最出人意表的區域。後獨立時代最偉大的非裔球員竟來自廣袤而人煙稀少的薩黑爾國家馬利。在當地，在法國殖民統治下，足球是少數都會地區的消遣。這位球員是薩里夫・蓋塔（Salif Keita）。一九六三年，年方十六、高瘦結實的蓋塔在皇家巴馬科（AS Real Bamako）初登場。一年內，他已經披上國家隊的球衣。同時，他城的死敵馬利隊（Stade Malien）為了六四年的非冠盃，特意將他租借來。六六年，他帶領皇家巴馬科直闖決賽，在十四場比賽中破門八次。蓋塔同時收穫了進球數、所有球會的愛戴、和各種美譽，像是足球藝術家、巴馬科羚羊。他的聲名遠播至歐洲。六七年，法國俱樂部聖德田來電，告知他已經備妥職業球員的合約，只待他簽字。蓋塔飛抵巴黎的奧利機場，撲了個空，趕緊招了計程車，南下直奔超過五百公里。俱樂部付清了車資，獲得長達五年的豐富回報：那是精力十足的攻擊足球。離開聖德田之後，他陸續效力馬賽、瓦倫西亞和里斯本競技，最後在美國足球聯賽位於波士頓的新英格蘭茶人（New England Tea Men）掙得他的退休金。在一個多數天分洋溢的非裔足球員迫留在家鄉踢球的時代——無論是出於獨裁政體眼紅而不願讓肥水落入他人田；或者是在遠離家園之處沒沒無聞地凋零——蓋塔是個先驅。正如他所言：「當屬於我的朝陽在歐洲閃耀時，所有的非洲人都歡欣鼓舞。」[8]

　　在剛果，另一種型態的先驅正在運作。蒙博托將軍代表的是精於政治操弄與無情的權術治國等暗黑藝術的先驅。剛果幅員廣大的領土曾經歷經最嚴酷的殖民統治。最早是比利時國王利奧波德二世（King Léopold）；再來是比利時國家本身。他們接著承受整個非洲最不負責任、最輕率也最倉促的去殖民化歷程。一年之內，比利時成就了所謂的髮夾彎，從拒絕承認或支持任何非洲的政治活動到即刻獨立。一九六〇年，當帕特里斯・盧蒙巴（Patrice

Lumumba）就任總理時，剛果僅有最起碼的國家地位。不出月餘，他就面臨了軍事叛變，還有礦區喀坦加（Katanga）的分離主義運動。隨後，在西方情治單位知情且默許的狀態下，盧蒙巴遭到逮捕和謀殺。聯合國控制了喀坦加的動亂。為了西方採礦與維安的利益，剛果逐漸平靜下來。而這正是盧蒙巴威脅要與以擾亂的。在一片混亂中，如今貴為武裝力量領袖的蒙博托起身掌權，於一九六五年成為總統。他接管了一個國家，在其中，足球和教會，結合了社會控制和暴力，正好是歐洲存在所深深嵌入的核心遺產。

在比屬剛果，足球吸引了教會的傳教士和憂心忡忡的文官，再加上亟需溫馴勞動力的大型礦業公司。它們共同支持利奧波德城（Léopoldville，即日後的金夏沙）和伊莉莎白城（Elizabethville，即日後的呂本巴希〔Lubumbashi〕）的足球發展。倘若足球還不足以安撫動亂，還有其他方式可以收到安定的效果：一九四一年，在一場勞工爭端中，在銅礦巨人上喀坦加礦業聯盟（UMHK）的足球場上，軍隊直接朝著該公司的一百名罷工工人開火。蒙博托民粹主義的本能極為敏銳，在他的就職典禮上，安排了一場足球賽事。從他剛剛掌權到稍後整個國家陷入經濟崩潰和暴政統治，民主剛果的經濟曾經蓬勃發展。在那之上，冒著剛果都會大眾文化的泡泡：音樂、舞蹈、足球是其中的佼佼者。從佛朗哥（Franco）和他的 TPOK 爵士樂團（TPOK Jazz Orchestra）那無法抗拒又悅耳動聽的重複樂段，到英格爾伯特隊和 AS 維塔隊（AS Vita Club）的競技風格，剛果處在最完美的狀態。一九六六年，蒙博托邀請迦納國家隊「墨色繁星」來訪金夏沙，後者以三比零擊敗東道主。蒙博托對於所見極為欣喜，因此決定投資。足球當局被置於他伸手所及的控制之下。球王比利與母隊桑托斯受邀巡迴。國家隊引進一位匈牙利教練來執教。蒙博托買斷所有在比利時踢球的剛果球員的合約。剛果的足球人才把握住機會。英格爾伯特隊贏得六七和六八年的非冠盃，在接下來的兩屆賽會中敗給最終的決賽者。更好的是，六八年在阿迪斯阿貝巴舉辦的非洲盃，剛果一躍成為非洲冠軍。前鋒皮耶·卡拉拉（Pierre Kalala）瘦高的身版在迦納的禁區內旋轉，並且將球送入球門。他與隊友一起飛回金夏沙，共同參與了一場足球史上最怪異的返鄉遊行。當他們走下飛機的階梯時，全身

覆蓋著花朵，脖子上掛著寫上姓名的巨大白板。

　　一九七〇年，在一次難以置信的投票中，由於全國百分之百同意他為終身總統，蒙博托鞏固了自身的統治地位。他隨後啟動所謂的「真實」計畫。該計畫本質上就是奪取外國與移民的經濟設施，好在其權力網絡當中重新分配，只不過美其名為非洲化，以獲取正當性，並且迎合群眾的喜好。他重新命名自己為蒙博托·塞塞·塞科（Mobutu Sese Seko）；國家重新命名為薩伊。西方服飾遭禁；而非洲服飾，尤其是上面有其肖像者，則蔚為風潮。以殖民母國的輪胎製造商為名的英格爾伯特隊——該品牌輪胎以堅固耐用聞名——更名為馬澤比（TP Mazembe）。而薩伊足球國家隊，過去被稱為獅群，如今改稱為豹群，以符合蒙博托衣著的註冊商標：豹紋帽。豹群持續精進，在南斯拉夫籍的老菸槍教練布拉戈耶·維德尼奇（Blagoje Vidinić）執教下，一九七四年年初，他們在埃及贏得第二座非洲盃冠軍。同年稍後，更取得西德世界盃會內賽的入場券。龐大的隨扈群——包含官員、雜役、和巫醫——伴隨著國家隊前往歐洲。在開幕戰中，儘管他們表現不俗，仍以零比二惜敗給蘇格蘭。不過，由於賽前蘇格蘭教練曾經輕蔑地誇下海口，聲稱若蘇格蘭沒有贏超過兩球那就算輸，因此是役仍稱得上是道德上的勝利。而那是最後的榮光，而且很快就會被遺忘。

1974 年 6 月 18 日
薩伊 0—9 南斯拉夫
西德，蓋爾森基興

　　在球場內索價最高的廣告看板上——如今已是保留給全球規模最大的贊助商的專屬空間——展示了「薩伊—和平」兩個大字。蒙博托葫蘆裡究竟賣的是什麼藥？打得究竟是何算盤？這意味著經過接近十年殘酷的鎮壓，如今薩伊即將進入政治承平的時期？或者是他想要暗示，任何人只要能告訴他在薩伊獲取和平的方式，就能夠得到好處？

　　首先，看著南斯拉夫大開殺戒而不去揣測其中的弦外之音根本是不可能的事。若干薩伊球員自承他們打從一開賽就無心戀棧。因為國際足總的分紅被薩伊的足球管理機構吞食無蹤。「你看！看看我們！我們連跑都懶得跑，我們根本毫無作為。」然而，事實上，在開賽後的前二十五分鐘，當比分差距尚未拉開，薩伊猶在努力。他們在無球狀態時持續跑動，投入抄截和剷斷。儘管他們甚少壓迫南斯拉夫的中場；在禁區附近的盯防也漏洞百出，但他們仍舊處在比賽的狀態。你會因為老闆偷你的錢而放棄一場世界盃的比賽嗎？尤其這種事又不是沒在薩伊發生過？

　　連丟三球後，薩伊的南斯拉夫教頭維德尼奇將門將卡扎蒂（Kazadi）拉下，換上毫無經驗的蒂比（Tunilandu Dimbi），而這位替補門將的第一個任務就是在卡塔林斯基（Katalinski）為南斯拉夫頂進第四球後，把球從網子裡撈出來。在金夏沙，有關維德尼奇的流言已經傳開，指稱他收受賄賂，派出次級球員應戰，揭露球隊的祕密，甚至是球隊的精神與氣魄給予他的母國。其他聲音指出，過度殷勤，甚至是心懷叵測的巫醫和治療者，也要為這場浩劫負起相對的責任。

　　中場時的比數是六比零。觀眾席上，稀稀落落的南斯拉夫籍短期移工——或許剛剛才從魯爾區的汽車裝配線上下工——全都坐不住了。下半場，南斯拉夫繼續堅持，而薩伊萎靡不振——我對他們往後的命運感到憂心——最好別再探究言外之意了。只消看著，好好看著他們。南斯拉夫更為強大、健壯、敏捷，也更頑強。他們的技術無可挑剔。組織看似不費吹灰之力卻精準完善。此間沒有任何懸疑或神祕之處，沒有任何弦外之音，只有赤裸裸的、殘酷而嚴厲的貧富差距。

隨後，薩伊在以零比三惜敗給巴西後稍稍挽回其顏面和尊嚴。蒙博托撒手不再干預足球和國家隊。球隊返抵金夏沙機場時，一個接機的人影都沒有。球員只能在友善的出租車駕駛協助下，搭乘便車離去。他們全都成為薩伊公眾生活中不受歡迎的人物。許多國家隊成員就此在都會中赤貧的貧民窟中銷聲

匿跡。在那裡，他們像其他人一樣但求溫飽，勉力求生。曾經獲頒國家勳章的前鋒恩達耶（N'daye Mulamba），靠著零星的教練工作在夾縫中生存，直到二十年後的一九九四年，非洲足協才在突尼西亞舉辦的非洲盃向他的成就致敬。歸途中，他遭到竊賊的攻擊，只因他們認定他一定有獲頒獎金。事實上他身無分文，竊賊們空手而回。但野蠻的襲擊卻留下了後遺症，他至今仍不良於行。非洲足協在一九九八年的非洲盃誤發其死訊，人們卻在開普敦一處貧民窟內尋到爛醉且身無分文的他。當被問到一九七四年的世界盃，他說：「不是只有足球在走下坡。舉國都在迅速墜入深淵。」⁹ 此言不虛。薩伊國家隊再也不曾表現得像是嚴肅的挑戰者。蒙博托的政權墮落為非洲最惡名昭彰的黑金政體和盜賊統治。非洲獨立與非洲足球的許諾，儘管曾經在上千個場合中遭到顛覆和削弱，無疑是在薩伊受到最為嚴重的濫用，並且在蓋森基爾亨那晚被猛然揭露。

原文註釋

第一章 追逐幻影：足球的前身

1　'Football Fever Hits Beijing', FIFA press release, 20 July 2004.
2　中國運動史的神話化，見 B. J. Peiser (1996), 'Western theories about the origins of sport in China'。
3　蹴鞠的歷史記載，見 A. Guttmann and L. Thompson (2001), *Japanese Sports: A History*。
4　W. Strachey (1849), *The Historie of Travaile into Virginia Britannica*, London: Hakluyt Society. Quoted in A. T. Cheska (1970), 'Games of the native North Americans'.
5　考古證據和詮釋，見 E. Michael Wittington (ed.) (2001), *The Sport of Life and Death*; V. Scarborough and D. Wilcox (eds) (1991), *The Mesoamerican Ballgame*。
6　見 P. Ma'rtir de Angleri'a (1964), *De'cadas del Nuevo Mondo*, vol. 2, p. 547。
7　此時期的綜述，見 S. Miller (2004), *Ancient Greek Athletics*；原始史料，見 S. Miller (1991), Arete。
8　出自阿特納奧斯（Athenaeus）的《智者之宴》（*The Gastronomers*, c. 228 ce），其引述活躍於西元前四世紀的希臘劇作家安提法奈斯（Antiphanes）的作品，改寫印用自 S. Miller (1991), pp. 115–16。
9　引自 M. Marples (1954), *A History of Football*.
10　同前引書，p. 24，語出時任倫敦長官（Lord Mayor of London）的尼可拉斯·方東（Nicholas de Farndone）。
11　引自 J. Walvin (1994), *The People's Game*, p. 13。
12　同前引書，p. 18。

第二章 最基本的足球：不列顛與現代足球的發明

1　引自 Joseph Strutt(1903), *Sports and Pastimes of the People of England*。
2　引自 R. Holt(1989), *Sport and the British*, p. 76。
3　引自 R. Holt (1989), p. 38。
4　見 H. Cunningham (1980), *Leisure in the Industrial Revolution; A. Delves* (1981), 'Popular recreation', p. 90。
5　A. Delves (1981), p. 105.
6　引自 R. Holt (1989), p. 79。
7　見 J. Chandos (1984), *Boys Together*。
8　J. Walvin (1994), *The People's Game*, pp. 33–4.
9　引自 R. Holt (1989), p. 75。
10　同前引書，p. 81。
11　同前引書，pp. 89–90。
12　同前引書，p. 98。
13　同前引書，p. 93。
14　同前引書，p. 82。
15　引自 J. Walvin (1994), p. 41。

16 語出足球總會的紀錄，首度引用於 G. Green (1953), *Soccer,* pp. 31–3。

17 引自 J. Walvin (1994), p. 48。

18 引自 T. Mason (1980), *Association Football and English Society*, p. 121。

19 同前引書，p. 122。

20 C. Alcock (ed.) (1880), *Football Annual 1880*, p. 10; C. Alcock (1906), *Association Football*, pp. 33–7

21 F. Wall (1935), *Fifty Years in Football*.

22 引自 M. Taylor (1997), 'Little Englanders'.

23 賽況報導出自 *Blackburn Olympic*, p. 43。

24 K. Farnsworth (1995), *Sheffield Football*, vol. 1.。亦可參見 G. Curry (2004), 'Playing for money'.

25 引自 S. Tischler (1981), *Footballers and Businessmen*, p. 44。

26 見 G. Curry (2004)。

27 The Times, 21 July 1885.

28 引自 T. Mason (1980), p. 122。

29 引自 R. Cox, D. Russell and W. Vamplew (eds) (2002), *Encyclopedia of British Football*, p. 26。

第三章　生活更多彩：不列顛工人階級與工業時代足球（1888–1914）

1 引自 J. B. Priestley (1929), *The Good Companions*。

2 引自 S. Inglis (1989), *League Football and the Men who Made It*, p. 6。

3 賽況報導出自 *First day of the League*, p. 56；時間的論述，見 E. P.Thompson(1967), 'Time,work, discipline, andindustrial capitalism'。

4 *Manchester Guardian*, 23 November 1896.

5 引自 T. Mason (1996), 'Football, sport of the north'。

6 *Pall Mall Gazette*, 31 March 1884; *Athletic News*, 2 April 1884.

7 C. Edwardes (1892), 'The new football mania', pp. 622–32.

8 S. Inglis (1983), *The Football Grounds of England and Wales*, p. 13.

9 萊奇無人能出其右的作品和調查，見 S. Inglis (2005), *Engineering Archie*。

10 見 T. Mason (1980), *Association Football and English Society*, pp. 35–41; W. Vamplew (2004), *Pay Up and Play the Game*, pp. 154–73。

11 George MacDonald Fraser (1981), *The General Danced at Dawn*, London: Harper Collins.

12 格拉斯哥的足球史，見比爾·莫瑞（Bill Murray）的非凡之作，尤其是 Murray (2001) 和 The Old Firm。

13 E. Dunning et al. (1984), 'Football hooliganism in Britain before the First World War'.

14 Anonymous, 'Riot in Glasgow', from the Scotsman, 1909, repr. in I. Hamilton (ed.) (1992), *The Faber Book of Soccer.*

15 *Southern Daily Echo*, 10 February 1900, quoted in D. Russell (1997), *Football and the English.*

16 引自 R. Cox, D. Russell and W. Vamplew (eds) (2002), *Encyclopedia of British Football*, p. 10，語出一八九三年一位利茲（Leeds）英國國教的教區牧師之口。

17 *Swindon Evening Advertiser*, 31 January 1910.

18 貝爾法斯特凱爾特人隊的故事，見 P. Coyle (1999), Paradise Lost and Found。

19 引自 R. Holt (1989), p. 276。

20 引自 N. Fishwick (1989), *English Football and Society*。

21 同前引書，p. 145。
22 引自 R. Holt (1989), *Sport and the British*。
23 賽況報導出自 *The Khaki Final*, p. 82。

第四章　圖謀不軌的英格蘭：世界足球興起與抵抗風潮

1 克羅克大主教之語出自其寫給蓋爾運動協會（GAA）創始者庫薩克（Michael Cusack）的信中，克羅克語氣中表露出其自身健碩天主教的民族主義。引自 J. Sugden and A. Bairner (1993), *Sport, Sectarianism and Society in a Divided Ireland*, p. 28。
2 引自 R. Holt (1989), *Sport and the British*, p. 204。
3 同前引書，p. 207。
4 見 R. Hess and B. Stewart (eds) (1998), *More than a Game*, pp. 97–9。
5 Bell's Life, 29 July 1865，同前引書，p. 15。
6 Bell's Life, 14 May 1864，同前引書，p. 12。
7 R. Williams (1643), *A Key into the Language of America*.
8 A. Markowitz and S. Hellerman (2001), *Offside*, p. 39.
9 引自 R. Holt (1989), p. 238.
10 同前引書，p. 241。
11 引自 E. Corry (1989), *Catch and Kick*, p. 96。
12 引自 Sir Thomas Raleigh (1906), *Lord Curzon in India*, p. 245。
13 引自 J. A. Mangan (1986), *The Games Ethic and Imperialism*, p. 184。
14 Thomas Macaulay (1961), *Critical and Historical Essays, London: Dent*, vol. 1, p. 562, cited in K. Bandyopadhyay (2001), 'Race, nation and sport'.
15 Originally from Anonymous (1895), *Ought Natives to be Welcomed as Volunteers?*, Calcutta: Thacker, Spink, cited in P. Dimeo and J. Mills (eds) (2001), *Soccer in South Asia*, p. 63.
16 引自 P. Dimeo (2001), 'Football and politics in Bengal', p. 68。
17 M. Bose (1990), A History of Indian Cricket, pp. 16–17.
18 On regional and communal rivalries in post-independence India, see B. Majumdar and K. Bandyopadhyay (2005), 'Regionalism and club domination'.
19 賽況報導出自 India，p. 109。

第五章　大博弈與無形的帝國：足球的國際傳播（1870 – 1914）

1 引自 M. Van Bottenburg (2001), *Global Games*, p. 101。
2 引自 Kim, London: Macmillan, 1949。
3 R. Holt (1989), *Sport and the British*, p. 205; J. A. Mangan (1986), *The Games Ethic and Imperialism*, pp. 35–6.
4 英格蘭造船廠工人對畢爾包的影響，是少數由工人階級讓足球普及的少數案例之一。
5 T. Morgagni and V. Brusca (1907) Annuario Sportivo 1907–1908, Milan; Corriere della sera, quoted in P. Lanfranchi and M. Taylor (2001), *Moving with the Ball*, p. 22.
6 C. Miermans (1955), *Voetbal in Nederland*, quoted in M.Van Bottenburg (2001), p. 113.
7 J. Walton (1999), 'Football and Basque identity', pp. 261–89.
8 A. Wahl (1989), *Les archives du football*, p. 34.
9 引自 P. Lanfranchi and M. Taylor (2001), *Moving with the Ball*, p. 27。
10 P. Adam (1907), *La morale des sports*, pp. 189–91.
11 同前引書，p. 76。

12 Y. Olesha (1979), *No Day Without a Line, Ann Arbor: Ardis*, pp. 124–5.

13 引自 P. Ball (2001), *Morbo*, pp. 61–2。

14 引自 M. Van Bottenburg (2001), p. 102。

15 同前引書，p. 108。

16 M. Van Bottenburg (2001), p. 104.

17 As reported in Kopings-Posten and Westmanlands Allehanda, 17 September 1906, quoted in T. Andersson (2001), 'Swedish football hooliganism, 1900–39', p. 4.

18 Nordiskt Idrottslif 22, 1910, quoted in ibid., p. 5.

19 Nordiskt Idrottslif 58, 1912, quoted in ibid., p. 5.

20 引自 A. Hamilton (1998), *An Entirely Different Game*, p. 40。

21 引自 J. Smith (1979), *Illusions of Conflict*, p. 191。

22 J. Leigh and D. Woodhouse (2005), *Football Lexicon*.

23 賽況報導出自 *Champagne Football*, p. 129；A. Hamilton (1998), *An Entirely Different Game*。

24 M. Filho (1964), *O negro no futebol brasileiro*, Rio de Janeiro: MAUAD (reissue 2003), p. 10.

25 *Buenos Aires Herald*, 13 October 1912.

26 *The Standard*, 27 July 1909, p. 3, cited in E. Archetti (1997), *Masculinities*, p. 55.

27 Letter from Charles Miller to Bannister Court School Magazine, vol. III, no. 31, March 1904, repr. in A. Hamilton (1998).

28 引自 A. Bellos (2002), Futebol, p. 31。

29 引自 P. Ball (2001), p. 44。

30 Avanti!, 11 October 1910, quoted in S. Martin (2004), *Football and Fascism*, p. 21.

31 Quoted in R. Holt (1981), *Sport and Society in Modern France*, p. 66.

32 同前引書，p. 3。

33 Quoted in ibid., p. 75.

34 O. Jager (1898), *Fusslummelei*.

35 F. W. Racquet (1882), *Moderne englische Spiele. Zum Zweck der Einführung in Deutschland, Göttingen*, p. 50, quoted in U. Merkel (2000), 'The history of the German Football Association (DFB), 1900–1950', p. 174.

36 引自 U. Hesse-Lichtenberger (2002), *Tor!*, p. 44。

37 引自 J. Riordan (1977), *Sport in Soviet Society*。

38 Sport, 6 October 1913, quoted in ibid., p. 24.

39 *Novoye Vremya*, 30 September 1908, quoted in ibid., p. 25.

40 *Moskovskie Vedemosti*, 18 July 1910, quoted in P. Frykholm (1997), 'Soccer and social identity in pre-revolutionary Moscow', p. 145.

41 K Sportu, 1912, no. 11, p. 16, quoted in J. Riordan (1977), p. 39.

42 R. B. Lockhart (1958), *Giants Cast Long Shadows*, p. 175.

第六章　付錢，付錢再踢球：全球足球商業化（1914 – 1934）

1 兩段引言皆出自 T. Mason (1995), *Passion of the People?*, p. 51。

2 引自 R. Holt (1989), *Sport and the British*, p. 276。

3 *Illustrated London News*, 29 July 1916.

4 *Chester Chronicle*, 9 January 1915.

5 引自 S. Weintraub (2002), *Silent Night*, p. 118.

6 同前引書，p. 111。

7   R. Horak (1992), 'Viennese football culture: some remarks on its history and sociology'.

8   W. Holtby, *Radio Times*, 21 February 1930.

9   K. Blows and T. Hogg (2002), *The Essential History of West Ham United*.

10   J. Hill (2004), ' "The Day was an Ugly One" '.

11   賽況報導出自 *White Horse Final*, p. 182。

12   *Yorkshire Observer*, 24 April 1928.

13   J. Cox (1962), *Don Davies – An Old International*, extracted in I. Hamilton (ed.) (1992), *The Faber Book of Soccer*.

14   引自 D. Russell (1997), *Football and the English*, p. 117。

15   引自 R. Horak (1992)。

16   *Neues Wiener Journal*, 10 December 1922.

17   *Illustriertes Sportblatt*, 8 October 1927. Quoted in R. Horak (1994), 'Austrification as modernization'.

18   同前引書，p. 49。

19   *Welt um Montag*, 22 March 1948.

20   Quoted in R. Horak and W. Maderthaner (1996), 'A culture of urban cosmopolitanism'.

21   W. Frankl (1983), 'Erinnerungen an Hakoah Wien, 1909–1939'.

22   同前引書，p. 82。

23   *Buenos Aires Herald*, 22 May 1929.

24   E. Archetti (1997), *Masculinities*, p. 66.

25   同前引書，p. 59。原文出自 *El Gra'fico* 470, 1928, p. 15。

26   E. Archetti (1997), p. 62. Original in *El Gra'fico* 366, 1926, p. 17.

27   引自 P. Ball (2001), *Morbo*, pp. 214–15。

28   引自 S. Martin (2004), *Football and Fascism*, p. 68.

29   La Nazione, 5 July 1929, quoted in ibid., p. 69.

30   見 T. Andersson (2001), 'Swedish football hooliganism, 1900–39', pp. 8–9。

31   賽況報導出自 *Nuremberg*, p. 222；U. Hesse-Lichtenberger (2002), *Tor!*。

32   引自 S. Gehrmann (1997), 'Football in an industrial region', p. 350。

33   引自 U. Hesse-Lichtenberger (2002), p. 61。

第七章　誰的遊戲規則：國際足球與國際政治（1900 – 1934）

1   不列顛外交部備忘錄中關於足球和政治的部分，可見 P. Beck (1999), *Scoring for Britain*, chapter 4。

2   引自 R. Holt (1981), *Sport and Society in Modern France*, p. 195。

3   引自 P. Beck (1999), p. 165。

4   *Daily Express*, 1 January 1929.

5   *The Times*, 2 January 1929.

6   引自 P. Beck (1999), p. 118。

7   www.rsssf.com

8   FIFA, Minutes of 11th Congress, Christiana, 27–28 June 1914, p. 10.

9   FA, Consultative Committee, Minute 10, 1 September 1919, 1914–20.

10   引自 T. Mason (1995), *Passion of the People?*, p. 39。

11   E. Galeano (2004), *Football in Sun and Shadow*, p. 42

12   *Miroir des Sports*, 12 June 1924.

13　*Buenos Aires Herald*, 14 June 1928.

14　引自 B. Glanville (2002), *The Story of the World Cup*, p. 15。

15　引自 G. Brera (1978), *Storia critica del calcio italiana*, Milan, translation in E. Archetti (1996), 'In search of national identity'。

16　引自 A. Teja (1998), 'Italian sport and international relations under Fascism', p. 162。

17　*New York Times*, 14 May 1933.

18　引自 P. Beck (1999), p. 151。

19　*La Nazione*, 11 January 1934, quoted in S. Martin (2004), *Football and Fascism*, p. 186.

20　*Arbeiterzeitung*, 17 May 1931, quoted in R. Horak and W. Maderthaner (1996), 'A culture of urban cosmopolitanism', p. 150.

21　Alfred Polgar in *Pariser Tageszeitung*, 25 January 1939，同前引書，pp. 147–8。

22　V. Pozzo (1960), Campioni del Mondo, pp. 213–14.

23　同前引書，p. 205。

24　引自 P. Beck (1999), p. 158。

25　引自 S. Martin (2004), p. 204。

第八章　迢迢淘金路：拉丁美洲的足球發展

1　此段引言出自〈博卡青年的頌讚〉（Boca, Perón, One Heart），引自 M. Cappros (2005), Boquita。

2　引自 R. Giulianotti (2000), 'Built by the two Varelas'。

3　E. Galeano (2004), Football in Sun and Shadow, p. 42。

4　引自 B. Glanville (2002), *The Story of the World Cup*, pp. 15–16。

5　E. Galeano (2004), p. 76。

6　同前引書，p. 76。

7　引自 T. Mason (1995), *Passion of the People?*, pp. 102–3。根據 Mason 的報導，這些預測在一九四九年阿森納巡迴巴西時上演。一記朝著佛朗明哥守門員的肩膀撞擊引發了場上的鬥毆，小規模的球場入侵和警方介入。引起爭端的阿森納前鋒 Bryn Jones 頭被警棍打傷。

8　El Tiempo, 4 November 1950, 引自 C. Taylor (1998), *The Beautiful Game*。

9　同前引書，pp. 168-9。

10　Neil Franklin, 引自 T. Mason (1994), 'The Bogota' Affair'。

11　*Miroir du Football*, 14 June 1961。

12　引自 T. Mason (1995), p. 59。

13　*Correio da Manhã*, 15 June 1938。

14　P. Robb (2004), *A Death in Brazil*, pp. 24–5。

15　M. Filho (2004), *O Negro no futebol brasileiro*。

16　引自 G. Moura (1998), *O Rio corre para o Maracanã*。

17　*Jornal dos Sports*, 10 June 1947。

18　引自 A. Bellos (2002), p. 46。

19　同前引書，p. 46。

20　引自 A. Cantor (1996)。

21　T. Mason (1995), p. 89。

22　賽況報導出自 A. Bellos (2002), *Futebol: The Brazilian Way of Life*; C. Freddi (2006), *Complete Book of the World Cup 2006*; B. Glanville (2006), *The Story of the World Cup*; A.

Cantor (1996), *Goooal! A Celebration of Soccer*。

23　有關見巴柏沙、種族歧視和製造迷思，見 A. Bellos (2002), pp. 55–7; J. Leite Lopes (1999), 'The Brazilian style of football and its dilemmas'。

24　有些出處指出當時退出比賽的匈牙利球員普斯卡奇（Puskás）以一只瓶子招呼巴西後衛皮涅羅（Pinheiro）的頭。見 C. Freddi (2002), *Complete Book of the World Cup 2002*。

25　賽況報導出自 C. Freddi (2006), *Complete Book of the World Cup 2006*。

第九章　生死之戰：歐洲足球、戰爭與和平（1934-1954）

1　引自 S. Kuper (2003), *Ajax, the Dutch, the War*, p. 13。

2　同前引書，pp. 147–8。

3　引自 S. Kuper (2003), p. 163。

4　同前引書，p. 158。

5　引自 J. Burns (2005), *When Beckham Went to Spain*, pp. 158–9。

6　同前引書，p. 176。

7　同前引書，p. 145。

8　引自 U. Merkel (2000), 'The history of the German Football Association', p. 185。

9　引自 S. Kuper (2003), p. 37。

10　同前引書，p. 89。

11　同前引書，p. 162。

12　同前引書，p. 104。

13　賽況報導出自 Sindelar's Swansong：R. Horak and W. Maderthaner (1997), 'A culture of urban cosmopolitanism'; S. Kuper (2003), *Ajax, the Dutch, the War*。

14　Y. Oleshchuk, *Sportekspress zhurnal*, 1999, R. Edelman (2002), 'A small way of saying "No" '。

15　引自 R. Edelman (2002)。

16　同前引書。

17　R. Edelman (2002)。

18　引自同前引書。

19　引自 R. Holt (1981), *Sport and Society in Modern France*, pp. 205–6。

20　*News Chronicle*, 16 October 1935。

21　引自 P. Beck (1999), *Scoring for Britain*, p. 199。

22　*La Nazione*, 2 June 1938, cited in S. Martin (2004), *Football and Fascism*, p. 183。

23　V. Pozzo (1960), *Campioni del Mondo*, p. 265, 引自同前引書., p. 182.

24　引自 S. Kuper (2003), p. 93。

25　同前引書，p. 94。

26　同前引書，第八章。

27　引自 S. Kuper (2003), p. 136。

28　同前引書，p. 159。

29　同前引書，p. 168。

30　引自 U. Hesse-Lichtenberger (2002), Tor!, p. 119。

31　引自同前引書，p. 121。

32　B. Glanville (1963), 'Britain against the rest'。

33　N. Fishwick (1989), *English Football and Society*, p. 150。

34　引自 Bert Gregor, in the *Guardian*, 9 March 1996, 引自 M. Johnes (2004), ' "Heads in the sand" '。

35　B. Glanville (1963), p. 139。

36　S. Inglis (1990), *The Football Grounds of Europe*, p. 161。

37　U. Hesse-Lichtenberger (2002), p. 280。

38　R. Taylor and K. Jamrich (1997), pp. 82–3。

39　同前引書，p. 40。

40　賽況報導出自 England vs. Hungary 1953 (p. 345)；G. Green, *The Times*, 26 November 1953。

41　賽況報導出自 West Germany vs. Hungary 1954；R. Taylor and K. Jamrich (1997), Puskas on Puskas；P. Legg (2003), *The 1954 World Cup*。

42　引自 P. Legg (2003)。

43　同前引書。

44　同前引書。

45　同前引書。

第十章　天使與魔鬼：拉丁美洲的足球發展（1955–1974）

1　引自 R. DaMatta (1986), *Explorações?*, p. 130。

2　甘迺迪在萊斯大學（Rice University），萊斯體育館（Rice Stadium）的演講全文，可在下列網頁取得：http://www1.jsc.nasa.gov/er/seh/ricetalk.htm。

3　H. McIlvanney (1994), *McIlvanney on Football*, p. 168。

4　引自 R. Castro (2004), p. 101。

5　賽況報導引自 G. Green, *The Times*, 30 June 1958。另參見 B. Glanville (2006), *The Story of the World Cup 2006*; R. Castro (2004), Garrincha。

6　引自 *The Pele' Albums* (1990)。

7　T. Mason (1995), *Passion of the People?*, p. 70。

8　B. Glanville (2002), *The Story of the World Cup 2002*, p. 147。

9　引自 H. McIlvanney (ed.) (1966), World Cup '66, p. 117。

10　引自 A. Ciria (1984), 'From soccer to war in Argentina'。

11　El Gráfico, 3 May 1967。所有《體育畫報》（*El Gráfico*）的引述皆引自 P. Alabarces, R. Coelho and J. Sanguinetti (2001), 'Treacheries and traditions in Argentinean football styles'.

12　*El Gráfico*, 20 July 1967。

13　E. Weil (1983), 'History of the Libertadores Cup', pp. 18–19。

14　同前引書。

15　*El Gráfico*, 17 December 1969。

16　H. McIlvanney (1994), p. 178。

17　引自 J. Lever (1983), *Soccer Madness*, p. 68。

18　T. Mason (1995), p. 131。

第十一章　魅力與榮耀：歐洲高度工業化的足球（1955-1974）

1　引自 S. Inglis (1983), *The Football Grounds of England and Wales*, p. 41。

2　見第七章，pp. 242-3。

3　引自 D. Winner (2000), *Brilliant Orange*, p. 136。

4　A. Hopcraft (1968), *The Football Man*, p. 178。

5　R. Taylor and K. Jamrich (1997), *Puskás on Puskás*, p. 160。

6　同前引書，p. 165。

7　見第八章。

8　H. McIlvanney, *The Scotsman*, 19 May 1960。

9　引自 J. Burns (2005), *When Beckham Went to Spain*, p. 241。

10　同前引書，p. 230。

11　引自 P. Ball (2001), *Morbo*, p. 235。

12　引自 J. Burns (2005), p. 259。

13　J. Ferran (1958), 'Ne pas confondre'。

14　見第十二章，pp. 503-4。

15　引自 J. Foot (2006), *Calcio*, p. 212。

16　同前引書，pp. 462-3。

17　請參考：B. Glanville (1999), *Football Memories*。

18　見第八章，pp. 278-9。

19　出自哈洛德‧威爾遜（Harold Wilson）在工黨大會的演講，1963.10.01。

20　H. McIlvanney (1994), *McIlvanney on Football*, p. 31。

21　A. Hopcraft (1968), p. 189.

22　引自 P. Murphy, J. Williams and E. Dunning (1990), *Football on Trial*, p. 83。

23　R. Taylor and A. Ward (eds) (1993), *Kicking and Screaming*, pp. 179–80。

24　見第九章，pp. 326-7。

25　引自 D. Winner (2000), *Brilliant Orange*, pp. 7–8。

26　同前引書，p. 9。

27　同前引書，p. 25。

28　同前引書，pp. 36-7。

29　同前引書，p. 44。

30　同前引書，p. 25。

31　引自 U. Hesse-Lichtenberger (2002), *Tor!*, p. 213。

32　見第十三章。

33　本段引言引自 D. Winner (2000), pp. 93–9。

34　引自 U. Hesse-Lichtenberger (2002), p. 248。

第十二章　我們會證明誰才是真正的贏家：非洲足球發展（1900-1974）

1　引自紀錄片中的訪談：*History of Football: The Beautiful Game*, vol. 6: 'Africa', Freemantle Video, 2004。

2　引自 A. Versi (1988), 'Striking power'。

3　引自 A. Guttmann (1994), *Games and Empires*。

4　引自 P. Martin (1991), 'Colonialism, youth and football in French Equatorial Africa'。

5　N. Azikiwe (1970), *My Odyssey*, p. 402。

6　*Drum*, August 1959, 引自 P. Alegi (2004), 'Football and Apartheid society'。

7　引自 P. Lanfranchi and A. Wahl (1996), 'The immigrant as hero'。

8　引自 BBC Sport (2003), *Keita: Mali's Living Legend*。網頁：http://news.bbc.co.uk/sport1/hi/football/africa/3218333.stm。

9　訪問 N'daye Mulamba, *African Soccer*, May/June 1998。

國家圖書館出版品預行編目資料

足球是圓的：一部關於足球狂熱與帝國強權的全球文化史/大衛‧哥德
布拉特（David Goldblatt）著；韓絮光、陳复嘉、劉冠宏譯. -- 初版. --
台北市：商周出版，城邦文化出版：家庭傳媒城邦分公司發行；
2018.06　　面：公分
譯自：The Ball is Round: A Global History of Football
ISBN 978-986-477-459-3（平裝）

1.足球　2.運動社會學　3.文化研究　4.歷史

528.951　　　　　　　　　　　　　　　107006655

足球是圓的：

一部關於足球狂熱與帝國強權的全球文化史

原　著　書　名	/	The Ball is Round: A Global History of Football
作　　者	/	大衛‧哥德布拉特（David Goldblatt）
譯　　者	/	韓絮光、陳复嘉、劉冠宏
企　劃　選　書	/	賴芊曄
責　任　編　輯	/	賴芊曄
版　　權	/	林心紅
行　銷　業　務	/	李衍逸、黃崇華
總　　編　　輯	/	楊如玉
總　　經　　理	/	彭之琬
發　　行　　人	/	何飛鵬
法　律　顧　問	/	台英國際商務法律事務所　羅明通律師
出　　版	/	商周出版
		城邦文化事業股份有限公司
		台北市中山區民生東路二段141號9樓
		電話：(02) 2500-7008　傳真：(02) 2500-7759
		E-mail：bwp.service@cite.com.tw
		Blog：http://bwp25007008.pixnet.net/blog
發　　　　　行	/	英屬蓋曼群島商家庭傳媒股份有限公司城邦分公司
		台北市中山區民生東路二段141號2樓
		書虫客服服務專線：02-25007718‧02-25007719
		24小時傳真服務：02-25001990‧02-25001991
		服務時間：週一至週五09:30-12:00‧13:30-17:00
		郵撥帳號：19863813　戶名：書虫股份有限公司
		讀者服務信箱E-mail：service@readingclub.com.tw
		歡迎光臨城邦讀書花園　網址：www.cite.com.tw
香港發行所	/	城邦（香港）出版集團有限公司
		香港灣仔駱克道193號東超商業中心1樓
		電話：(852) 25086231　　傳真：(852) 25789337
		E-mail：hkcite@biznetvigator.com
馬新發行所	/	城邦(馬新)出版集團【Cité (M) Sdn. Bhd. (458372U)】
		41, Jalan Radin Anum, Bandar Baru Sri Petaling,
		57000 Kuala Lumpur, Malaysia
		電話：(603) 90578822　傳真：(603) 90576622
封　面　設　計	/	日央設計
排　　　　版	/	新鑫電腦排版工作室
印　　　　刷	/	韋懋實業有限公司
總　　經　　銷	/	聯合發行股份有限公司
		電話：(02)2917-8022　傳真：(02)2911-0053
		地址：新北市231新店區寶橋路235巷6弄6號2樓

■2018年（民107）6月初版

定價 990元

Printed in Taiwan

城邦讀書花園
www.cite.com.tw

ISBN　978-986-477-459-3